WEINEN.
SCHAUDERN.
VERZWEIFELN

...

Ich werde dich
all das liebevoll
lehren...!

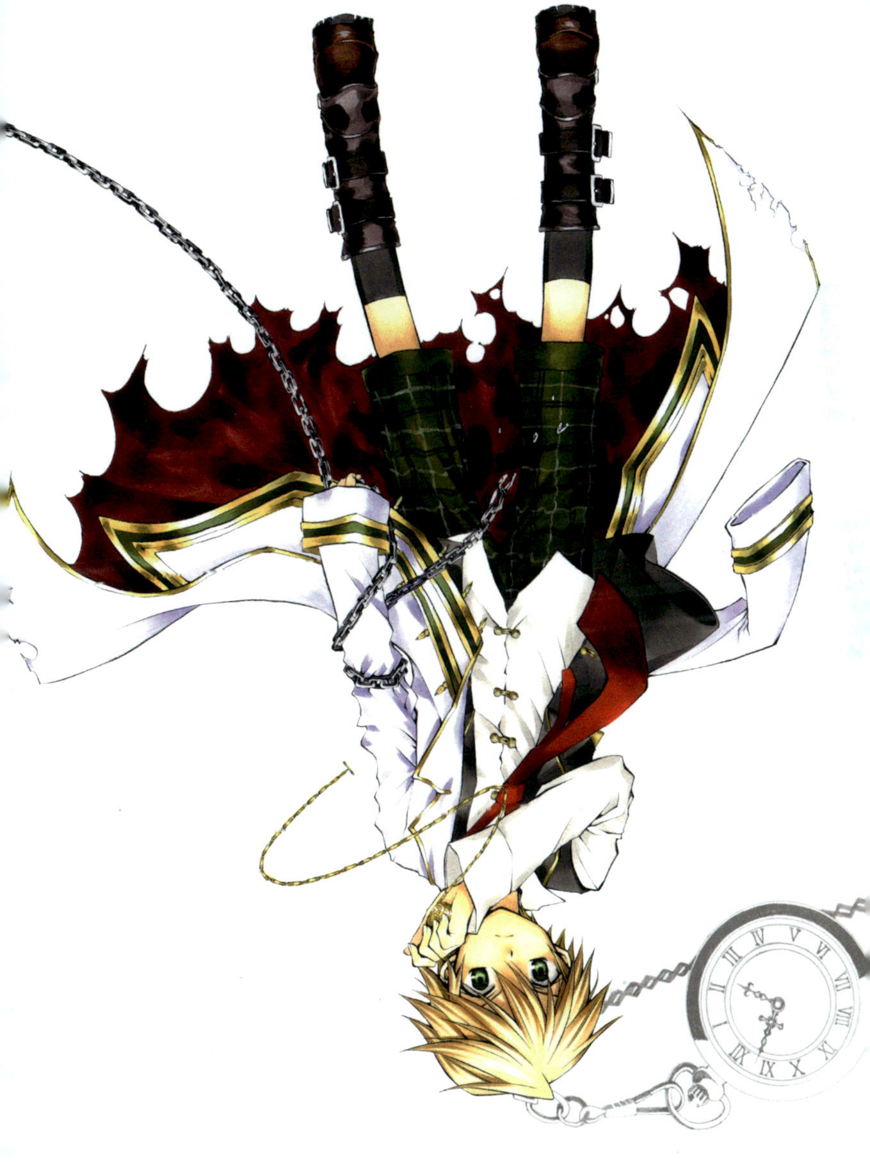

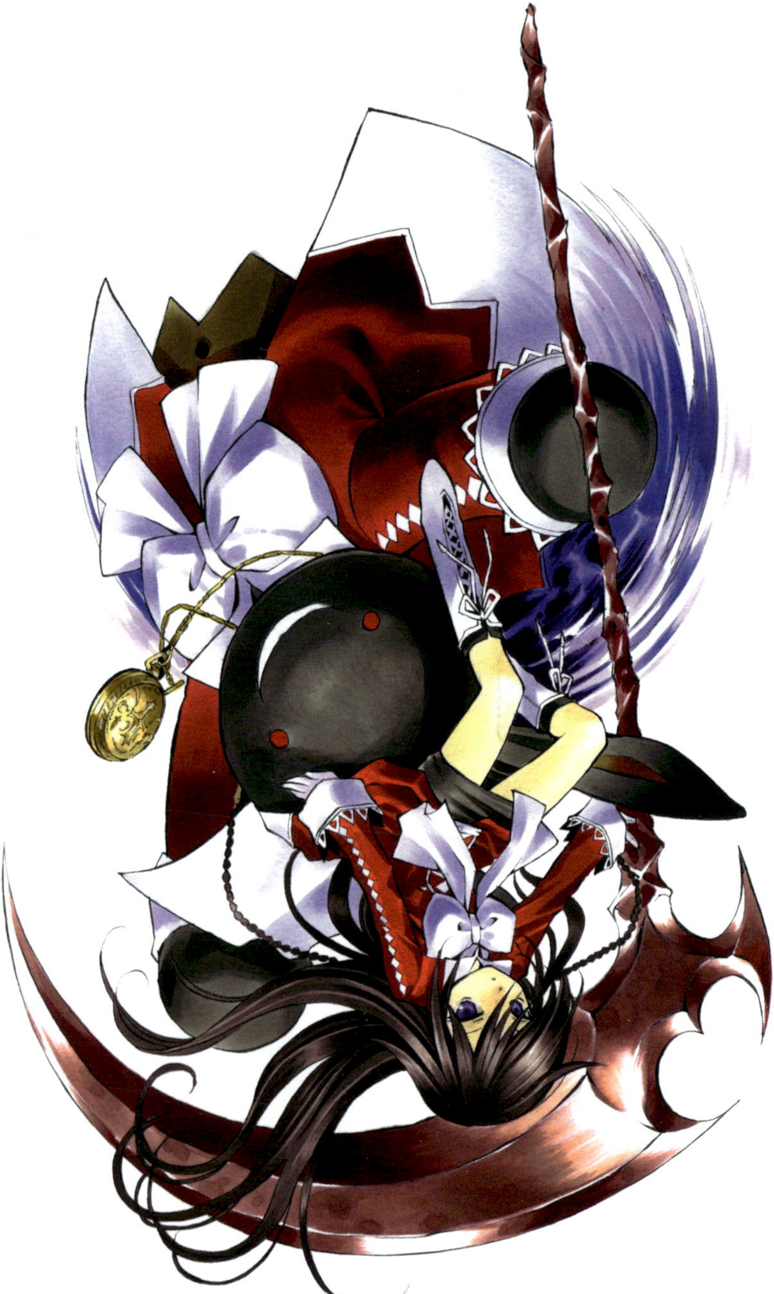

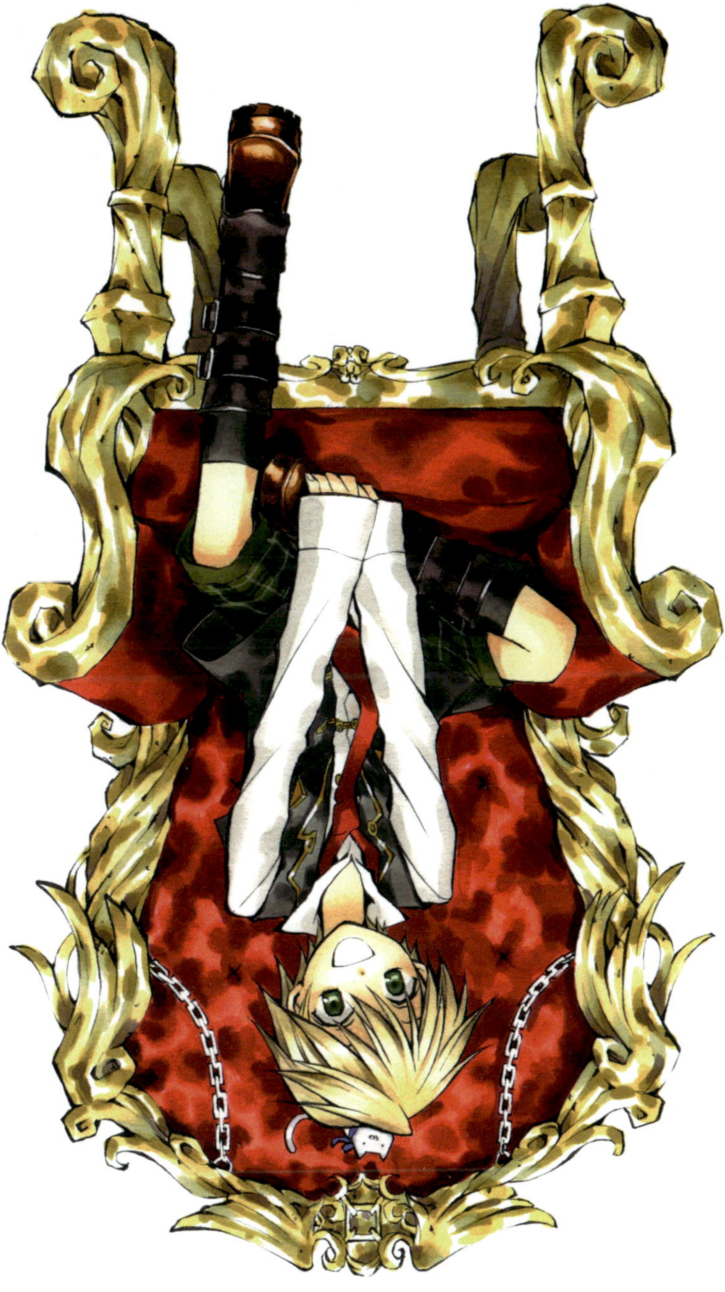

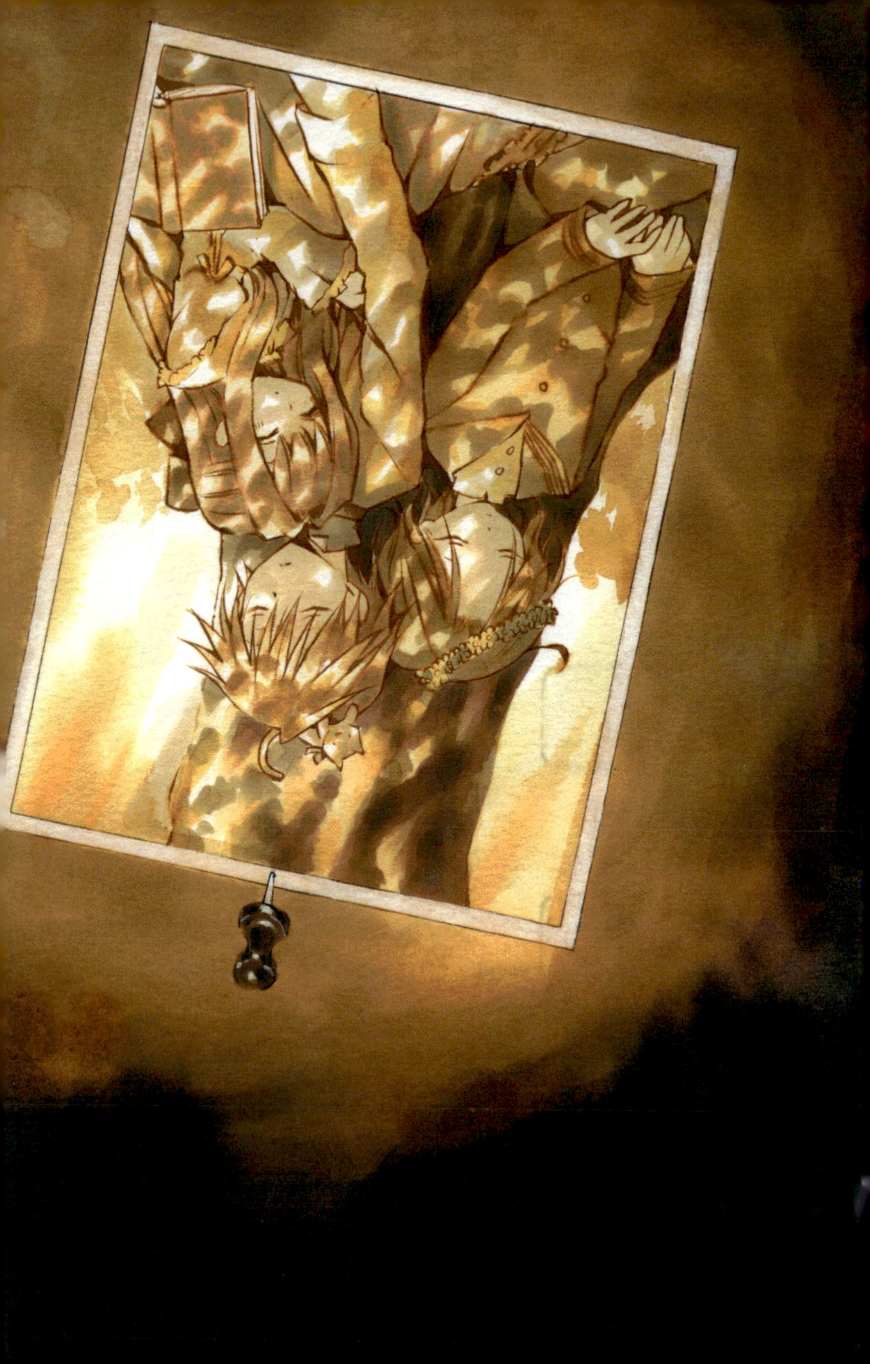

CARLSEN MANGA PRÄSENTIERT

JUN MOCHIZUKI

PANDORAHEARTS

1

INHALT

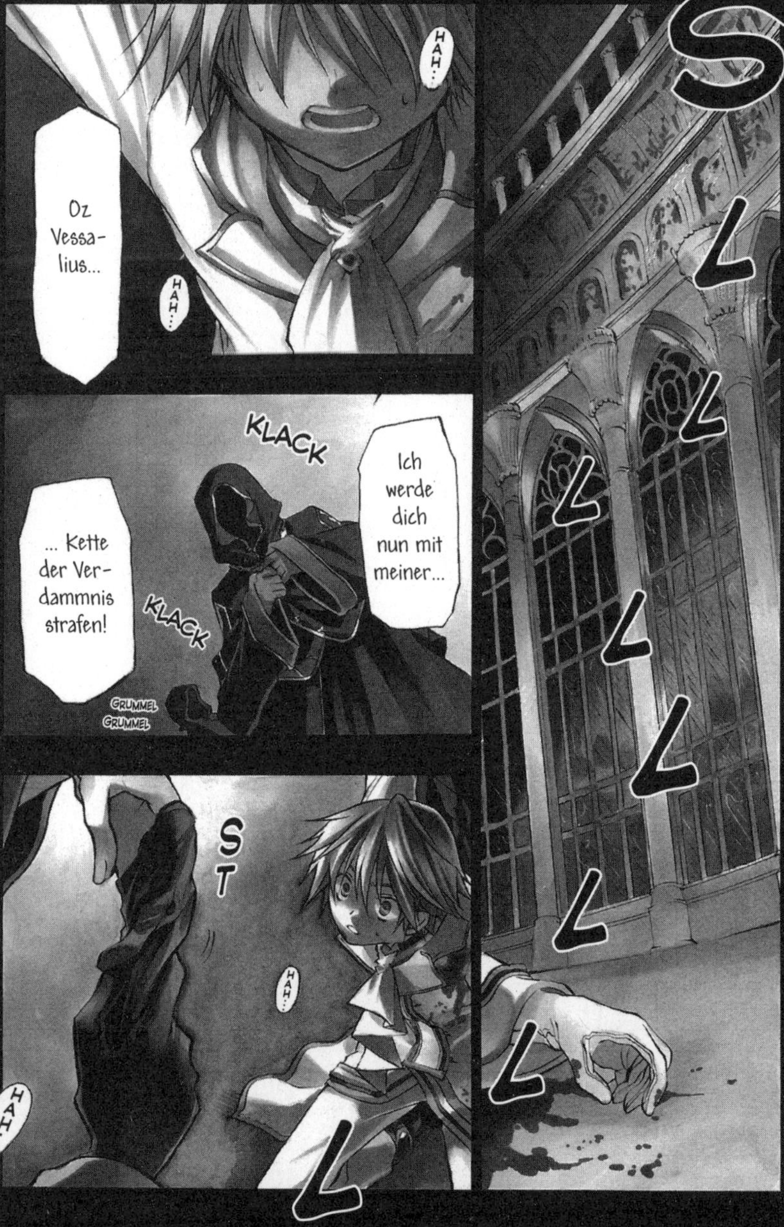
SLLLLLLLLL
HAH...
Oz Vessa-lius...
HAH...
Ich werde dich nun mit meiner...
KLACK
... Kette der Verdammnis strafen!
KLACK
GRUMMEL GRUMMEL
ST
HAH...
HAH...

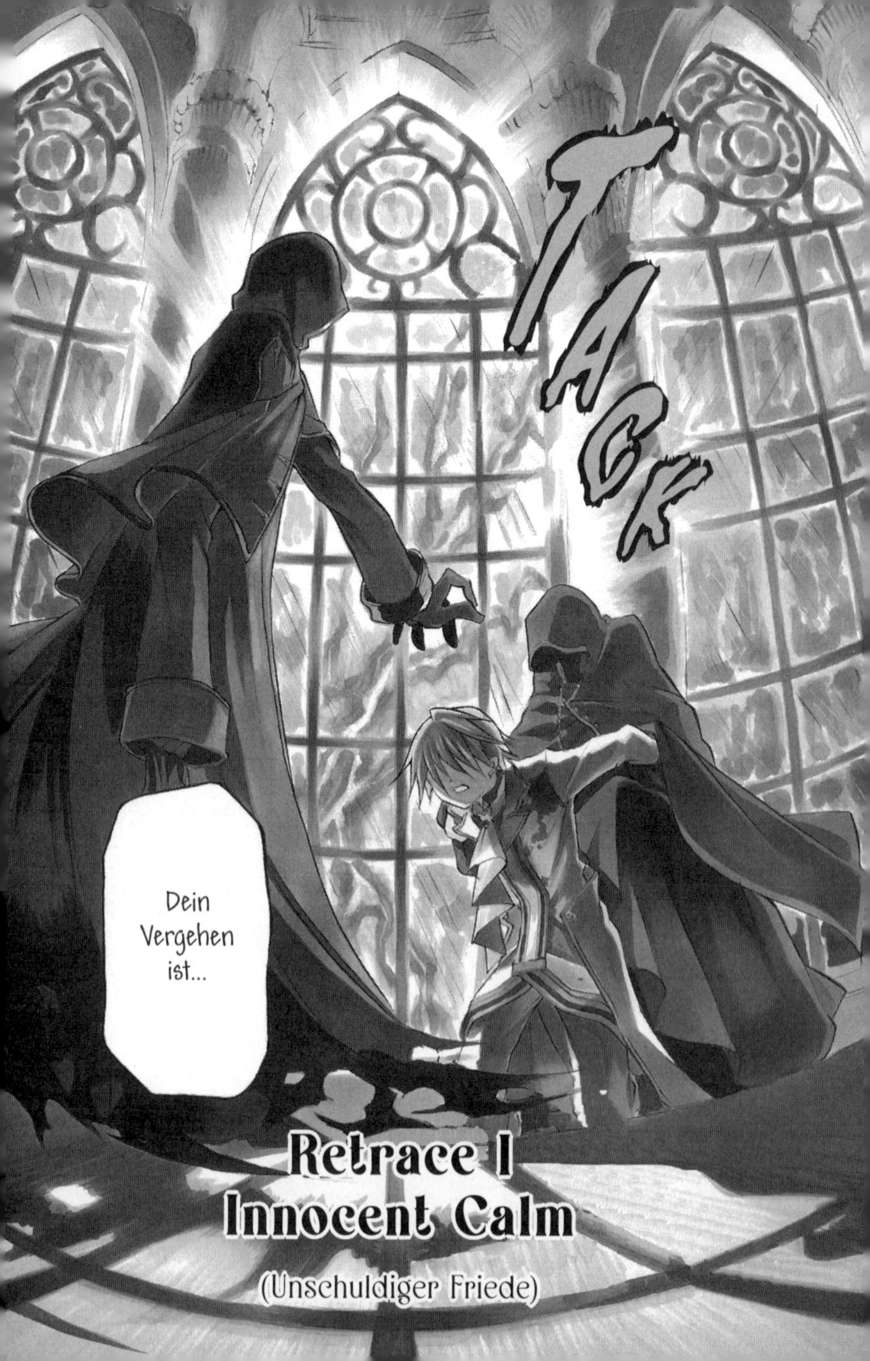

Retrace I
Innocent Calm
(Unschuldiger Friede)

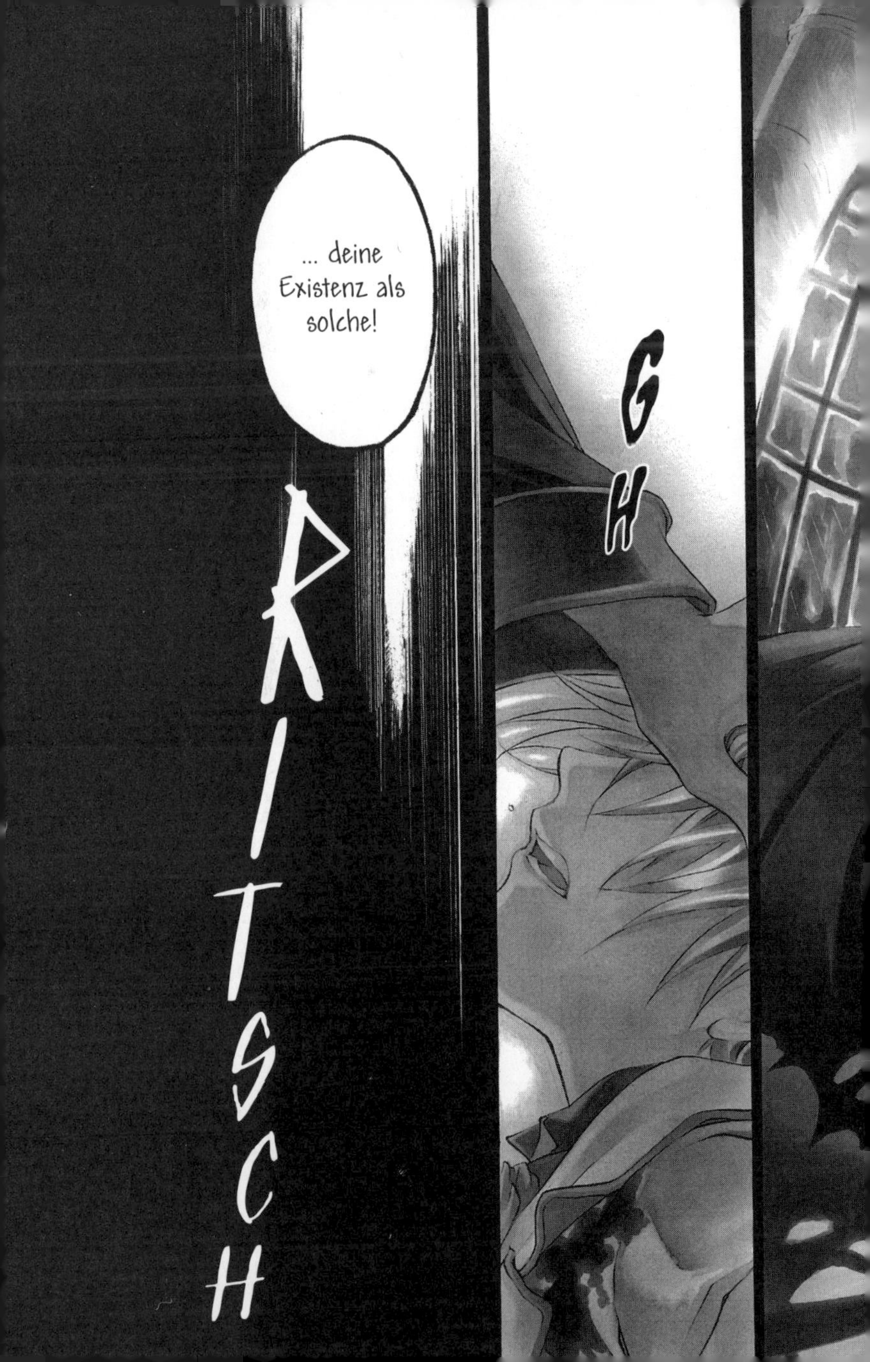

GH
... deine Existenz als solche!
RITSCH

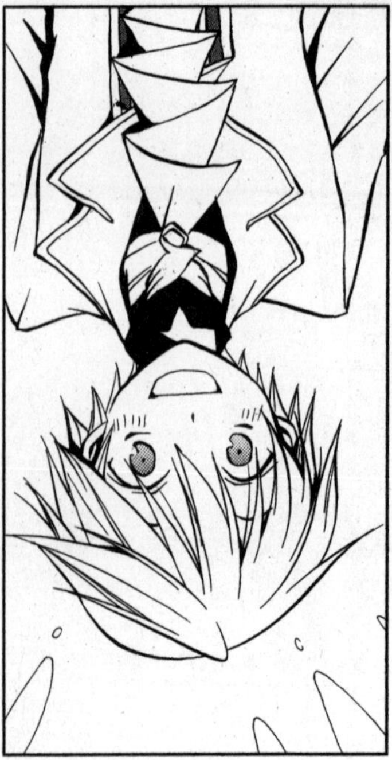

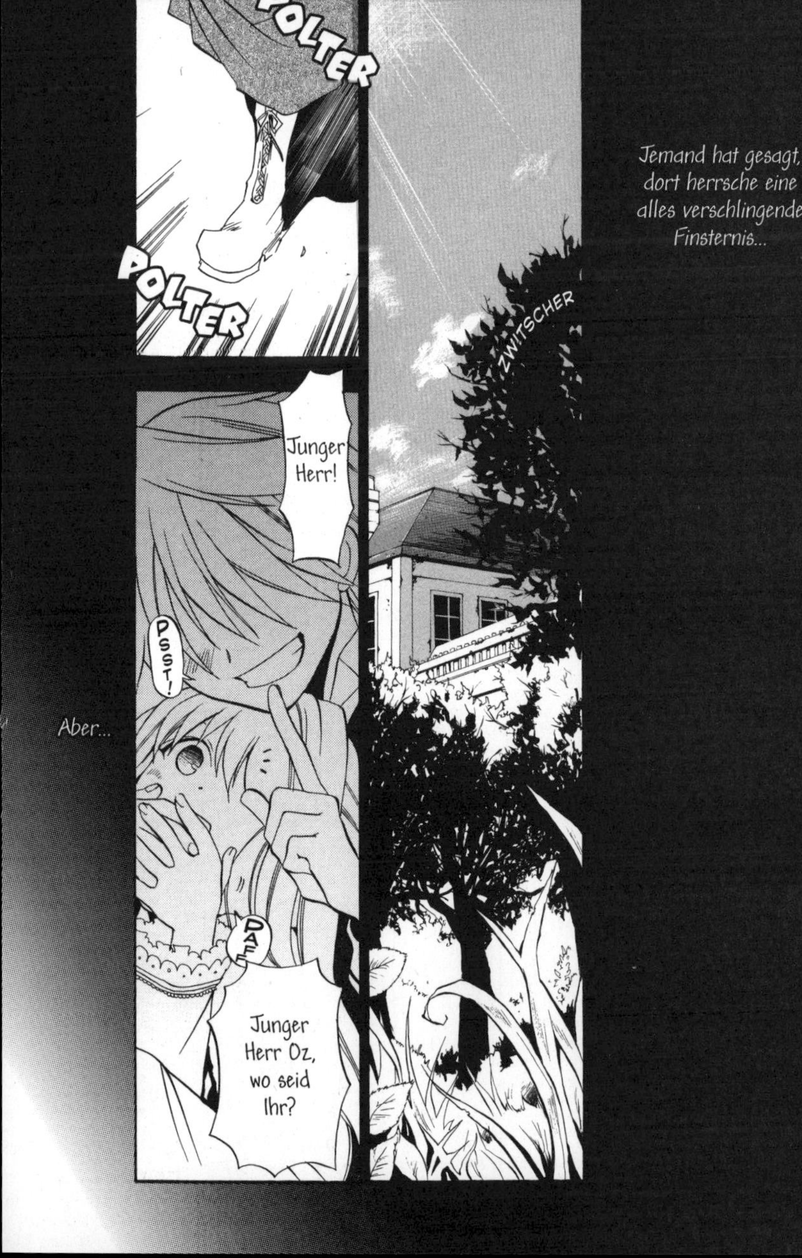
Jemand hat gesagt, dort herrsche eine alles verschlingende Finsternis...
ZWITSCHER
POLTER
POLTER
Junger Herr!
PSST!
DAF
Junger Herr Oz, wo seid Ihr?
Aber...

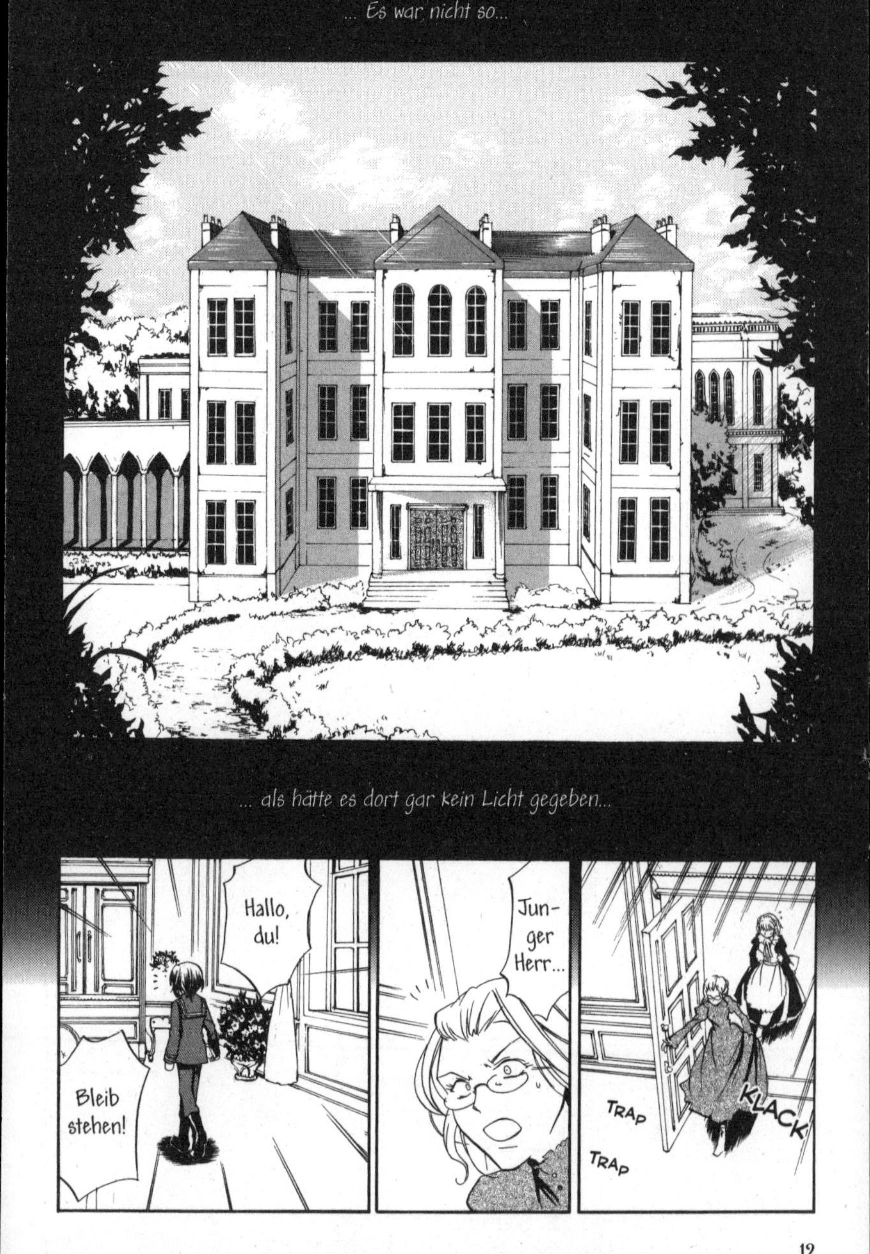
... Es war nicht so...
... als hätte es dort gar kein Licht gegeben...
KLACK
TRAP
TRAP
Junger Herr...
Hallo, du!
Bleib stehen!

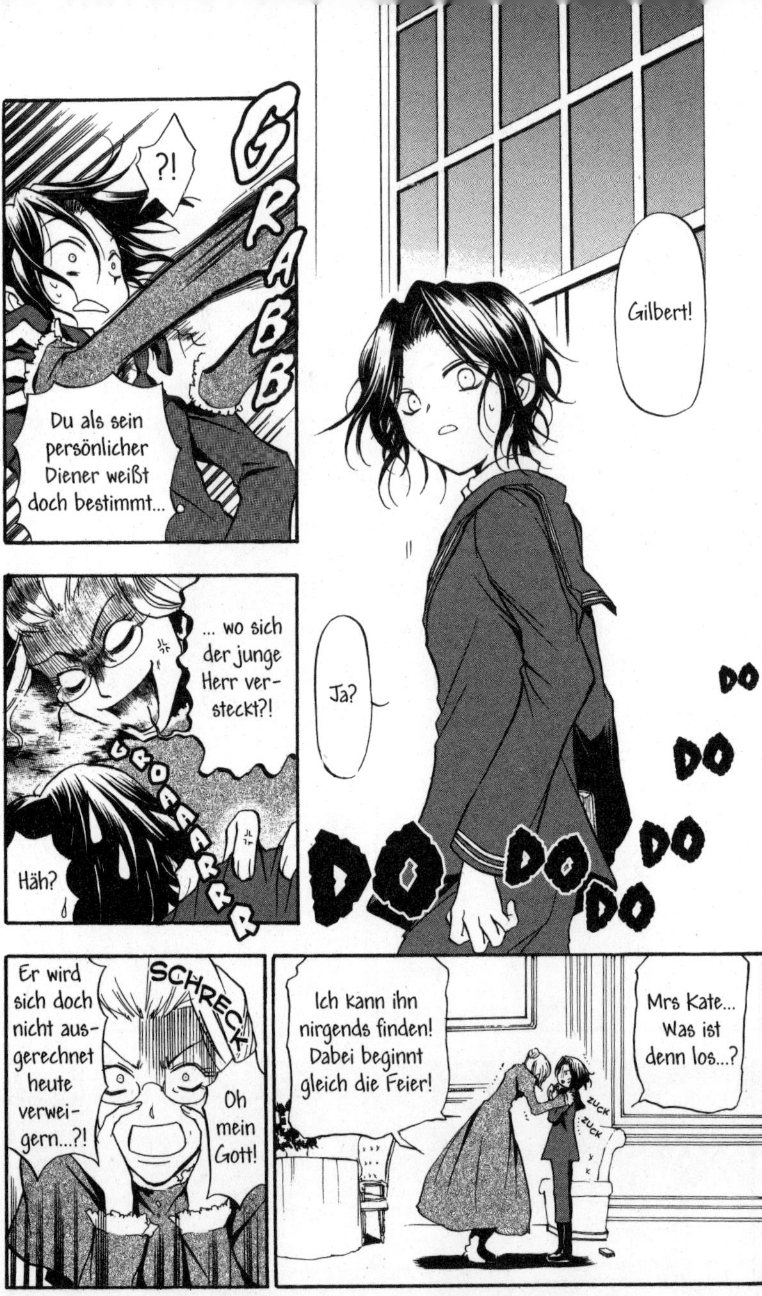
Gilbert!
?!
GRABB
Du als sein persönlicher Diener weißt doch bestimmt...
Ja?
... wo sich der junge Herr versteckt?!
GROAARRR
Häh?
DO DO DO DO DO DO
Mrs Kate... Was ist denn los...?
ZUCK ZUCK
Ich kann ihn nirgends finden! Dabei beginnt gleich die Feier!
Er wird sich doch nicht ausgerechnet heute verweigern...?!
SCHRECK
Oh mein Gott!

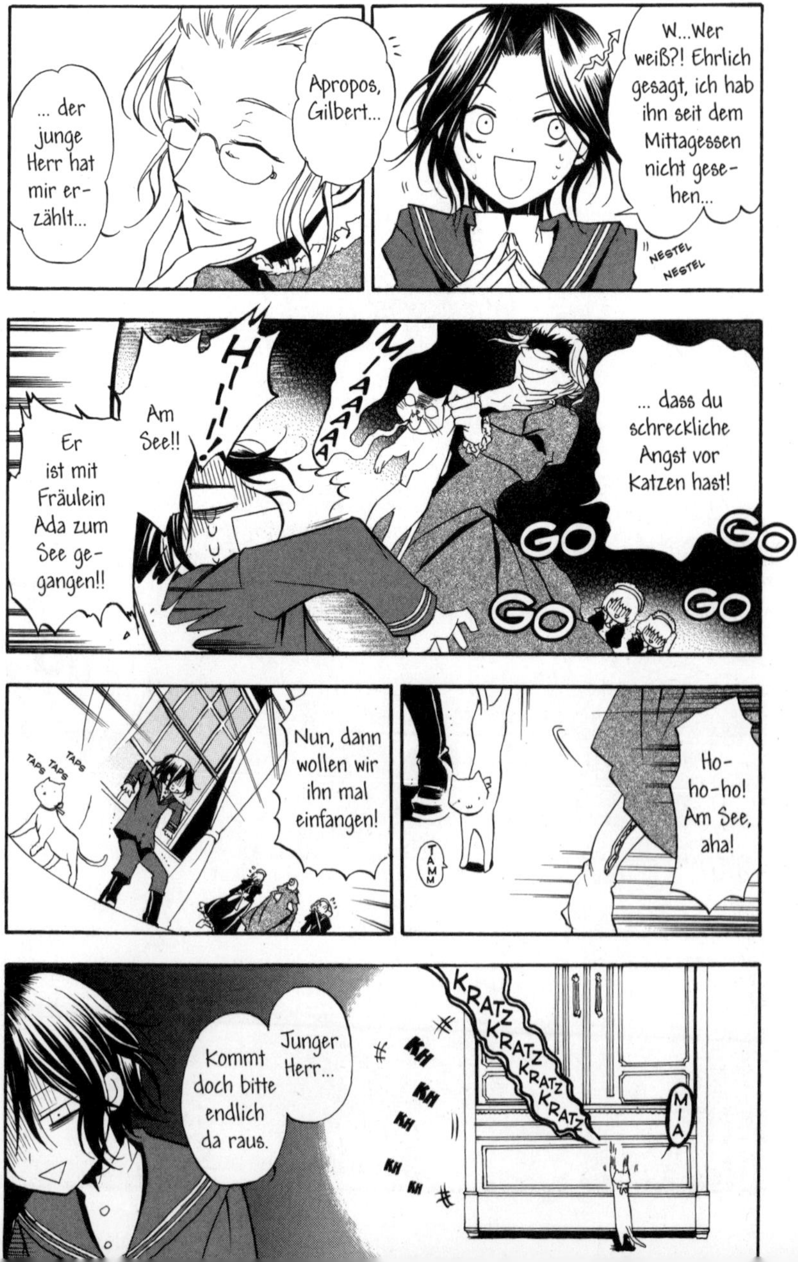
W...Wer weiß?! Ehrlich gesagt, ich hab ihn seit dem Mittagessen nicht gesehen...
NESTEL NESTEL
Apropos, Gilbert...
... der junge Herr hat mir erzählt...
... dass du schreckliche Angst vor Katzen hast!
GO GO GO GO
MIAAAAA
HI-----!
Am See!!
Er ist mit Fräulein Ada zum See gegangen!!
Ho-ho-ho! Am See, aha!
TAMM
Nun, dann wollen wir ihn mal einfangen!
TAPS TAPS
Junger Herr...
Kommt doch bitte endlich da raus.
KH KH KH KH KH
KRATZ KRATZ KRATZ KRATZ
MIA

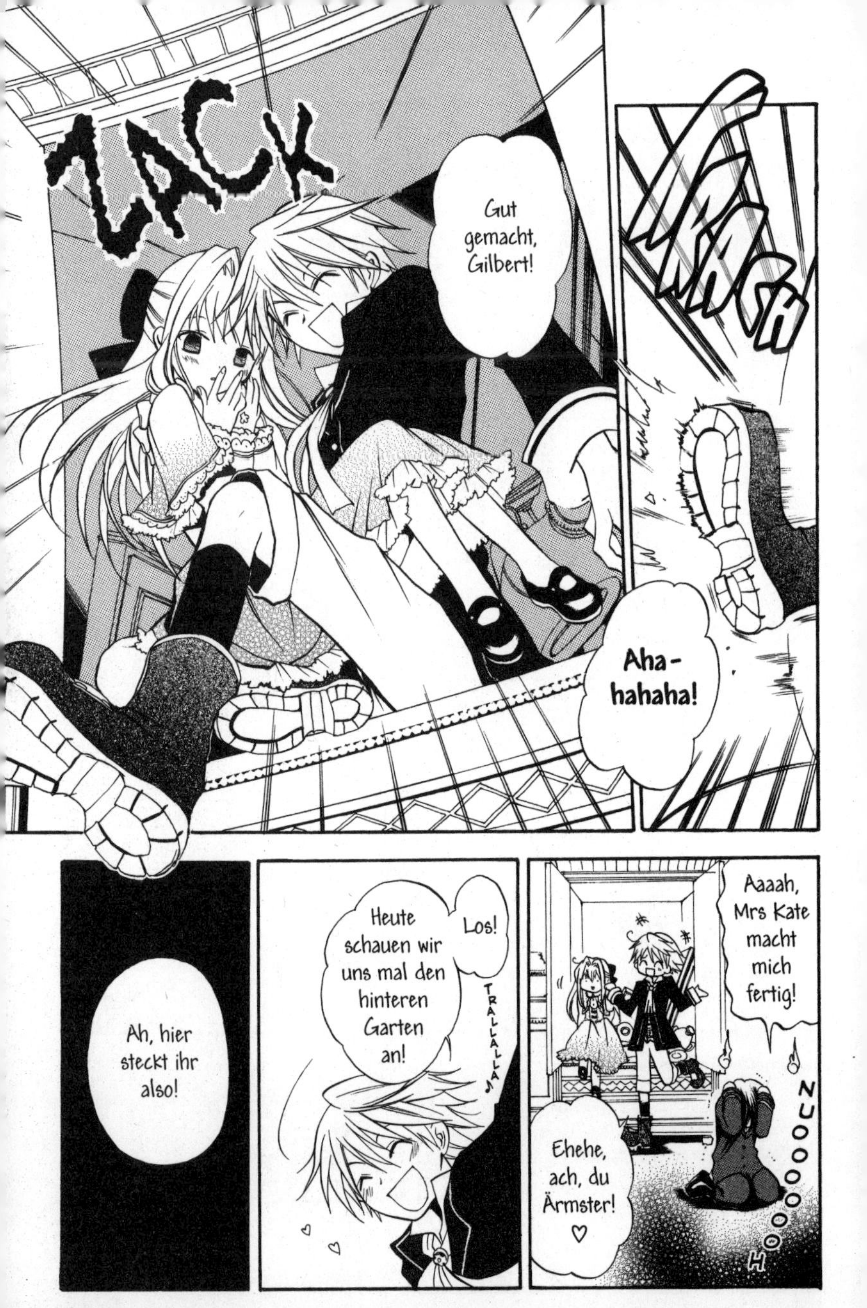
ZACK
Gut gemacht, Gilbert!
Aha-hahaha!
Aaaah, Mrs Kate macht mich fertig!
NUOOOOOOOH
Ehehe, ach, du Ärmster! ♡
Heute schauen wir uns mal den hinteren Garten an!
Los!
TRALLALLA ♪
Ah, hier steckt ihr also!

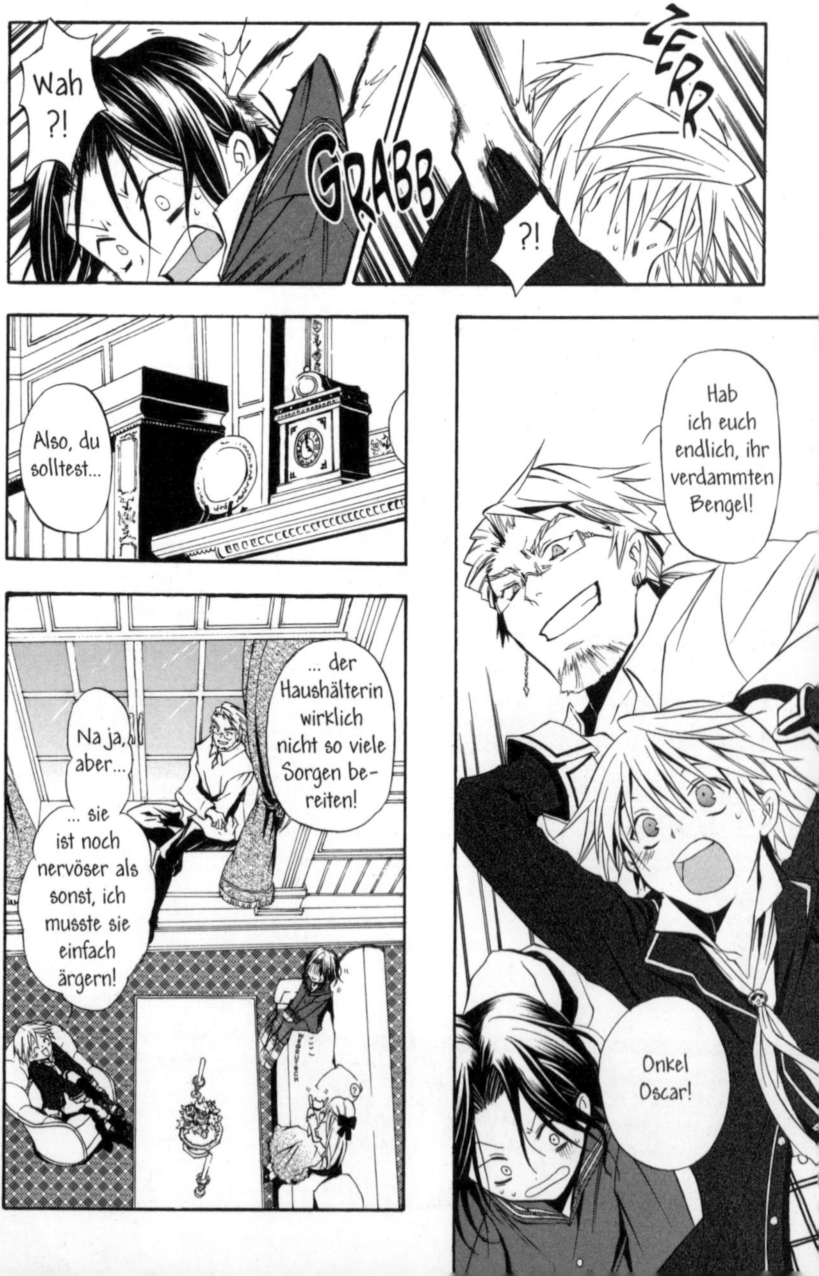
ZERR
?!
GRABB
Wah ?!
Hab ich euch endlich, ihr verdammten Bengel!
Also, du solltest...
... der Haushälterin wirklich nicht so viele Sorgen bereiten!
Na ja, aber...
... sie ist noch nervöser als sonst, ich musste sie einfach ärgern!
Onkel Oscar!

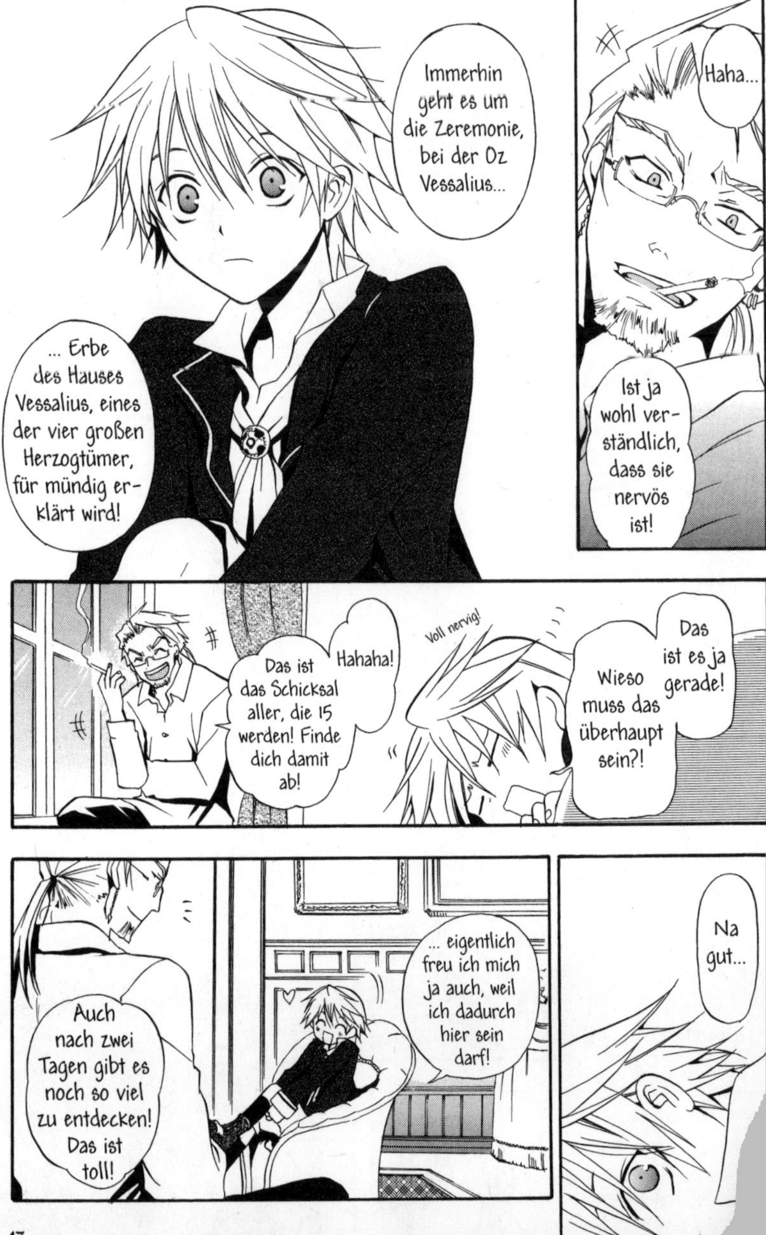
Haha...
Ist ja wohl ver-ständlich, dass sie nervös ist!
Immerhin geht es um die Zeremonie, bei der Oz Vessalius...
... Erbe des Hauses Vessalius, eines der vier großen Herzogtümer, für mündig er-klärt wird!
Das ist es ja gerade!
Wieso muss das überhaupt sein?!
Voll nervig!
Hahaha!
Das ist das Schicksal aller, die 15 werden! Finde dich damit ab!
Na gut...
... eigentlich freu ich mich ja auch, weil ich dadurch hier sein darf!
Auch nach zwei Tagen gibt es noch so viel zu entdecken! Das ist toll!

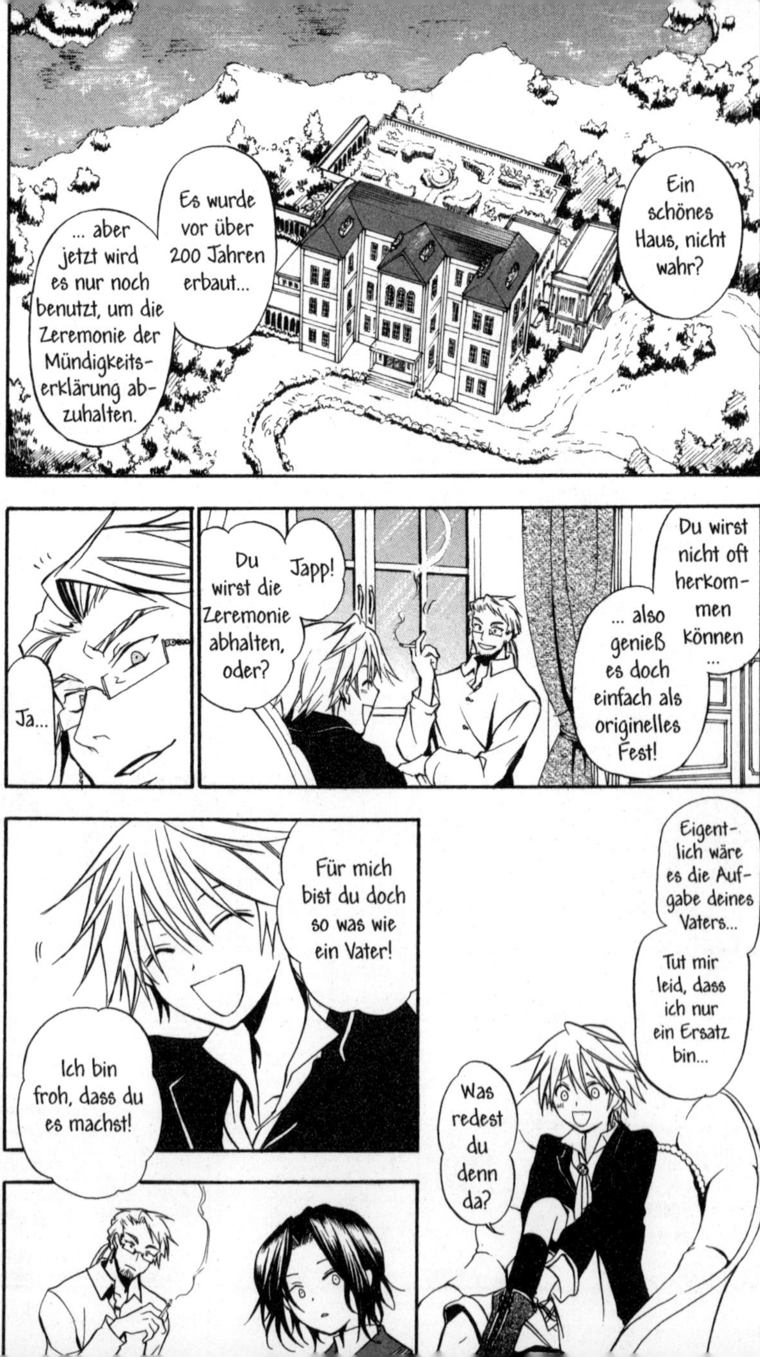
Ein schönes Haus, nicht wahr?
Es wurde vor über 200 Jahren erbaut...
... aber jetzt wird es nur noch benutzt, um die Zeremonie der Mündigkeitserklärung abzuhalten.
Du wirst nicht oft herkommen können ...
... also genieß es doch einfach als originelles Fest!
Japp!
Du wirst die Zeremonie abhalten, oder?
Ja...
Eigentlich wäre es die Aufgabe deines Vaters...
Tut mir leid, dass ich nur ein Ersatz bin...
Was redest du denn da?
Für mich bist du doch so was wie ein Vater!
Ich bin froh, dass du es machst!

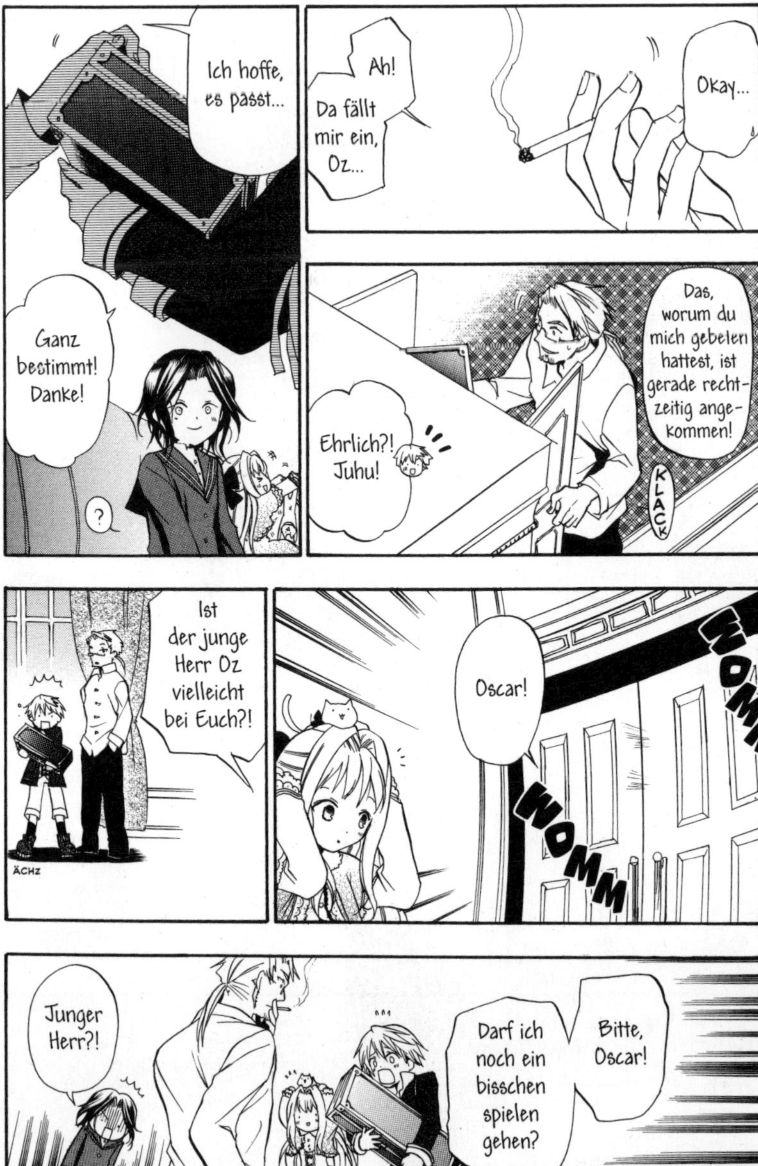
Okay...
Ah!
Da fällt mir ein, Oz...
Ich hoffe, es passt...
Das, worum du mich gebeten hattest, ist gerade rechtzeitig angekommen!
KLACK
Ehrlich?! Juhu!
Ganz bestimmt! Danke!
?
Oscar!
WOMM
WOMM
Ist der junge Herr Oz vielleicht bei Euch?!
ÄCHZ
Bitte, Oscar!
Darf ich noch ein bisschen spielen gehen?
Junger Herr?!

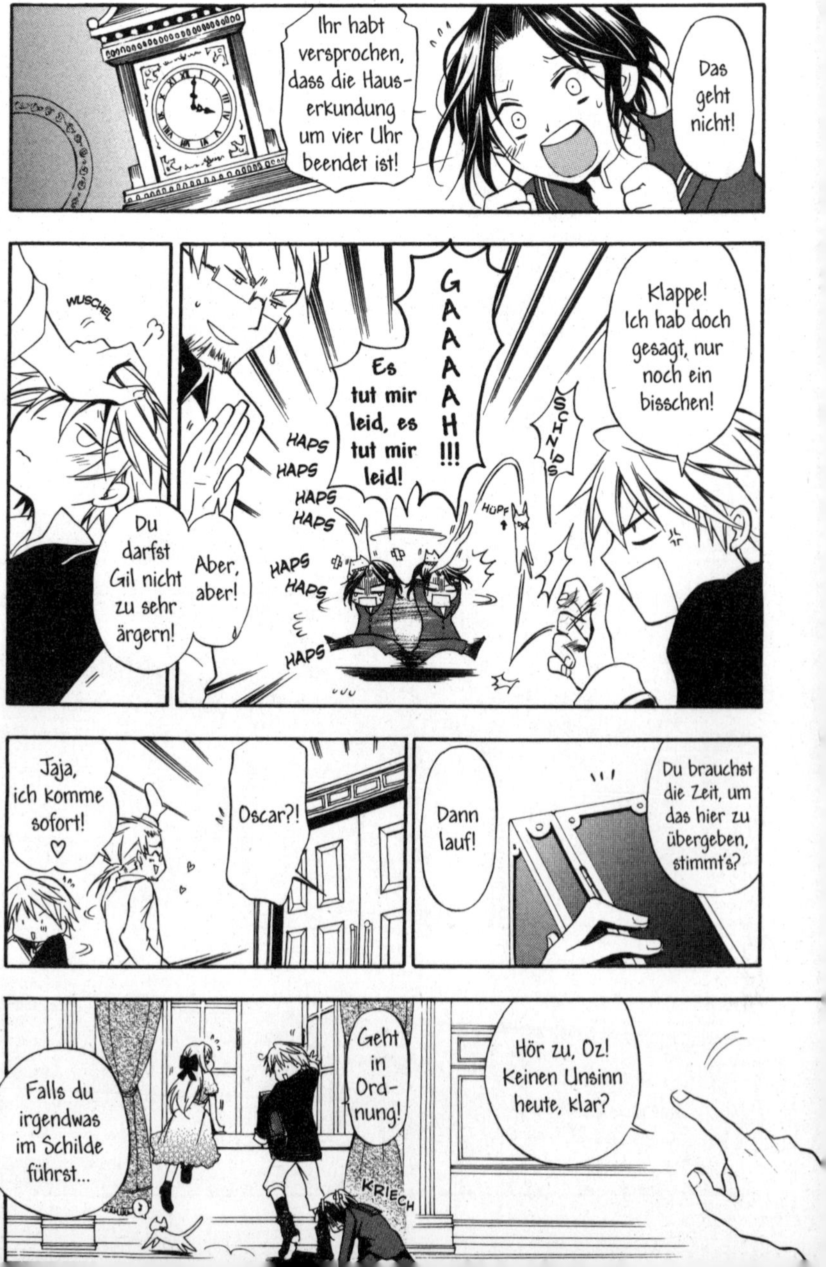
Das geht nicht!
Ihr habt versprochen, dass die Hauserkundung um vier Uhr beendet ist!
Klappe! Ich hab doch gesagt, nur noch ein bisschen!
SCHNIPS
HÜPF
GAAAAAH!!!
Es tut mir leid, es tut mir leid!
HAPS HAPS HAPS HAPS HAPS HAPS HAPS
Aber, aber!
Du darfst Gil nicht zu sehr ärgern!
WUSCHEL
Du brauchst die Zeit, um das hier zu übergeben, stimmt's?
Dann lauf!
Oscar?!
Jaja, ich komme sofort! ♡
Hör zu, Oz! Keinen Unsinn heute, klar?
Geht in Ord-nung!
KRIECH
Falls du irgendwas im Schilde führst...

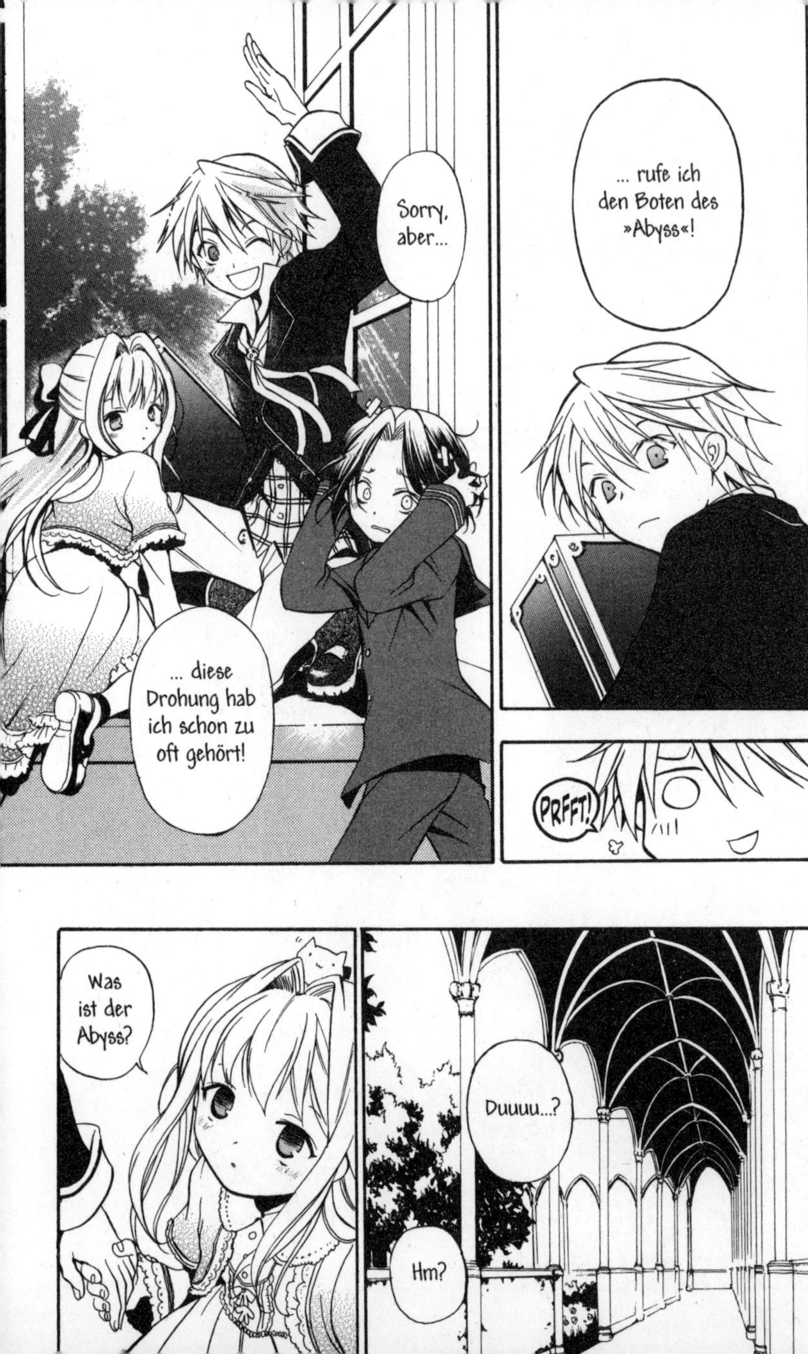
... rufe ich den Boten des »Abyss«!
PRFFT!
Sorry, aber...
... diese Drohung hab ich schon zu oft gehört!
Duuuu...?
Hm?
Was ist der Abyss?

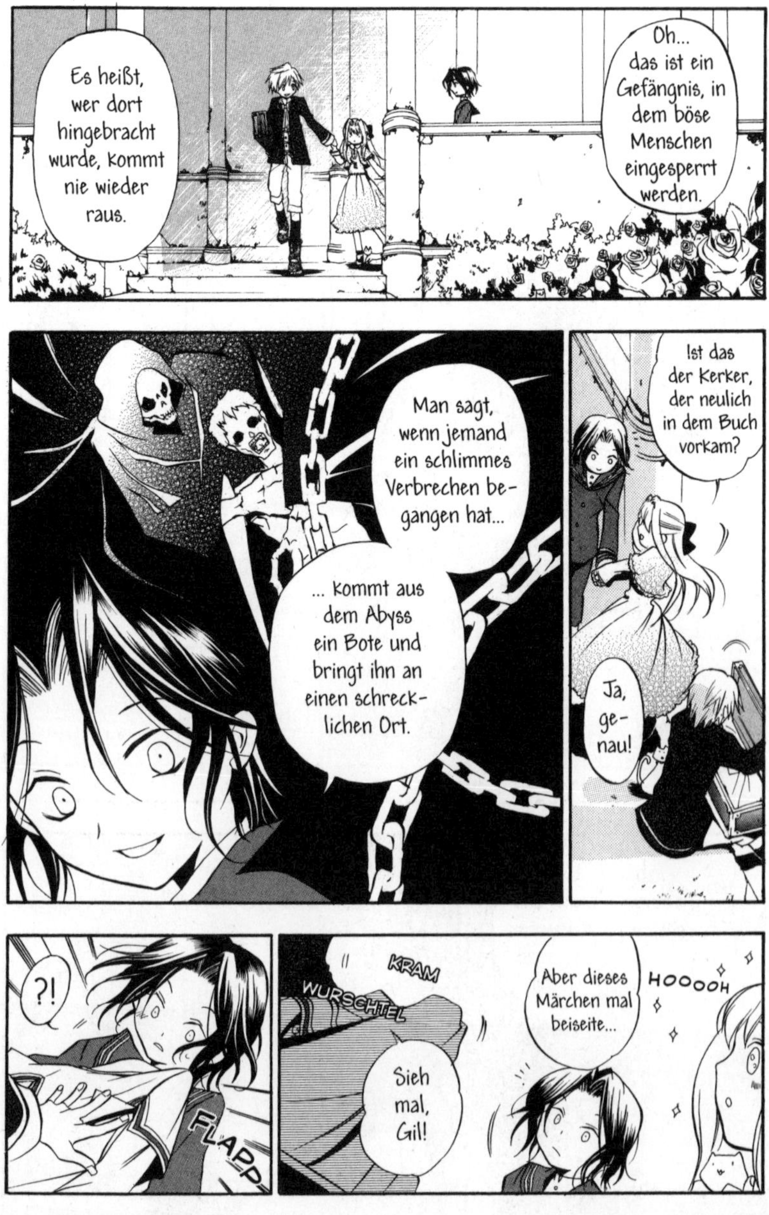

Oh... das ist ein Gefängnis, in dem böse Menschen eingesperrt werden.
Es heißt, wer dort hingebracht wurde, kommt nie wieder raus.
Ist das der Kerker, der neulich in dem Buch vorkam?
Ja, ge-nau!
Man sagt, wenn jemand ein schlimmes Verbrechen be-gangen hat...
... kommt aus dem Abyss ein Bote und bringt ihn an einen schreck-lichen Ort.
HOOOOH
Aber dieses Märchen mal beiseite...
KRAM
WURSCHTEL
Sieh mal, Gil!
?!
FLAPP

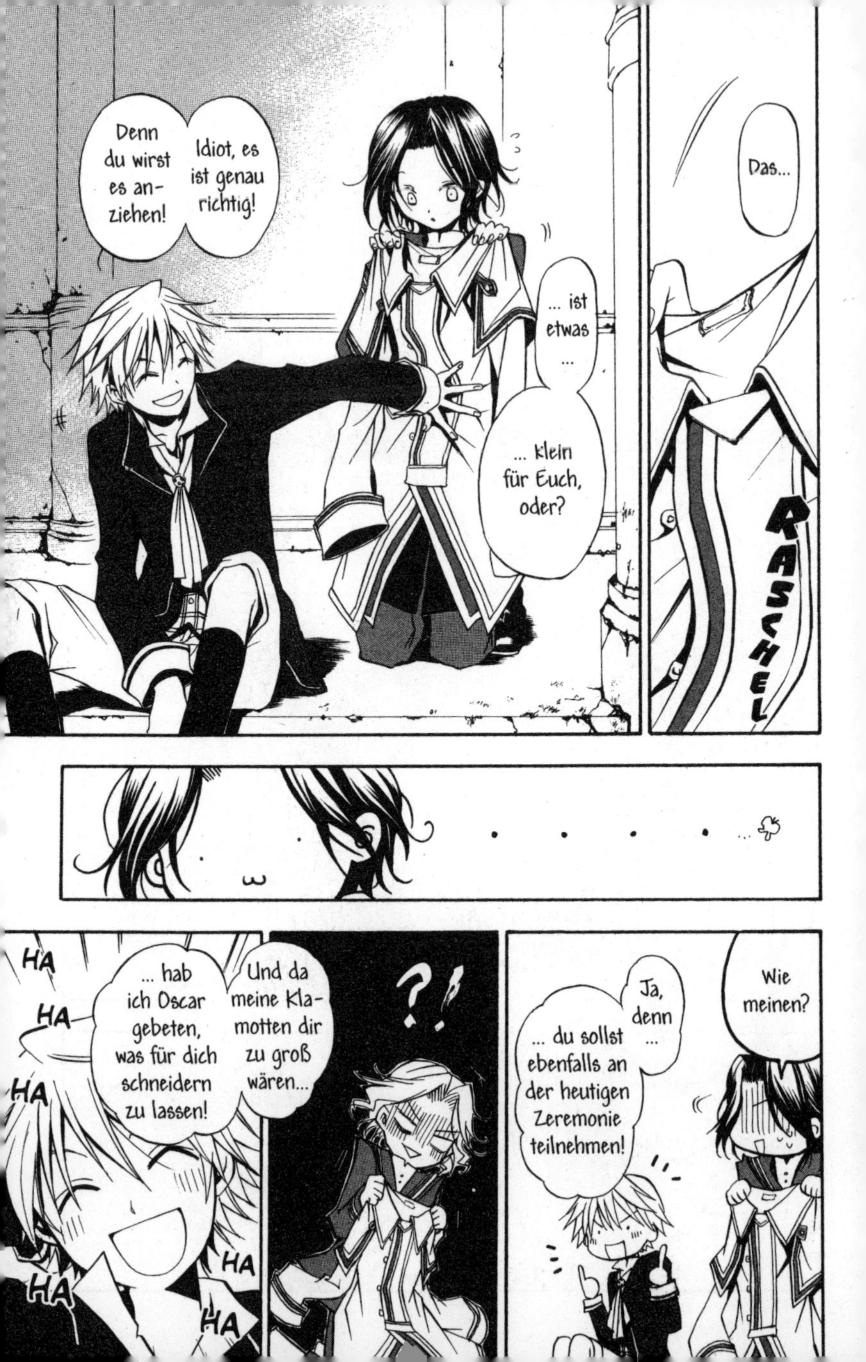
Das...
RASCHEL
... ist etwas ...
... klein für Euch, oder?
Idiot, es ist genau richtig!
Denn du wirst es anziehen!
....
Wie meinen?
Ja, denn ...
... du sollst ebenfalls an der heutigen Zeremonie teilnehmen!
?!
Und da meine Klamotten dir zu groß wären...
... hab ich Oscar gebeten, was für dich schneidern zu lassen!
HA HA HA HA HA HA

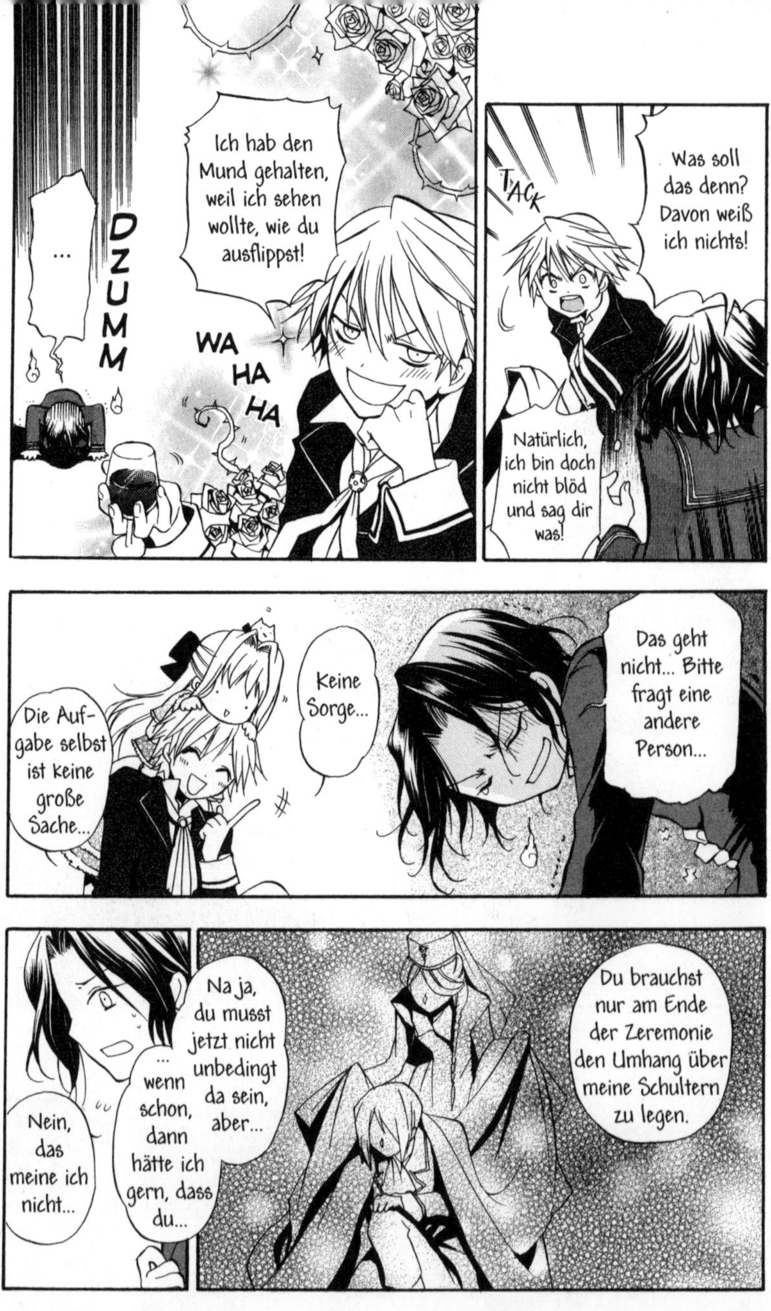
Was soll das denn? Davon weiß ich nichts!
TACK
Natürlich, ich bin doch nicht blöd und sag dir was!
Ich hab den Mund gehalten, weil ich sehen wollte, wie du ausflippst!
WA HA HA
DZUMM
...
Das geht nicht... Bitte fragt eine andere Person...
Keine Sorge...
Die Aufgabe selbst ist keine große Sache...
Du brauchst nur am Ende der Zeremonie den Umhang über meine Schultern zu legen.
Na ja, du musst jetzt nicht unbedingt da sein, aber...
... wenn schon, dann hätte ich gern, dass du...
Nein, das meine ich nicht...

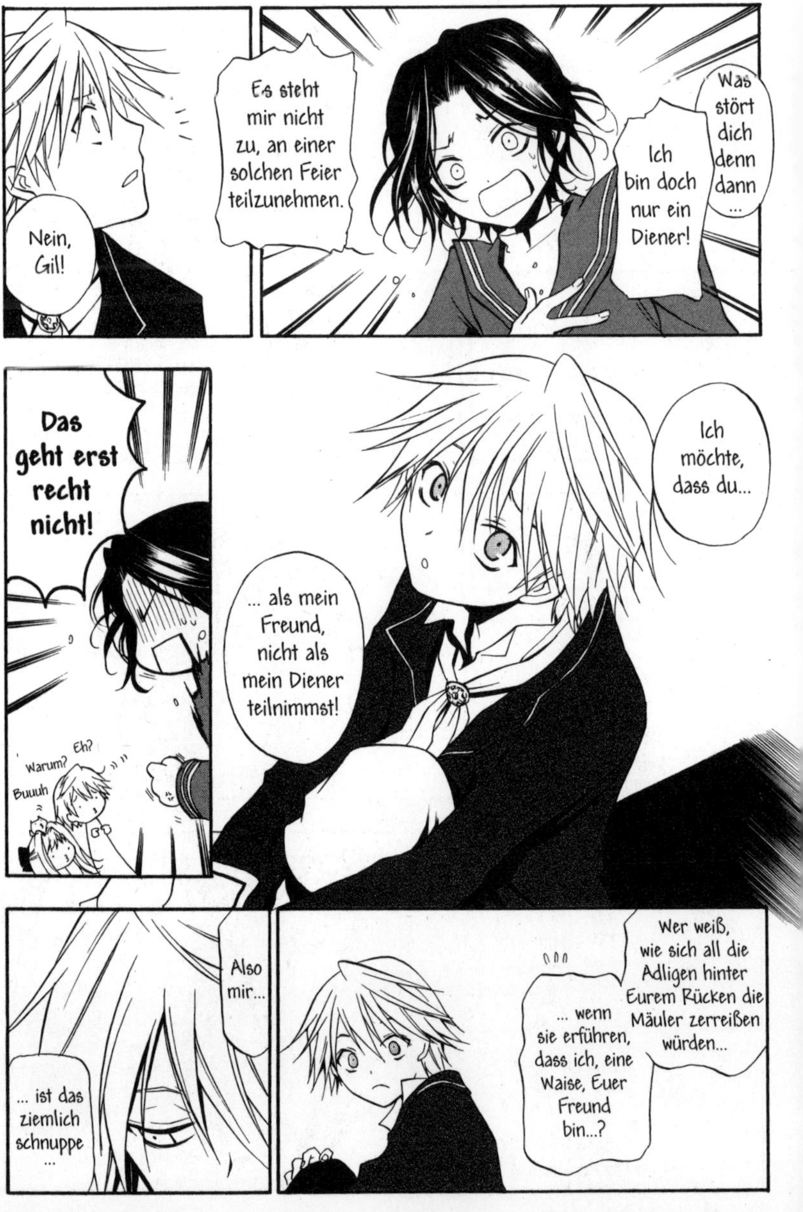
Was stört dich denn dann ...
Ich bin doch nur ein Diener!
Es steht mir nicht zu, an einer solchen Feier teilzunehmen.
Nein, Gil!
Ich möchte, dass du...
... als mein Freund, nicht als mein Diener teilnimmst!
Das geht erst recht nicht!
Eh?
Warum?
Buuuh
Wer weiß, wie sich all die Adligen hinter Eurem Rücken die Mäuler zerreißen würden...
... wenn sie erführen, dass ich, eine Waise, Euer Freund bin...?
Also mir...
... ist das ziemlich schnuppe ...

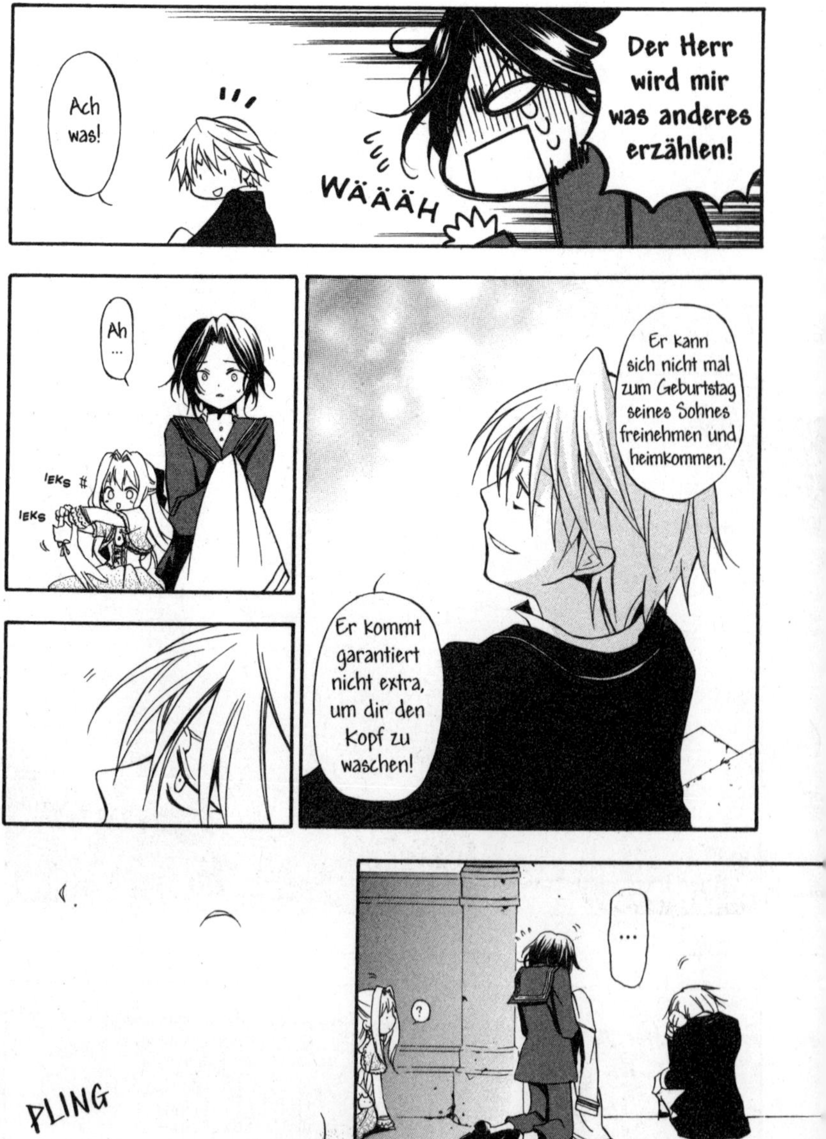
Der Herr wird mir was anderes erzählen!
WÄÄÄH
Ach was!
Er kann sich nicht mal zum Geburtstag seines Sohnes freinehmen und heimkommen.
Ah …
IEKS
IEKS
Er kommt garantiert nicht extra, um dir den Kopf zu waschen!
…
?
PLING

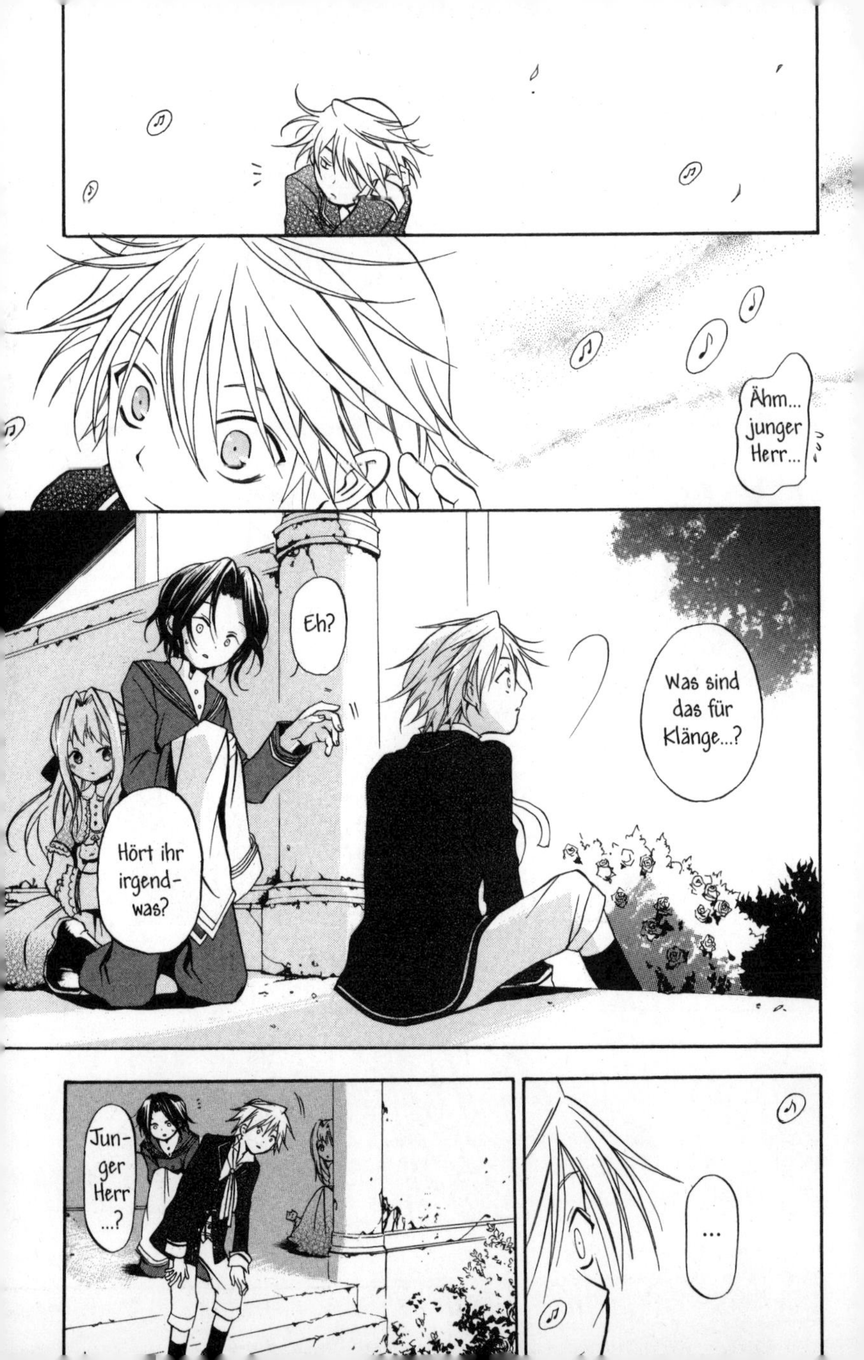
Ähm... junger Herr...
Was sind das für Klänge...?
Eh?
Hört ihr irgend-was?
...
Jun-ger Herr ...?

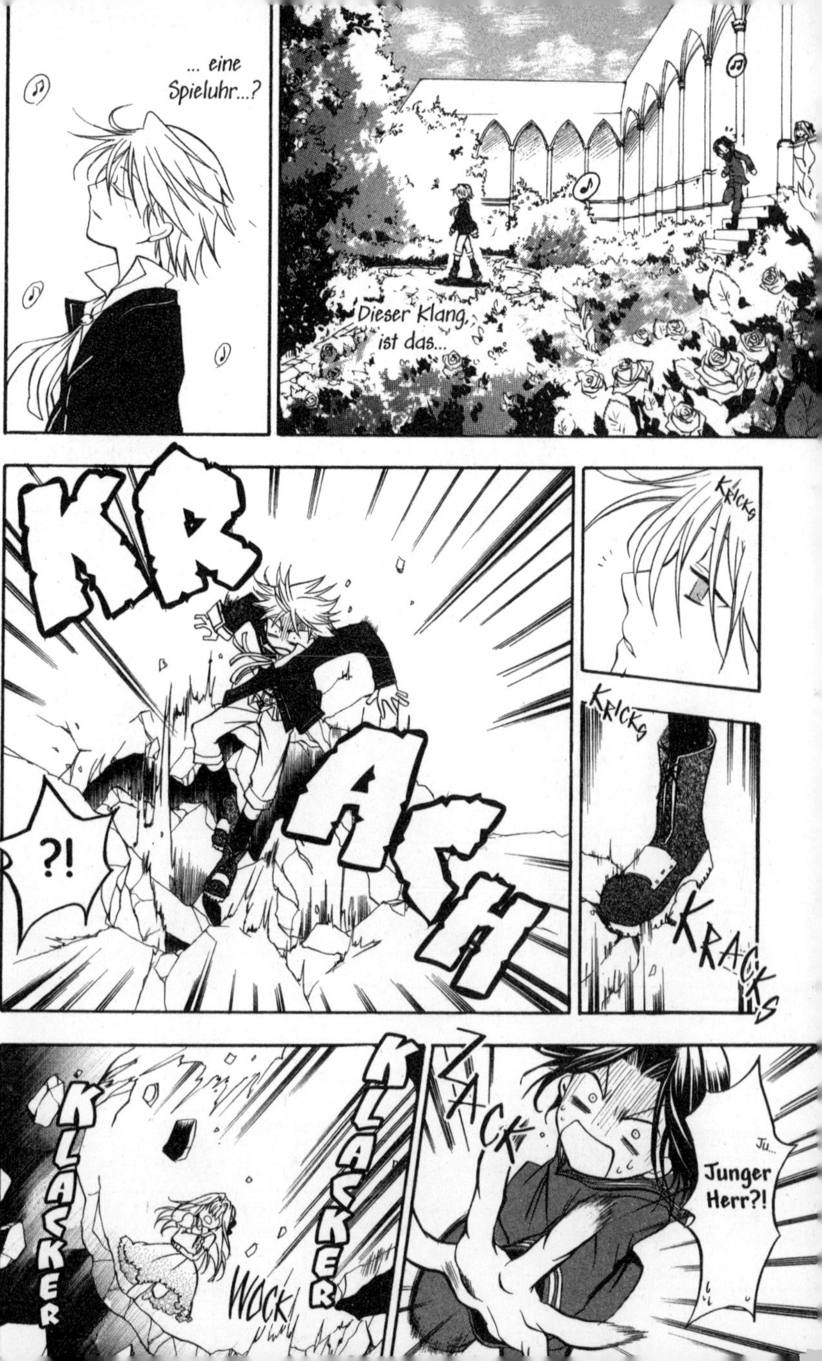
... eine Spieluhr...?
Dieser Klang, ist das...
Krucks
KRAACH
?!
Krucks
KRACKS
Ju...
Junger Herr?!
ZACK
KLACKER
KLACKER
WOCK

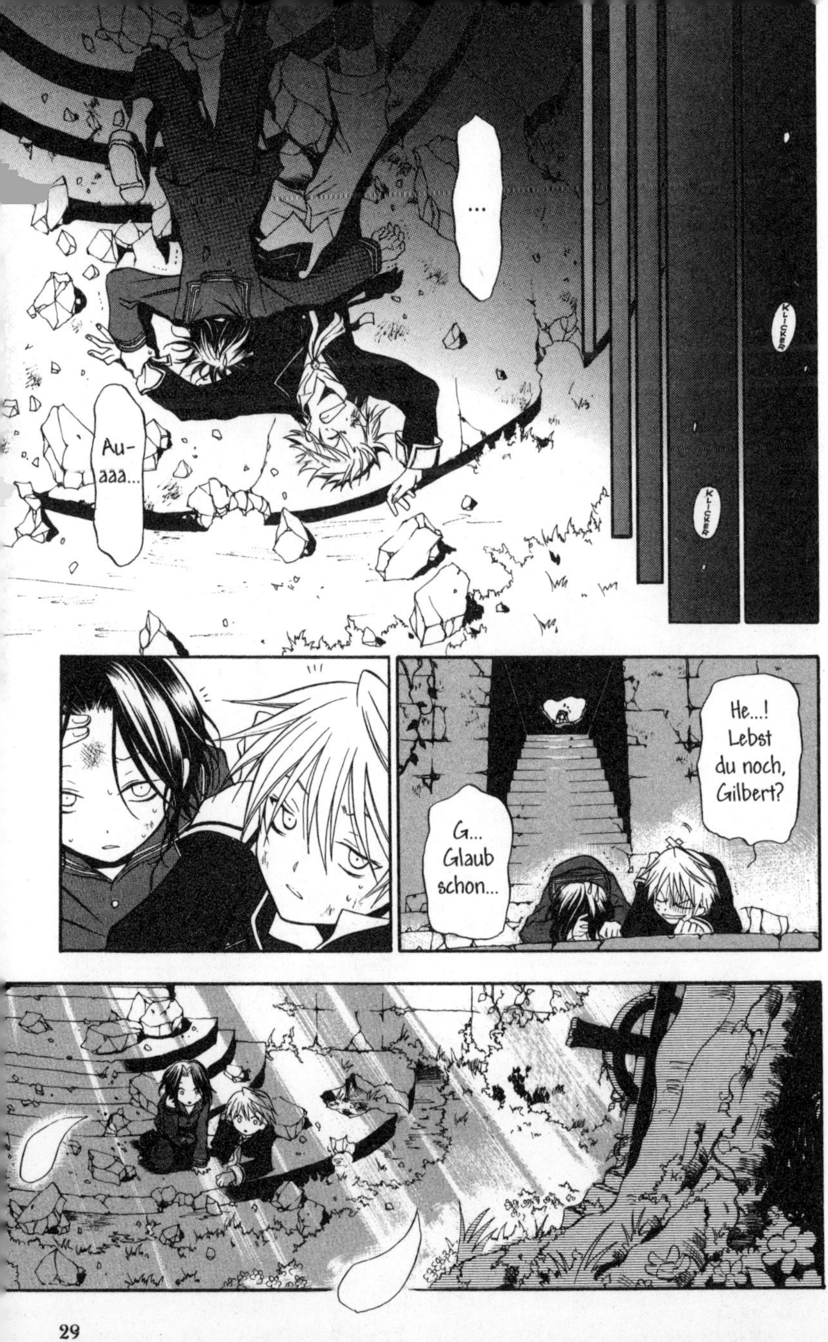
KLICKER
KLICKER
...
Au-aaa...
He...! Lebst du noch, Gilbert?
G... Glaub schon...

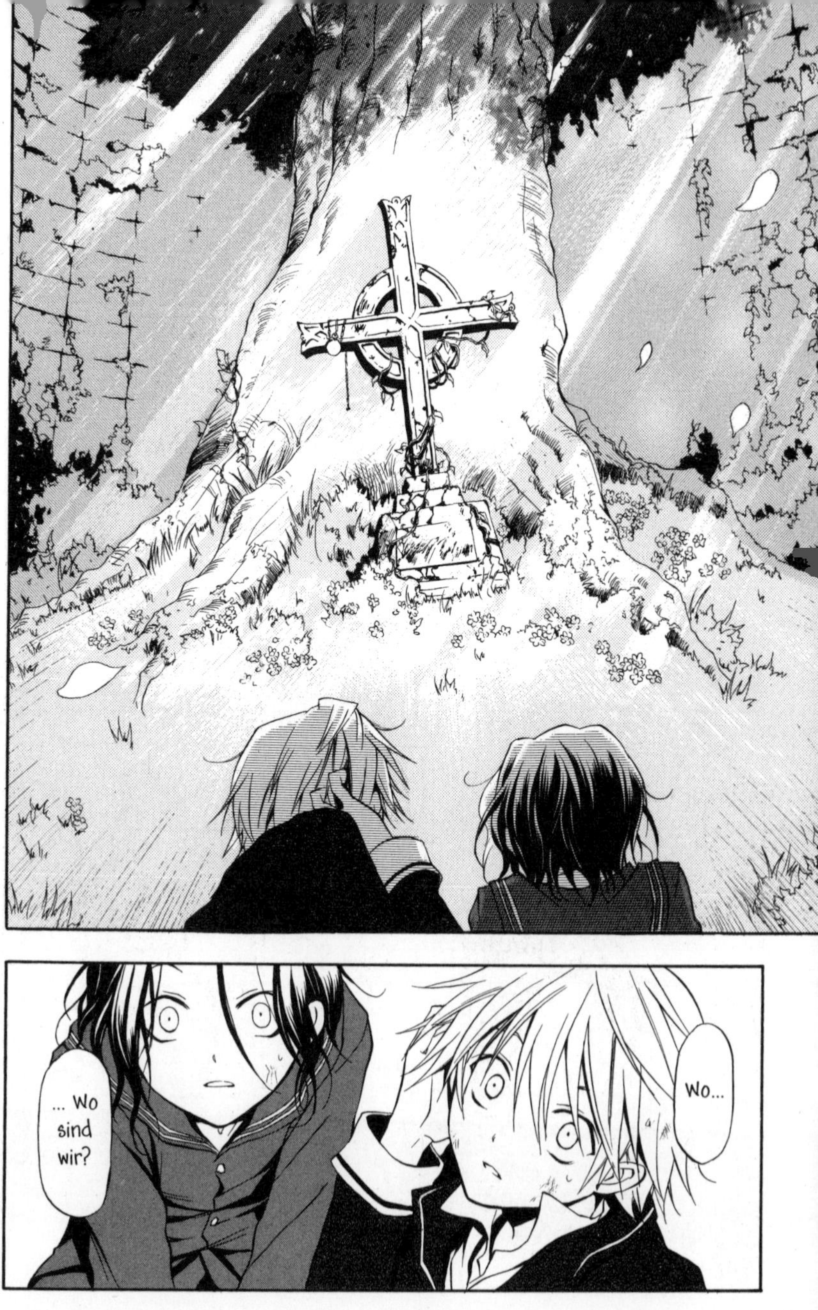
Wo...
... Wo sind wir?

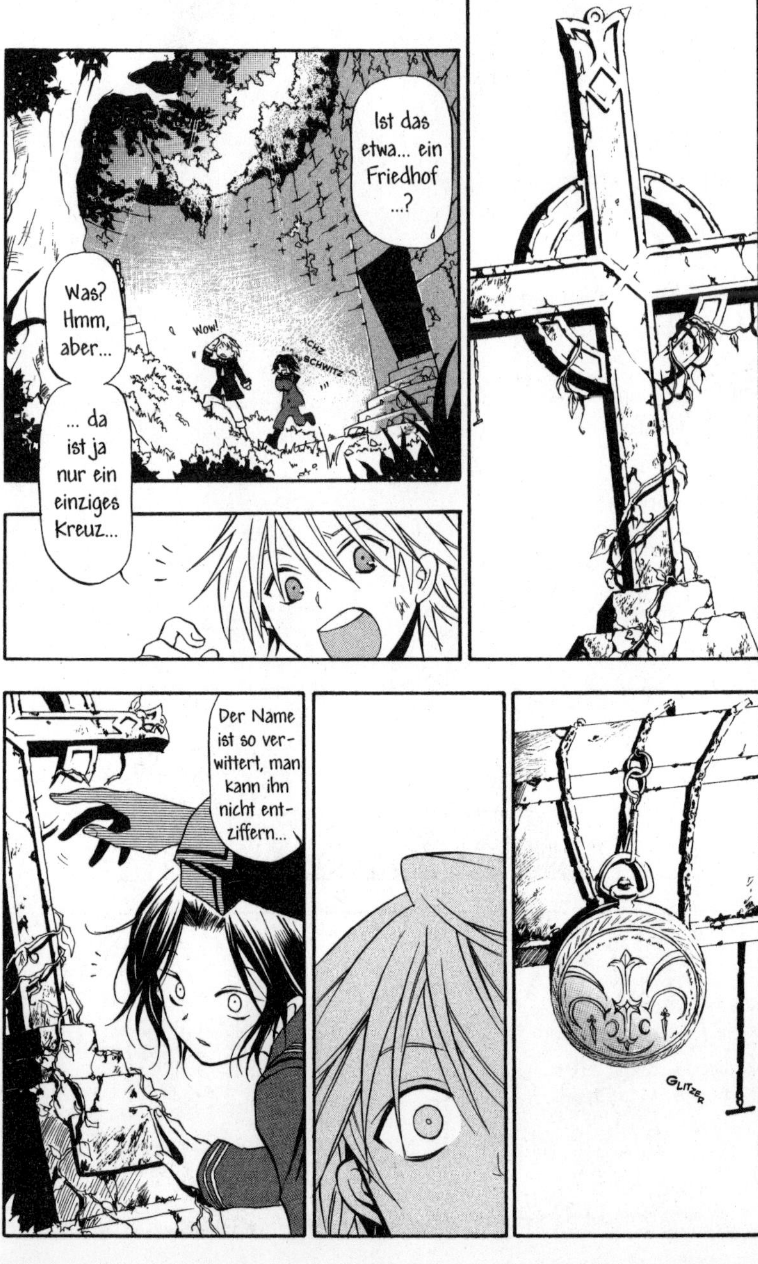
Ist das etwa... ein Friedhof ...?
Wow!
ACHZ SCHWITZ
Was? Hmm, aber...
... da ist ja nur ein einziges Kreuz...
Der Name ist so verwittert, man kann ihn nicht entziffern...
GLITZER

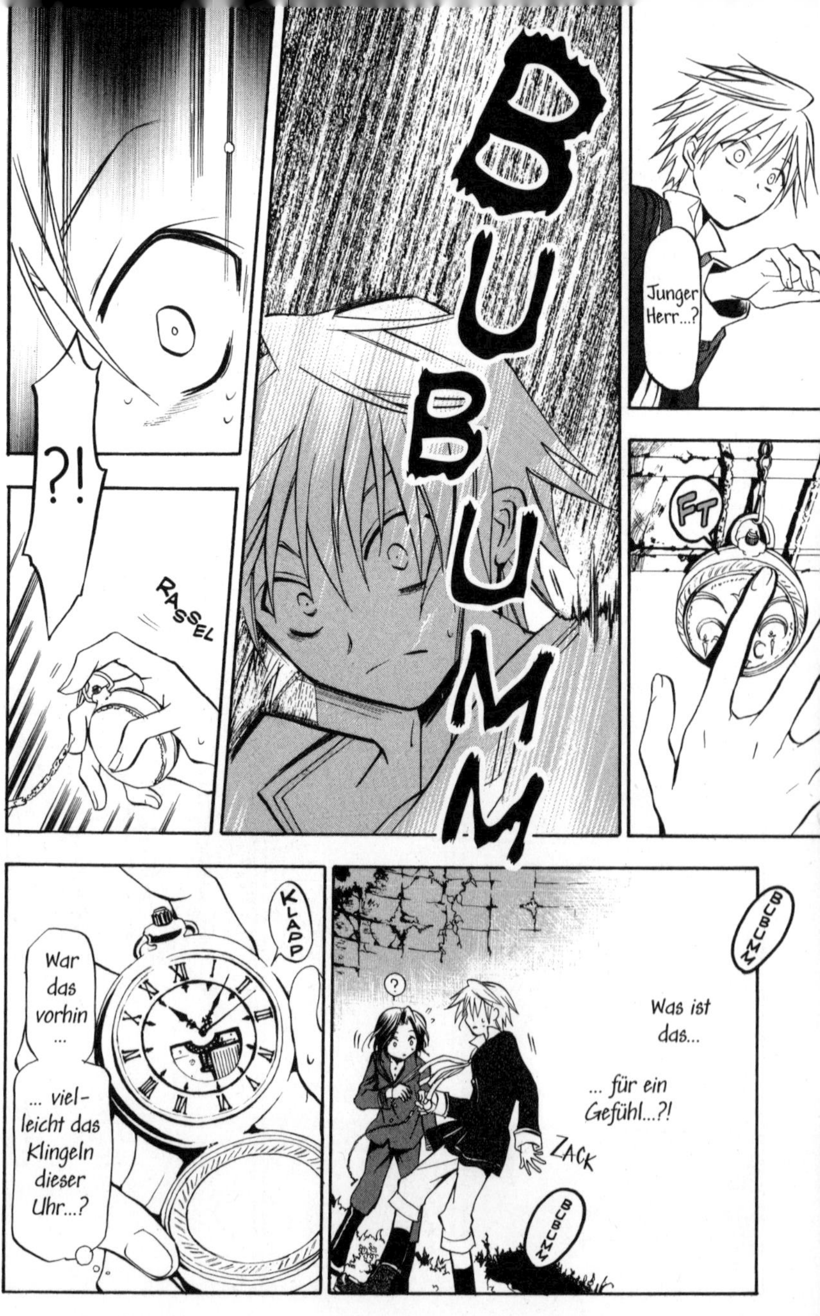
Junger Herr...?
FT
BUBUMM
?!
RASSEL
BUBUMM
Was ist das...
... für ein Gefühl...?!
ZACK
BUBUMM
KLAPP
War das vorhin ...
... viel-leicht das Klingeln dieser Uhr...?

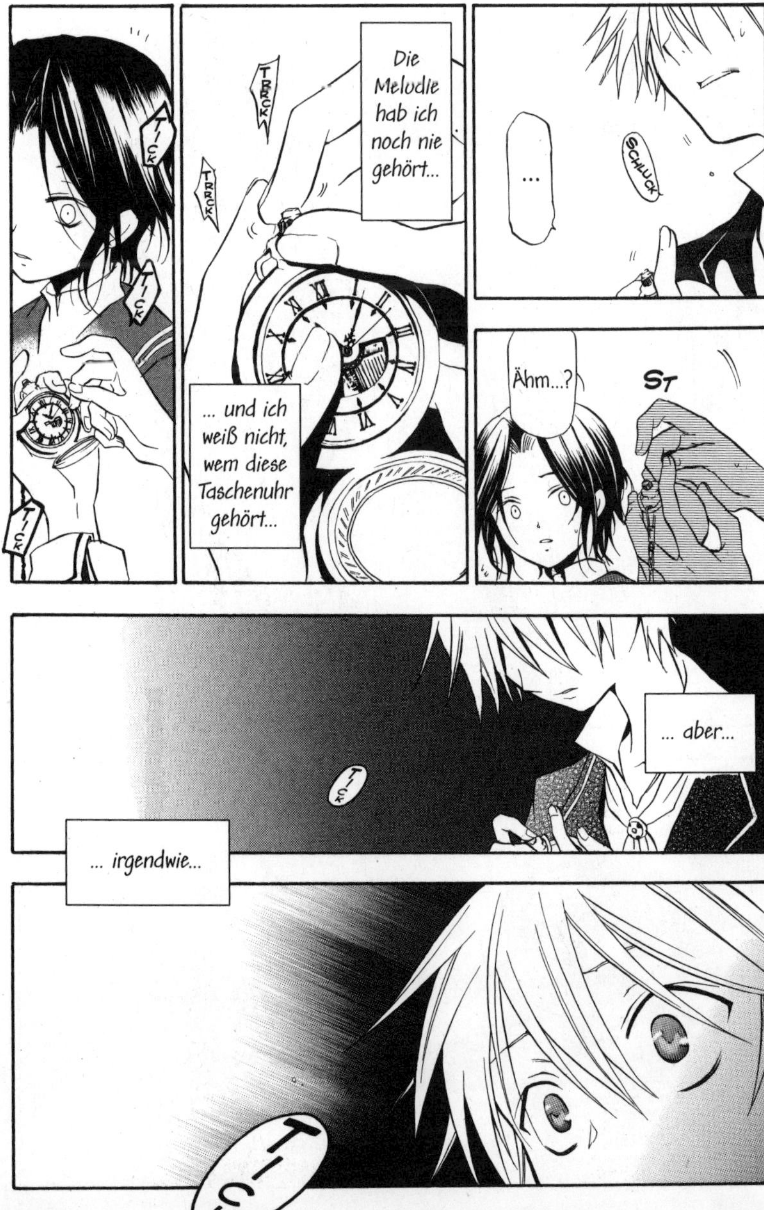
SCHLUCK
...
Die Melodie hab ich noch nie gehört...
TRRCK
TRRCK
TICK
TICK
TICK
ST
Ähm...?
... und ich weiß nicht, wem diese Taschenuhr gehört...
... aber...
TICK
... irgendwie...
TICK

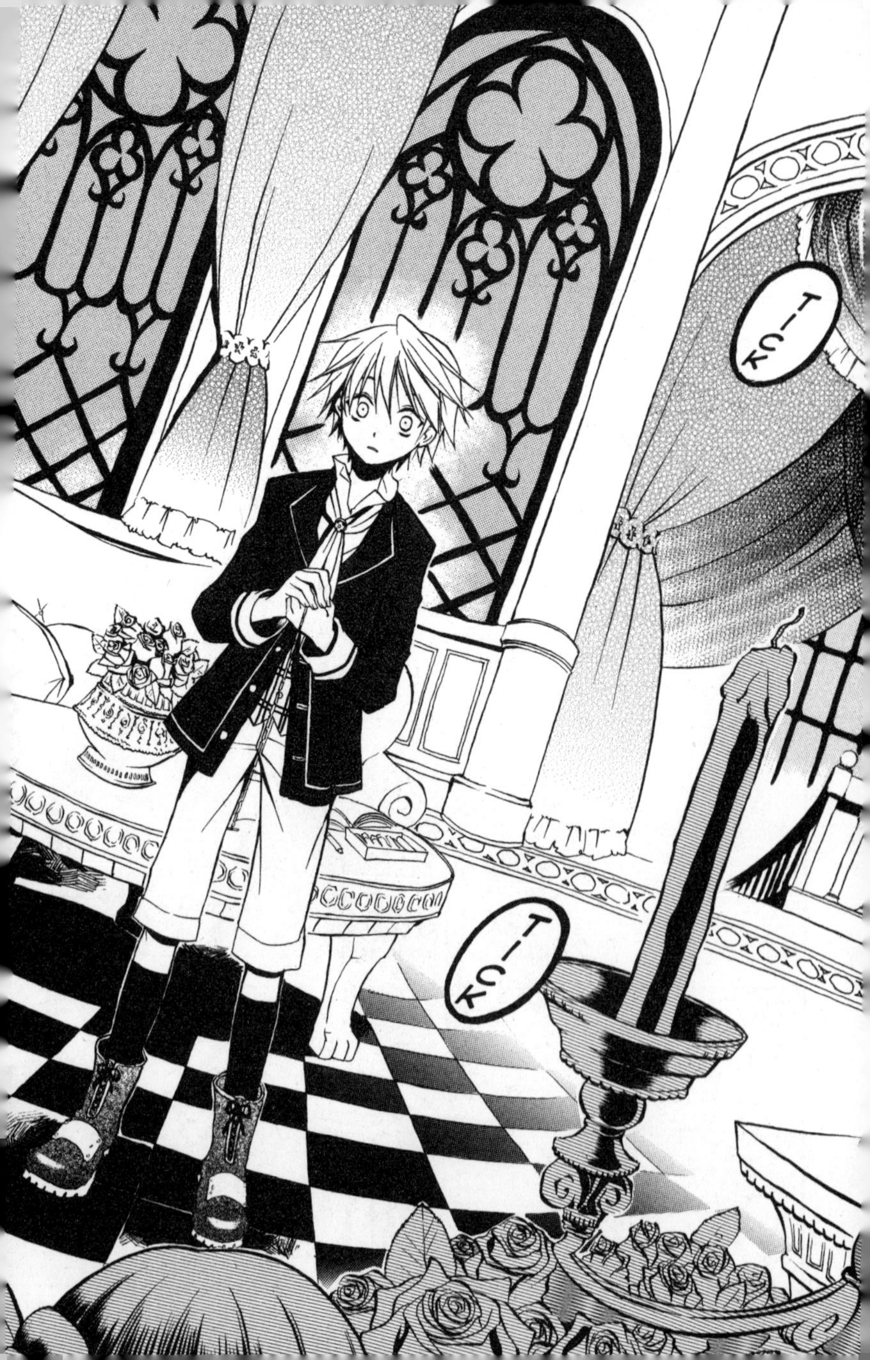
TICK
TICK

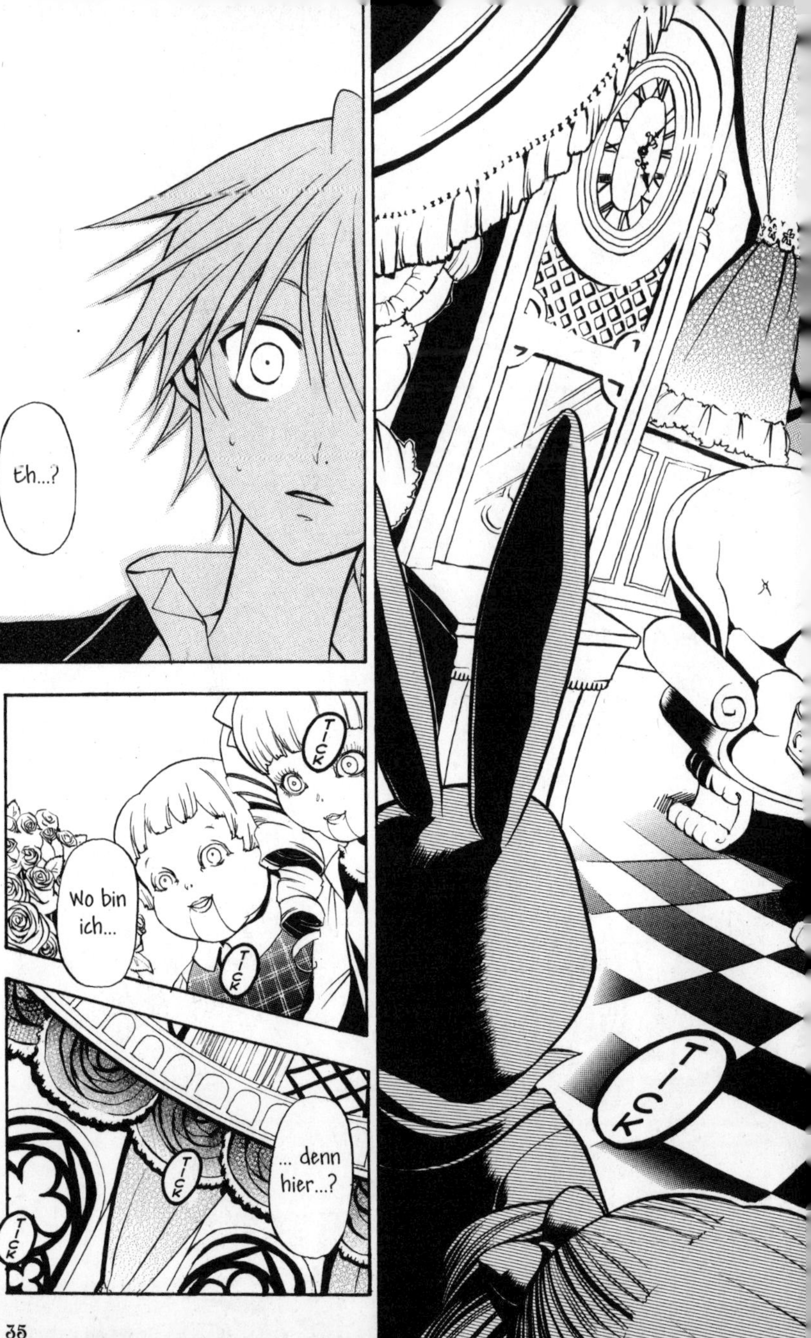
TICK
Eh...?
TICK
TICK
Wo bin ich...
TICK
TICK
... denn hier...?

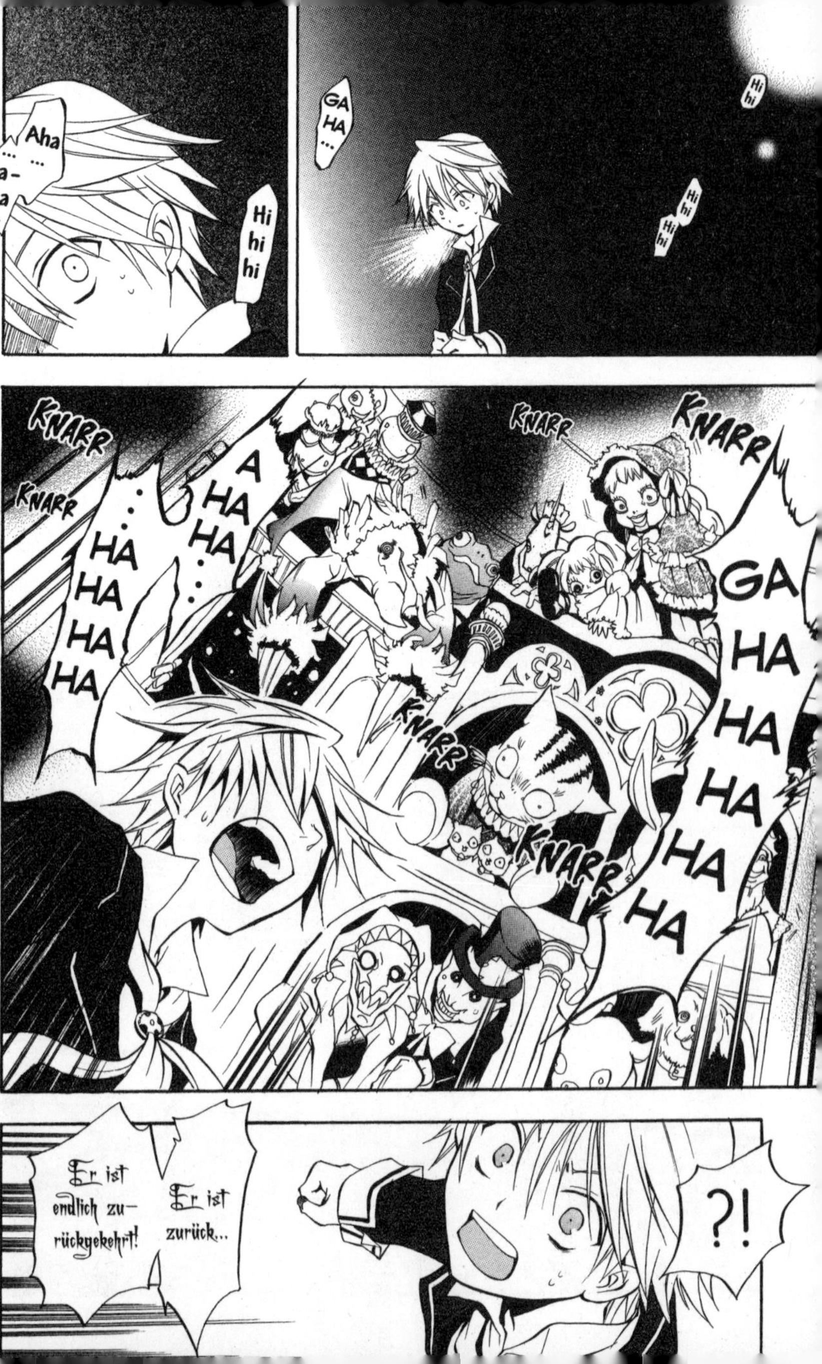
Hi hi
Hi hi
Hi hi
GA HA …
Hi hi hi
Aha … … ha-ha …
GA HA HA HA HA HA HA
KNARR
KNARR
KNARR
KNARR
A HA HA … … HA HA HA HA HA
KNARR
KNARR
?!
Er ist zurück…
Er ist endlich zurückgekehrt!

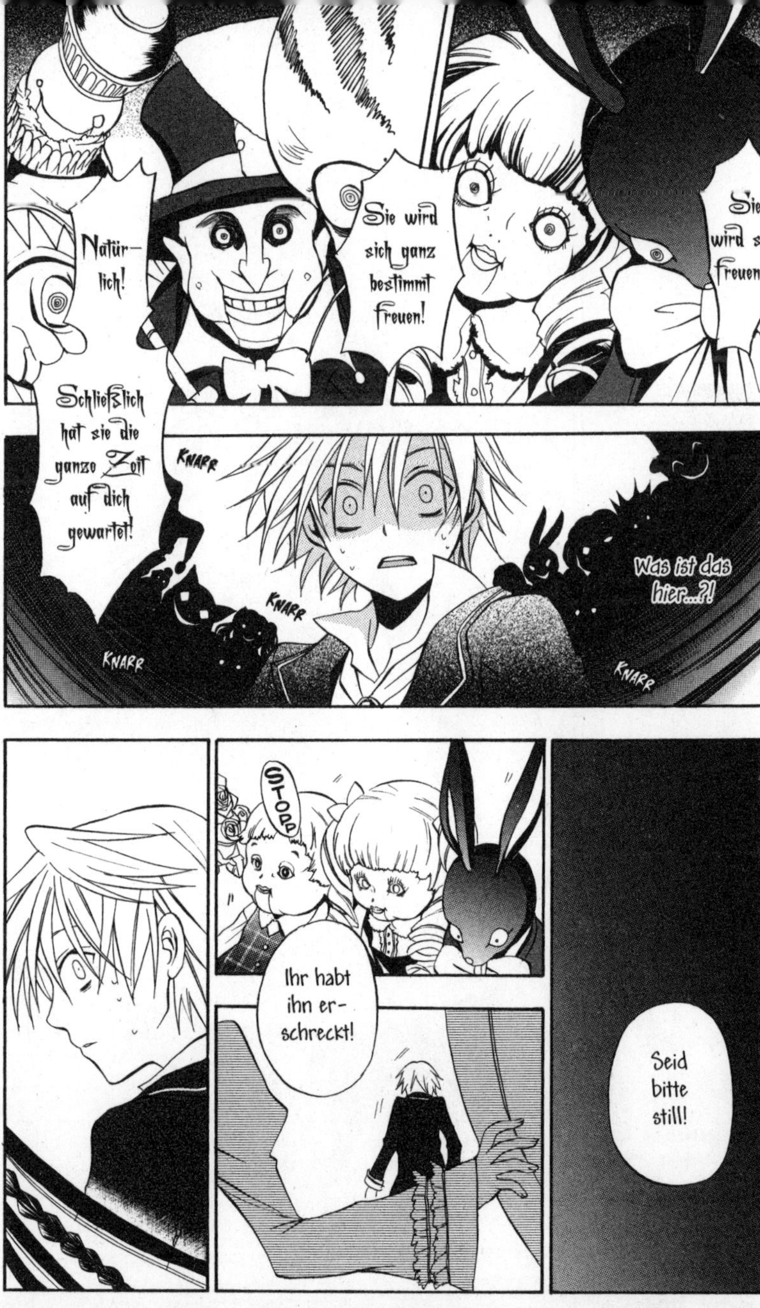
Sie wird sich freuen...
Sie wird sich ganz bestimmt freuen!
Natürlich!
Schließlich hat sie die ganze Zeit auf dich gewartet!
Was ist das hier...?!
KNARR
KNARR
KNARR
KNARR
STOPP
Ihr habt ihn er-schreckt!
Seid bitte still!

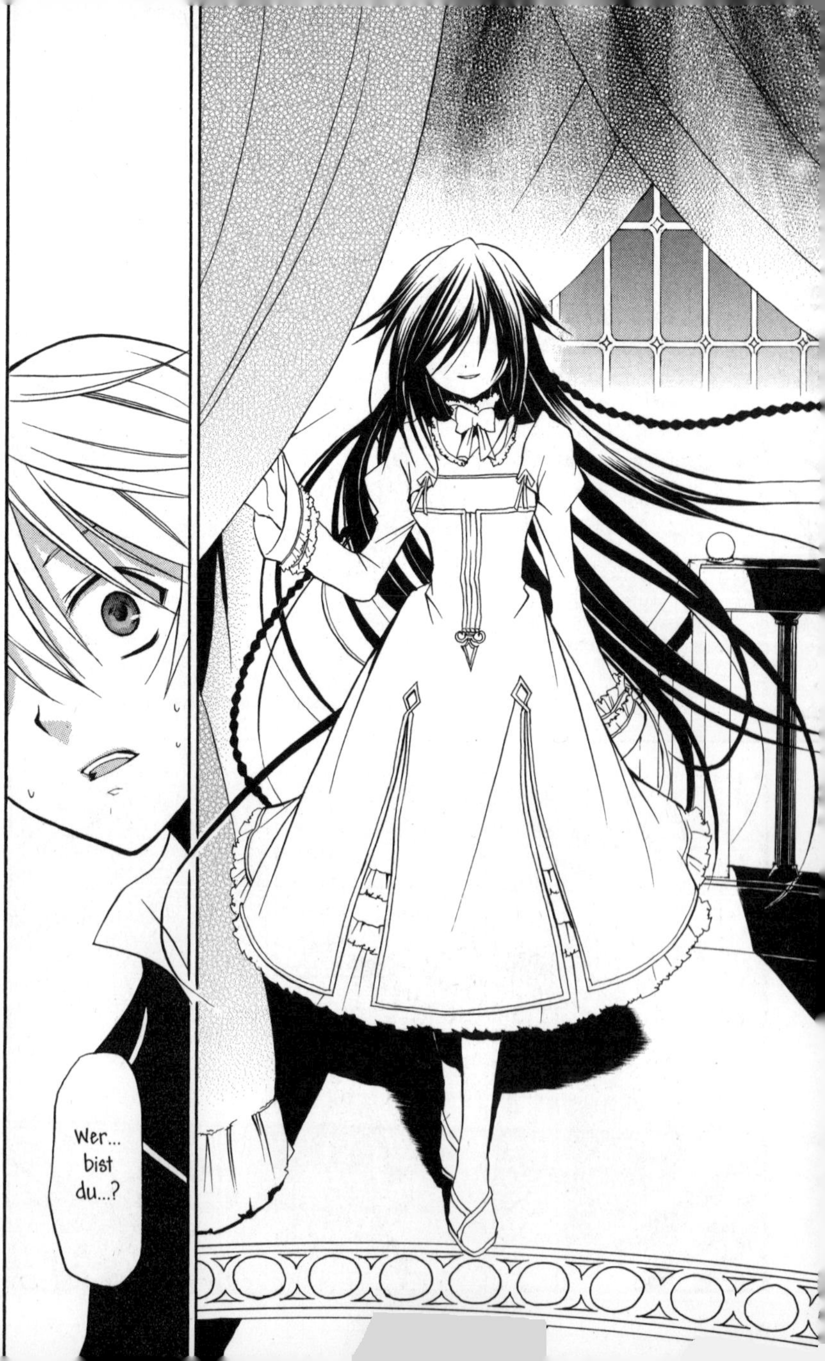
Wer... bist du...?

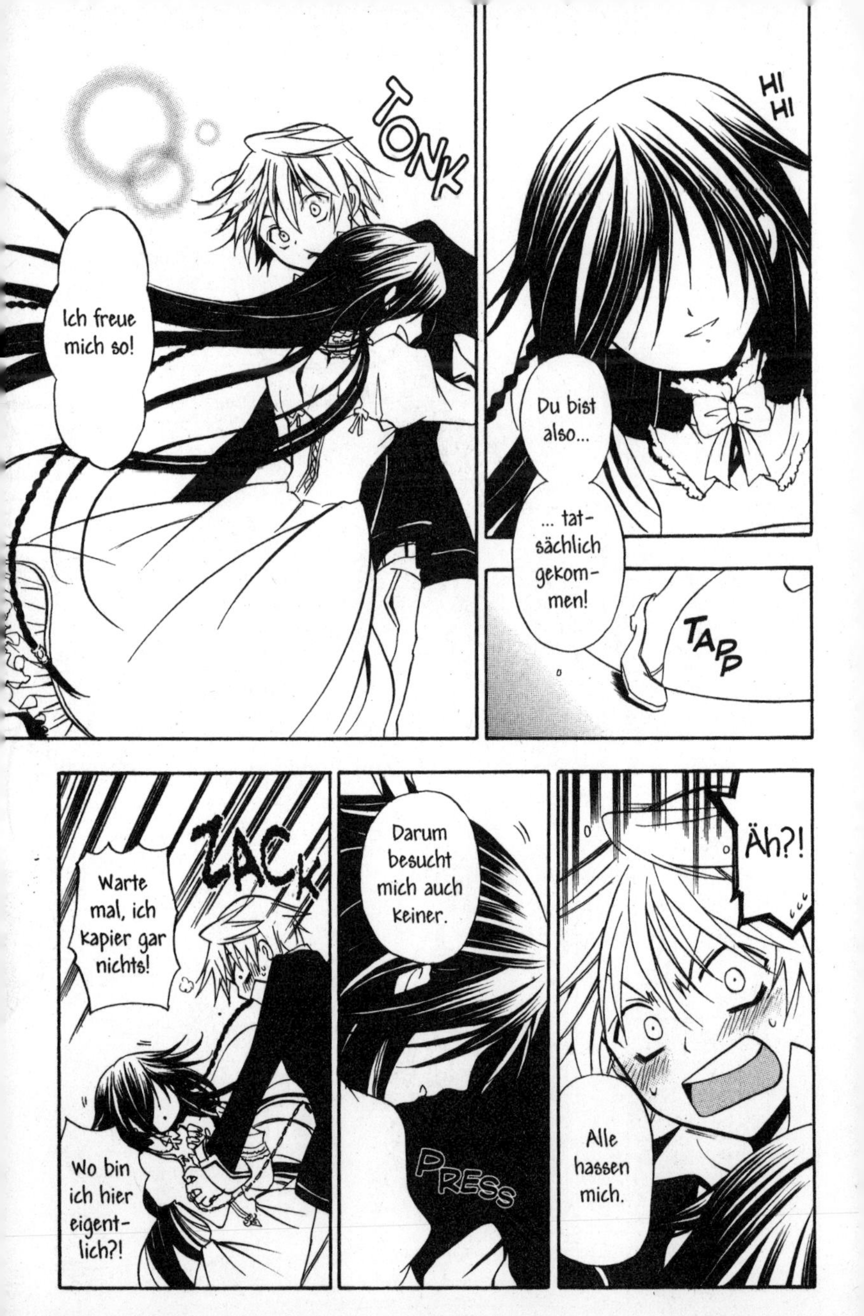
HI HI
Du bist also...
... tatsächlich gekommen!
TAPP
TONK
Ich freue mich so!
Äh?!
Alle hassen mich.
Darum besucht mich auch keiner.
PRESS
ZACK
Warte mal, ich kapier gar nichts!
Wo bin ich hier eigentlich?!

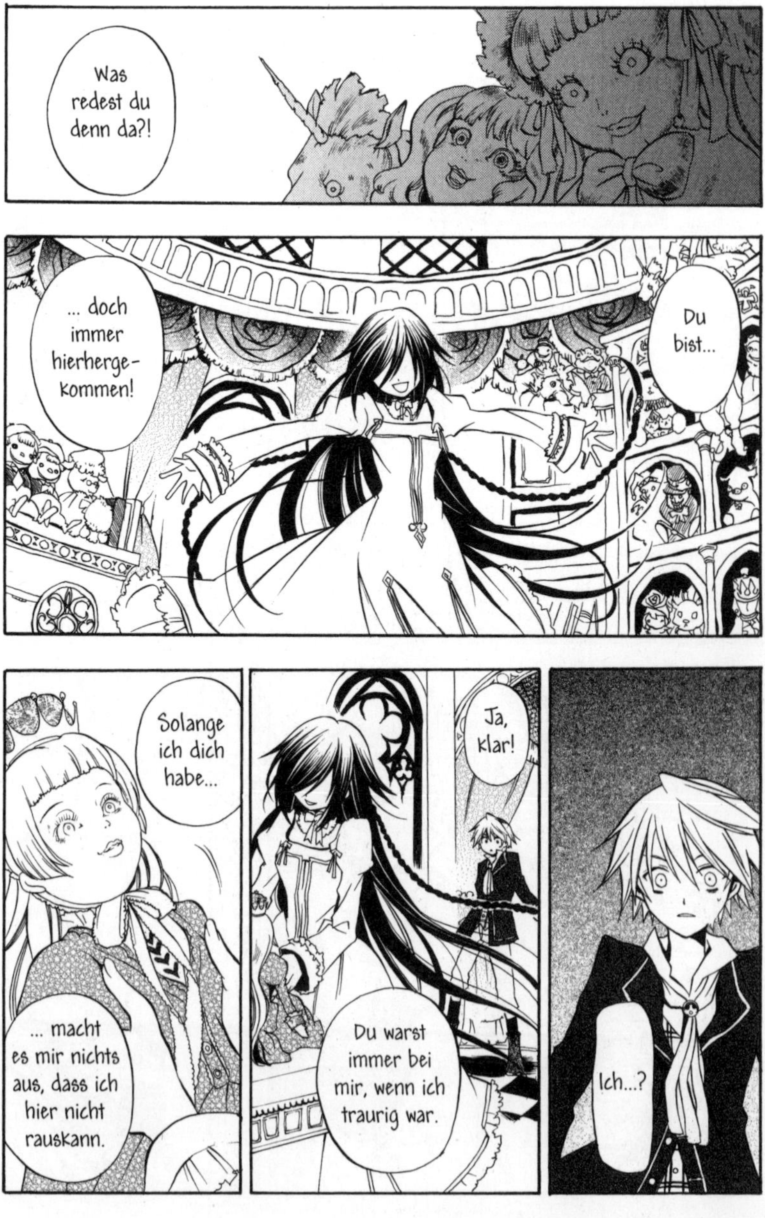
Was redest du denn da?!
Du bist...
... doch immer hierherge-kommen!
Ich...?
Ja, klar!
Du warst immer bei mir, wenn ich traurig war.
Solange ich dich habe...
... macht es mir nichts aus, dass ich hier nicht rauskann.

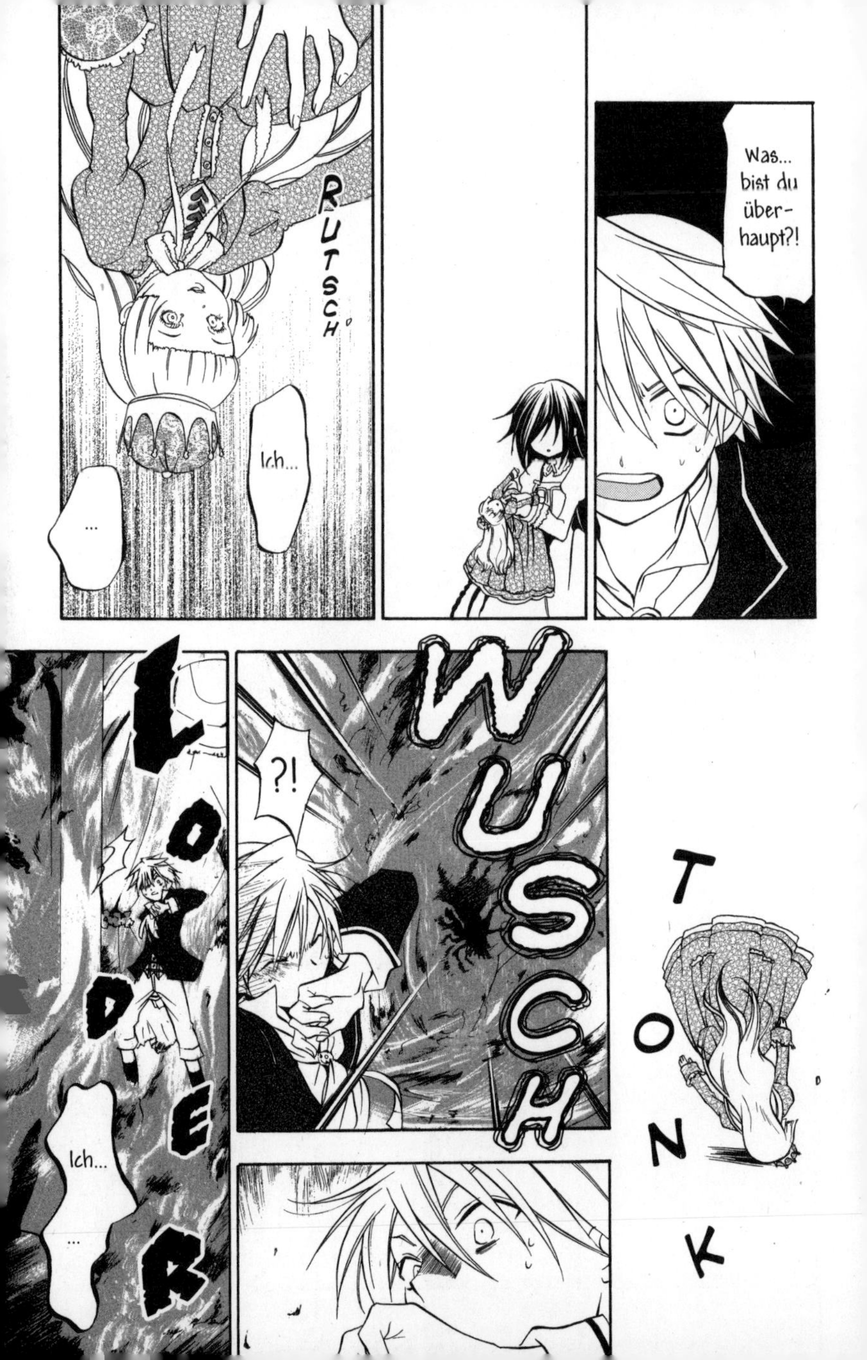

Was... bist du über-haupt?!
Ich...
...
RUTSCH
?!
WUSCH
TONK
LODER
Ich...
...

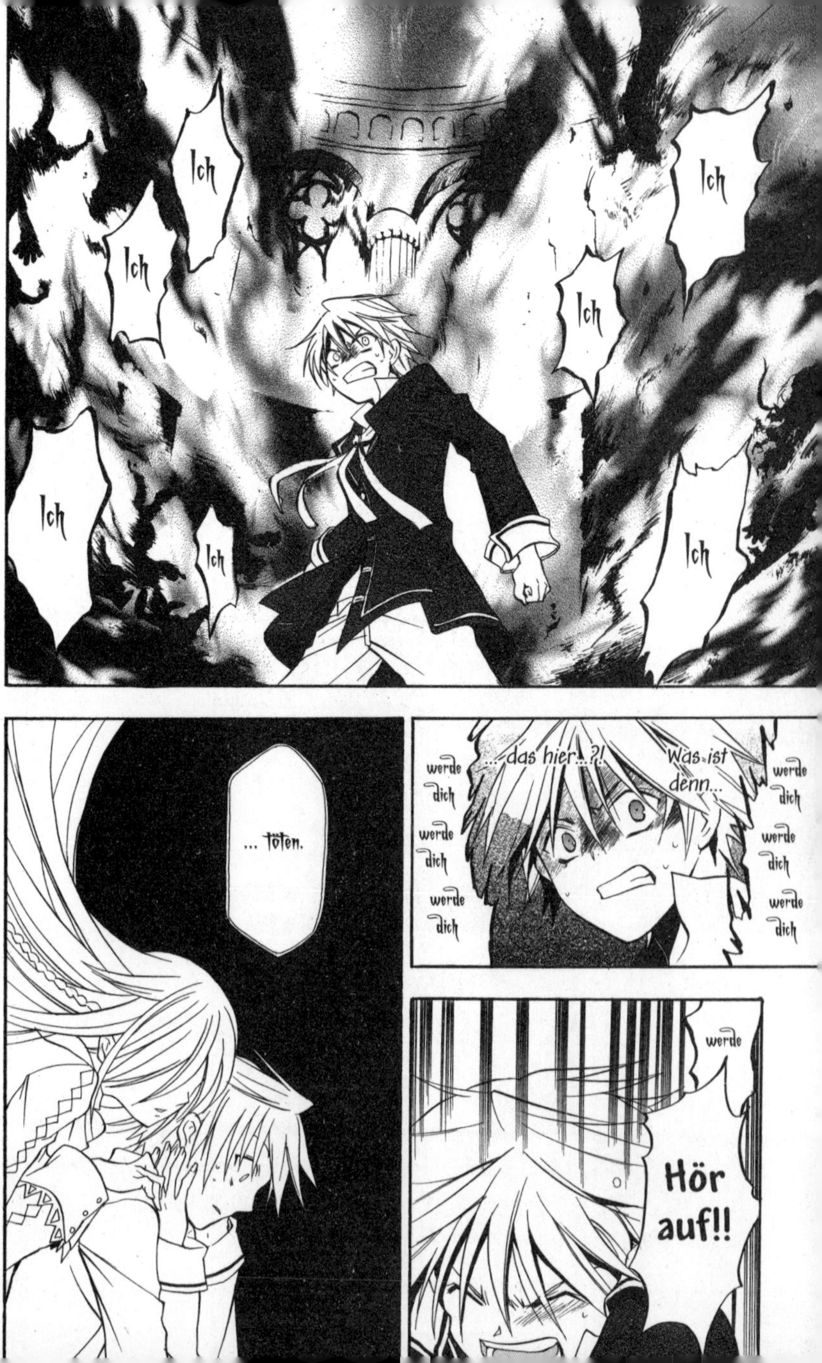
Ich
Ich
Ich
Ich
Ich
Ich
Ich
Was ist denn...
... das hier...?!
werde dich
werde dich
werde dich
werde dich
werde dich
werde dich
... töten.
werde
Hör auf!!

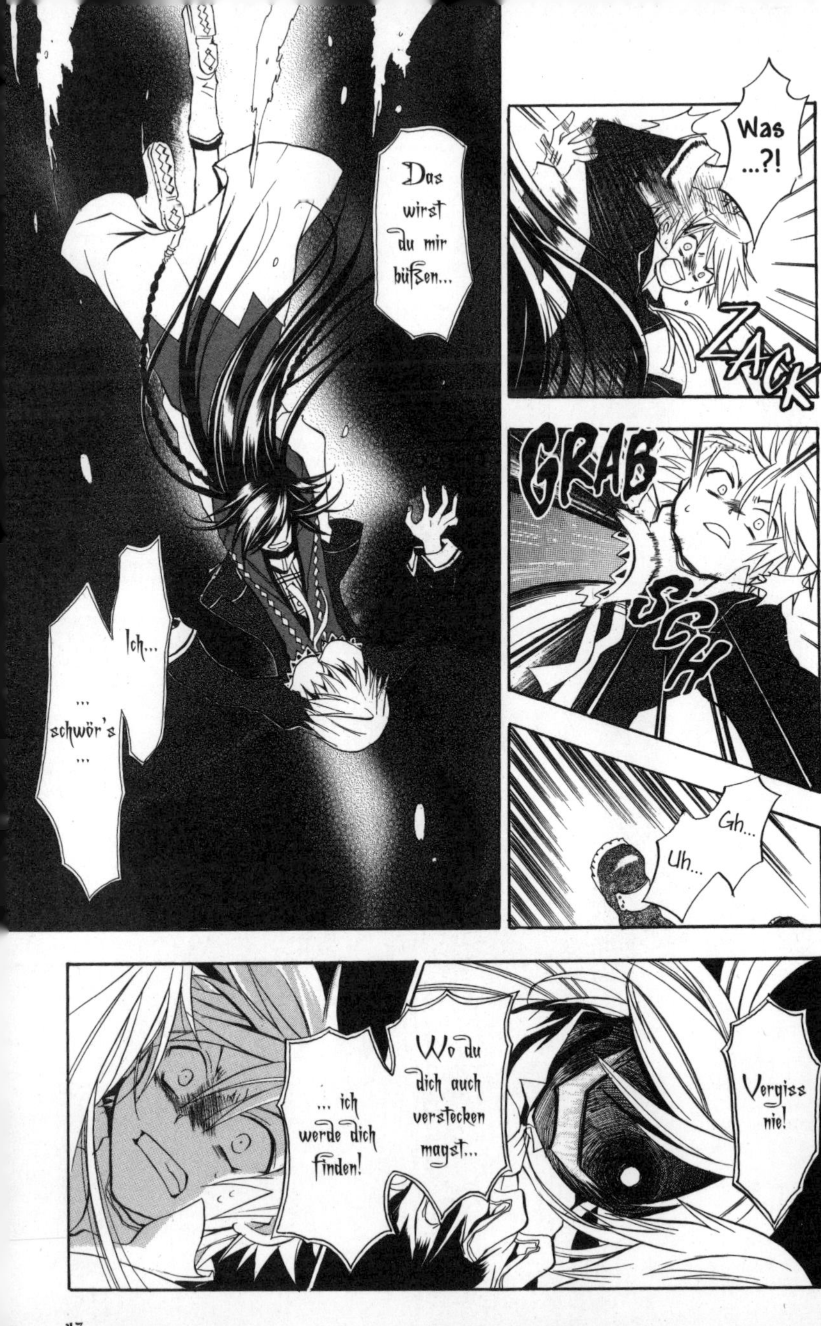
Was ...?!
ZACK
Das wirst du mir büßen...
GRAB
SCH
Gh...
Uh...
Ich...
... schwör's ...
Vergiss nie!
Wo du dich auch verstecken magst...
... ich werde dich finden!

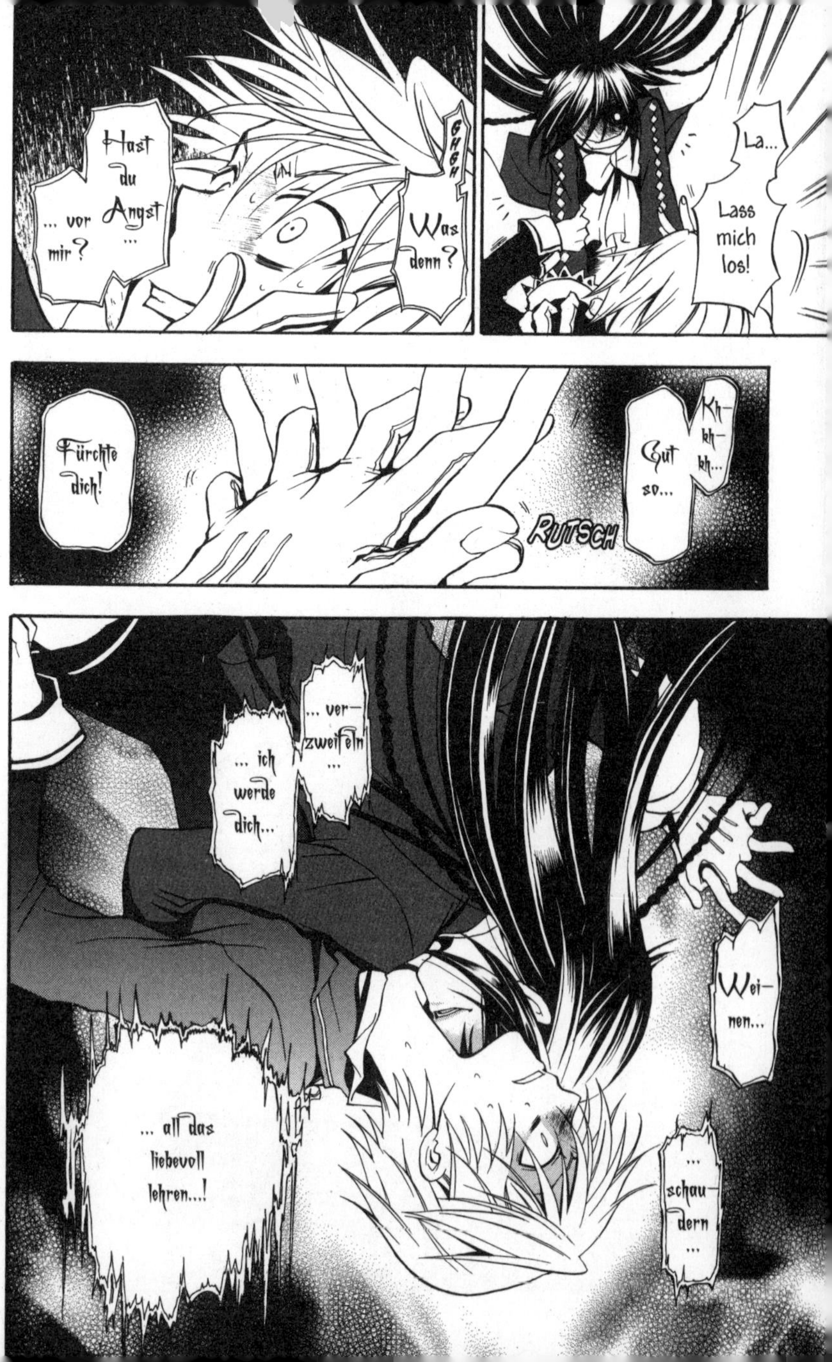
La...
Lass mich los!
GHGH
Was denn?
Hast du Angst ...
... vor mir?
Kh-kh-kh...
Gut so...
RUTSCH
Fürchte dich!
Wei-nen...
... schau-dern ...
... ver-zweifeln ...
... ich werde dich...
... all das liebevoll lehren...!

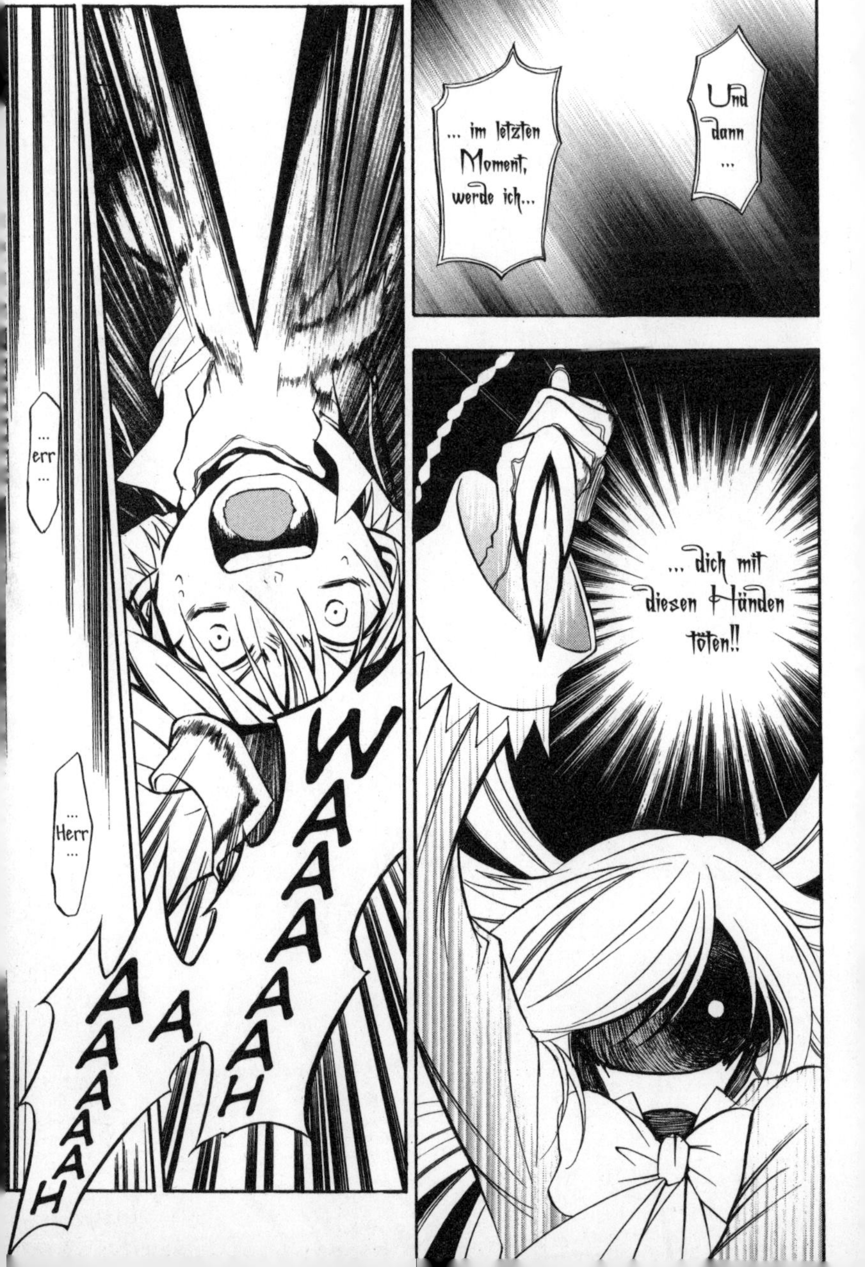
Und dann ...
... im letzten Moment, werde ich...
... dich mit diesen Händen töten!!
... Herr ...
... err ...
WAAAAAAAAH
AAAAAAAH

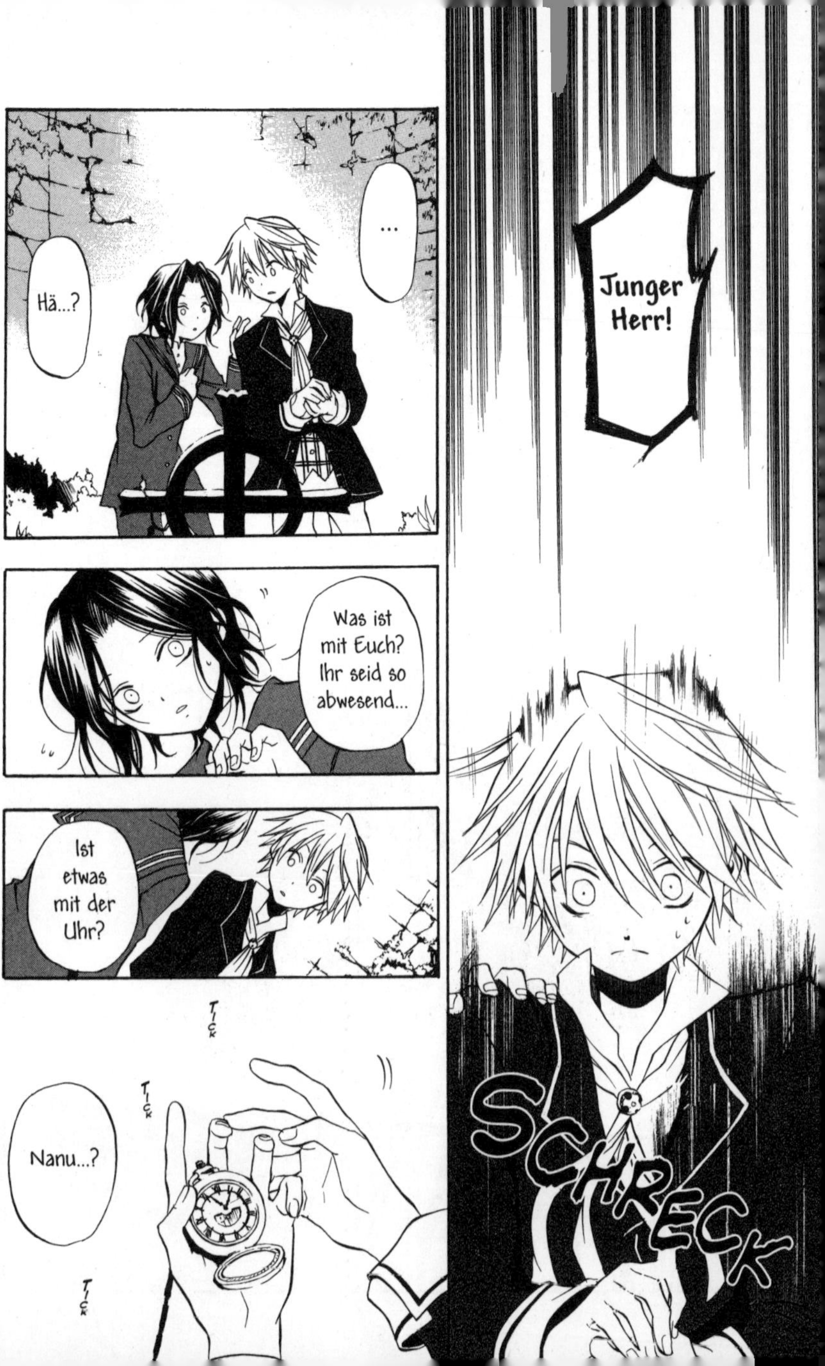
Junger Herr!
SCHRECK
...
Hä...?
Was ist mit Euch? Ihr seid so abwesend...
Ist etwas mit der Uhr?
TICK
TICK
Nanu...?
TICK

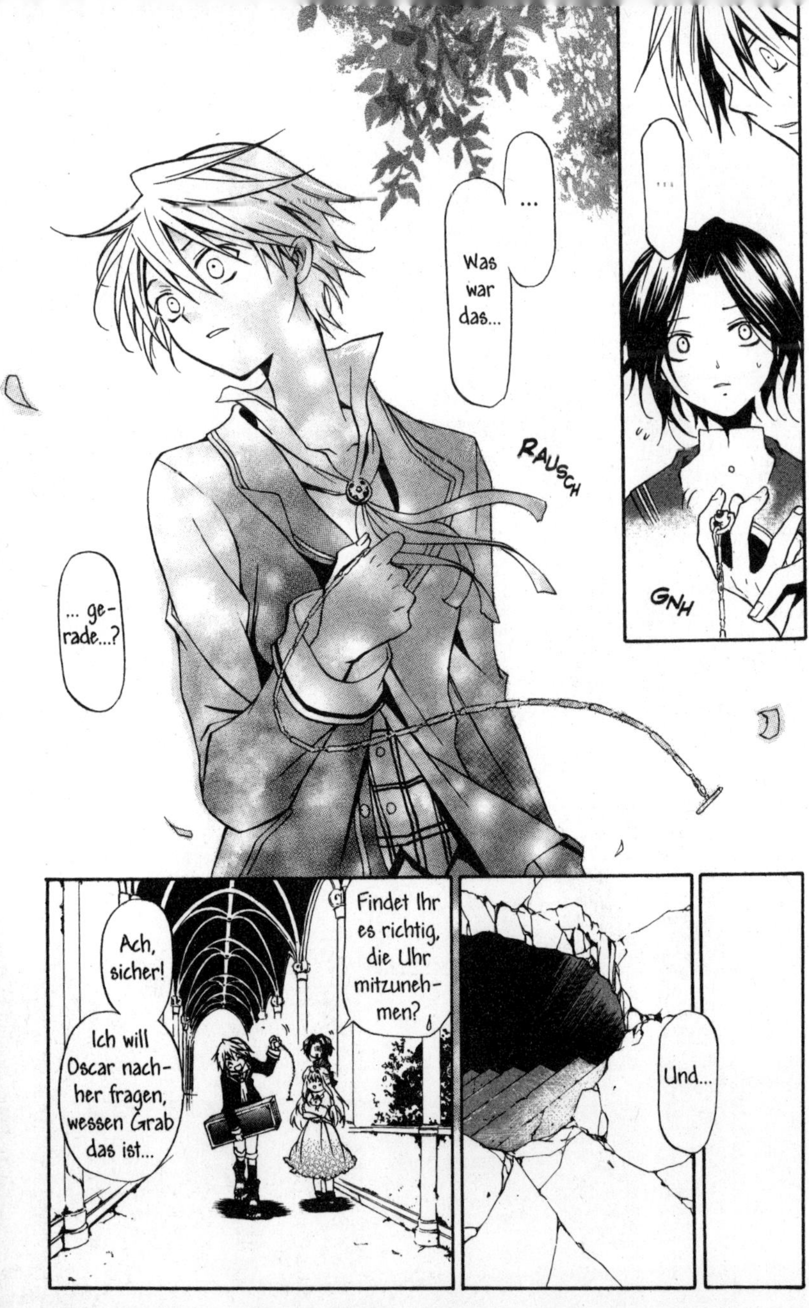

...
GNH
...
Was war das...
RAUSCH
... gerade...?
Und...
Findet Ihr es richtig, die Uhr mitzunehmen?
Ach, sicher!
Ich will Oscar nachher fragen, wessen Grab das ist...

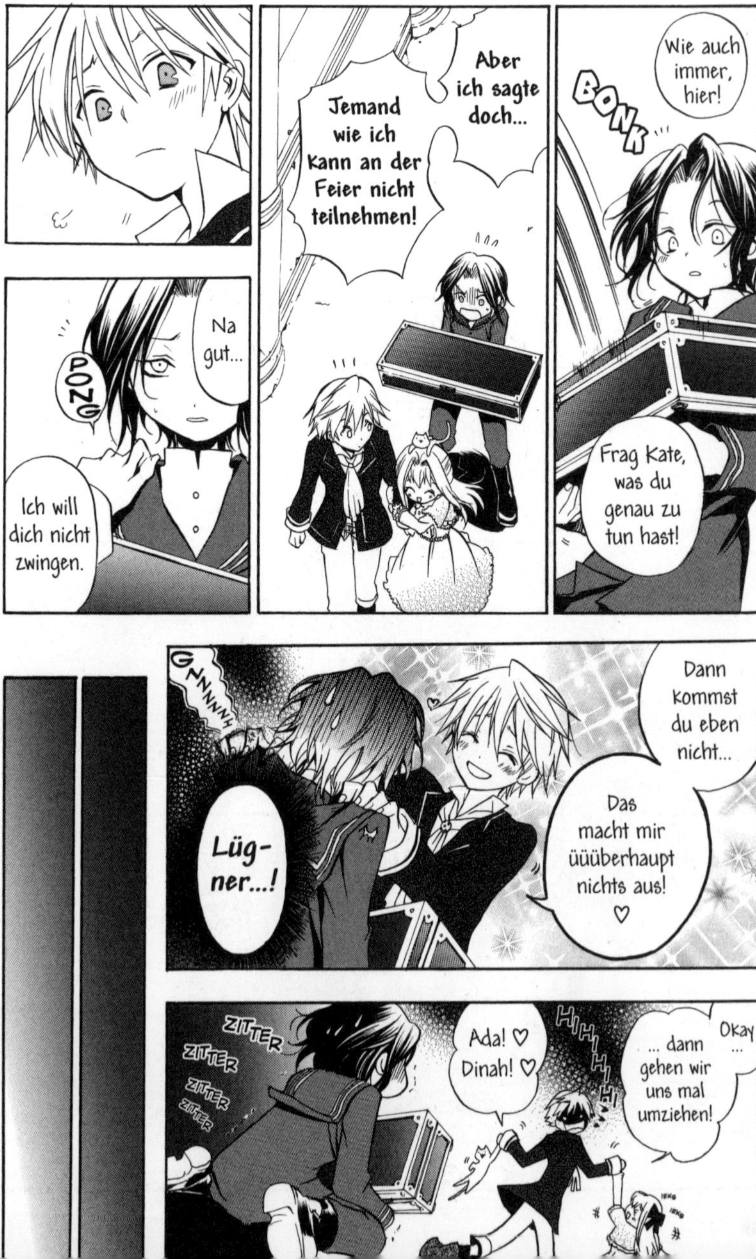
Wie auch immer, hier!
BONK
Frag Kate, was du genau zu tun hast!
Aber ich sagte doch...
Jemand wie ich kann an der Feier nicht teilnehmen!
Na gut...
PONG
Ich will dich nicht zwingen.
Dann kommst du eben nicht...
Das macht mir üüüberhaupt nichts aus! ♡
GNNNNNH
Lüg-ner...!
Okay ...
... dann gehen wir uns mal umziehen!
HIHIHIHI
Ada! ♡ Dinah! ♡
ZITTER
ZITTER
ZITTER
ZITTER

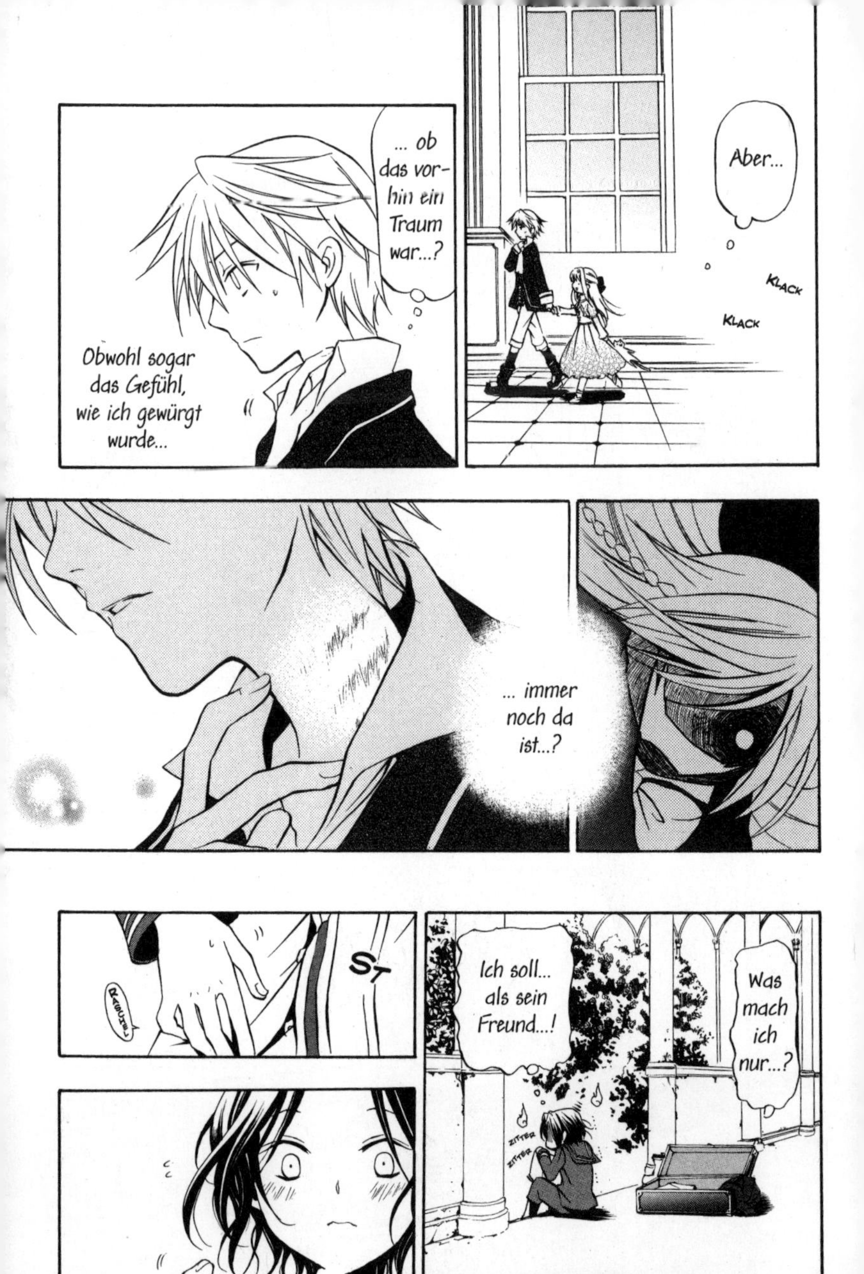
Aber...
Klack
Klack
... ob das vorhin ein Traum war...?
Obwohl sogar das Gefühl, wie ich gewürgt wurde...
... immer noch da ist...?
St
Raschel
Was mach ich nur...?
Ich soll... als sein Freund...!
Zitter
Zitter

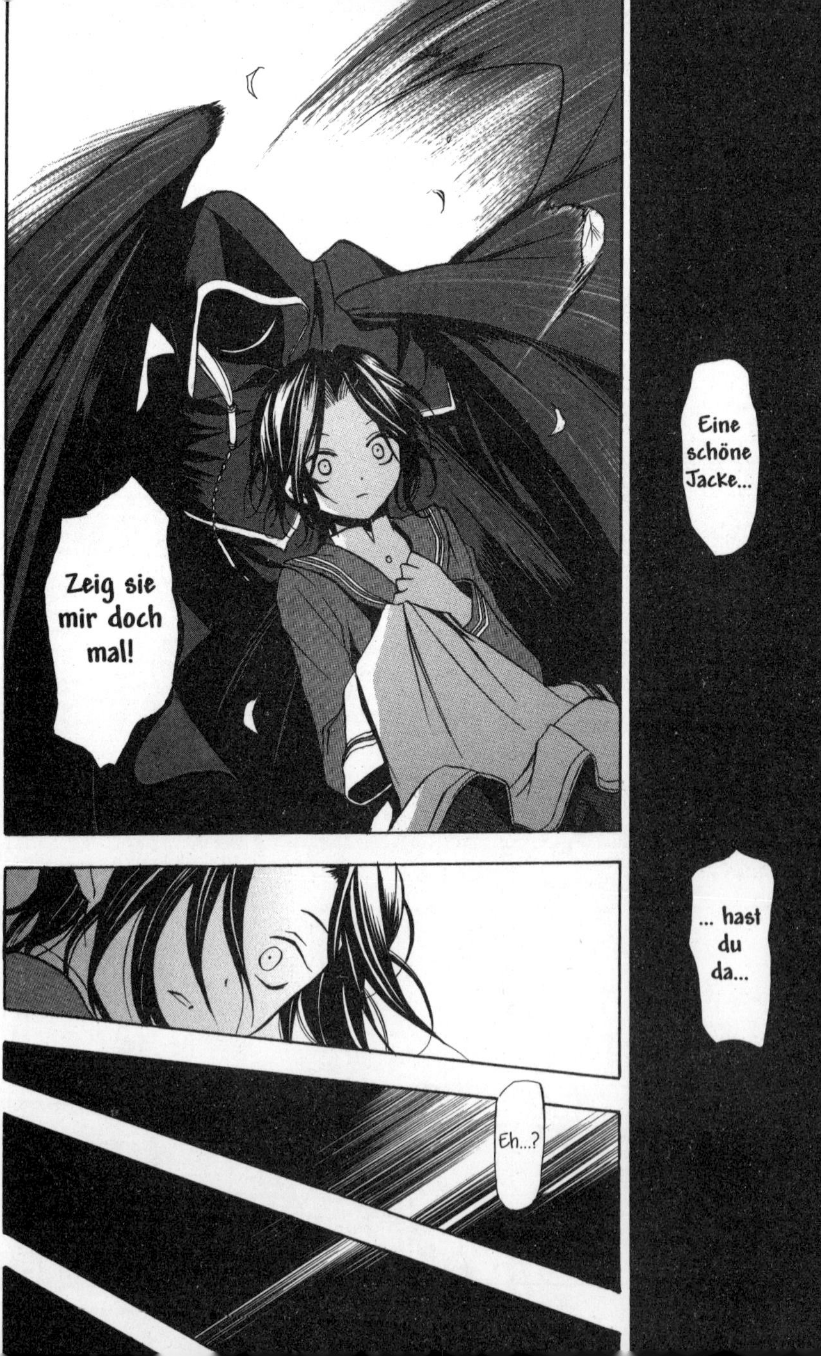
Eine schöne Jacke...
... hast du da...
Zeig sie mir doch mal!
Eh...?

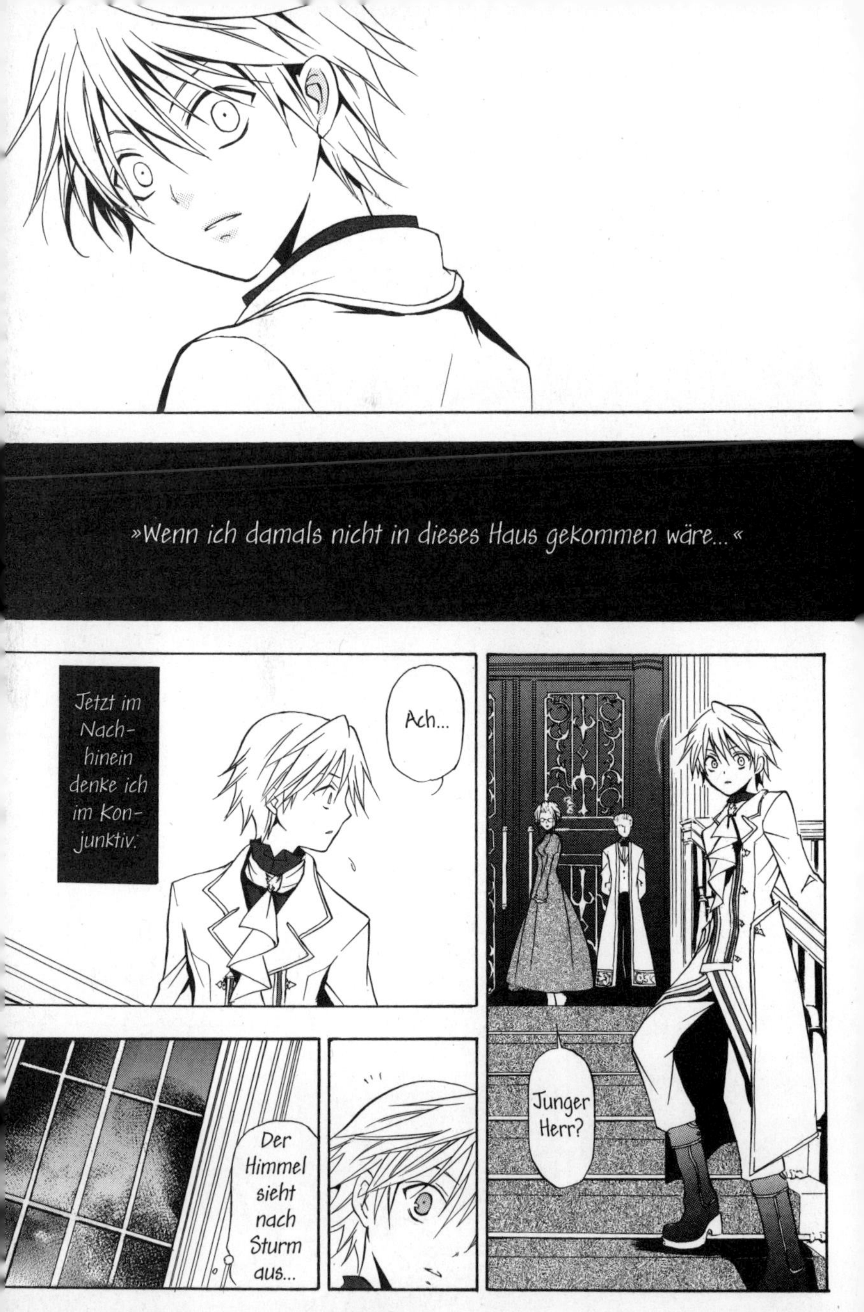
»Wenn ich damals nicht in dieses Haus gekommen wäre…«
Junger Herr?
Ach…
Jetzt im Nachhinein denke ich im Konjunktiv.
Der Himmel sieht nach Sturm aus…

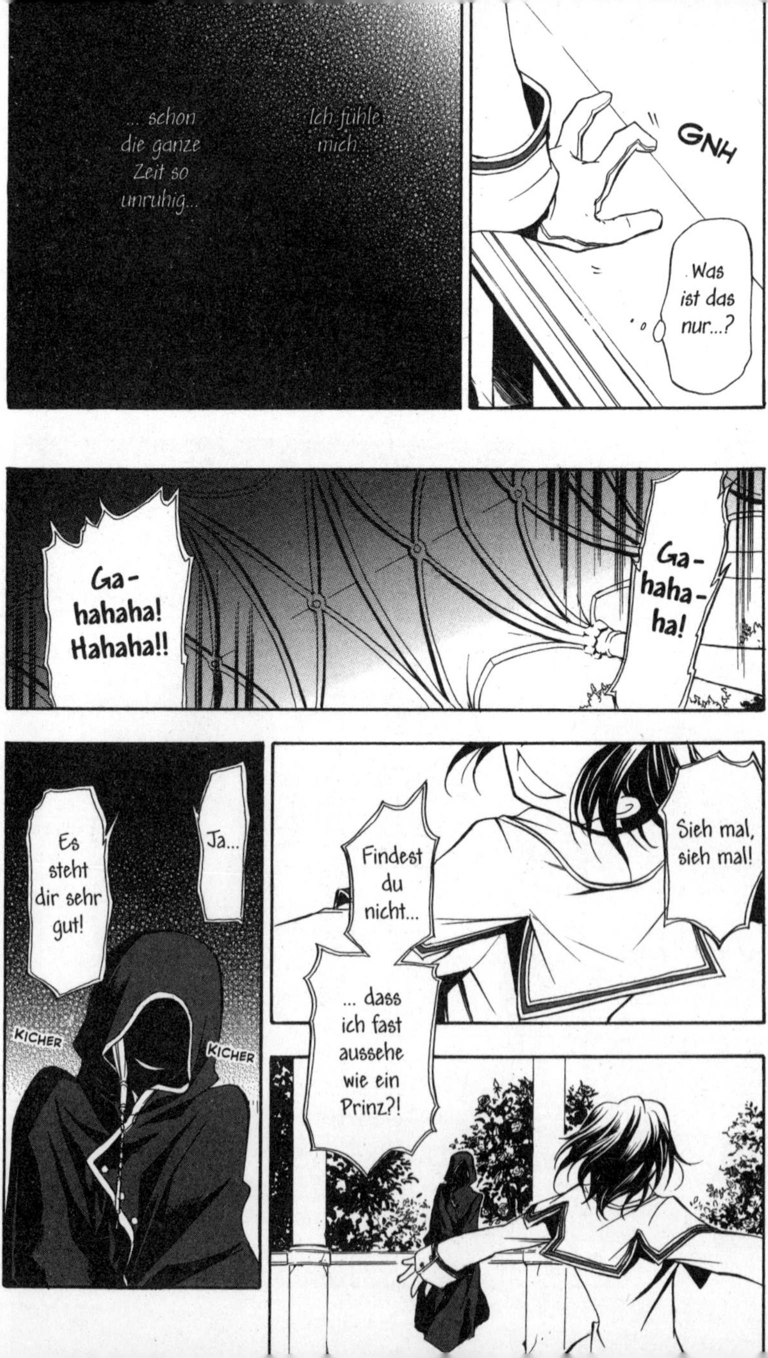
GNH
Was ist das nur...?
Ich fühle mich ...
... schon die ganze Zeit so unruhig...
Ga-hahaha-ha!
Ga-hahaha! Hahaha!!
Sieh mal, sieh mal!
Findest du nicht...
... dass ich fast aussehe wie ein Prinz?!
Ja...
Es steht dir sehr gut!
KICHER
KICHER

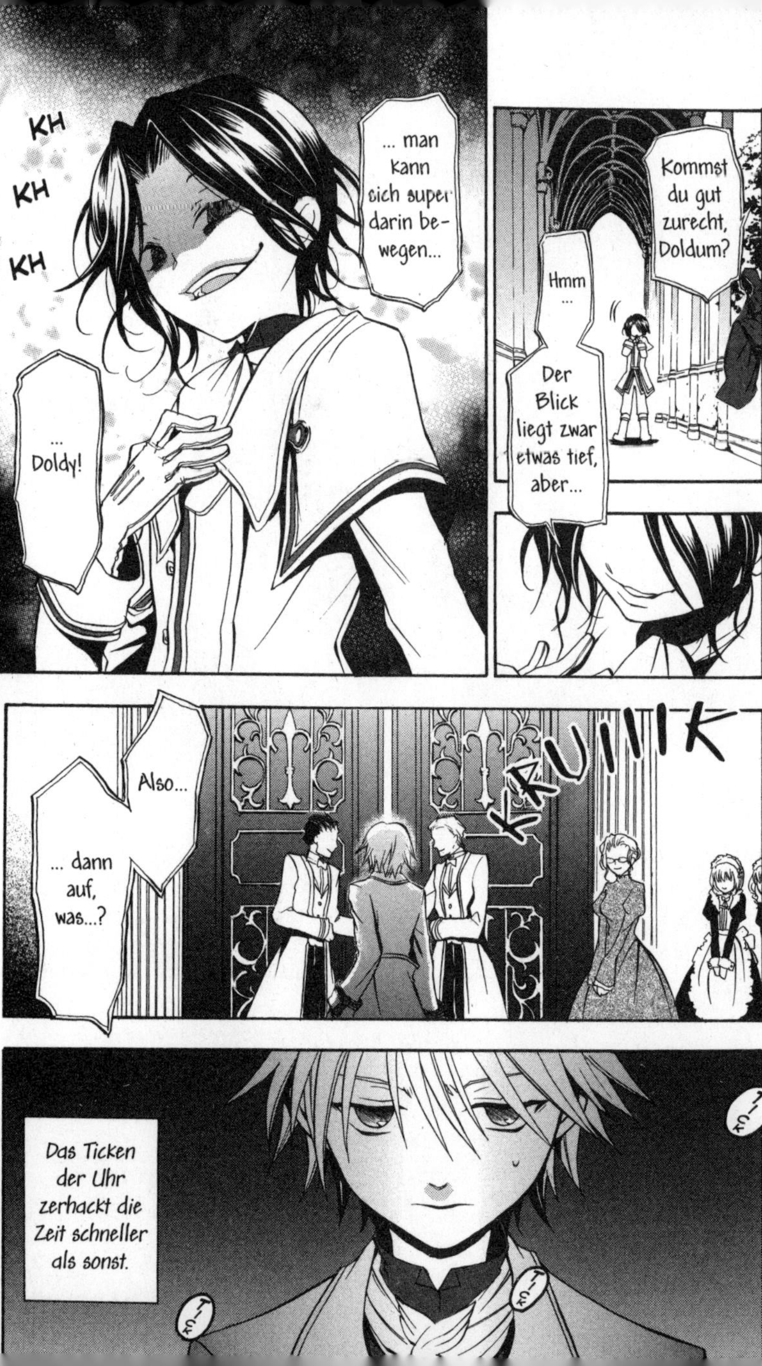
Kommst du gut zurecht, Doldum?
Hmm ...
Der Blick liegt zwar etwas tief, aber...
... man kann sich super darin be-wegen...
KH KH KH
... Doldy!
KRUIIIK
Also...
... dann auf, was...?
Das Ticken der Uhr zerhackt die Zeit schneller als sonst.
TICK
TICK
TICK

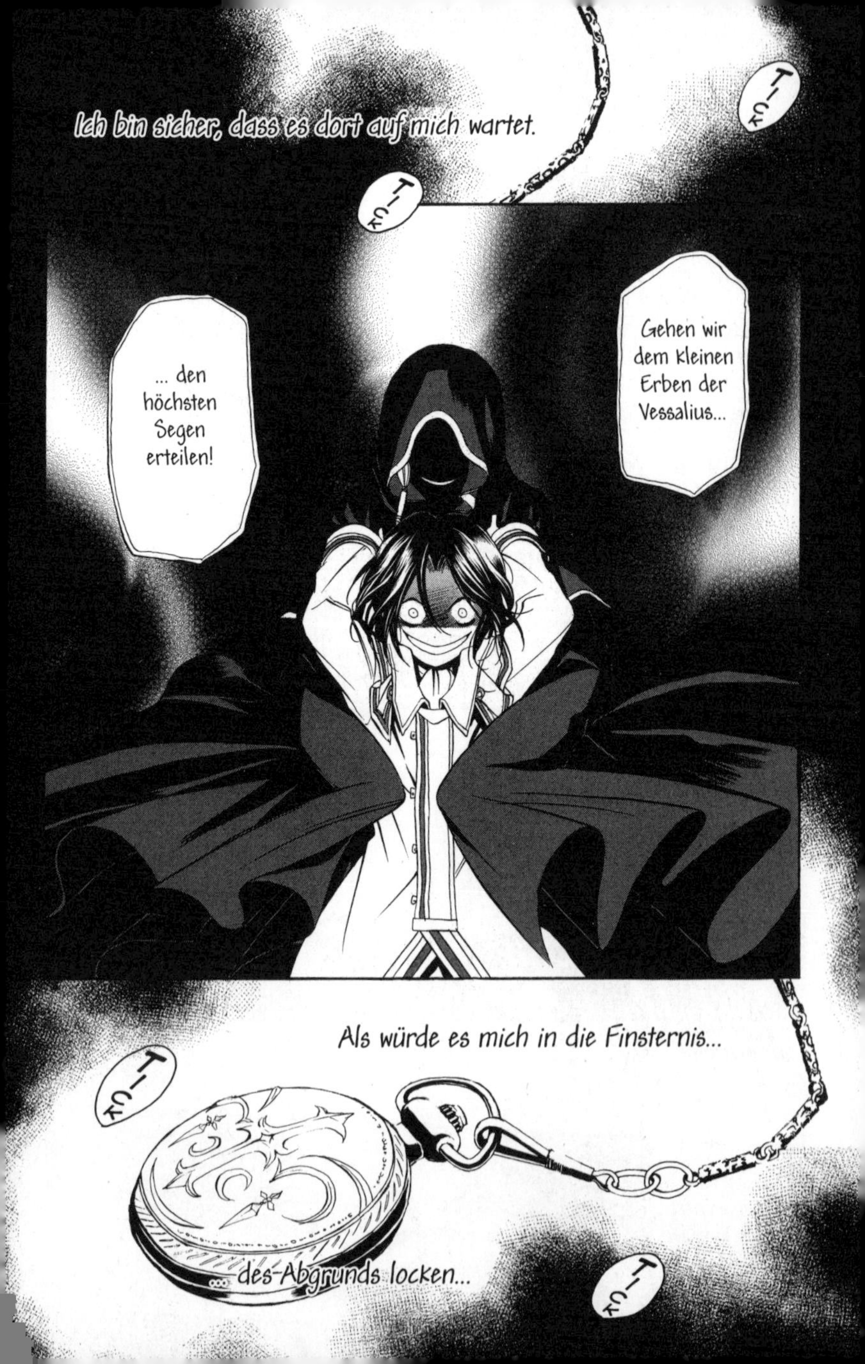
Ich bin sicher, dass es dort auf mich wartet.
TICK
TICK
Gehen wir dem kleinen Erben der Vessalius...
... den höchsten Segen erteilen!
Als würde es mich in die Finsternis...
TICK
...des Abgrunds locken...
TICK

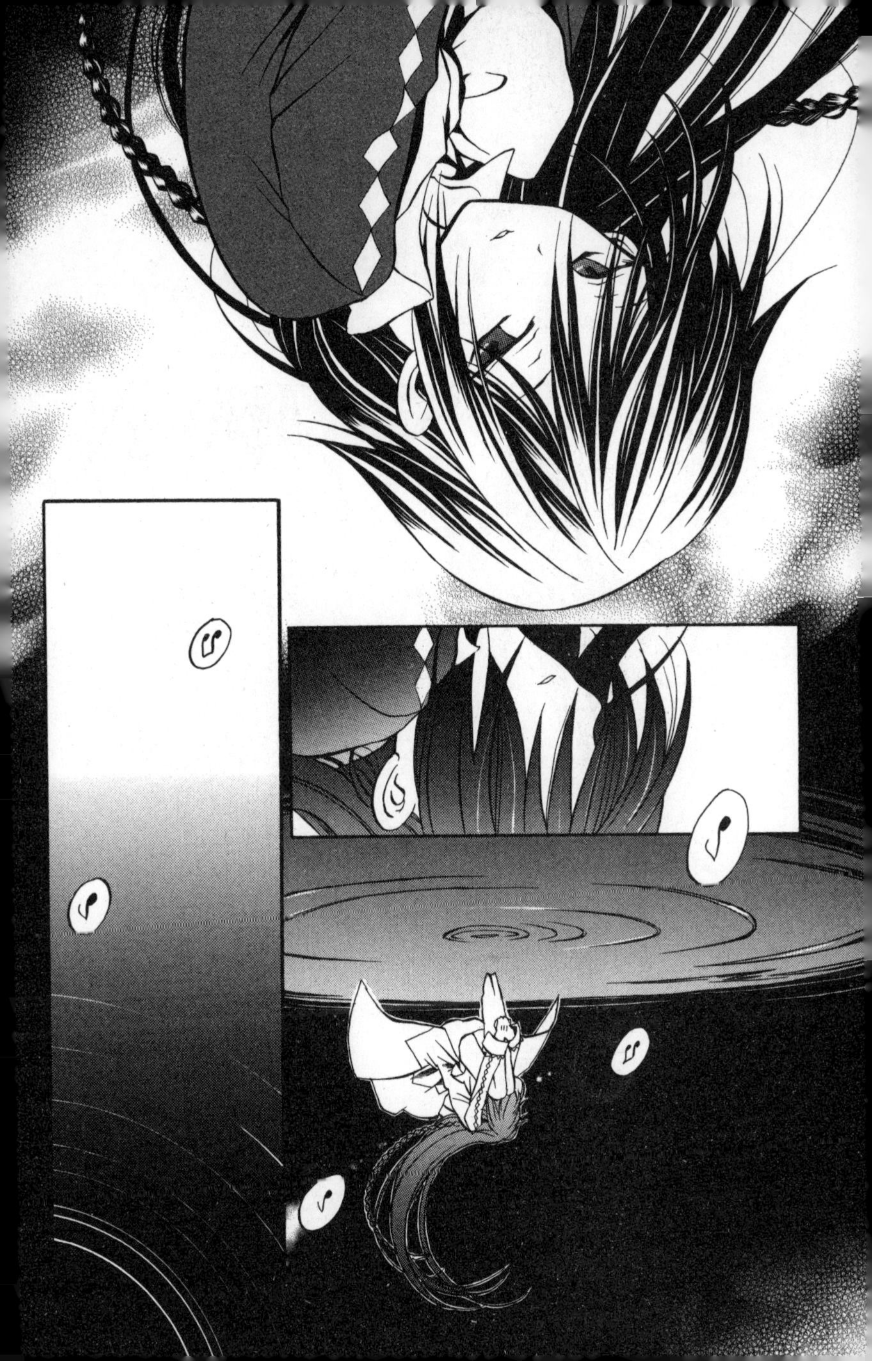

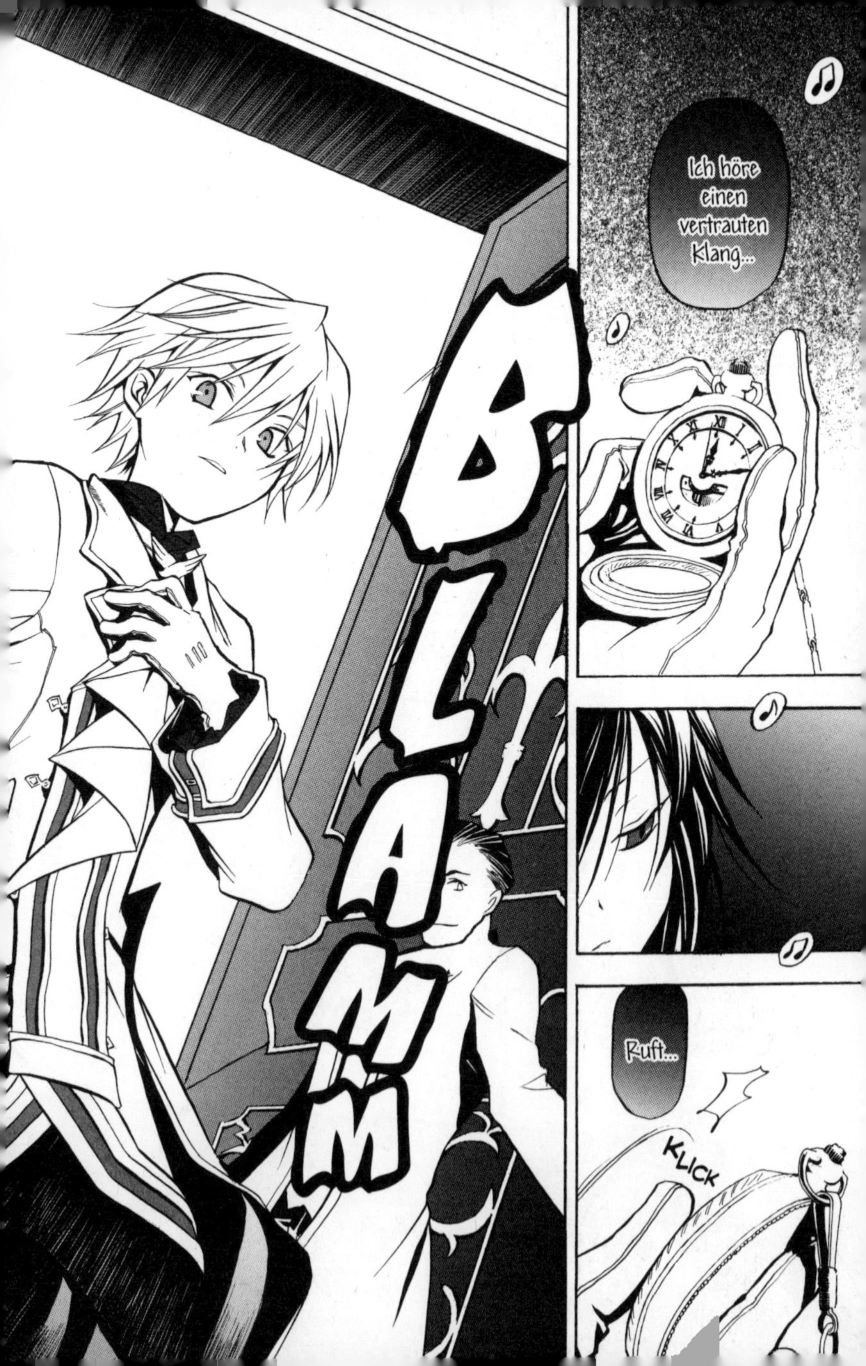
Ich höre einen vertrauten Klang...
Ruft...
KLICK
BLAMMM

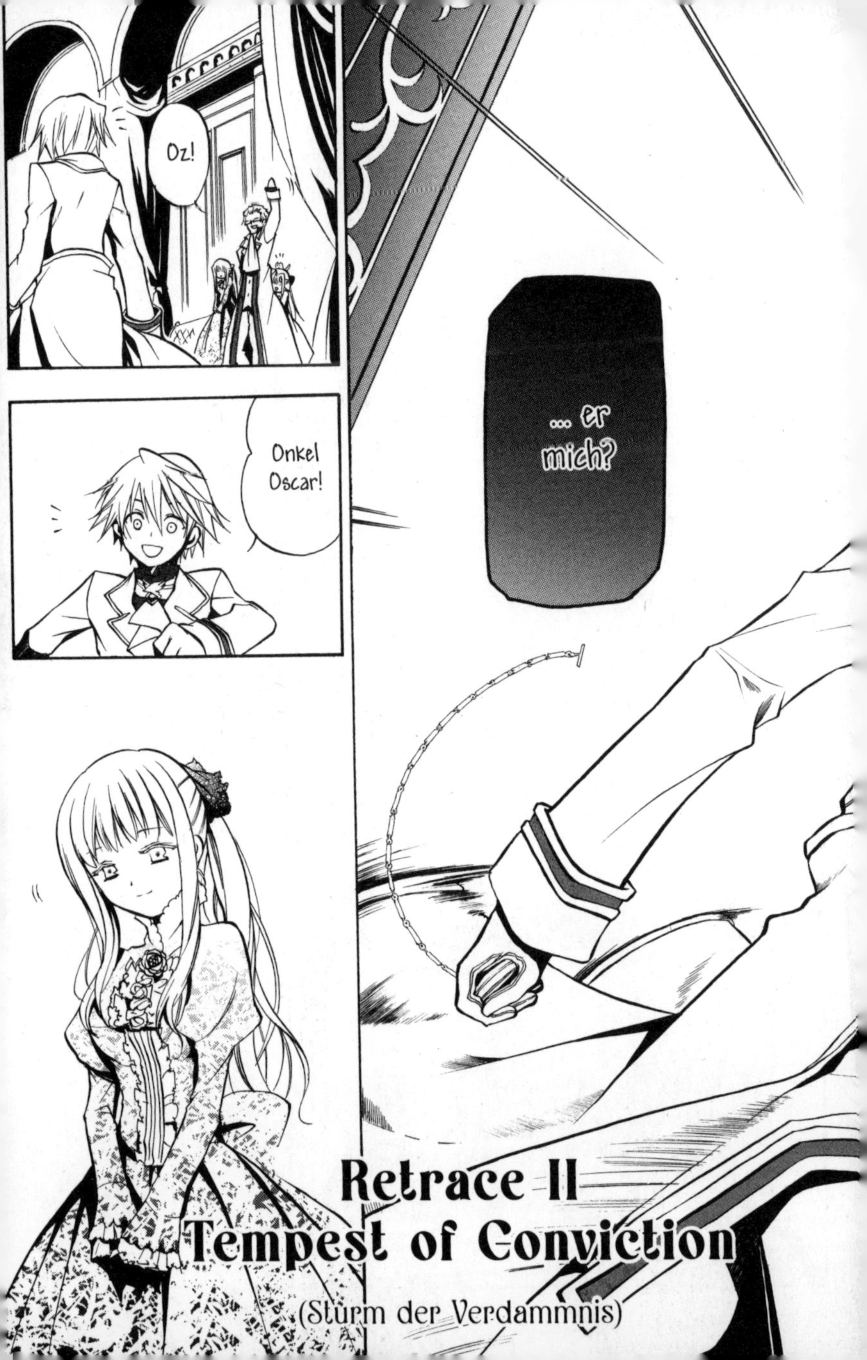
... er mich?
Oz!
Onkel Oscar!
Retrace II
Tempest of Conviction
(Sturm der Verdammnis)

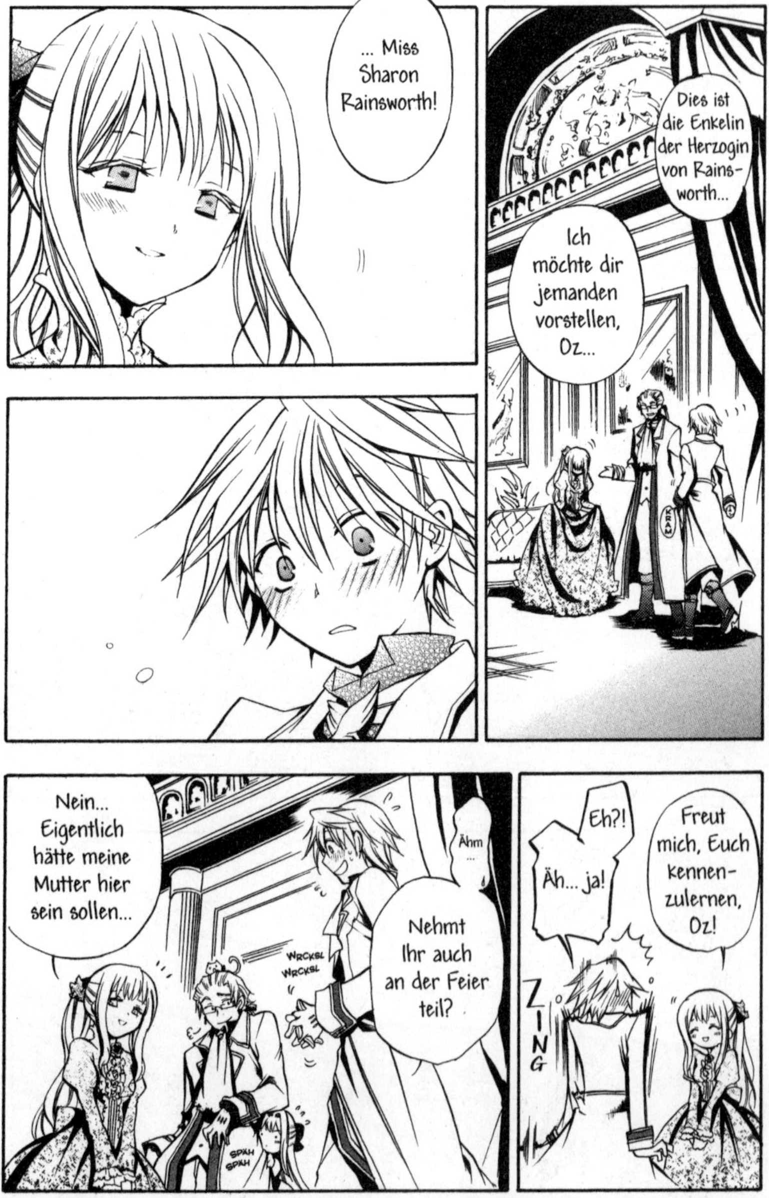

Dies ist die Enkelin der Herzogin von Rains-worth...
Ich möchte dir jemanden vorstellen, Oz...
KRAM
... Miss Sharon Rainsworth!
Freut mich, Euch kennen-zulernen, Oz!
Eh?!
Äh... ja!
ZING
Nehmt Ihr auch an der Feier teil?
Ähm ...
WRCKSL WRCKSL
Nein... Eigentlich hätte meine Mutter hier sein sollen...
SPÄH SPÄH

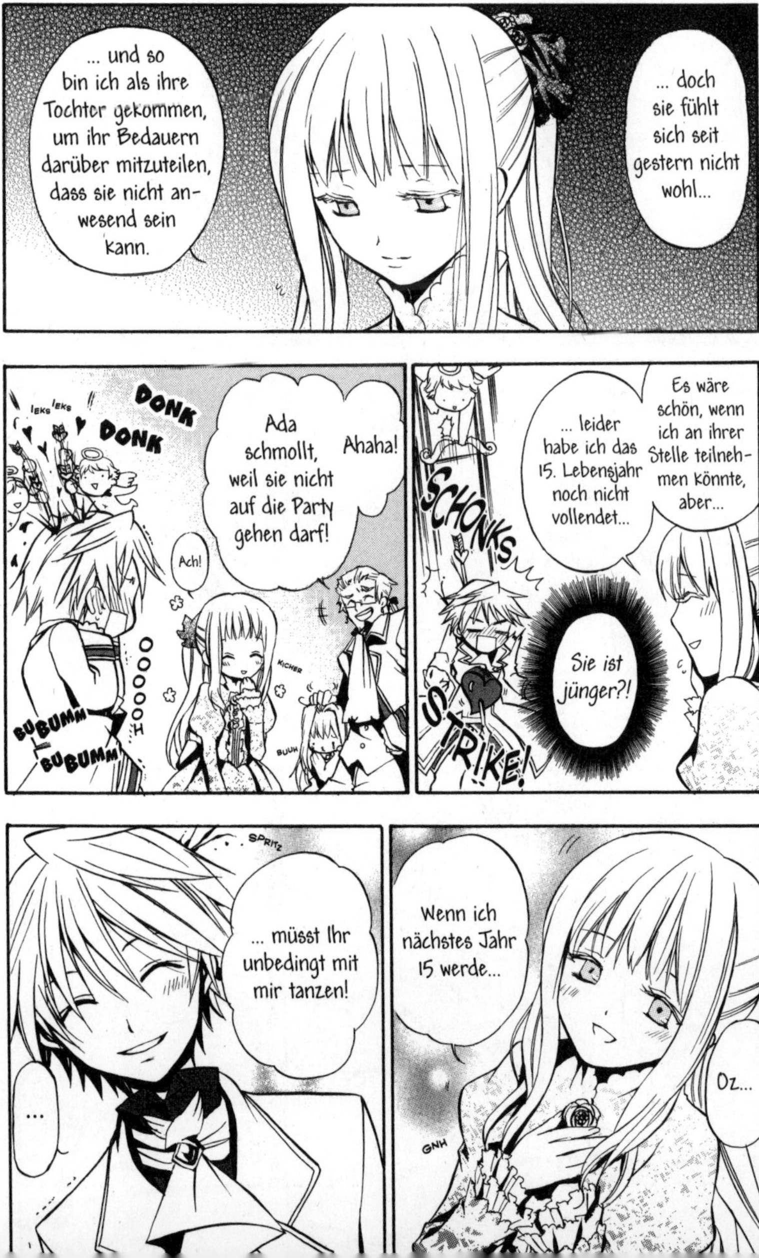
... und so bin ich als ihre Tochter gekommen, um ihr Bedauern darüber mitzuteilen, dass sie nicht anwesend sein kann.
... doch sie fühlt sich seit gestern nicht wohl...
Es wäre schön, wenn ich an ihrer Stelle teilnehmen könnte, aber...
... leider habe ich das 15. Lebensjahr noch nicht vollendet...
SCHONKS
Sie ist jünger?!
STRIKE!
Ada schmollt, weil sie nicht auf die Party gehen darf!
Ahaha!
Ach!
KICHER
BUUH
DONK
DONK
IEKS IEKS
OOOOOOH
BUBUMM
BUBUMM
Wenn ich nächstes Jahr 15 werde...
GNH
Oz...
... müsst Ihr unbedingt mit mir tanzen!
SPRITZ
...

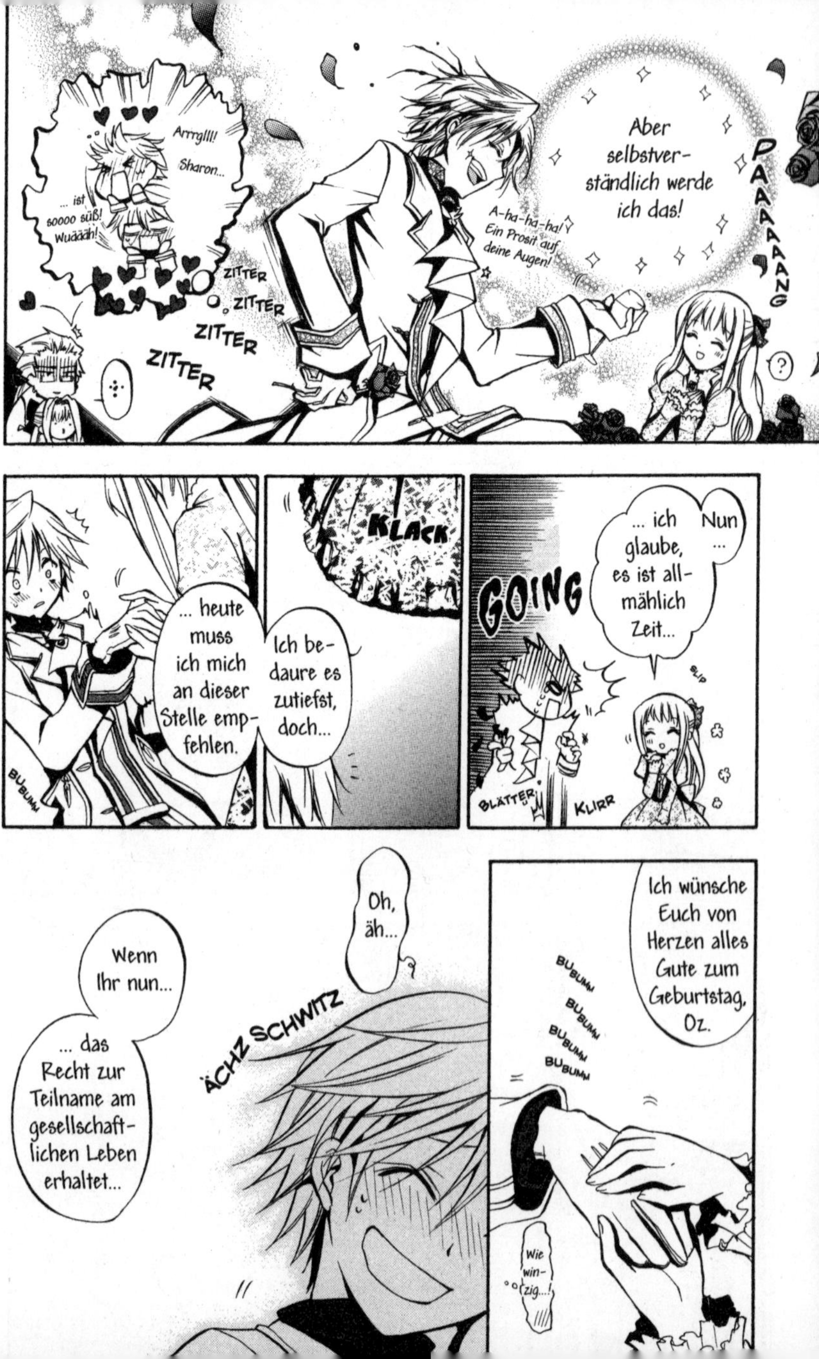

PAAAAAAANG
Aber selbstverständlich werde ich das!
A-ha-ha-ha! Ein Prosit auf deine Augen!
Arrrglll! Sharon...
... ist soooo süß! Wuäääh!
ZITTER ZITTER ZITTER ZITTER
Nun ...
... ich glaube, es ist allmählich Zeit...
GOING
BLÄTTER
KLIRR
SLIP
KLACK
Ich bedaure es zutiefst, doch...
... heute muss ich mich an dieser Stelle empfehlen.
BUBUMM
Ich wünsche Euch von Herzen alles Gute zum Geburtstag, Oz.
BUBUMM BUBUMM BUBUMM BUBUMM
Wie winzig...!
Oh, äh...
ÄCHZ SCHWITZ
Wenn Ihr nun...
... das Recht zur Teilname am gesellschaftlichen Leben erhaltet...

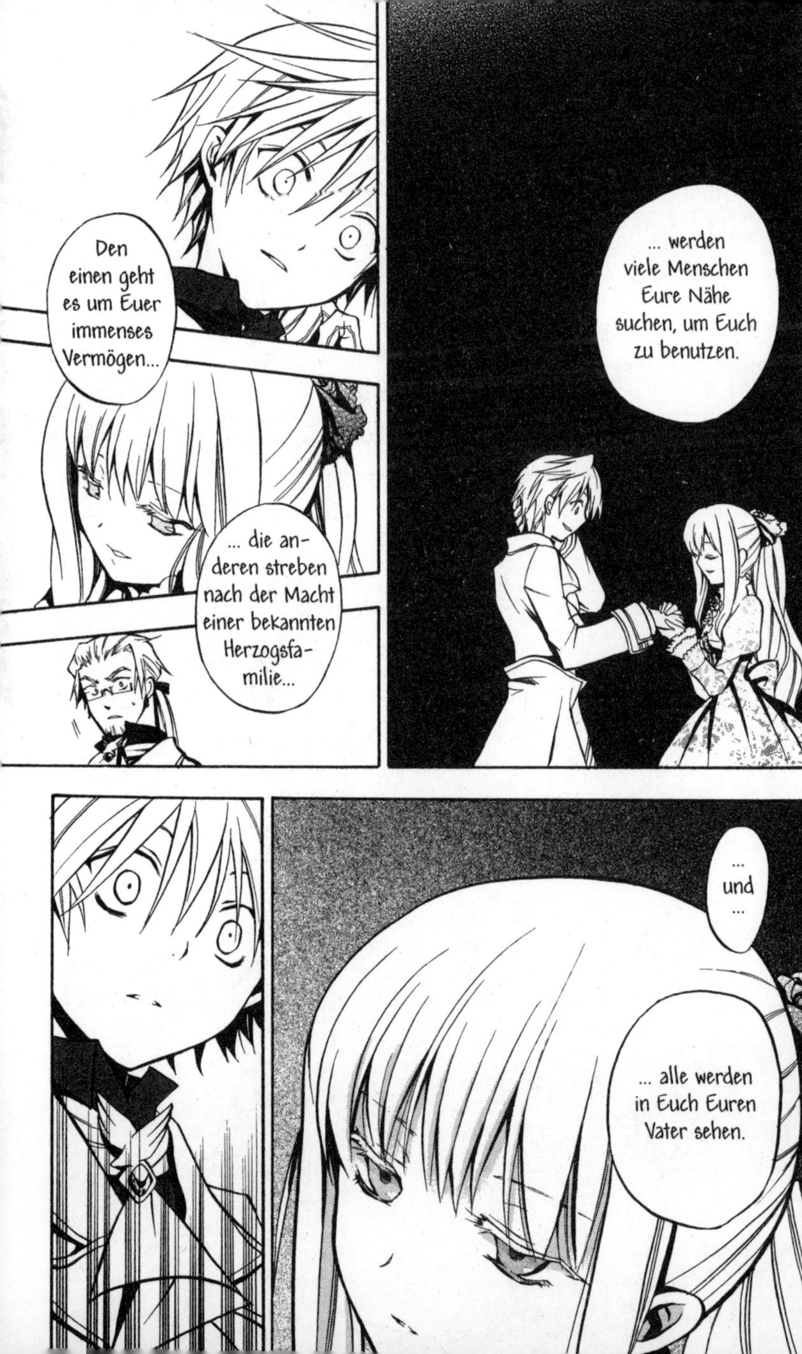
... werden viele Menschen Eure Nähe suchen, um Euch zu benutzen.
Den einen geht es um Euer immenses Vermögen...
... die anderen streben nach der Macht einer bekannten Herzogsfamilie...
... und ...
... alle werden in Euch Euren Vater sehen.

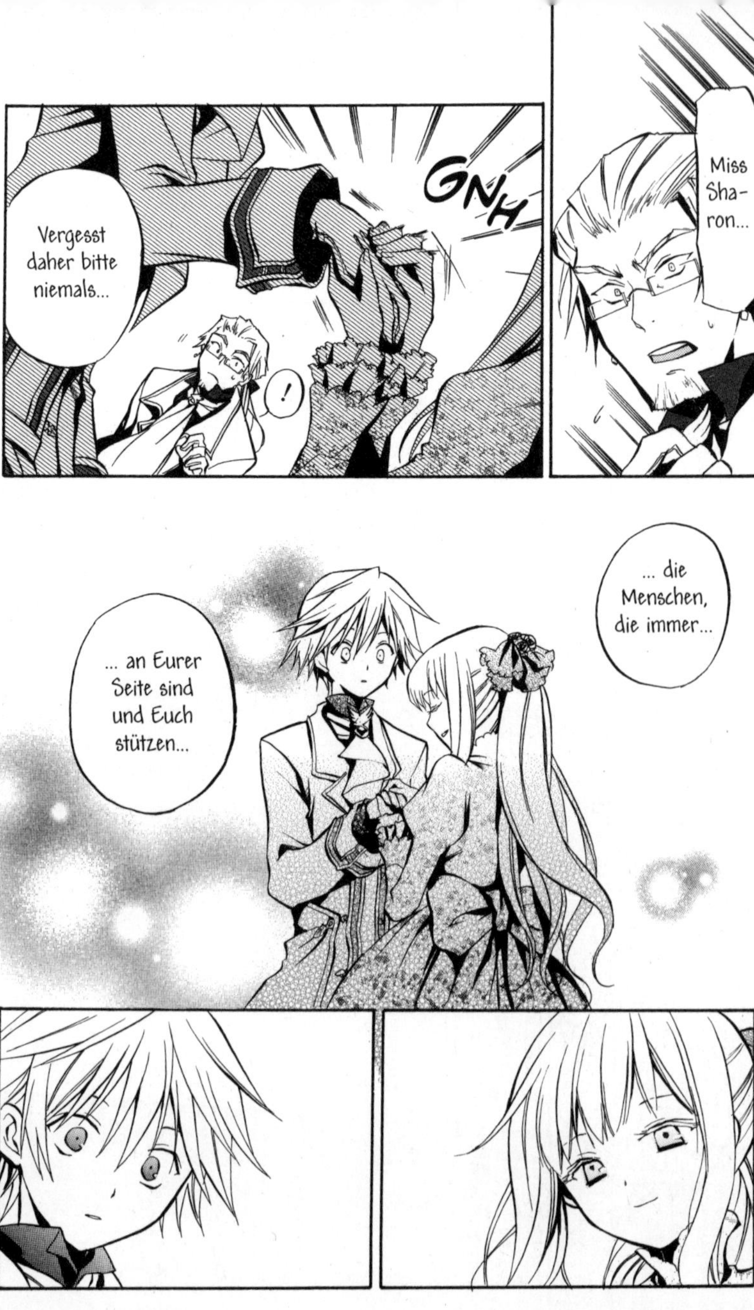
Miss Sharon...
Vergesst daher bitte niemals...
GNH
!
... die Menschen, die immer...
... an Eurer Seite sind und Euch stützen...

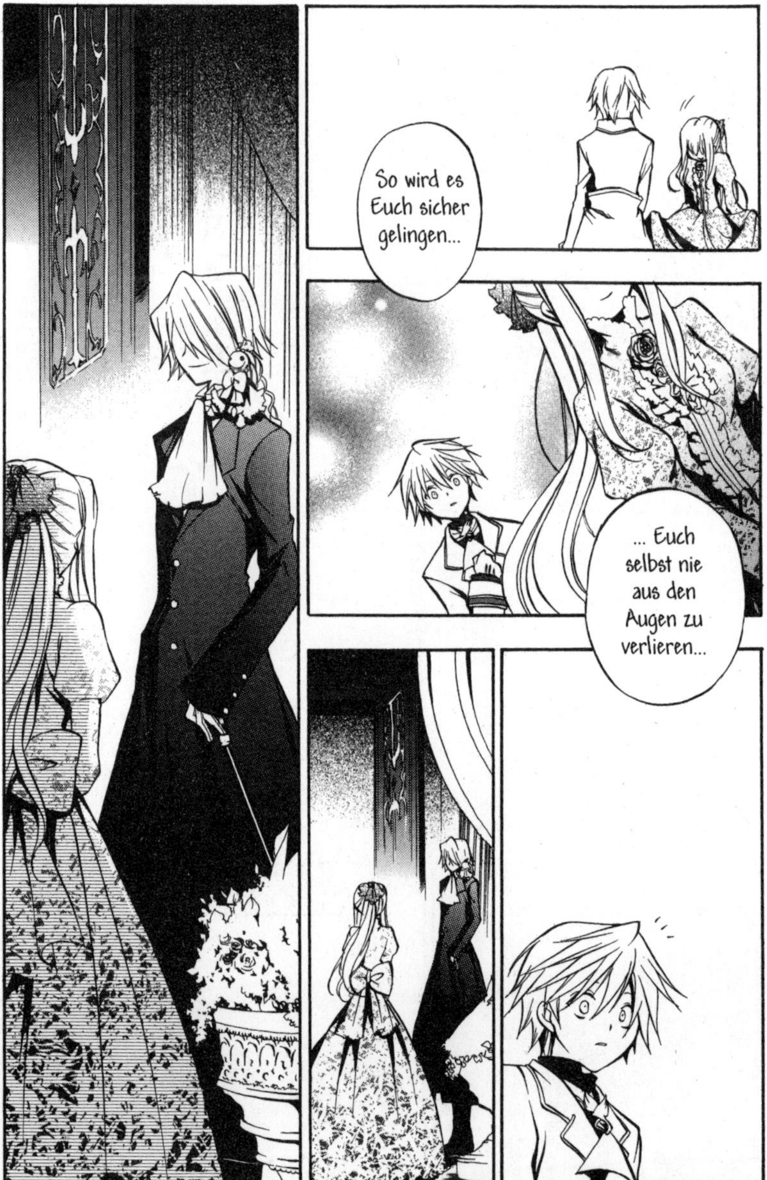
So wird es Euch sicher gelingen...
... Euch selbst nie aus den Augen zu verlieren...

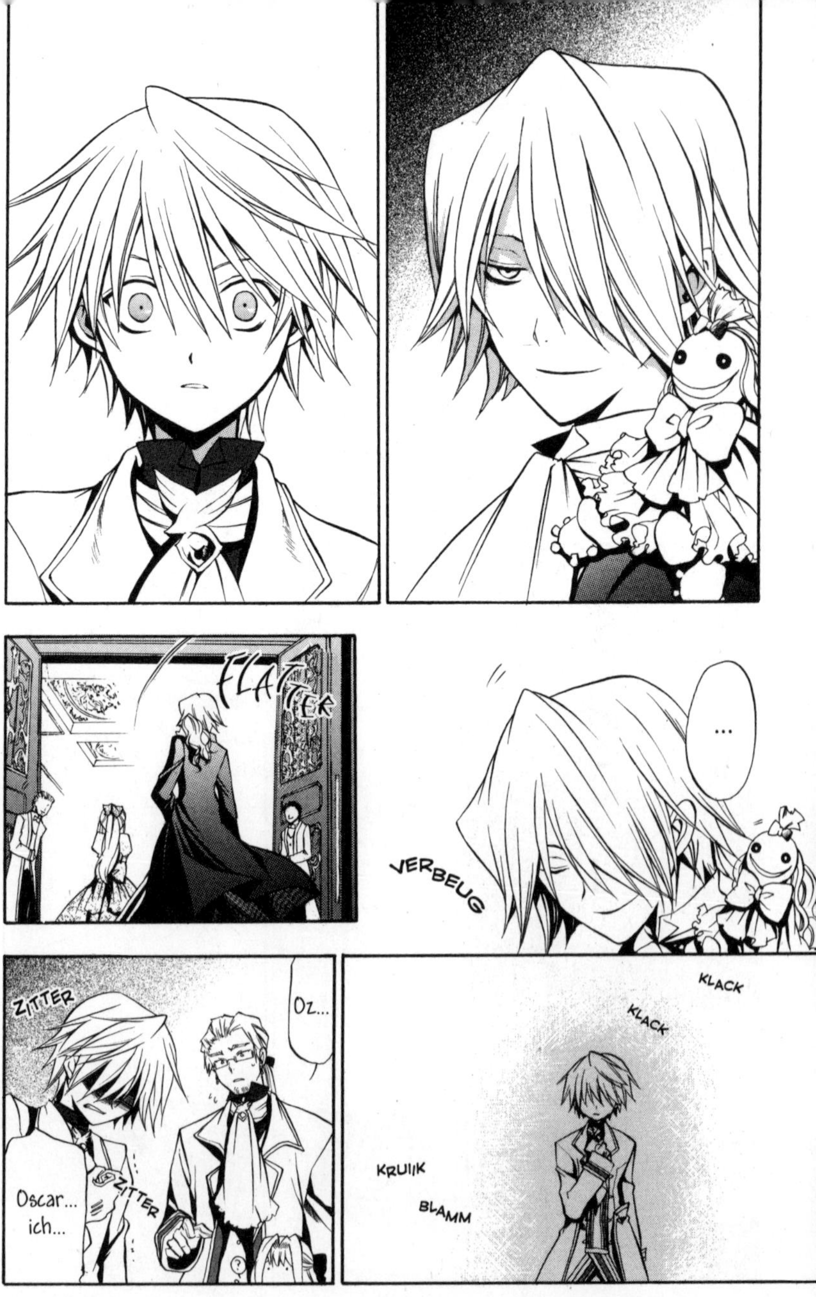
...
VERBEUG
FLATTER
Oz...
ZITTER
Oscar... ich...
ZITTER
KLACK
KLACK
KRUIIK
BLAMM

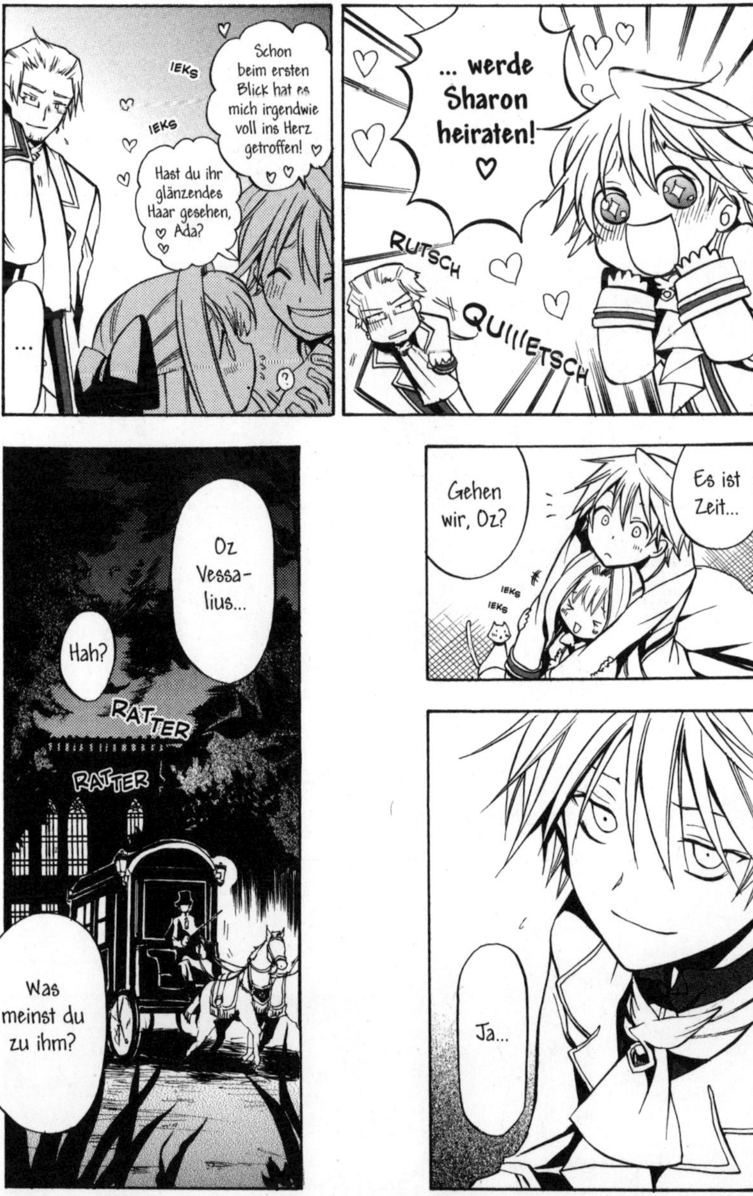
... werde Sharon heiraten!
RUTSCH
QUIIIIETSCH
Schon beim ersten Blick hat es mich irgendwie voll ins Herz getroffen!
IEKS
IEKS
Hast du ihr glänzendes Haar gesehen, Ada?
...
Es ist Zeit...
Gehen wir, Oz?
IEKS
IEKS
Oz Vessa-lius...
Hah?
RATTER
RATTER
Was meinst du zu ihm?
Ja...

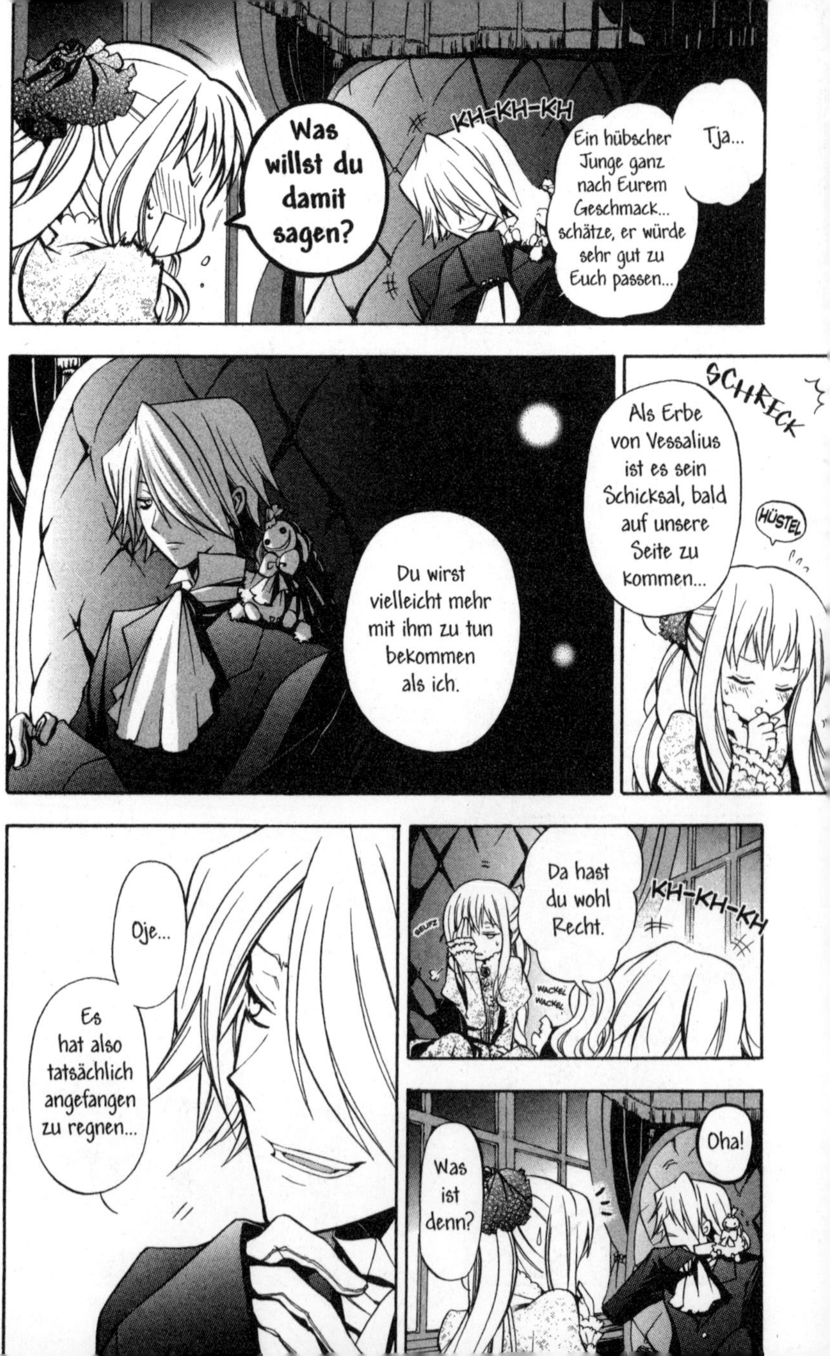
Tja...
Ein hübscher Junge ganz nach Eurem Geschmack... schätze, er würde sehr gut zu Euch passen...
KH-KH-KH
Was willst du damit sagen?
SCHRECK
Als Erbe von Vessalius ist es sein Schicksal, bald auf unsere Seite zu kommen...
HÜSTEL
Du wirst vielleicht mehr mit ihm zu tun bekommen als ich.
Da hast du wohl Recht.
KH-KH-KH
SEUFZ
WACKEL WACKEL
Oha!
Was ist denn?
Oje...
Es hat also tatsächlich angefangen zu regnen...

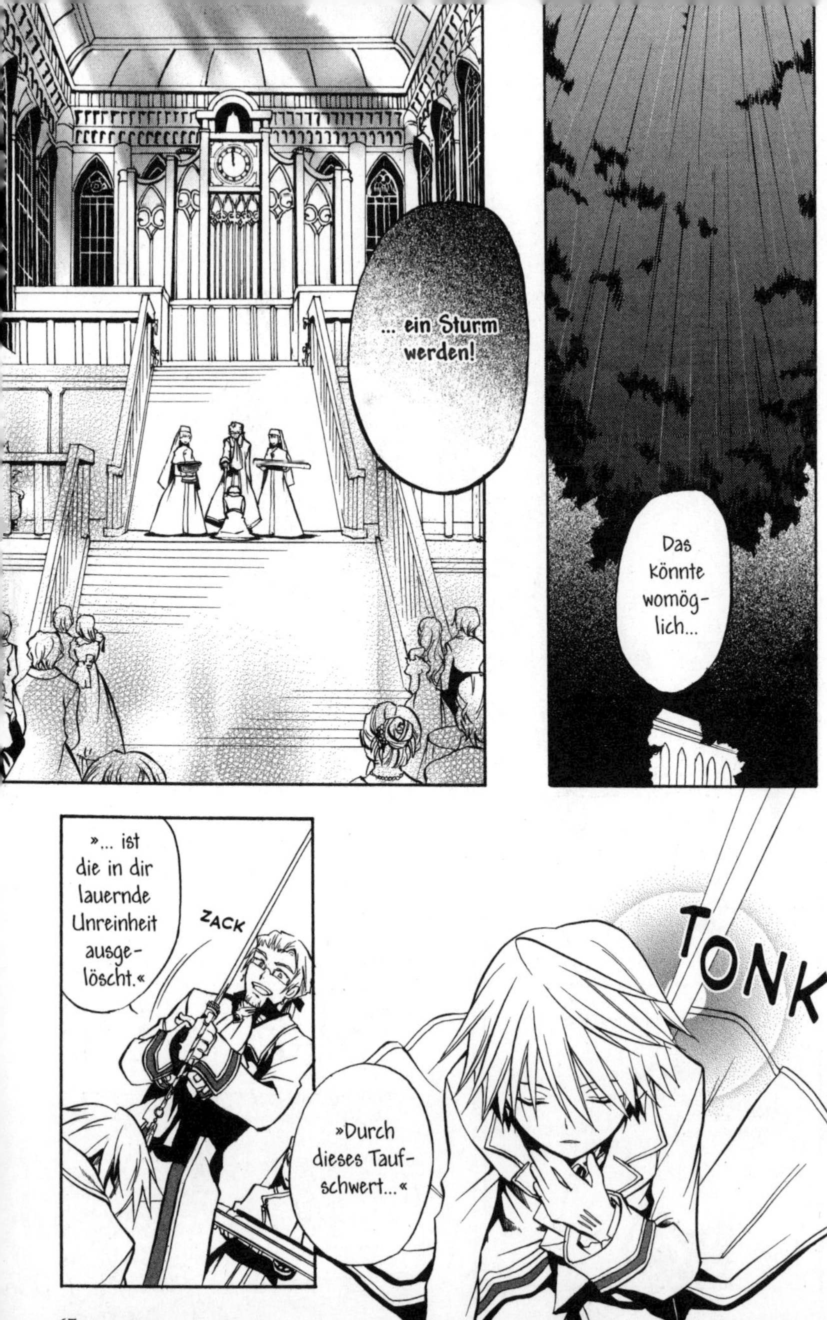
Das könnte womög-
lich...
... ein Sturm werden!
TONK
»Durch dieses Tauf-
schwert...«
ZACK
»... ist die in dir lauernde Unreinheit ausge-
löscht.«

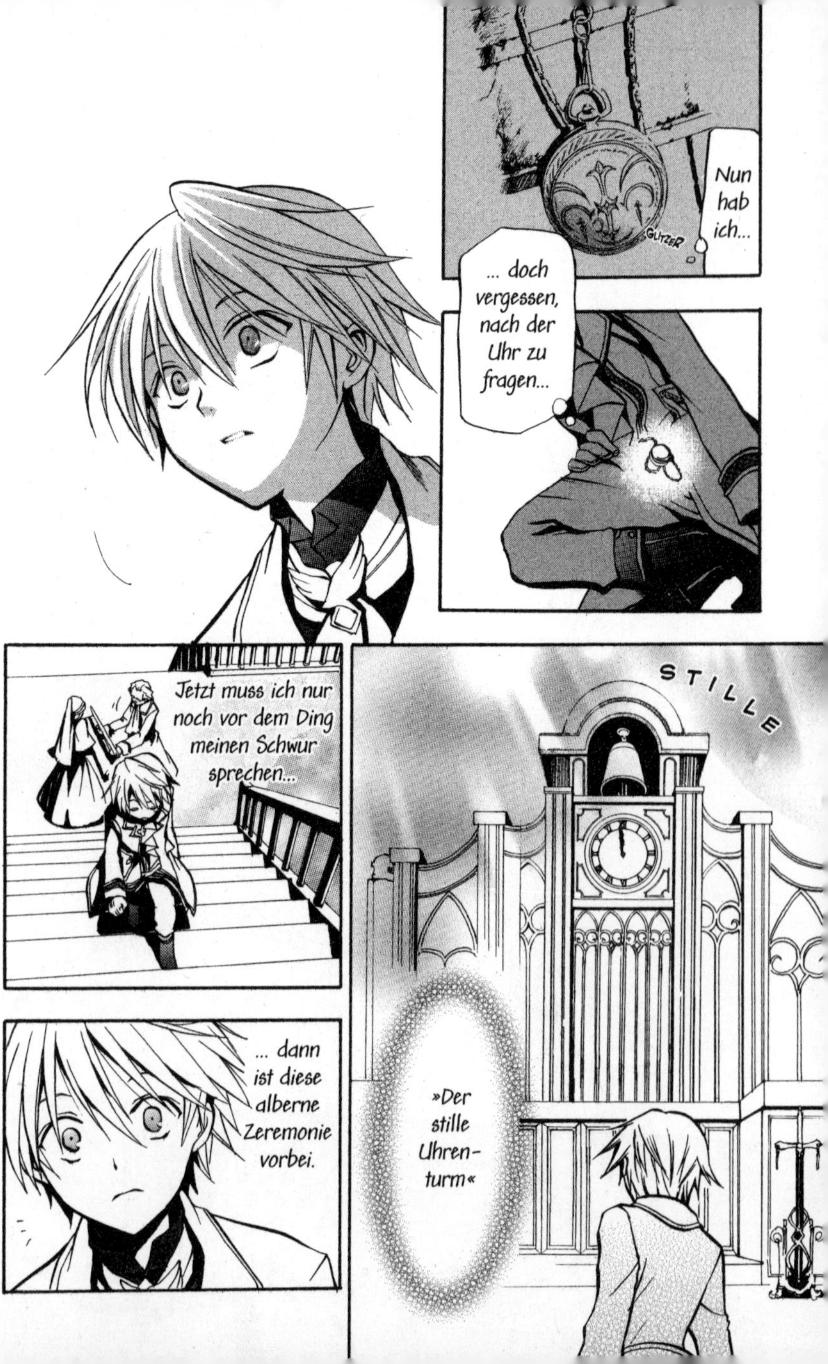
Nun hab ich...
GLITZER
... doch vergessen, nach der Uhr zu fragen...
STILLE
»Der stille Uhren-turm«
Jetzt muss ich nur noch vor dem Ding meinen Schwur sprechen...
... dann ist diese alberne Zeremonie vorbei.

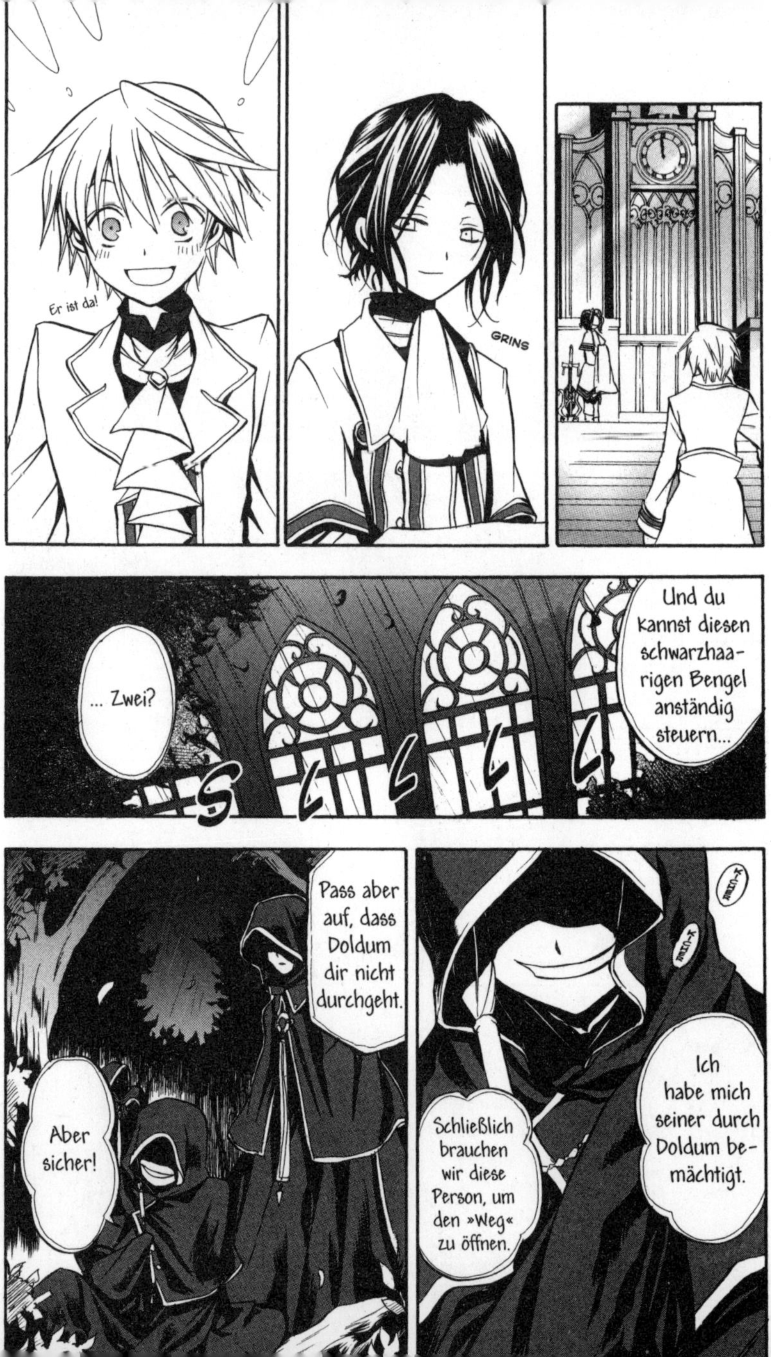
Er ist da!
GRINS
Und du kannst diesen schwarzhaarigen Bengel anständig steuern...
... Zwei?
Ich habe mich seiner durch Doldum bemächtigt.
Schließlich brauchen wir diese Person, um den »Weg« zu öffnen.
Pass aber auf, dass Doldum dir nicht durchgeht.
Aber sicher!

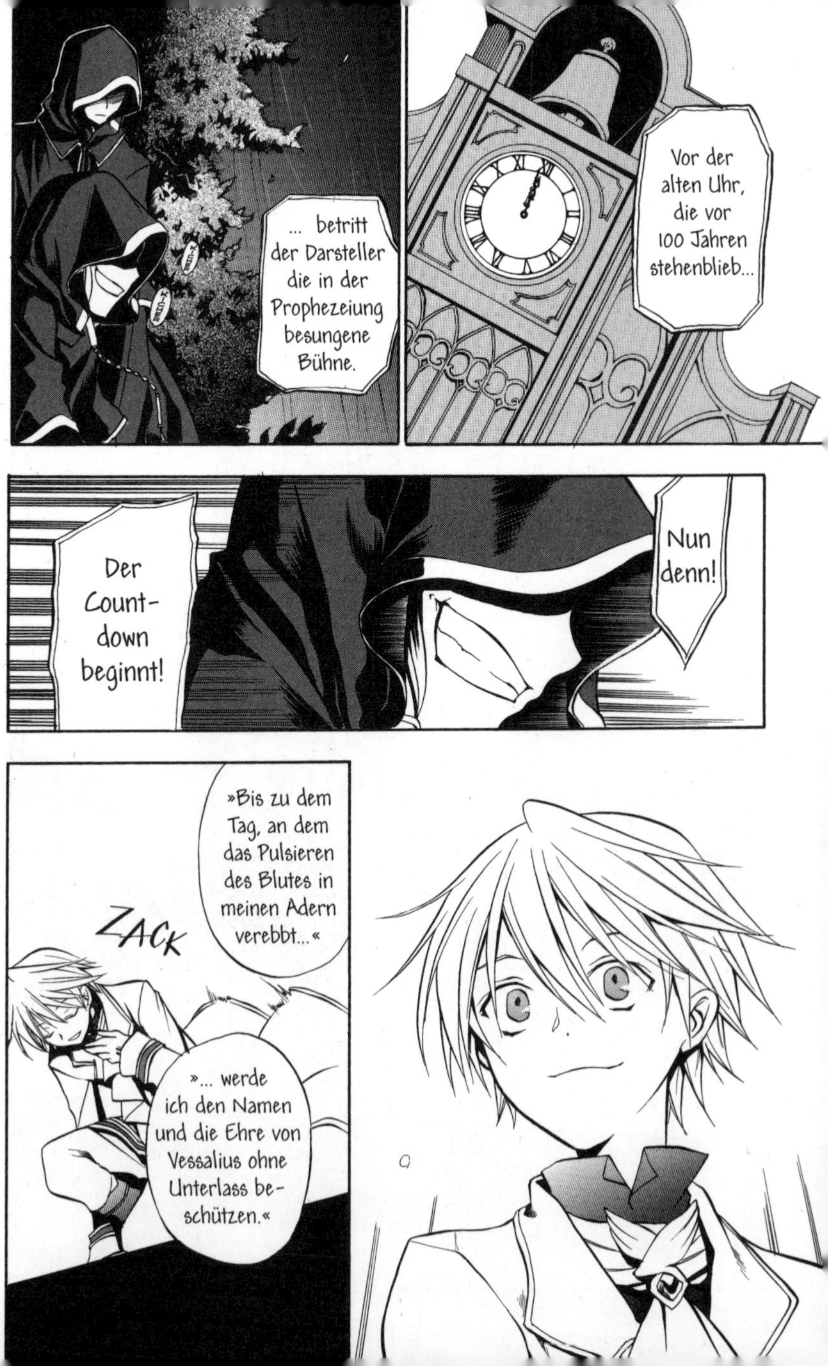
Vor der alten Uhr, die vor 100 Jahren stehenblieb...
... betritt der Darsteller die in der Prophezeiung besungene Bühne.
KICHER
KICHER
Nun denn!
Der Count-down beginnt!
»Bis zu dem Tag, an dem das Pulsieren des Blutes in meinen Adern verebbt...«
ZACK
»... werde ich den Namen und die Ehre von Vessalius ohne Unterlass be-schützen.«

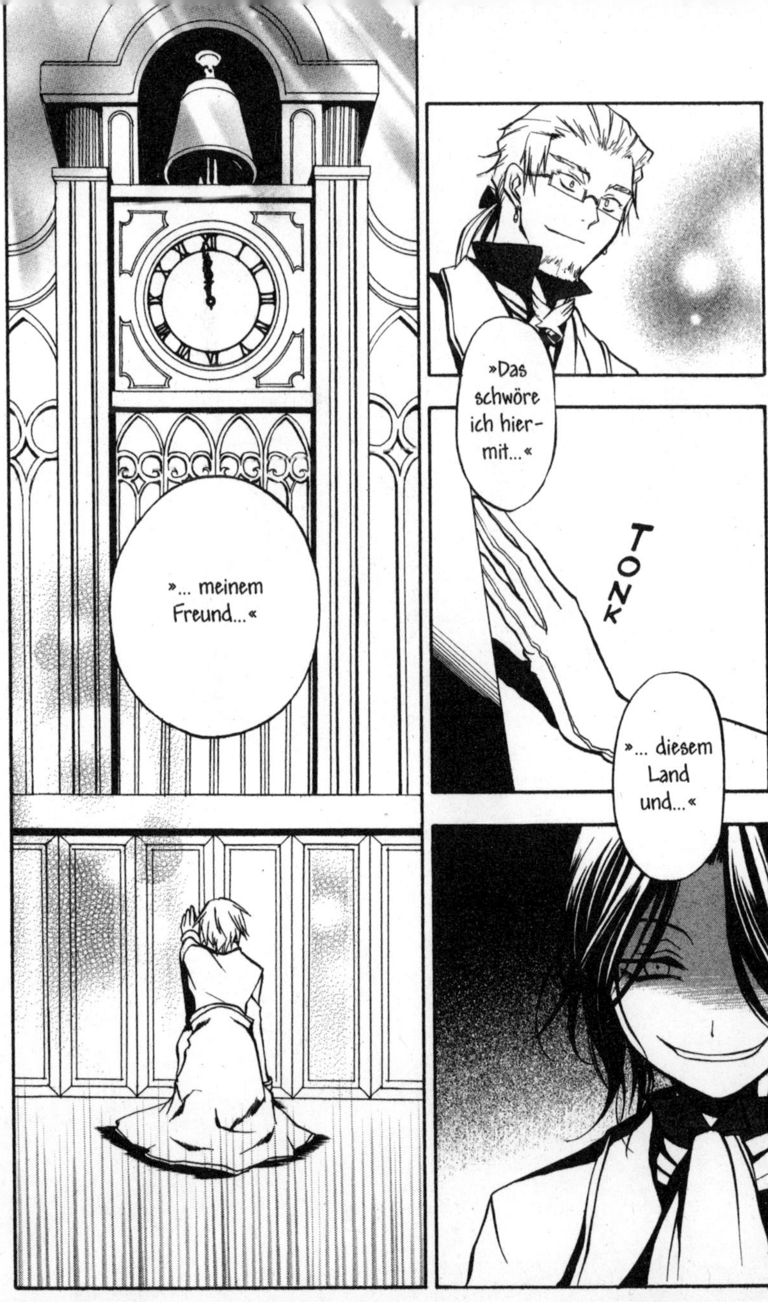
»Das schwöre ich hier-mit...«
TONK
»... diesem Land und...«
»... meinem Freund...«

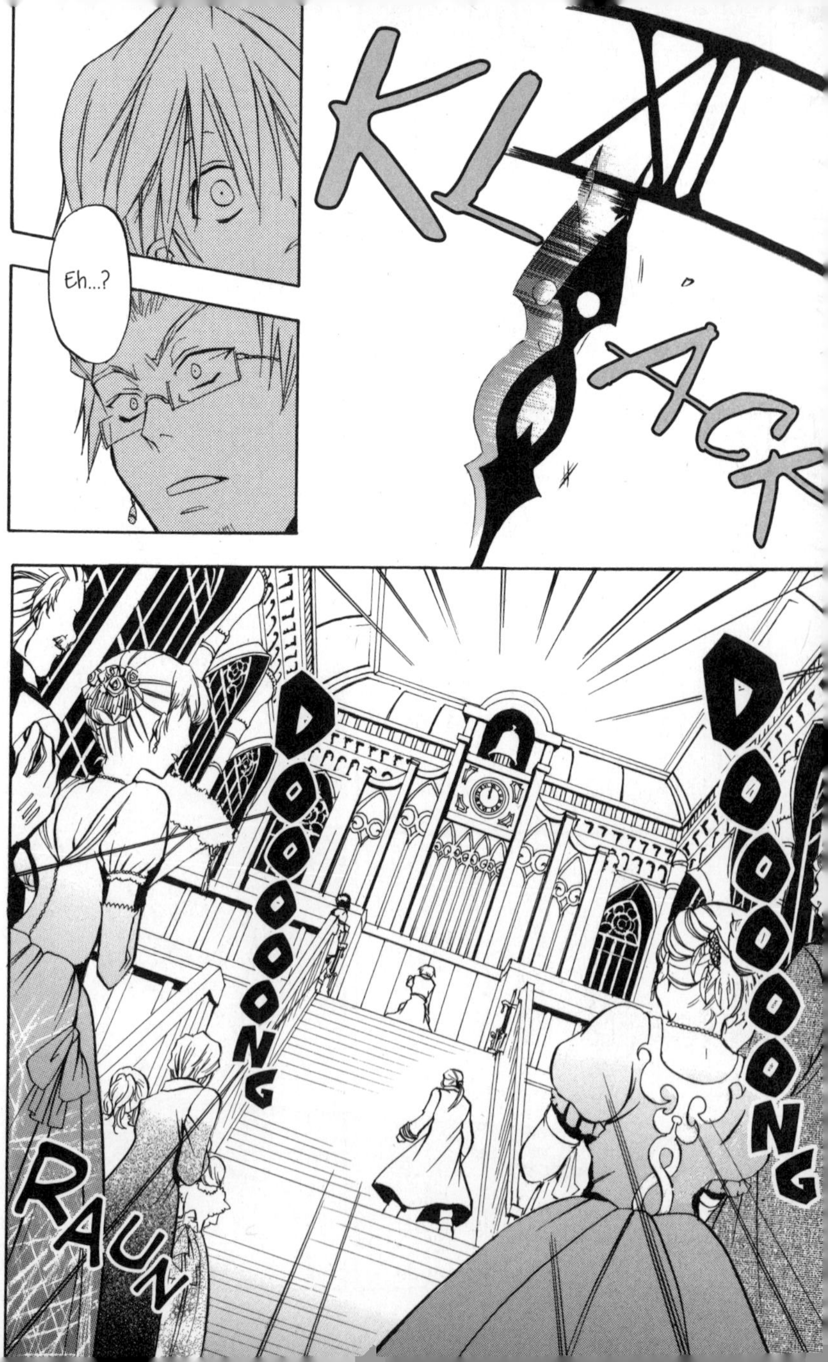
KLACK
Eh...?
DOOOOONG
DOOOOONG
RAUN

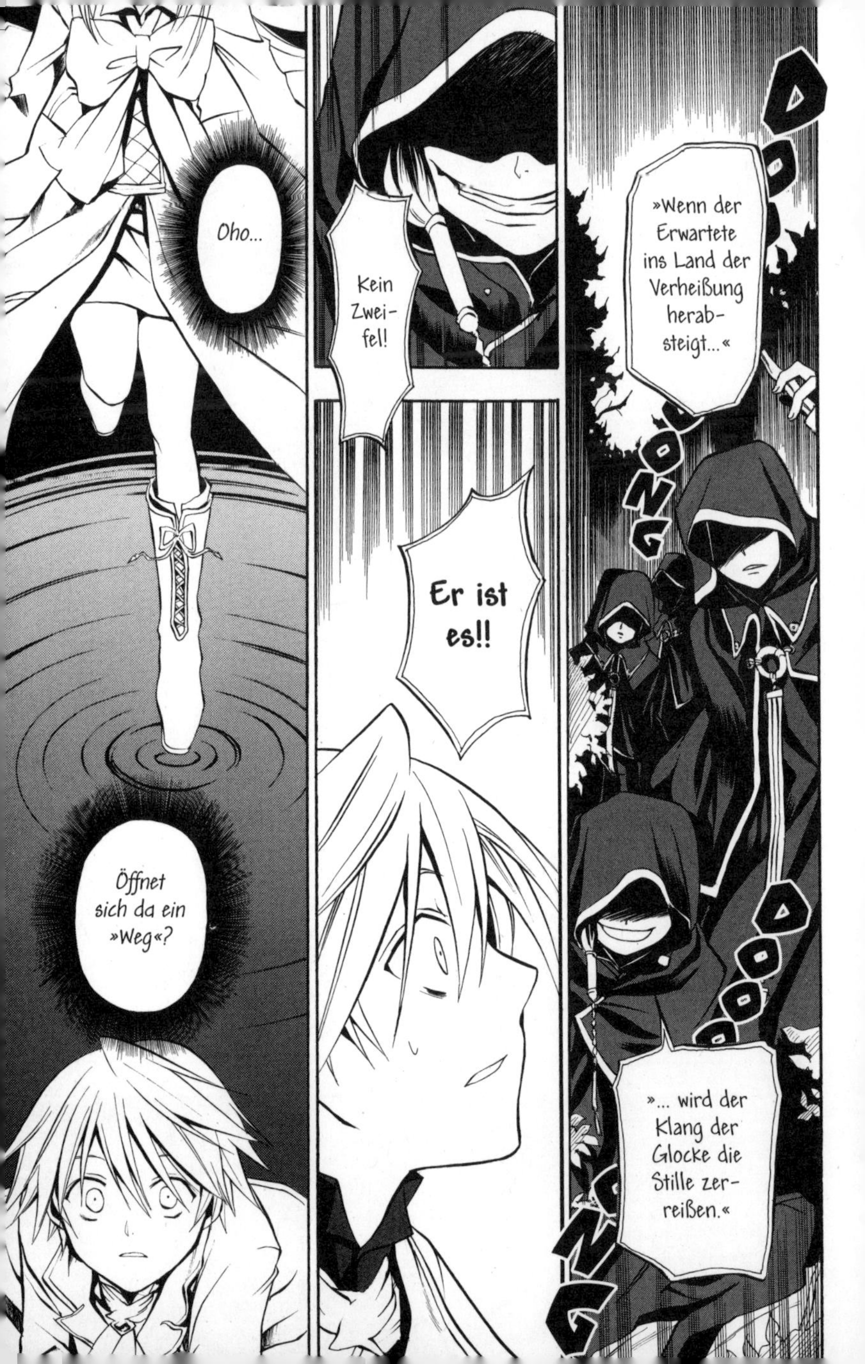
»Wenn der Erwartete ins Land der Verheißung herab-steigt...«
DOOONG
»... wird der Klang der Glocke die Stille zer-reißen.«
DOOOONG
Kein Zwei-fel!
Er ist es!!
Oho...
Öffnet sich da ein »Weg«?

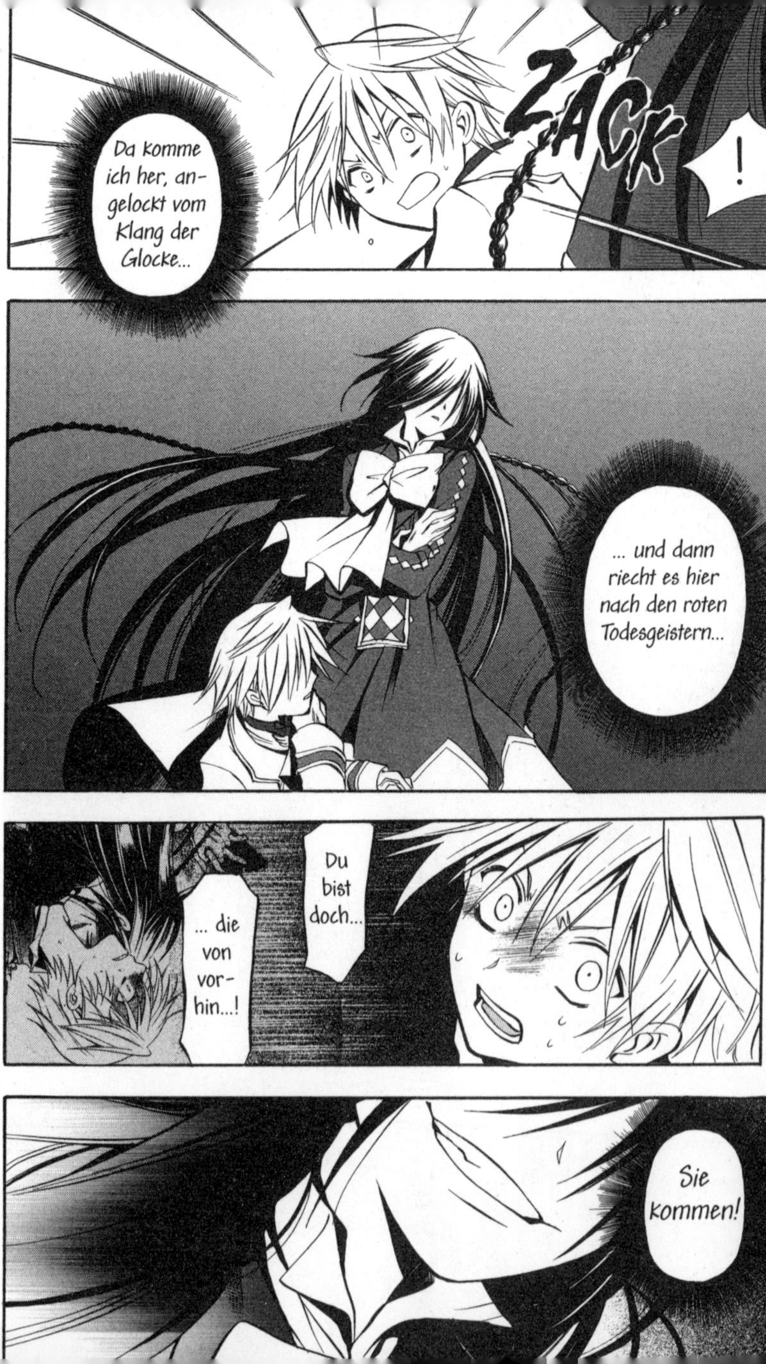
ZACK
!
Da komme ich her, angelockt vom Klang der Glocke...
... und dann riecht es hier nach den roten Todesgeistern...
Du bist doch...
... die von vorhin...!
Sie kommen!

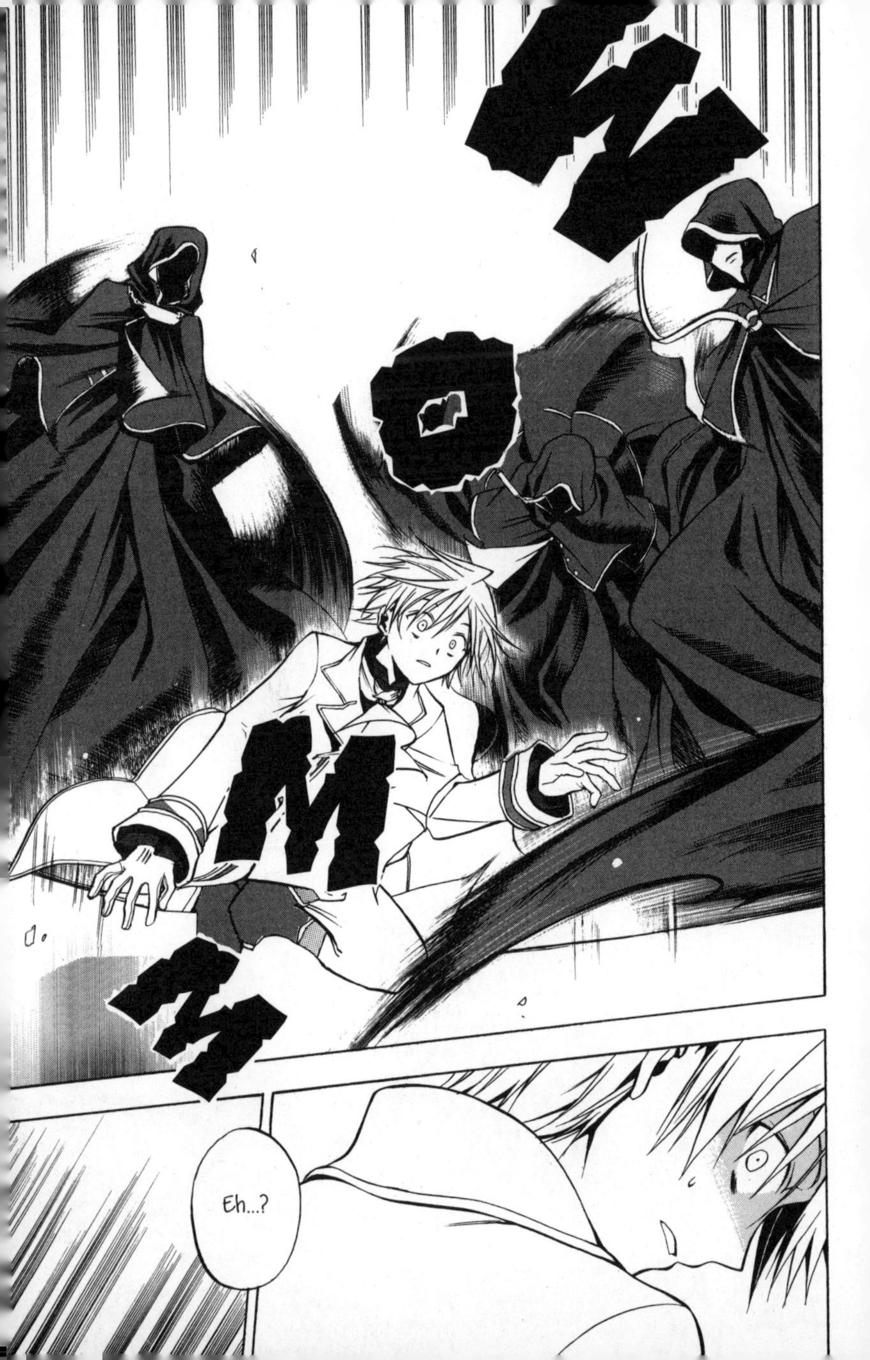
O
M
M
Eh...?

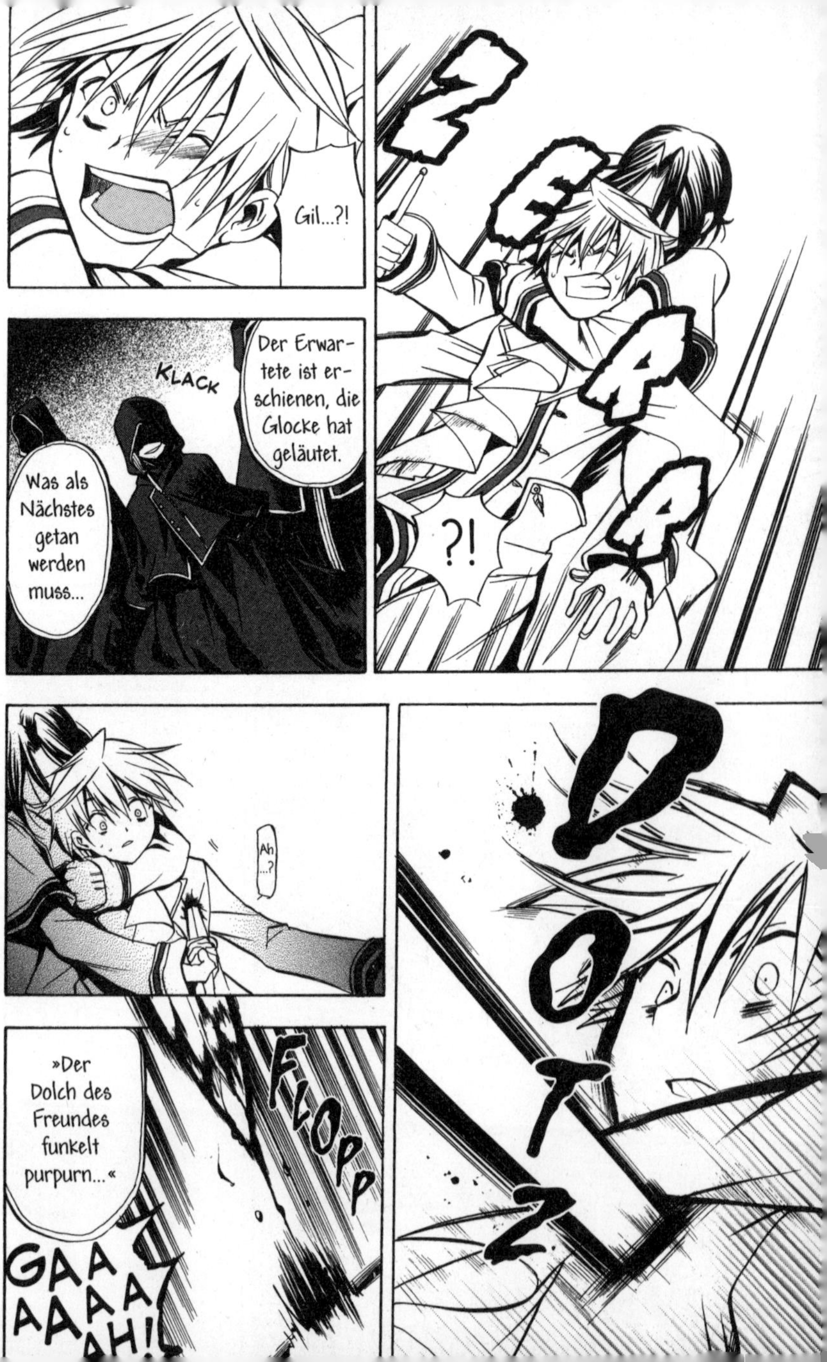
ZERR
?!
Gil...?!
KLACK
Der Erwartete ist erschienen, die Glocke hat geläutet.
Was als Nächstes getan werden muss...
DOTZ
Ah ...?
FLOPP
»Der Dolch des Freundes funkelt purpurn...«
GAAAAAAAAH!

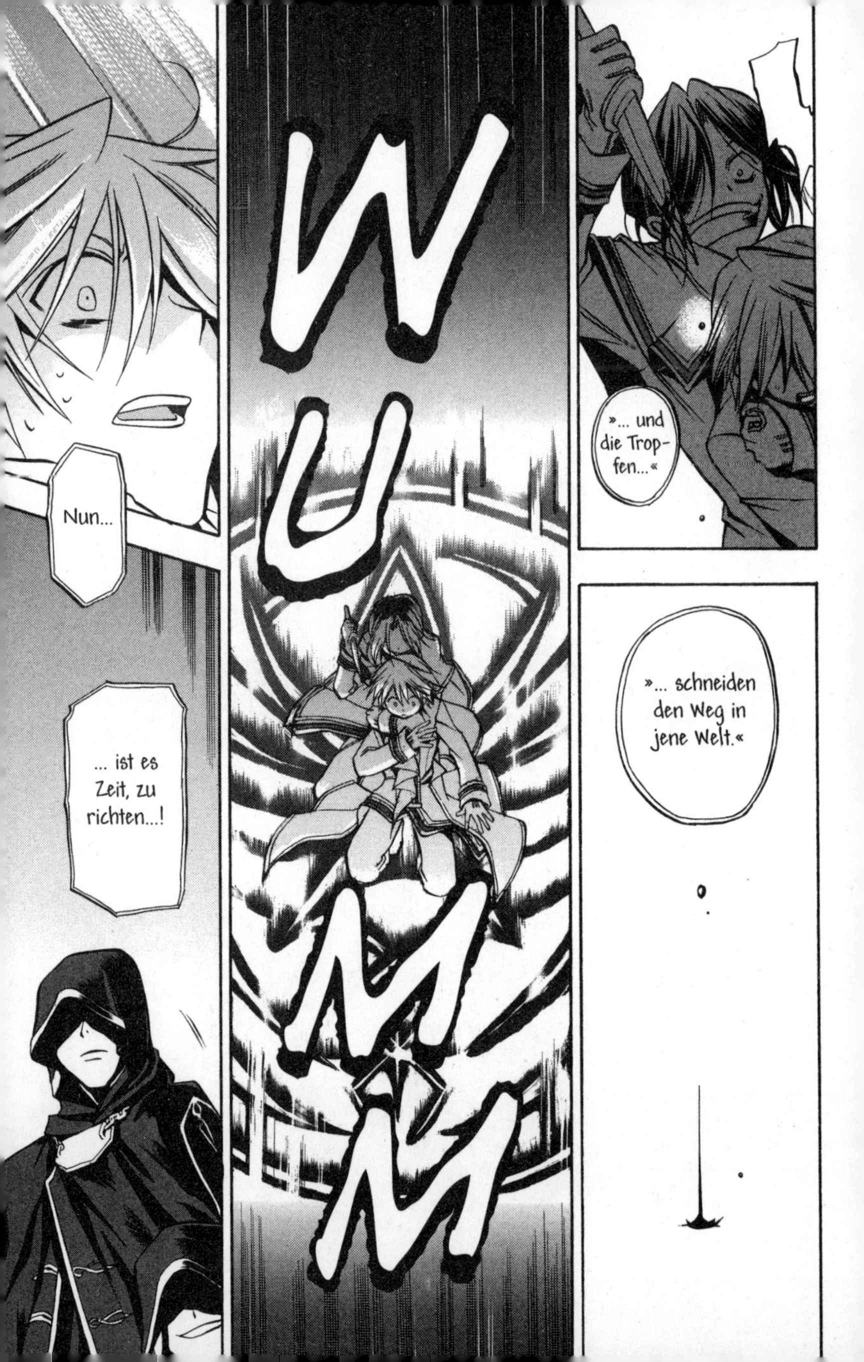
»... und die Trop-fen...«
»... schneiden den Weg in jene Welt.«
WUMMM
Nun...
... ist es Zeit, zu richten...!

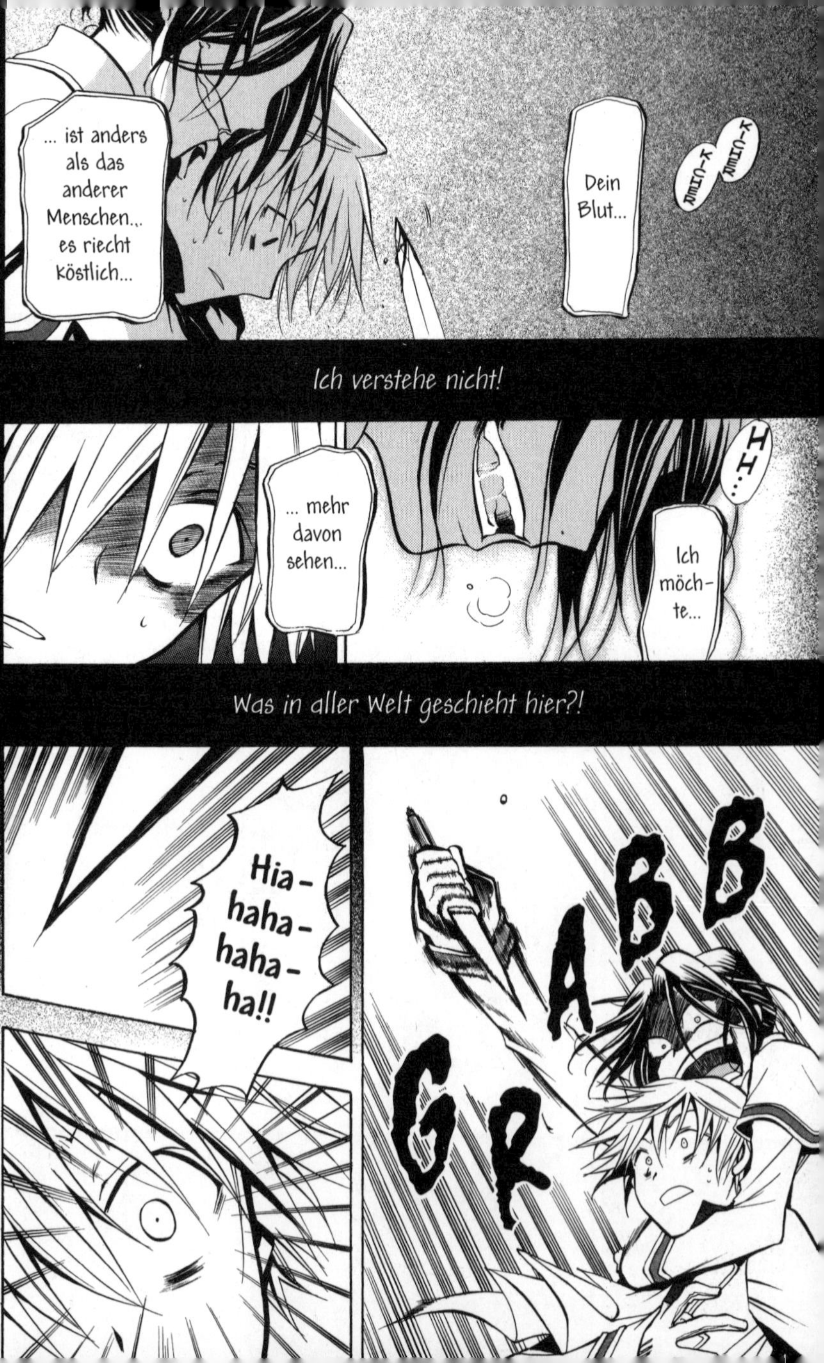
K-ICHER K-ICHER
Dein Blut...
... ist anders als das anderer Menschen... es riecht köstlich...
Ich verstehe nicht!
H H...
Ich möch-te...
... mehr davon sehen...
Was in aller Welt geschieht hier?!
GRABB
Hia-haha-haha-ha!!

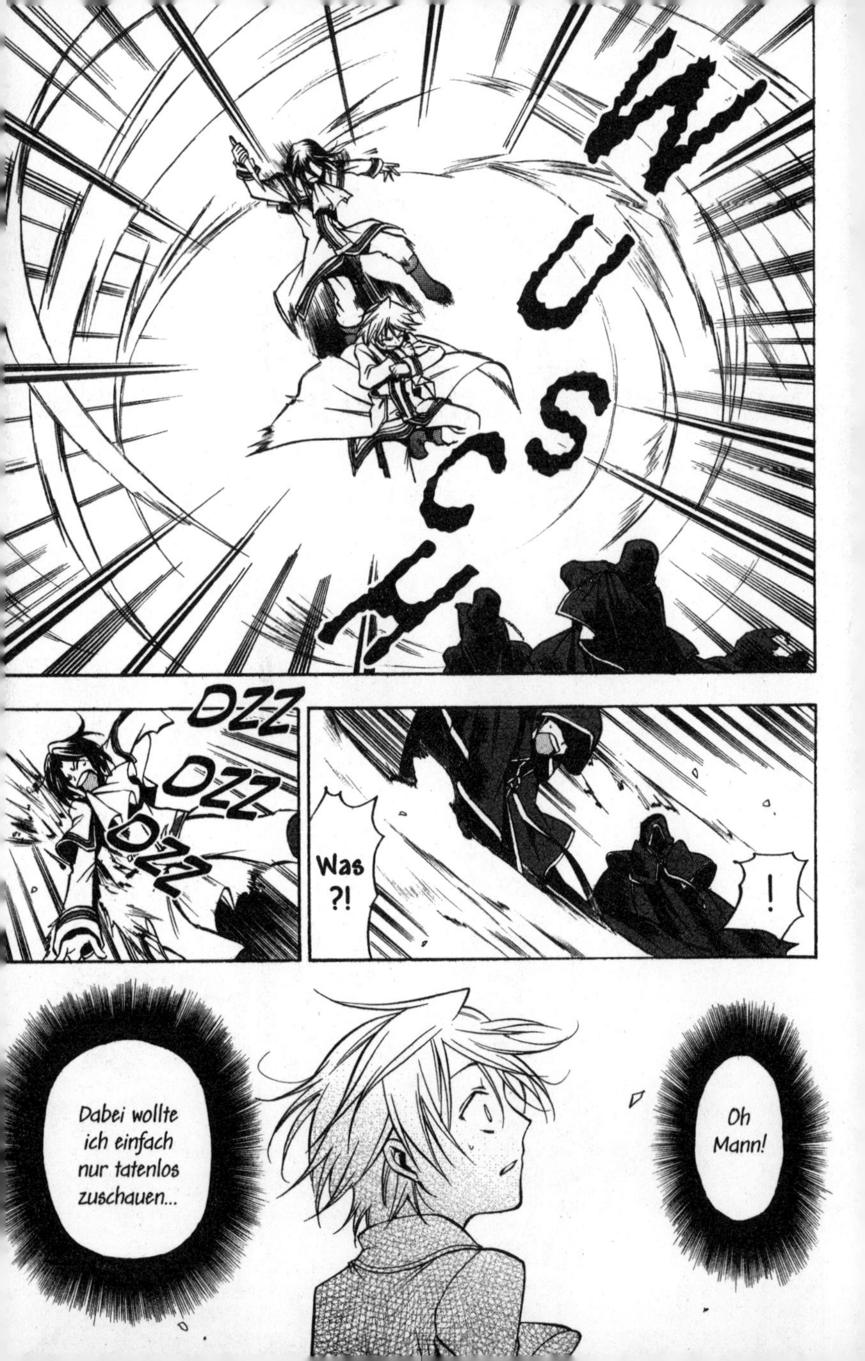
WUSCHH
!
Was ?!
DZZ DZZ DZZ
Oh Mann!
Dabei wollte ich einfach nur tatenlos zuschauen...

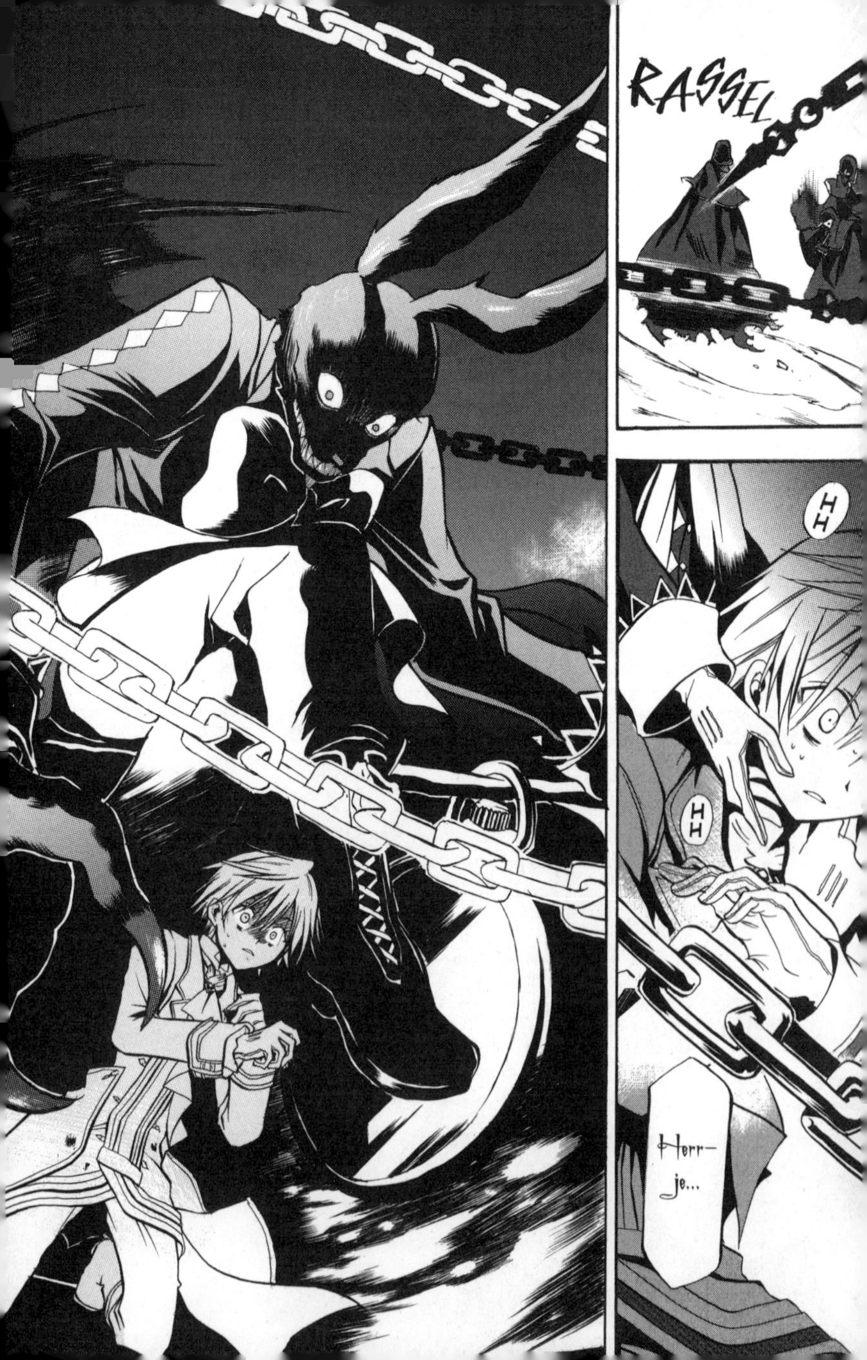
RASSEL
HH
HH
Herr-
je...

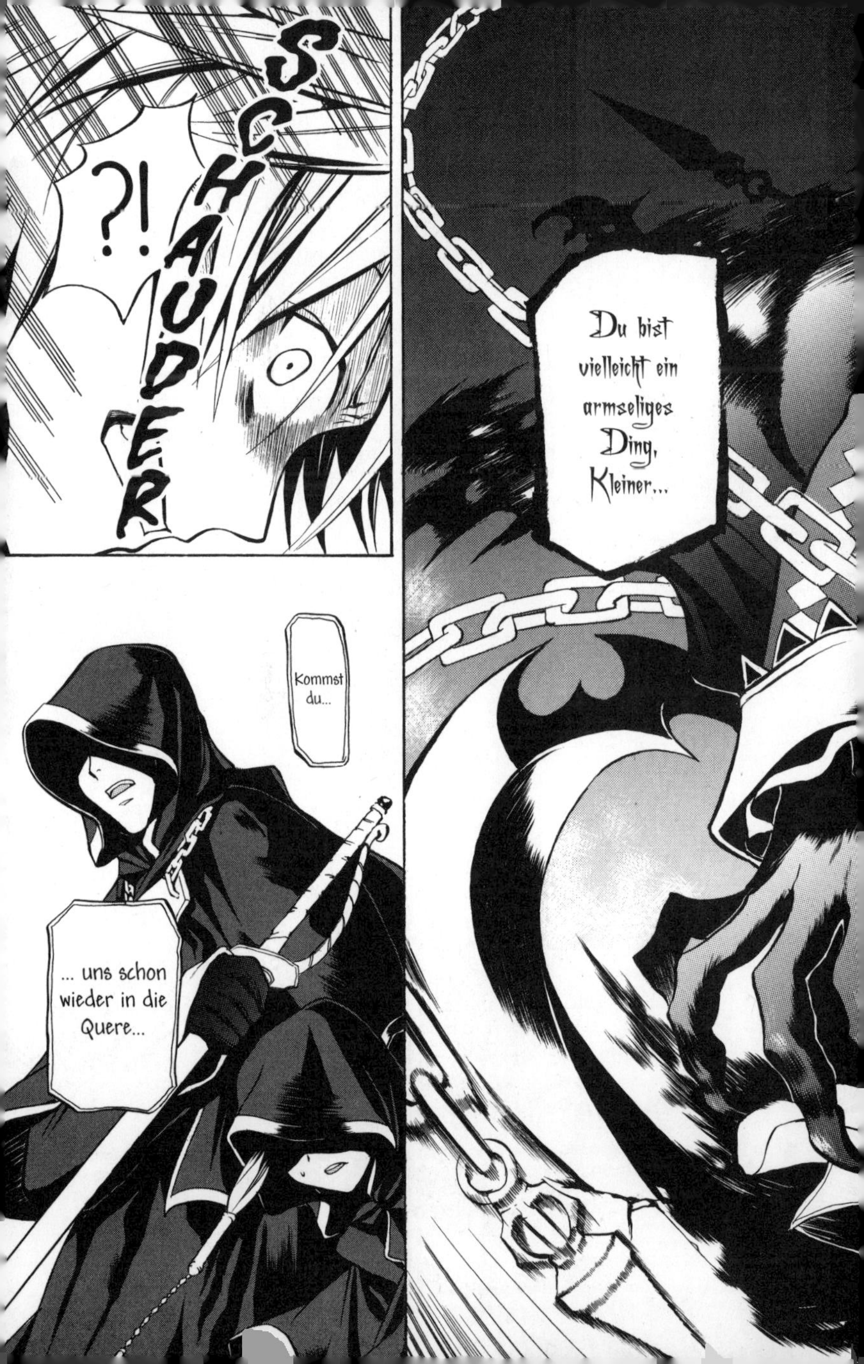
Du bist vielleicht ein armseliges Ding, Kleiner...
SCHAUDER
?!
Kommst du...
... uns schon wieder in die Quere...

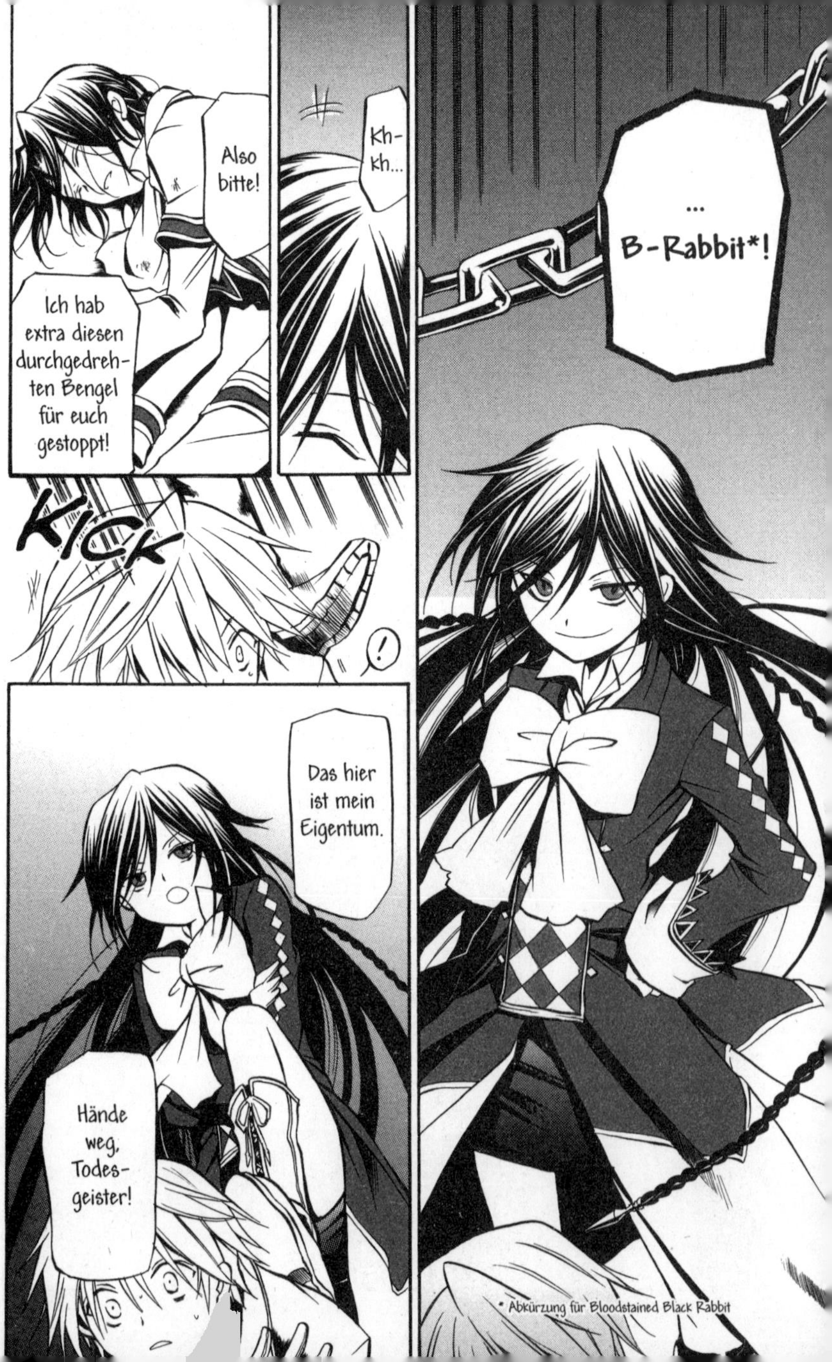

* Abkürzung für Bloodstained Black Rabbit

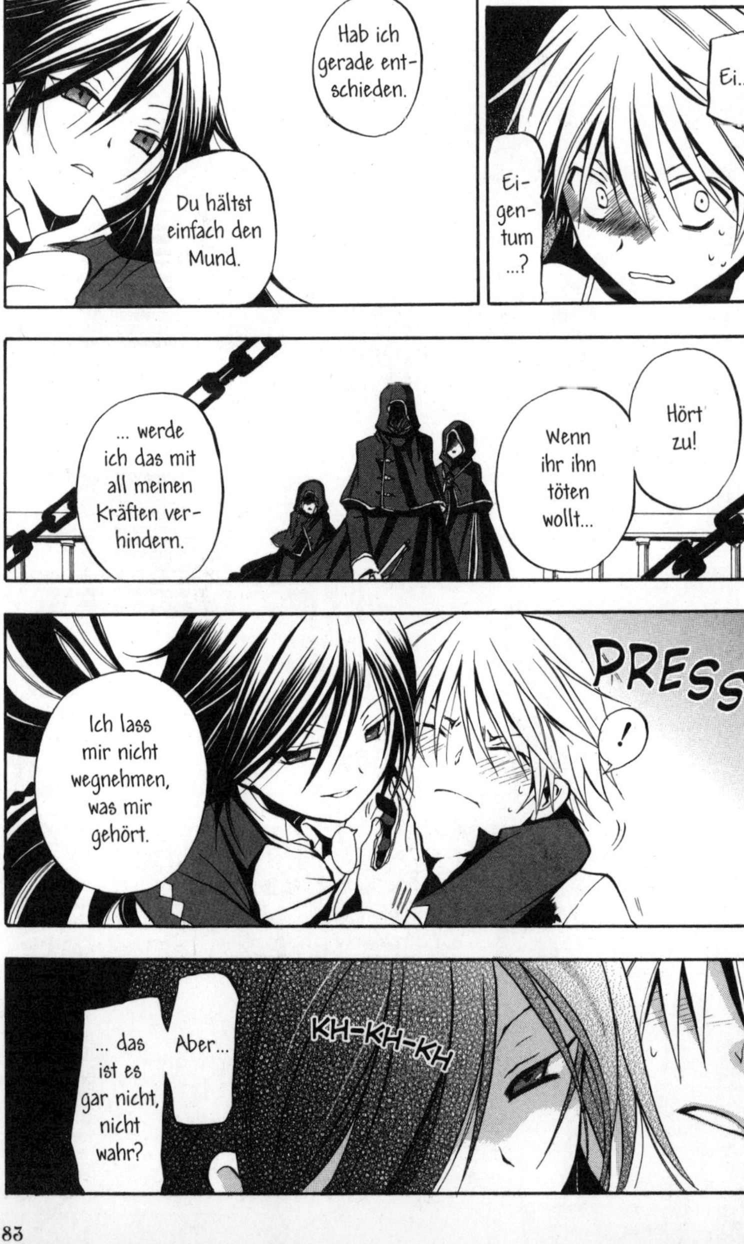
Ei...
Ei-gen-tum ...?
Hab ich gerade ent-schieden.
Du hältst einfach den Mund.
Hört zu!
Wenn ihr ihn töten wollt...
... werde ich das mit all meinen Kräften ver-hindern.
PRESS
!
Ich lass mir nicht wegnehmen, was mir gehört.
KH-KH-KH
Aber...
... das ist es gar nicht, nicht wahr?

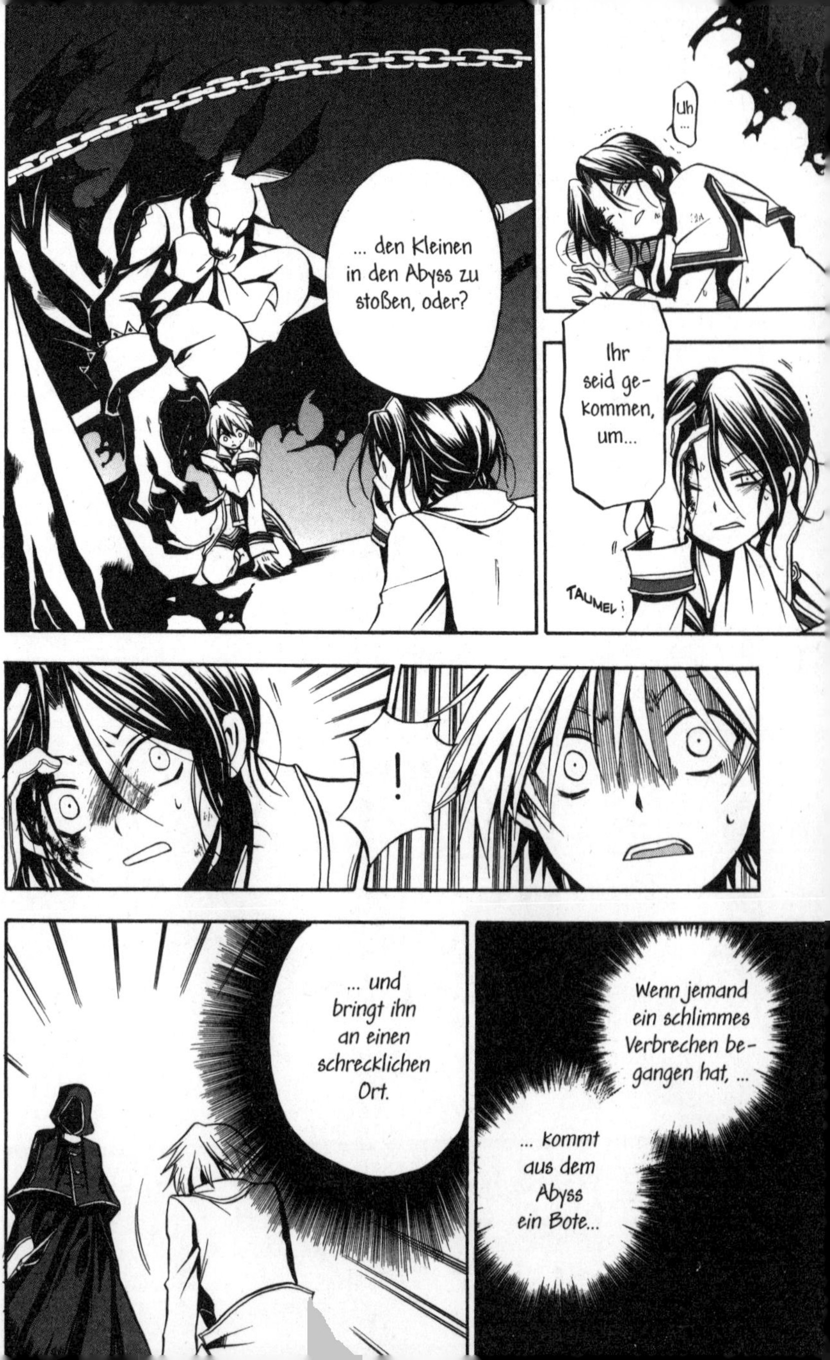
Uh ...
Ihr seid gekommen, um...
TAUMEL
... den Kleinen in den Abyss zu stoßen, oder?
!
Wenn jemand ein schlimmes Verbrechen begangen hat, ...
... kommt aus dem Abyss ein Bote...
... und bringt ihn an einen schrecklichen Ort.

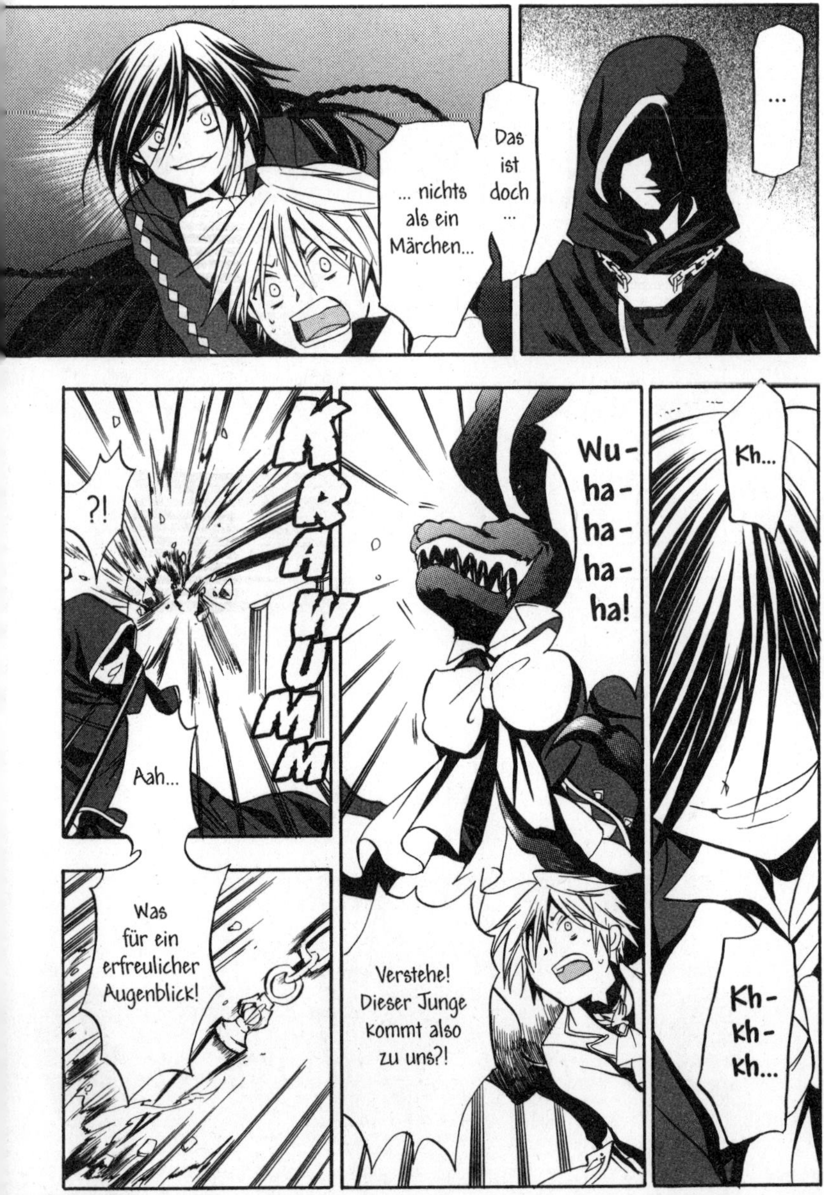
...
Das ist doch ...
... nichts als ein Märchen...
Kh...
Wu-ha-ha-ha-ha!
KRAWUMM
?!
Aah...
Kh-kh-kh...
Verstehe! Dieser Junge kommt also zu uns?!
Was für ein erfreulicher Augenblick!

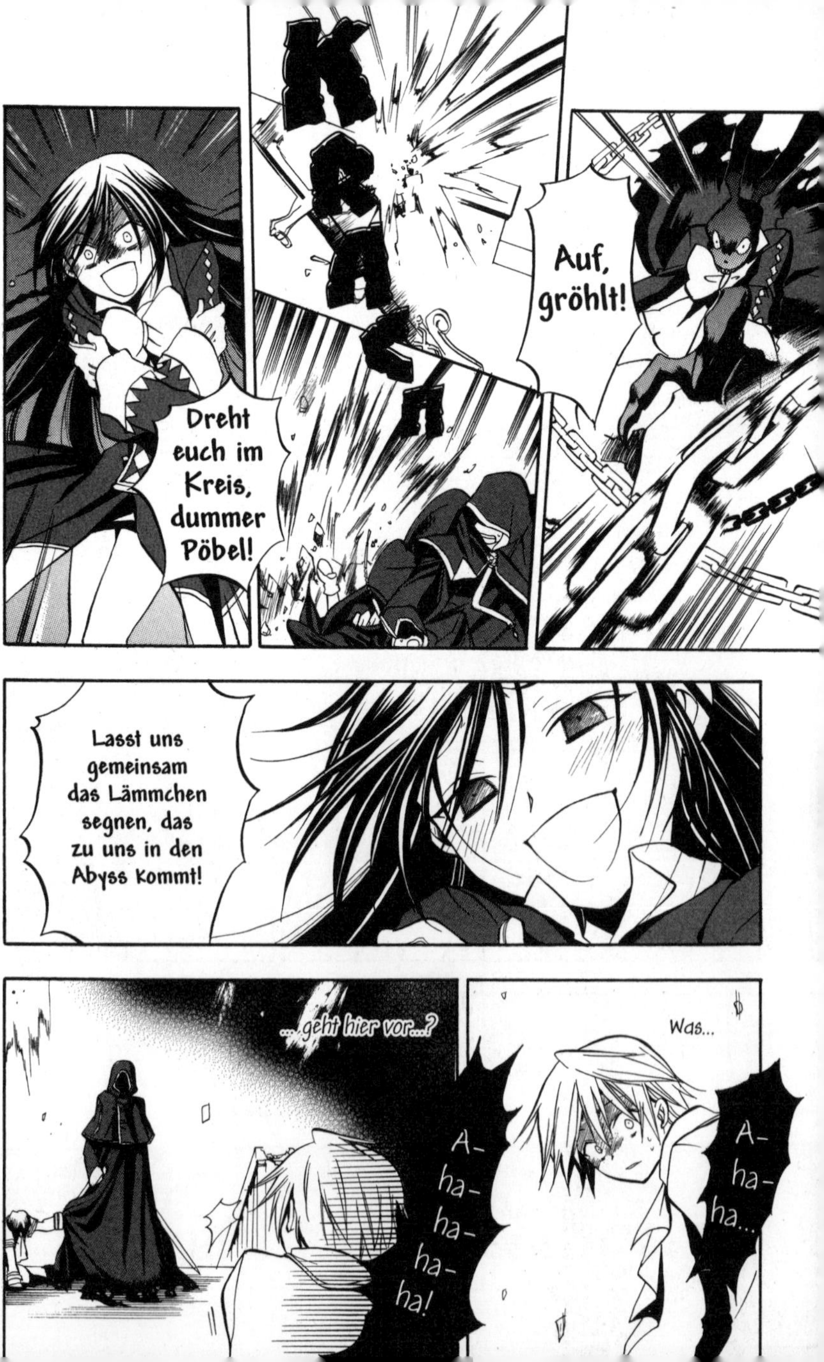
Auf, gröhlt!
Dreht euch im Kreis, dummer Pöbel!
Lasst uns gemeinsam das Lämmchen segnen, das zu uns in den Abyss kommt!
Was...
A-ha-ha...
...geht hier vor...?
A-ha-ha-ha-ha-ha!

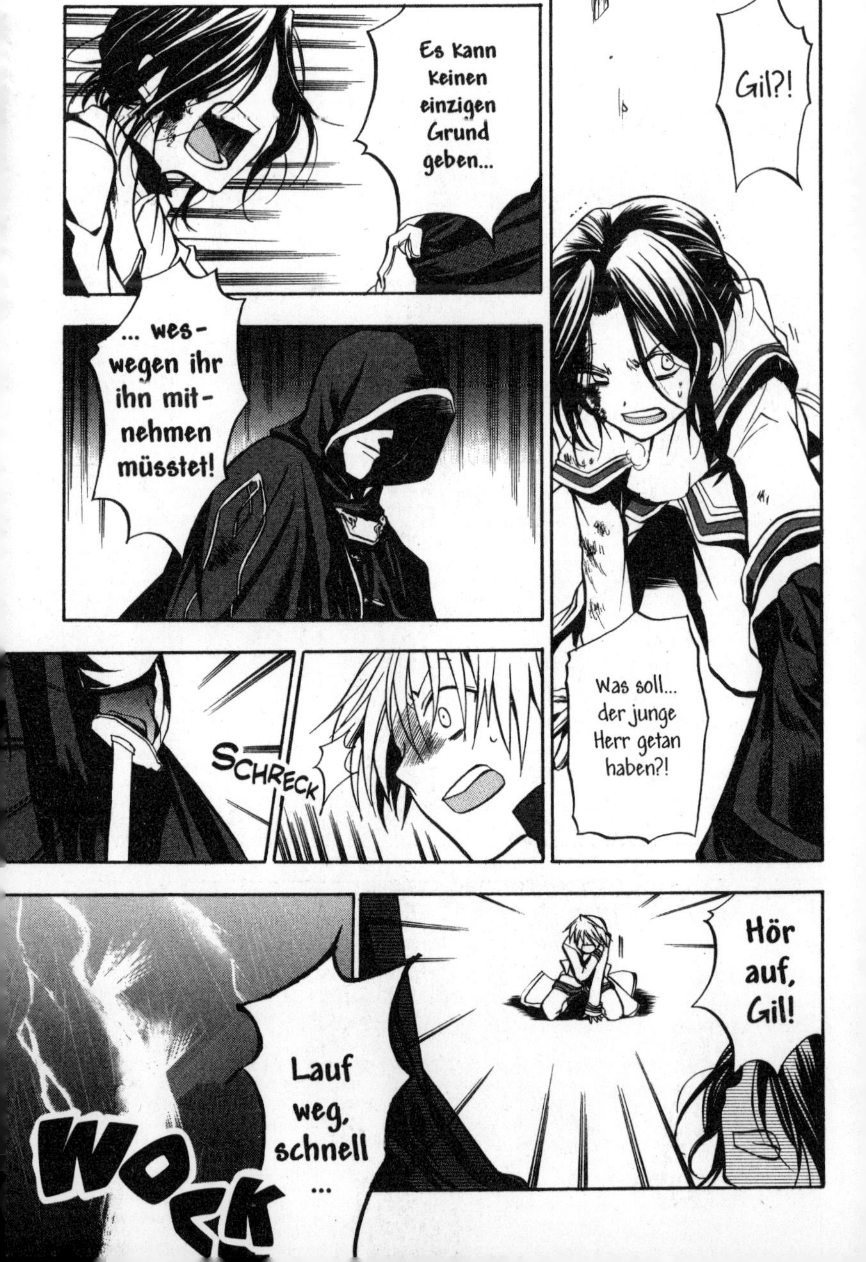
Gil?!
Es kann keinen einzigen Grund geben...
... wes- wegen ihr ihn mit- nehmen müsstet!
Was soll... der junge Herr getan haben?!
SCHRECK
Hör auf, Gil!
Lauf weg, schnell ...
WOCK

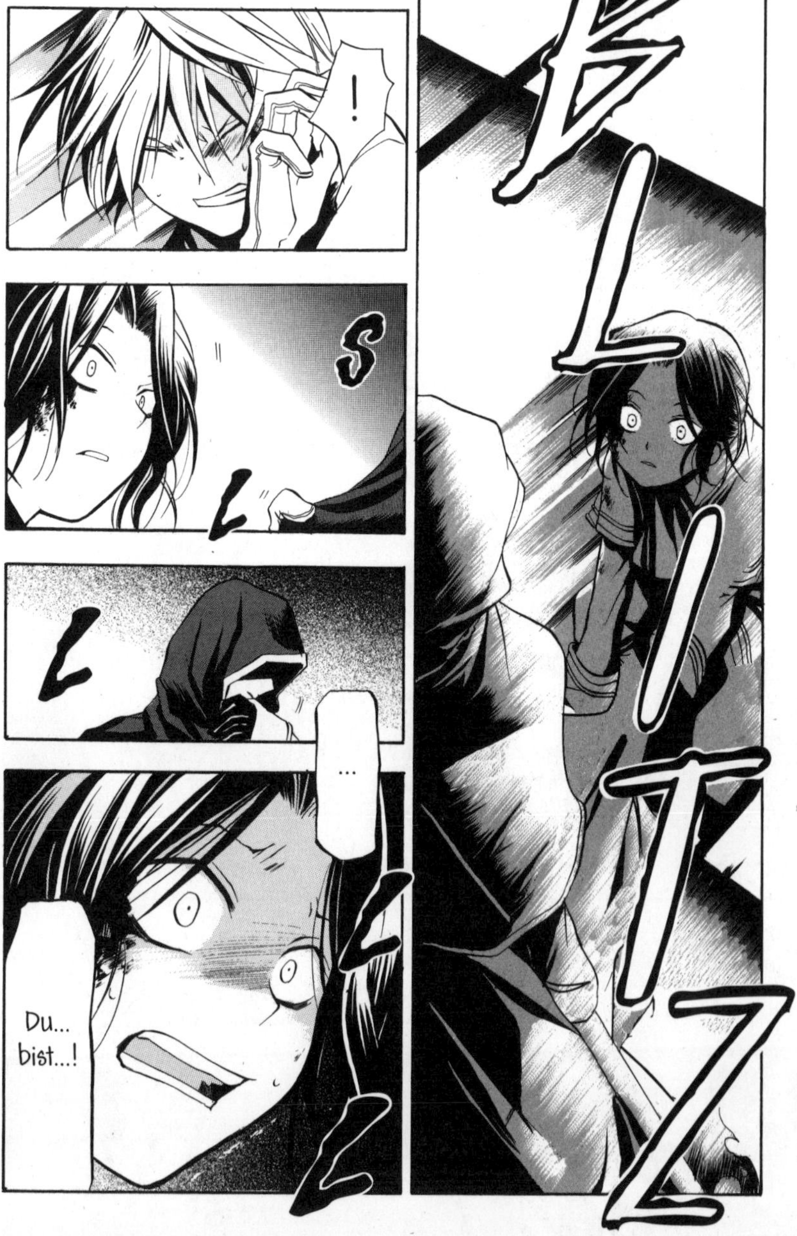
BLITZ
!
S
L
L
...
L
L
Du...
bist...!

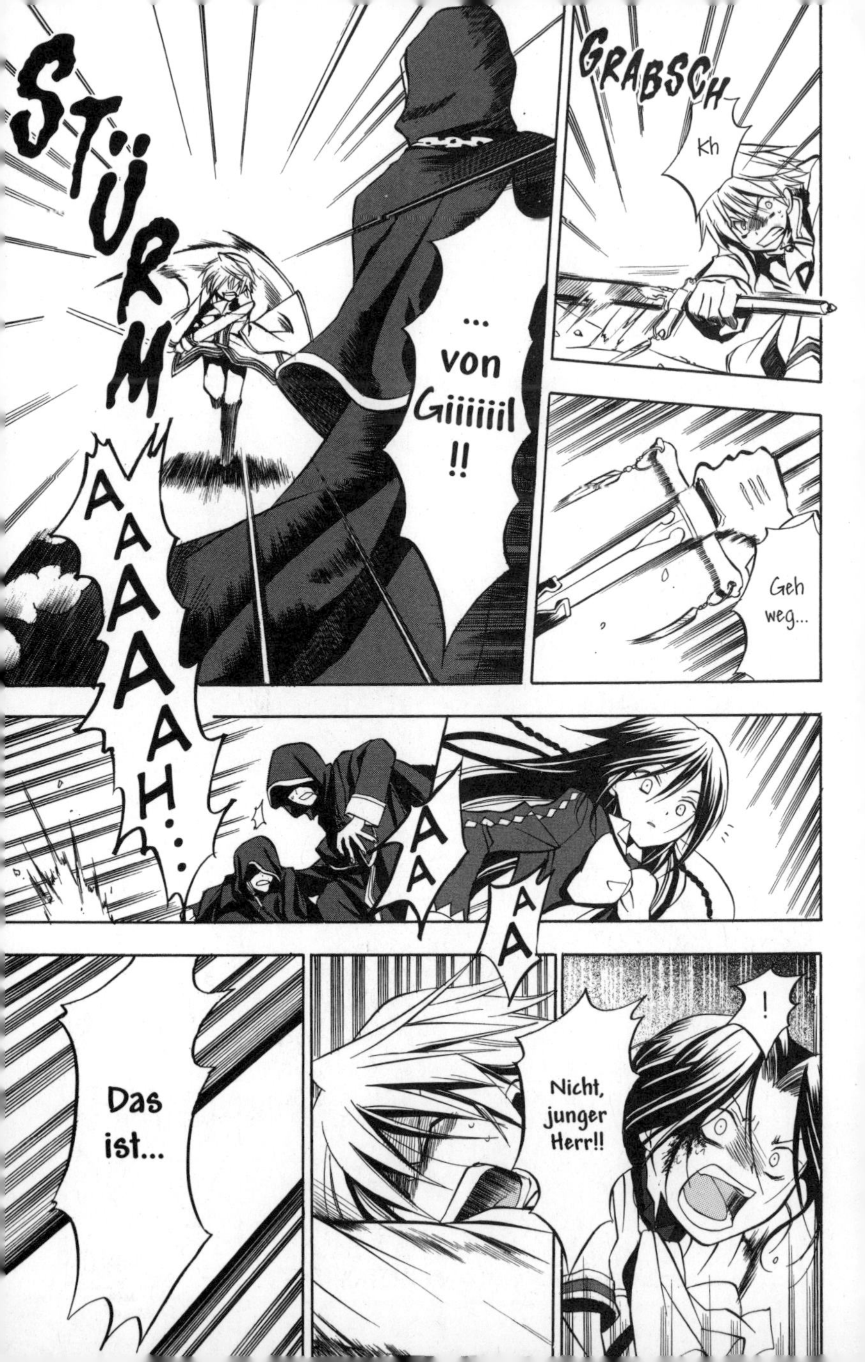
GRABSCH
Kh
Geh weg...
STÜRM
... von Giiiiiil !!
AAAAAAH...
AAAA
!
Nicht, junger Herr!!
Das ist...

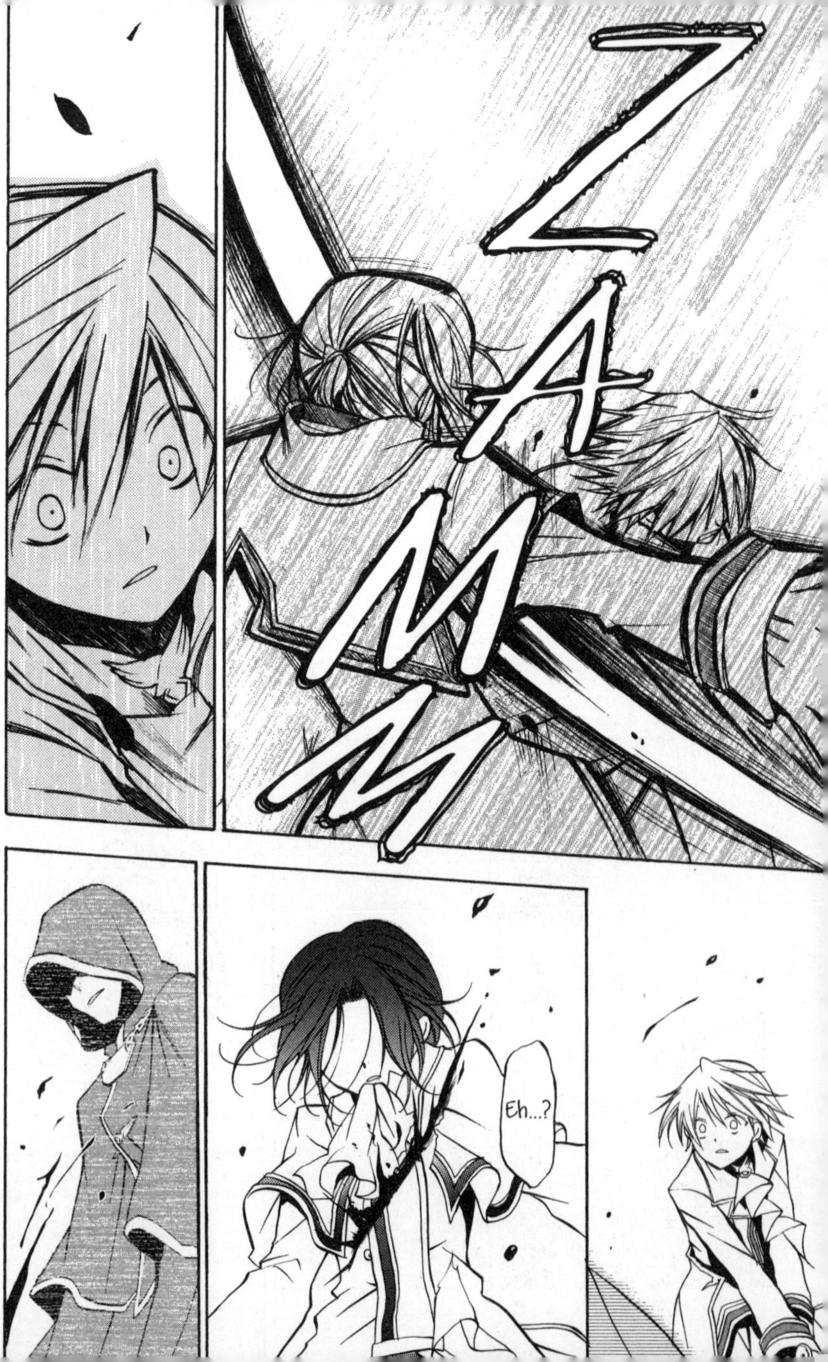
ZAMM
Eh...?

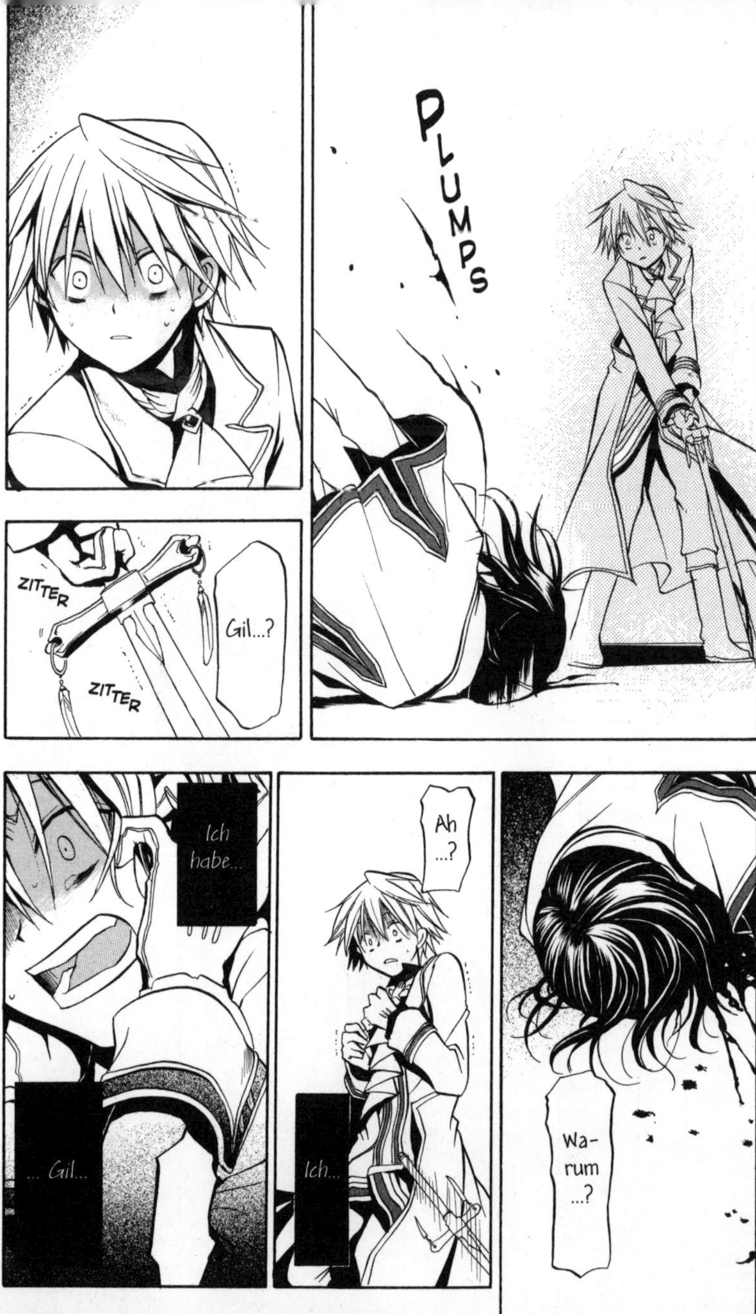
PLUMPS
Gil...?
ZITTER
ZITTER
Wa-
rum
...?
Ah
...?
Ich...
Ich
habe...
... Gil...

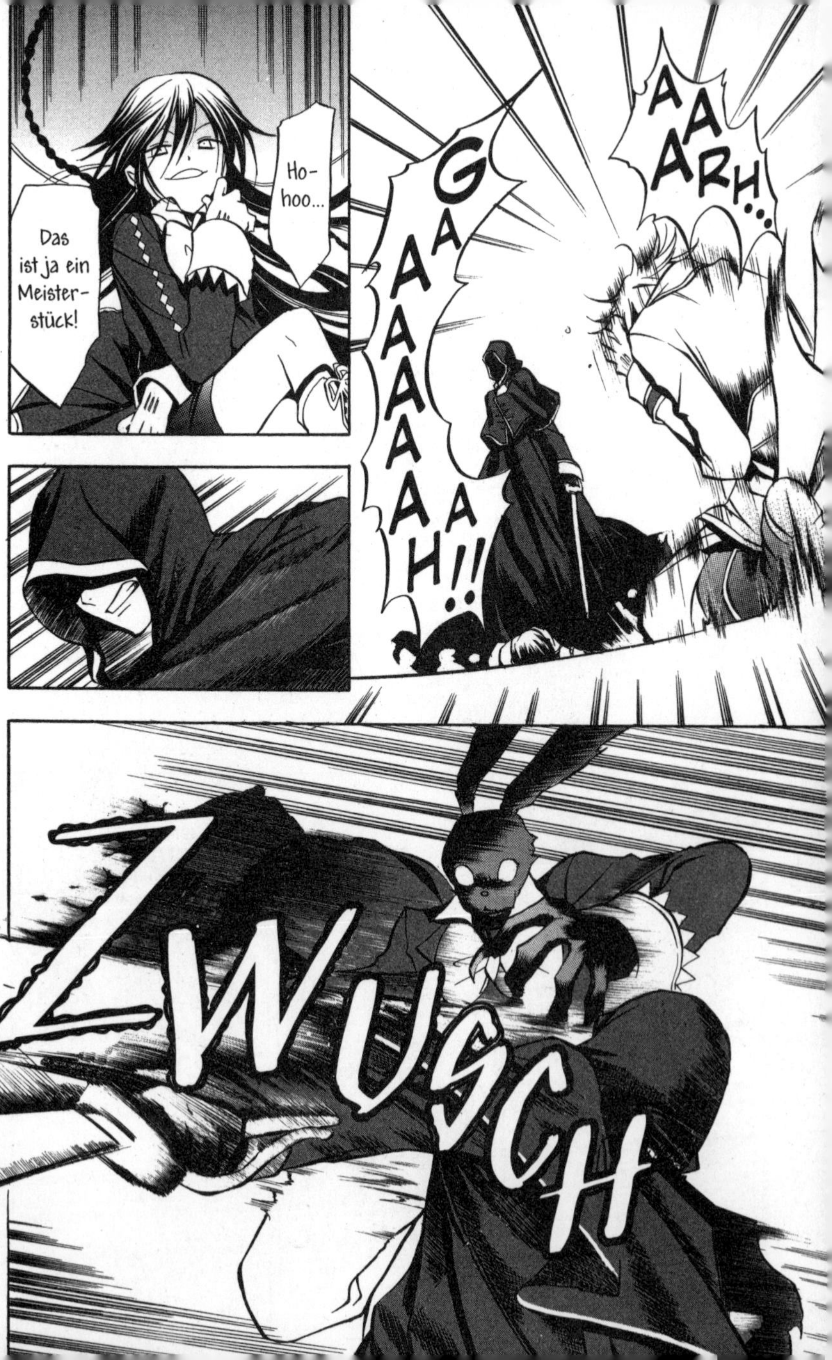
AAARH...
GAAAAAAAAAAH!!
Ho-hoo...
Das ist ja ein Meister-stück!
ZWUSCH

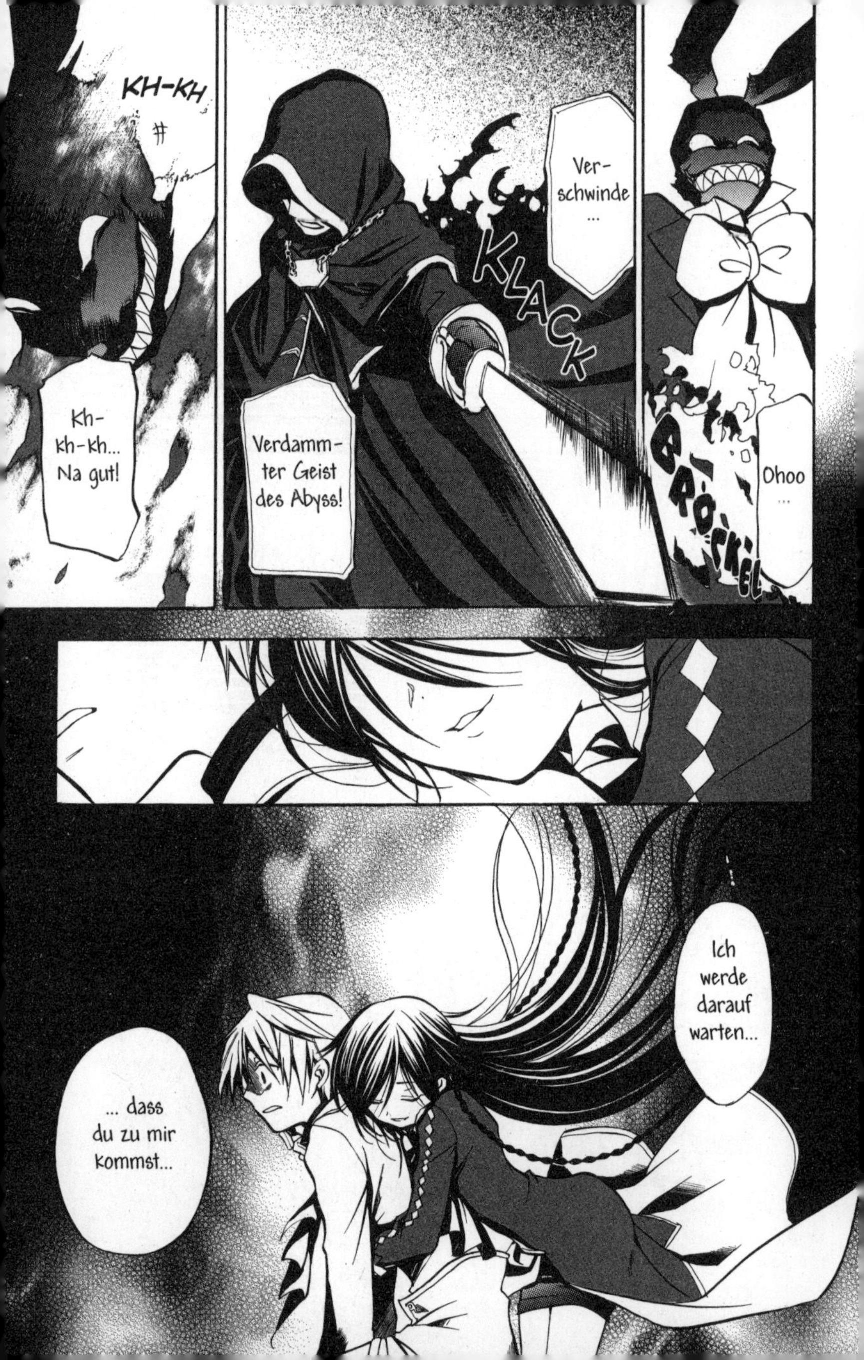
Ohoo
...
BRÖCKEL
Ver-
schwinde
...
KLACK
Verdamm-
ter Geist
des Abyss!
KH-KH
Kh-
kh-kh...
Na gut!
Ich
werde
darauf
warten...
... dass
du zu mir
kommst...

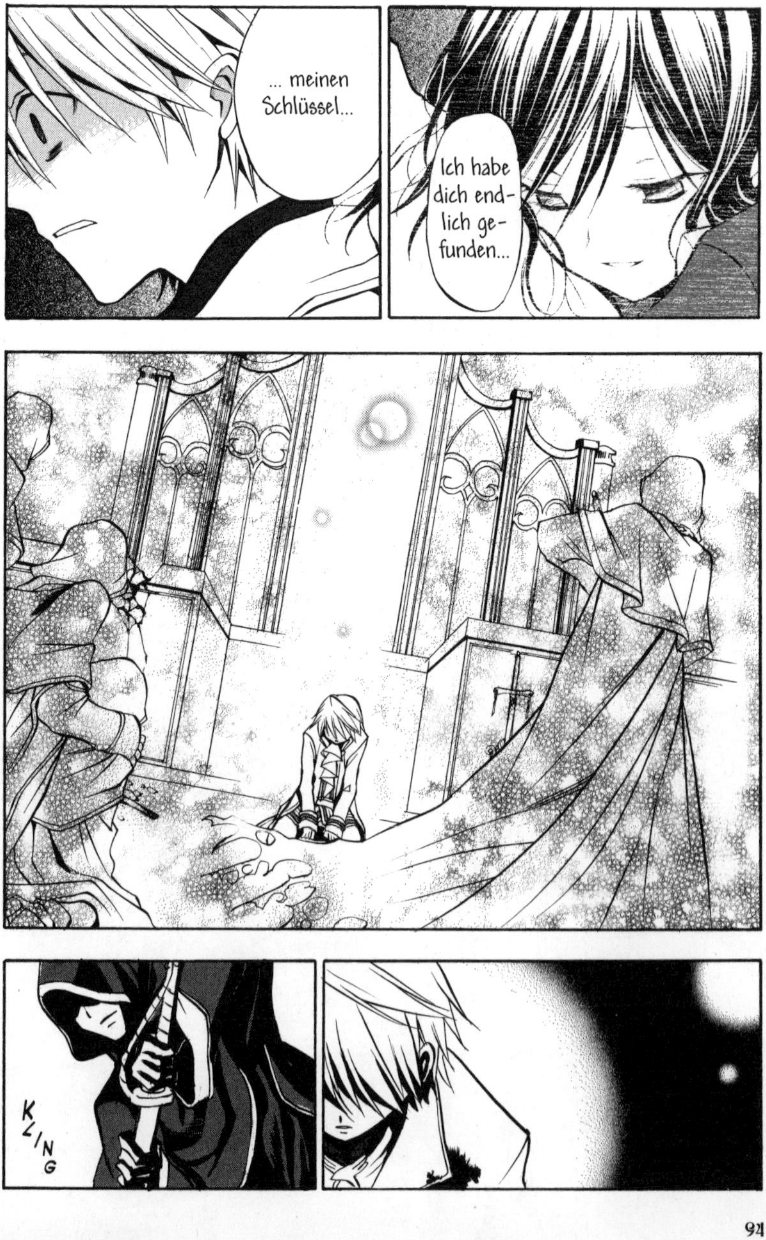
Ich habe dich endlich gefunden...
... meinen Schlüssel...
KLING

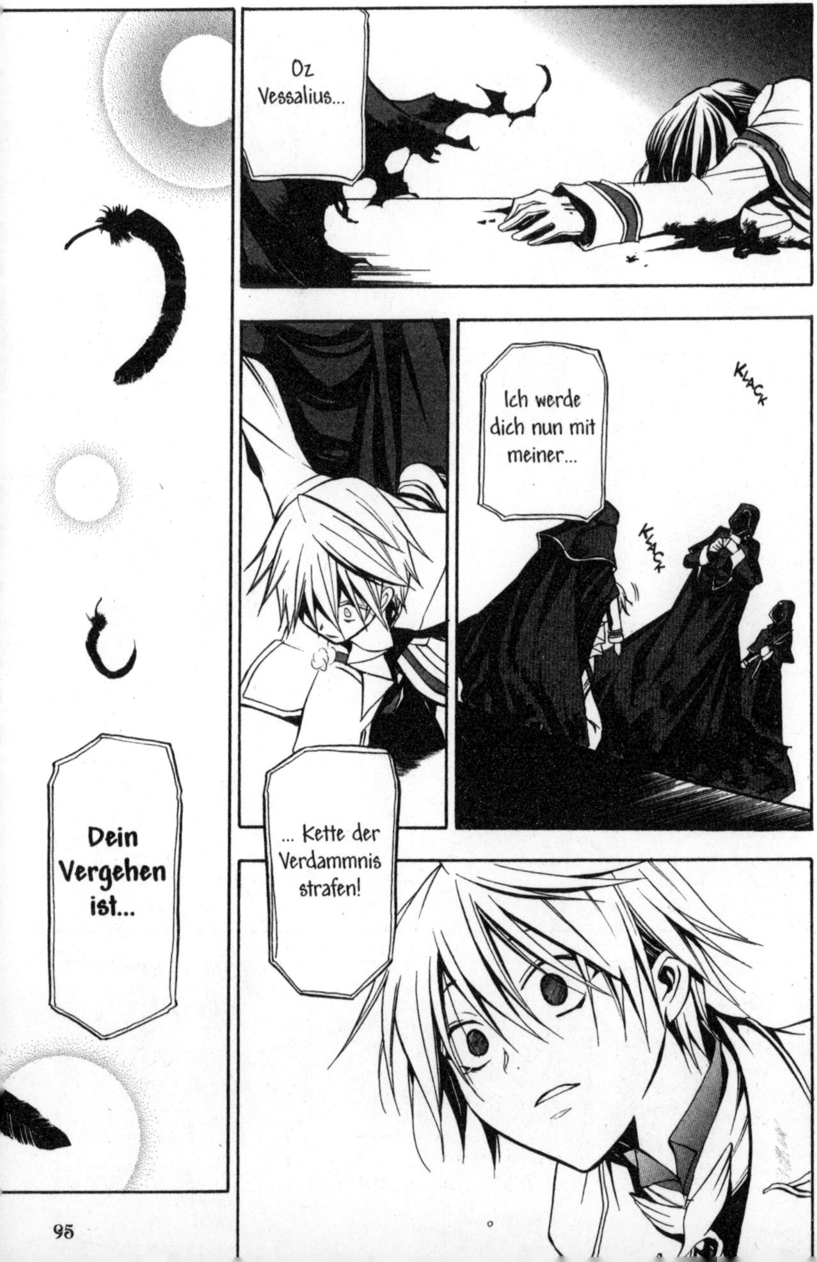
Oz Vessalius...
Klack
Ich werde dich nun mit meiner...
Klack
... Kette der Verdammnis strafen!
Dein Vergehen ist...

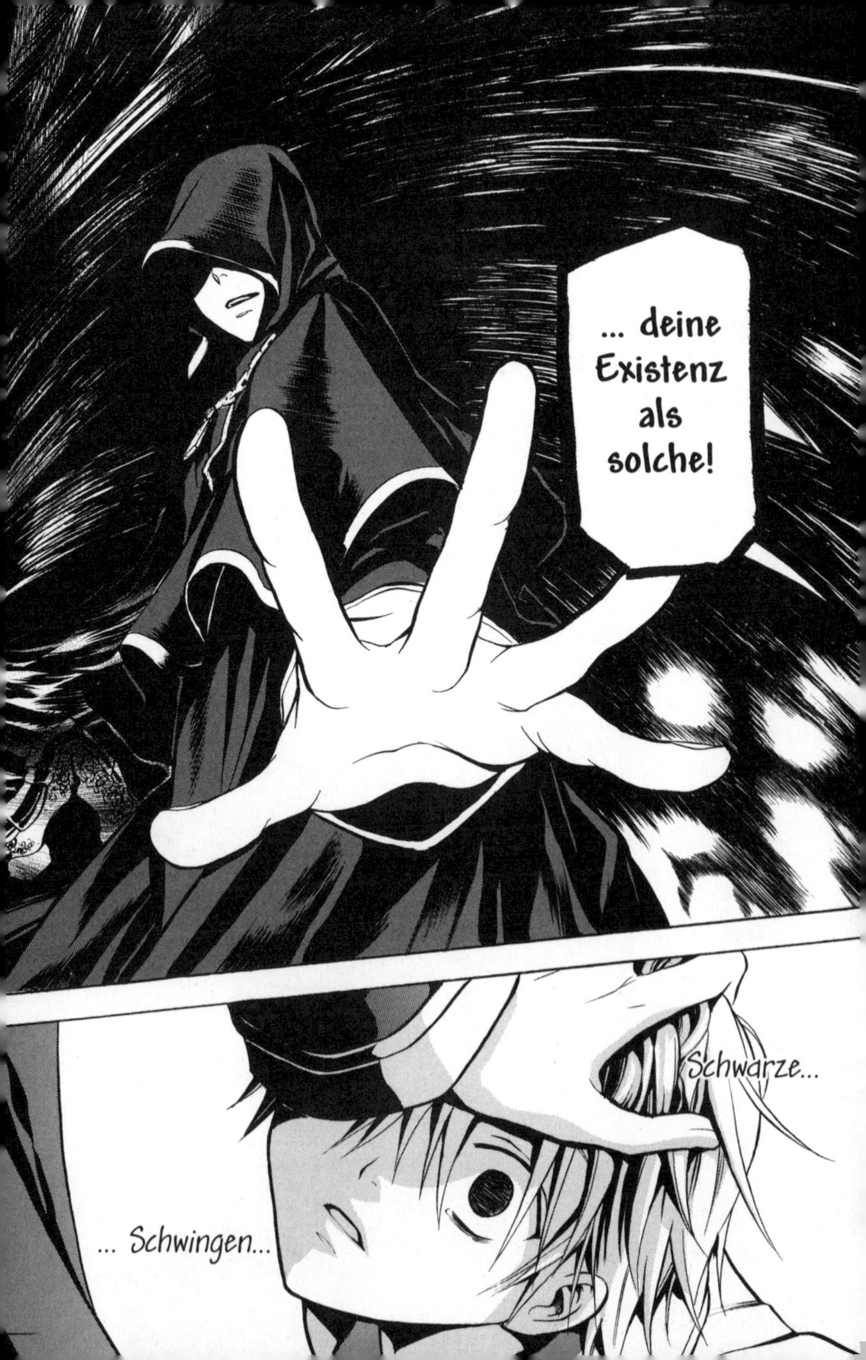
... deine Existenz als solche!
Schwarze...
... Schwingen...

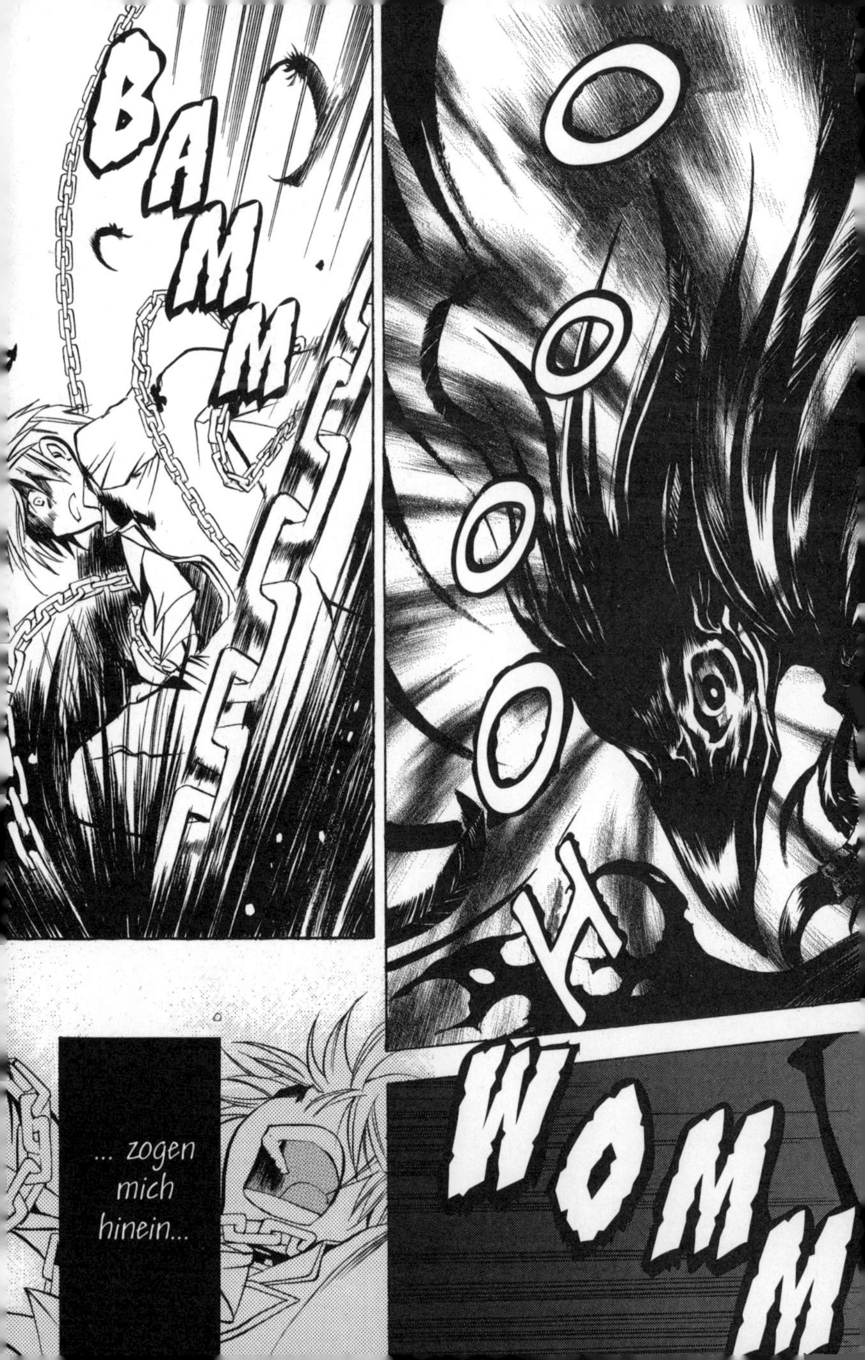
HOOOOO
BAMM
WOMM
... zogen mich hinein...

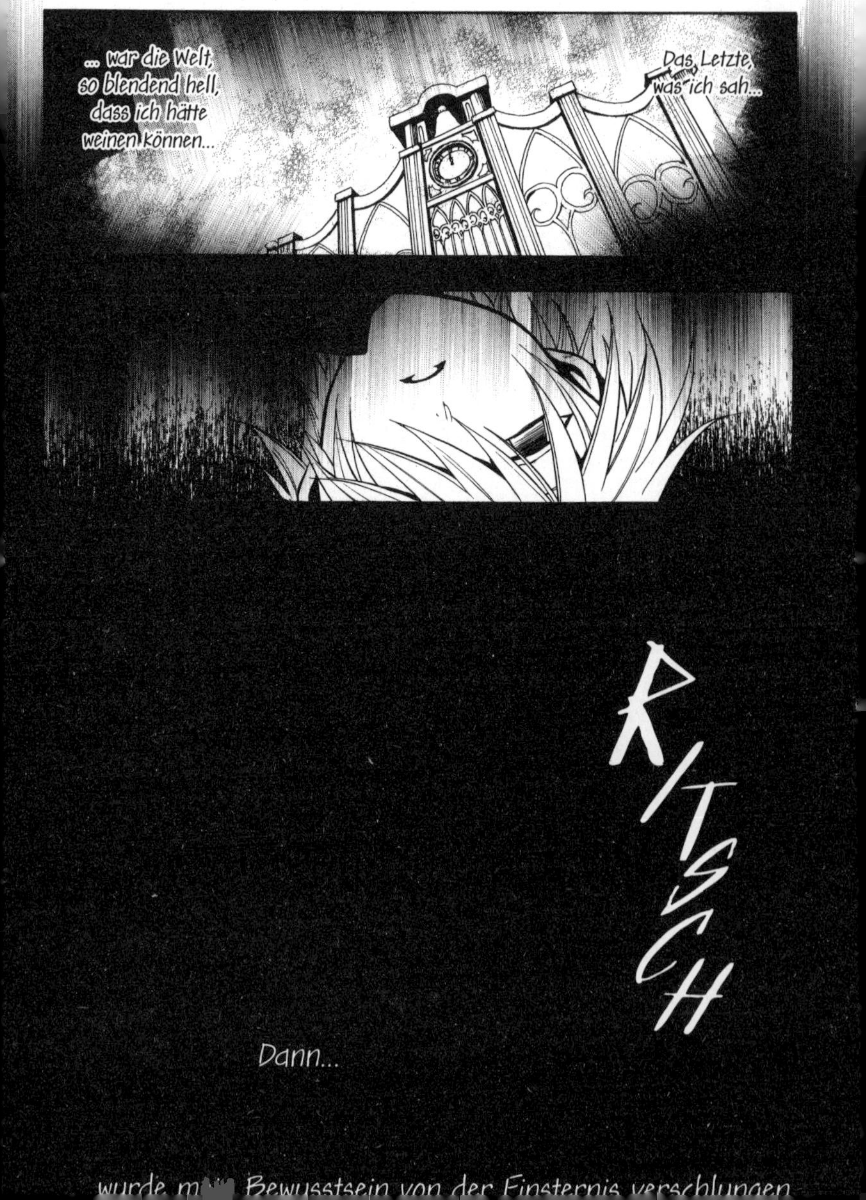
Das Letzte, was ich sah...
... war die Welt, so blendend hell, dass ich hätte weinen können...
RITSCH
Dann...
wurde m Bewusstsein von der Finsternis verschlungen

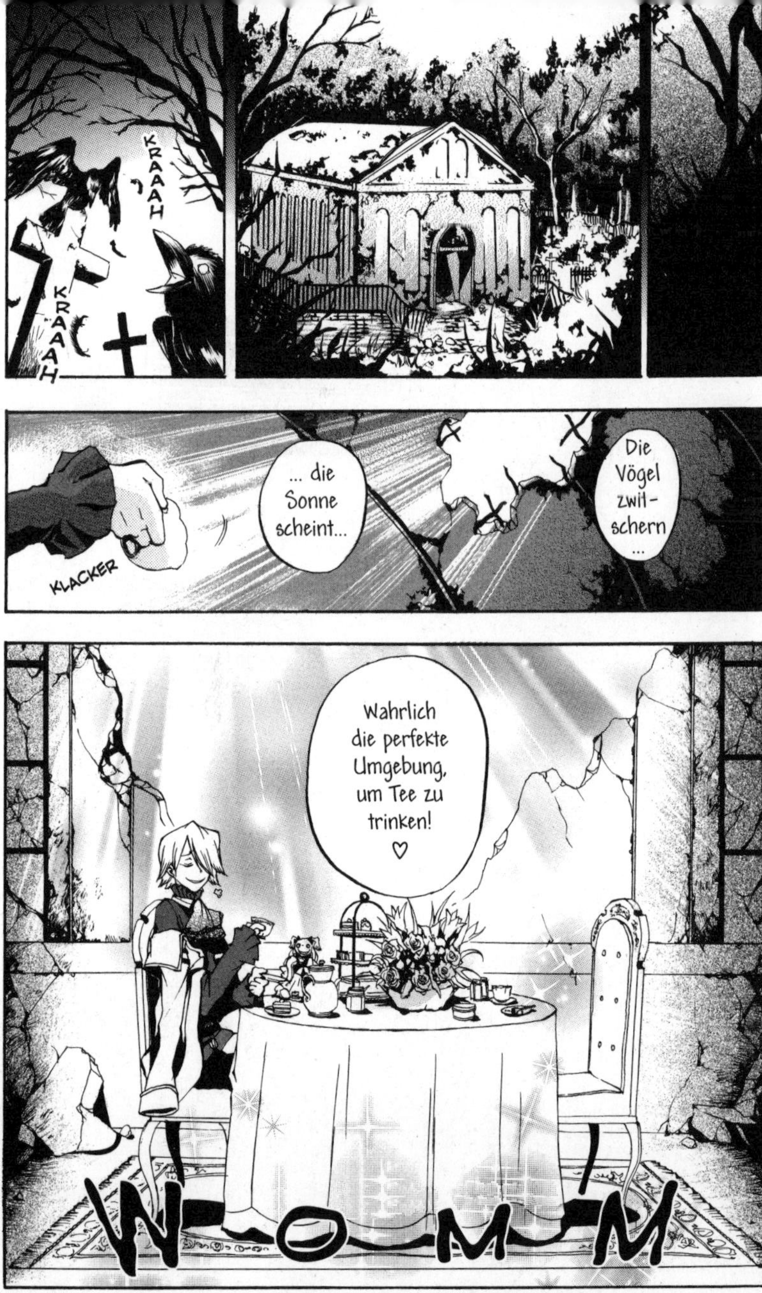
KRAAAH
KRAAAH
Die Vögel zwit-schern ...
... die Sonne scheint...
KLACKER
Wahrlich die perfekte Umgebung, um Tee zu trinken! ♡
WOMM

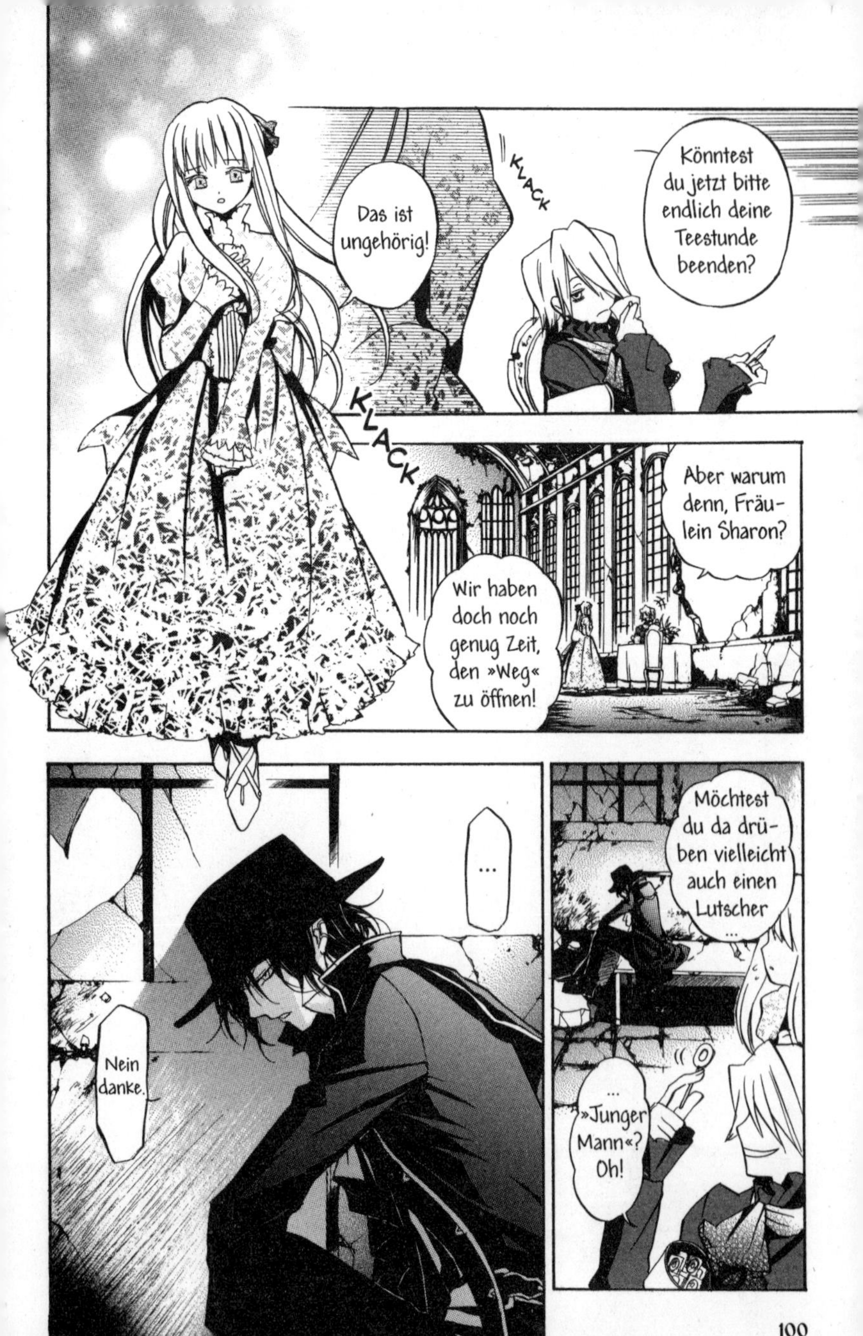
Könntest du jetzt bitte endlich deine Teestunde beenden?
KLACK
Das ist ungehörig!
KLACK
Aber warum denn, Fräulein Sharon?
Wir haben doch noch genug Zeit, den »Weg« zu öffnen!
Möchtest du da drüben vielleicht auch einen Lutscher ...
...
... »Junger Mann«? Oh!
Nein danke.

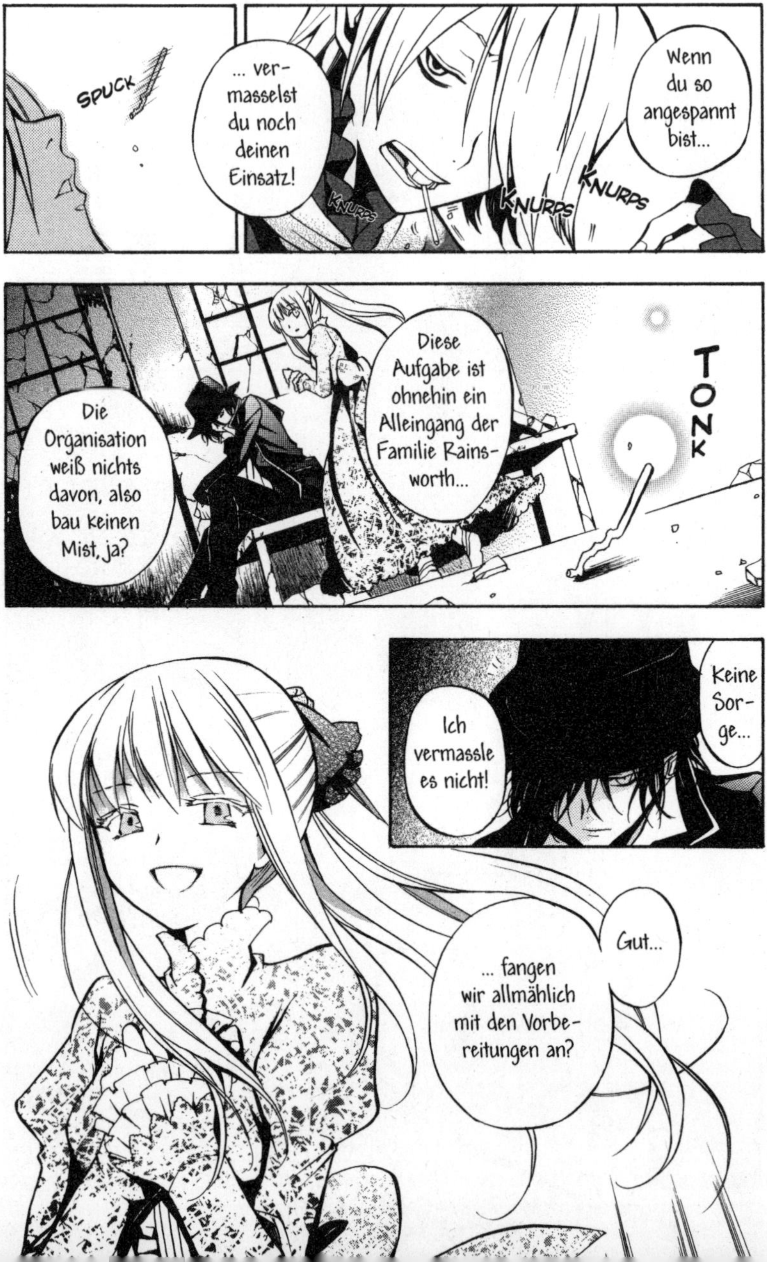
Wenn du so angespannt bist...
KNURPS
KNURPS
KNURPS
... vermasselst du noch deinen Einsatz!
SPUCK
TONK
Diese Aufgabe ist ohnehin ein Alleingang der Familie Rainsworth...
Die Organisation weiß nichts davon, also bau keinen Mist, ja?
Keine Sorge...
Ich vermassle es nicht!
Gut...
... fangen wir allmählich mit den Vorbereitungen an?

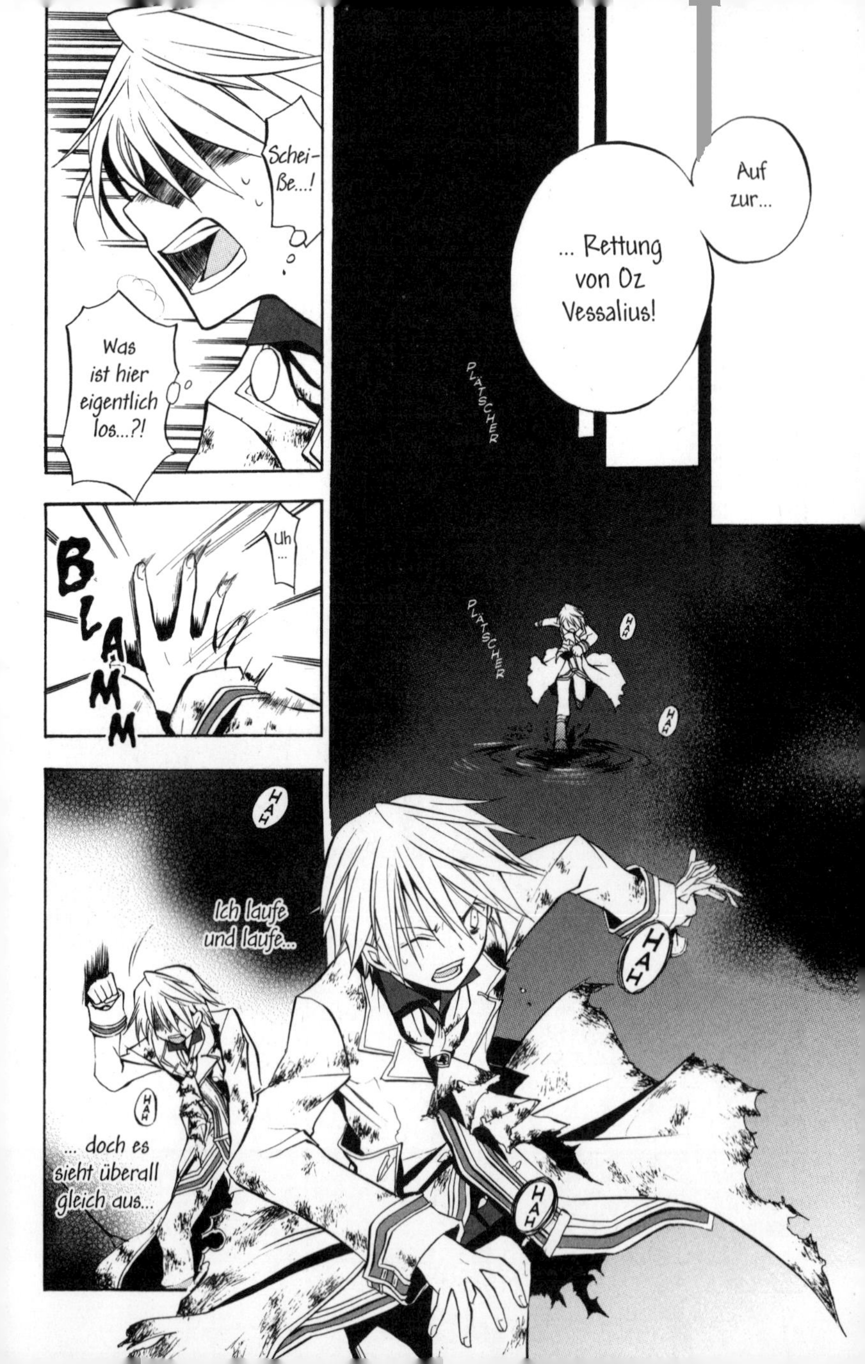
Auf zur...
... Rettung von Oz Vessalius!
PLÄTSCHER
Schei-ße...!
Was ist hier eigentlich los...?!
Uh ...
BLAMM
PLÄTSCHER
HAH
HAH
HAH
HAH
HAH
Ich laufe und laufe...
HAH
... doch es sieht überall gleich aus...

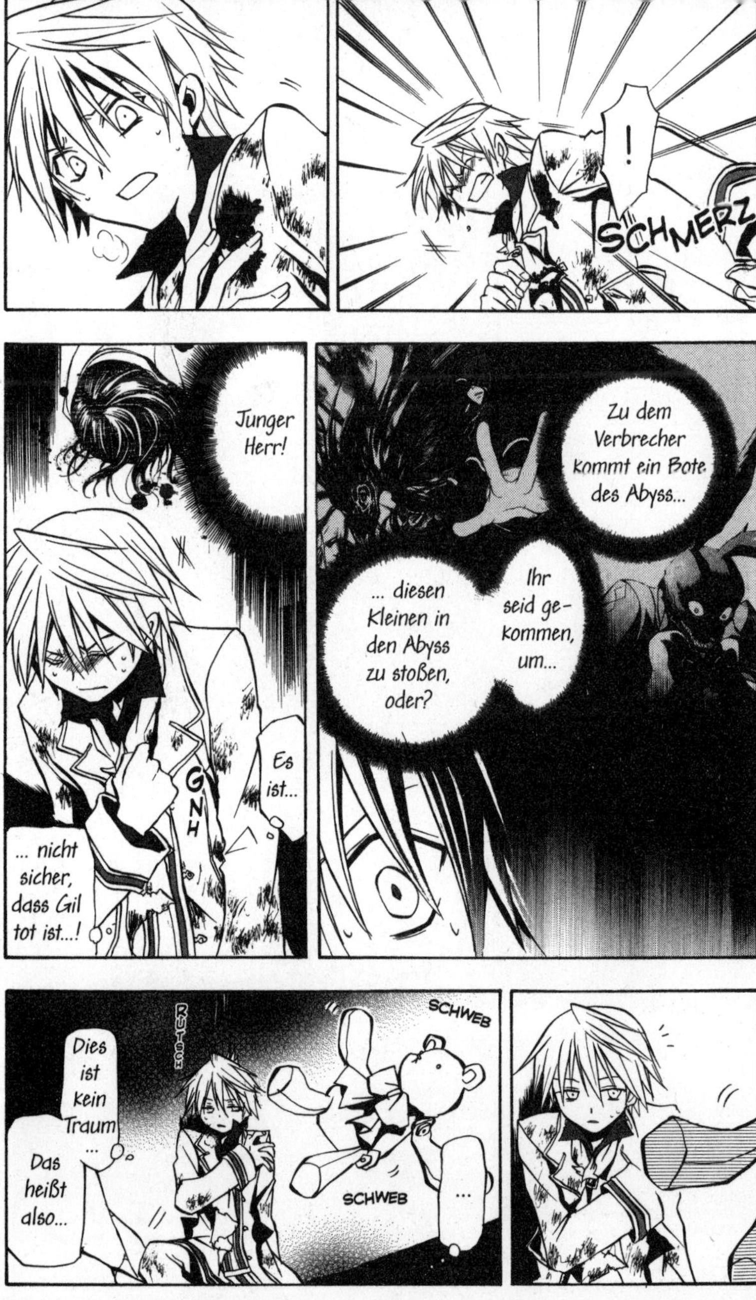
!
SCHMERZ
Zu dem Verbrecher kommt ein Bote des Abyss...
Ihr seid gekommen, um...
... diesen Kleinen in den Abyss zu stoßen, oder?
Junger Herr!
Es ist...
GNH
... nicht sicher, dass Gil tot ist...!
...
SCHWEB
SCHWEB
RUTSCH
Dies ist kein Traum ...
Das heißt also...

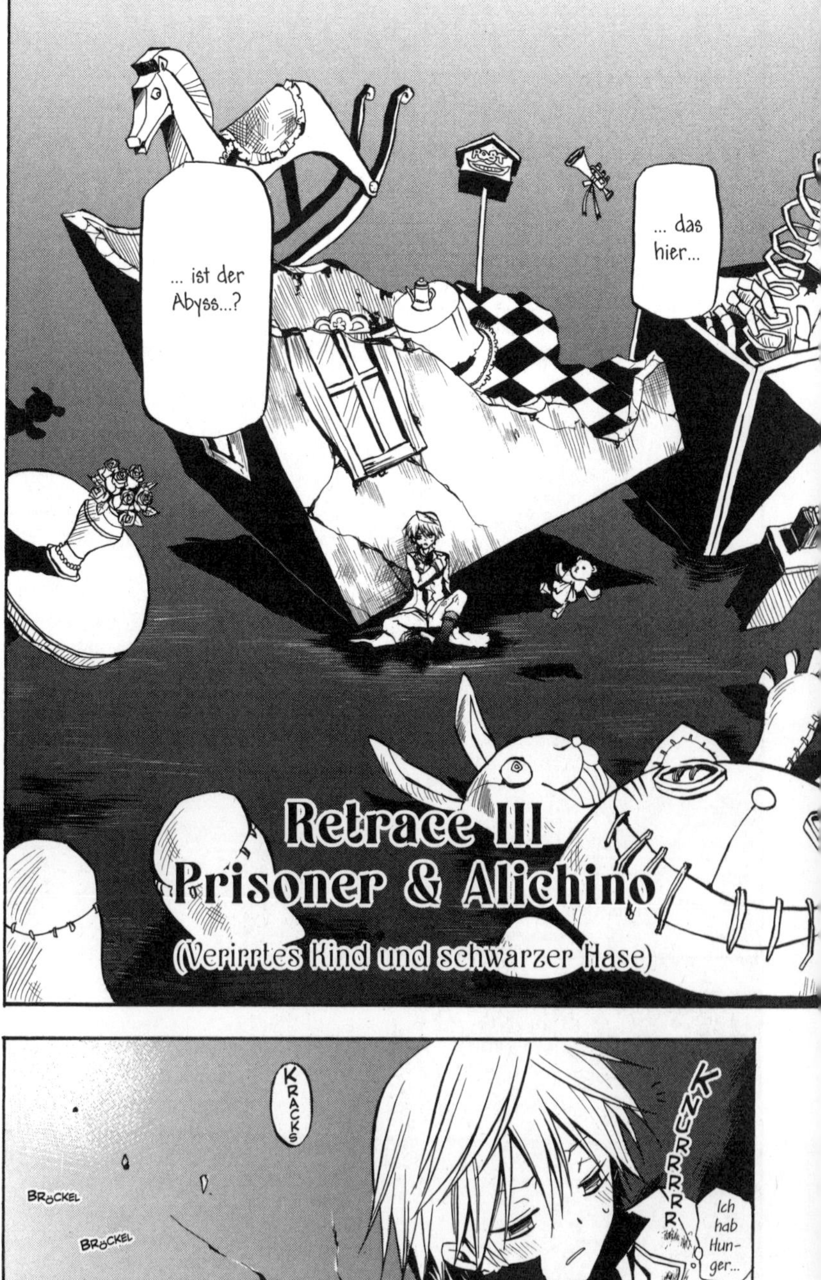
... das hier...
... ist der Abyss...?
Retrace III
Prisoner & Alichino
(Verirrtes Kind und schwarzer Hase)
KRACKS
KNURRRRR
Ich hab Hunger...
BRÖCKEL
BRÖCKEL

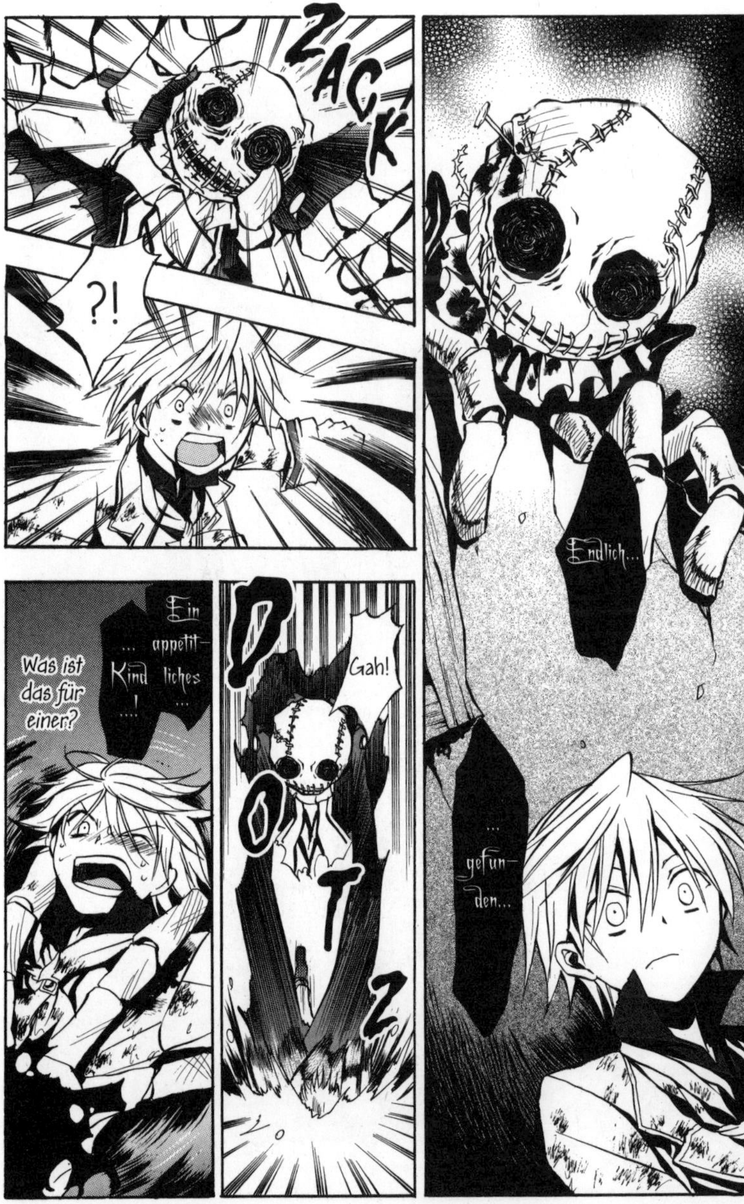
ZACK
?!
Endlich...
... gefun-den...
Gah!
DOMTZ
Ein appetit-liches ... Kind ...!
Was ist das für einer?

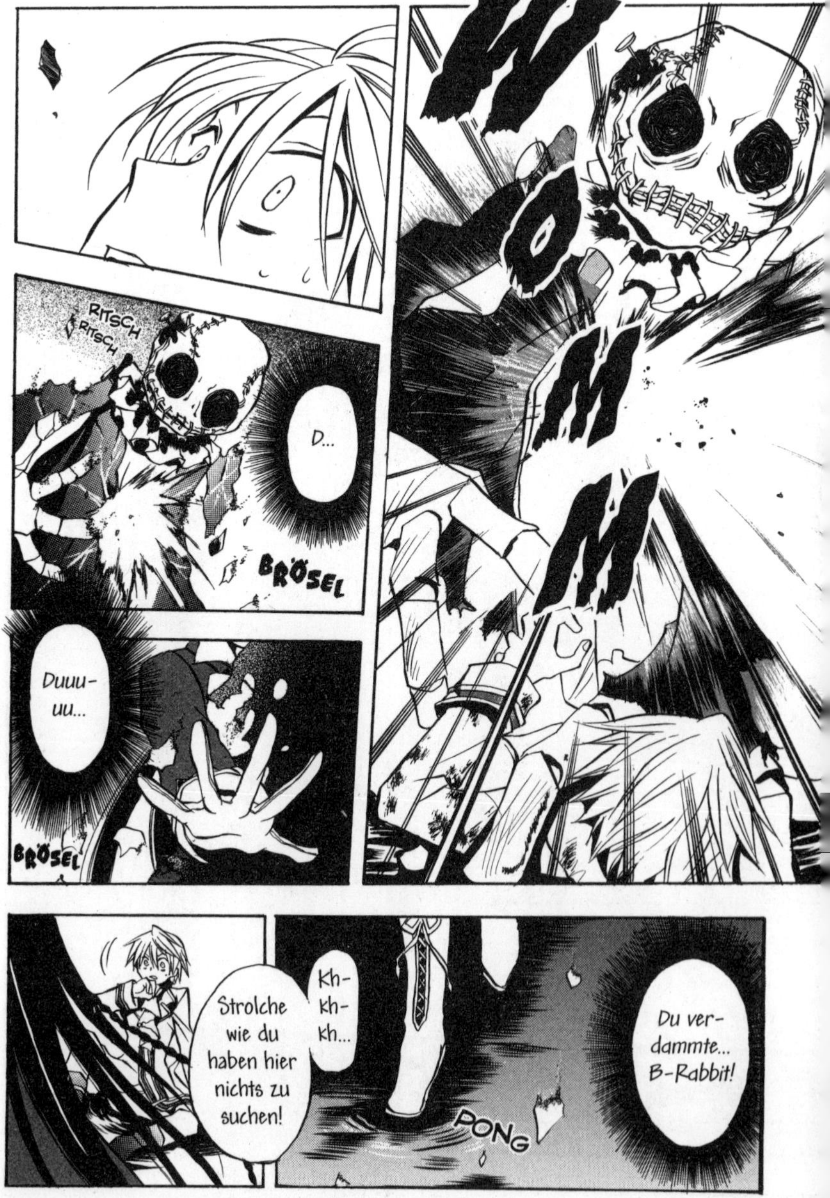
WOMM
Ritsch Ritsch
D...
Brösel
Duuu-
uu...
Brösel
Du ver-
dammte...
B-Rabbit!
Pong
Kh-
kh-
kh...
Strolche
wie du
haben hier
nichts zu
suchen!

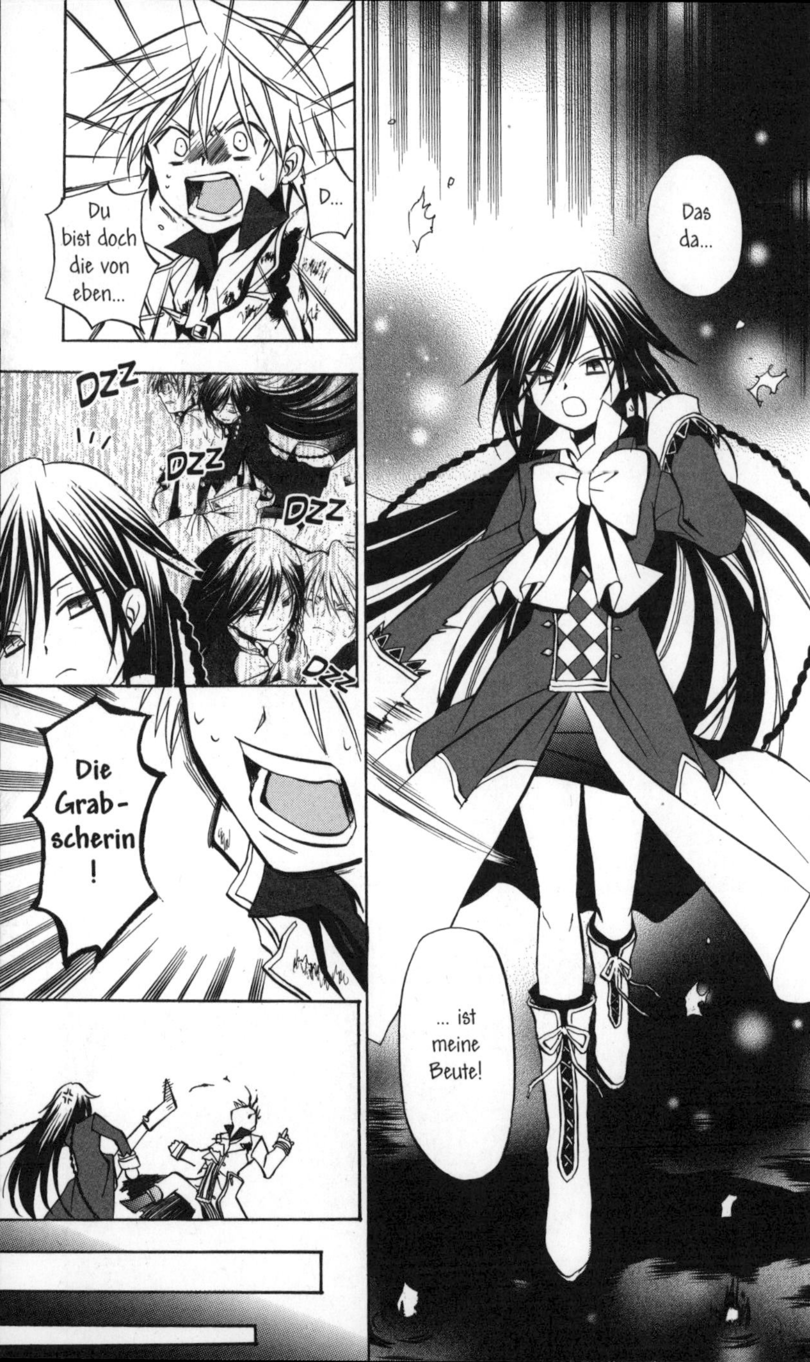
Das da...
... ist meine Beute!
D...
Du bist doch die von eben...
DZZ
DZZ
DZZ
DZZ
Die Grab-scherin!

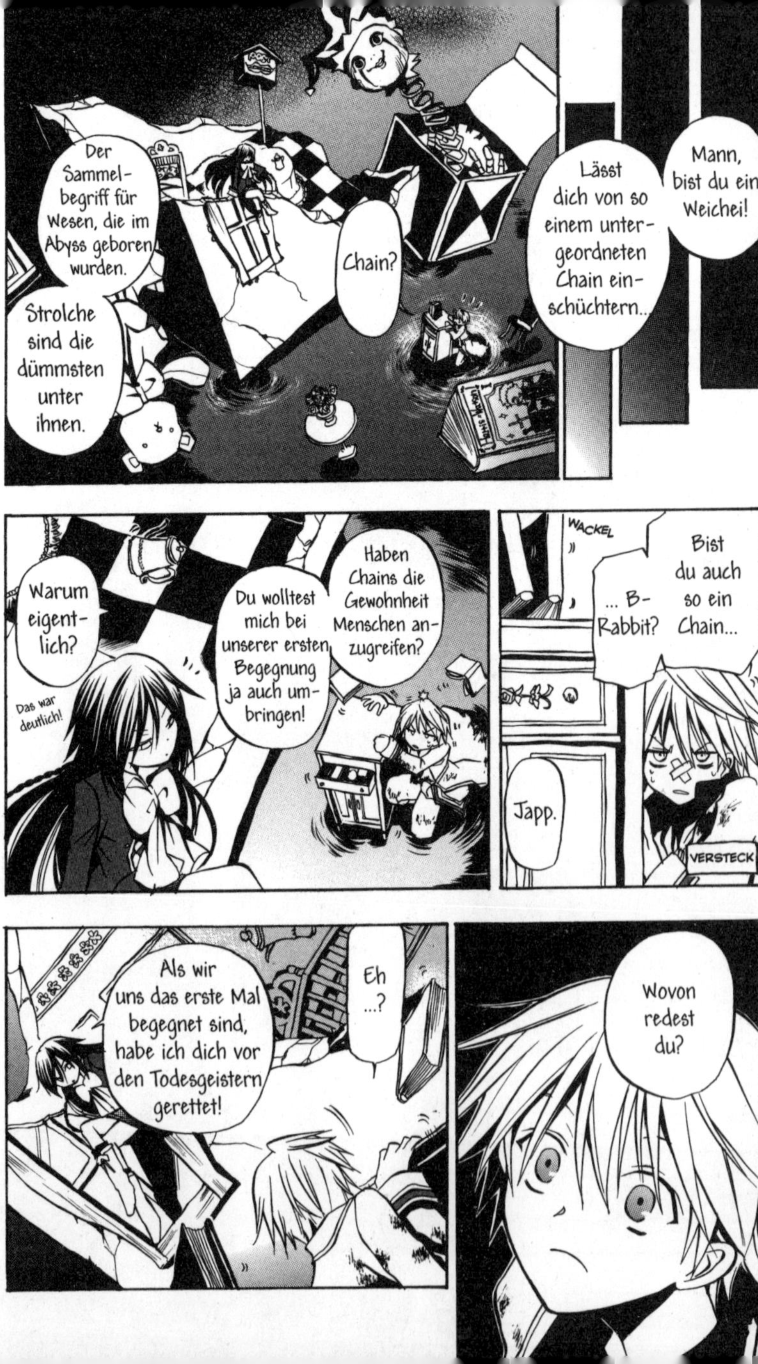
Mann, bist du ein Weichei!
Lässt dich von so einem untergeordneten Chain einschüchtern...
Chain?
Der Sammelbegriff für Wesen, die im Abyss geboren wurden.
Strolche sind die dümmsten unter ihnen.
WACKEL
Bist du auch so ein Chain...
... B-Rabbit?
Japp.
VERSTECK
Haben Chains die Gewohnheit Menschen anzugreifen?
Du wolltest mich bei unserer ersten Begegnung ja auch umbringen!
Warum eigentlich?
Das war deutlich!
Wovon redest du?
Eh ...?
Als wir uns das erste Mal begegnet sind, habe ich dich vor den Todesgeistern gerettet!

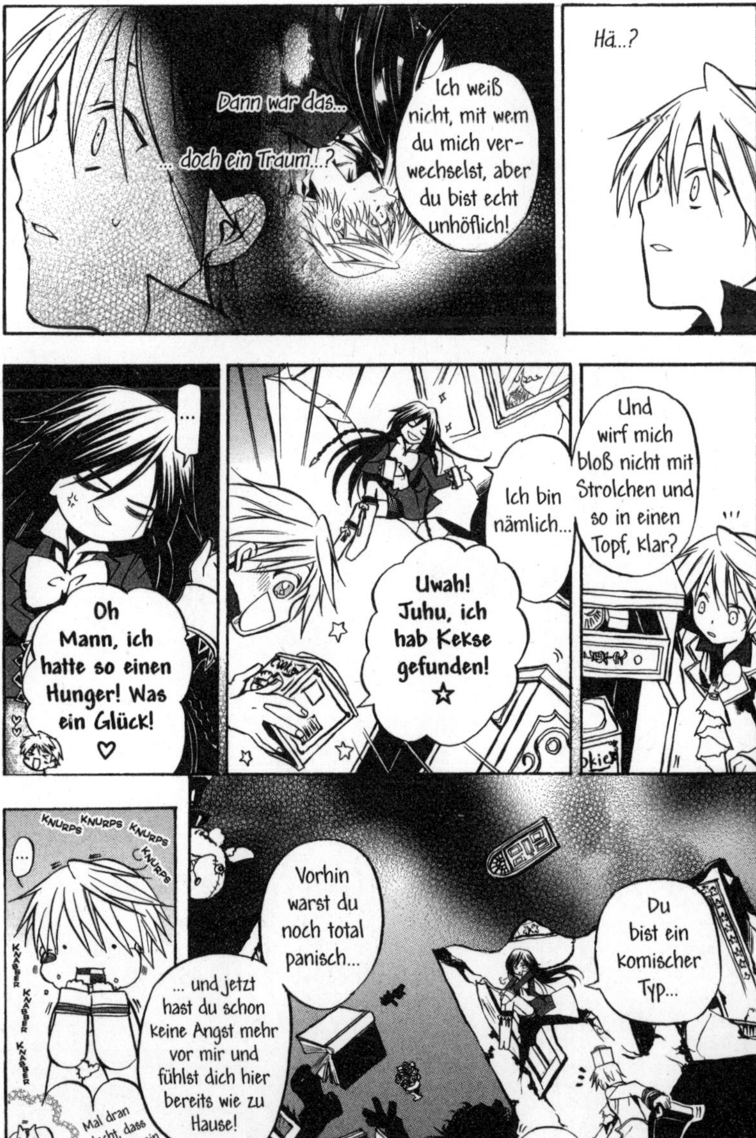
Hä...?
Ich weiß nicht, mit wem du mich verwechselst, aber du bist echt unhöflich!
Dann war das...
... doch ein Traum...?
Und wirf mich bloß nicht mit Strolchen und so in einen Topf, klar?
Ich bin nämlich...
Uwah! Juhu, ich hab Kekse gefunden! ☆
...
Oh Mann, ich hatte so einen Hunger! Was ein Glück! ♡
Du bist ein komischer Typ...
Vorhin warst du noch total panisch...
... und jetzt hast du schon keine Angst mehr vor mir und fühlst dich hier bereits wie zu Hause!
KNURPS KNURPS KNURPS KNURPS
...
KNABBER KNABBER KNABBER
Mal dran gedacht, dass die vergiftet sein könnten?

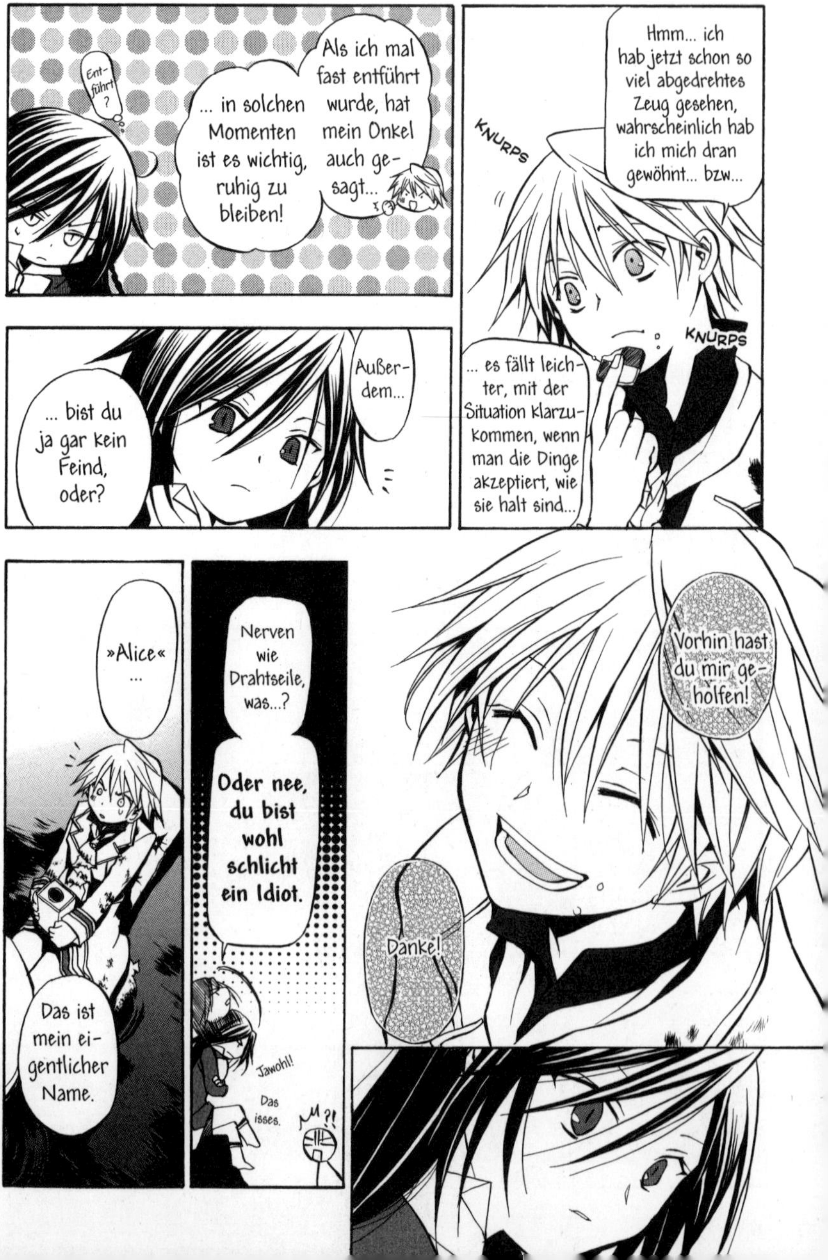
Hmm... ich hab jetzt schon so viel abgedrehtes Zeug gesehen, wahrscheinlich hab ich mich dran gewöhnt... bzw...
KNURPS
KNURPS
... es fällt leichter, mit der Situation klarzukommen, wenn man die Dinge akzeptiert, wie sie halt sind...
Als ich mal fast entführt wurde, hat mein Onkel auch gesagt...
... in solchen Momenten ist es wichtig, ruhig zu bleiben!
Entführt?
Außerdem...
... bist du ja gar kein Feind, oder?
Vorhin hast du mir geholfen!
Danke!
Nerven wie Drahtseile, was...?
Oder nee, du bist wohl schlicht ein Idiot.
Jawohl!
Das isses.
»Alice« ...
Das ist mein eigentlicher Name.

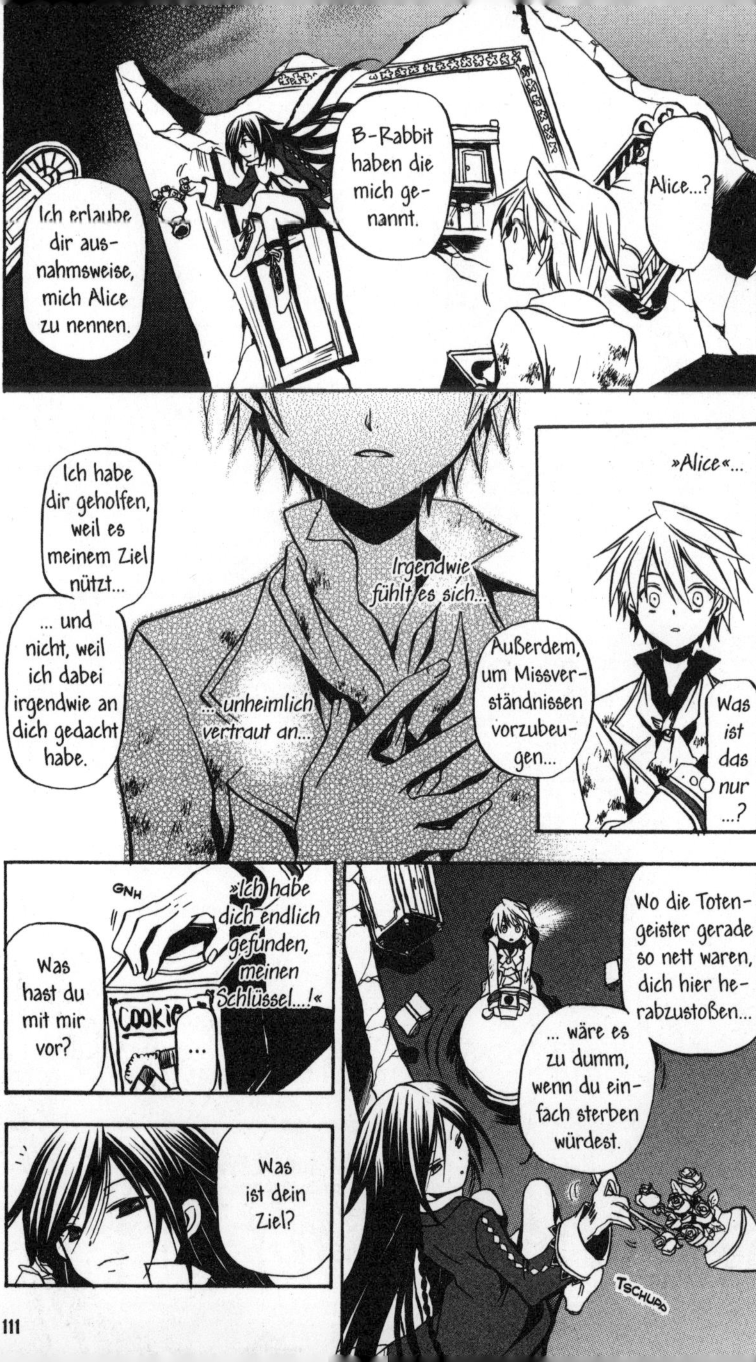
Alice...?
B-Rabbit haben die mich genannt.
Ich erlaube dir ausnahmsweise, mich Alice zu nennen.
»Alice«...
Irgendwie fühlt es sich...
... unheimlich vertraut an...
Was ist das nur ...?
Außerdem, um Missverständnissen vorzubeugen...
Ich habe dir geholfen, weil es meinem Ziel nützt...
... und nicht, weil ich dabei irgendwie an dich gedacht habe.
Wo die Totengeister gerade so nett waren, dich hier herabzustoßen...
... wäre es zu dumm, wenn du einfach sterben würdest.
TSCHUPP
GNH
»Ich habe dich endlich gefunden, meinen Schlüssel...!«
Was hast du mit mir vor?
...
COOKIE
Was ist dein Ziel?

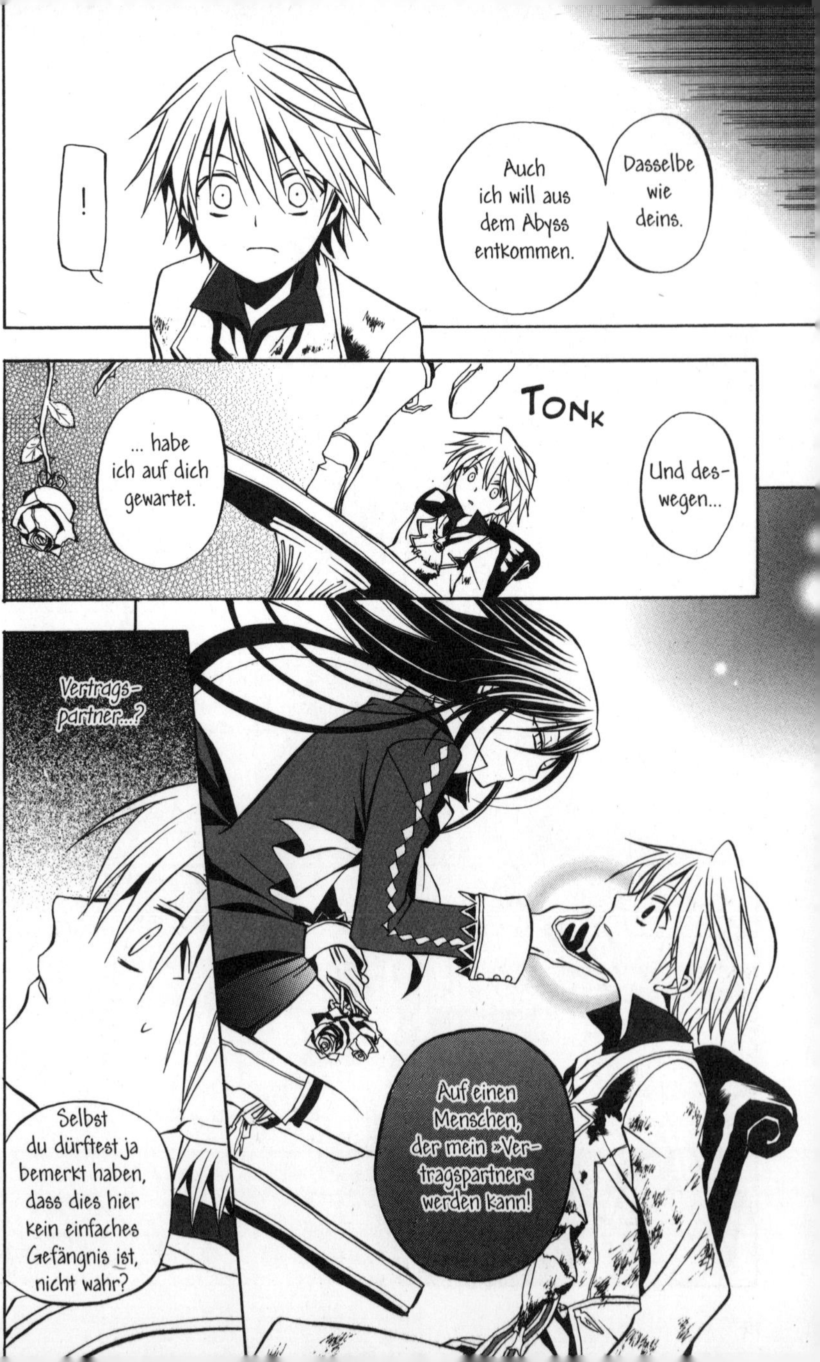
Dasselbe wie deins.
Auch ich will aus dem Abyss entkommen.
!
Und des-wegen...
TONK
... habe ich auf dich gewartet.
Auf einen Menschen, der mein »Ver-tragspartner« werden kann!
Vertrags-partner...?
Selbst du dürftest ja bemerkt haben, dass dies hier kein einfaches Gefängnis ist, nicht wahr?

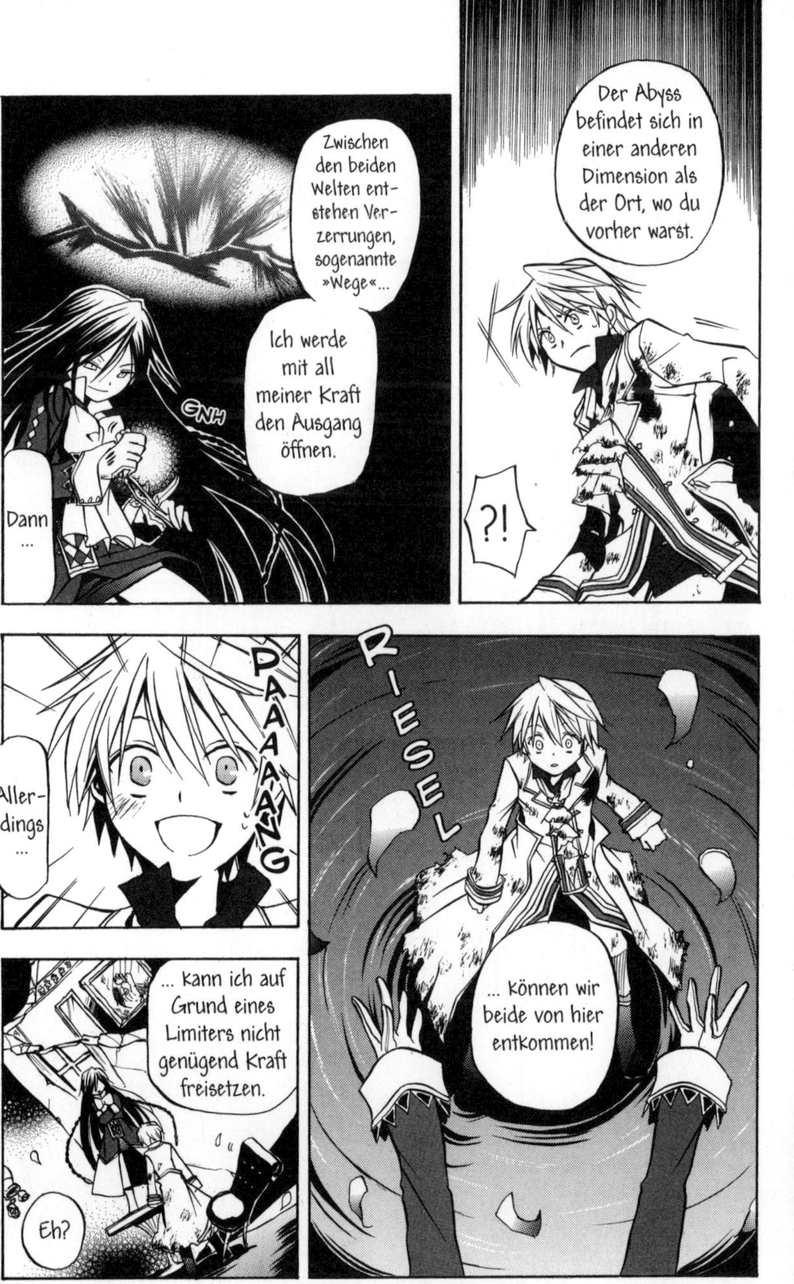
Der Abyss befindet sich in einer anderen Dimension als der Ort, wo du vorher warst.
?!
Zwischen den beiden Welten entstehen Verzerrungen, sogenannte »Wege«...
Ich werde mit all meiner Kraft den Ausgang öffnen.
GNH
Dann ...
Allerdings ...
PAAAAANG
... kann ich auf Grund eines Limiters nicht genügend Kraft freisetzen.
Eh?
RIESEL
... können wir beide von hier entkommen!

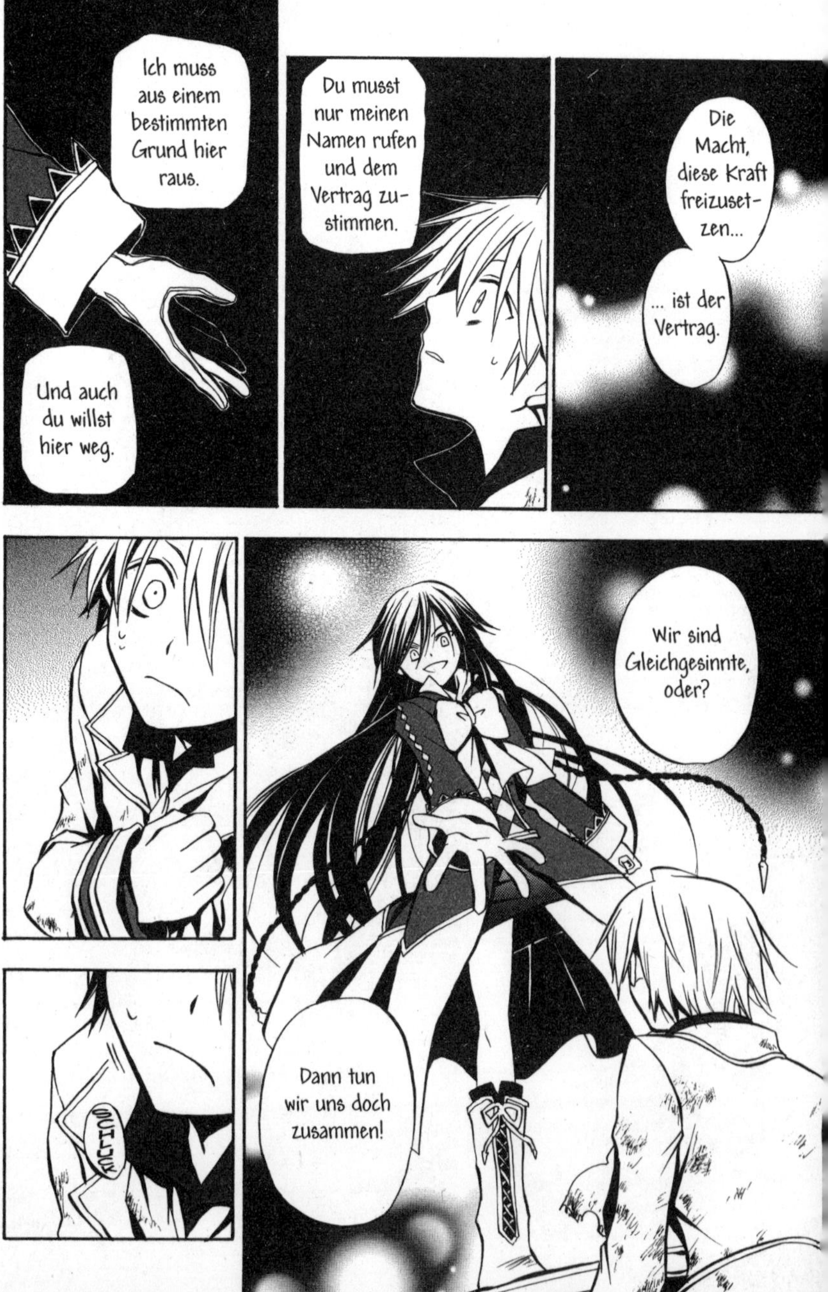
Die Macht, diese Kraft freizuset-zen...
... ist der Vertrag.
Du musst nur meinen Namen rufen und dem Vertrag zu-stimmen.
Ich muss aus einem bestimmten Grund hier raus.
Und auch du willst hier weg.
Wir sind Gleichgesinnte, oder?
Dann tun wir uns doch zusammen!
SCHLUCK

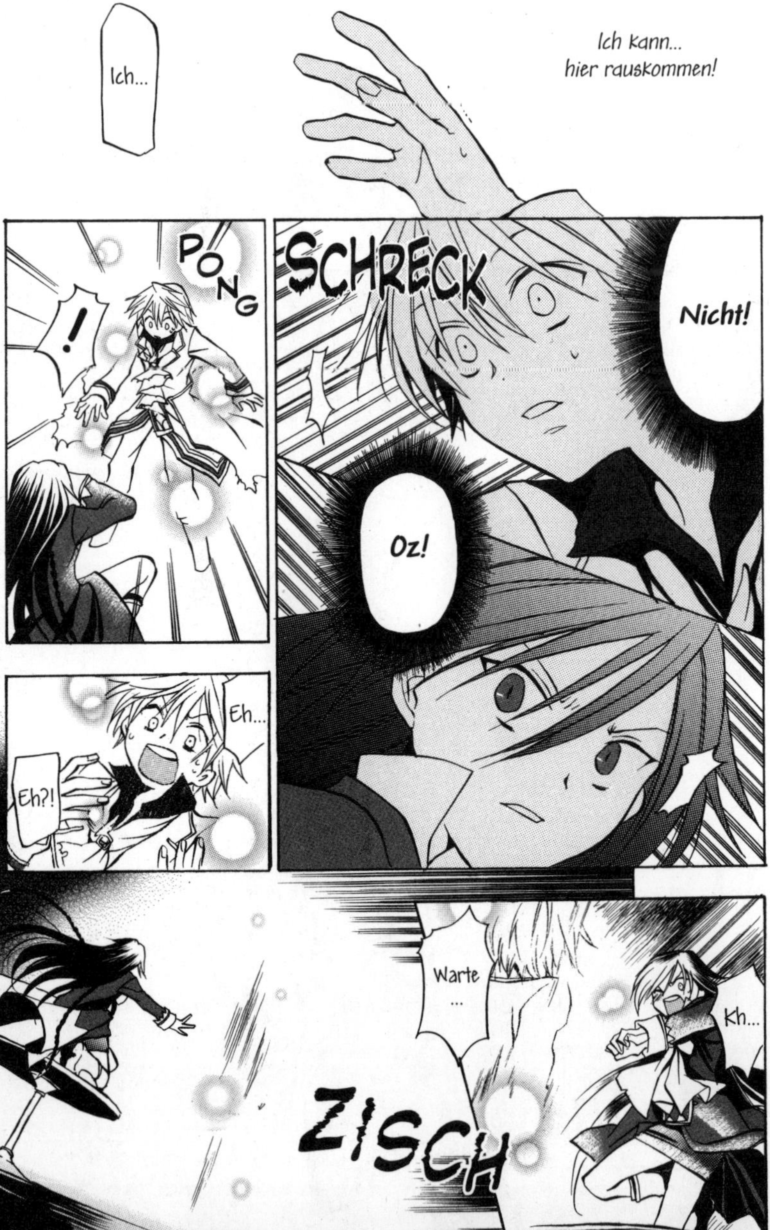
Ich kann...
hier rauskommen!
Ich...
Nicht!
SCHRECK
PONG
!
Oz!
Eh...
Eh?!
Kh...
Warte
...
ZISCH

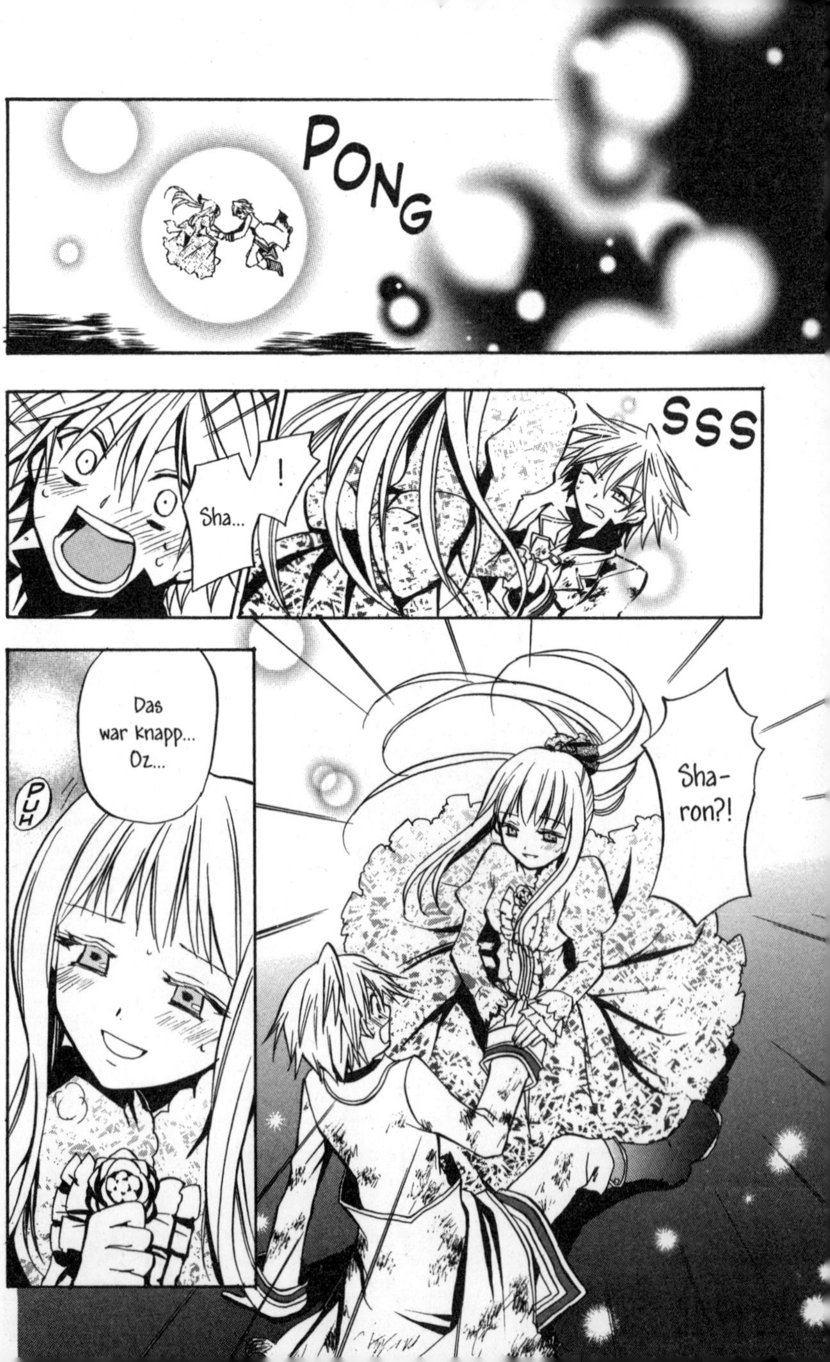
PONG
SSS
!
Sha...
Sha-
ron?!
Das
war knapp...
Oz...
PUH

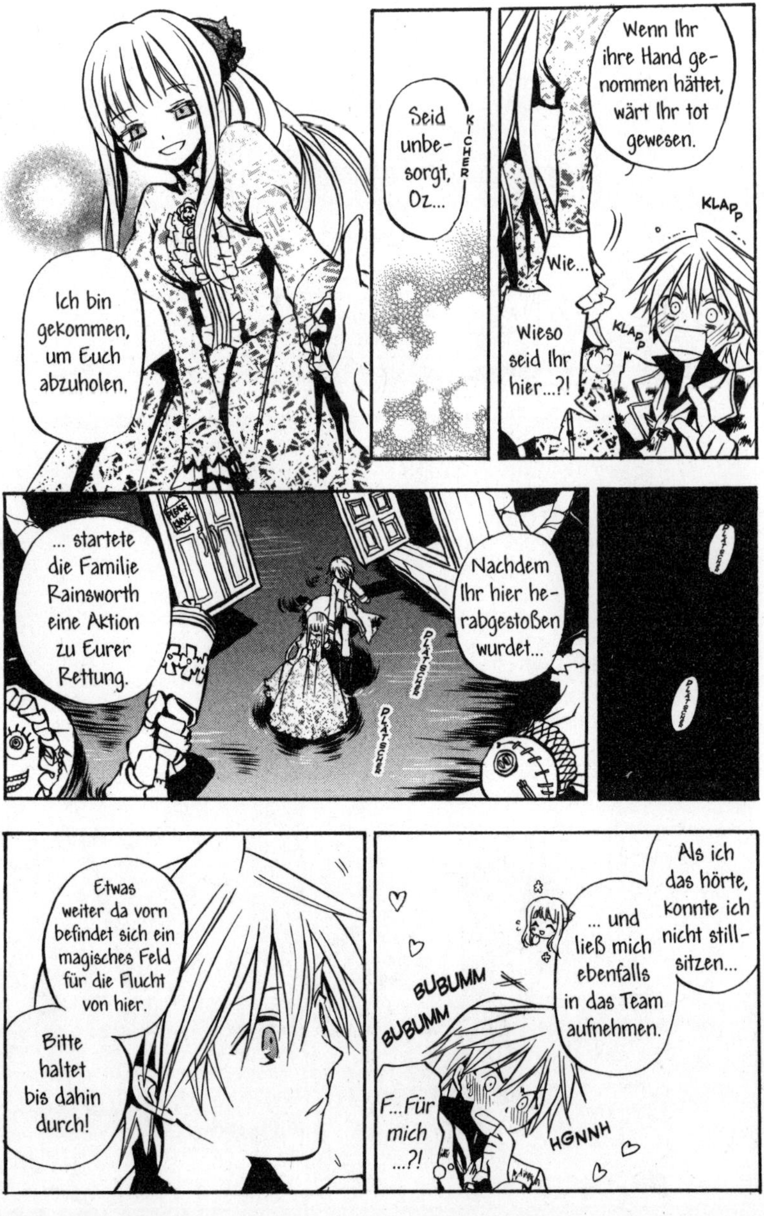
Wenn Ihr ihre Hand genommen hättet, wärt Ihr tot gewesen.
KLAPP
Wie...
KLAPP
Wieso seid Ihr hier...?!
KICHER
Seid unbesorgt, Oz...
Ich bin gekommen, um Euch abzuholen.
PLATSCHER
PLATSCHER
Nachdem Ihr hier herabgestoßen wurdet...
PLATSCHER
PLATSCHER
... startete die Familie Rainsworth eine Aktion zu Eurer Rettung.
Als ich das hörte, konnte ich nicht stillsitzen...
... und ließ mich ebenfalls in das Team aufnehmen.
BUBUMM
BUBUMM
F...Für mich ...?!
HGNNH
Etwas weiter da vorn befindet sich ein magisches Feld für die Flucht von hier.
Bitte haltet bis dahin durch!

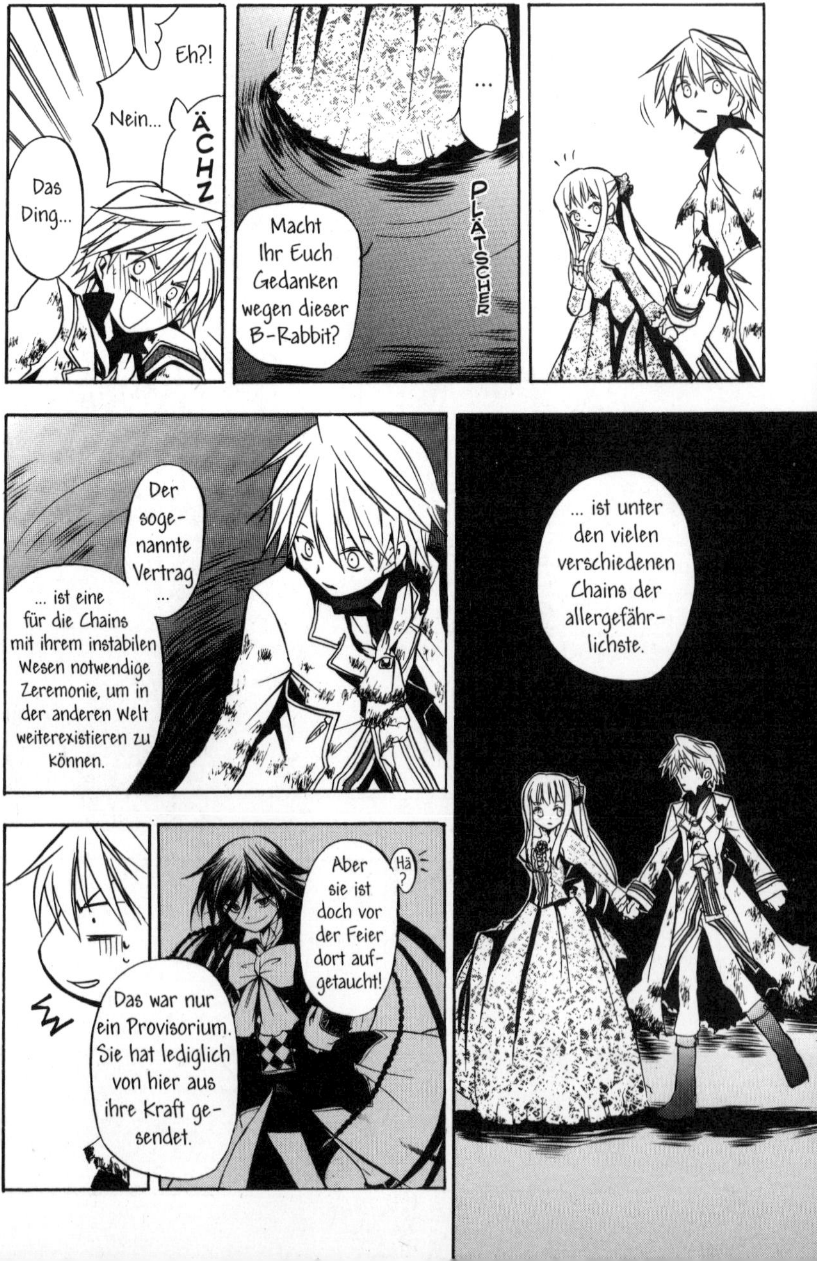
...
Macht Ihr Euch Gedanken wegen dieser B-Rabbit?
PLÄTSCHER
Eh?!
Nein...
ÄCHZ
Das Ding...
... ist unter den vielen verschiedenen Chains der allergefährlichste.
Der sogenannte Vertrag ...
... ist eine für die Chains mit ihrem instabilen Wesen notwendige Zeremonie, um in der anderen Welt weiterexistieren zu können.
Aber sie ist doch vor der Feier dort aufgetaucht!
Hä?
Das war nur ein Provisorium. Sie hat lediglich von hier aus ihre Kraft gesendet.

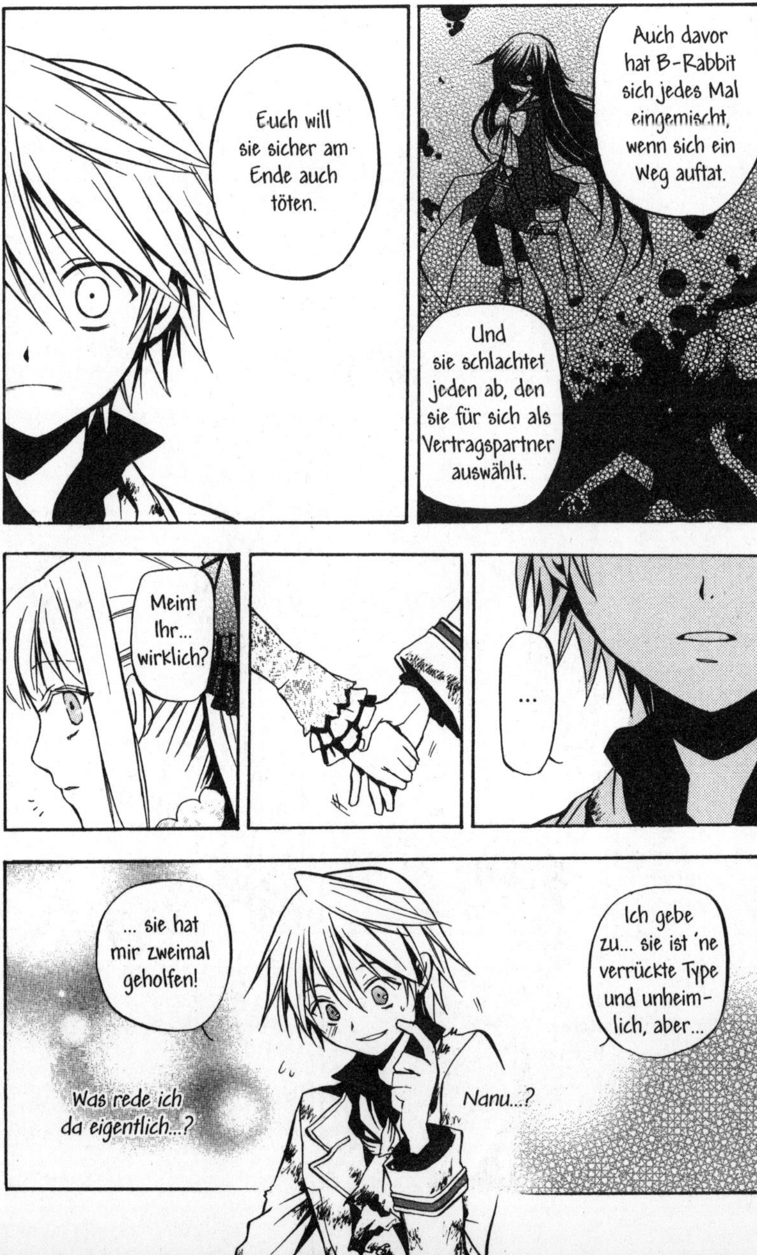
Auch davor hat B-Rabbit sich jedes Mal eingemischt, wenn sich ein Weg auftat.
Und sie schlachtet jeden ab, den sie für sich als Vertragspartner auswählt.
Euch will sie sicher am Ende auch töten.
...
Meint Ihr... wirklich?
Ich gebe zu... sie ist 'ne verrückte Type und unheimlich, aber...
... sie hat mir zweimal geholfen!
Nanu...?
Was rede ich da eigentlich...?

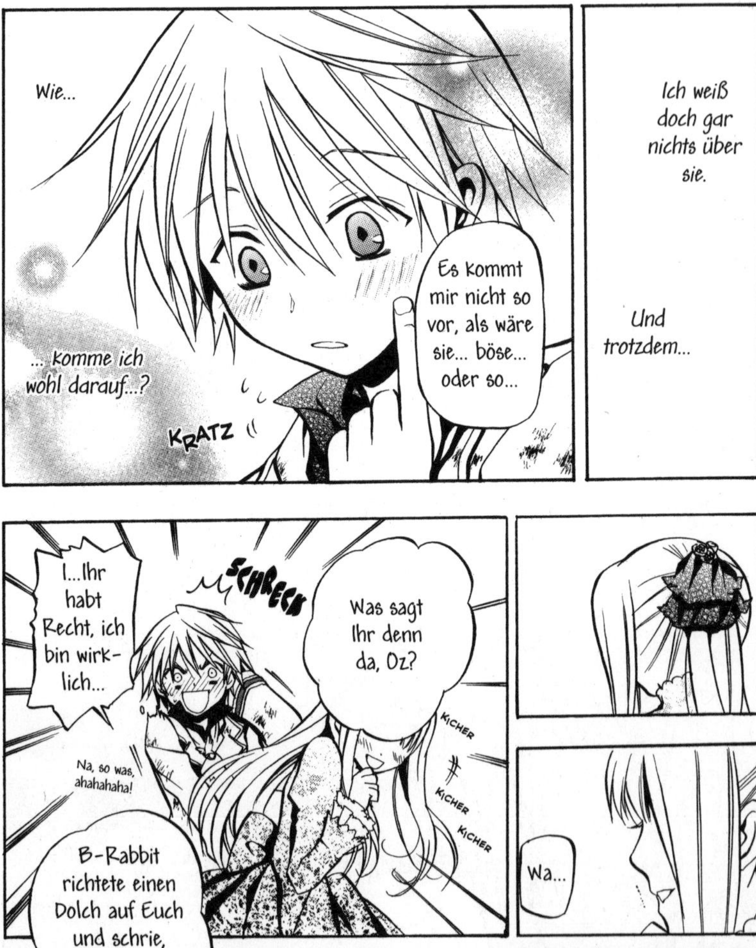
Ich weiß doch gar nichts über sie.
Und trotzdem...
Wie...
Es kommt mir nicht so vor, als wäre sie... böse... oder so...
... komme ich wohl darauf...?
KRATZ
Wa...
Was sagt Ihr denn da, Oz?
SCHRECK
I...Ihr habt Recht, ich bin wirklich...
KICHER
KICHER
KICHER
Na, so was, ahahahaha!
B-Rabbit richtete einen Dolch auf Euch und schrie, dass sie Euch umbringen will, oder?

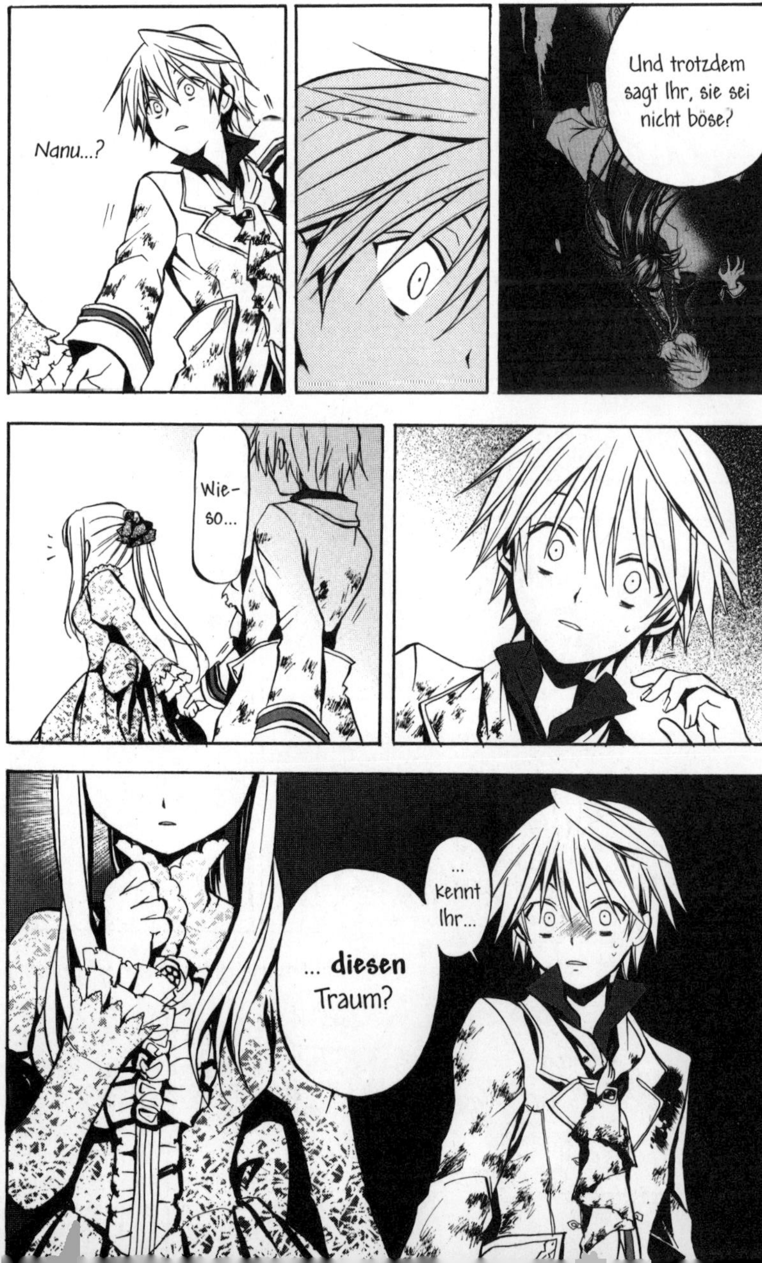
Und trotzdem sagt Ihr, sie sei nicht böse?
Nanu...?
Wie-so...
... kennt Ihr...
... **diesen** Traum?

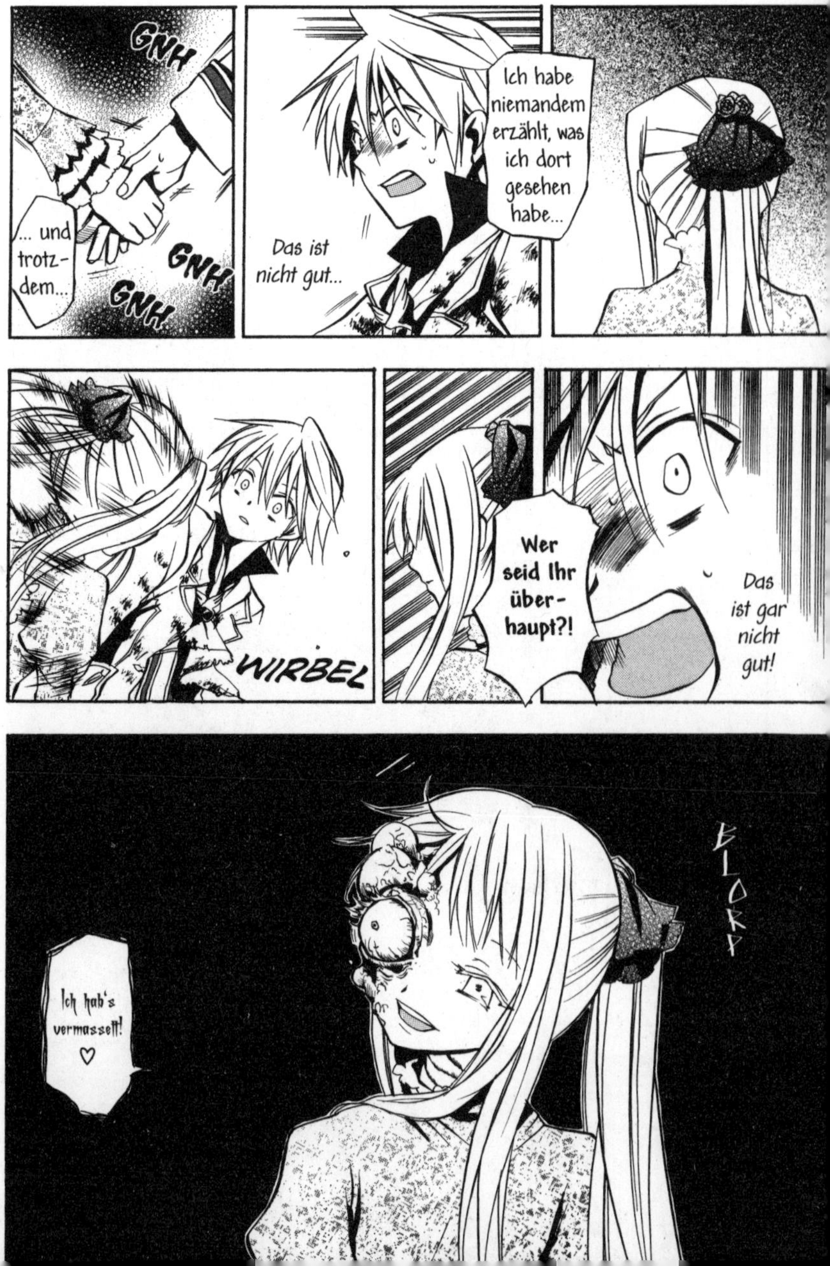
Ich habe niemandem erzählt, was ich dort gesehen habe...
Das ist nicht gut...
GNH
... und trotz-dem...
GNH
GNH
Das ist gar nicht gut!
Wer seid Ihr über-haupt?!
WIRBEL
BLORP
Ich hab's vermasselt! ♡

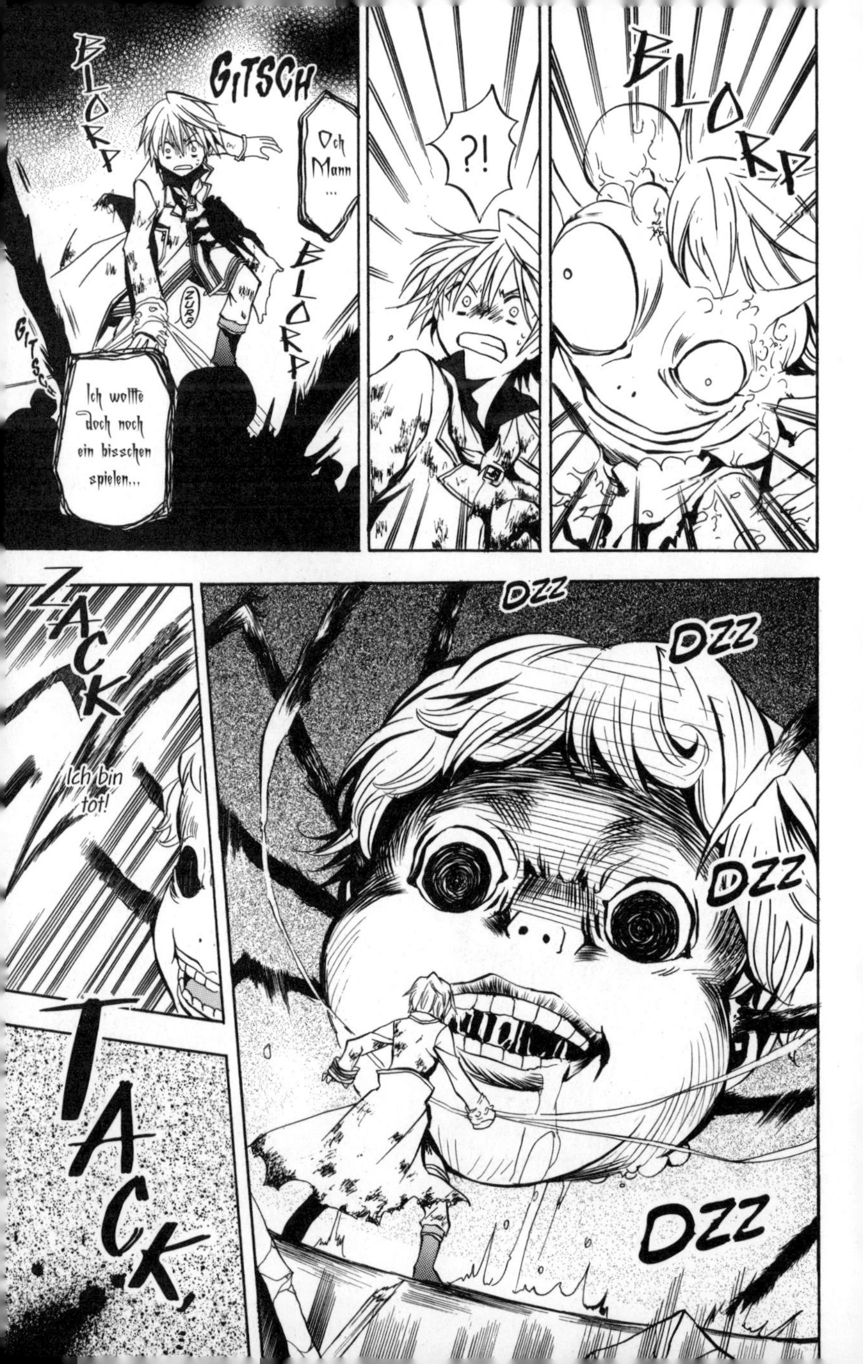
BLORP
?!
GITSCH
Och Mann ...
BLORP
BLORP
ZURR
GITSCH
Ich wollte doch noch ein bisschen spielen...
DZZ
DZZ
DZZ
DZZ
ZACK
Ich bin tot!
TACK

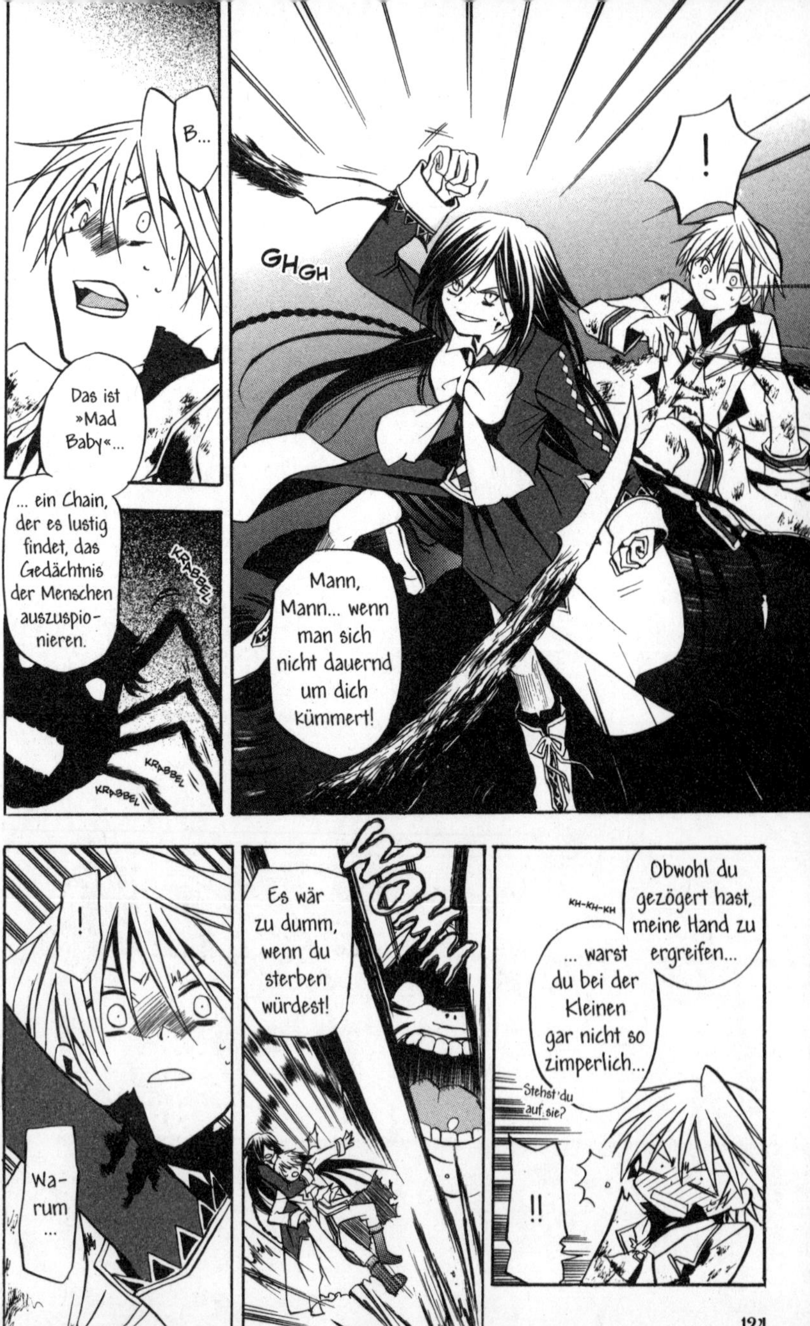
!
GHGH
Mann, Mann... wenn man sich nicht dauernd um dich kümmert!
B...
Das ist »Mad Baby«...
... ein Chain, der es lustig findet, das Gedächtnis der Menschen auszuspionieren.
KRABBEL
KRABBEL
KRABBEL
Obwohl du gezögert hast, meine Hand zu ergreifen...
KH-KH-KH
... warst du bei der Kleinen gar nicht so zimperlich...
Stehst du auf sie?
!!
WOMM
Es wär zu dumm, wenn du sterben würdest!
!
Wa-rum ...

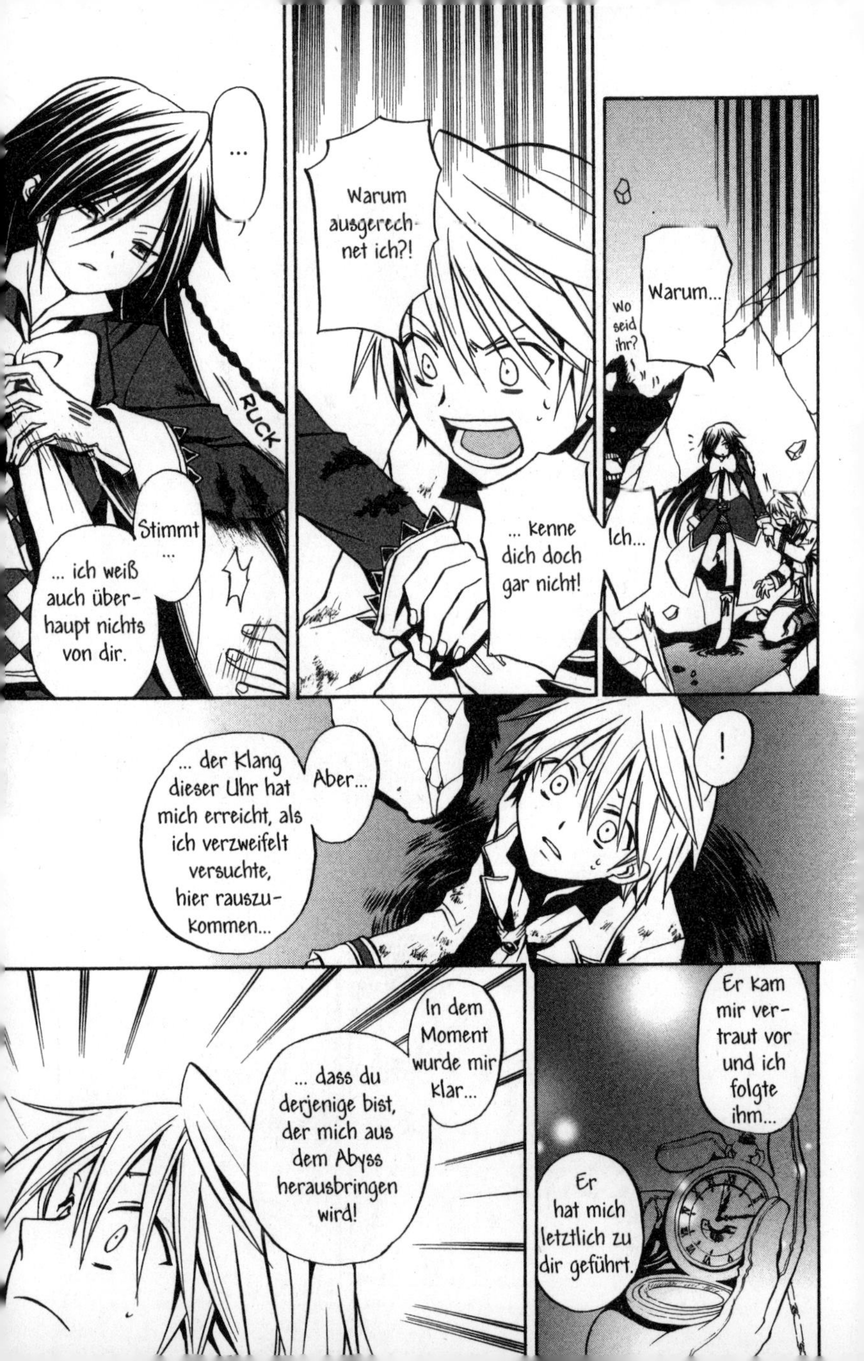
Warum...
Wo seid ihr?
Ich...
Warum ausgerech-net ich?!
... kenne dich doch gar nicht!
...
RUCK
Stimmt ...
... ich weiß auch über-haupt nichts von dir.
!
Aber...
... der Klang dieser Uhr hat mich erreicht, als ich verzweifelt versuchte, hier rauszu-kommen...
Er kam mir ver-traut vor und ich folgte ihm...
Er hat mich letztlich zu dir geführt.
In dem Moment wurde mir klar...
... dass du derjenige bist, der mich aus dem Abyss herausbringen wird!

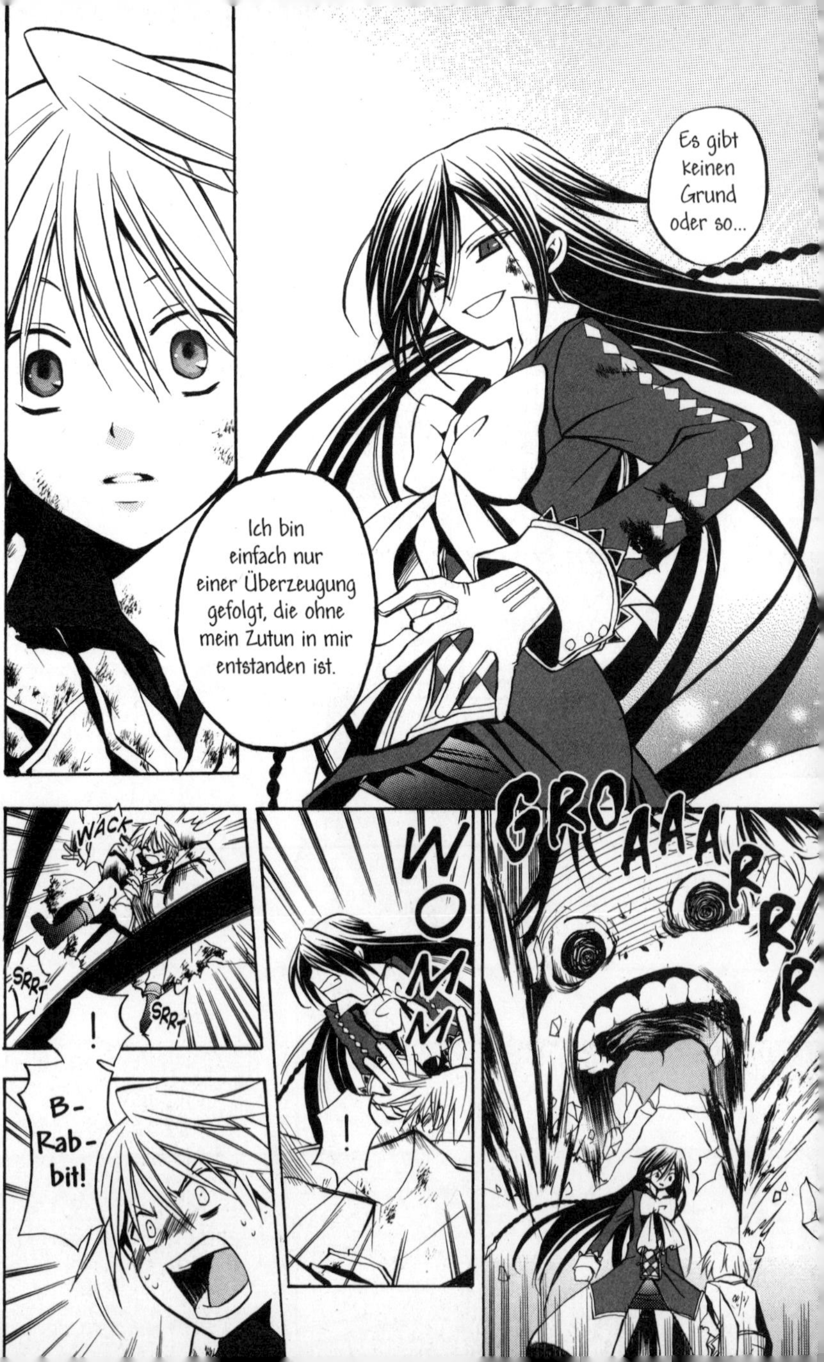
Es gibt keinen Grund oder so...
Ich bin einfach nur einer Überzeugung gefolgt, die ohne mein Zutun in mir entstanden ist.
GROAAARRR
WOMM
!
WACK
SRRT
SRRT
!
B-Rab-bit!

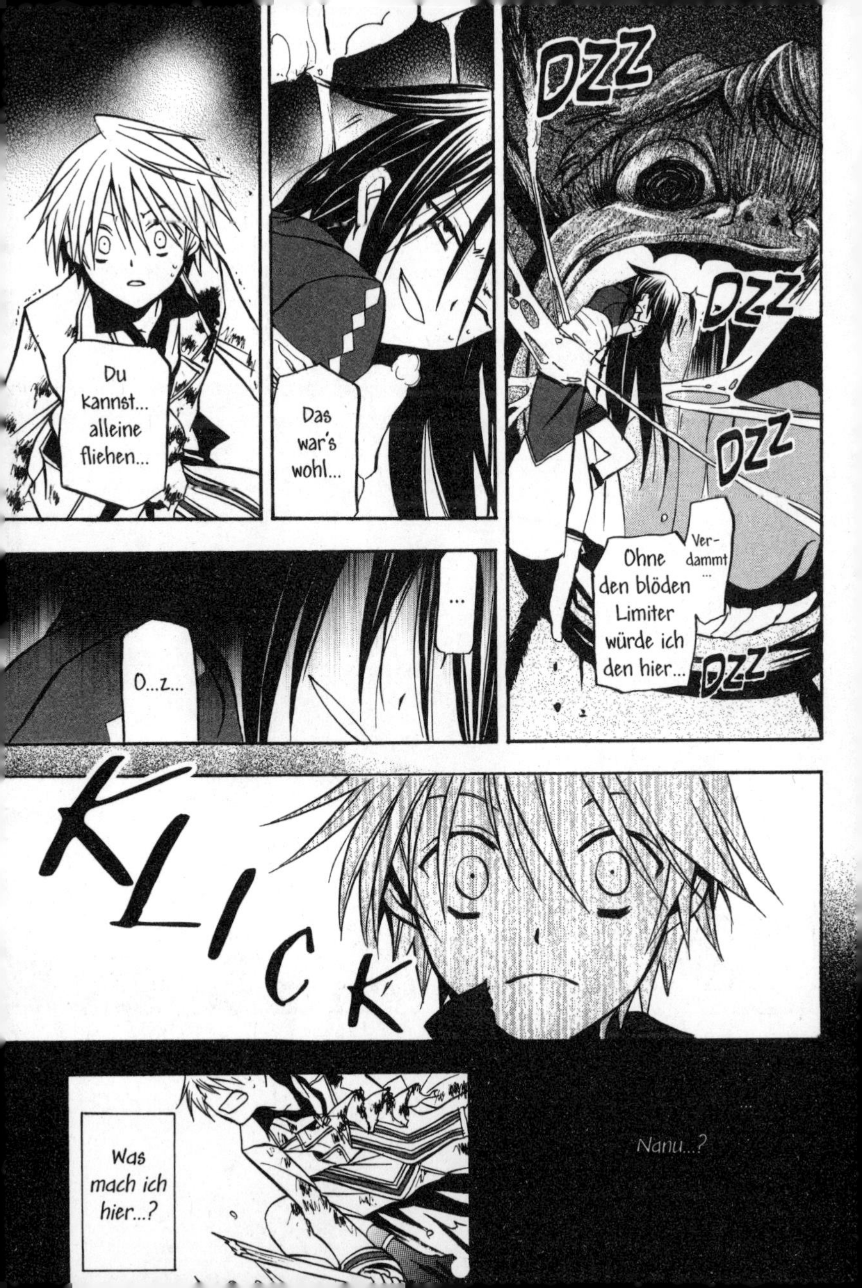
DZZ
DZZ
DZZ
Ohne den blöden Limiter würde ich den hier...
Ver-dammt ...
DZZ
Das war's wohl...
Du kannst... alleine fliehen...
...
O...z...
KLICK
...
Nanu...?
Was mach ich hier...?

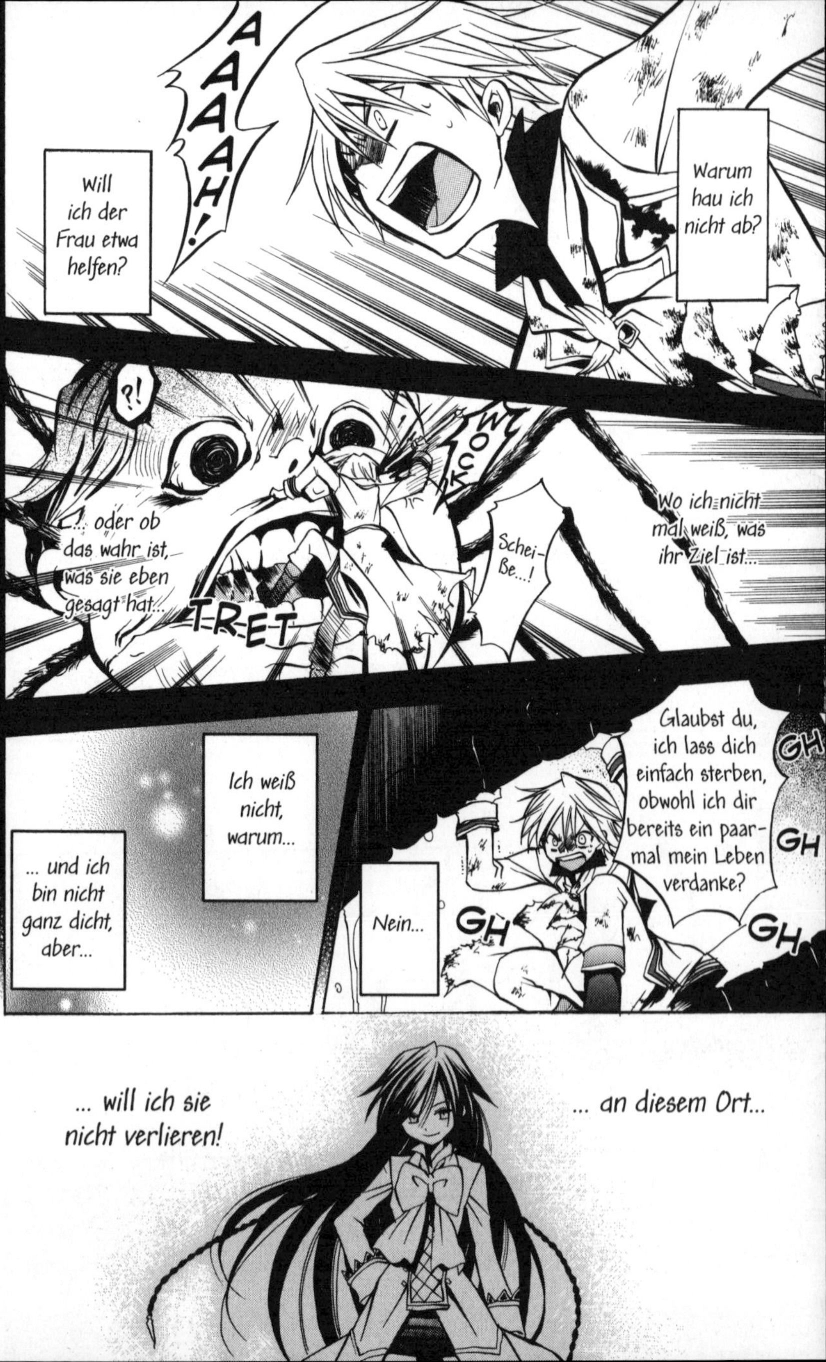
Warum hau ich nicht ab?
AAAAAH!
Will ich der Frau etwa helfen?
WOCK
Wo ich nicht mal weiß, was ihr Ziel ist...
Schei-ße...!
?!
... oder ob das wahr ist, was sie eben gesagt hat...
T-R-E-T
Glaubst du, ich lass dich einfach sterben, obwohl ich dir bereits ein paar-mal mein Leben verdanke?
GH
GH
GH
GH
Nein...
Ich weiß nicht, warum...
... und ich bin nicht ganz dicht, aber...
... an diesem Ort...
... will ich sie nicht verlieren!

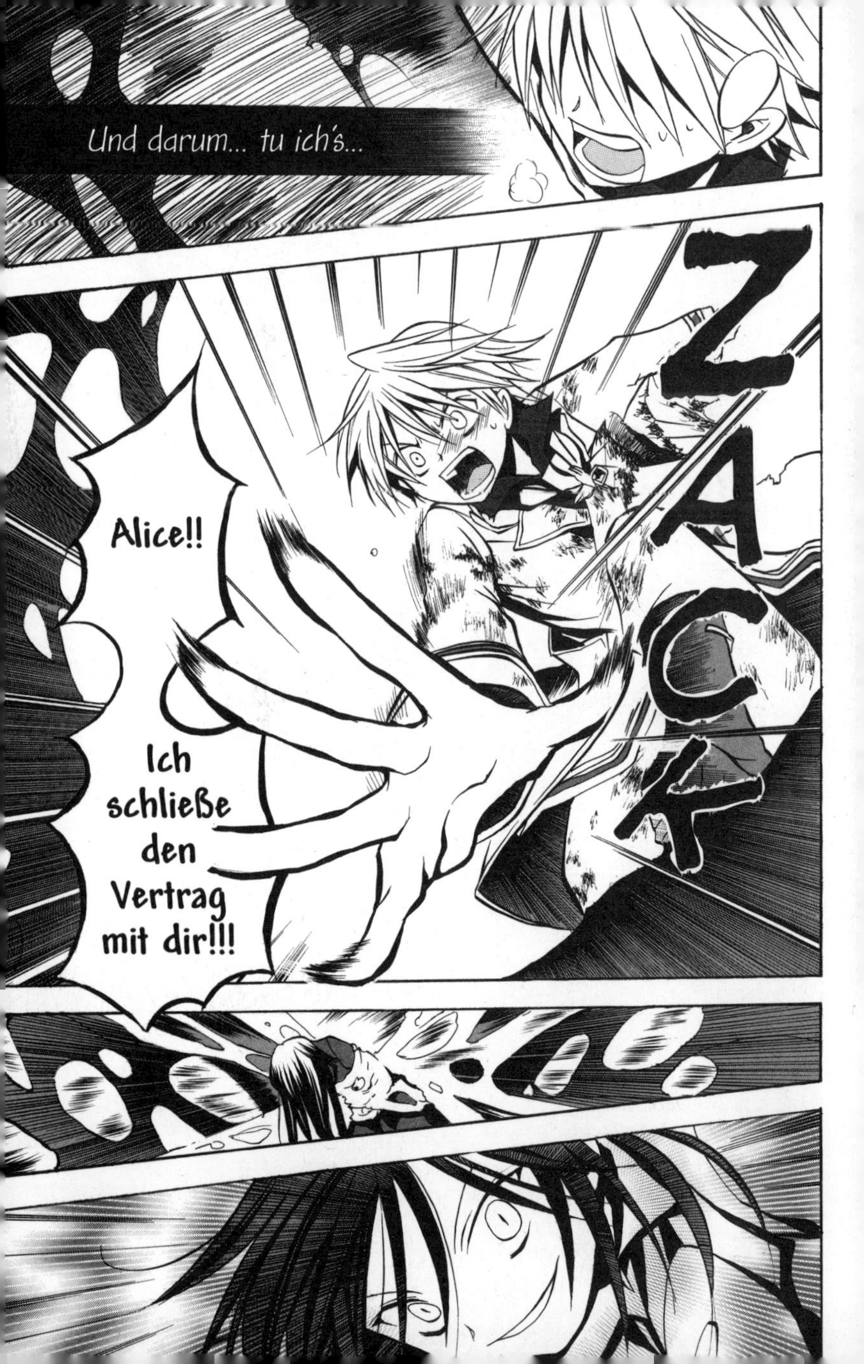
Und darum... tu ich's...
ZACK
Alice!!
Ich schließe den Vertrag mit dir!!!

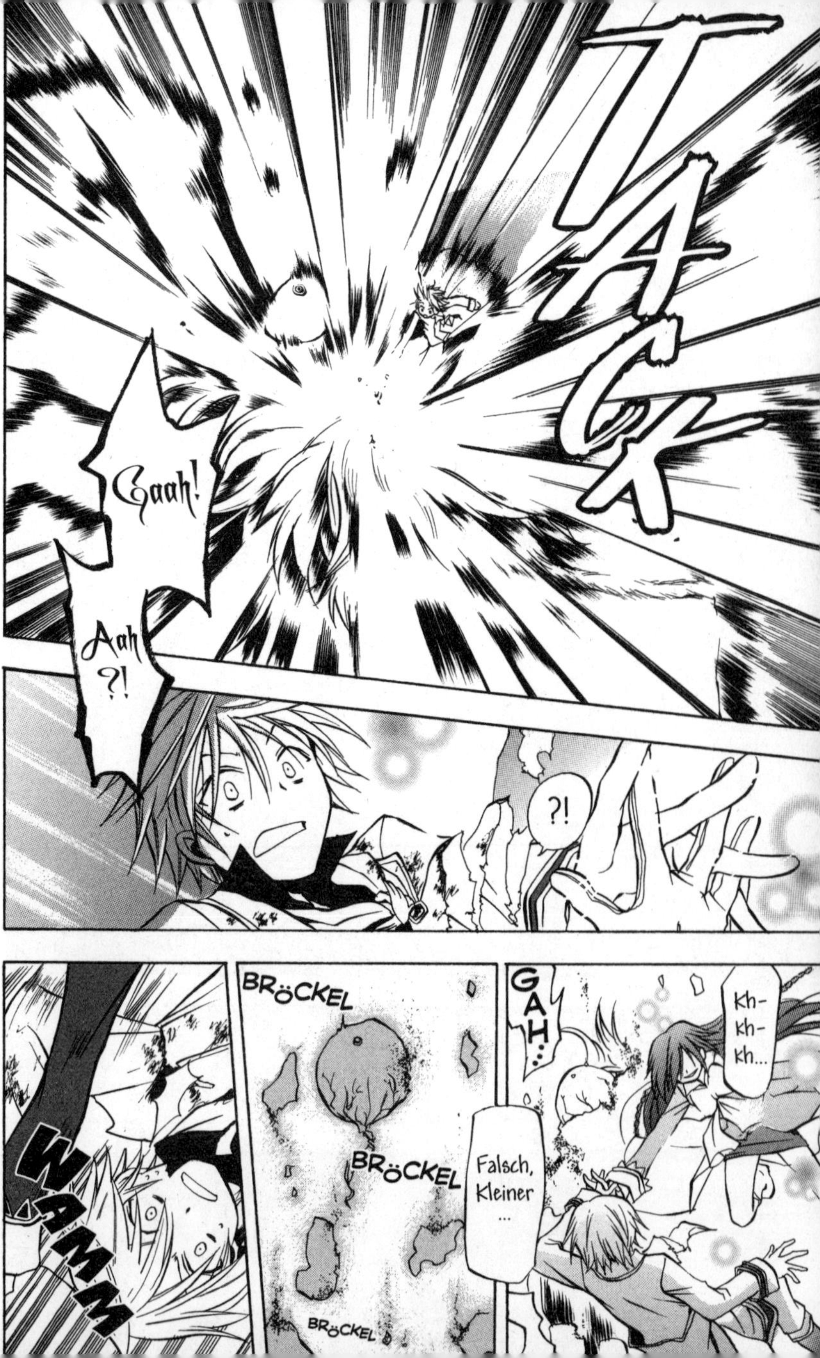
TACK
Gaah!
Aah ?!
?!
Kh-kh-kh...
GAH...
Falsch, Kleiner ...
BRÖCKEL
BRÖCKEL
BRÖCKEL
WAMM

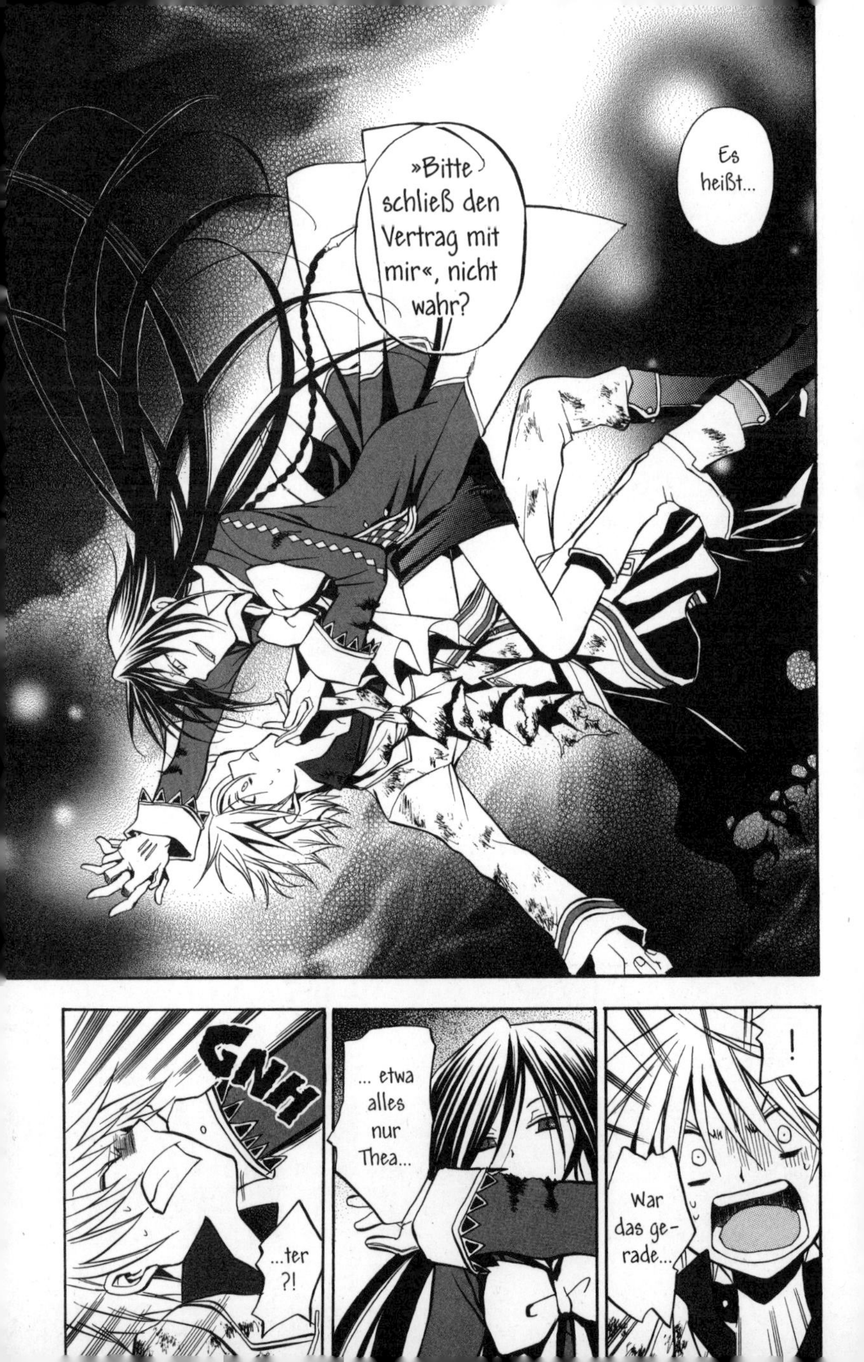
Es heißt...
»Bitte schließ den Vertrag mit mir«, nicht wahr?
!
War das ge-rade...
... etwa alles nur Thea...
GNH
...ter ?!

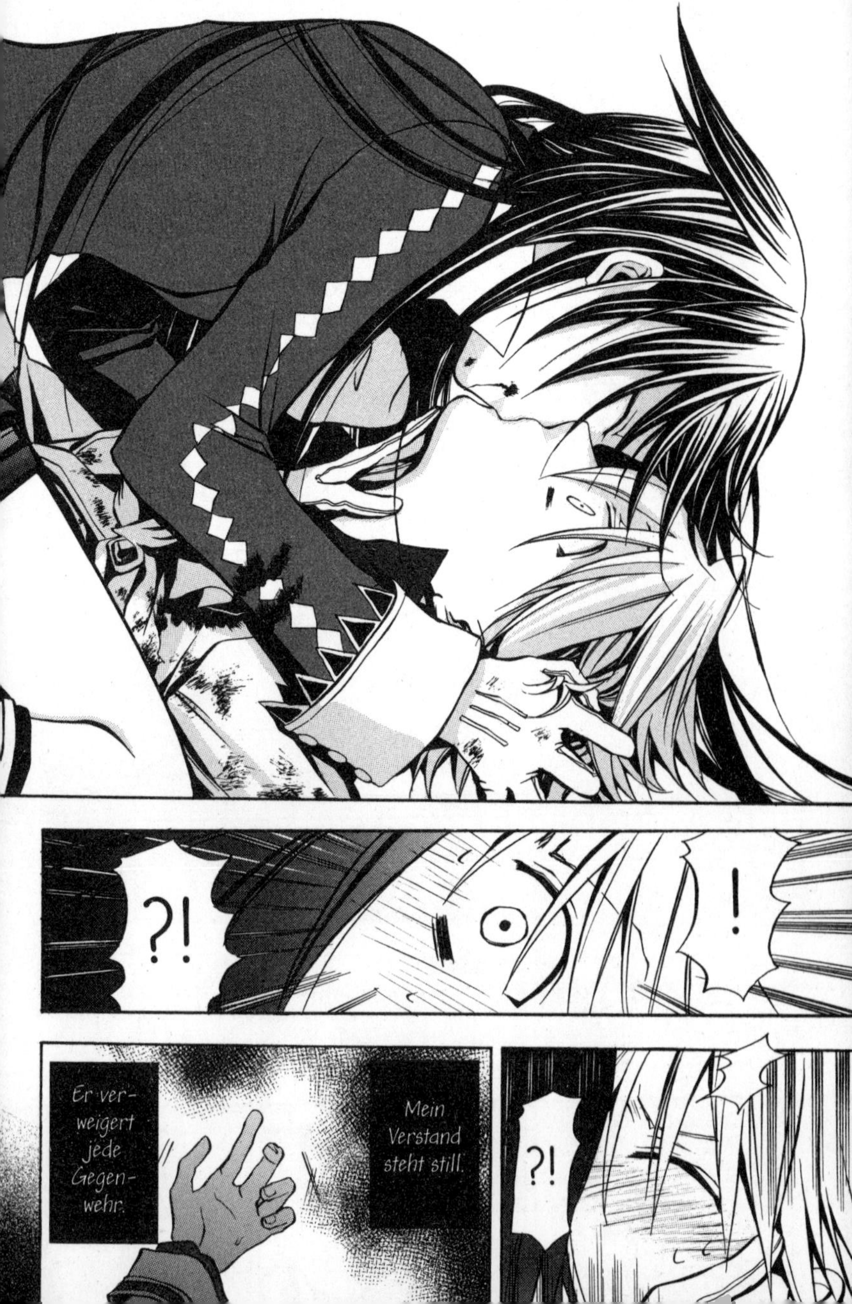
!
?!
?!
Mein Verstand steht still.
Er verweigert jede Gegenwehr.

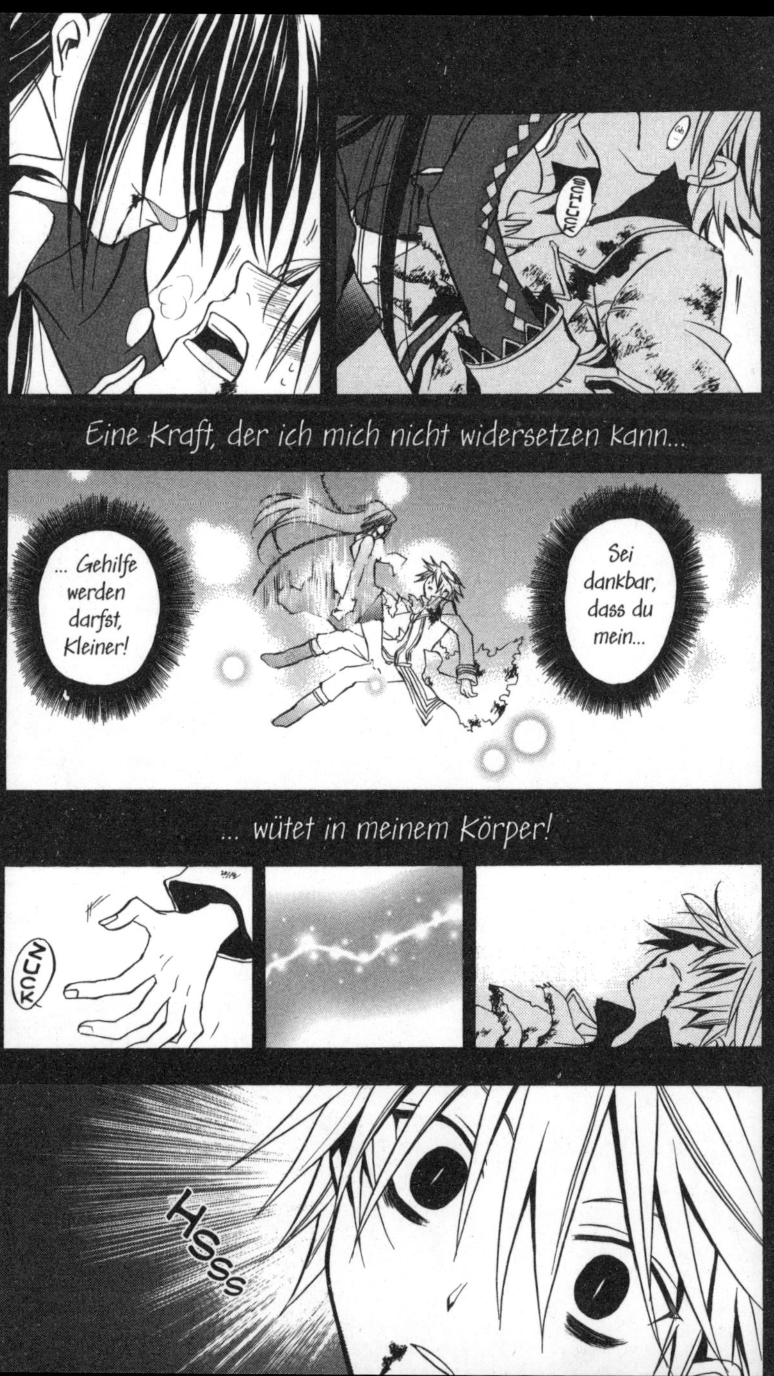
SCHLUCK
Eine Kraft, der ich mich nicht widersetzen kann...
Sei dankbar, dass du mein...
... Gehilfe werden darfst, Kleiner!
... wütet in meinem Körper!
ZUCK
HSSS

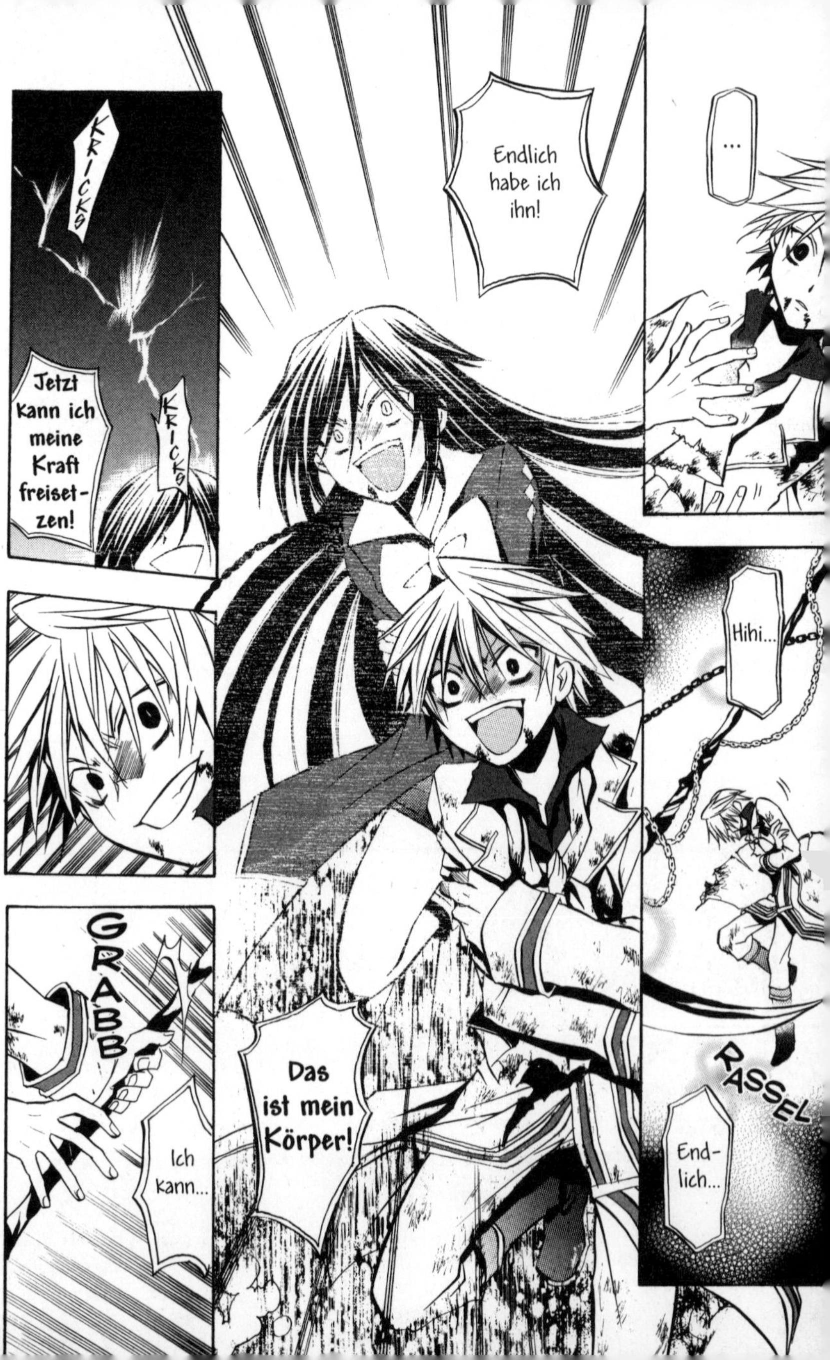
...
Endlich habe ich ihn!
KRICKS
Jetzt kann ich meine Kraft freiset-zen!
KRICKS
Hihi...
Endlich...
RASSEL
Das ist mein Körper!
GRABB
Ich kann...

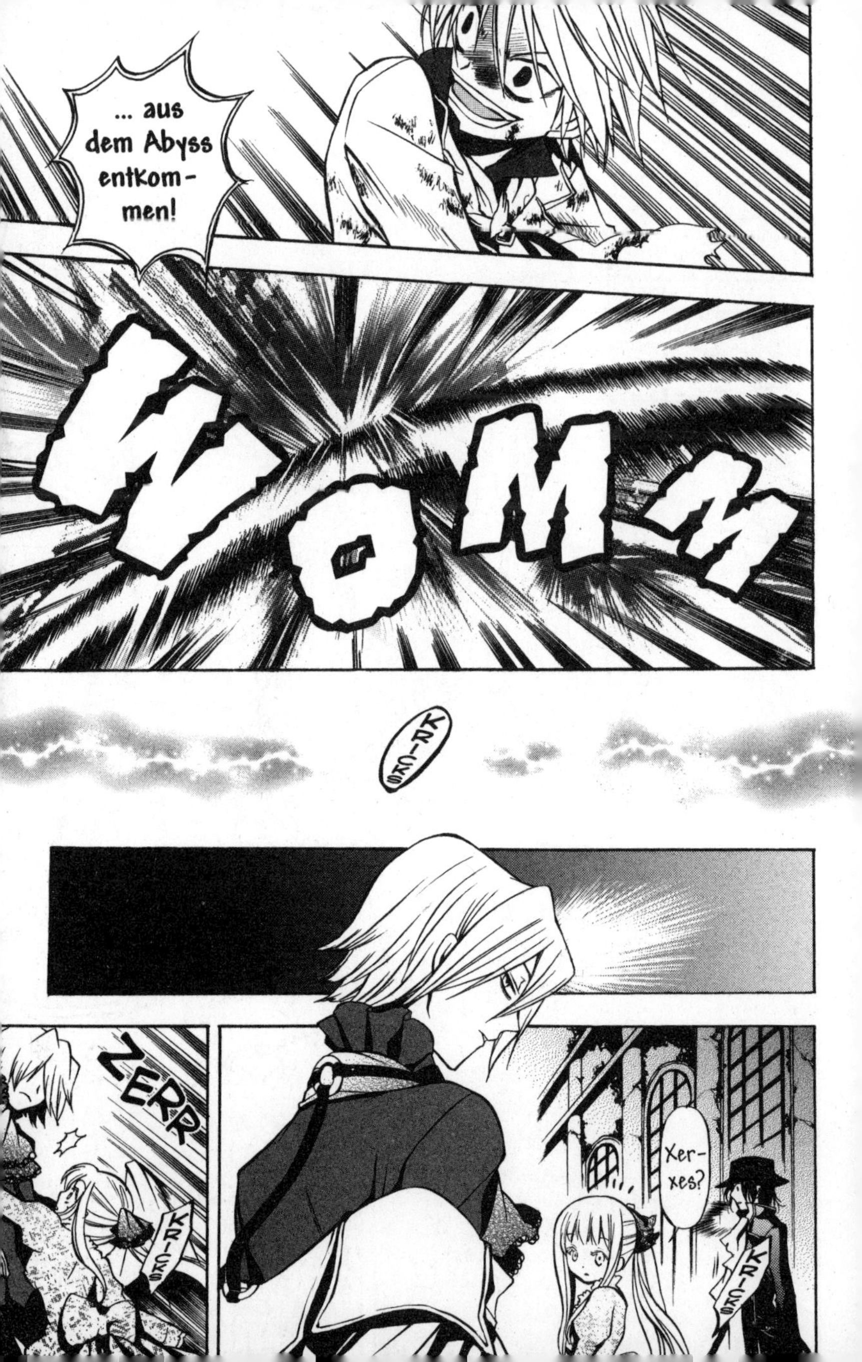
... aus dem Abyss entkommen!
WOMM
KRICKS
Xerxes?
KRICKS
ZERR
KRICKS

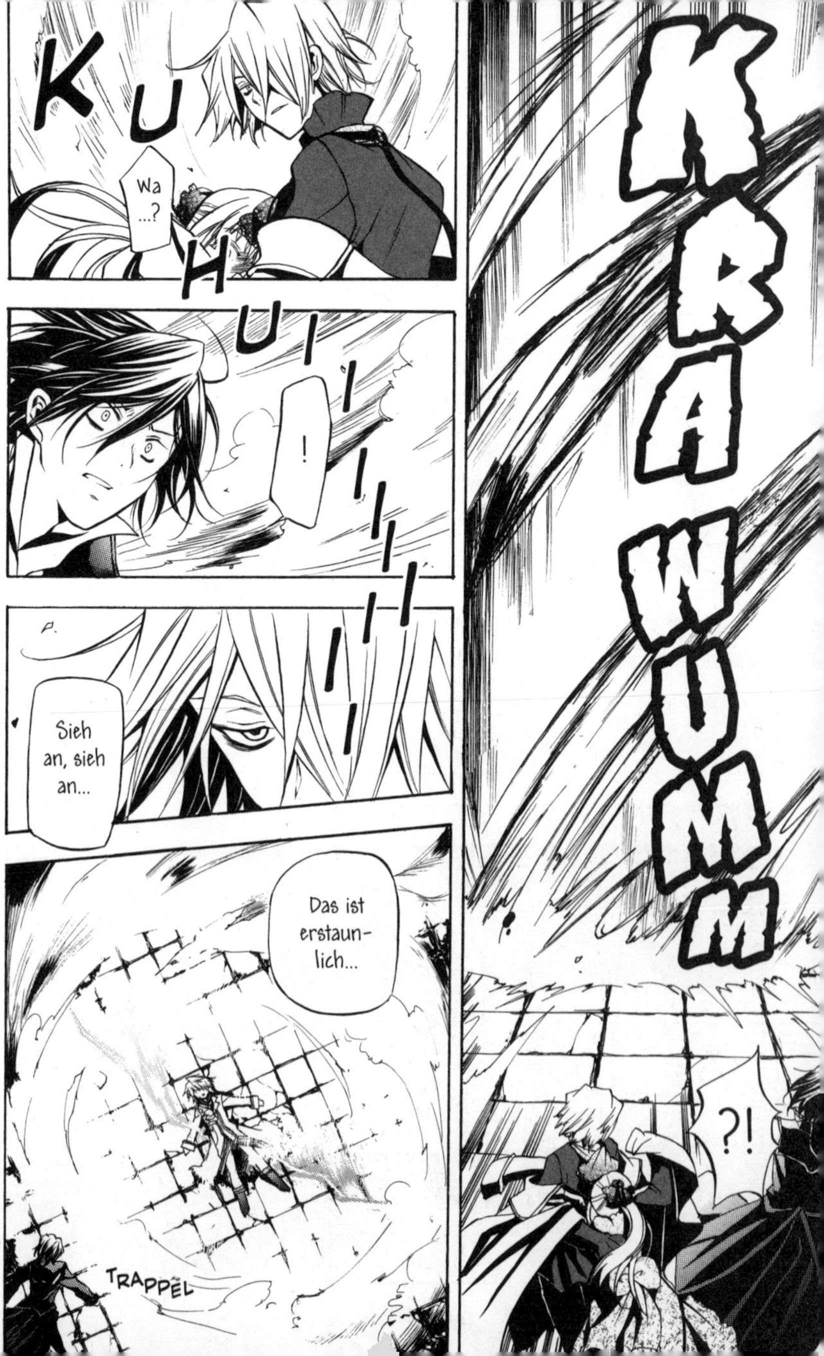
KRAWUMM
?!
KUHUIIIIII
Wa ...?
!
Sieh an, sieh an...
Das ist erstaunlich...
TRAPPEL

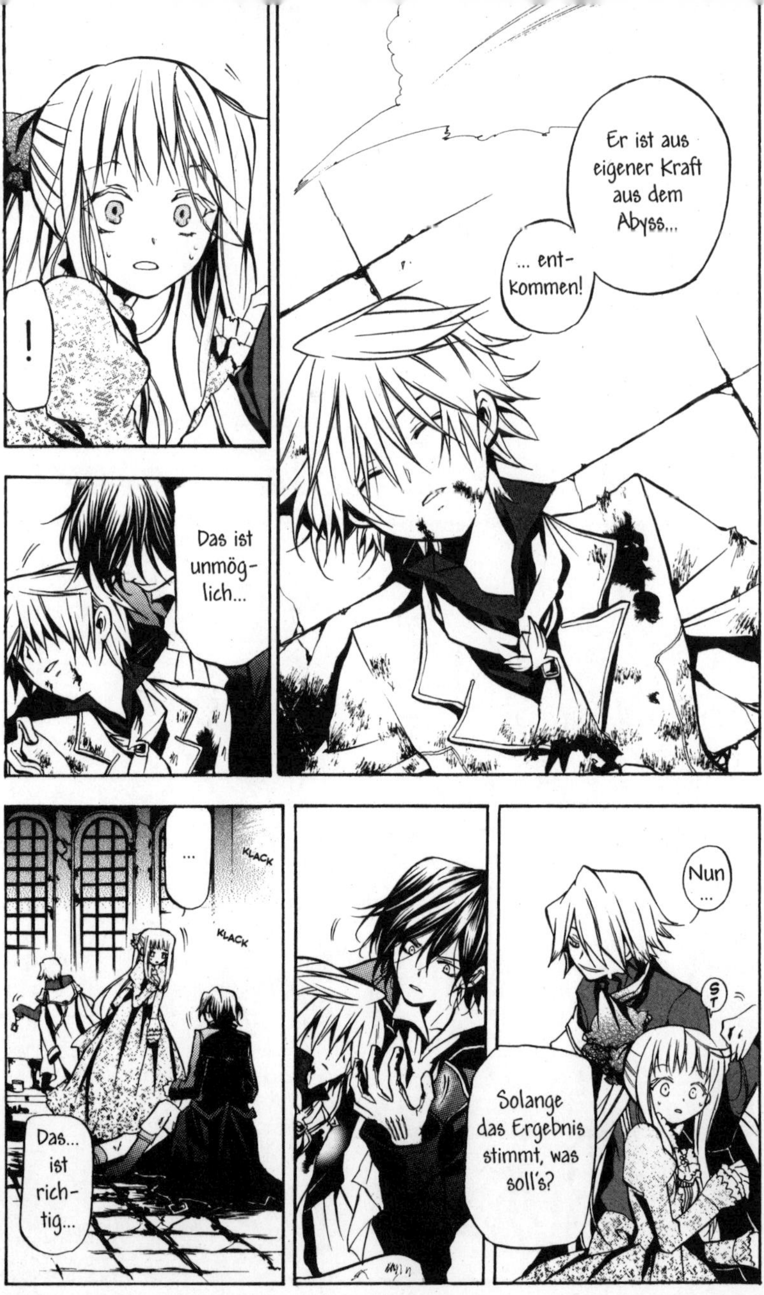
Er ist aus eigener Kraft aus dem Abyss...
... ent-kommen!
!
Das ist unmög-lich...
Nun ...
ST
Solange das Ergebnis stimmt, was soll's?
KLACK
KLACK
...
Das... ist rich-tig...

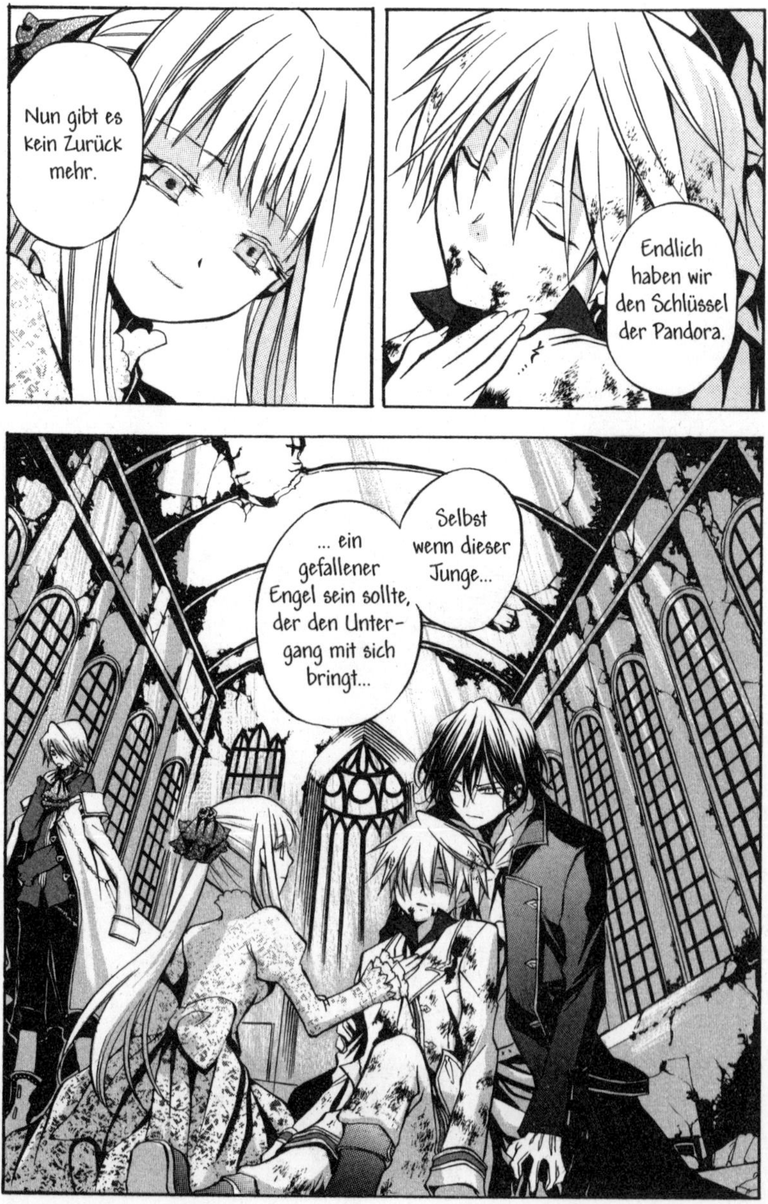
Endlich haben wir den Schlüssel der Pandora.
Nun gibt es kein Zurück mehr.
Selbst wenn dieser Junge...
... ein gefallener Engel sein sollte, der den Untergang mit sich bringt...

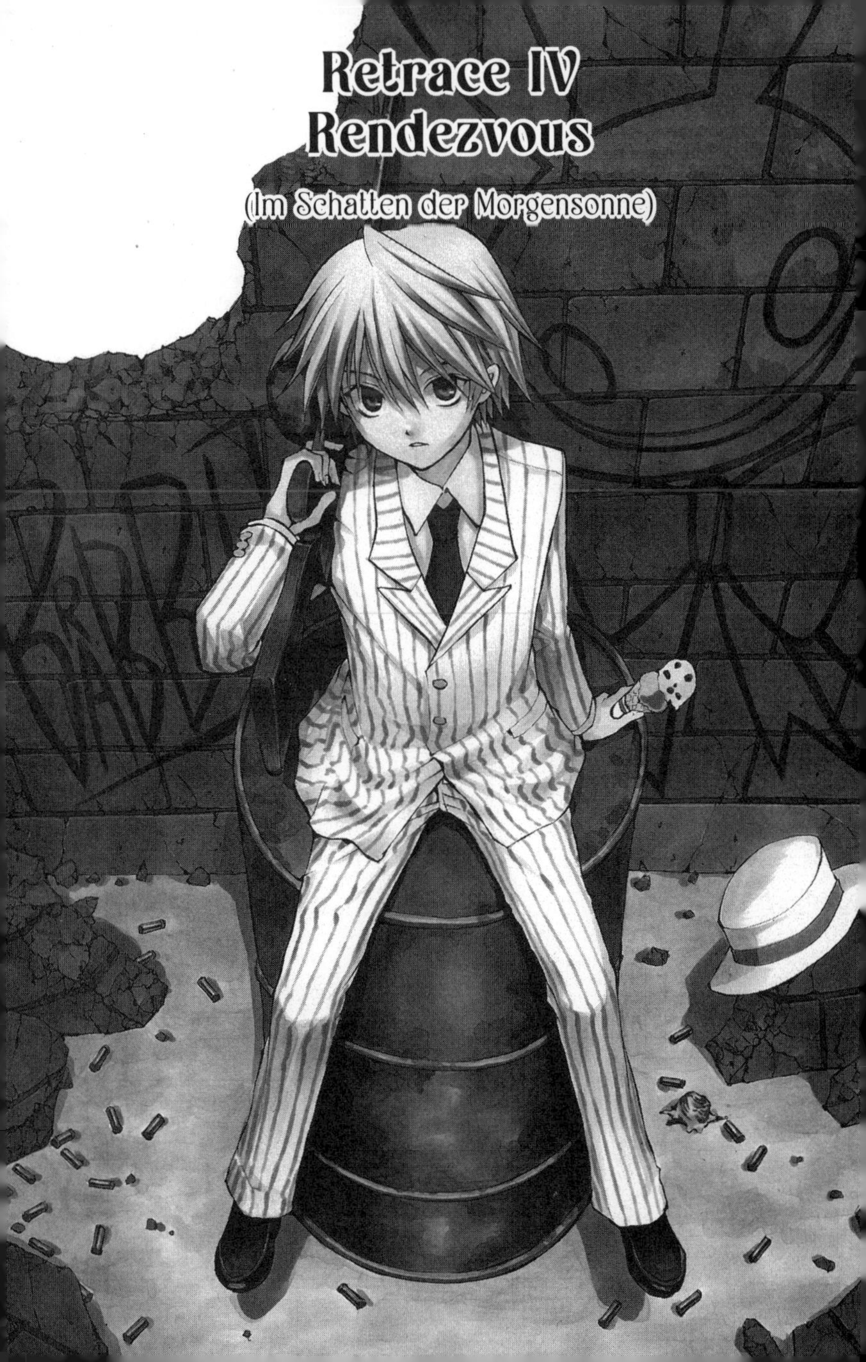
Retrace IV
Rendezvous
(Im Schatten der Morgensonne)

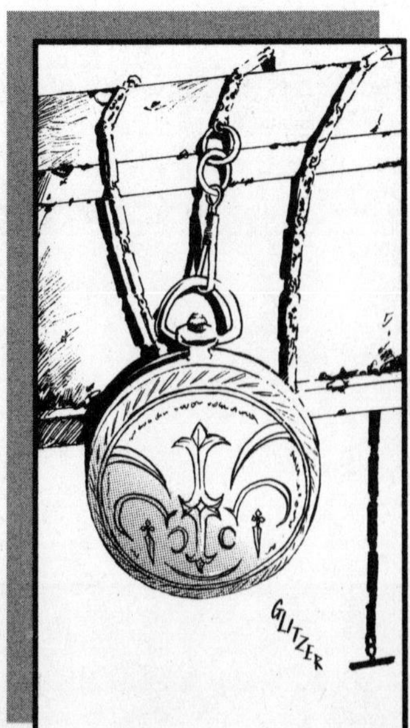
GLITZER

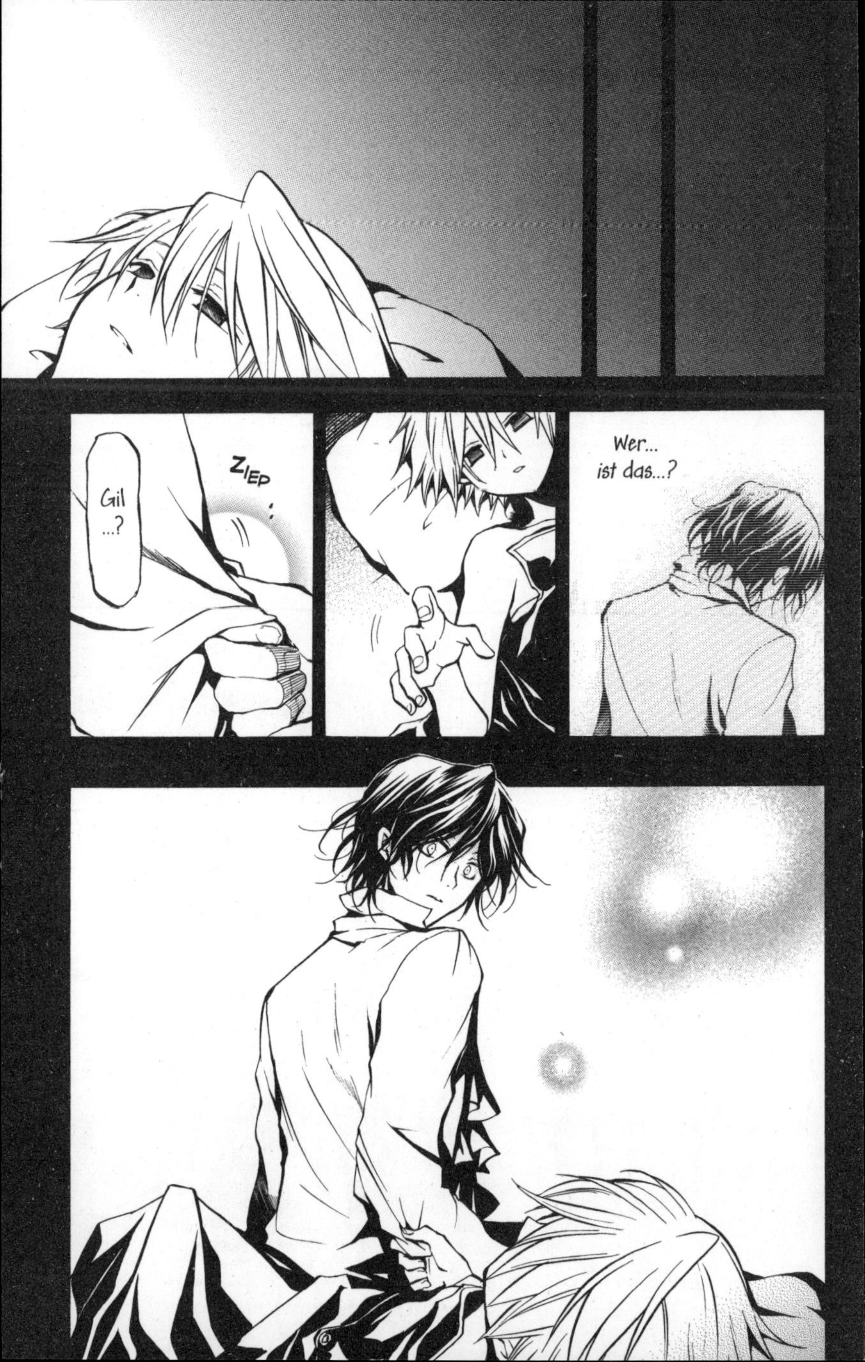
Wer... ist das...?
ZIEP
Gil ...?

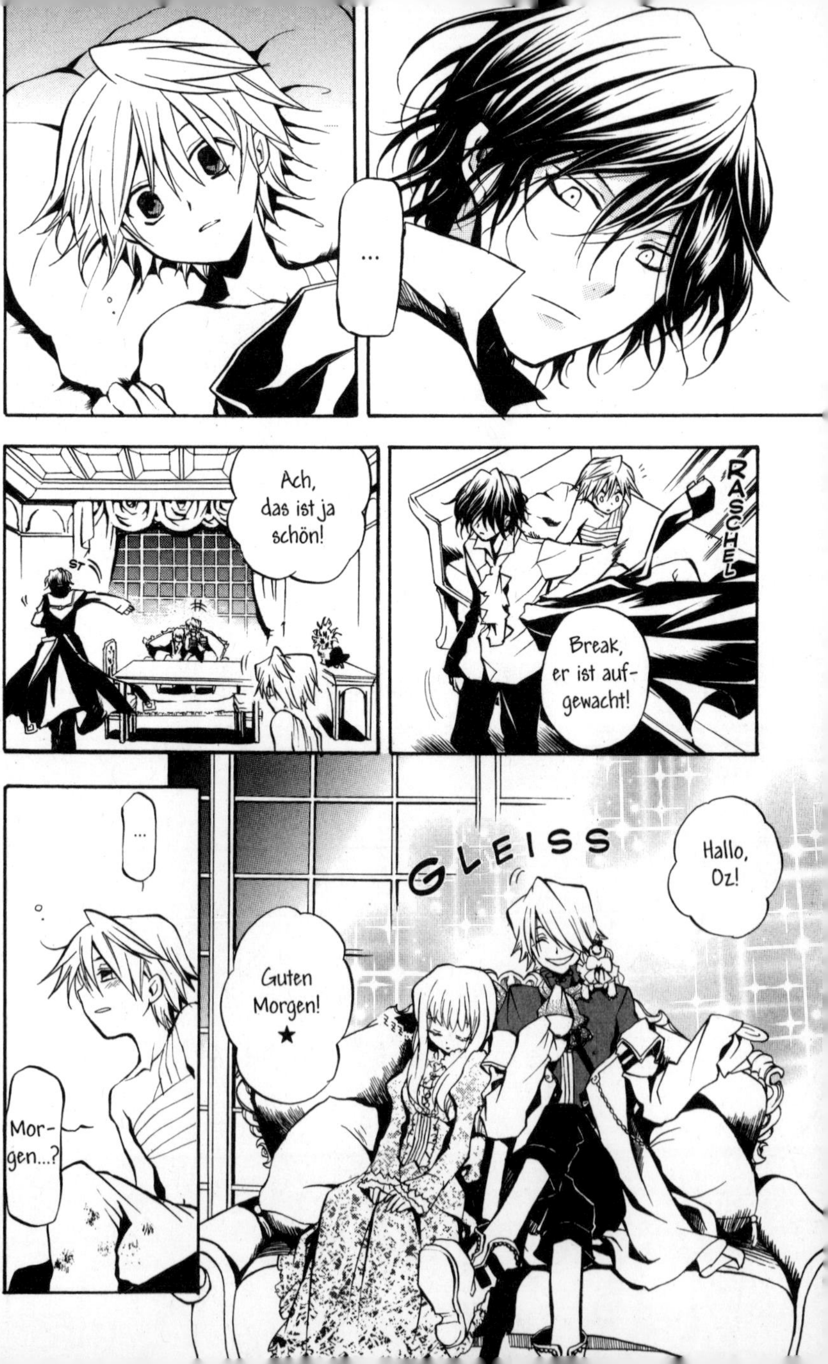
......
...
RASCHEL
Break, er ist auf-gewacht!
Ach, das ist ja schön!
ST
Hallo, Oz!
GLEISS
Guten Morgen! ★
...
Mor-gen...?

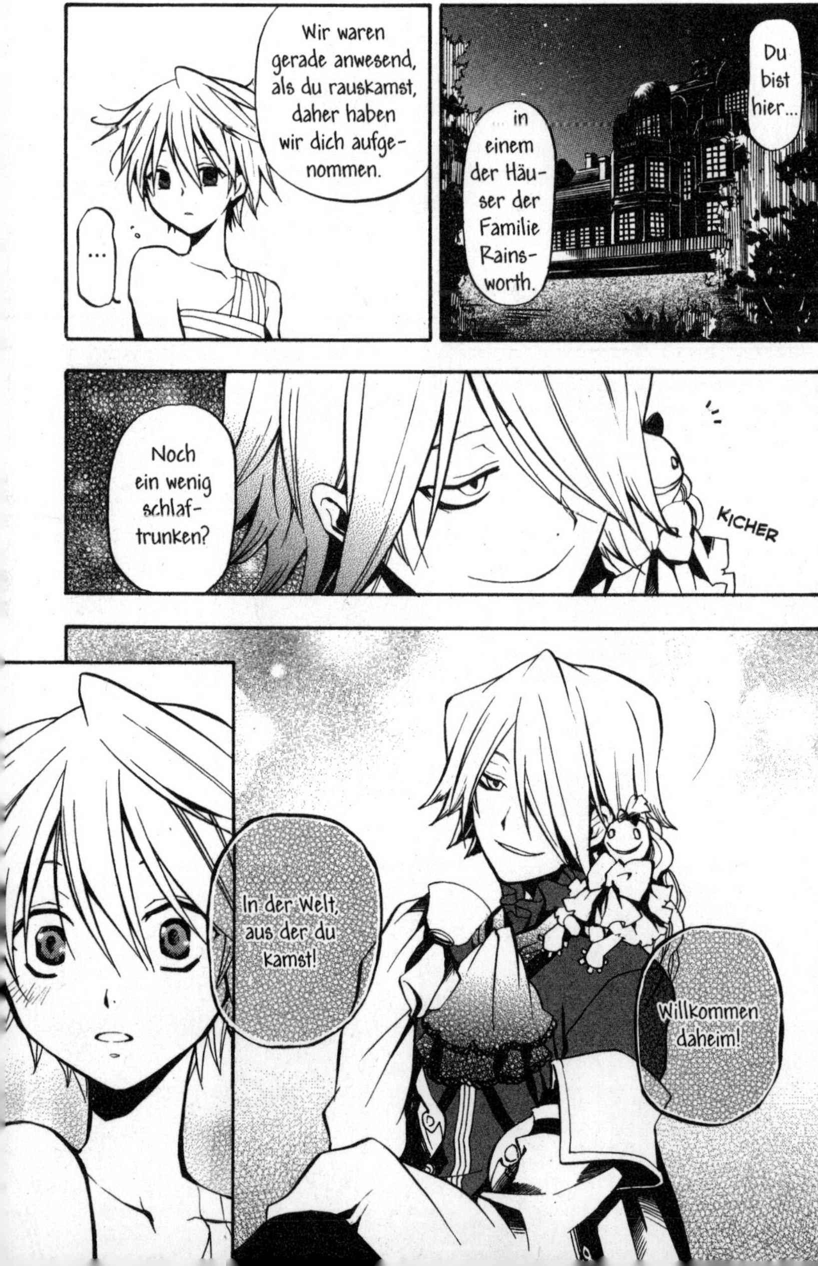
Du bist hier...
... in einem der Häuser der Familie Rainsworth.
Wir waren gerade anwesend, als du rauskamst, daher haben wir dich aufgenommen.
...
Noch ein wenig schlaftrunken?
KICHER
In der Welt, aus der du kamst!
Willkommen daheim!

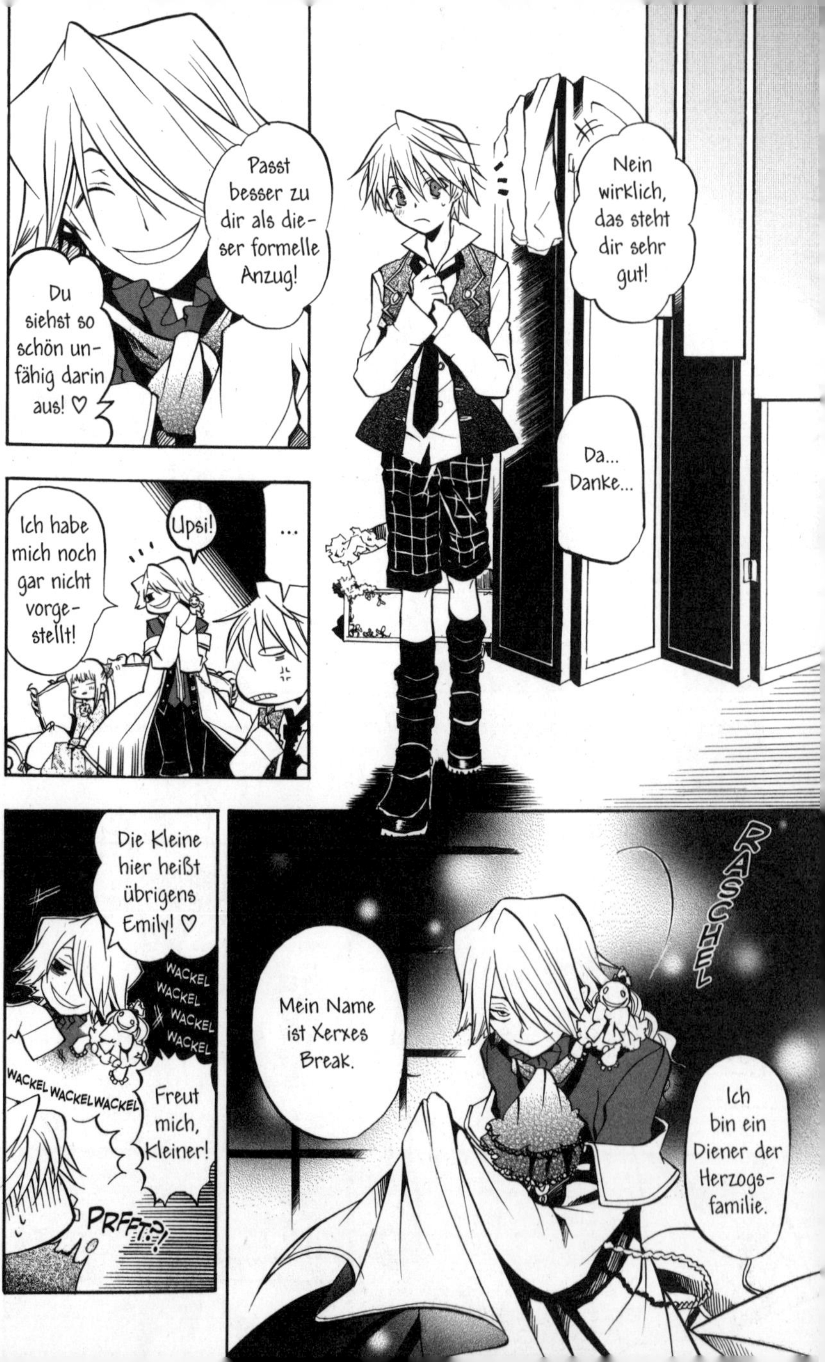

Nein wirklich, das steht dir sehr gut!
Passt besser zu dir als dieser formelle Anzug!
Du siehst so schön unfähig darin aus! ♡
Da... Danke...
...
Upsi!
Ich habe mich noch gar nicht vorgestellt!
RASCHEL
Ich bin ein Diener der Herzogsfamilie.
Mein Name ist Xerxes Break.
Die Kleine hier heißt übrigens Emily! ♡
WACKEL WACKEL WACKEL WACKEL
WACKEL WACKEL WACKEL
Freut mich, Kleiner!
PRFFT?!

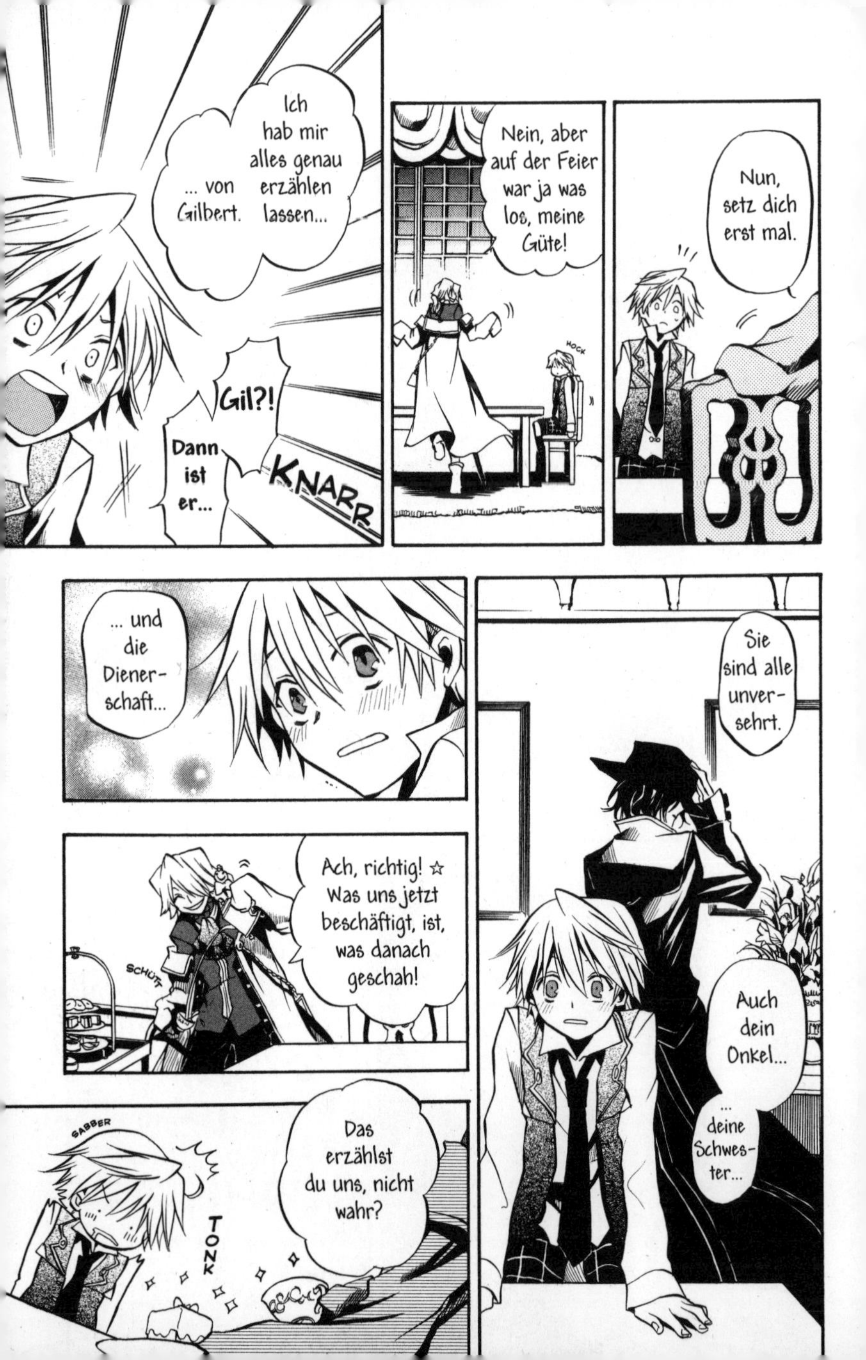
Nun, setz dich erst mal.
Nein, aber auf der Feier war ja was los, meine Güte!
HOCK
Ich hab mir alles genau erzählen lassen...
... von Gilbert.
Gil?!
Dann ist er...
KNARR
Sie sind alle unversehrt.
Auch dein Onkel...
... deine Schwester...
... und die Dienerschaft...
Ach, richtig! ☆ Was uns jetzt beschäftigt, ist, was danach geschah!
SCHÜTT
Das erzählst du uns, nicht wahr?
TONK
SABBER

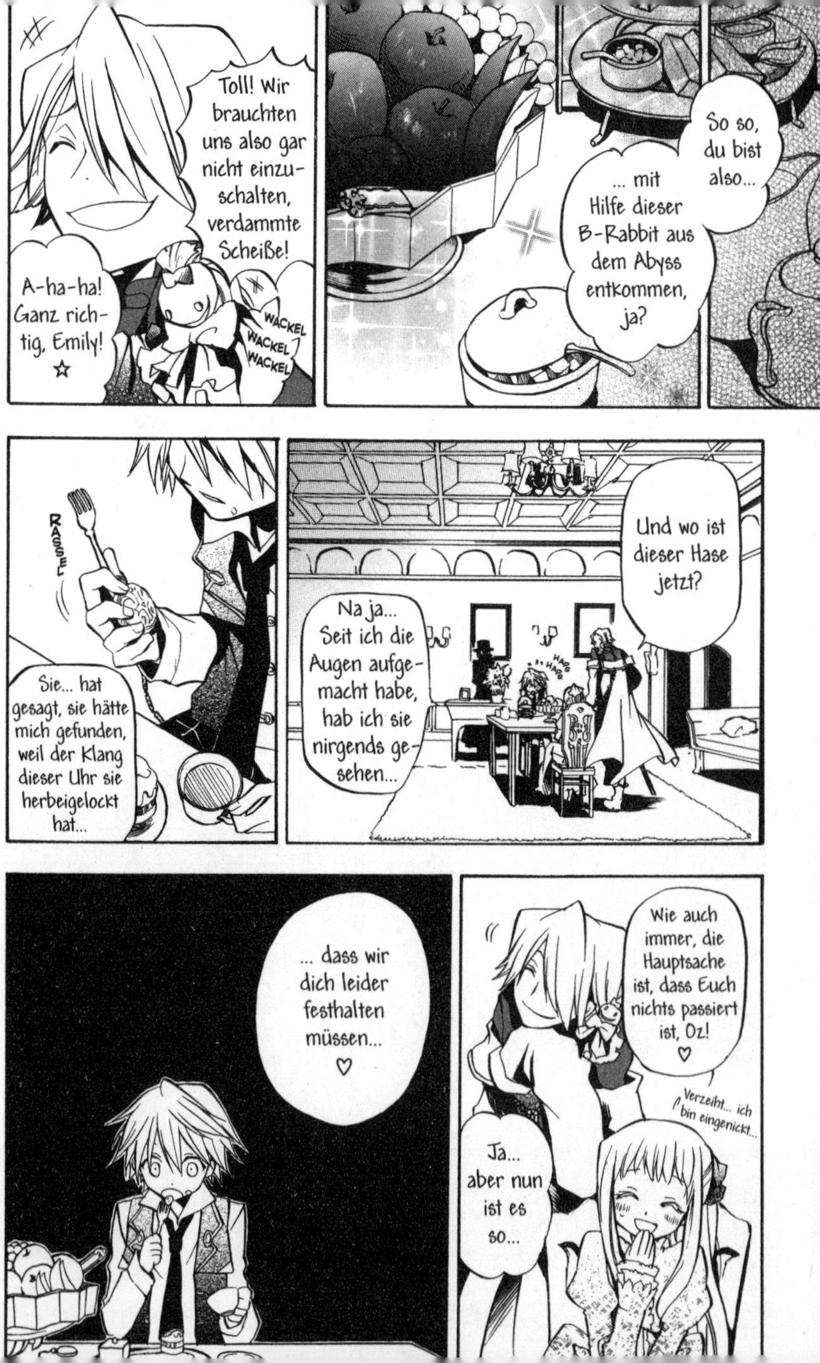
So so, du bist also...
... mit Hilfe dieser B-Rabbit aus dem Abyss entkommen, ja?
Toll! Wir brauchten uns also gar nicht einzuschalten, verdammte Scheiße!
A-ha-ha! Ganz richtig, Emily! ☆
WACKEL WACKEL WACKEL
Und wo ist dieser Hase jetzt?
HAPS HAPS
Na ja... Seit ich die Augen aufgemacht habe, hab ich sie nirgends gesehen...
RASSEL
Sie... hat gesagt, sie hätte mich gefunden, weil der Klang dieser Uhr sie herbeigelockt hat...
Wie auch immer, die Hauptsache ist, dass Euch nichts passiert ist, Oz! ♡
Verzeiht... ich bin eingenickt...
Ja... aber nun ist es so...
... dass wir dich leider festhalten müssen... ♡

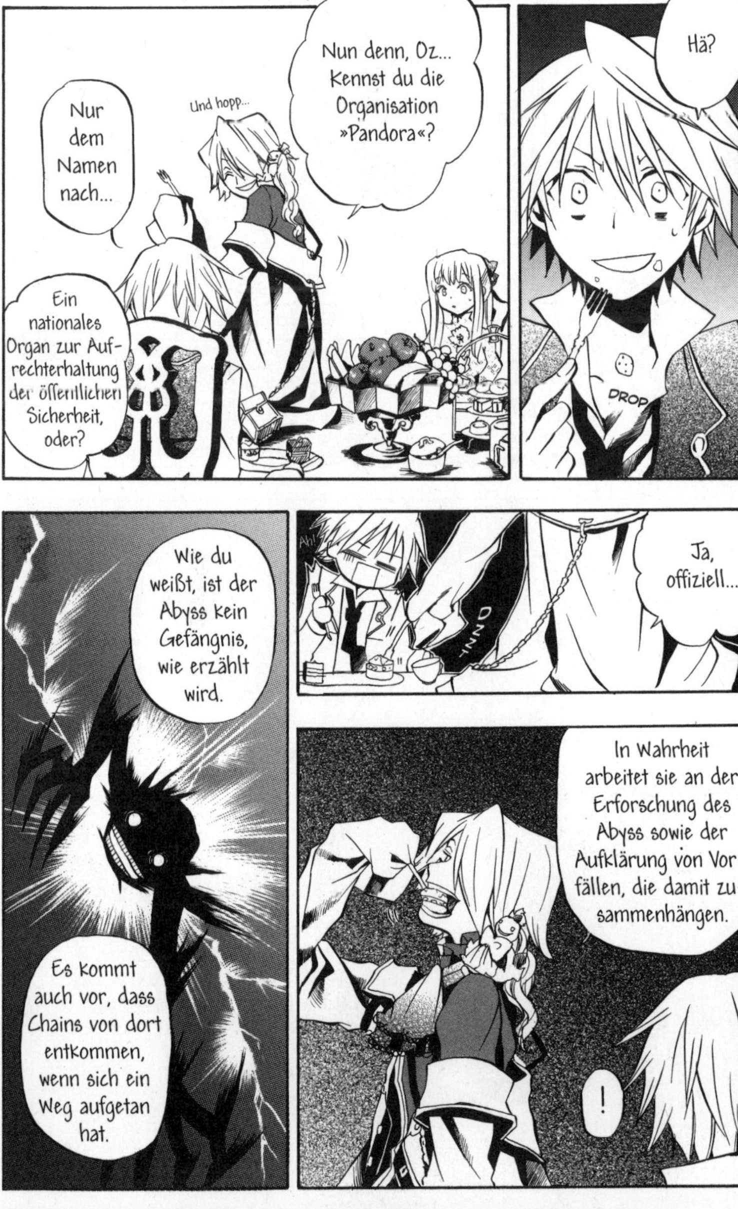
Hä?
Nun denn, Oz... Kennst du die Organisation »Pandora«?
Und hopp...
Nur dem Namen nach...
Ein nationales Organ zur Aufrechterhaltung der öffentlichen Sicherheit, oder?
DROP
Ja, offiziell...
Ah!
In Wahrheit arbeitet sie an der Erforschung des Abyss sowie der Aufklärung von Vorfällen, die damit zusammenhängen.
!
Wie du weißt, ist der Abyss kein Gefängnis, wie erzählt wird.
Es kommt auch vor, dass Chains von dort entkommen, wenn sich ein Weg aufgetan hat.

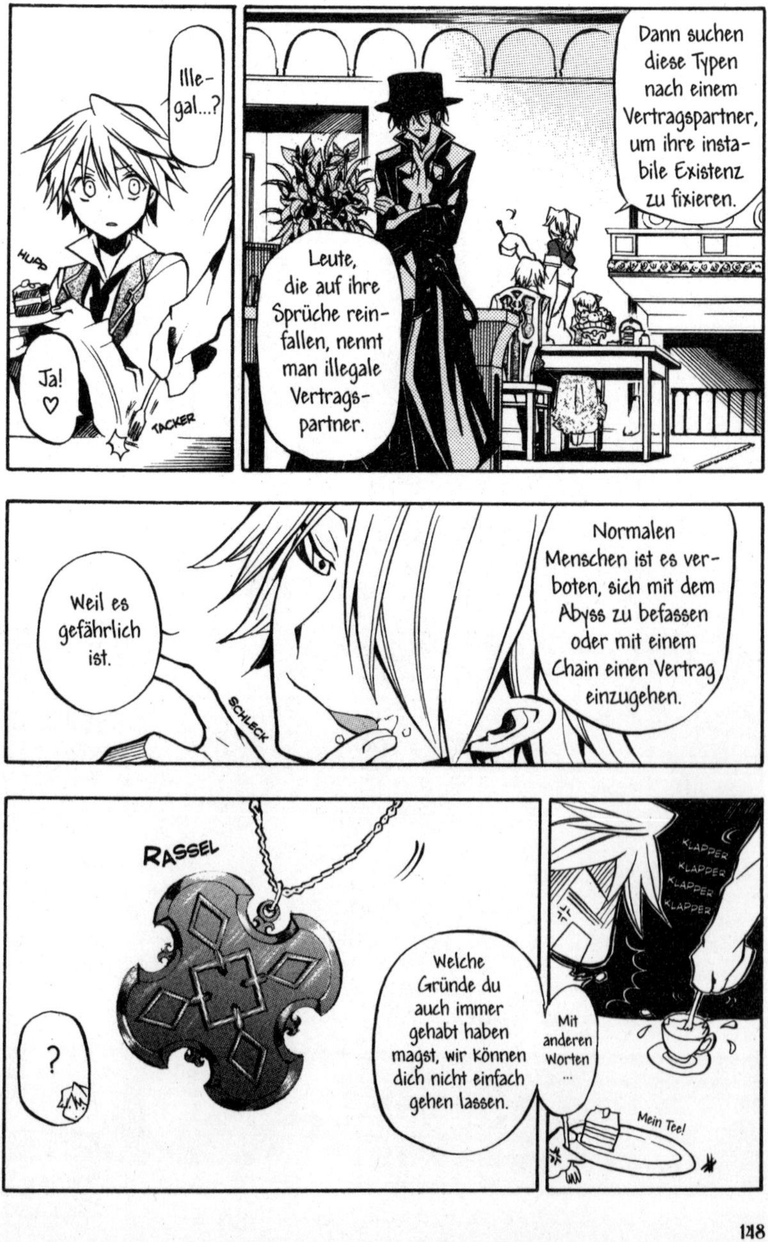
Dann suchen diese Typen nach einem Vertragspartner, um ihre instabile Existenz zu fixieren.
Leute, die auf ihre Sprüche reinfallen, nennt man illegale Vertragspartner.
Ille-gal...?
HUPP
Ja! ♡
TACKER
Normalen Menschen ist es verboten, sich mit dem Abyss zu befassen oder mit einem Chain einen Vertrag einzugehen.
Weil es gefährlich ist.
SCHLECK
KLAPPER KLAPPER KLAPPER KLAPPER
Mit anderen Worten ...
Mein Tee!
RASSEL
Welche Gründe du auch immer gehabt haben magst, wir können dich nicht einfach gehen lassen.
?

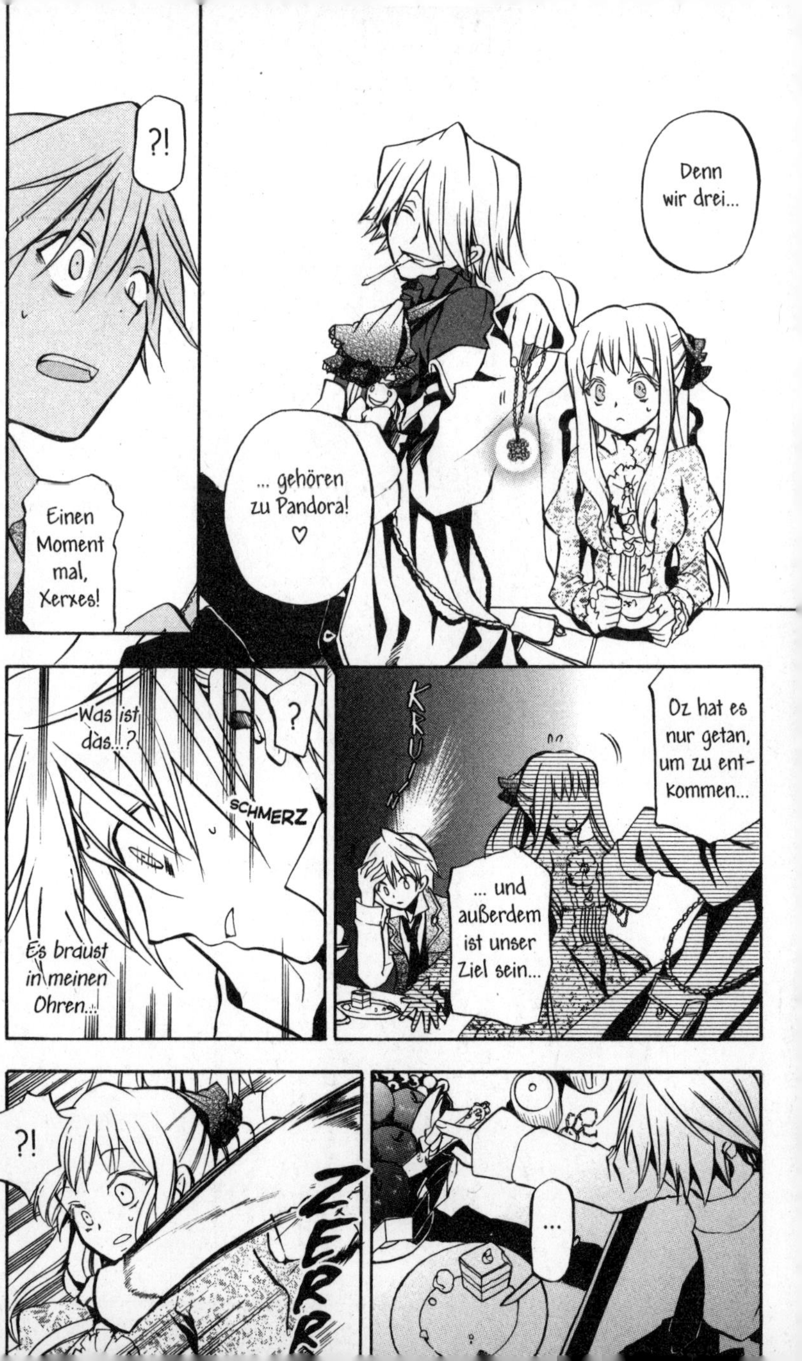
Denn wir drei...
... gehören zu Pandora! ♡
?!
Einen Moment mal, Xerxes!
Oz hat es nur getan, um zu entkommen...
... und außerdem ist unser Ziel sein...
KRUMM
?
Was ist das...?
SCHMERZ
Es braust in meinen Ohren...!
...
ZERR
?!

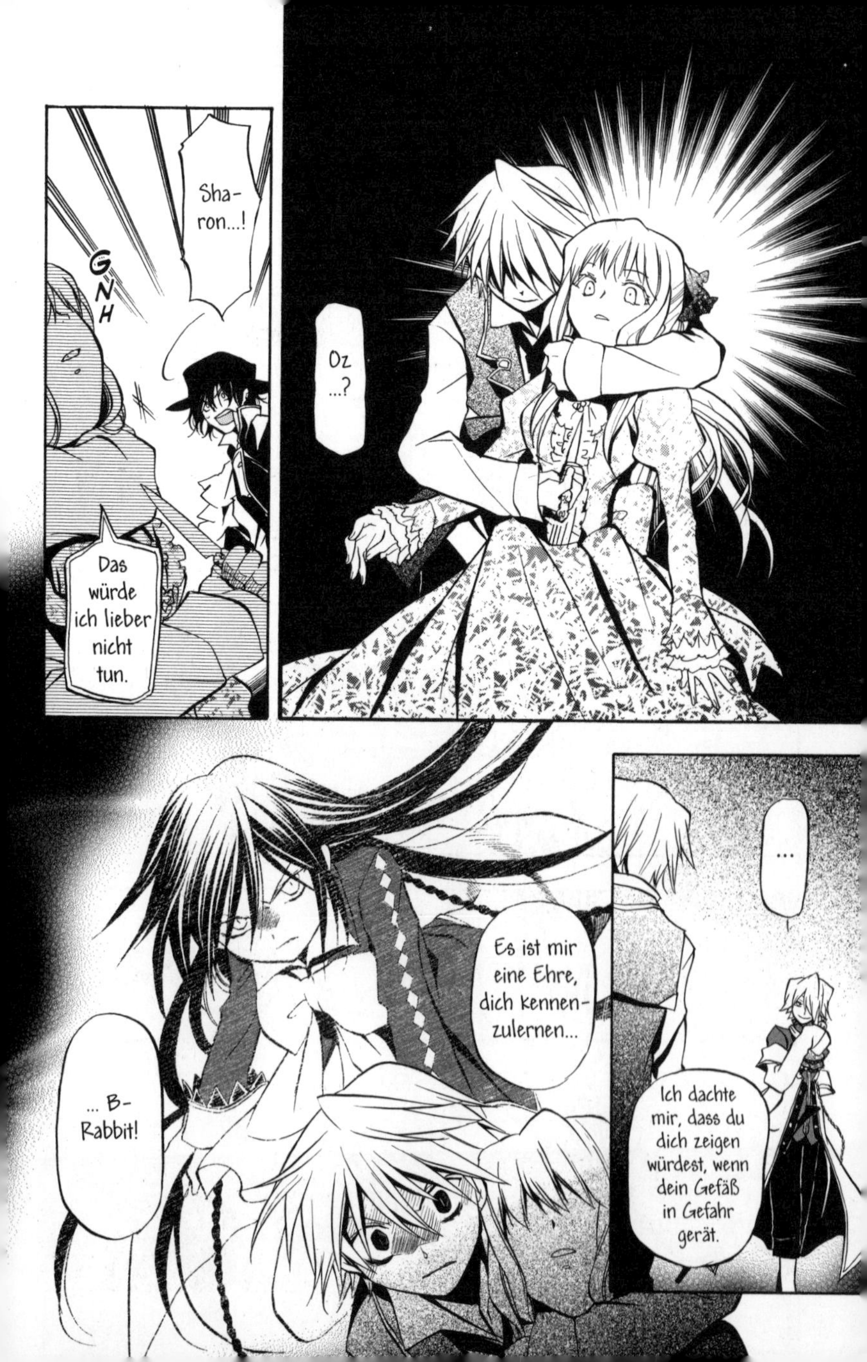
Oz
...?
Sha-
ron...!
GNH
Das
würde
ich lieber
nicht
tun.
...
Ich dachte
mir, dass du
dich zeigen
würdest, wenn
dein Gefäß
in Gefahr
gerät.
Es ist mir
eine Ehre,
dich kennen-
zulernen...
... B-
Rabbit!

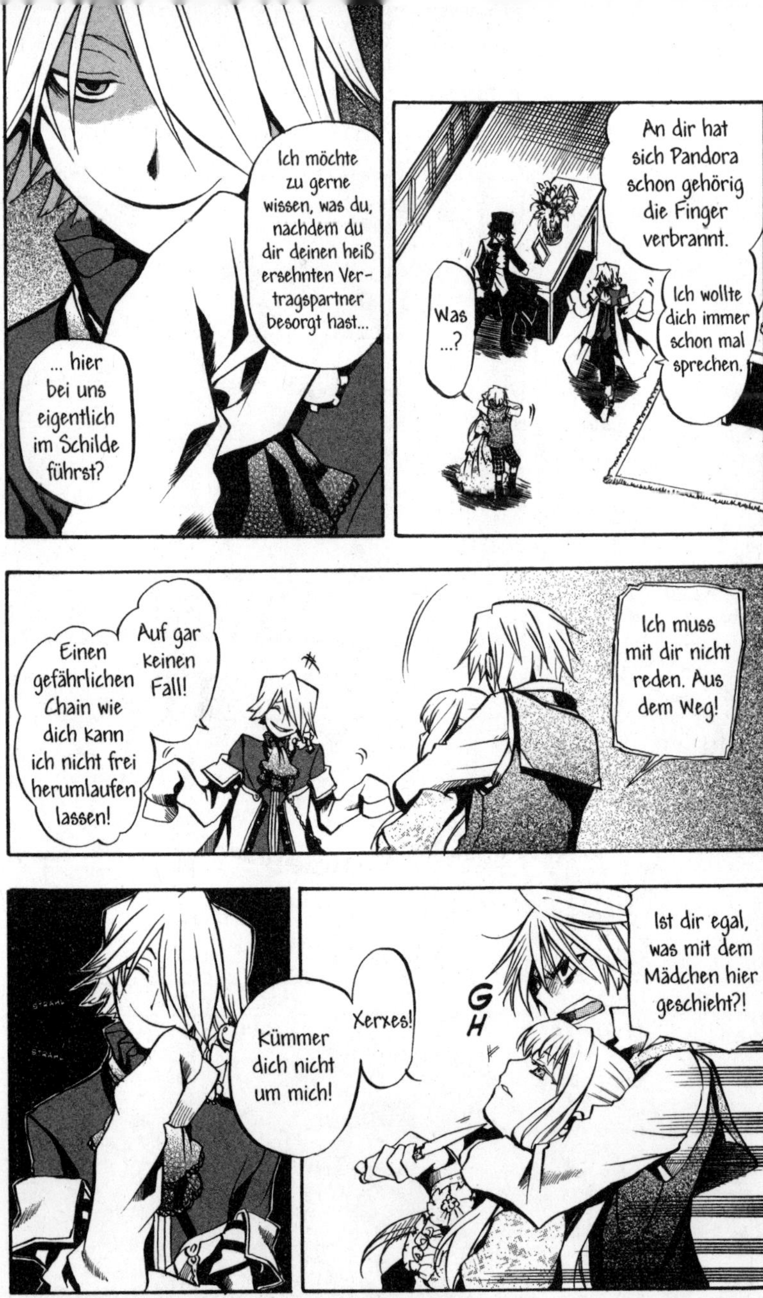

An dir hat sich Pandora schon gehörig die Finger verbrannt.
Ich wollte dich immer schon mal sprechen.
Was ...?
Ich möchte zu gerne wissen, was du, nachdem du dir deinen heiß ersehnten Vertragspartner besorgt hast...
... hier bei uns eigentlich im Schilde führst?
Ich muss mit dir nicht reden. Aus dem Weg!
Auf gar keinen Fall!
Einen gefährlichen Chain wie dich kann ich nicht frei herumlaufen lassen!
Ist dir egal, was mit dem Mädchen hier geschieht?!
GH
Xerxes!
Kümmer dich nicht um mich!

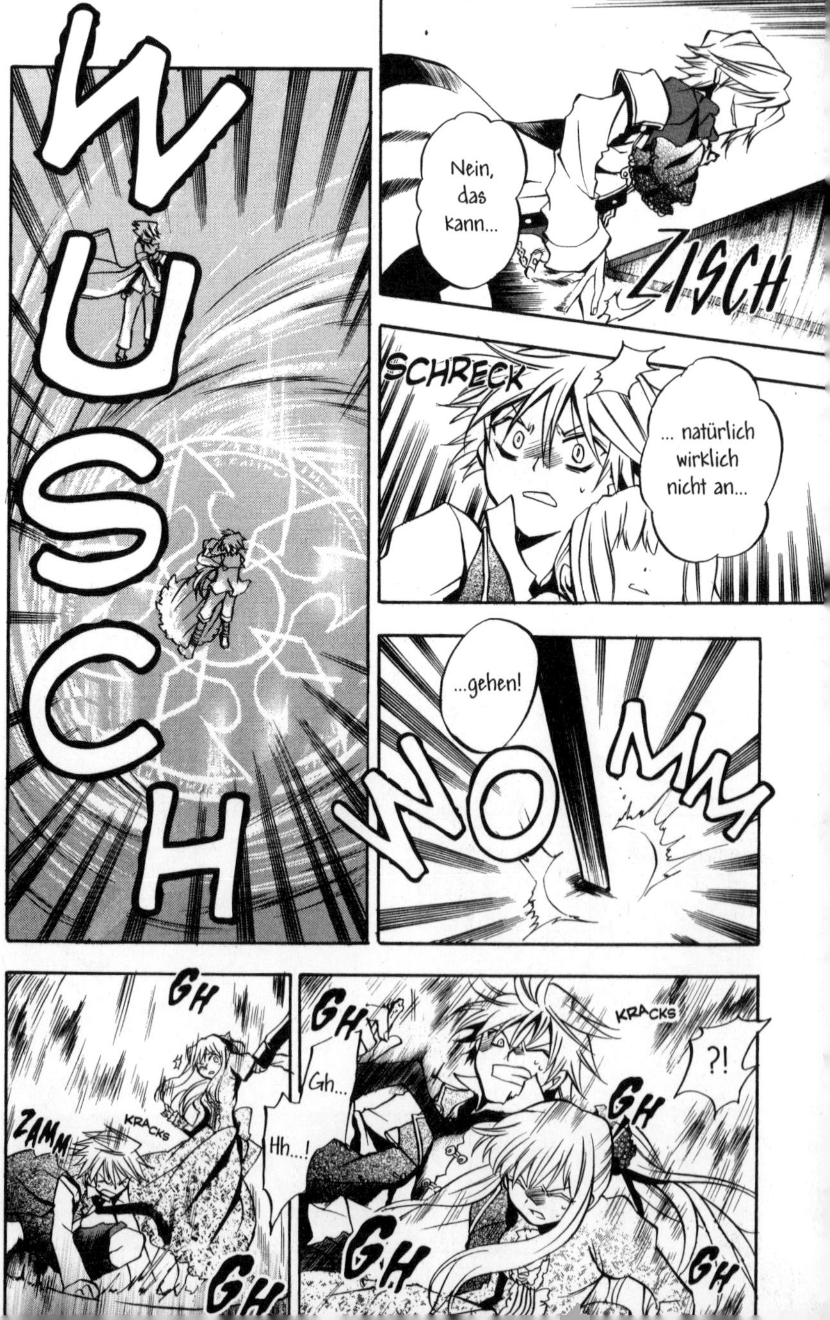
Nein, das kann...
ZISCH
SCHRECK
... natürlich wirklich nicht an...
WUSCH
...gehen!
WOMM
KRACKS
?!
GH
GH
Gh...
GH
GH
Hh...!
KRACKS
ZAMM
GH
GH

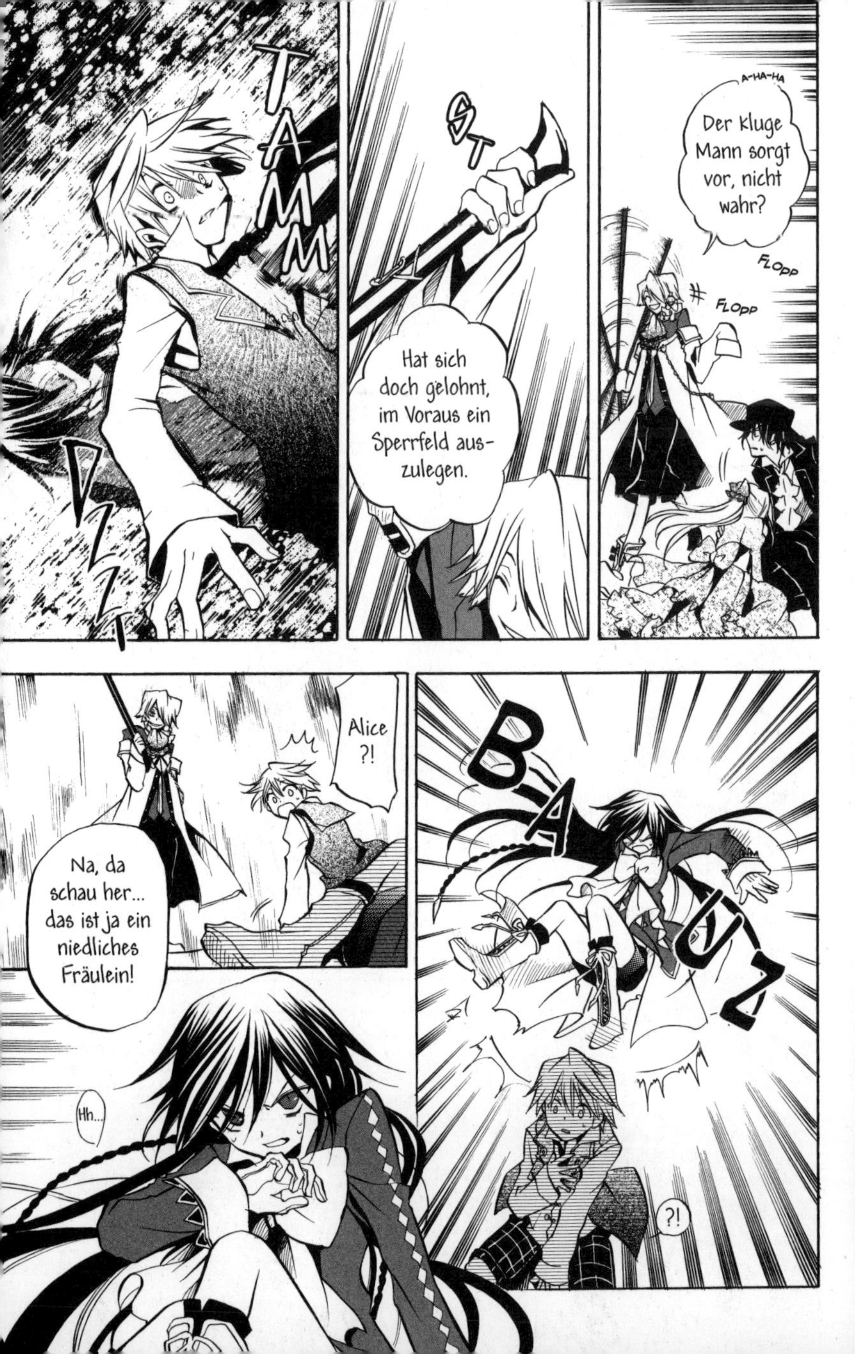
A-HA-HA
Der kluge Mann sorgt vor, nicht wahr?
FLOPP
FLOPP
ST
Hat sich doch gelohnt, im Voraus ein Sperrfeld aus-zulegen.
TAMM
D
BAUZ
Alice ?!
Na, da schau her... das ist ja ein niedliches Fräulein!
Hh...
?!

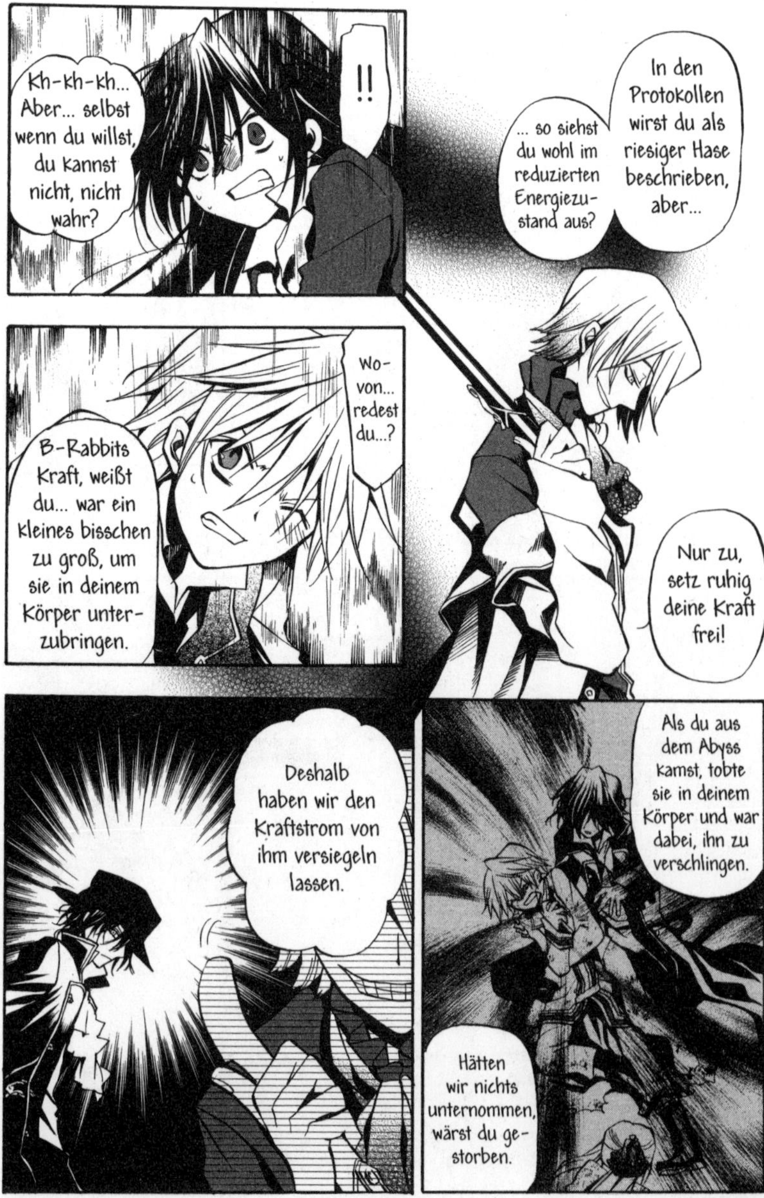
In den Protokollen wirst du als riesiger Hase beschrieben, aber...
... so siehst du wohl im reduzierten Energiezustand aus?
!!
Kh-kh-kh... Aber... selbst wenn du willst, du kannst nicht, nicht wahr?
Nur zu, setz ruhig deine Kraft frei!
Wo- von... redest du...?
B-Rabbits Kraft, weißt du... war ein kleines bisschen zu groß, um sie in deinem Körper unter- zubringen.
Als du aus dem Abyss kamst, tobte sie in deinem Körper und war dabei, ihn zu verschlingen.
Hätten wir nichts unternommen, wärst du ge- storben.
Deshalb haben wir den Kraftstrom von ihm versiegeln lassen.

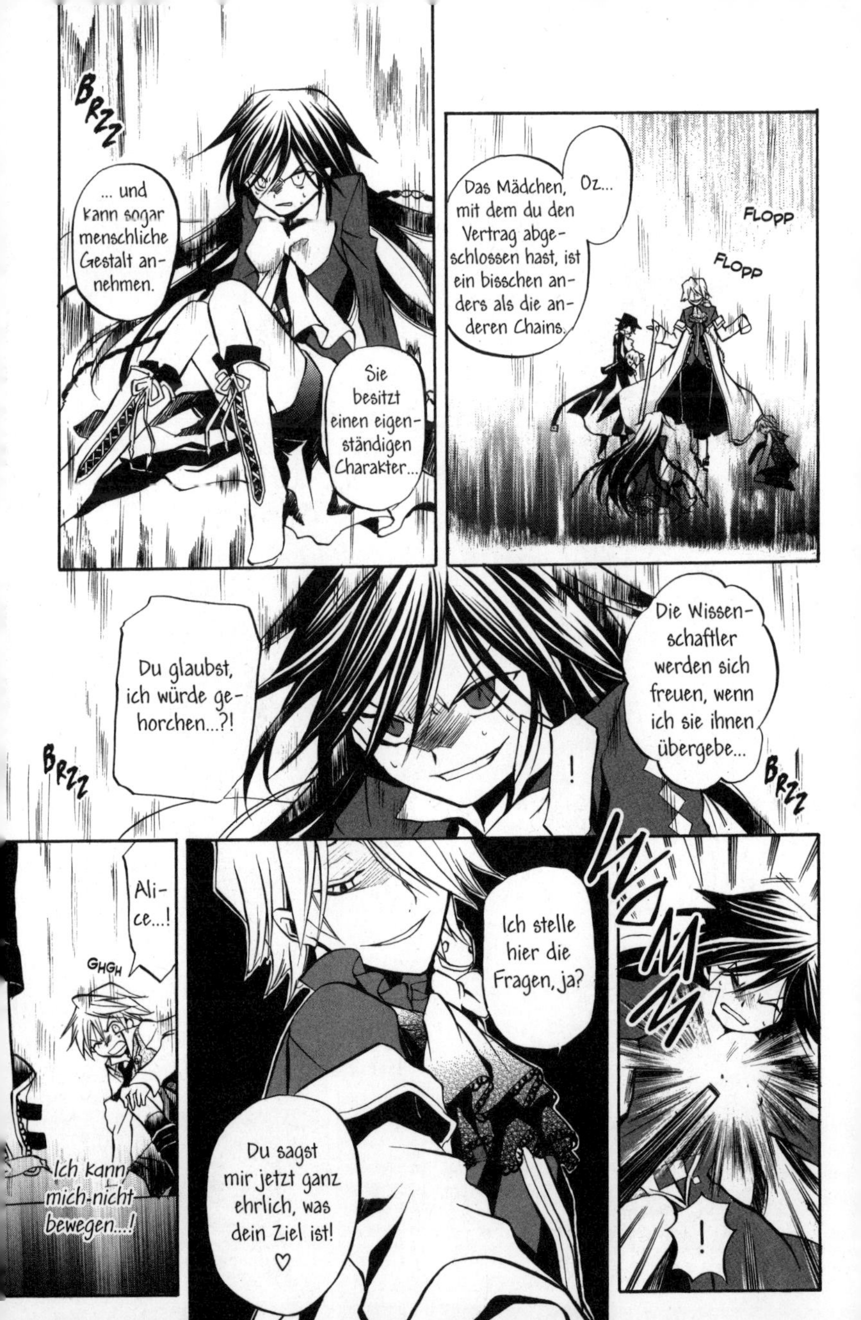
Das Mädchen, Oz... mit dem du den Vertrag abgeschlossen hast, ist ein bisschen anders als die anderen Chains.
FLOPP
FLOPP
Sie besitzt einen eigenständigen Charakter...
... und kann sogar menschliche Gestalt annehmen.
BRZZ
Die Wissenschaftler werden sich freuen, wenn ich sie ihnen übergebe...
BRZZ
!
Du glaubst, ich würde gehorchen...?!
BRZZ
WOMM
!
Ich stelle hier die Fragen, ja?
Du sagst mir jetzt ganz ehrlich, was dein Ziel ist! ♡
Alice...!
GHGH
Ich kann mich nicht bewegen...!

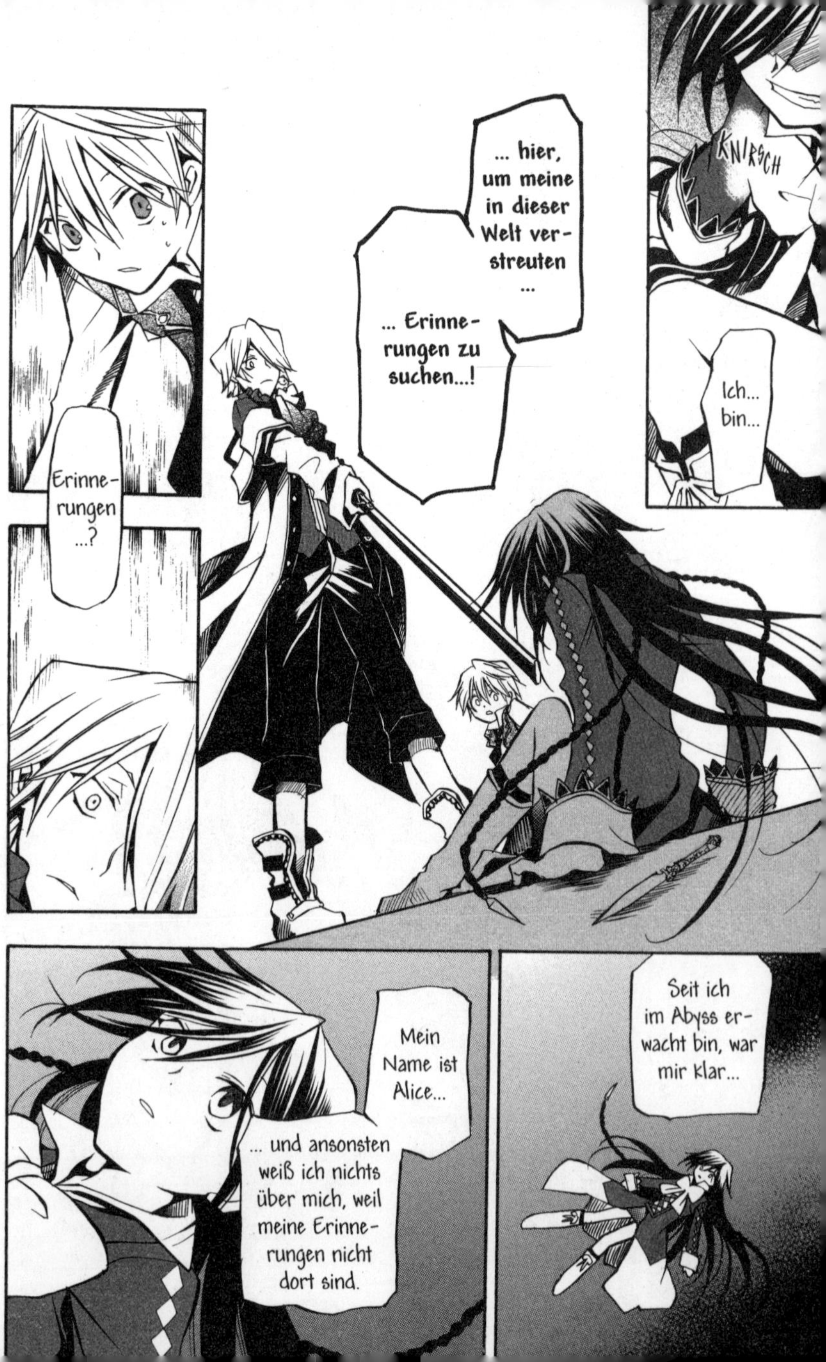
KNIRSCH
Ich... bin...
... hier, um meine in dieser Welt verstreuten ...
... Erinnerungen zu suchen...!
Erinnerungen ...?
Seit ich im Abyss erwacht bin, war mir klar...
Mein Name ist Alice...
... und ansonsten weiß ich nichts über mich, weil meine Erinnerungen nicht dort sind.

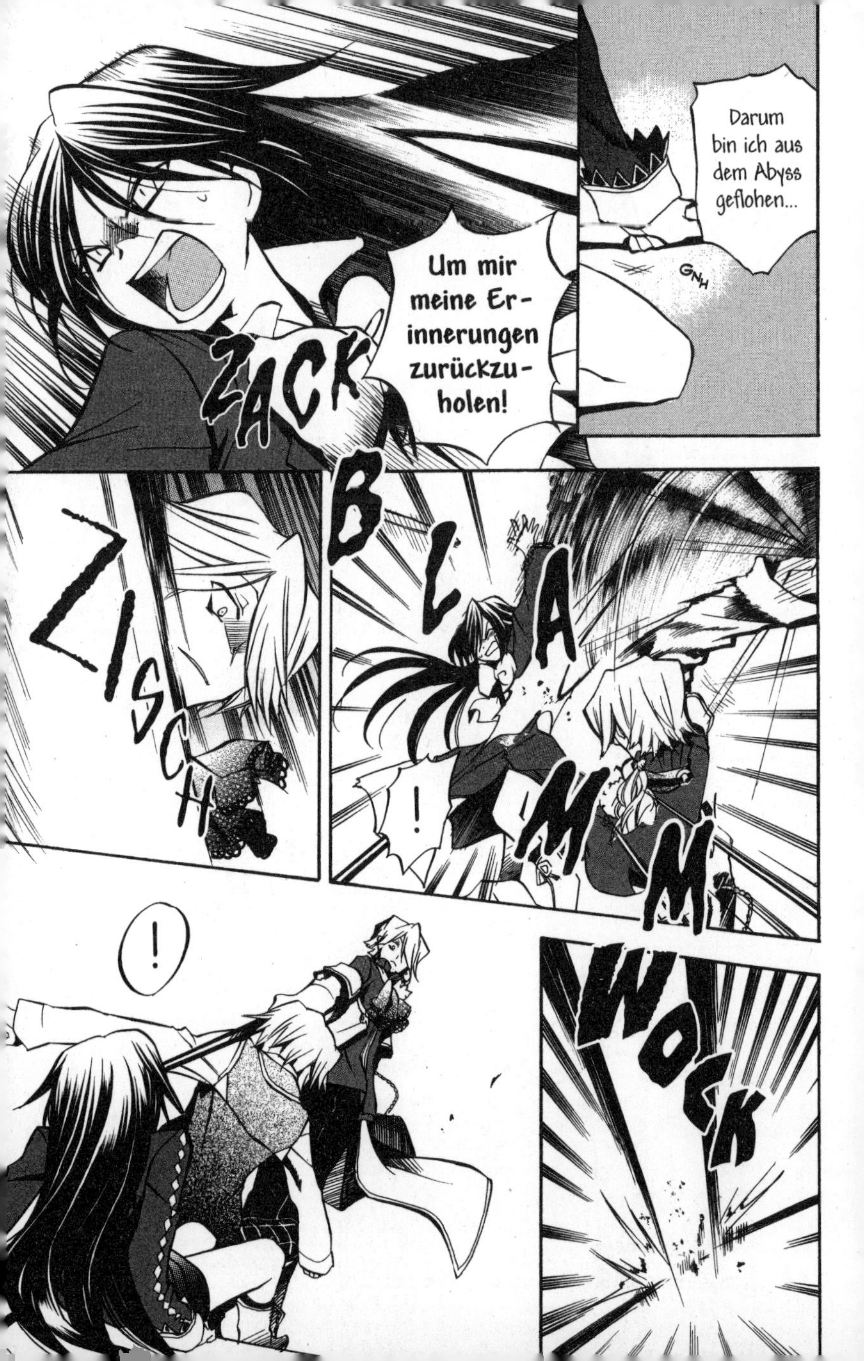
Darum bin ich aus dem Abyss geflohen...
GNH
Um mir meine Erinnerungen zurückzuholen!
ZACK
BLAMM
!
ZISCH
!
WOCK

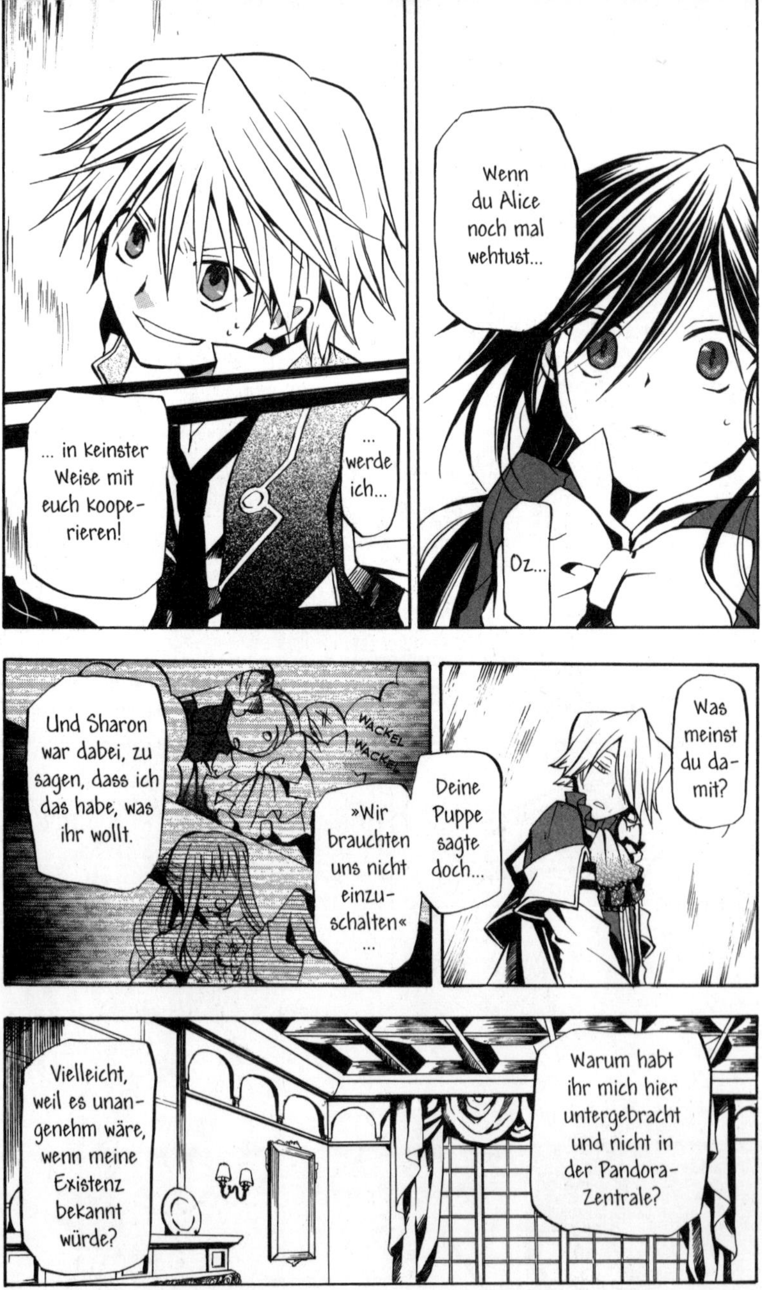
Wenn du Alice noch mal wehtust...
Oz...
... werde ich...
... in keinster Weise mit euch kooperieren!
Was meinst du damit?
Deine Puppe sagte doch...
»Wir brauchten uns nicht einzuschalten« ...
Und Sharon war dabei, zu sagen, dass ich das habe, was ihr wollt.
WACKEL WACKEL
Warum habt ihr mich hier untergebracht und nicht in der Pandora-Zentrale?
Vielleicht, weil es unangenehm wäre, wenn meine Existenz bekannt würde?

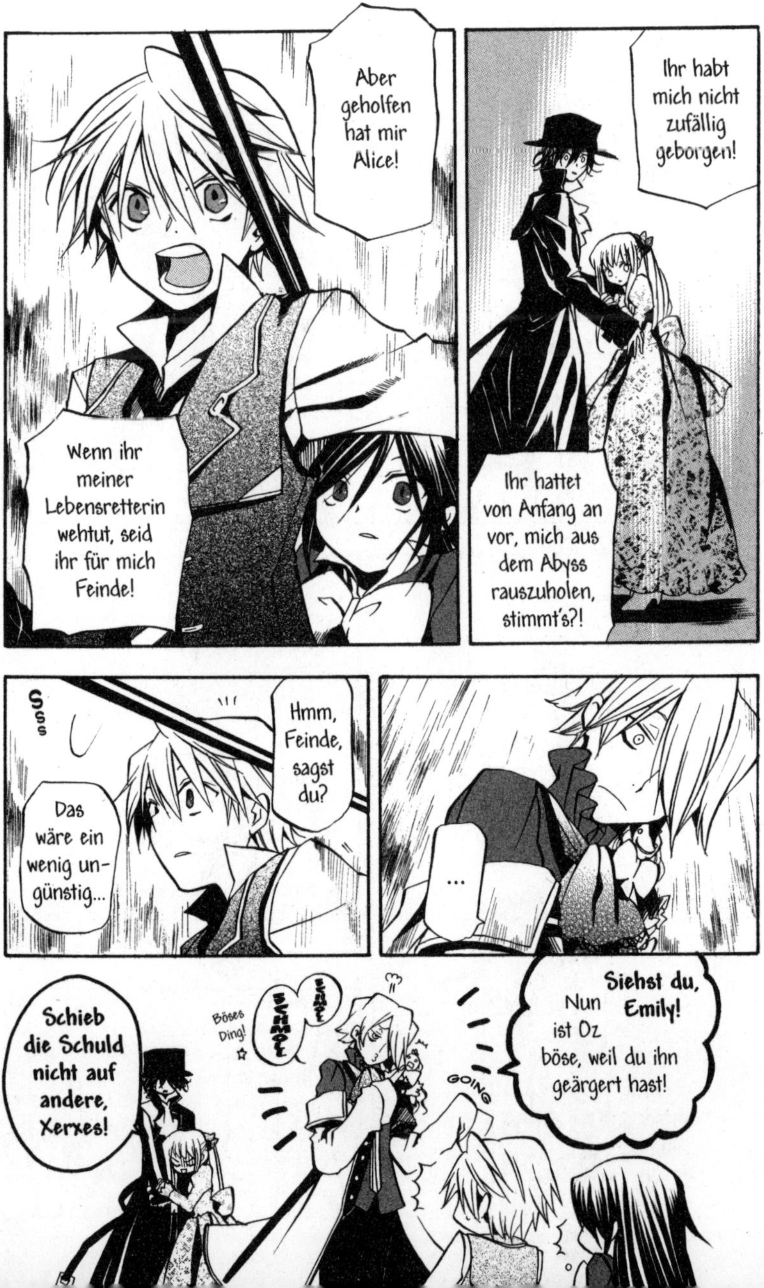
Ihr habt mich nicht zufällig geborgen!
Ihr hattet von Anfang an vor, mich aus dem Abyss rauszuholen, stimmt's?!
Aber geholfen hat mir Alice!
Wenn ihr meiner Lebensretterin wehtut, seid ihr für mich Feinde!
...
Hmm, Feinde, sagst du?
Sss
Das wäre ein wenig un-günstig...
Siehst du, Emily!
Nun ist Oz böse, weil du ihn geärgert hast!
GOING
SCHMOLL
SCHMOLL
Böses Ding!
Schieb die Schuld nicht auf andere, Xerxes!

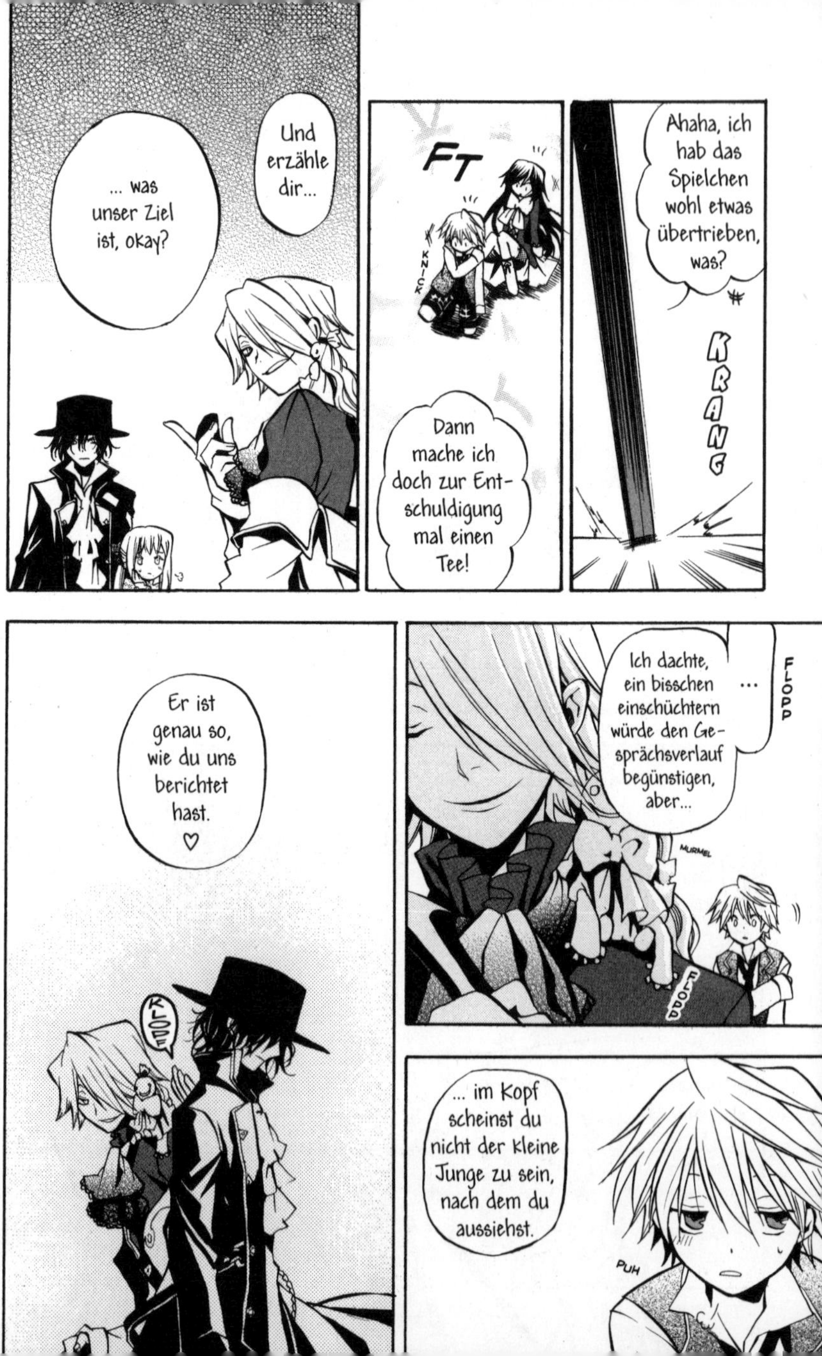
Ahaha, ich hab das Spielchen wohl etwas übertrieben, was?
KRANG
FT
KNICK
Dann mache ich doch zur Entschuldigung mal einen Tee!
Und erzähle dir...
... was unser Ziel ist, okay?
FLOPP
Ich dachte, ein bisschen einschüchtern würde den Gesprächsverlauf begünstigen, aber...
...
MURMEL
FLOPP
Er ist genau so, wie du uns berichtet hast. ♡
KLOPF
... im Kopf scheinst du nicht der kleine Junge zu sein, nach dem du aussiehst.
PUH

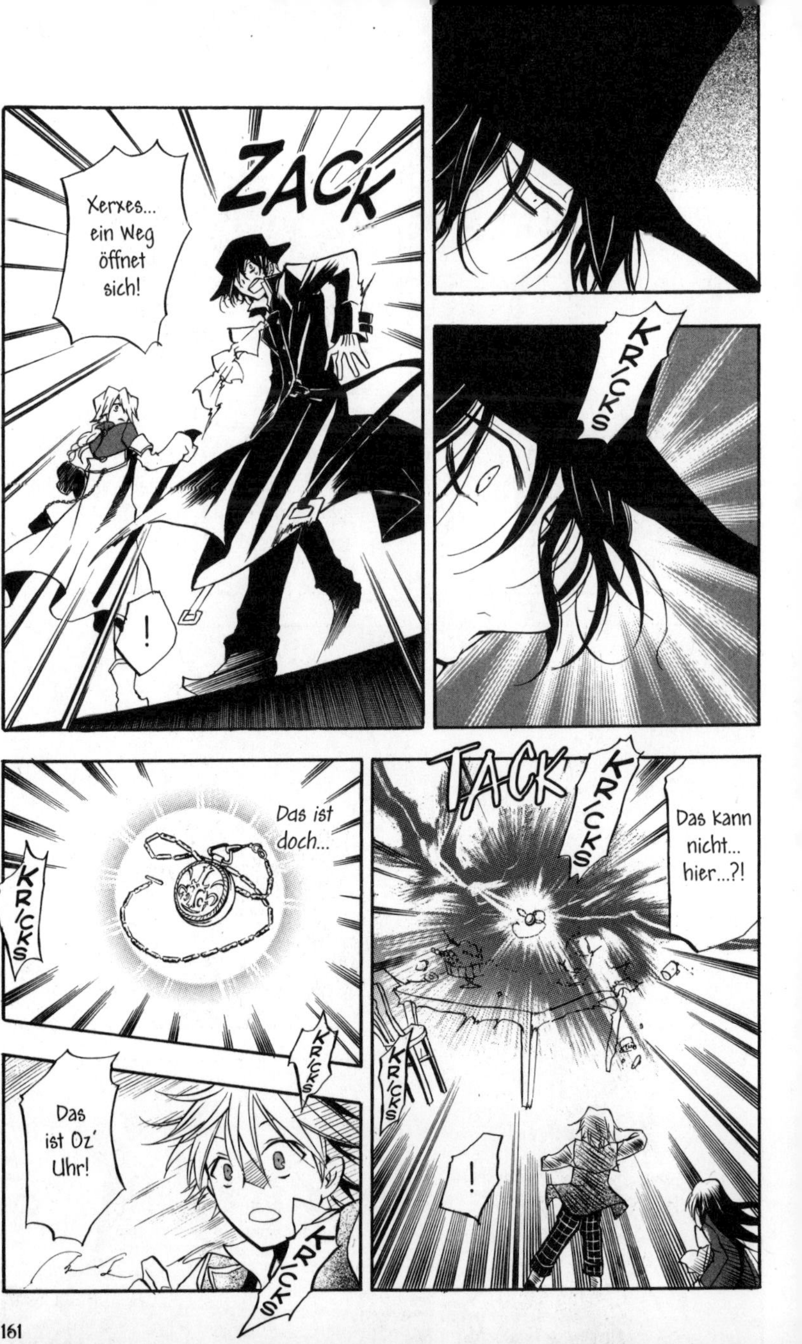
KR/CKS
ZACK
Xerxes... ein Weg öffnet sich!
!
TACK
KR/CKS
Das kann nicht... hier...?!
KR/CKS
!
Das ist doch...
KR/CKS
KR/CKS
Das ist Oz' Uhr!
KR/CKS

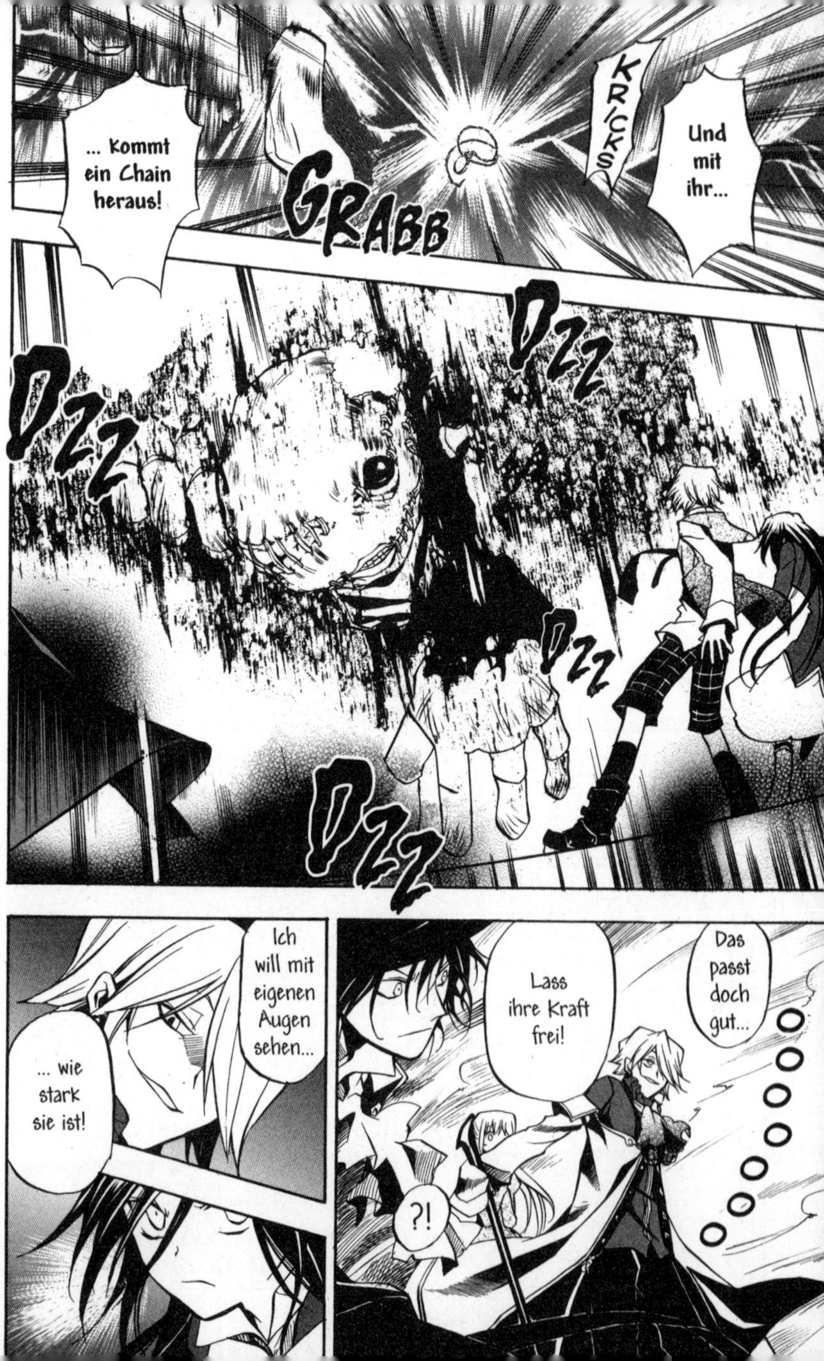
Und mit ihr...
KRICKS
GRABB
... kommt ein Chain heraus!
DZZ
DZZ
DZZ
DZZ
Das passt doch gut...
Lass ihre Kraft frei!
?!
OOOOOOOOO
Ich will mit eigenen Augen sehen...
... wie stark sie ist!

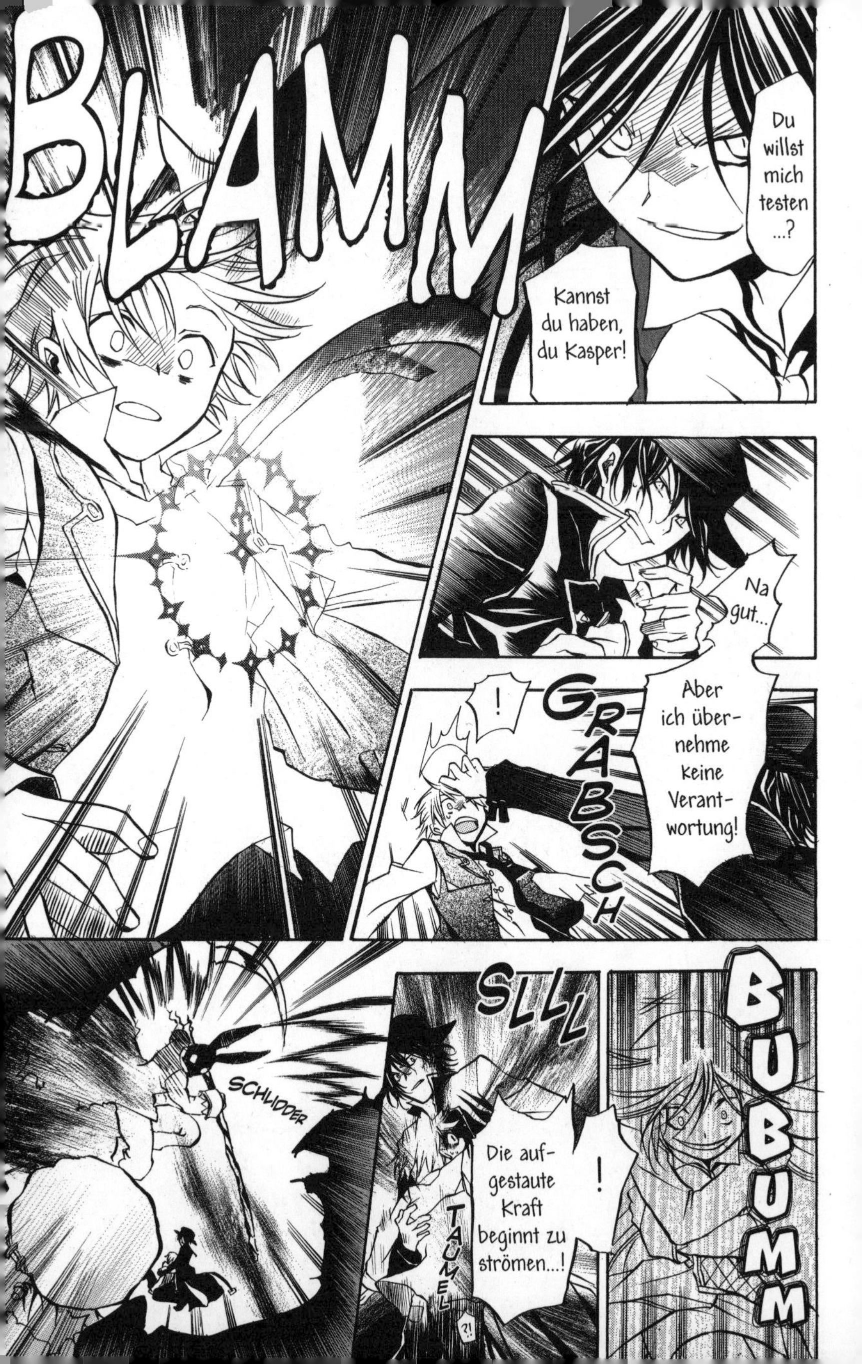
Du willst mich testen ...?
Kannst du haben, du Kasper!
BLAMM
Na gut...
Aber ich über-nehme keine Verant-wortung!
GRABSCH
!
BUBUMM
SLLL
!
Die auf-gestaute Kraft beginnt zu strömen...!
TAUMEL
?!
SCHLIDDER

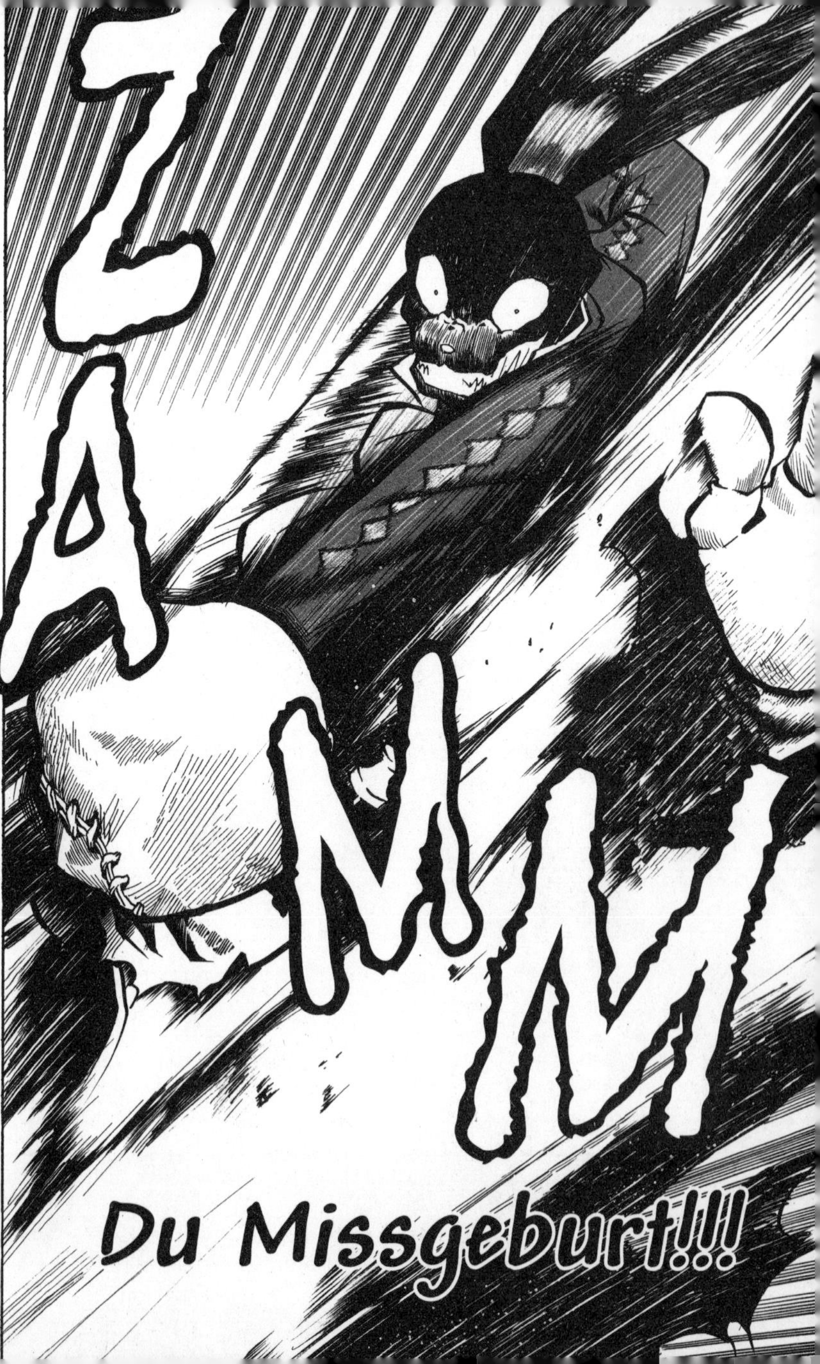
ZAMM
Du Missgeburt!!!

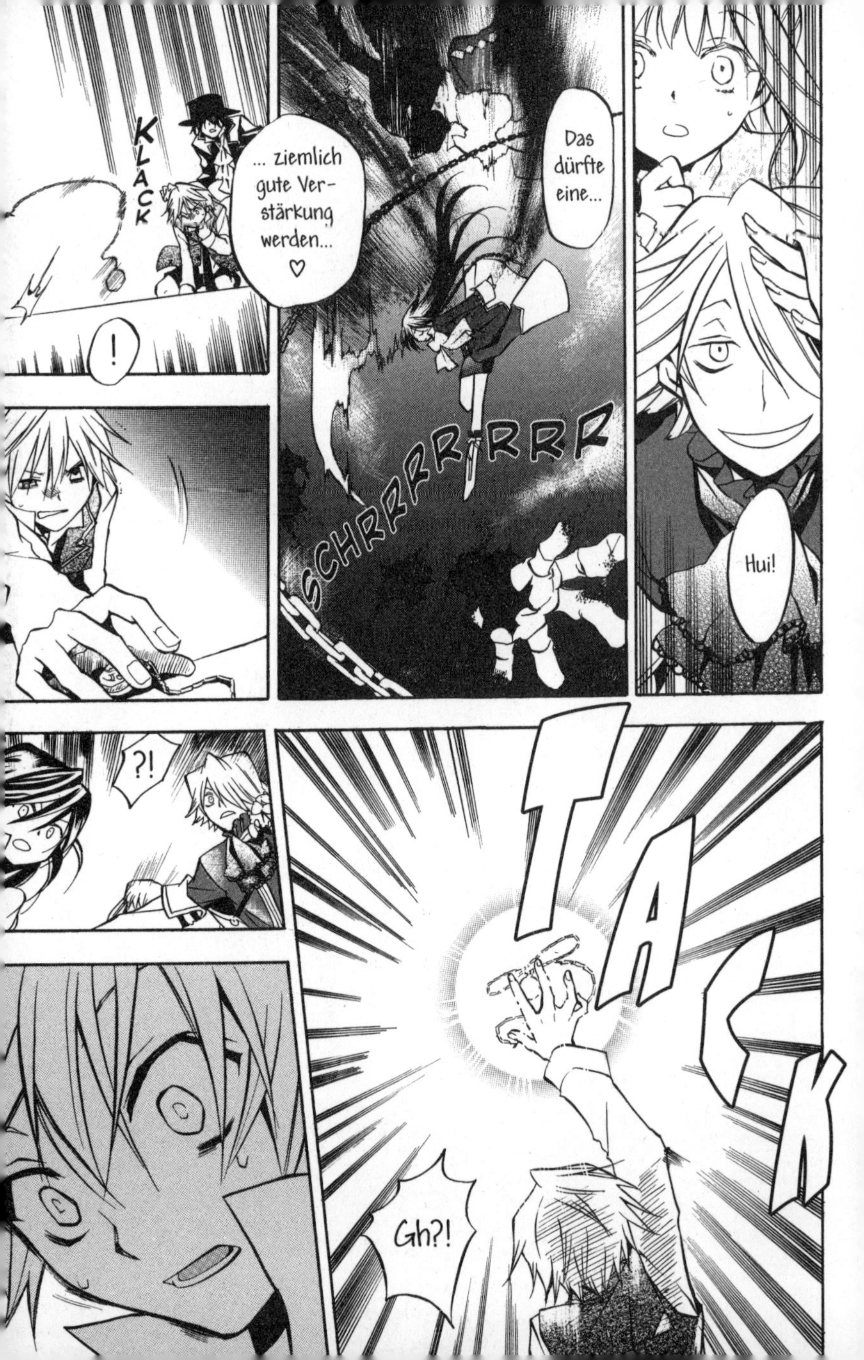
Das dürfte eine...
... ziemlich gute Verstärkung werden... ♡
KLACK
!
SCHRRRRRRRR
Hui!
?!
TACK
Gh?!

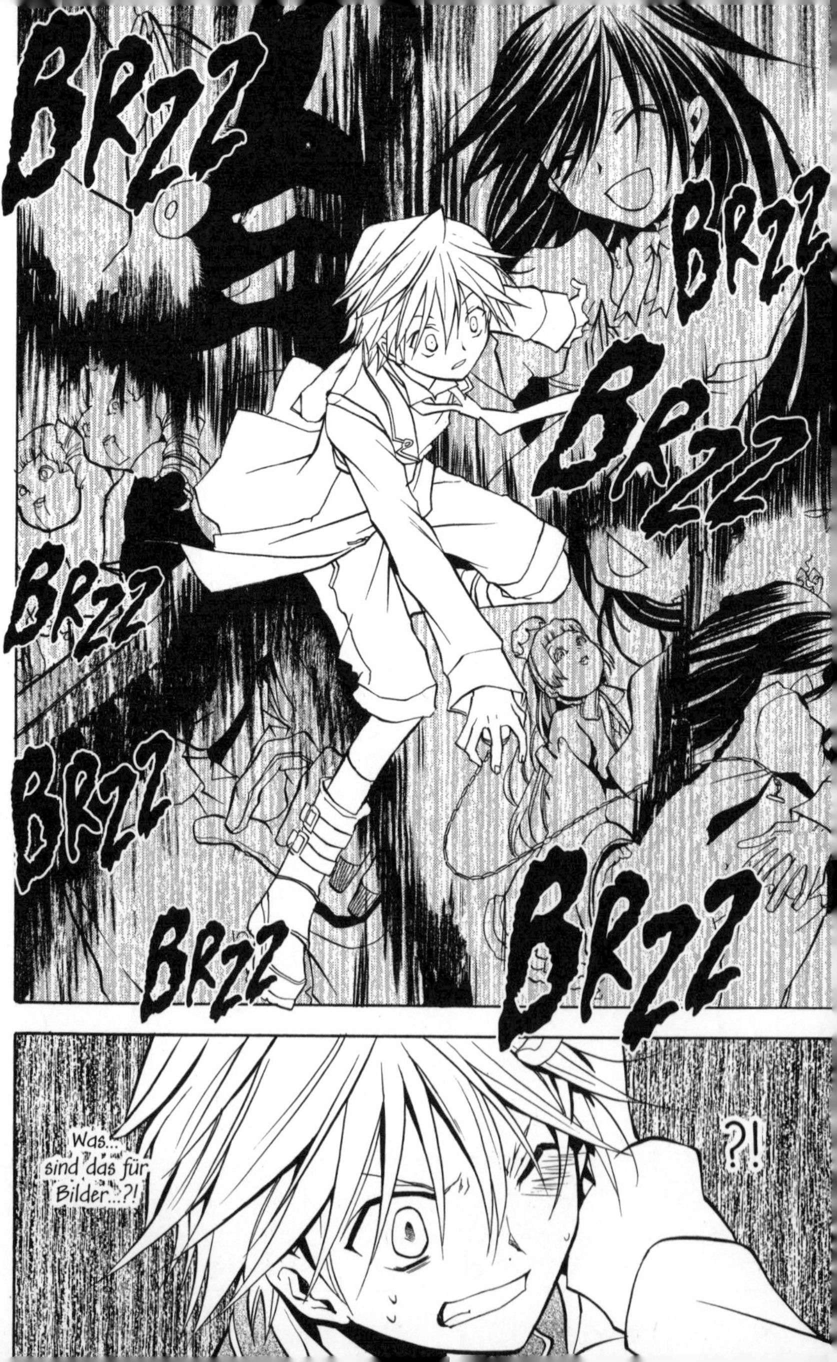
BRZZ
BRZZ
BRZZ
BRZZ
BRZZ
BRZZ
BRZZ
?!
Was... sind das für Bilder...?!

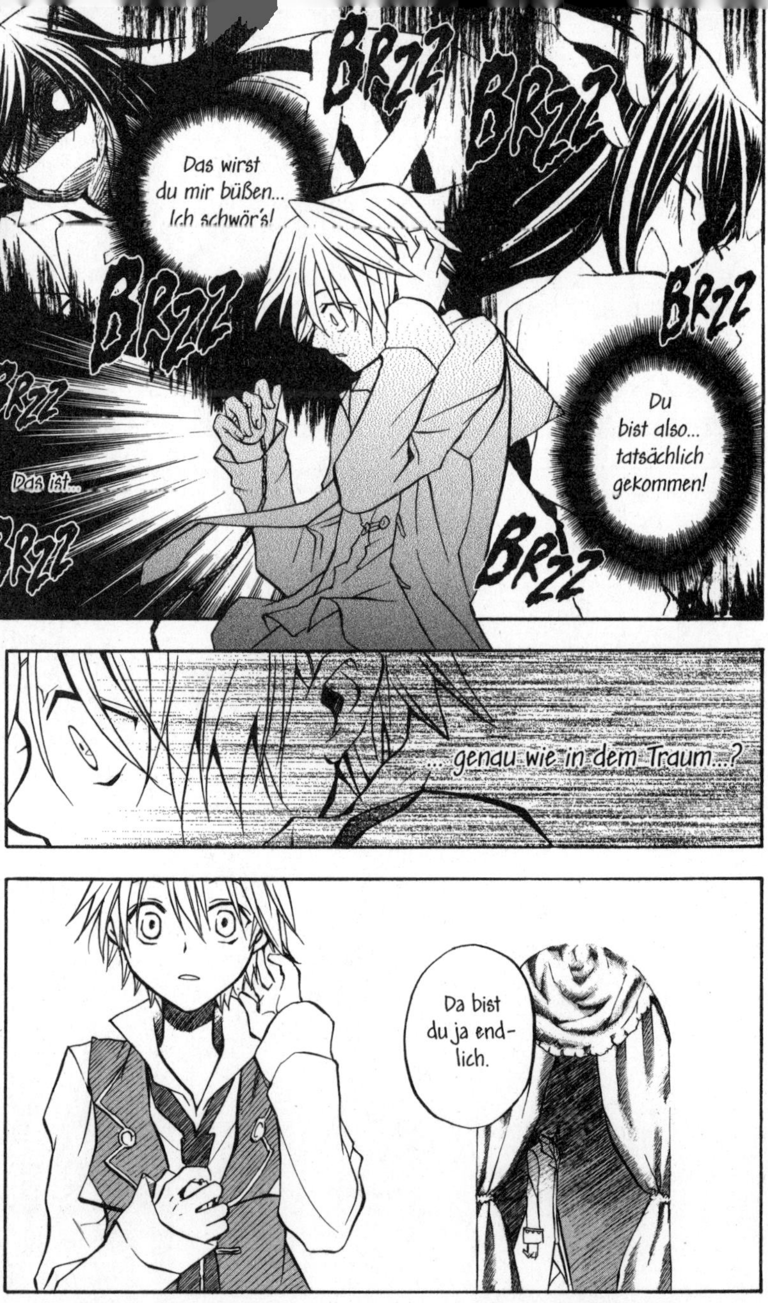
BRZZ
Du bist also... tatsächlich gekommen!
BRZZ
BRZZ
Das wirst du mir büßen... Ich schwör's!
BRZZ
BRZZ
BRZZ
Das ist...
BRZZ
... genau wie in dem Traum...?
Da bist du ja endlich.

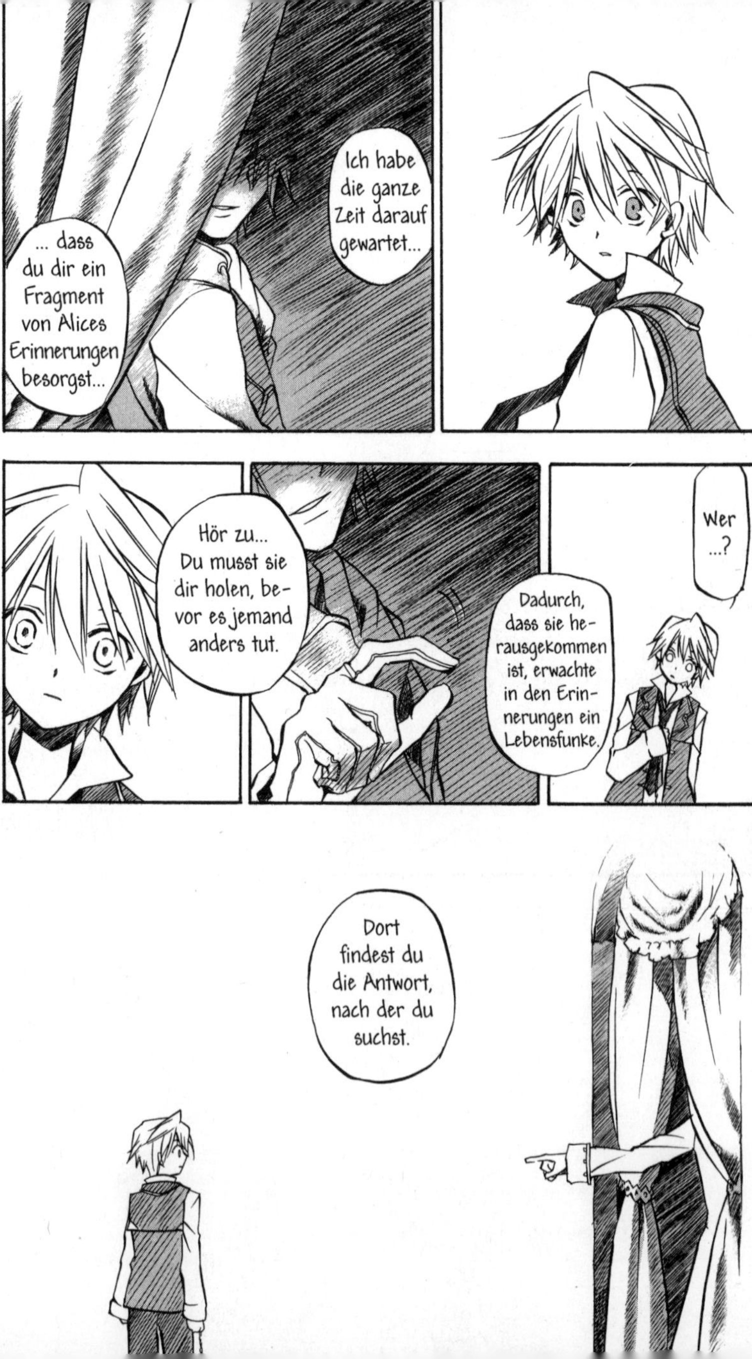
Ich habe die ganze Zeit darauf gewartet...
... dass du dir ein Fragment von Alices Erinnerungen besorgst...
Wer ...?
Dadurch, dass sie herausgekommen ist, erwachte in den Erinnerungen ein Lebensfunke.
Hör zu... Du musst sie dir holen, bevor es jemand anders tut.
Dort findest du die Antwort, nach der du suchst.

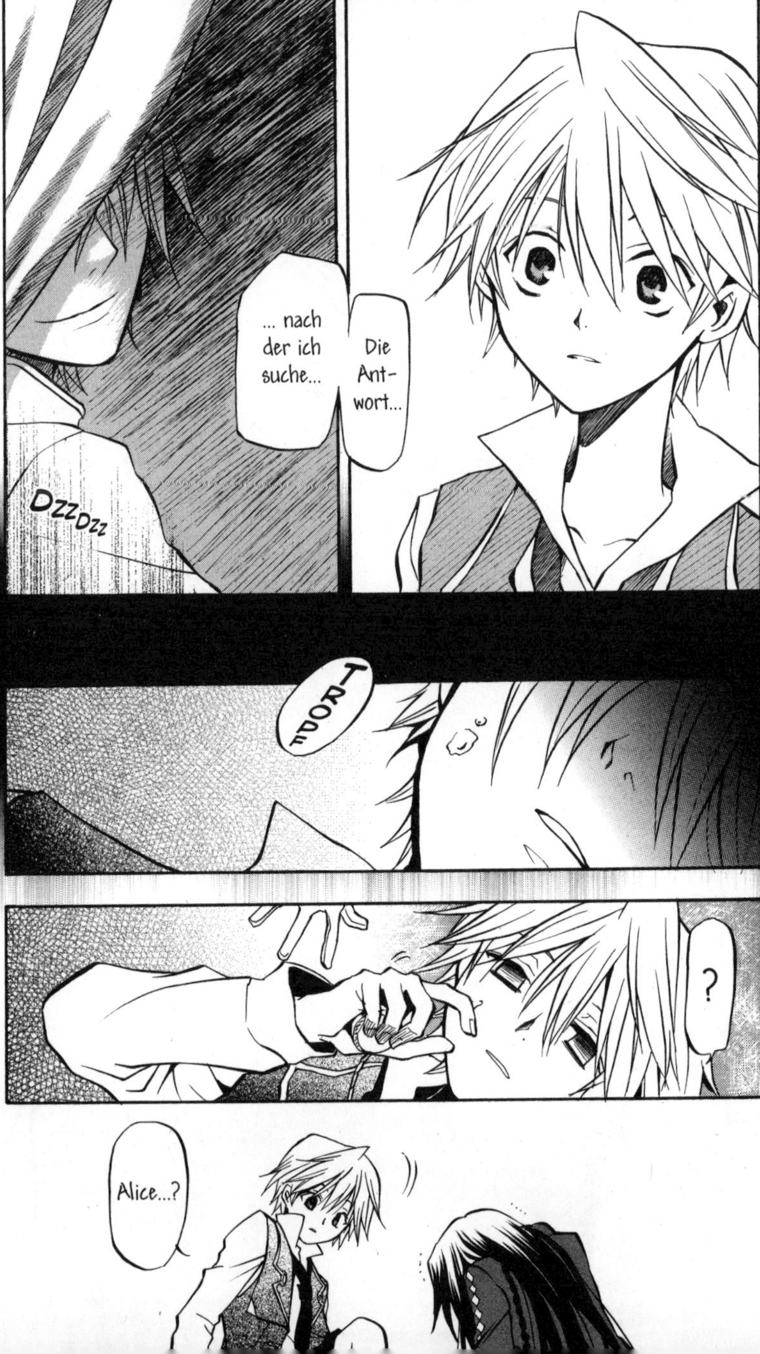
Die Antwort...
... nach der ich suche...
Dzzz Dzz
TROPF
?
Alice...?

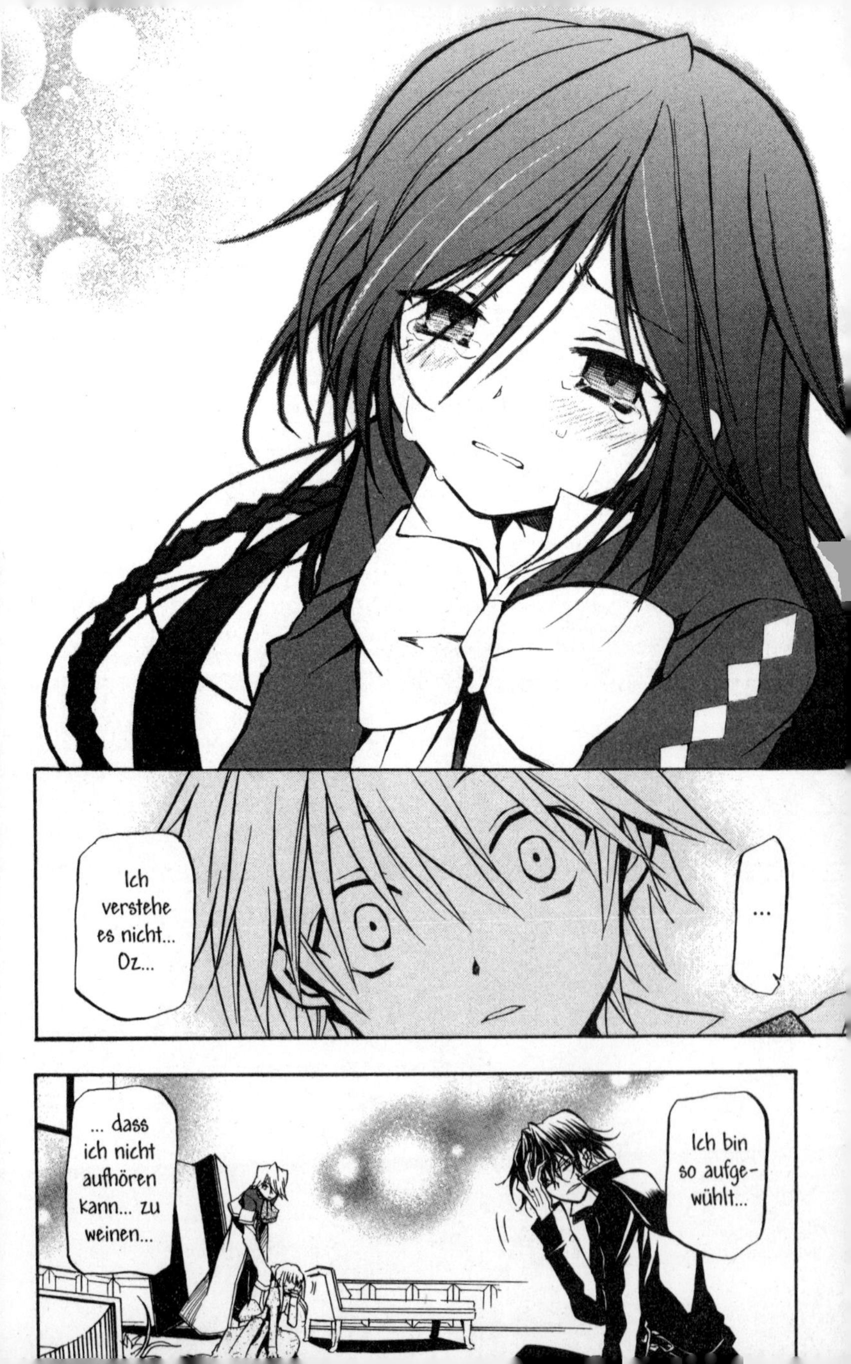
...
Ich verstehe es nicht... Oz...
Ich bin so aufge-wühlt...
... dass ich nicht aufhören kann... zu weinen...

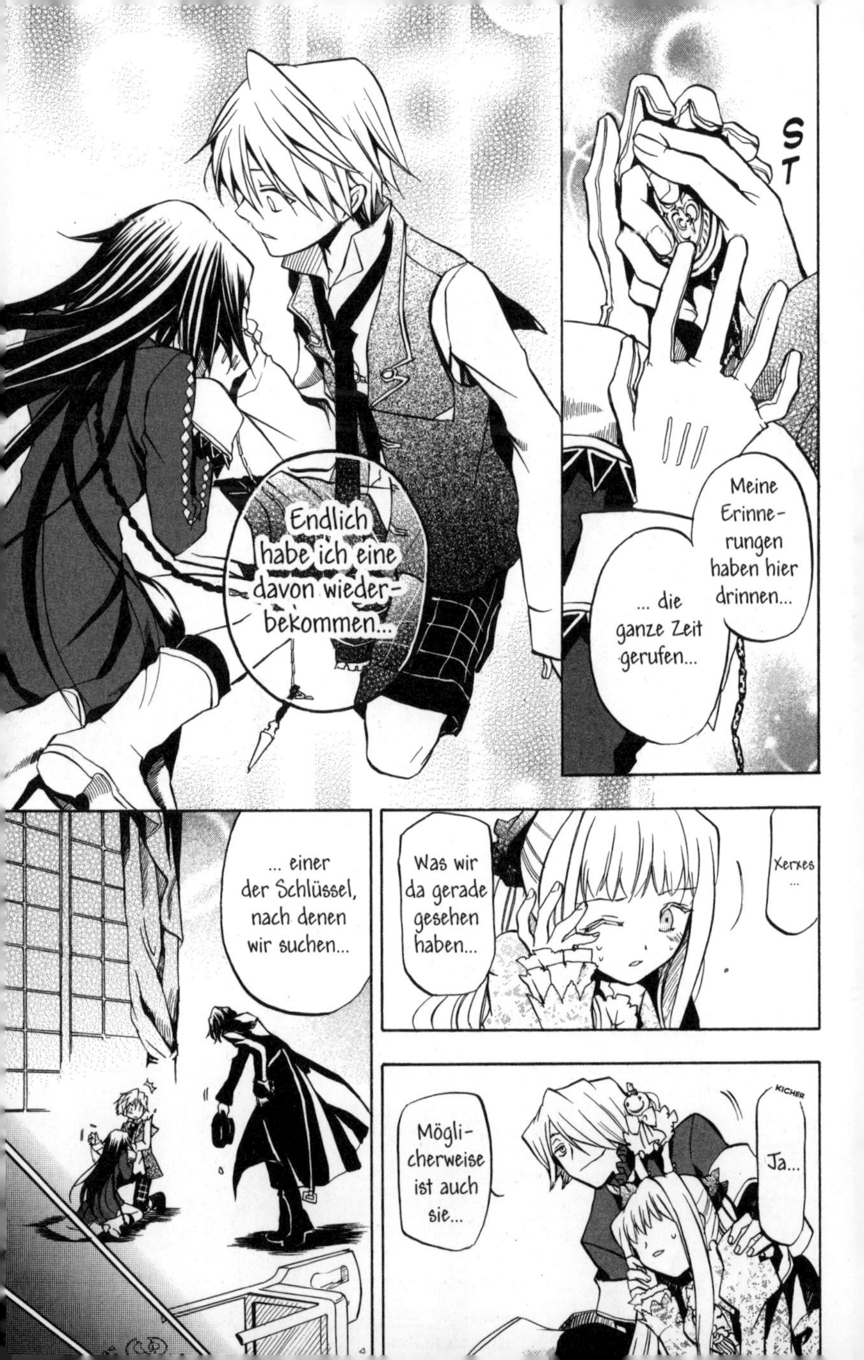
ST
Meine Erinne-rungen haben hier drinnen...
... die ganze Zeit gerufen...
Endlich habe ich eine davon wieder-bekommen...
Xerxes ...
Was wir da gerade gesehen haben...
... einer der Schlüssel, nach denen wir suchen...
KICHER
Ja...
Mögli-cherweise ist auch sie...

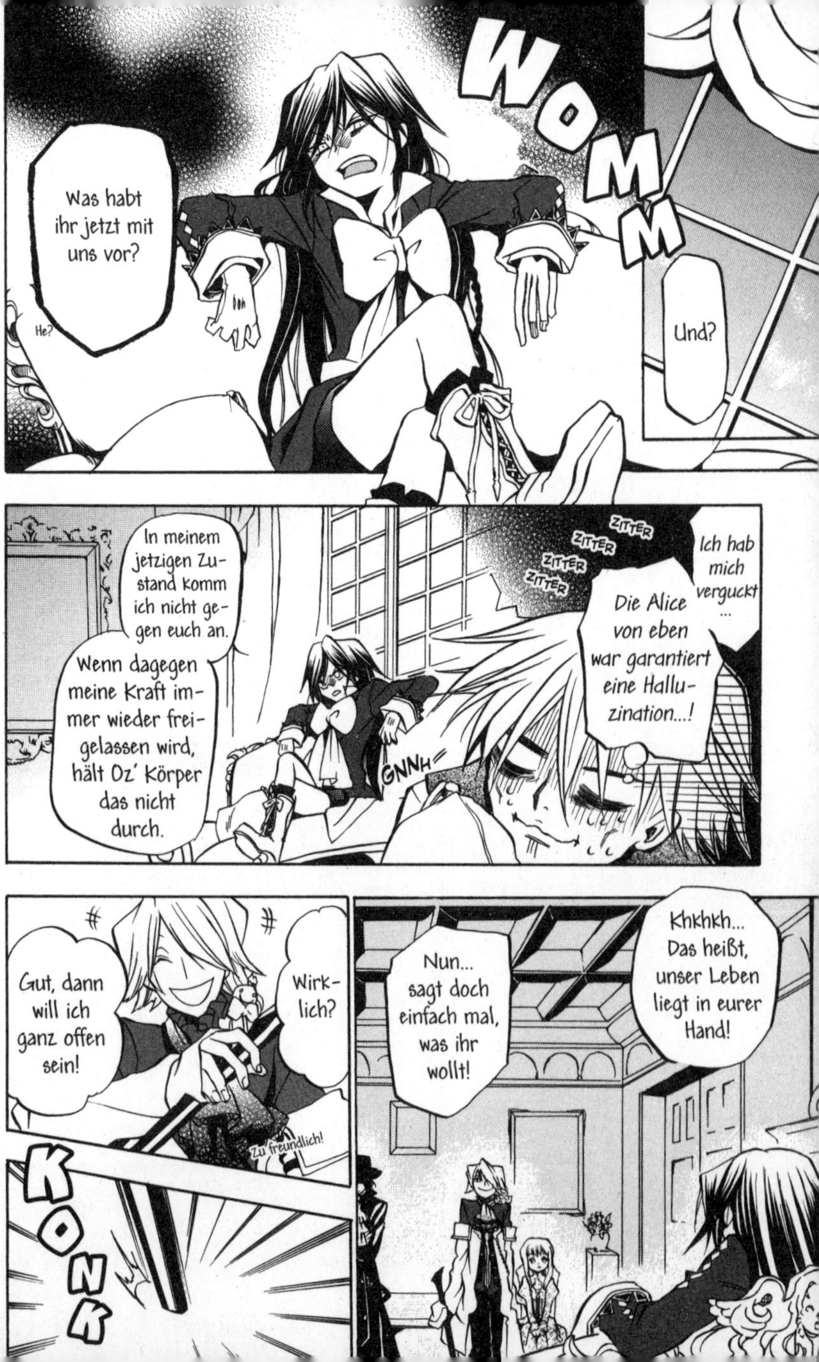
WOMM
Und?
Was habt ihr jetzt mit uns vor?
He?
Ich hab mich verguckt ...
Die Alice von eben war garantiert eine Halluzination...!
ZITTER ZITTER ZITTER ZITTER
GNNH
In meinem jetzigen Zustand komm ich nicht gegen euch an.
Wenn dagegen meine Kraft immer wieder freigelassen wird, hält Oz' Körper das nicht durch.
Khkhkh... Das heißt, unser Leben liegt in eurer Hand!
Nun... sagt doch einfach mal, was ihr wollt!
Wirklich?
Gut, dann will ich ganz offen sein!
Zu freundlich!
KONK

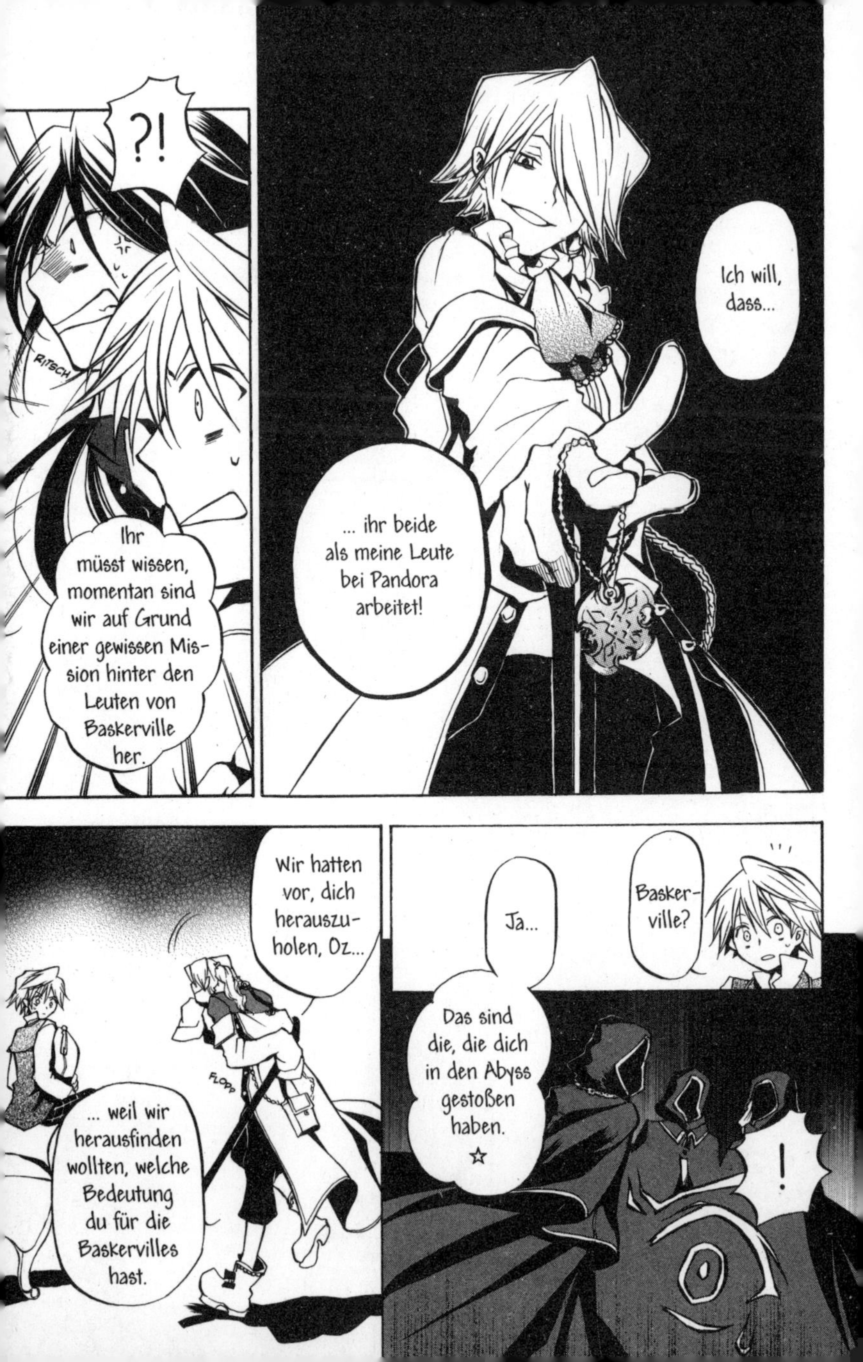
Ich will, dass...
... ihr beide als meine Leute bei Pandora arbeitet!
?!
RITSCH
Ihr müsst wissen, momentan sind wir auf Grund einer gewissen Mission hinter den Leuten von Baskerville her.
Baskerville?
Ja...
Wir hatten vor, dich herauszuholen, Oz...
FLOPP
... weil wir herausfinden wollten, welche Bedeutung du für die Baskervilles hast.
Das sind die, die dich in den Abyss gestoßen haben. ☆
!

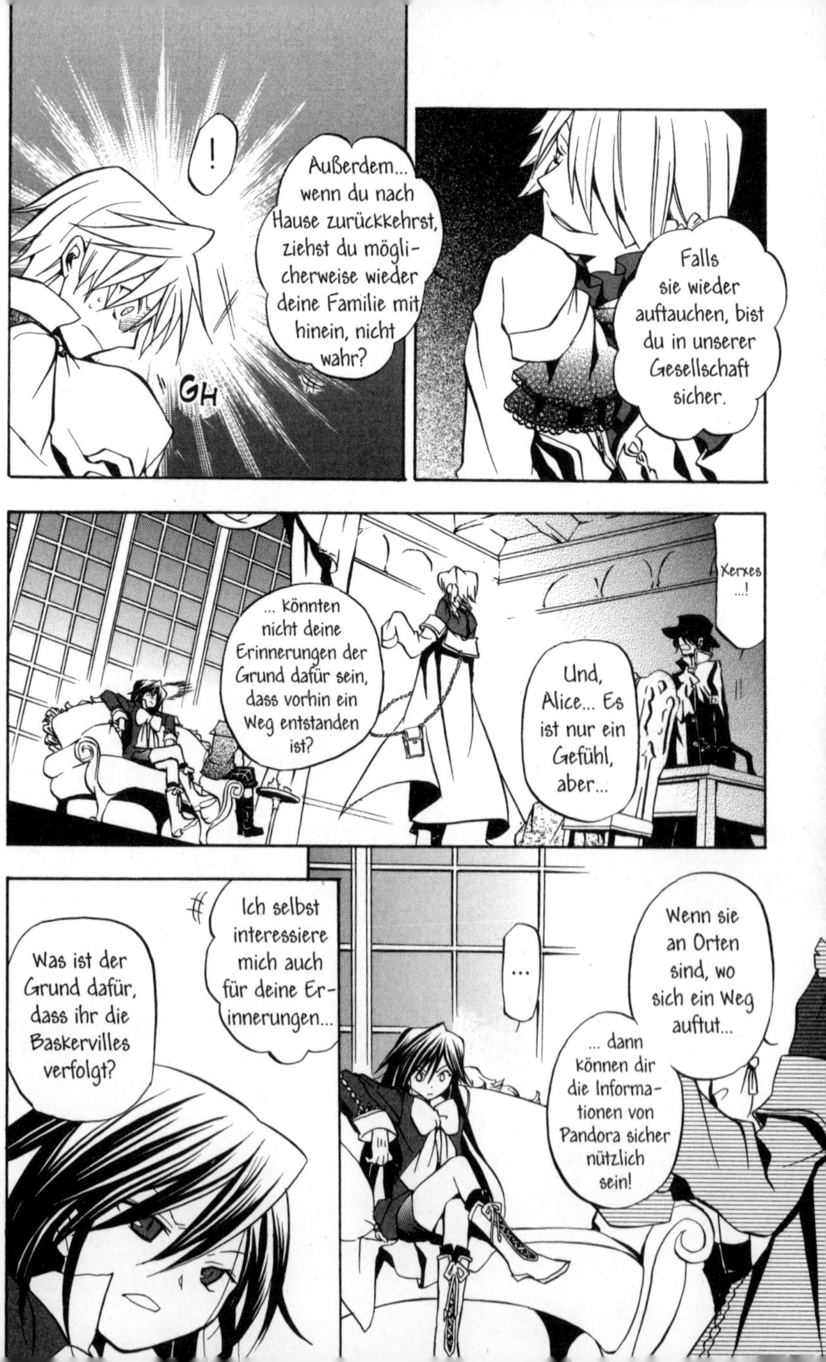
Falls sie wieder auftauchen, bist du in unserer Gesellschaft sicher.
!
Außerdem... wenn du nach Hause zurückkehrst, ziehst du mögli-cherweise wieder deine Familie mit hinein, nicht wahr?
GH
Xerxes ...!
Und, Alice... Es ist nur ein Gefühl, aber...
... könnten nicht deine Erinnerungen der Grund dafür sein, dass vorhin ein Weg entstanden ist?
Wenn sie an Orten sind, wo sich ein Weg auftut...
... dann können dir die Informa-tionen von Pandora sicher nützlich sein!
...
Ich selbst interessiere mich auch für deine Er-innerungen...
Was ist der Grund dafür, dass ihr die Baskervilles verfolgt?

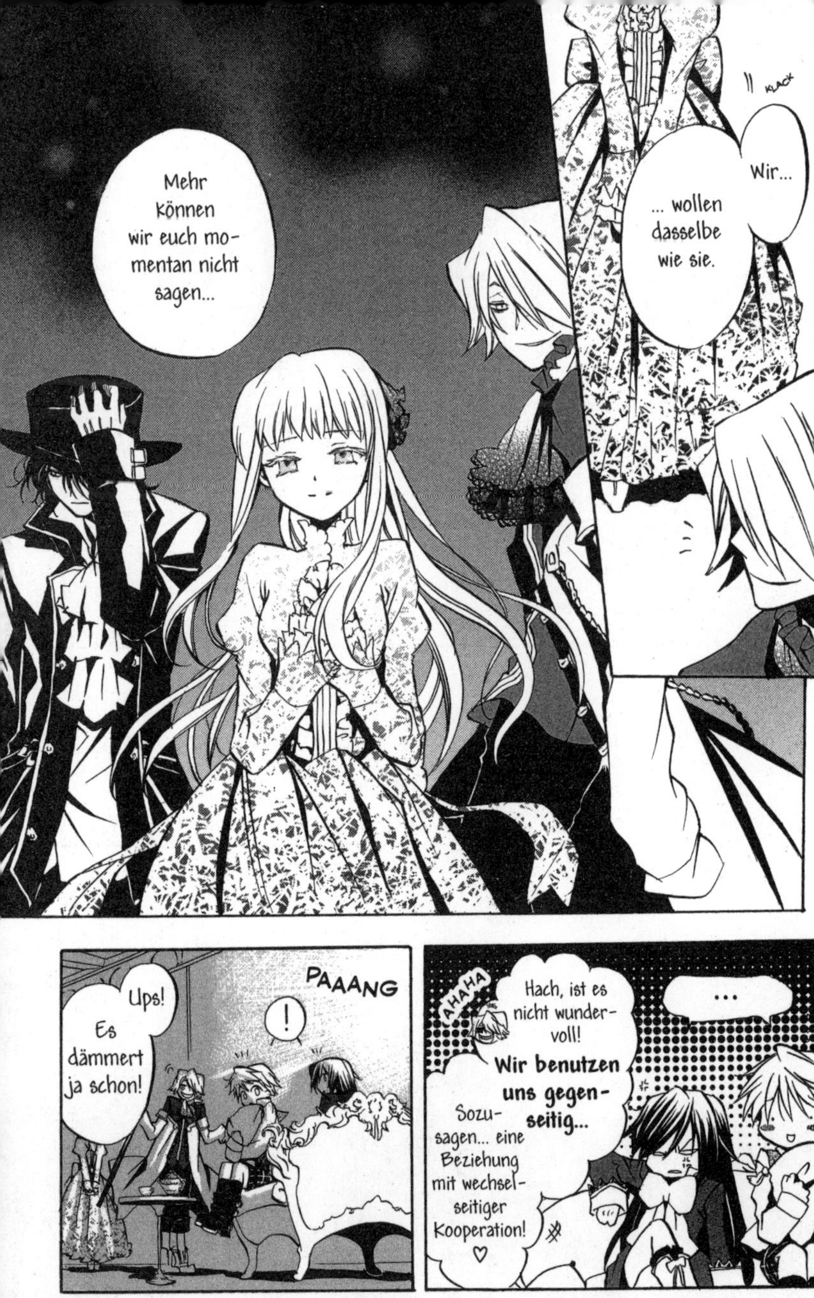
KLACK
Wir...
... wollen dasselbe wie sie.
Mehr können wir euch momentan nicht sagen...
AHAHA
Hach, ist es nicht wundervoll!
Wir benutzen uns gegenseitig...
Sozusagen... eine Beziehung mit wechselseitiger Kooperation! ♡
...
PAAANG
!
Ups!
Es dämmert ja schon!

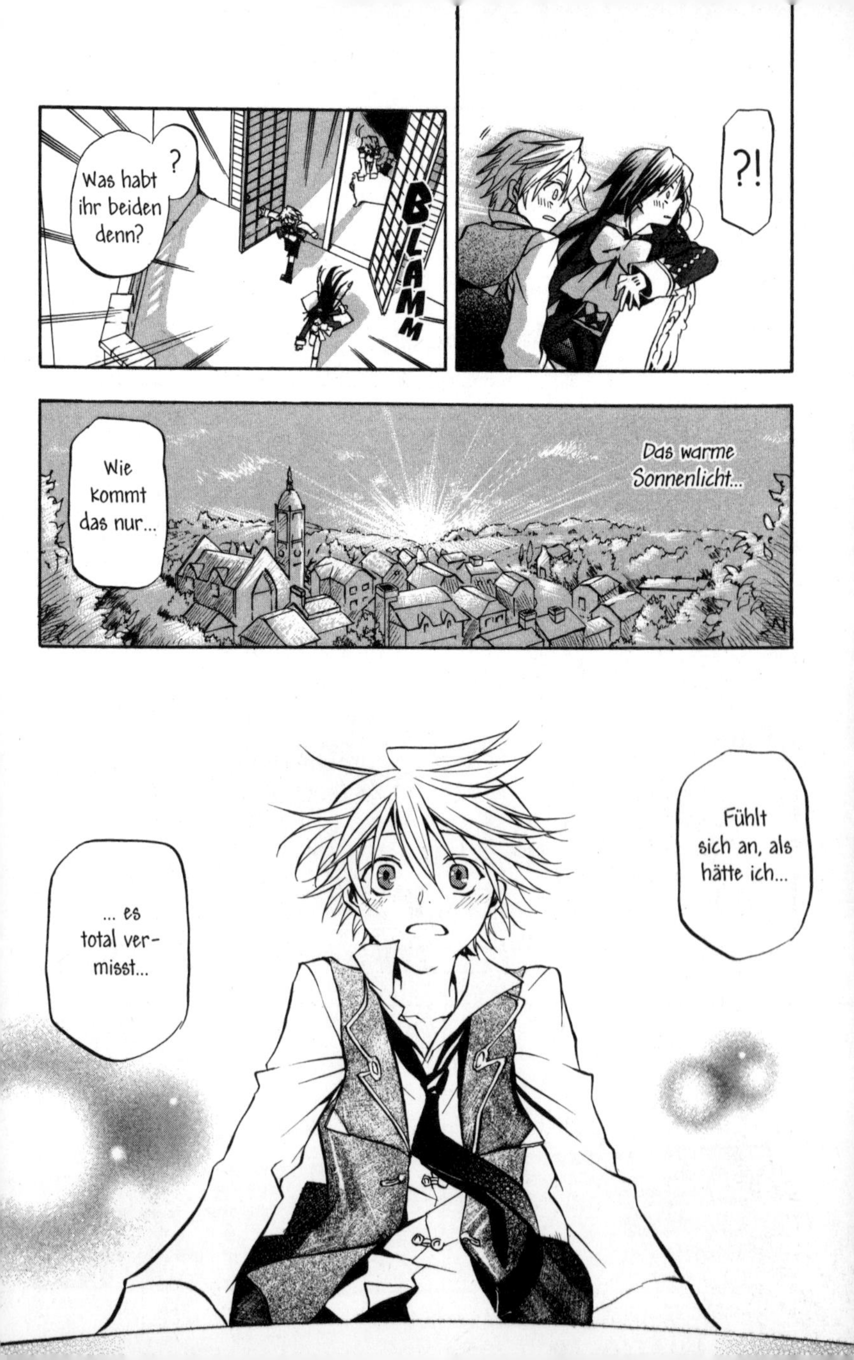
?!
?
Was habt ihr beiden denn?
BLAMM
Das warme Sonnenlicht...
Wie kommt das nur...
Fühlt sich an, als hätte ich...
... es total ver-misst...

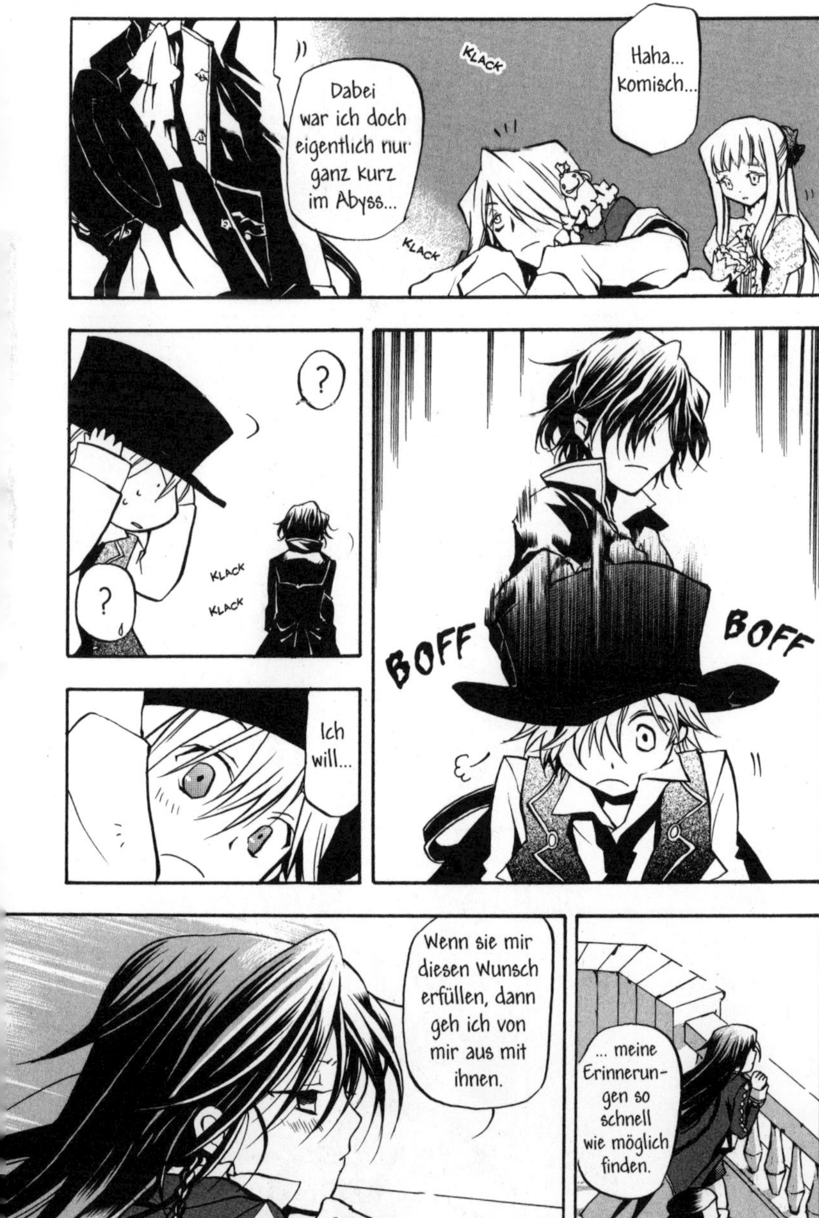
Haha... komisch...
KLACK
Dabei war ich doch eigentlich nur ganz kurz im Abyss...
KLACK
BOFF
BOFF
?
KLACK
KLACK
?
Ich will...
... meine Erinnerungen so schnell wie möglich finden.
Wenn sie mir diesen Wunsch erfüllen, dann geh ich von mir aus mit ihnen.

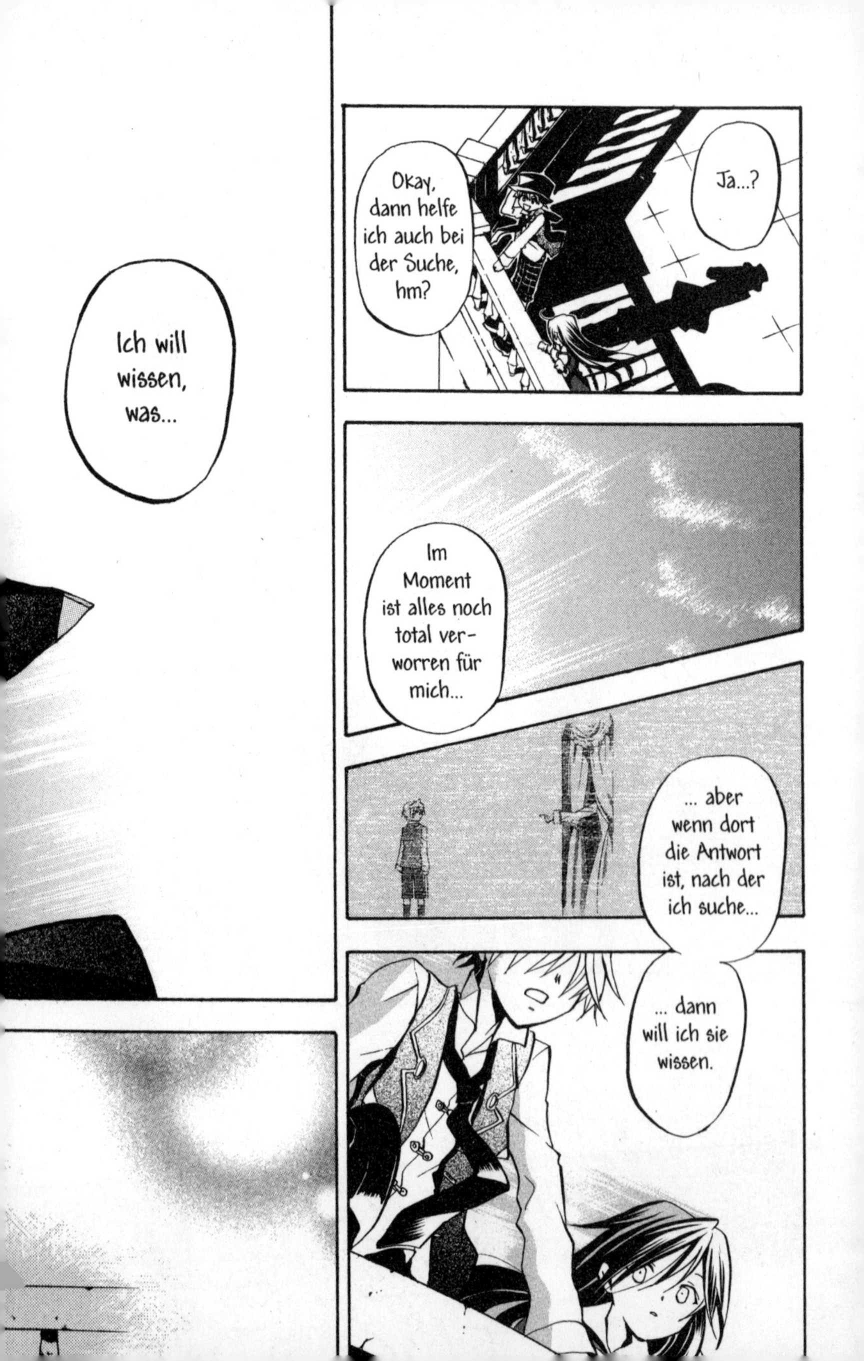
Ja...?
Okay, dann helfe ich auch bei der Suche, hm?
Im Moment ist alles noch total ver-worren für mich...
... aber wenn dort die Antwort ist, nach der ich suche...
... dann will ich sie wissen.
Ich will wissen, was...

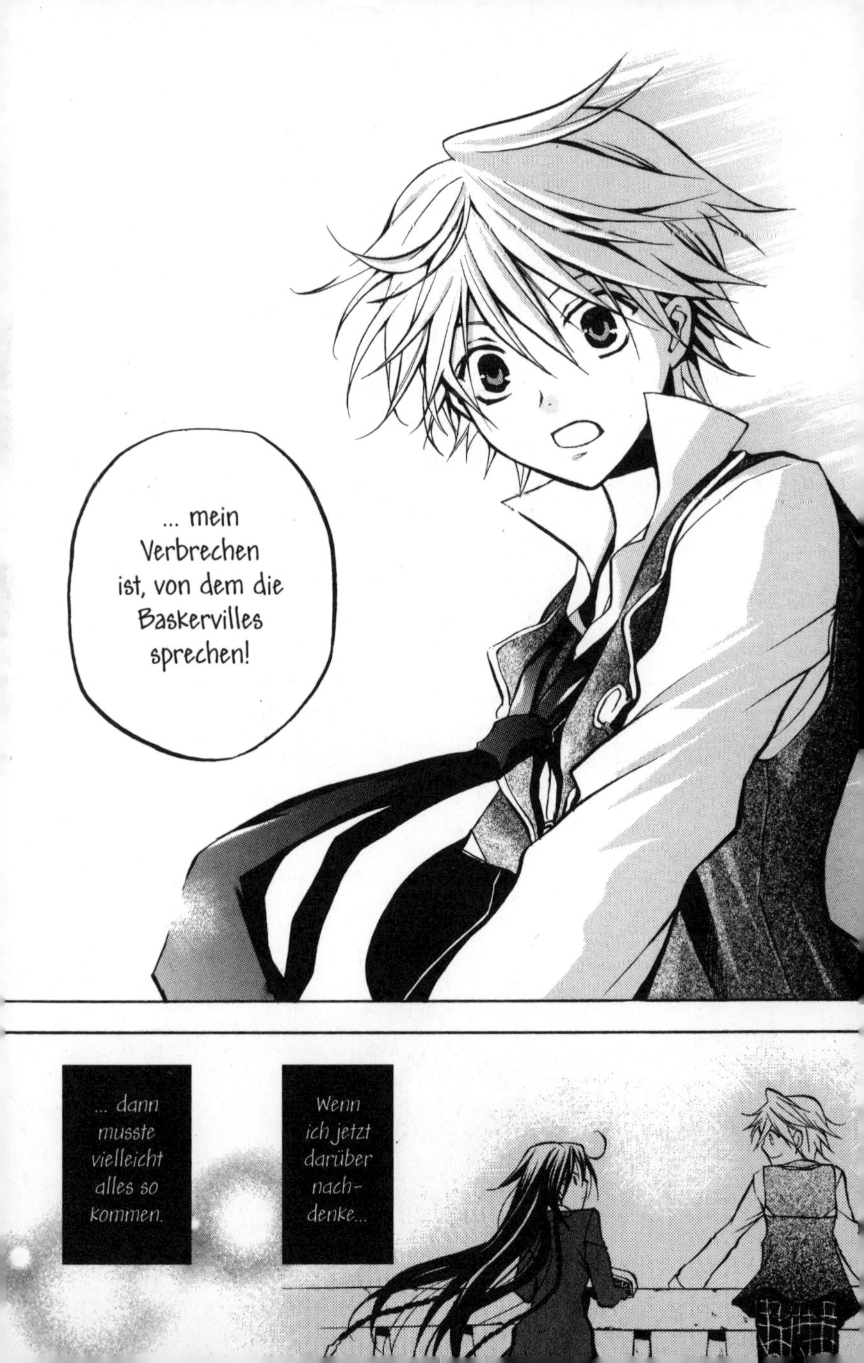
... mein Verbrechen ist, von dem die Baskervilles sprechen!
Wenn ich jetzt darüber nach-denke...
... dann musste vielleicht alles so kommen.

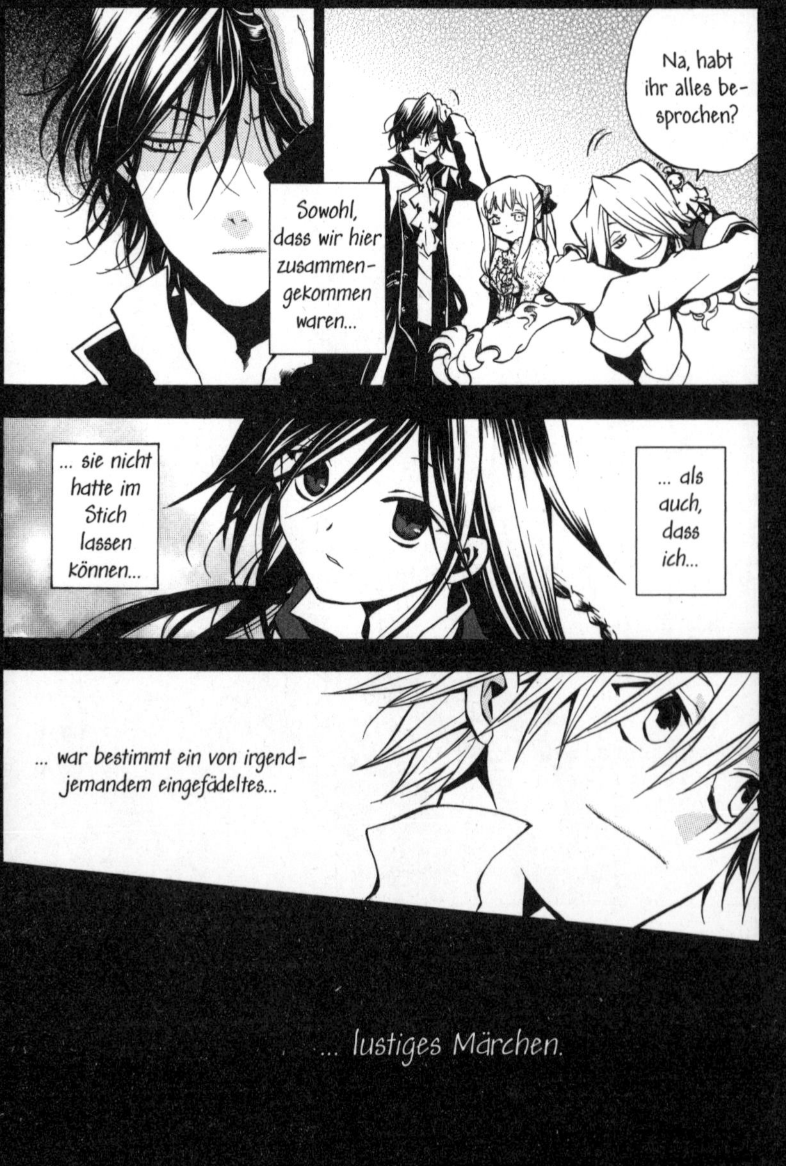
Na, habt ihr alles besprochen?
Sowohl, dass wir hier zusammengekommen waren...
... als auch, dass ich...
... sie nicht hatte im Stich lassen können...
... war bestimmt ein von irgendjemandem eingefädeltes...
... lustiges Märchen.

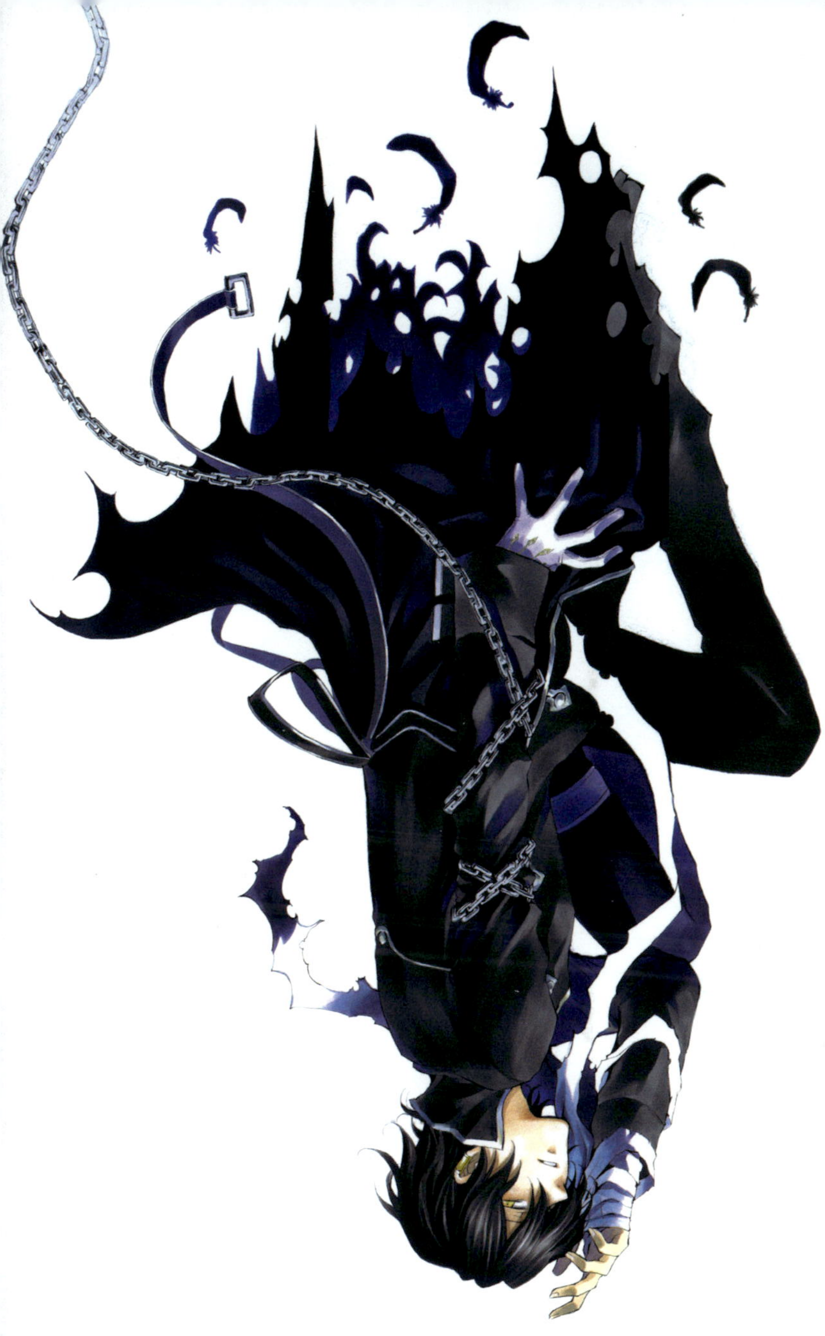

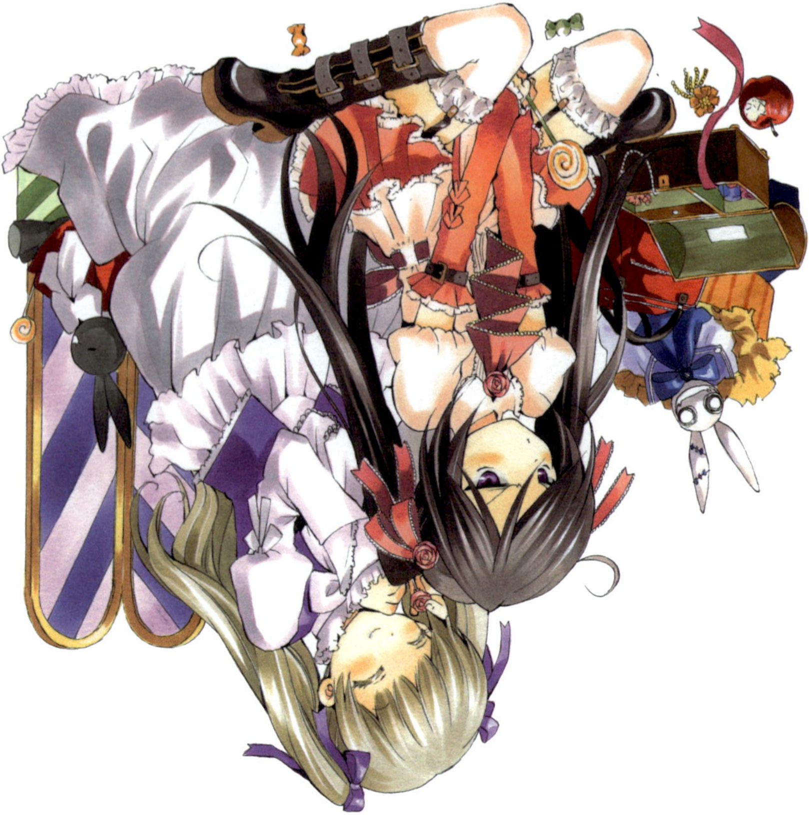

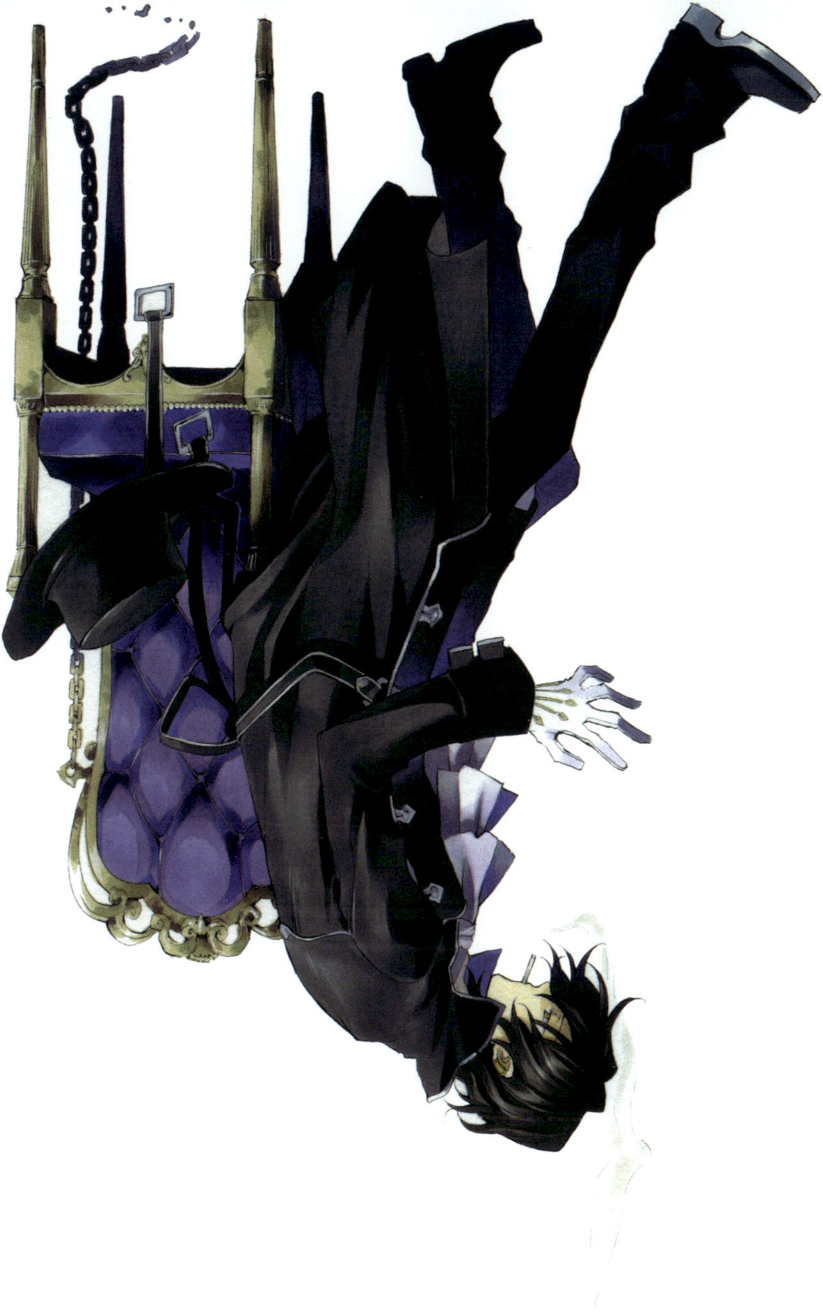

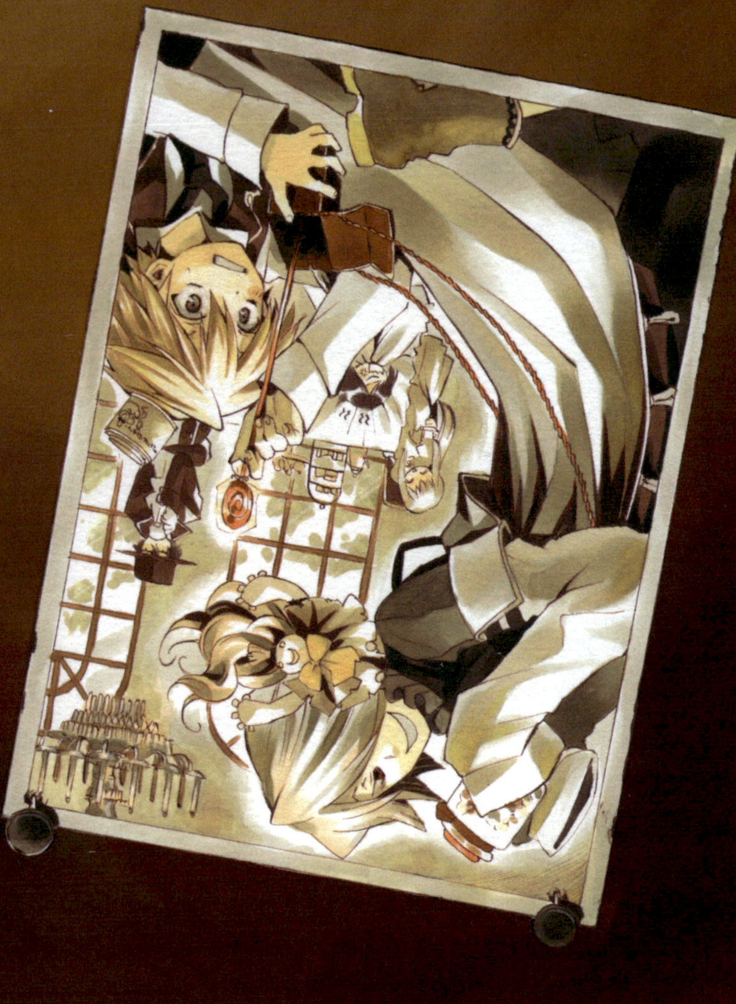

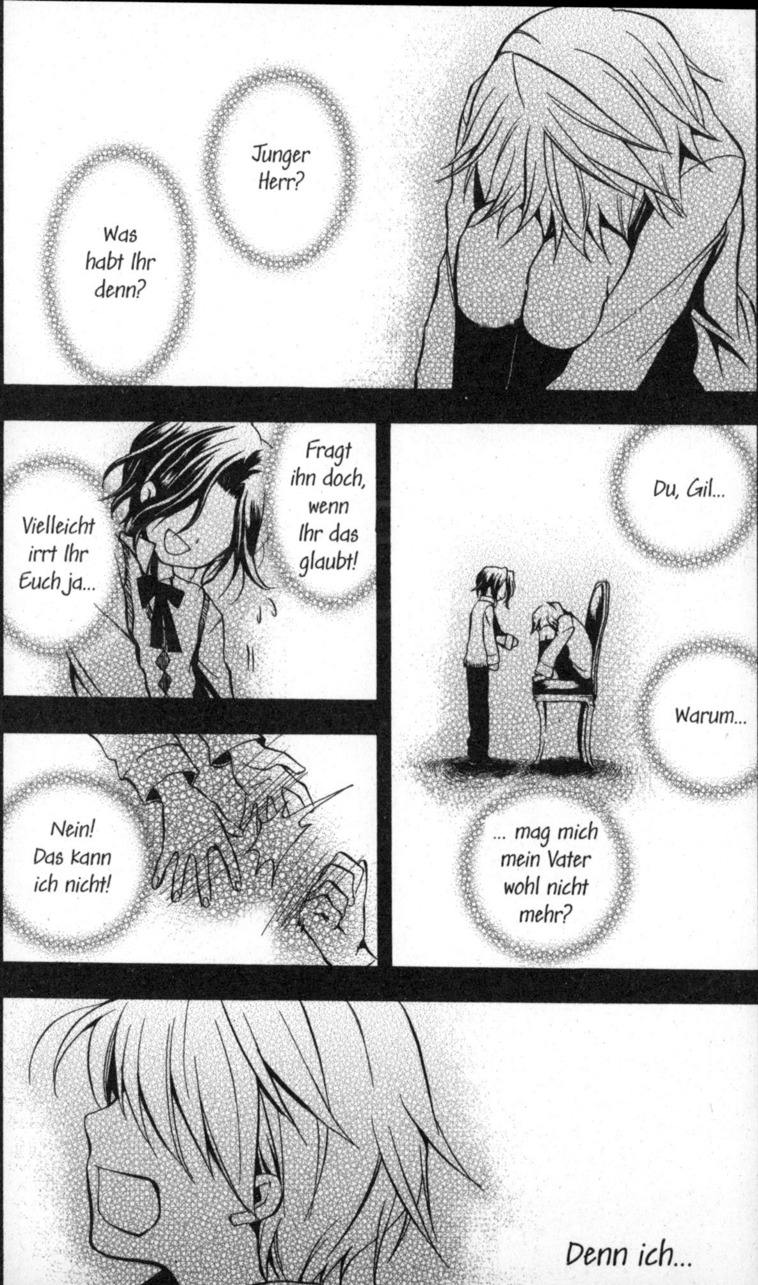
Junger Herr?
Was habt Ihr denn?
Du, Gil...
Warum...
... mag mich mein Vater wohl nicht mehr?
Fragt ihn doch, wenn Ihr das glaubt!
Vielleicht irrt Ihr Euch ja...
Nein! Das kann ich nicht!
Denn ich...

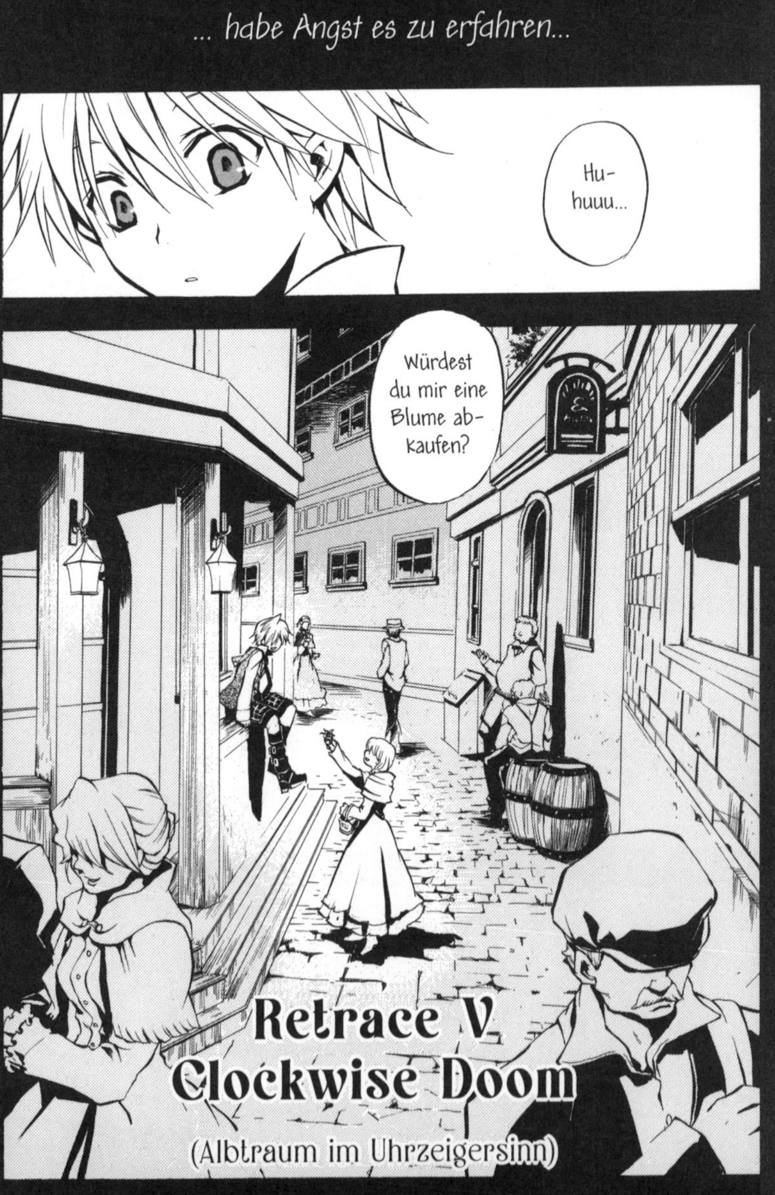
... habe Angst es zu erfahren...
Hu-
huuu...
Würdest
du mir eine
Blume ab-
kaufen?
Retrace V
Clockwise Doom
(Albtraum im Uhrzeigersinn)

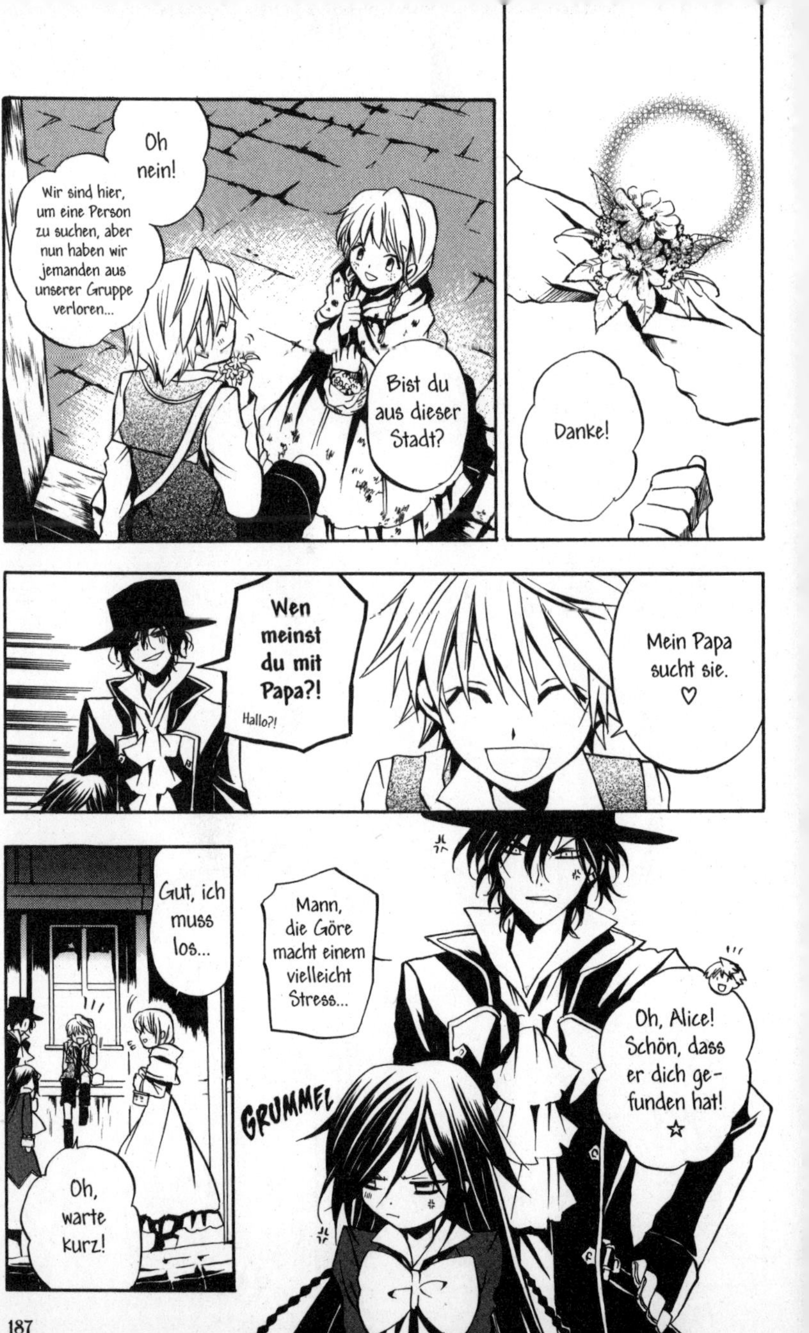
Danke!
Oh nein!
Wir sind hier, um eine Person zu suchen, aber nun haben wir jemanden aus unserer Gruppe verloren...
Bist du aus dieser Stadt?
Mein Papa sucht sie. ♡
Wen meinst du mit Papa?!
Hallo?!
Oh, Alice! Schön, dass er dich gefunden hat! ☆
GRUMMEL
Mann, die Göre macht einem vielleicht Stress...
Gut, ich muss los...
Oh, warte kurz!

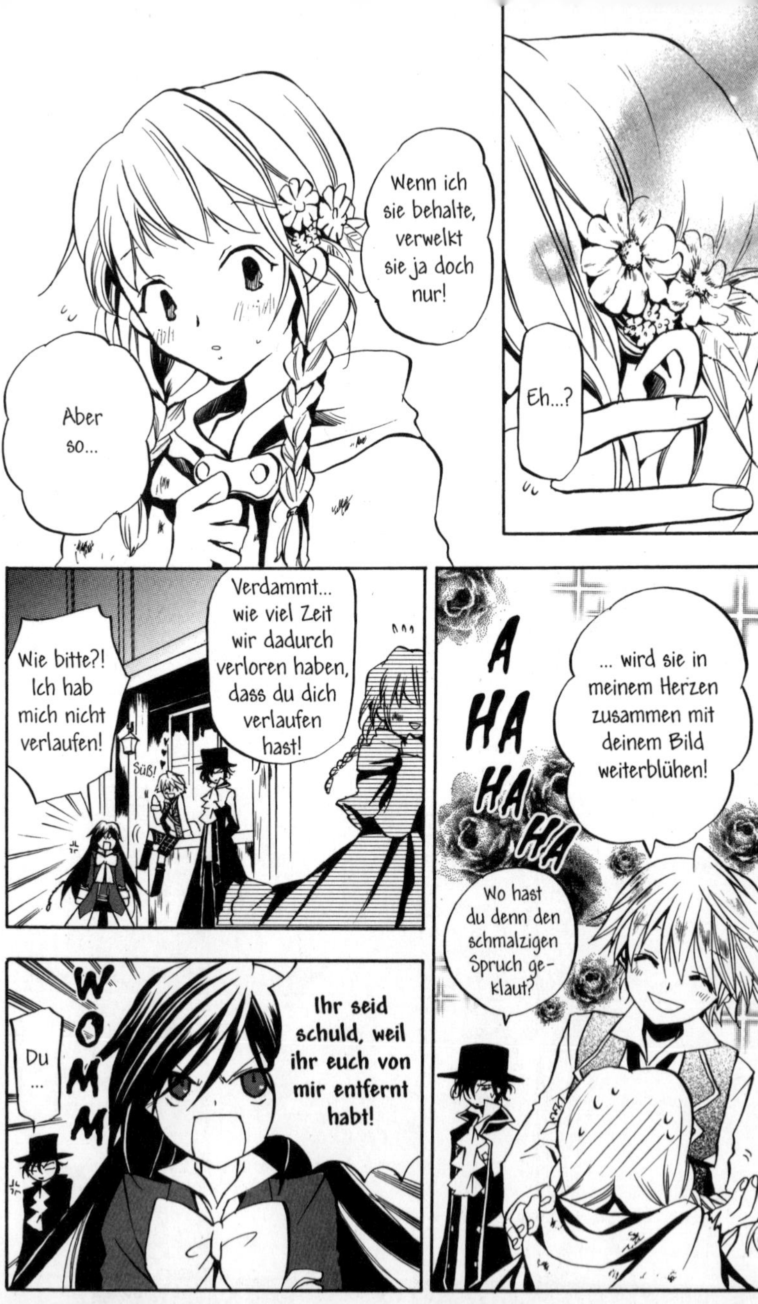
Eh...?
Wenn ich sie behalte, verwelkt sie ja doch nur!
Aber so...
... wird sie in meinem Herzen zusammen mit deinem Bild weiterblühen!
A HA HA HA HA
Wo hast du denn den schmalzigen Spruch ge- klaut?
Verdammt... wie viel Zeit wir dadurch verloren haben, dass du dich verlaufen hast!
Wie bitte?! Ich hab mich nicht verlaufen!
Süß!
Ihr seid schuld, weil ihr euch von mir entfernt habt!
WOMM
Du ...

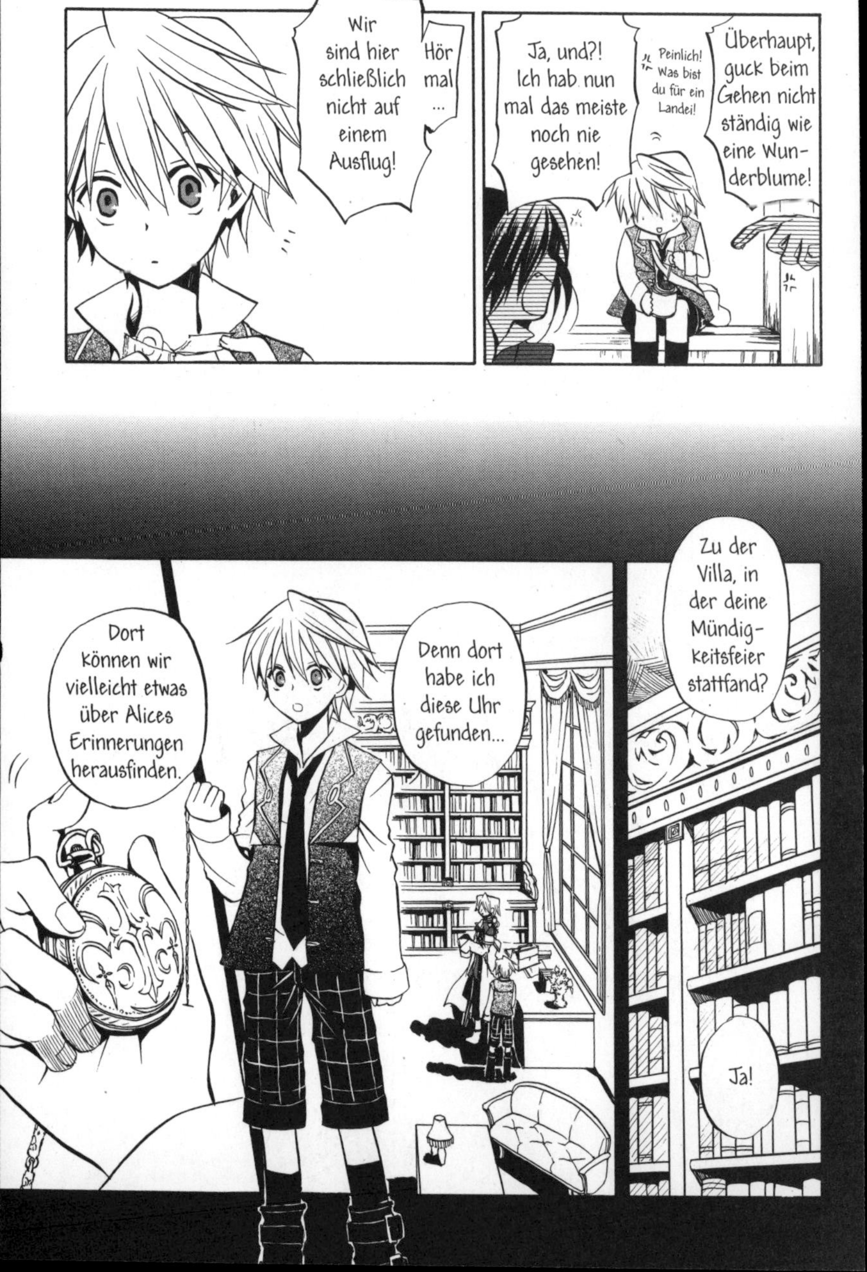
Überhaupt, guck beim Gehen nicht ständig wie eine Wunderblume!
Peinlich! Was bist du für ein Landei!
Ja, und?! Ich hab nun mal das meiste noch nie gesehen!
Hör mal ...
Wir sind hier schließlich nicht auf einem Ausflug!
Zu der Villa, in der deine Mündigkeitsfeier stattfand?
Ja!
Denn dort habe ich diese Uhr gefunden...
Dort können wir vielleicht etwas über Alices Erinnerungen herausfinden.

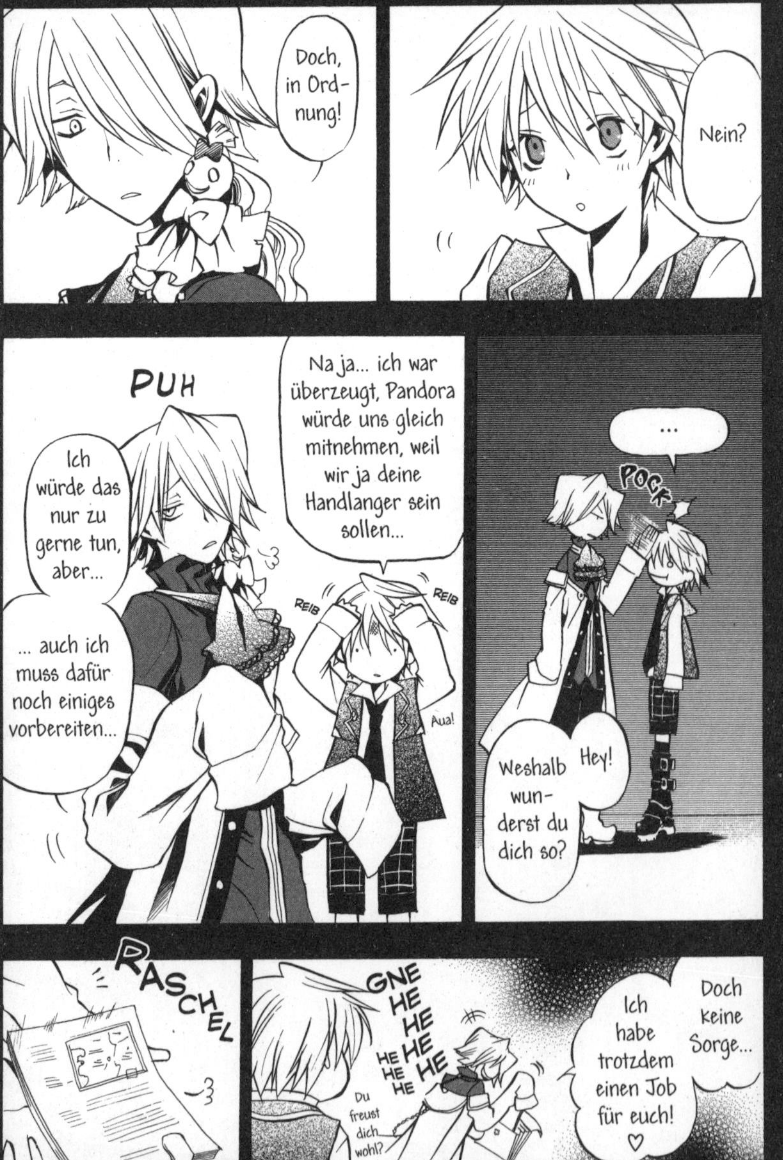
Nein?
Doch, in Ordnung!
Na ja... ich war überzeugt, Pandora würde uns gleich mitnehmen, weil wir ja deine Handlanger sein sollen...
PUH
Ich würde das nur zu gerne tun, aber...
... auch ich muss dafür noch einiges vorbereiten...
REIB
REIB
Aua!
...
POCK
Hey!
Weshalb wunderst du dich so?
Doch keine Sorge...
Ich habe trotzdem einen Job für euch! ♡
GNE HE HE HE HE HE HE HE HE
Du freust dich wohl?
RASCHEL

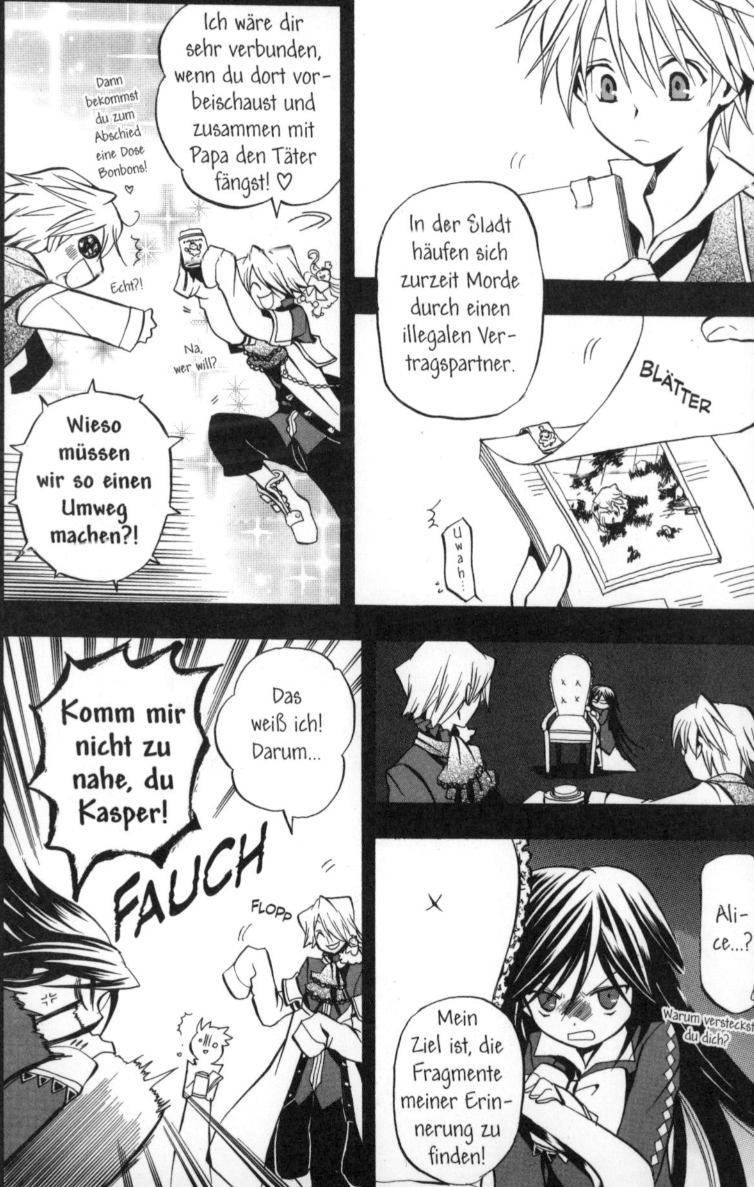
In der Sladt häufen sich zurzeit Morde durch einen illegalen Vertragspartner.
BLÄTTER
Uwah...
Ich wäre dir sehr verbunden, wenn du dort vorbeischaust und zusammen mit Papa den Täter fängst! ♡
Dann bekommst du zum Abschied eine Dose Bonbons! ♡
Echt?!
Na, wer will?
Wieso müssen wir so einen Umweg machen?!
Ali- ce...?
Warum versteckst du dich?
Mein Ziel ist, die Fragmente meiner Erinnerung zu finden!
Das weiß ich! Darum...
Komm mir nicht zu nahe, du Kasper!
FAUCH
FLOPP

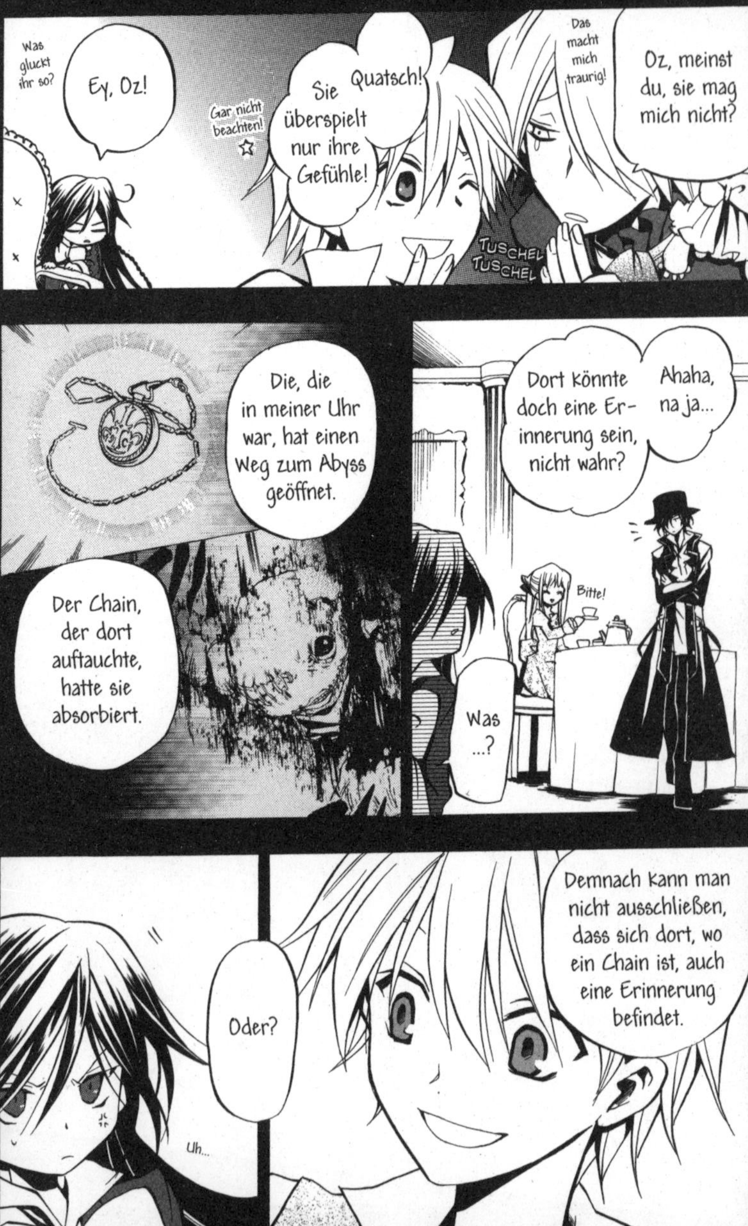
Oz, meinst du, sie mag mich nicht?
Das macht mich traurig!
Quatsch!
Sie überspielt nur ihre Gefühle!
TUSCHEL TUSCHEL
Gar nicht beachten!
Ey, Oz!
Was gluckt ihr so?
Ahaha, na ja...
Dort könnte doch eine Erinnerung sein, nicht wahr?
Bitte!
Was ...?
Die, die in meiner Uhr war, hat einen Weg zum Abyss geöffnet.
Der Chain, der dort auftauchte, hatte sie absorbiert.
Demnach kann man nicht ausschließen, dass sich dort, wo ein Chain ist, auch eine Erinnerung befindet.
Oder?
Uh...

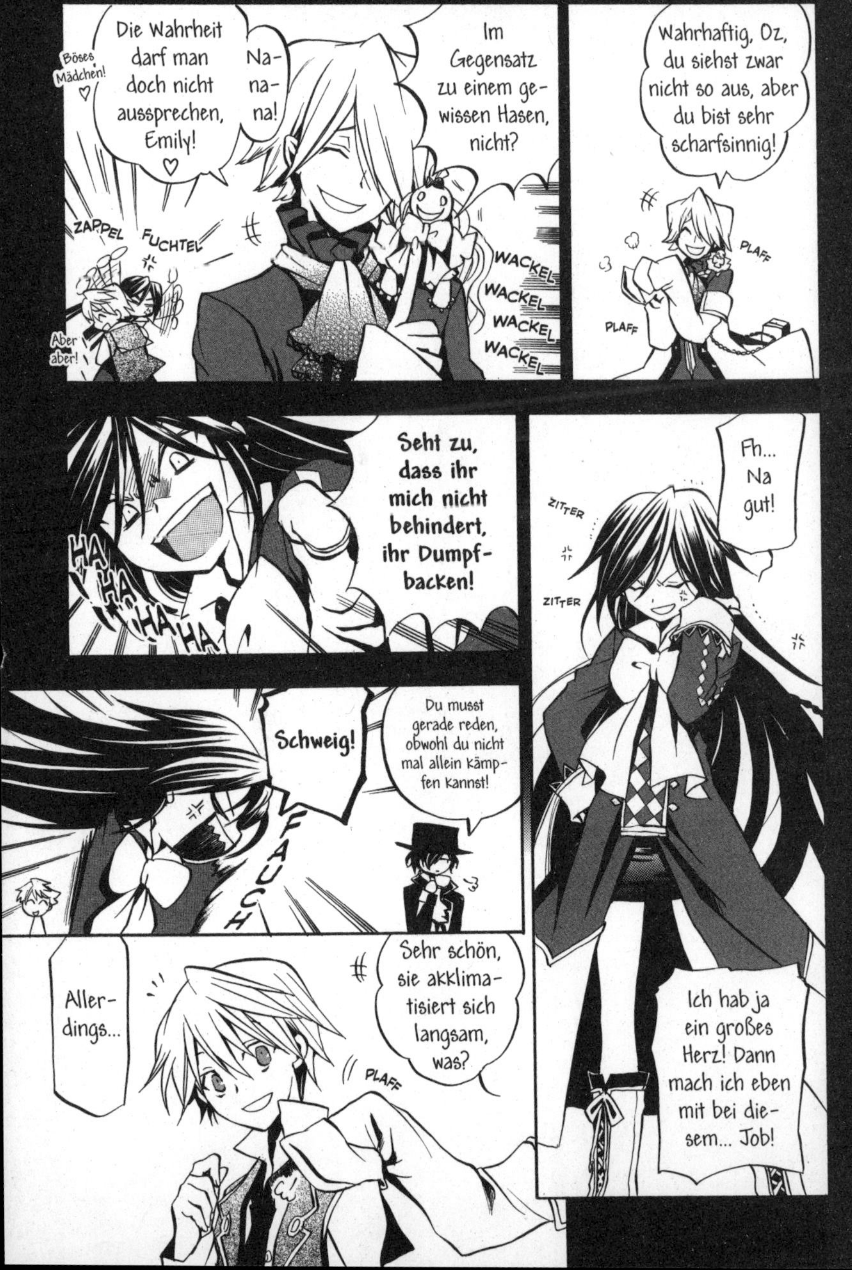
Wahrhaftig, Oz, du siehst zwar nicht so aus, aber du bist sehr scharfsinnig!
PLAFF
PLAFF
Im Gegensatz zu einem gewissen Hasen, nicht?
WACKEL WACKEL WACKEL WACKEL
Na-na-na!
Die Wahrheit darf man doch nicht aussprechen, Emily! ♡
Böses Mädchen! ♡
ZAPPEL FUCHTEL
Aber aber!
Fh... Na gut!
ZITTER
ZITTER
Seht zu, dass ihr mich nicht behindert, ihr Dumpfbacken!
HA HA HA HA
Du musst gerade reden, obwohl du nicht mal allein kämpfen kannst!
Schweig!
FAUCH
Ich hab ja ein großes Herz! Dann mach ich eben mit bei diesem... Job!
Sehr schön, sie akklimatisiert sich langsam, was?
PLAFF
Allerdings...

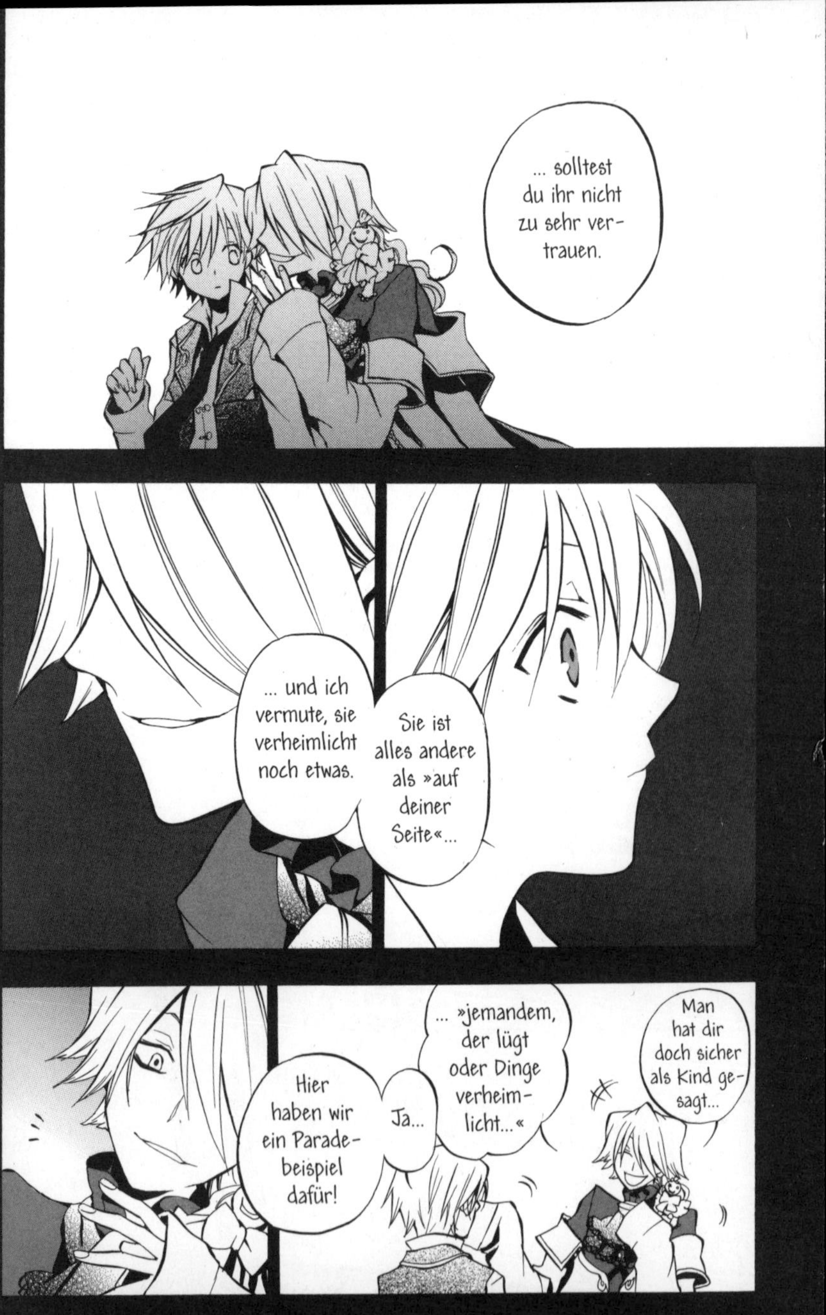
... solltest du ihr nicht zu sehr ver-trauen.
Sie ist alles andere als »auf deiner Seite«...
... und ich vermute, sie verheimlicht noch etwas.
Man hat dir doch sicher als Kind ge-sagt...
... »jemandem, der lügt oder Dinge verheim-licht...«
Ja...
Hier haben wir ein Parade-beispiel dafür!

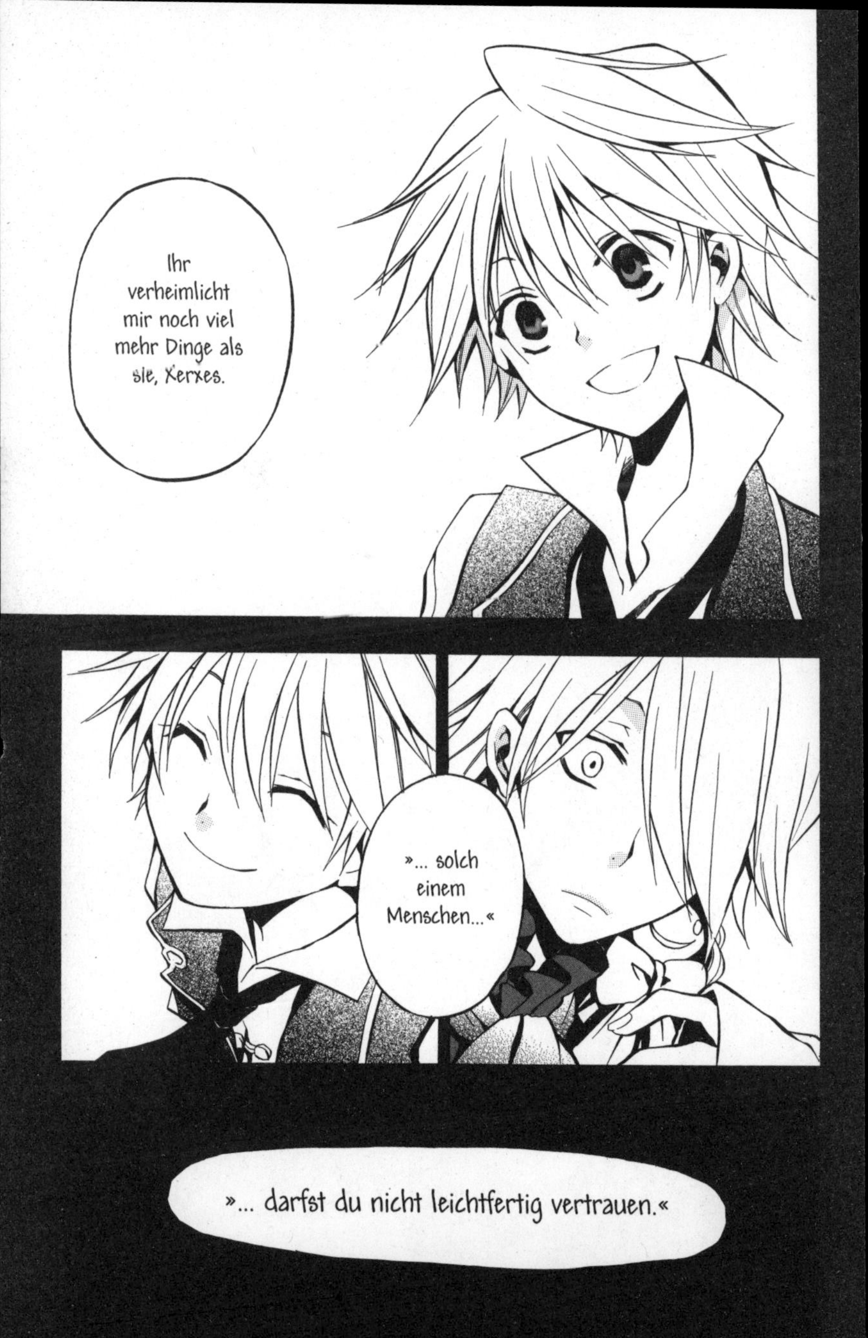
Ihr verheimlicht mir noch viel mehr Dinge als sie, Xerxes.
»... solch einem Menschen...«
»... darfst du nicht leichtfertig vertrauen.«

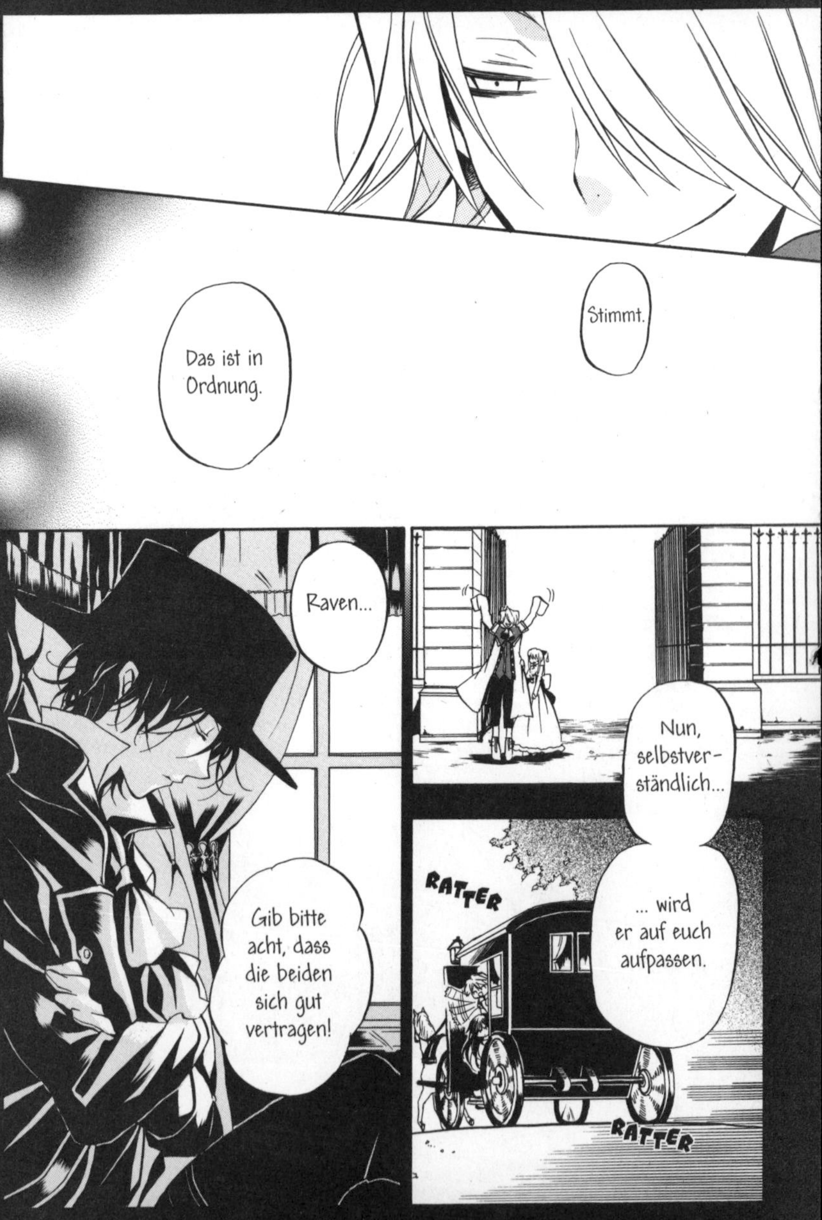
Stimmt.
Das ist in Ordnung.
Nun, selbstverständlich...
... wird er auf euch aufpassen.
RATTER
RATTER
Raven...
Gib bitte acht, dass die beiden sich gut vertragen!

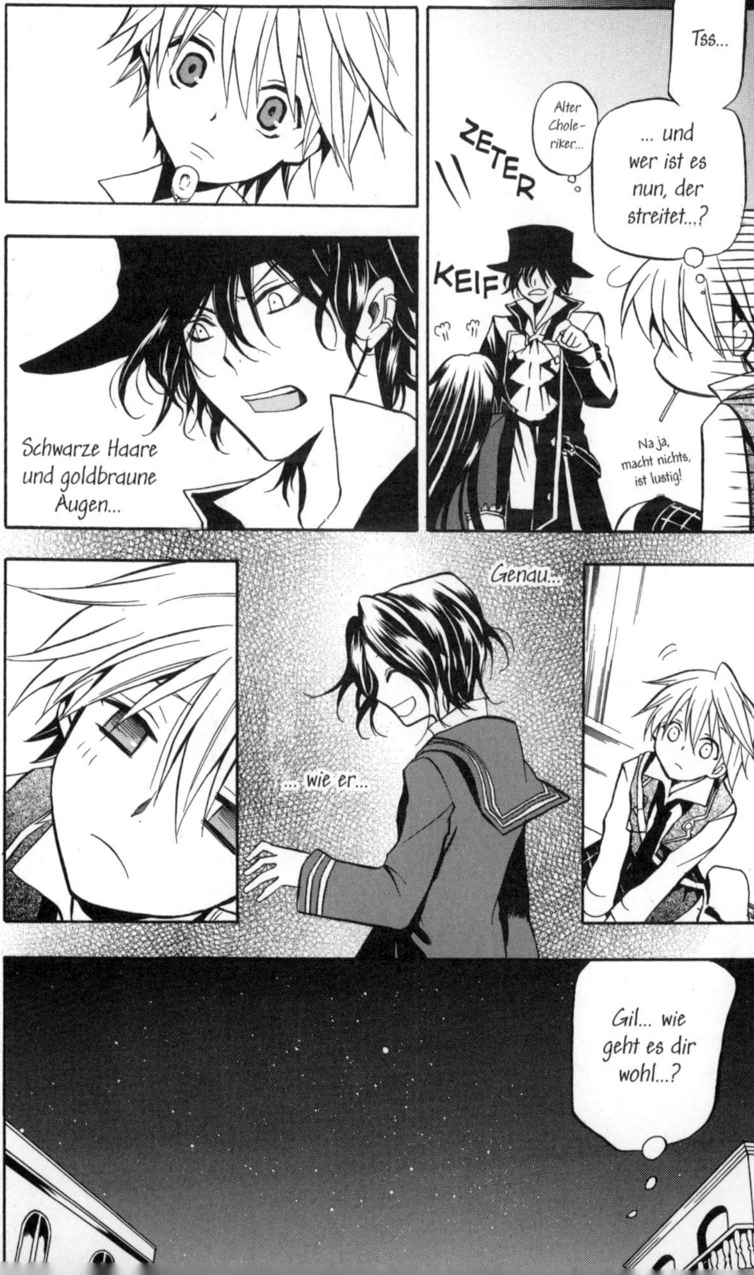
Tss...
... und wer ist es nun, der streitet...?
Alter Chole-riker...
ZETER
KEIF
Na ja, macht nichts, ist lustig!
Schwarze Haare und goldbraune Augen...
Genau...
... wie er...
Gil... wie geht es dir wohl...?

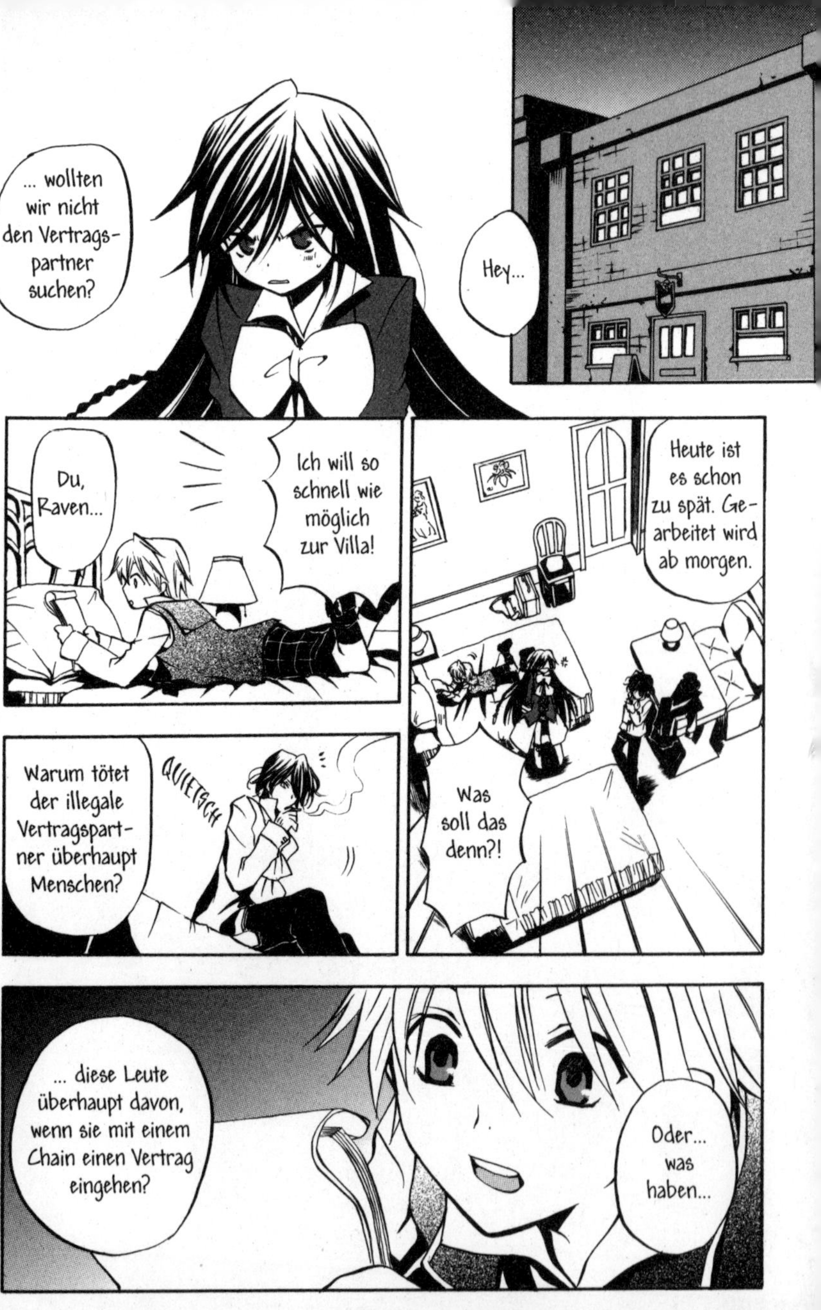
Hey...
... wollten wir nicht den Vertrags-partner suchen?
Heute ist es schon zu spät. Ge-arbeitet wird ab morgen.
Ich will so schnell wie möglich zur Villa!
Du, Raven...
Was soll das denn?!
Warum tötet der illegale Vertragspart-ner überhaupt Menschen?
QUIETSCH
Oder... was haben...
... diese Leute überhaupt davon, wenn sie mit einem Chain einen Vertrag eingehen?

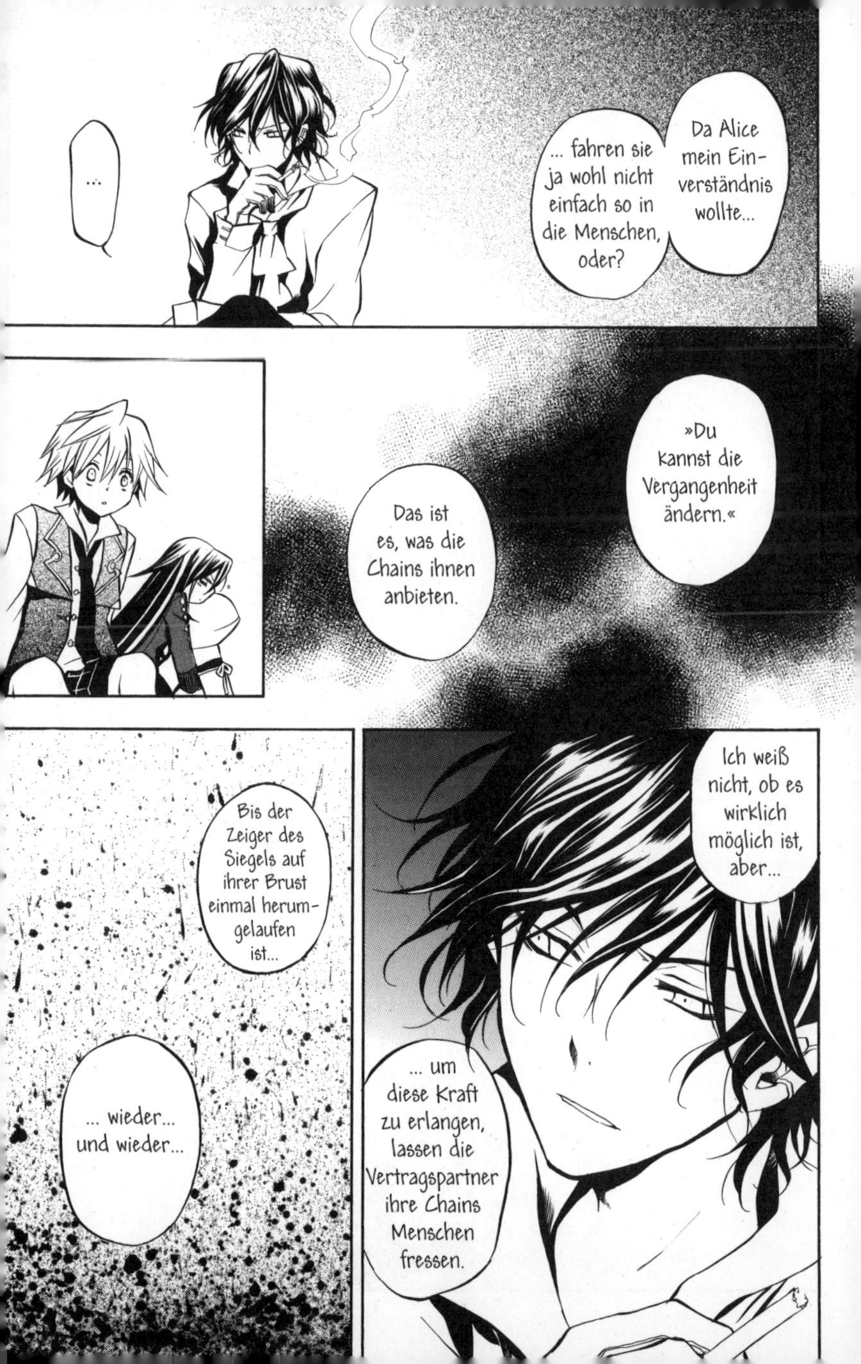
Da Alice mein Ein-verständnis wollte...
... fahren sie ja wohl nicht einfach so in die Menschen, oder?
...
»Du kannst die Vergangenheit ändern.«
Das ist es, was die Chains ihnen anbieten.
Ich weiß nicht, ob es wirklich möglich ist, aber...
... um diese Kraft zu erlangen, lassen die Vertragspartner ihre Chains Menschen fressen.
Bis der Zeiger des Siegels auf ihrer Brust einmal herum-gelaufen ist...
... wieder... und wieder...

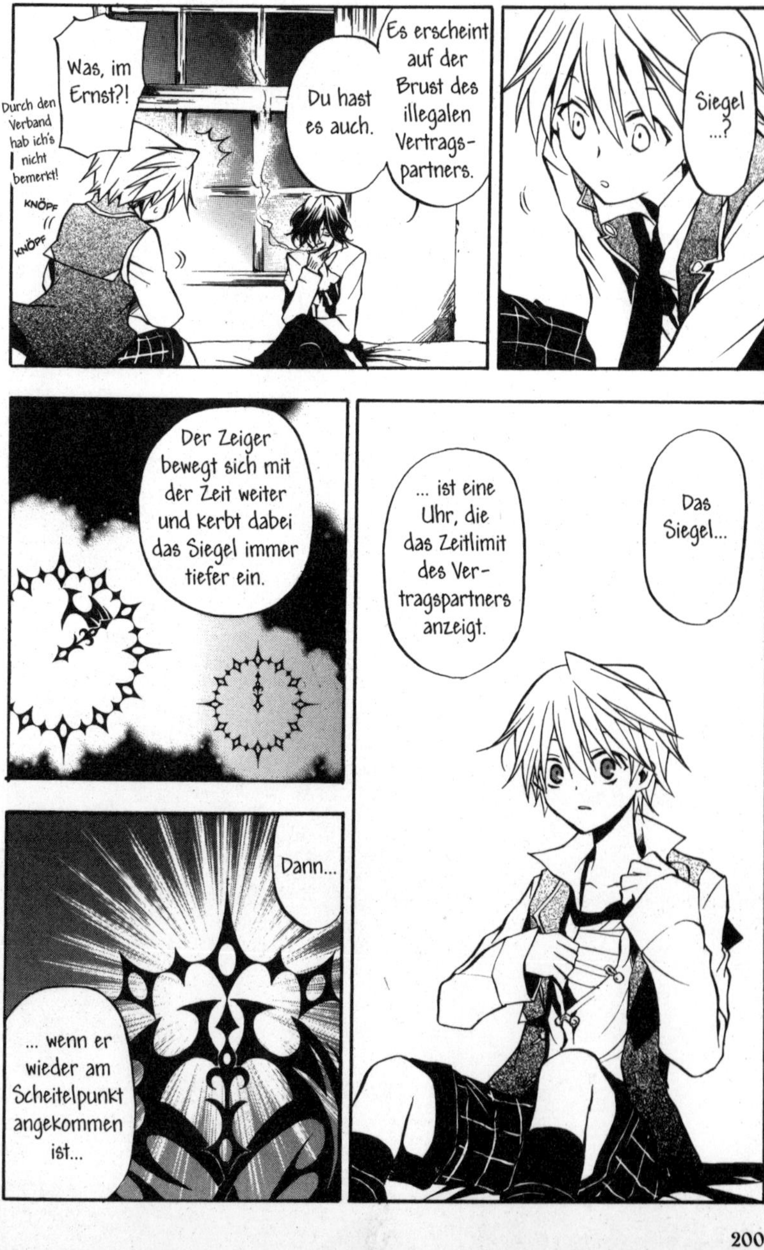
Siegel ...?
Es erscheint auf der Brust des illegalen Vertrags-partners.
Du hast es auch.
Was, im Ernst?!
Durch den Verband hab ich's nicht bemerkt!
KNÖPF
KNÖPF
Das Siegel...
... ist eine Uhr, die das Zeitlimit des Ver-tragspartners anzeigt.
Der Zeiger bewegt sich mit der Zeit weiter und kerbt dabei das Siegel immer tiefer ein.
Dann...
... wenn er wieder am Scheitelpunkt angekommen ist...

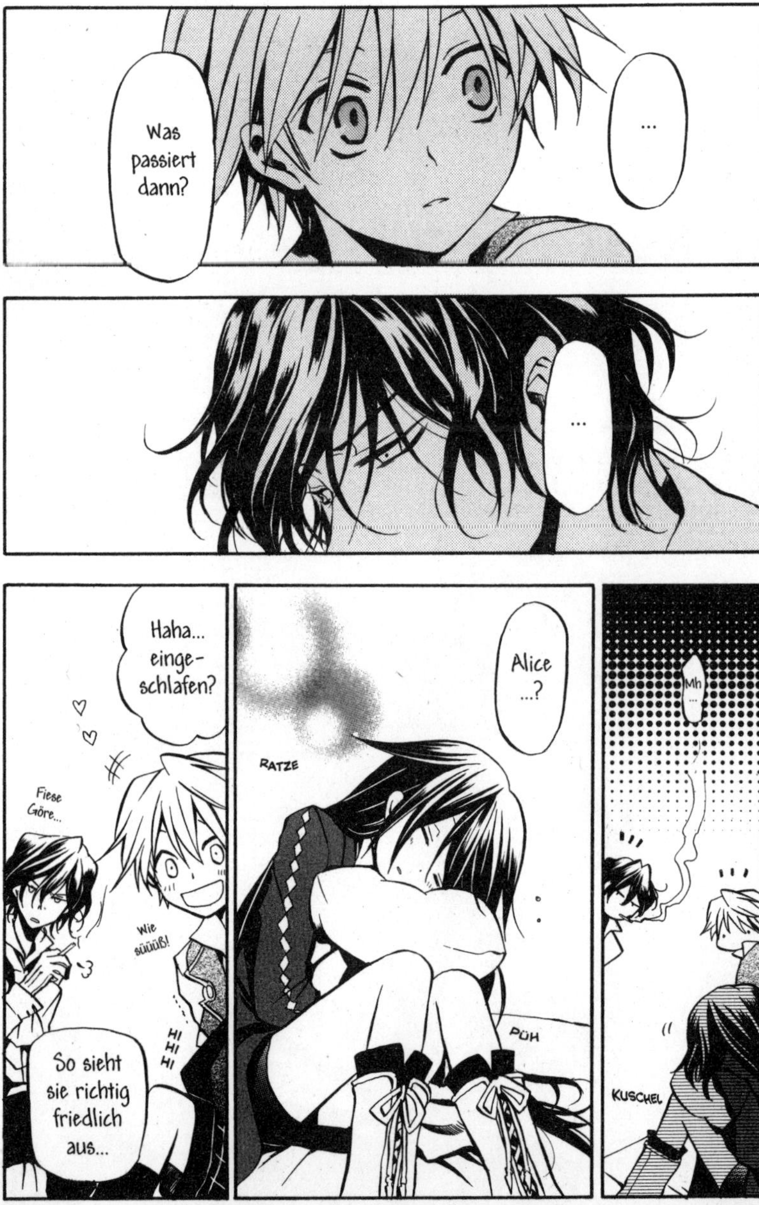
...
Was passiert dann?
...
Mh ...
KUSCHEL
Alice ...?
RATZE
PÜH
Haha... einge-schlafen?
Fiese Göre...
Wie süüüß!
HI HI HI
So sieht sie richtig friedlich aus...

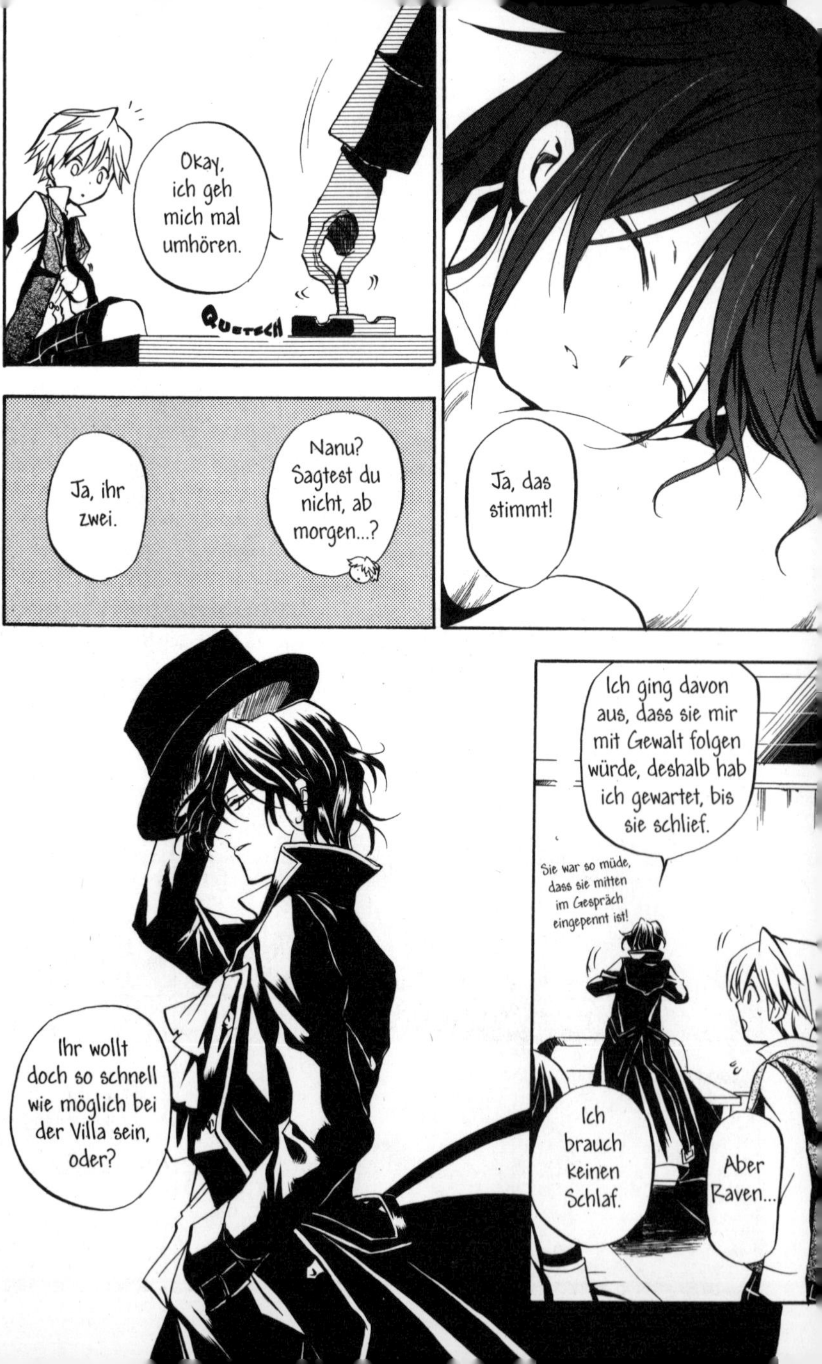
Ja, das stimmt!
Okay, ich geh mich mal umhören.
QUETSCH
Nanu? Sagtest du nicht, ab morgen...?
Ja, ihr zwei.
Ich ging davon aus, dass sie mir mit Gewalt folgen würde, deshalb hab ich gewartet, bis sie schlief.
Sie war so müde, dass sie mitten im Gespräch eingepennt ist!
Aber Raven...
Ich brauch keinen Schlaf.
Ihr wollt doch so schnell wie möglich bei der Villa sein, oder?

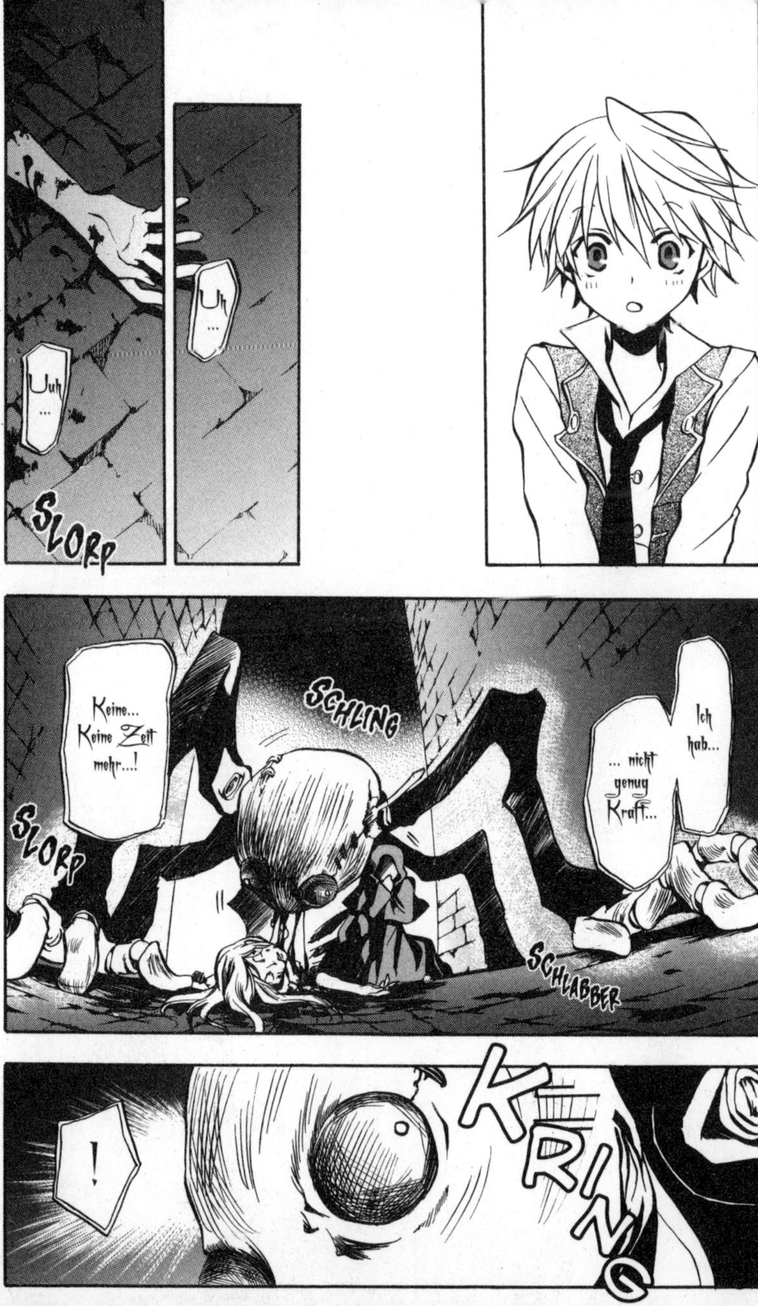
Uh
...
Uuh
...
SLORP
Ich hab...
... nicht genug Kraft...
SCHLING
Keine... Keine Zeit mehr...!
SLORP
SCHLABBER
KRING
!

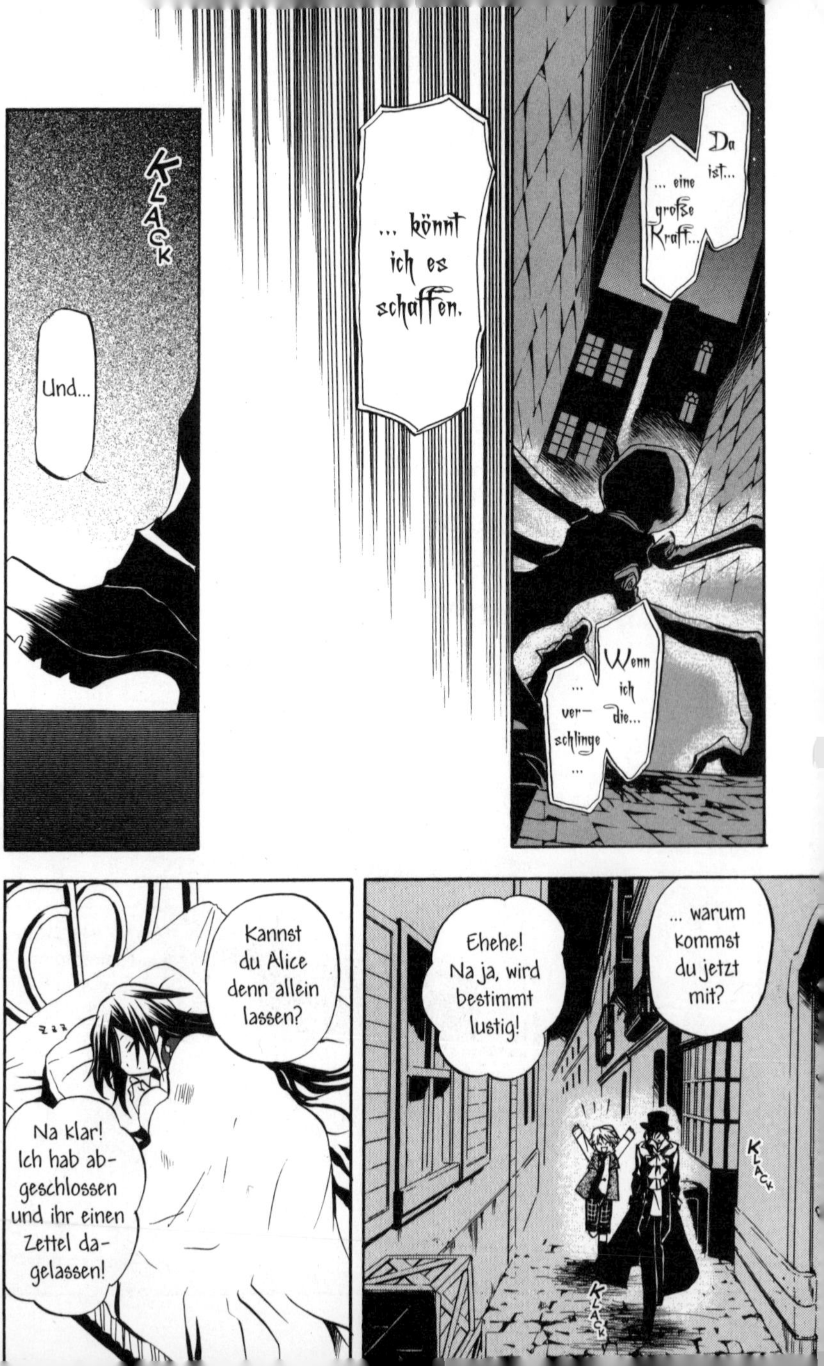

Da ist... ... eine große Kraft...
Wenn ich die... ver-schlinge ...
... könnt ich es schaffen.
KLACK
Und...
... warum kommst du jetzt mit?
Ehehe! Na ja, wird bestimmt lustig!
KLACK
KLACK
Kannst du Alice denn allein lassen?
zzz
Na klar! Ich hab abgeschlossen und ihr einen Zettel dagelassen!

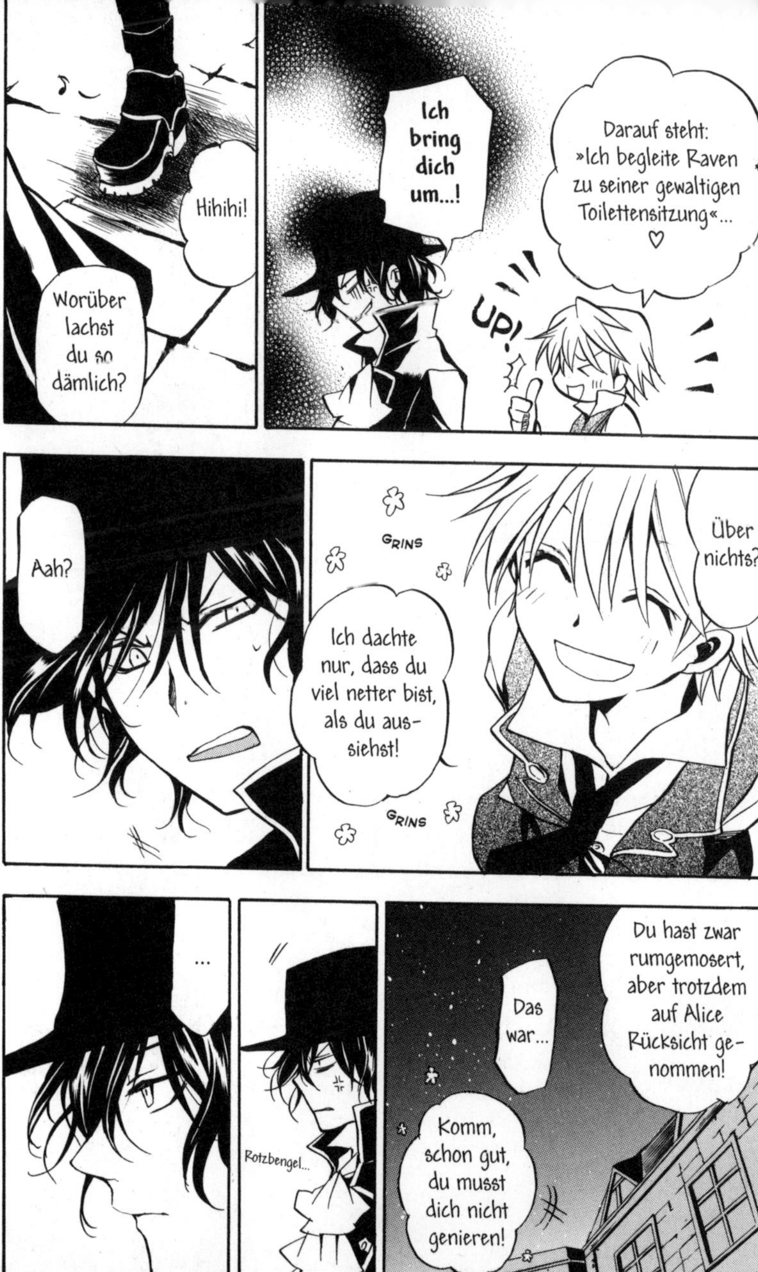
Darauf steht: »Ich begleite Raven zu seiner gewaltigen Toilettensitzung«... ♡
UP!
Ich bring dich um...!
Hihihi!
Worüber lachst du so dämlich?
Über nichts?
Grins
Ich dachte nur, dass du viel netter bist, als du aussiehst!
Grins
Aah?
Du hast zwar rumgemosert, aber trotzdem auf Alice Rücksicht genommen!
Das war...
Komm, schon gut, du musst dich nicht genieren!
Rotzbengel...
...

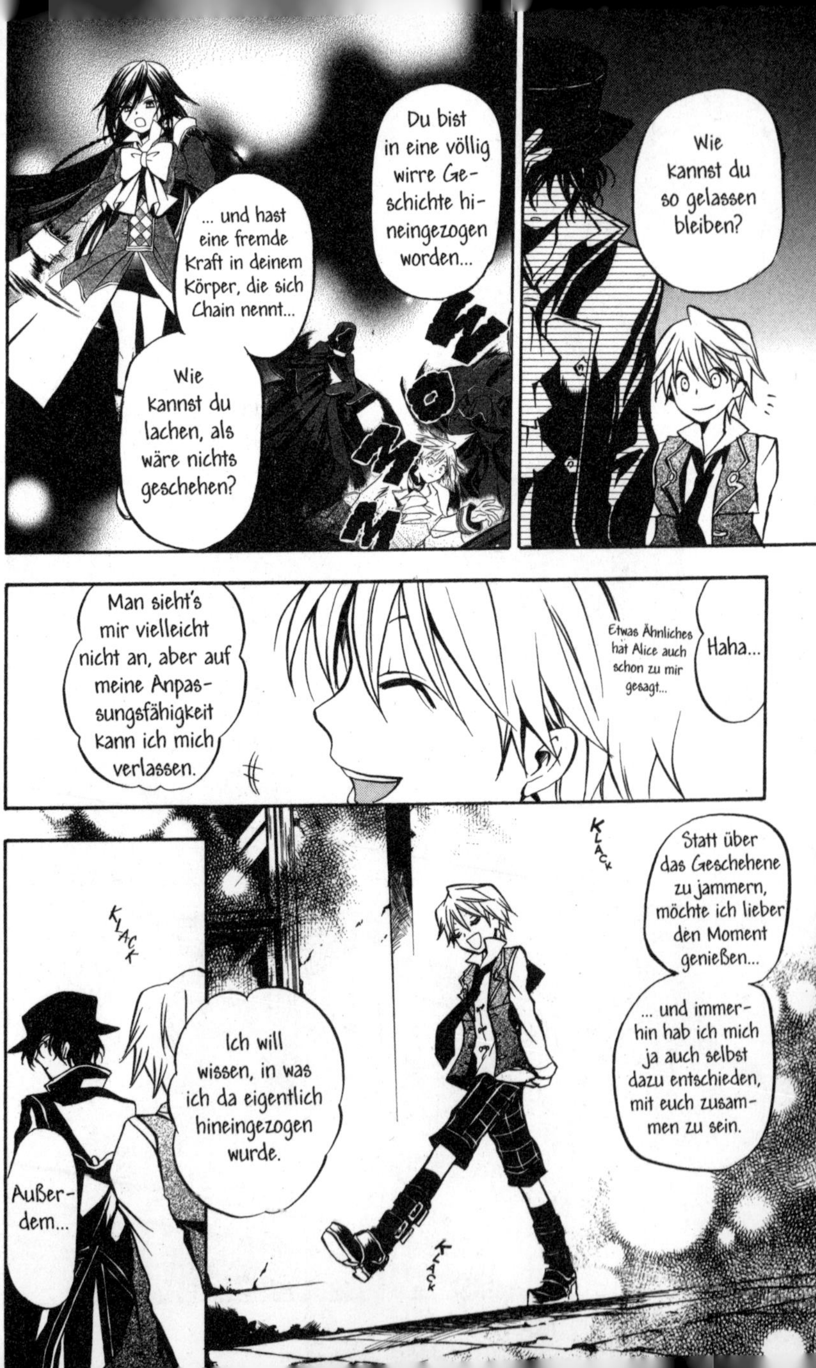
Wie kannst du so gelassen bleiben?
Du bist in eine völlig wirre Geschichte hineingezogen worden...
... und hast eine fremde Kraft in deinem Körper, die sich Chain nennt...
Wie kannst du lachen, als wäre nichts geschehen?
WOMM
Haha...
Etwas Ähnliches hat Alice auch schon zu mir gesagt...
Man sieht's mir vielleicht nicht an, aber auf meine Anpassungsfähigkeit kann ich mich verlassen.
Statt über das Geschehene zu jammern, möchte ich lieber den Moment genießen...
... und immerhin hab ich mich ja auch selbst dazu entschieden, mit euch zusammen zu sein.
KLACK
KLACK
Ich will wissen, in was ich da eigentlich hineingezogen wurde.
KLACK
Außerdem...

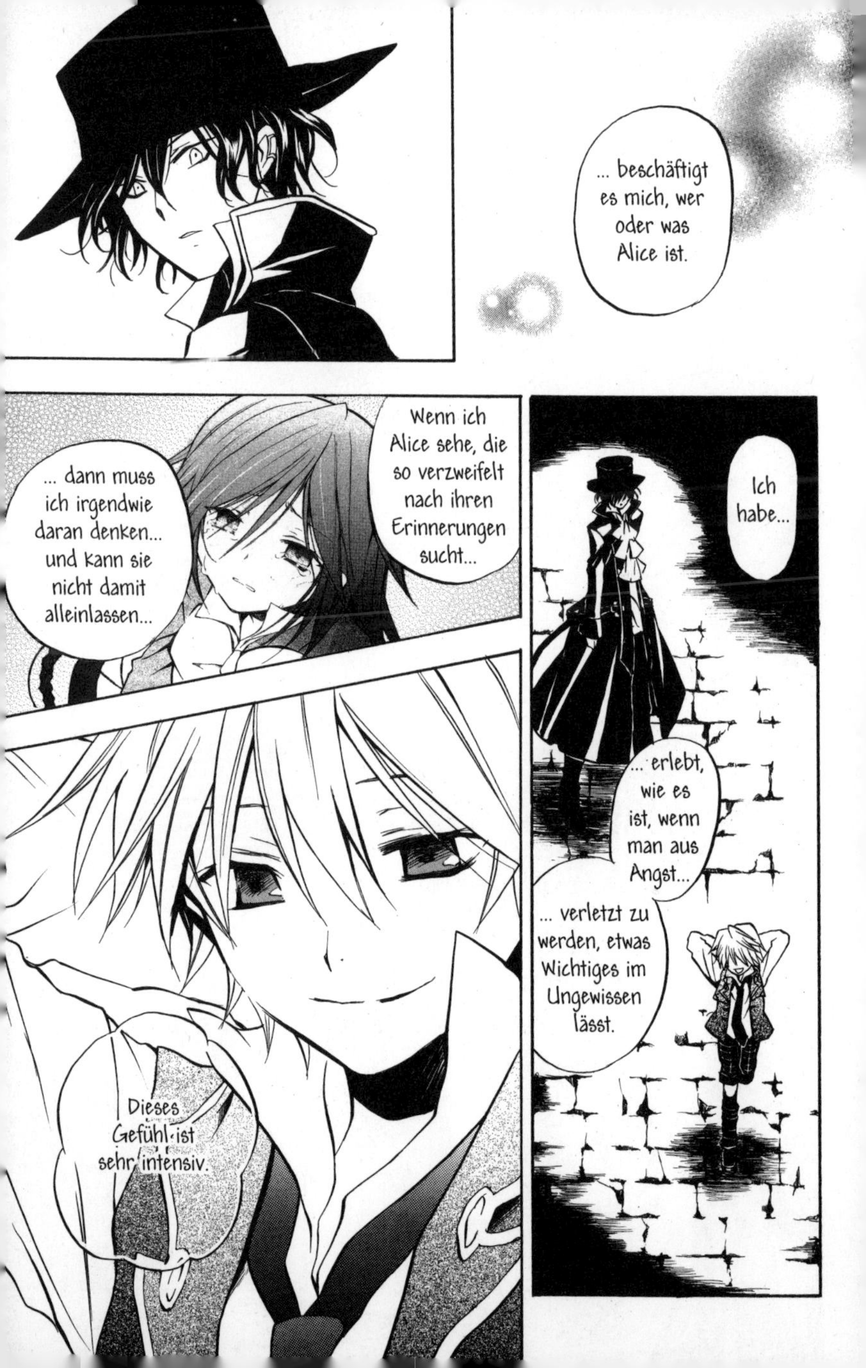
... beschäftigt es mich, wer oder was Alice ist.
Ich habe...
... erlebt, wie es ist, wenn man aus Angst...
... verletzt zu werden, etwas Wichtiges im Ungewissen lässt.
Wenn ich Alice sehe, die so verzweifelt nach ihren Erinnerungen sucht...
... dann muss ich irgendwie daran denken... und kann sie nicht damit alleinlassen...
Dieses Gefühl ist sehr intensiv.

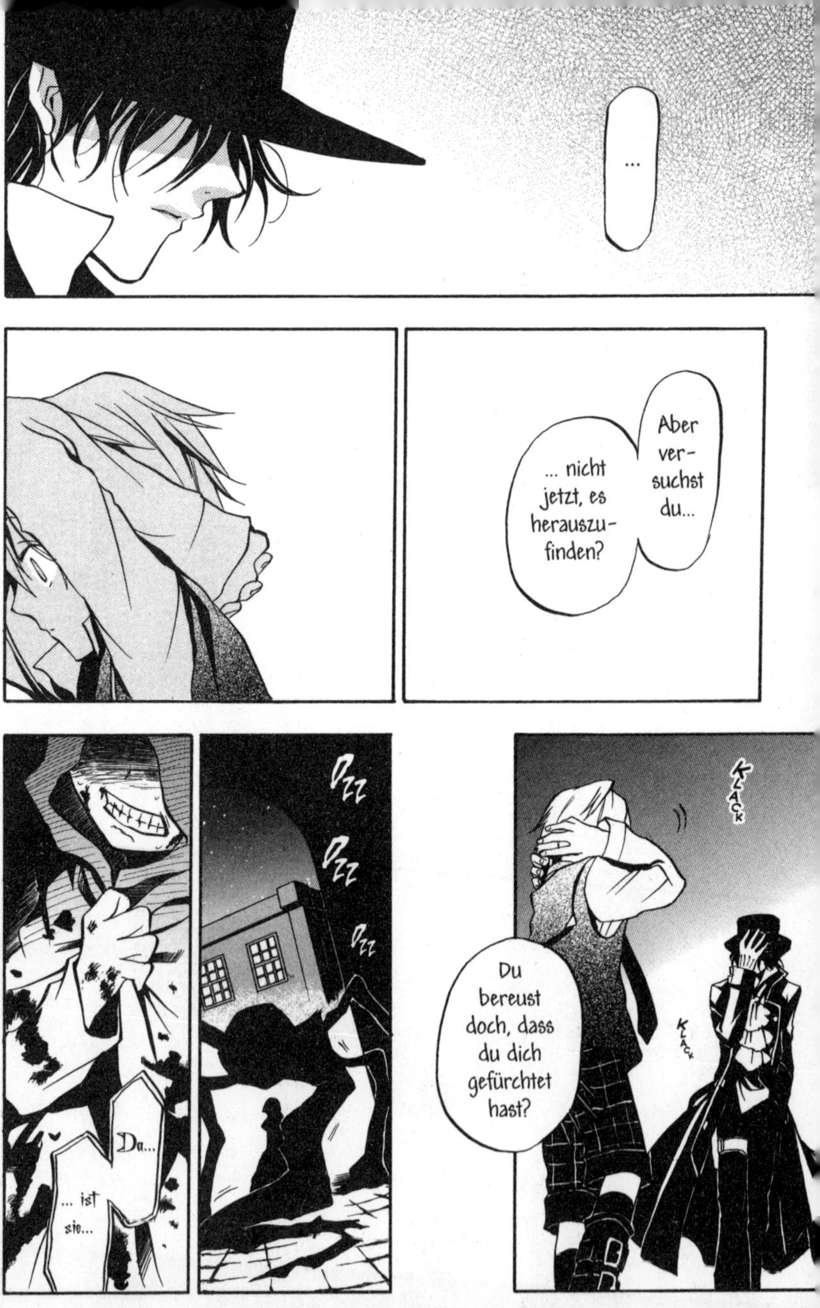
...
Aber ver-suchst du...
... nicht jetzt, es herauszu-finden?
KLACK
Du bereust doch, dass du dich gefürchtet hast?
KLACK
Dzz
Dzz
Dzz
Da...
... ist sie...

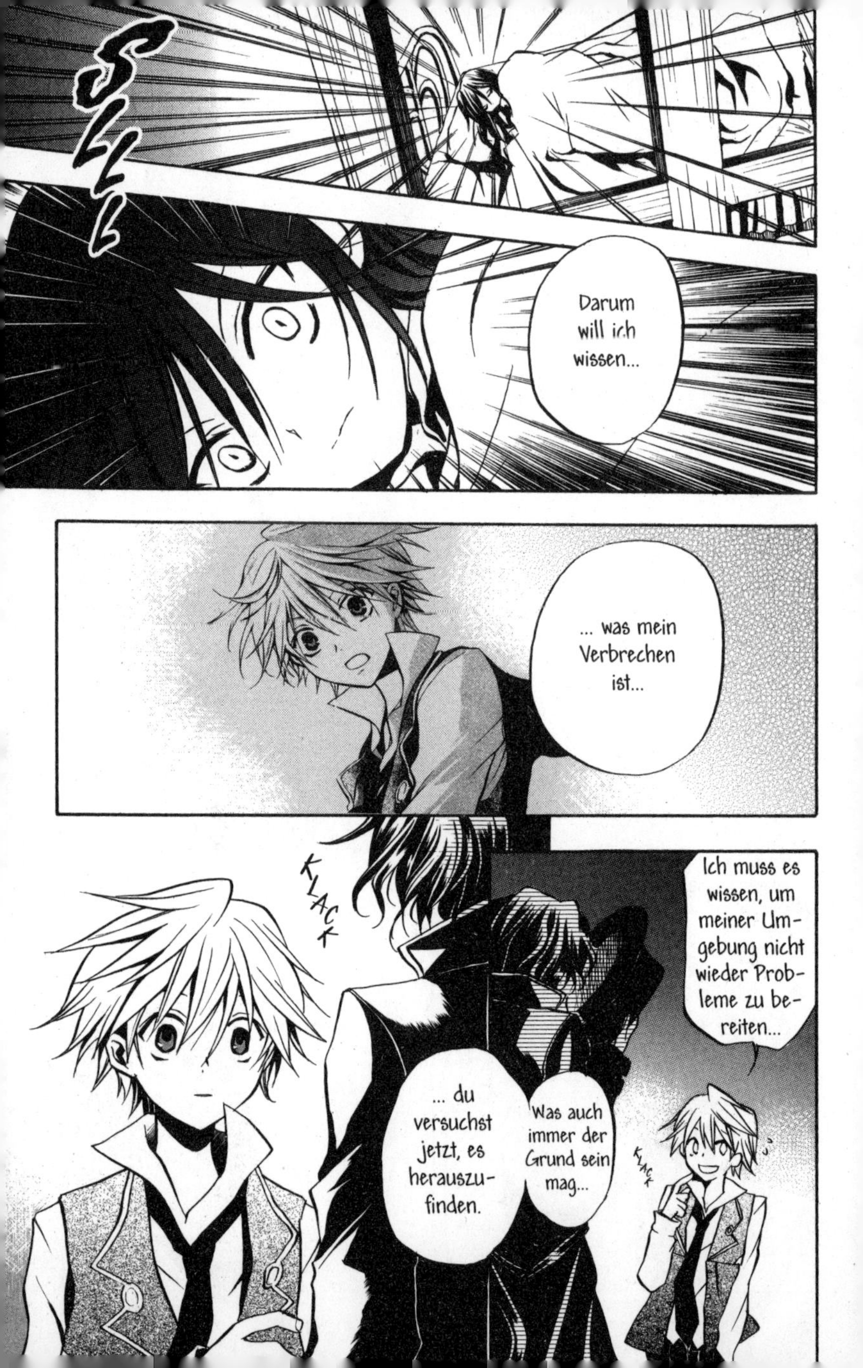
SLLL
Darum will ich wissen...
... was mein Verbrechen ist...
Ich muss es wissen, um meiner Umgebung nicht wieder Probleme zu bereiten...
KLACK
Was auch immer der Grund sein mag...
... du versuchst jetzt, es herauszufinden.
KLACK

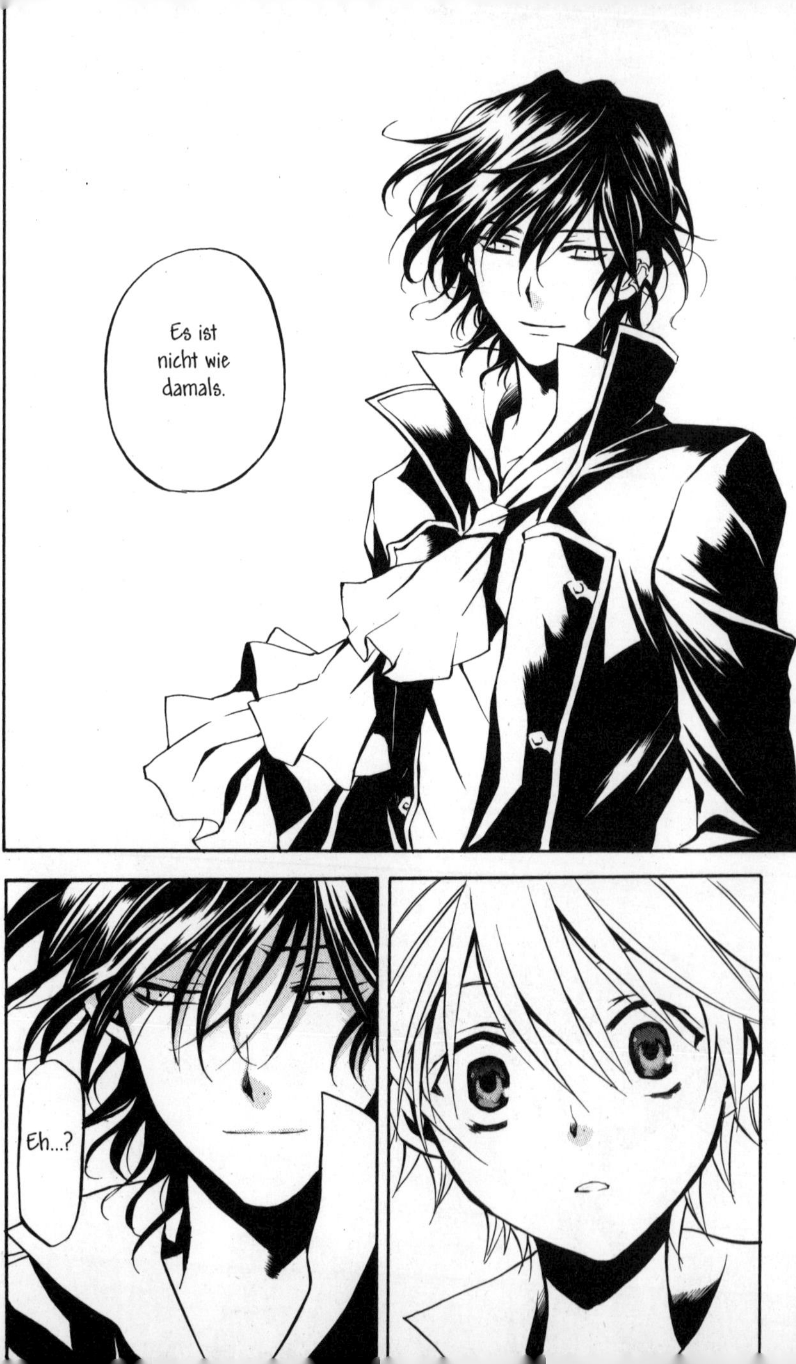
Es ist nicht wie damals.
Eh...?

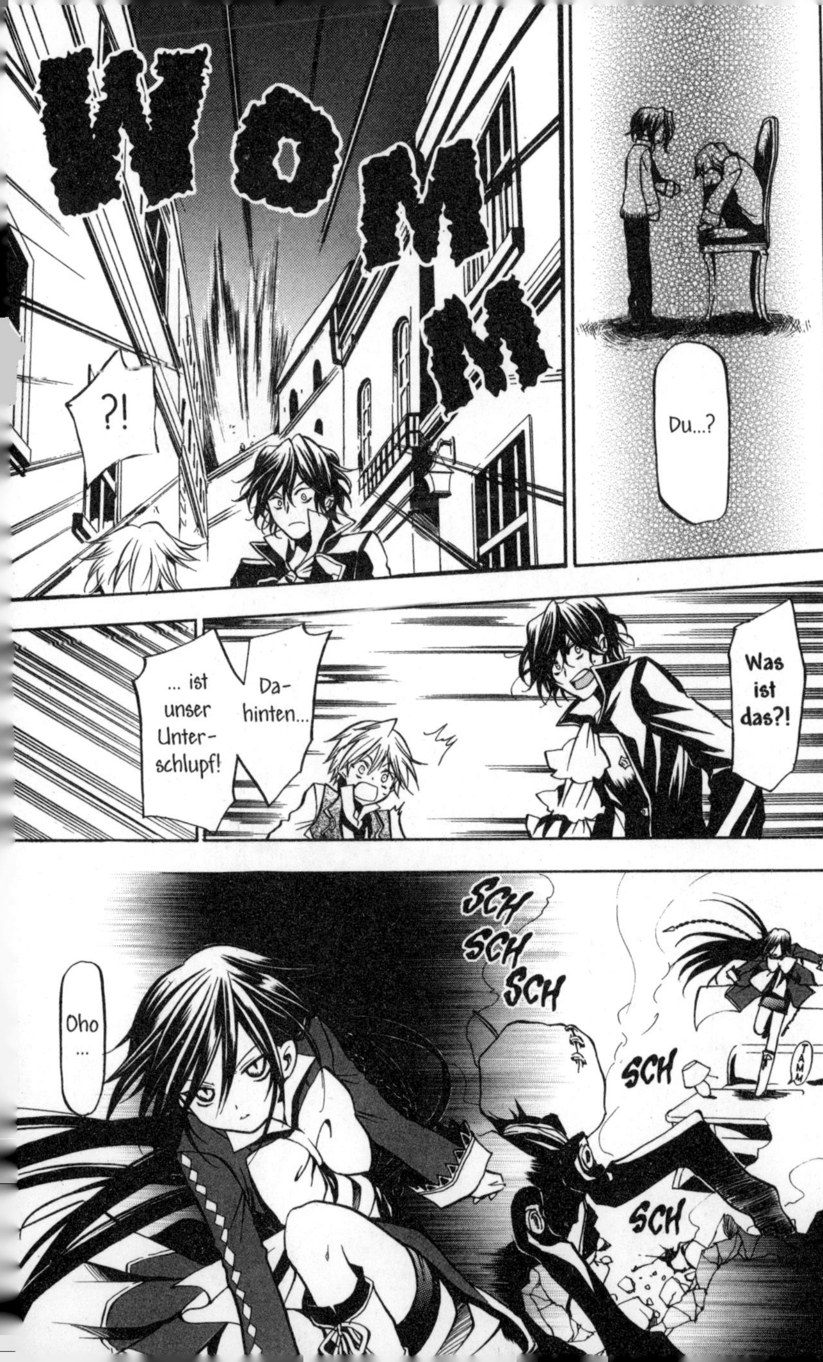
Du...?
WOMM
?!
Was ist das?!
Da- hinten...
... ist unser Unter- schlupf!
SCH SCH SCH
TAMM
SCH
Oho ...
SCH

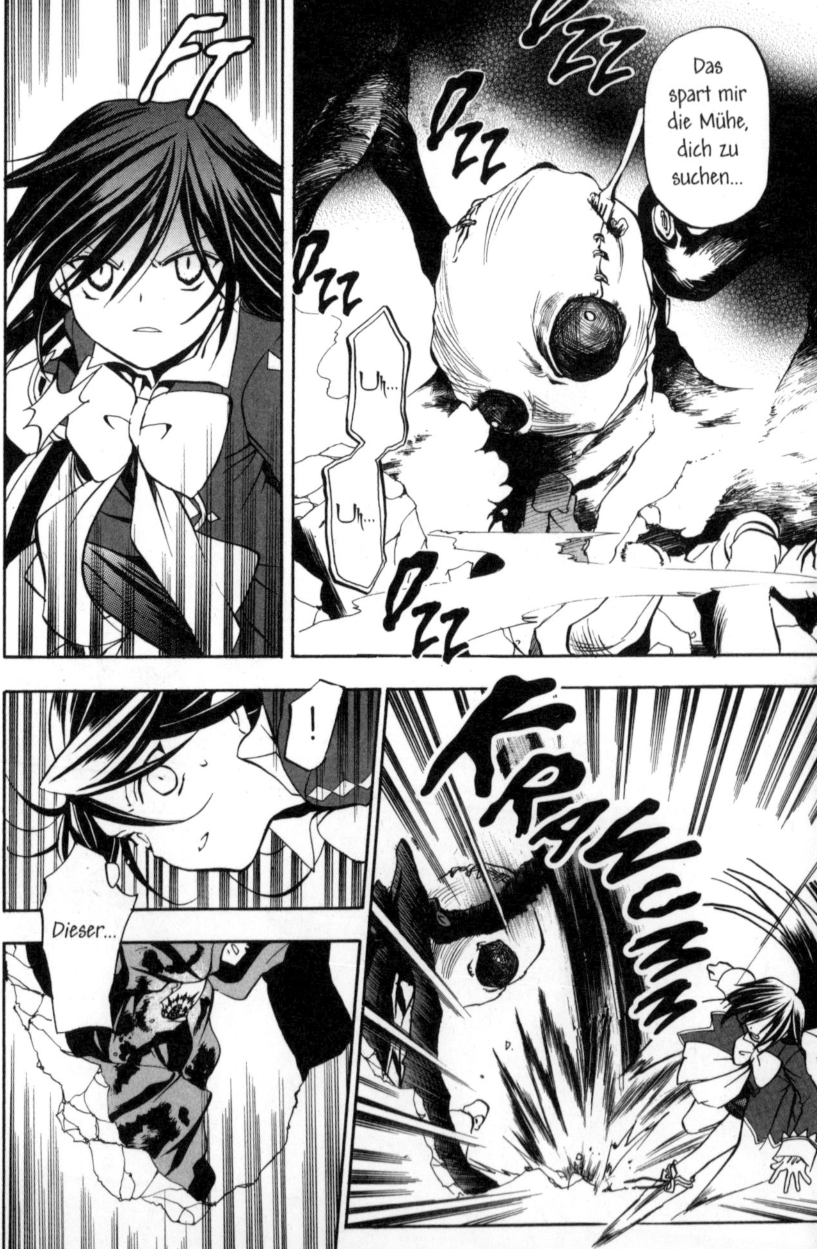
OZZ
OZZ
Das spart mir die Mühe, dich zu suchen...
FT
OZZ
Uh...
Uh...
OZZ
!
KRAWUMM
Dieser...

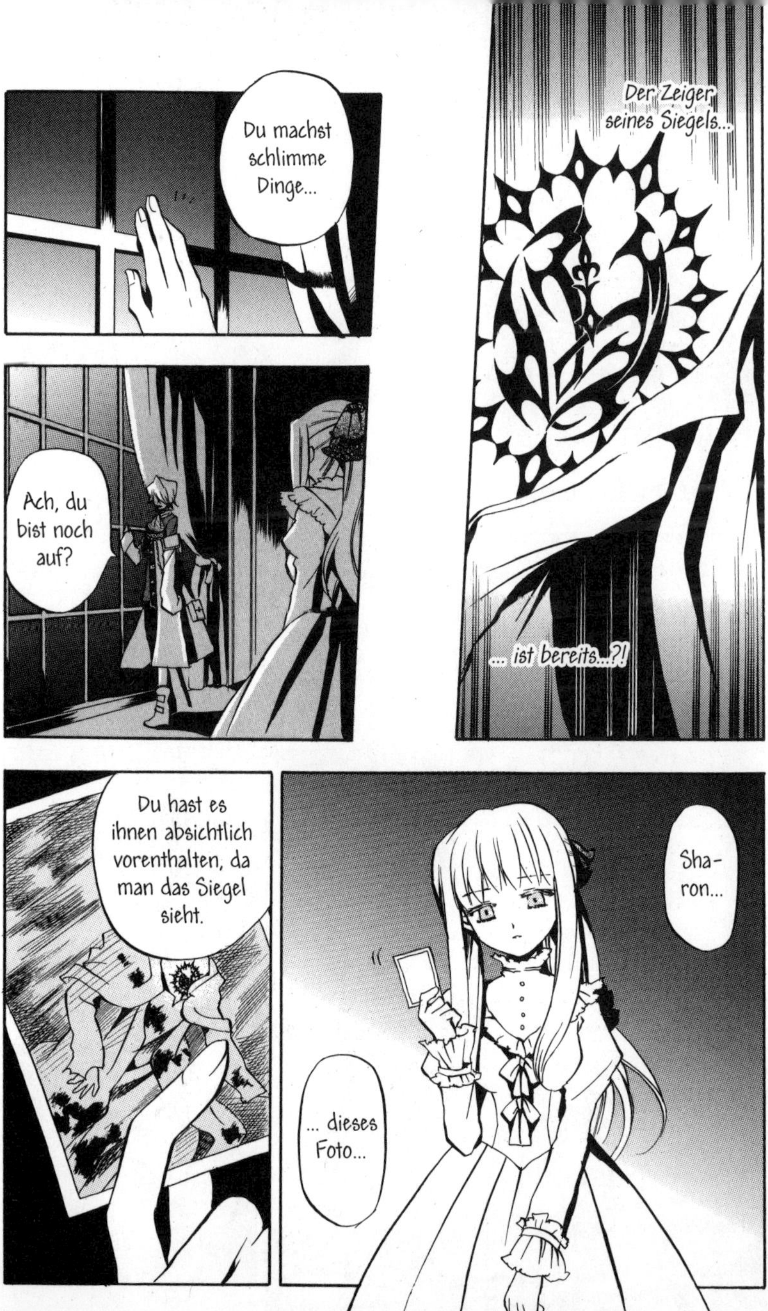

Der Zeiger seines Siegels...
... ist bereits...?!
Du machst schlimme Dinge...
Ach, du bist noch auf?
Sha-ron...
... dieses Foto...
Du hast es ihnen absichtlich vorenthalten, da man das Siegel sieht.

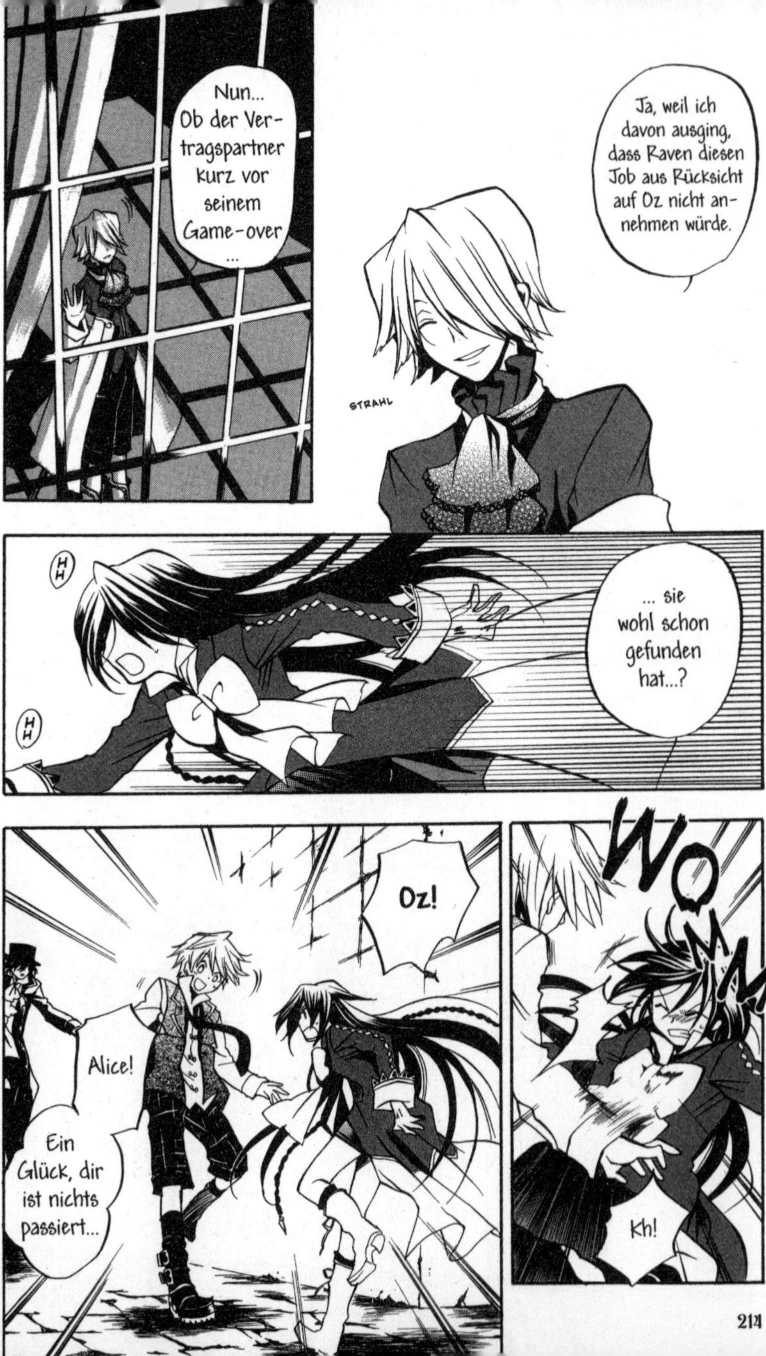
Ja, weil ich davon ausging, dass Raven diesen Job aus Rücksicht auf Oz nicht an-nehmen würde.
Nun... Ob der Ver-tragspartner kurz vor seinem Game-over ...
STRAHL
... sie wohl schon gefunden hat...?
HH
HH
WOMM
Kh!
Oz!
Alice!
Ein Glück, dir ist nichts passiert...

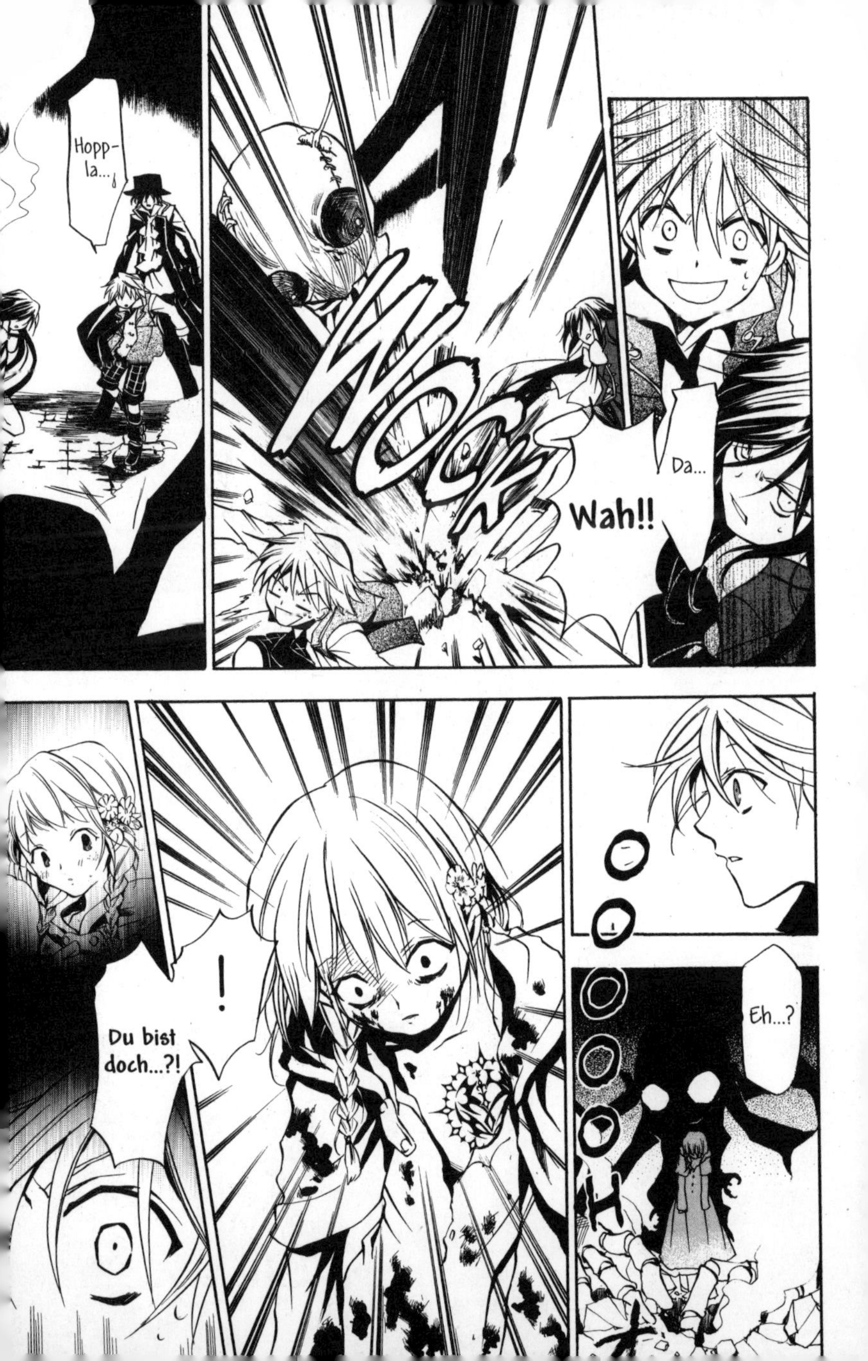
Da...
Wah!!
Hopp-
la...
Eh...?
!
Du bist
doch...?!

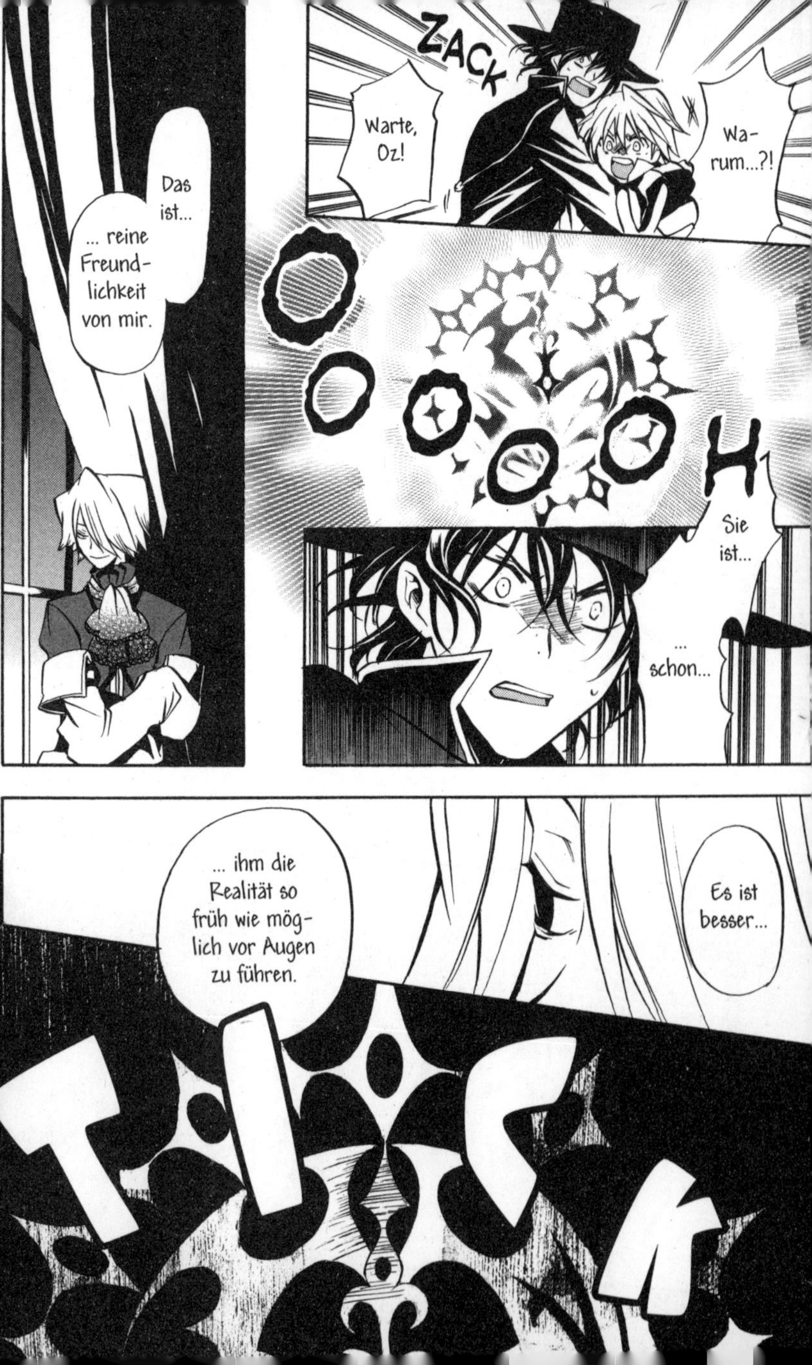
Wa-
rum...?!
ZACK
Warte,
Oz!
OOOOOH
Sie
ist...
...
schon...
Das
ist...
... reine
Freund-
lichkeit
von mir.
Es ist
besser...
... ihm die
Realität so
früh wie mög-
lich vor Augen
zu führen.
TICK

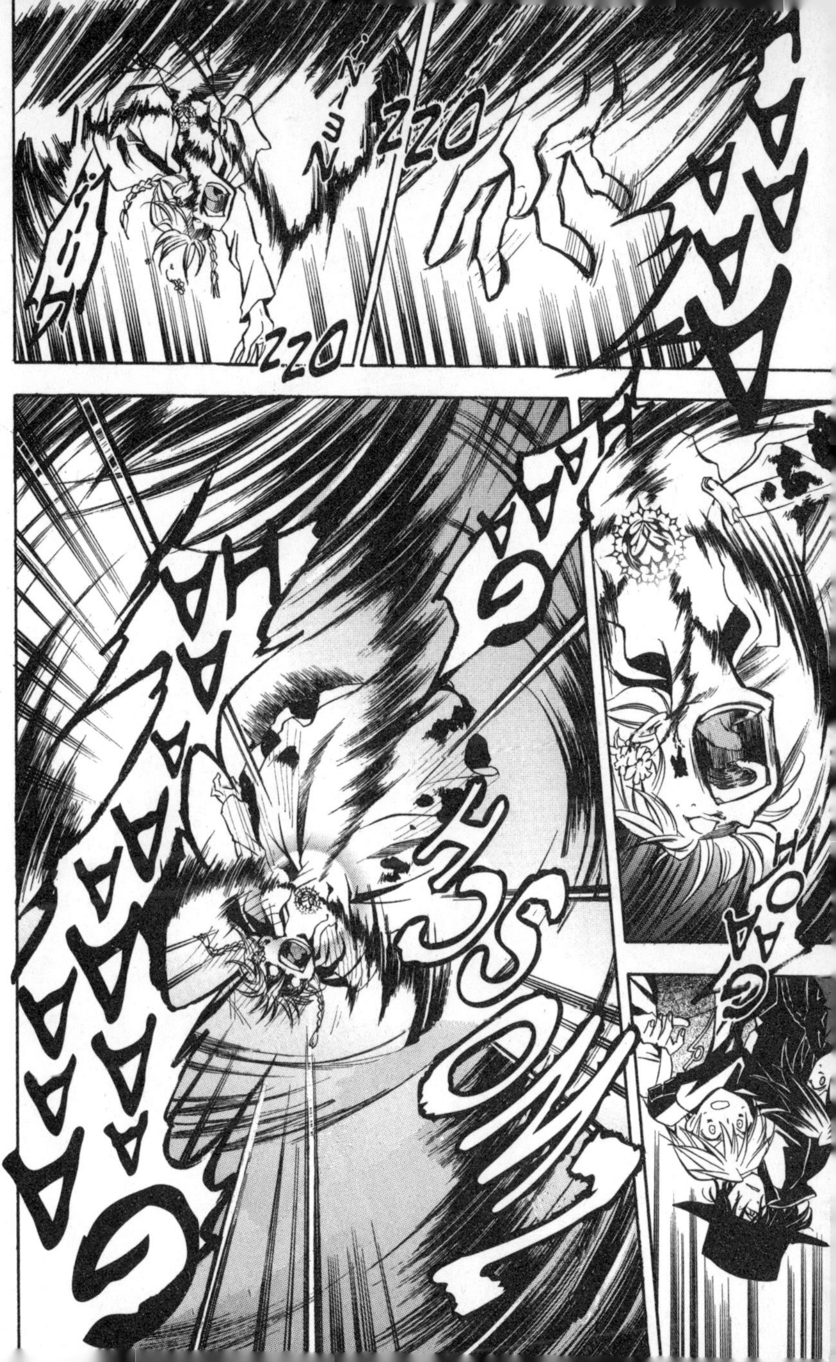
ZZZO
ZZO

FUWAH
Kh!!
...
Was...
... war das...?!

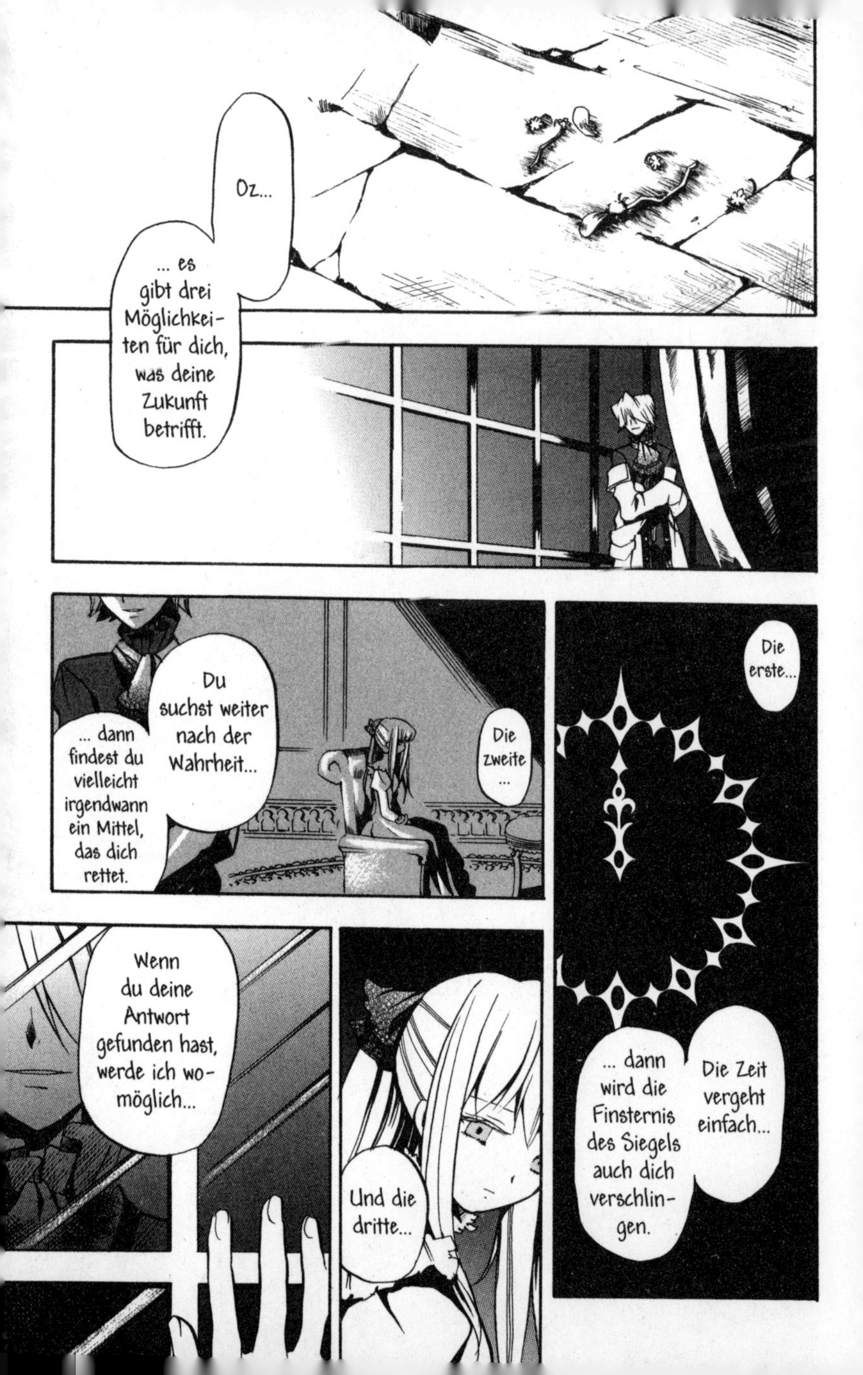
Oz...
... es gibt drei Möglichkei- ten für dich, was deine Zukunft betrifft.
Die erste...
Die zweite ...
Du suchst weiter nach der Wahrheit...
... dann findest du vielleicht irgendwann ein Mittel, das dich rettet.
Die Zeit vergeht einfach...
... dann wird die Finsternis des Siegels auch dich verschlin- gen.
Und die dritte...
Wenn du deine Antwort gefunden hast, werde ich wo- möglich...

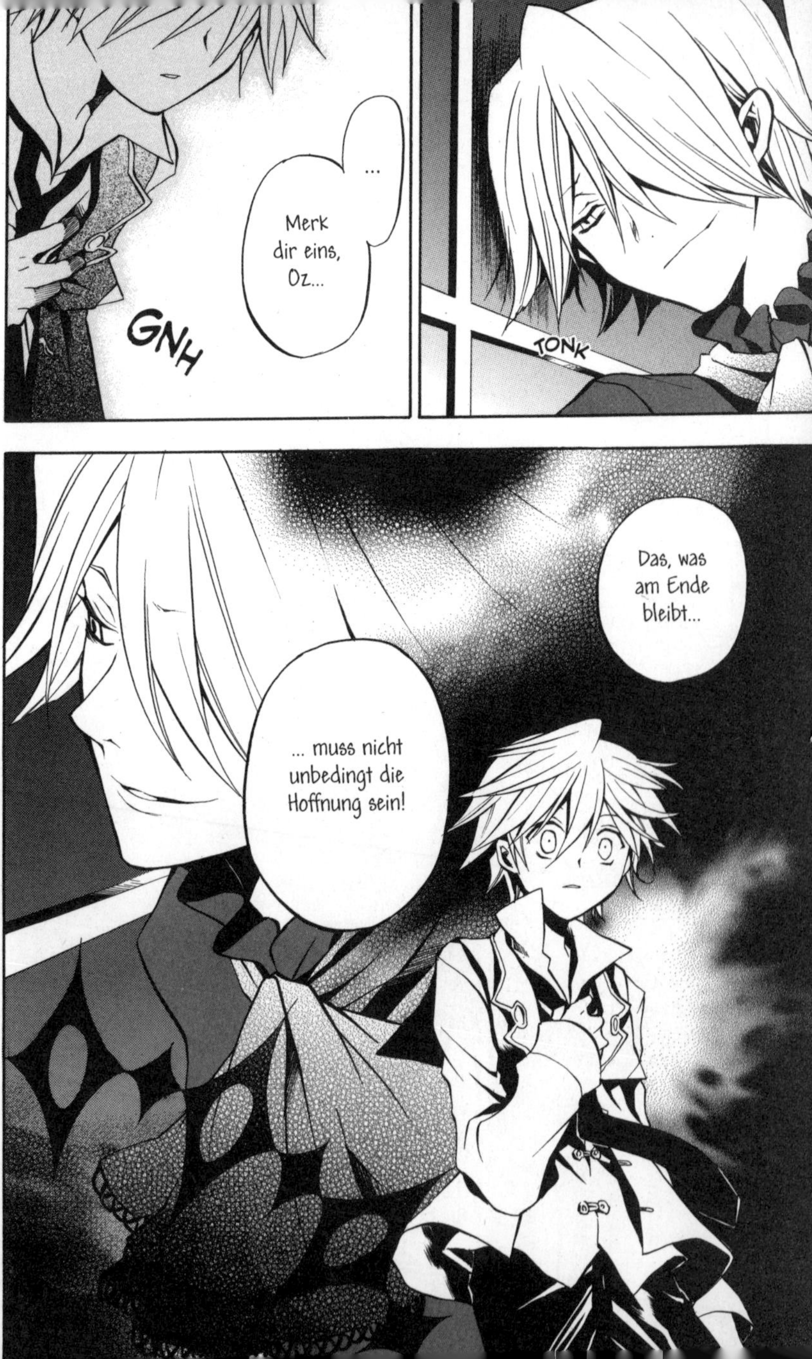
TONK
...
Merk dir eins, Oz...
GNH
Das, was am Ende bleibt...
... muss nicht unbedingt die Hoffnung sein!

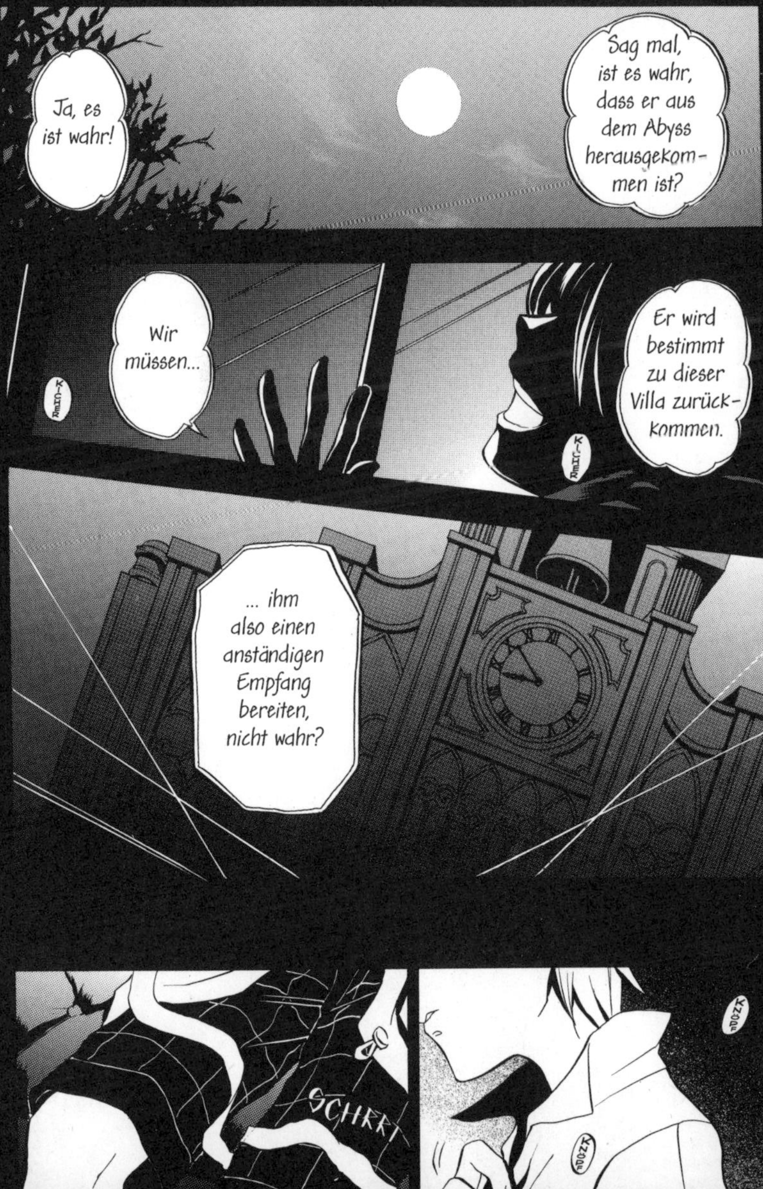
Sag mal, ist es wahr, dass er aus dem Abyss herausgekommen ist?
Ja, es ist wahr!
Er wird bestimmt zu dieser Villa zurückkommen.
KICHER
Wir müssen...
KICHER
... ihm also einen anständigen Empfang bereiten, nicht wahr?
KNOPF
KNOPF
SCHRRT

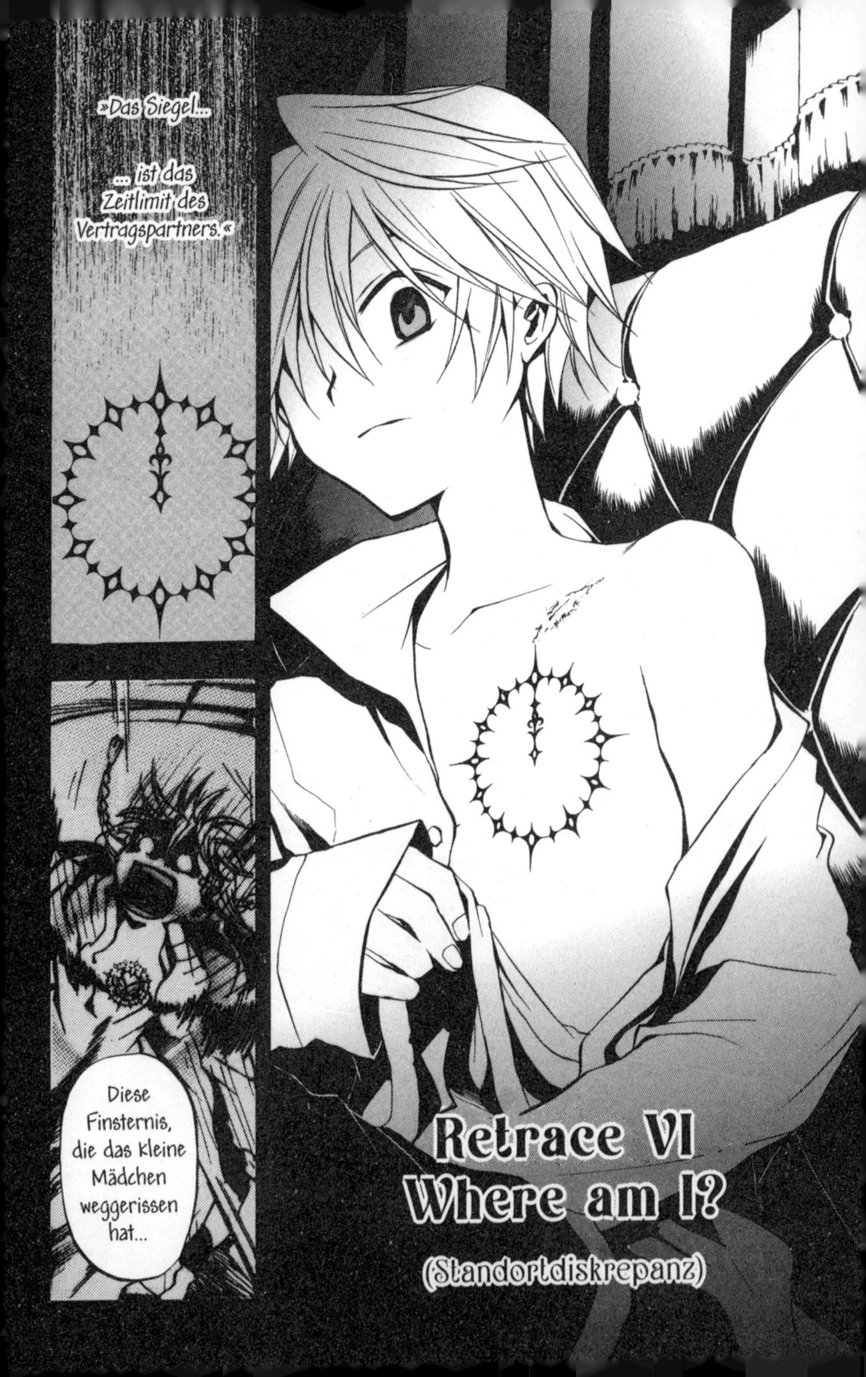
Retrace VI
Where am I?
(Standortdiskrepanz)
»Das Siegel...
... ist das Zeitlimit des Vertragspartners.«
Diese Finsternis, die das kleine Mädchen weggerissen hat...

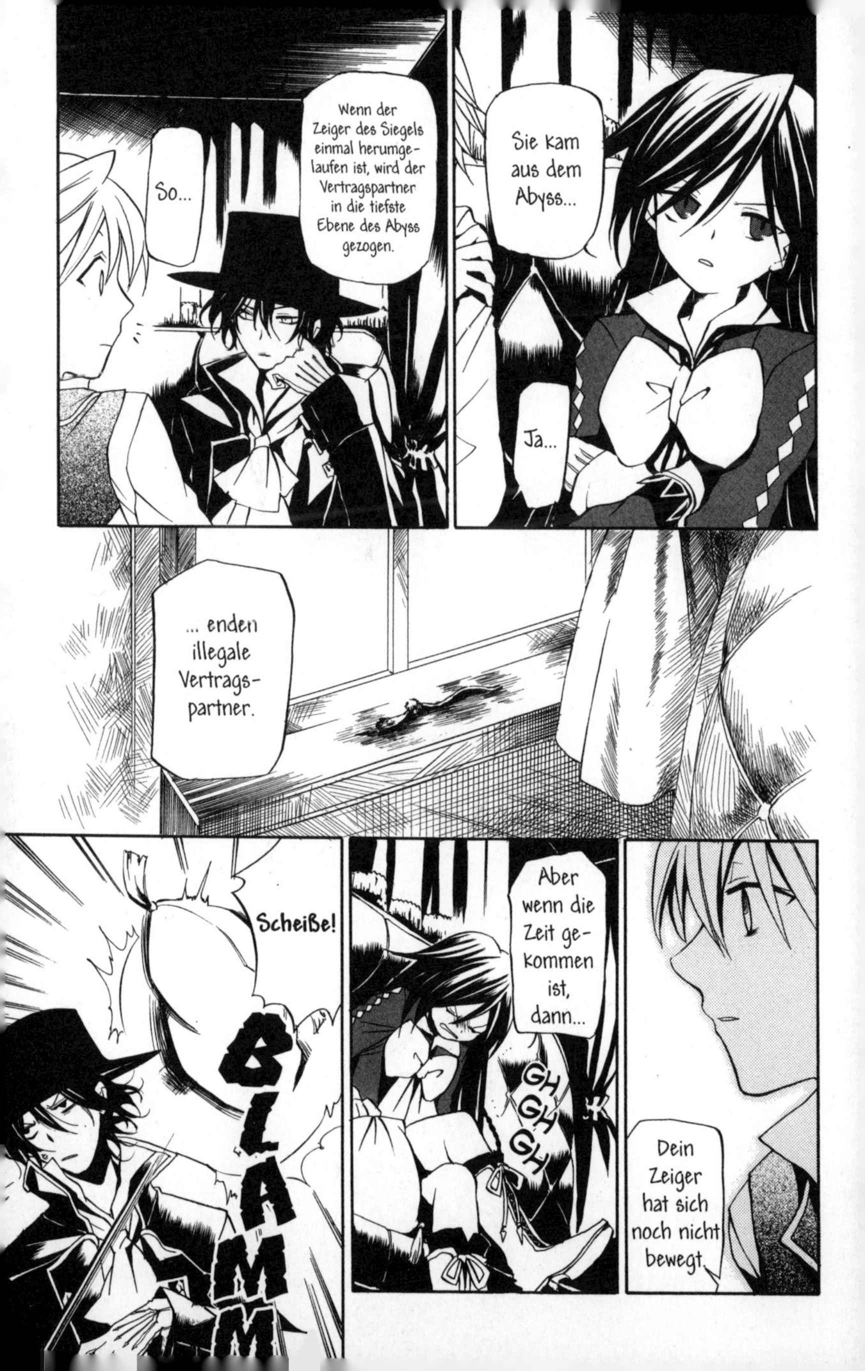
Sie kam aus dem Abyss...
Ja...
Wenn der Zeiger des Siegels einmal herumgelaufen ist, wird der Vertragspartner in die tiefste Ebene des Abyss gezogen.
So...
... enden illegale Vertrags-partner.
Dein Zeiger hat sich noch nicht bewegt.
Aber wenn die Zeit gekommen ist, dann...
GH GH GH
Scheiße!
BLAMM

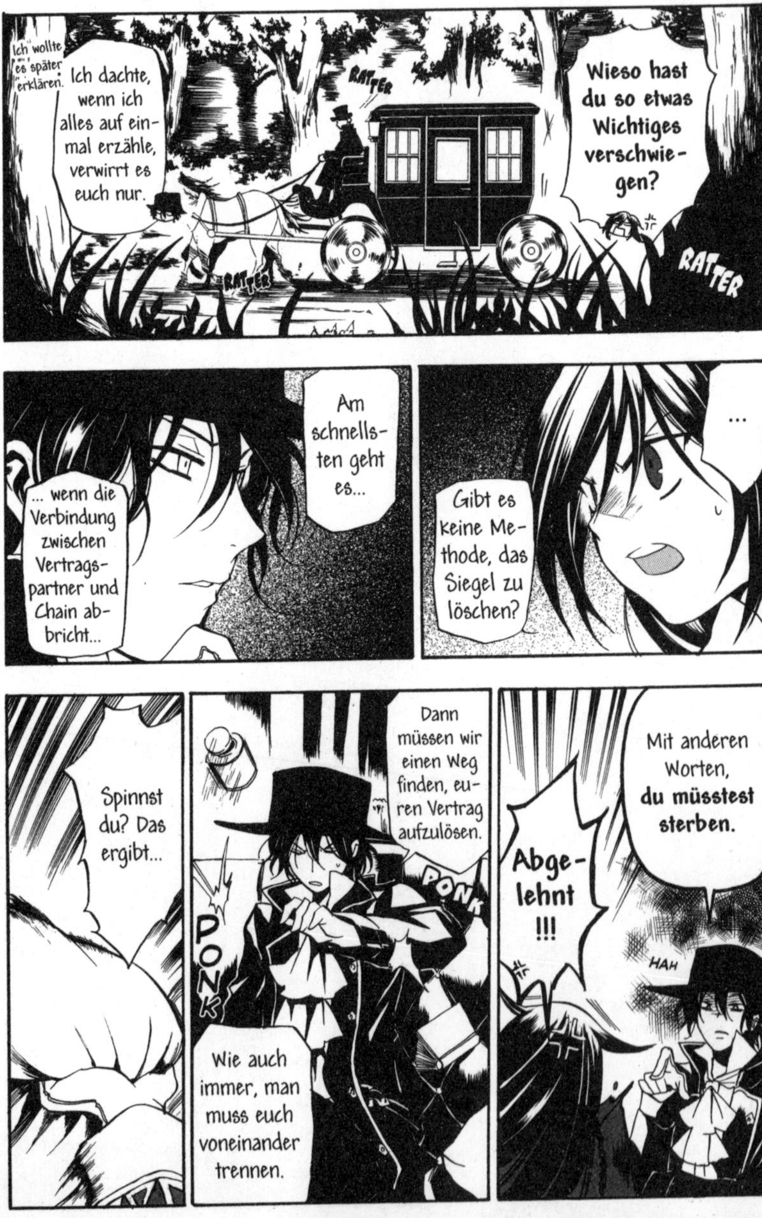

Wieso hast du so etwas Wichtiges verschwie-gen?
RATTER
RATTER
Ich dachte, wenn ich alles auf ein-mal erzähle, verwirrt es euch nur.
Ich wollte es später erklären.
RATTER
...
Gibt es keine Me-thode, das Siegel zu löschen?
Am schnells-ten geht es...
... wenn die Verbindung zwischen Vertrags-partner und Chain ab-bricht...
Mit anderen Worten, du müsstest sterben.
Abge-lehnt !!!
HAH
Dann müssen wir einen Weg finden, eu-ren Vertrag aufzulösen.
PONK
PONK
Wie auch immer, man muss euch voneinander trennen.
Spinnst du? Das ergibt...

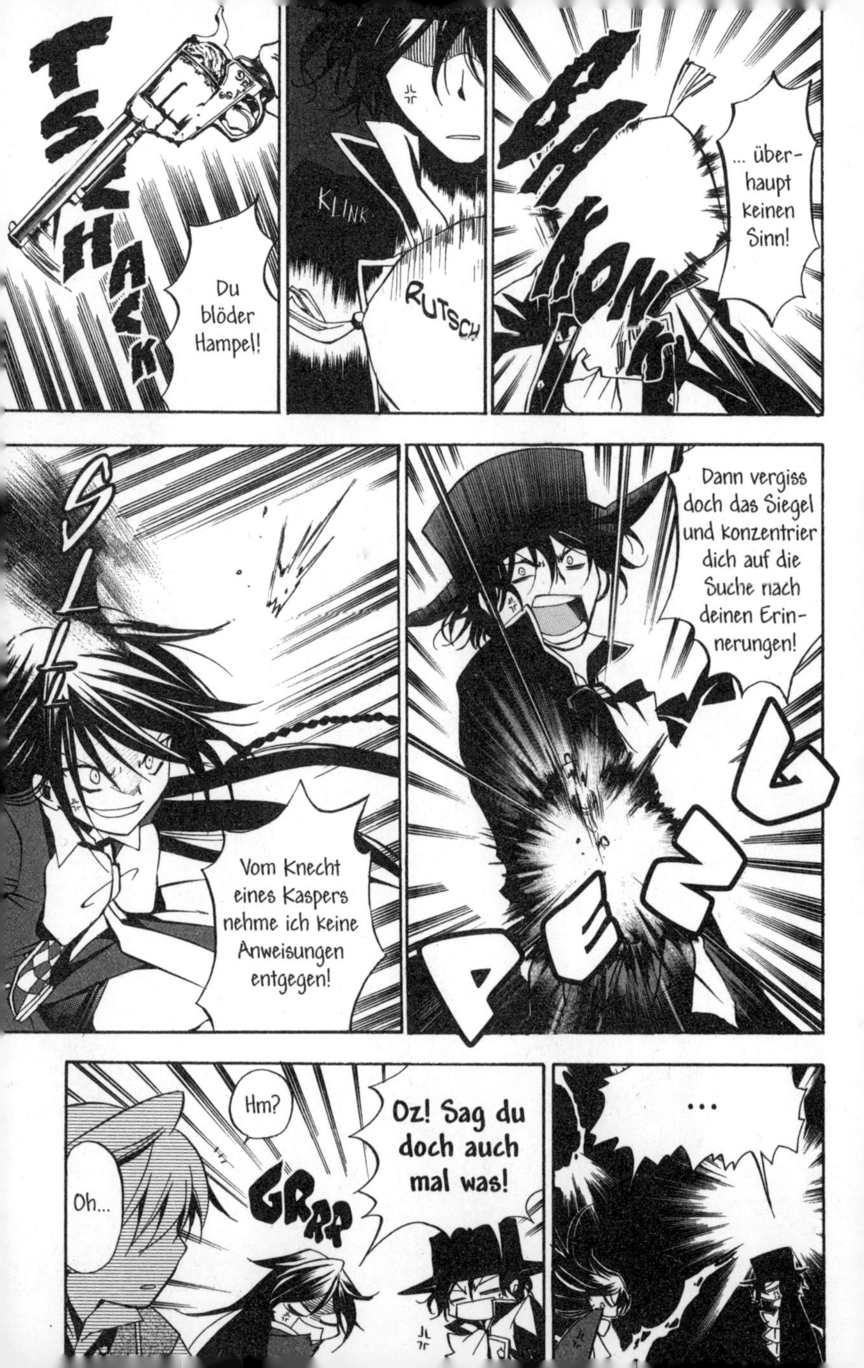
... über-haupt keinen Sinn!
BAMM
RUTSCH
KLINK
Du blöder Hampel!
TSCHACK
Dann vergiss doch das Siegel und konzentrier dich auf die Suche nach deinen Erin-nerungen!
PENG
Vom Knecht eines Kaspers nehme ich keine Anweisungen entgegen!
...
Oz! Sag du doch auch mal was!
Hm?
GRRR
Oh...

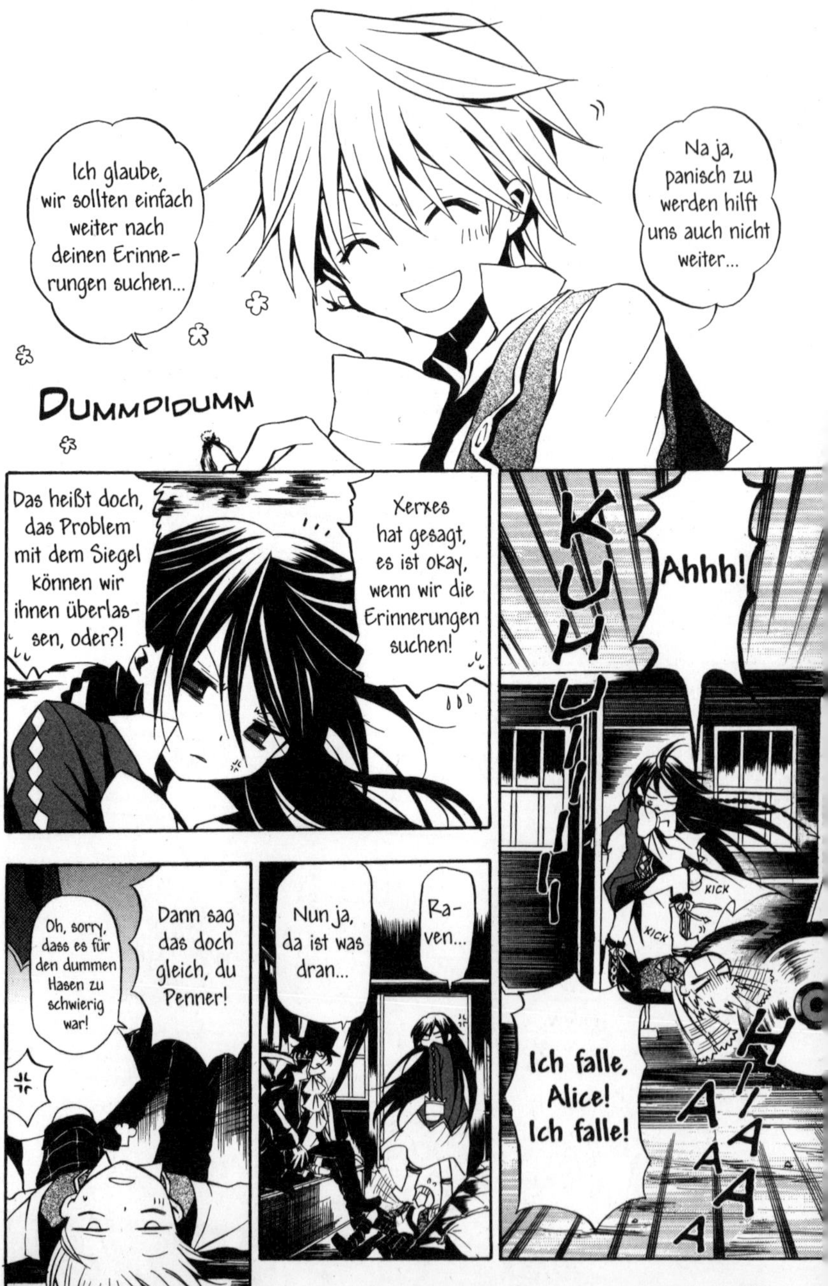

Na ja, panisch zu werden hilft uns auch nicht weiter...
Ich glaube, wir sollten einfach weiter nach deinen Erinnerungen suchen...
Dummdidumm
KUHUU!!!
Ahhh!
Xerxes hat gesagt, es ist okay, wenn wir die Erinnerungen suchen!
Das heißt doch, das Problem mit dem Siegel können wir ihnen überlassen, oder?!
KICK
KICK
HIAAAAA
Ich falle, Alice! Ich falle!
Raven...
Nun ja, da ist was dran...
Dann sag das doch gleich, du Penner!
Oh, sorry, dass es für den dummen Hasen zu schwierig war!

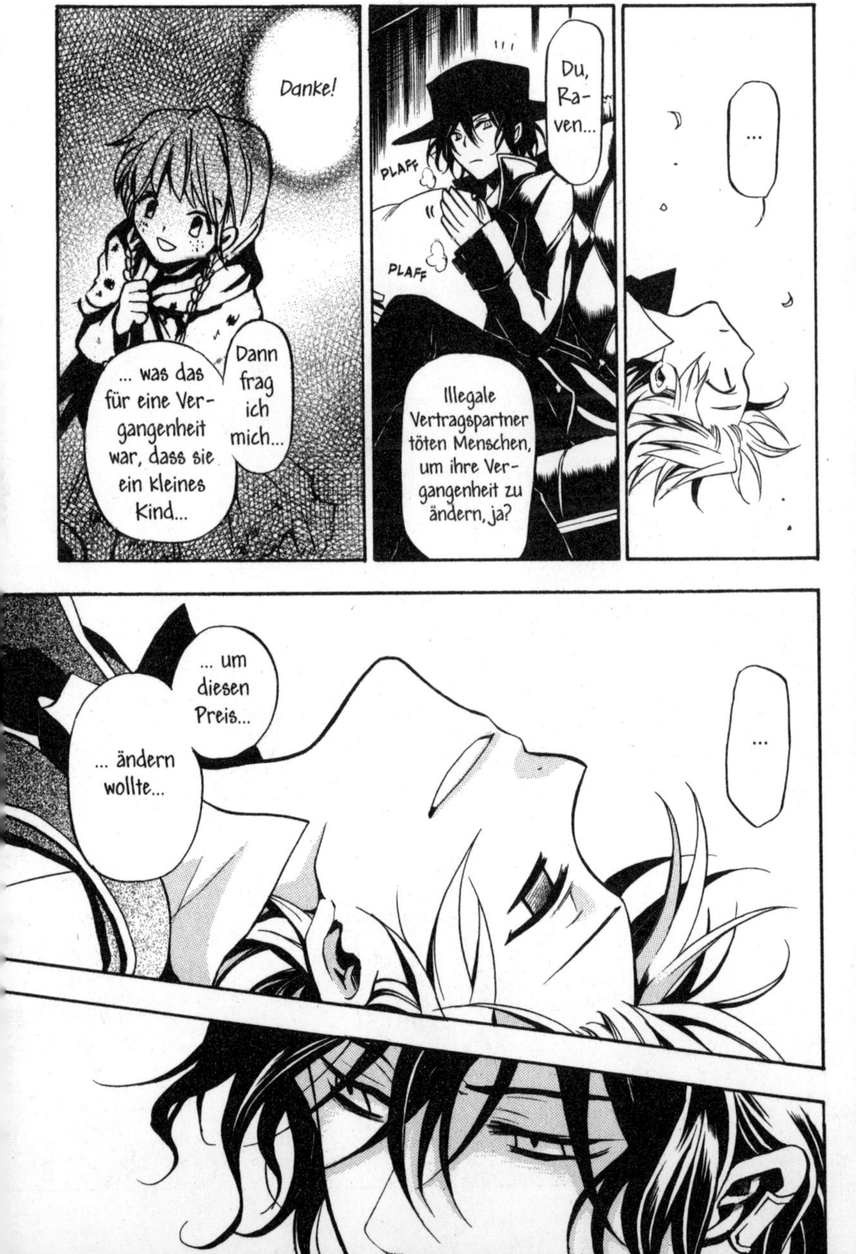
...
Du, Raven...
PLAFF
PLAFF
Illegale Vertragspartner töten Menschen, um ihre Vergangenheit zu ändern, ja?
Danke!
Dann frag ich mich...
... was das für eine Vergangenheit war, dass sie ein kleines Kind...
...
... um diesen Preis...
... ändern wollte...

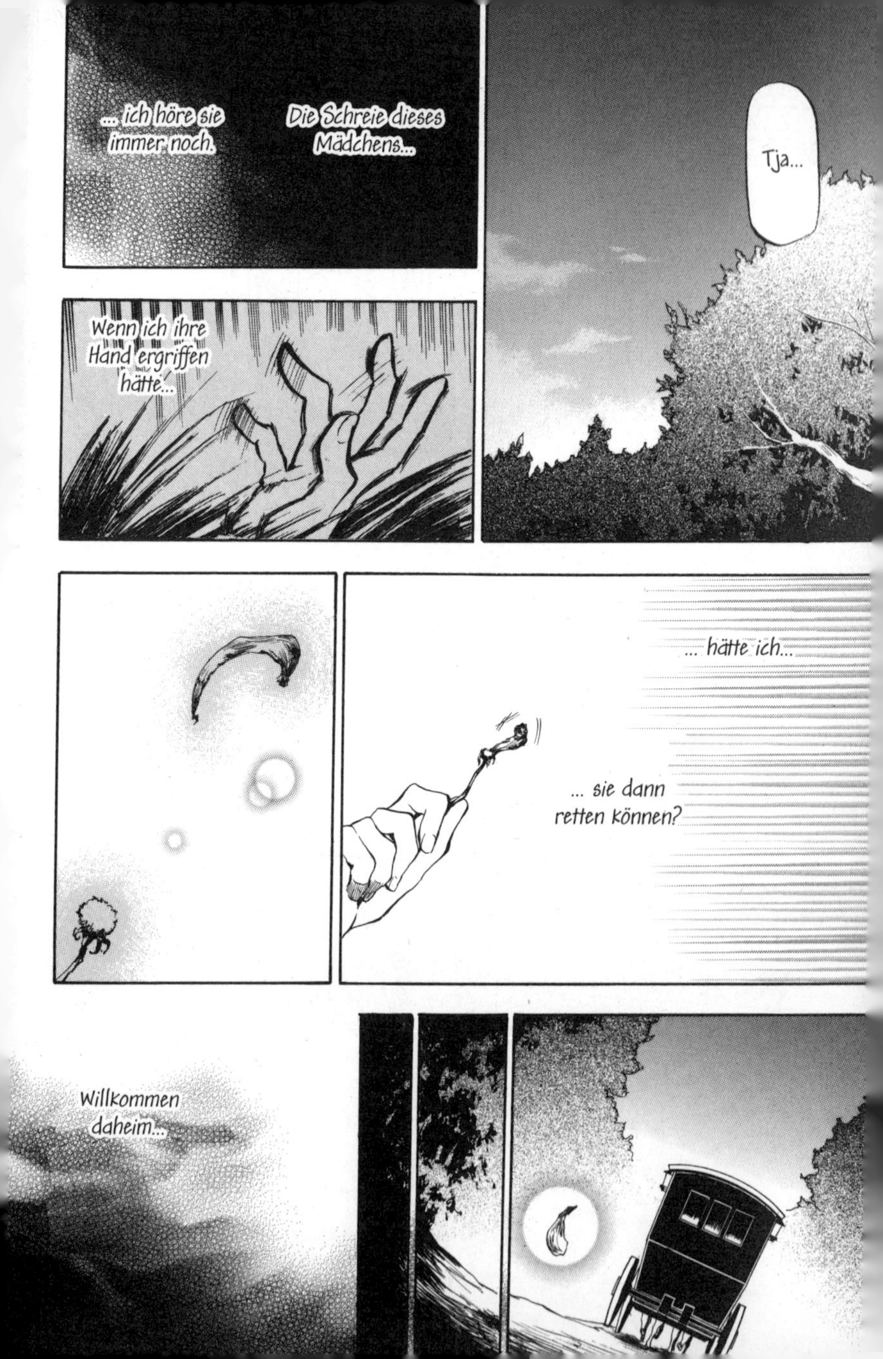
Tja...
Die Schreie dieses Mädchens...
... ich höre sie immer noch.
Wenn ich ihre Hand ergriffen hätte...
... hätte ich...
... sie dann retten können?
Willkommen daheim...

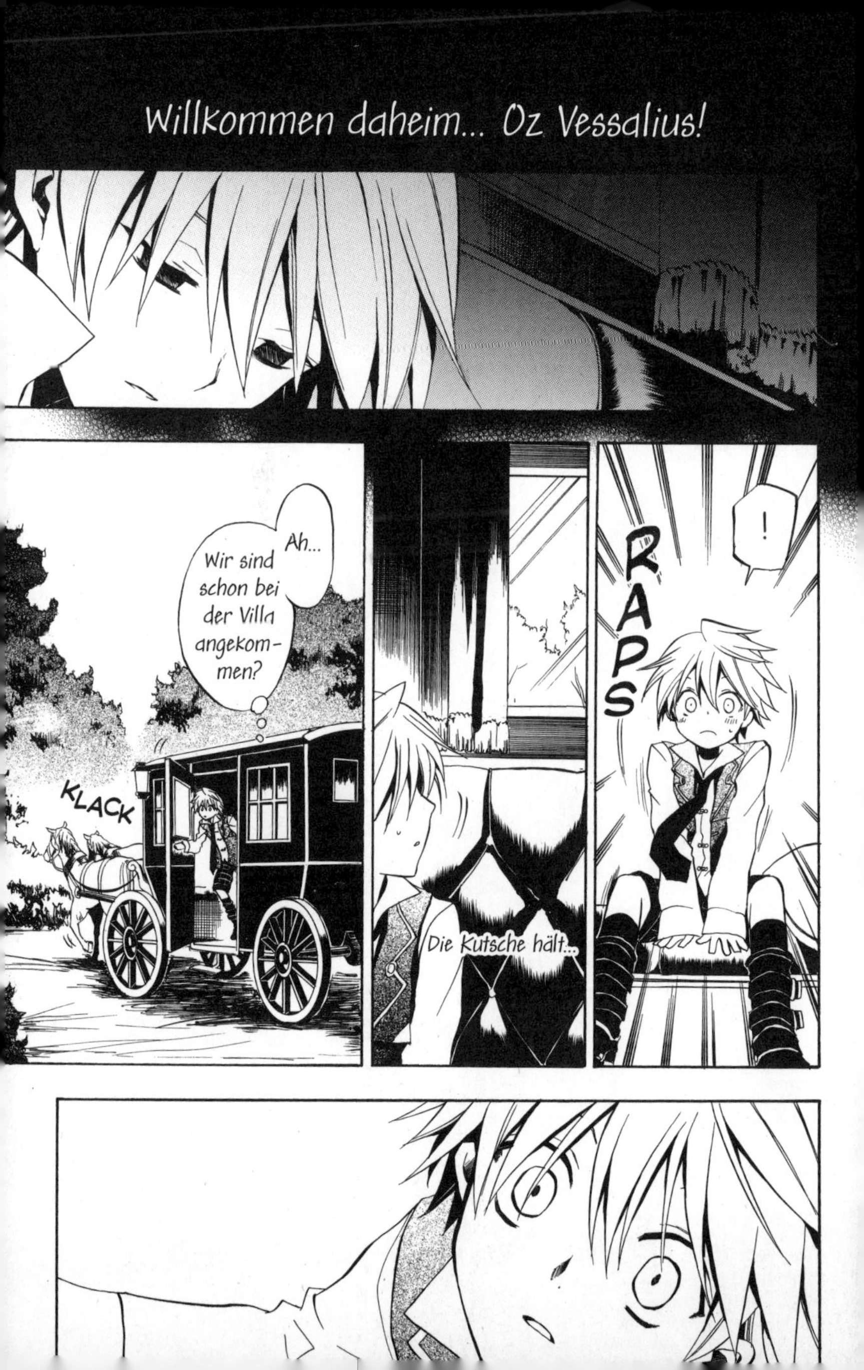
Willkommen daheim... Oz Vessalius!
!
RAPS
Die Kutsche hält...
Ah...
Wir sind schon bei der Villa angekommen?
KLACK

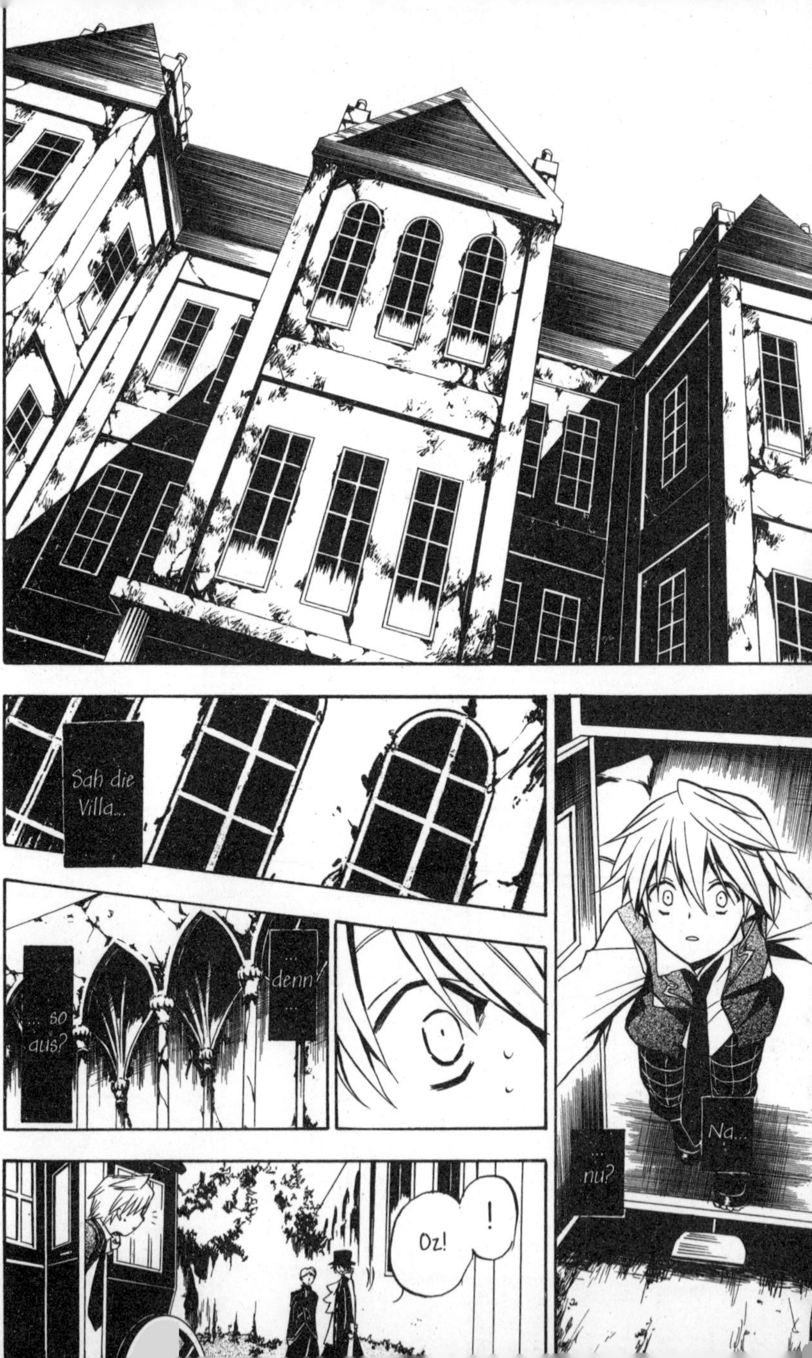
Sah die Villa...
... denn ...
... so aus?
Na...
... nu?
Oz!
!

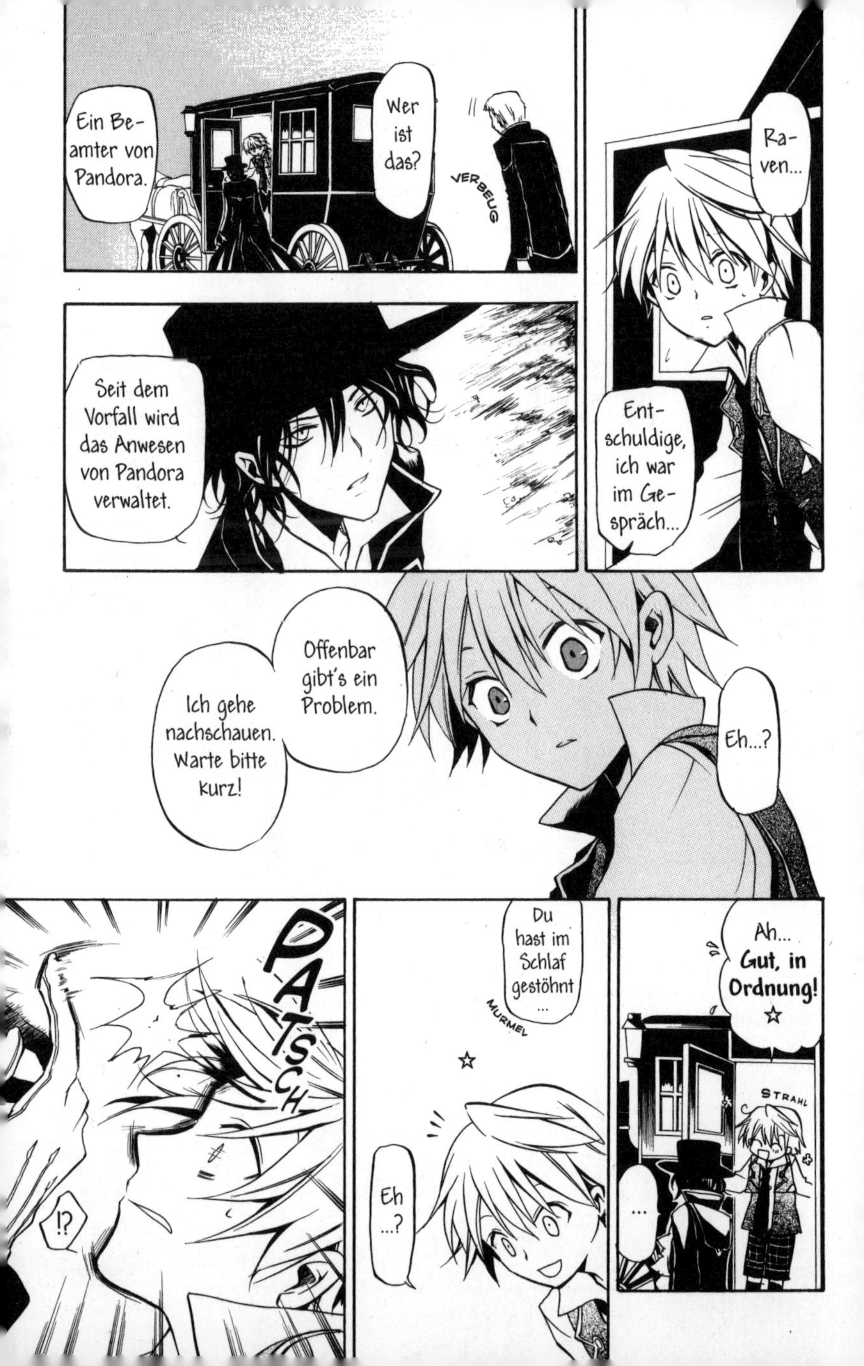
Ra-ven...
Wer ist das?
VERBEUG
Ein Beamter von Pandora.
Ent-schuldige, ich war im Ge-spräch...
Seit dem Vorfall wird das Anwesen von Pandora verwaltet.
Eh...?
Offenbar gibt's ein Problem.
Ich gehe nachschauen. Warte bitte kurz!
Ah... Gut, in Ordnung! ☆
STRAHL
...
Du hast im Schlaf gestöhnt ...
MURMEL
Eh ...?
PATSCH
!?

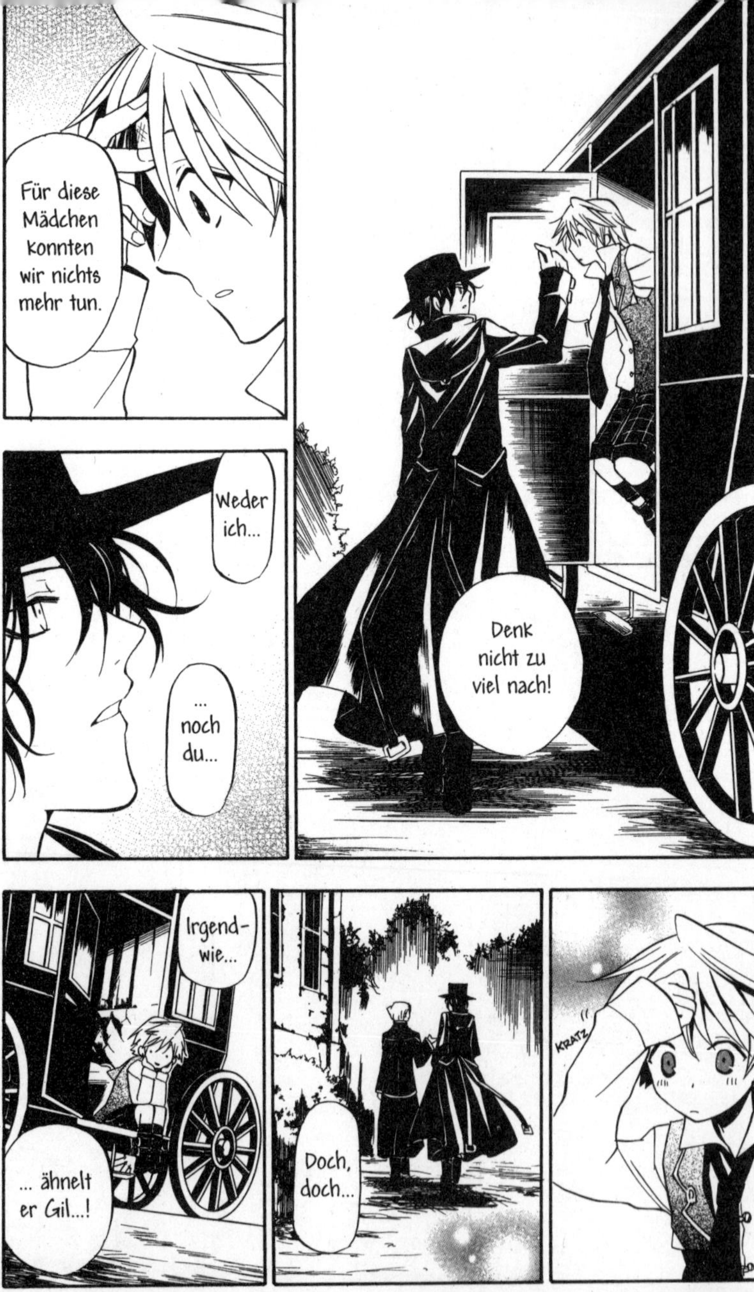
Für diese Mädchen konnten wir nichts mehr tun.
Weder ich...
... noch du...
Denk nicht zu viel nach!
KRATZ
Doch, doch...
Irgend-wie...
... ähnelt er Gil...!

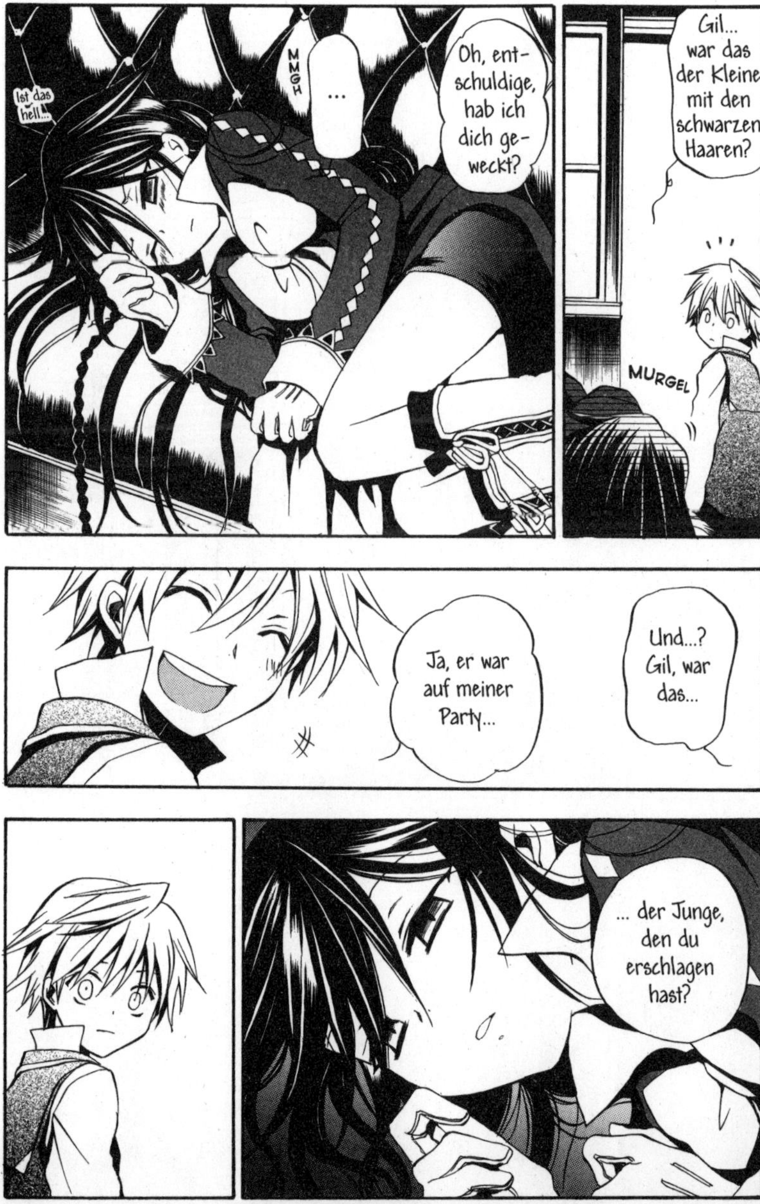
Gil... war das der Kleine mit den schwarzen Haaren?
MURGEL
Oh, ent-schuldige, hab ich dich ge-weckt?
MMGH
...
Ist das hell...
Und...? Gil, war das...
Ja, er war auf meiner Party...
... der Junge, den du erschlagen hast?

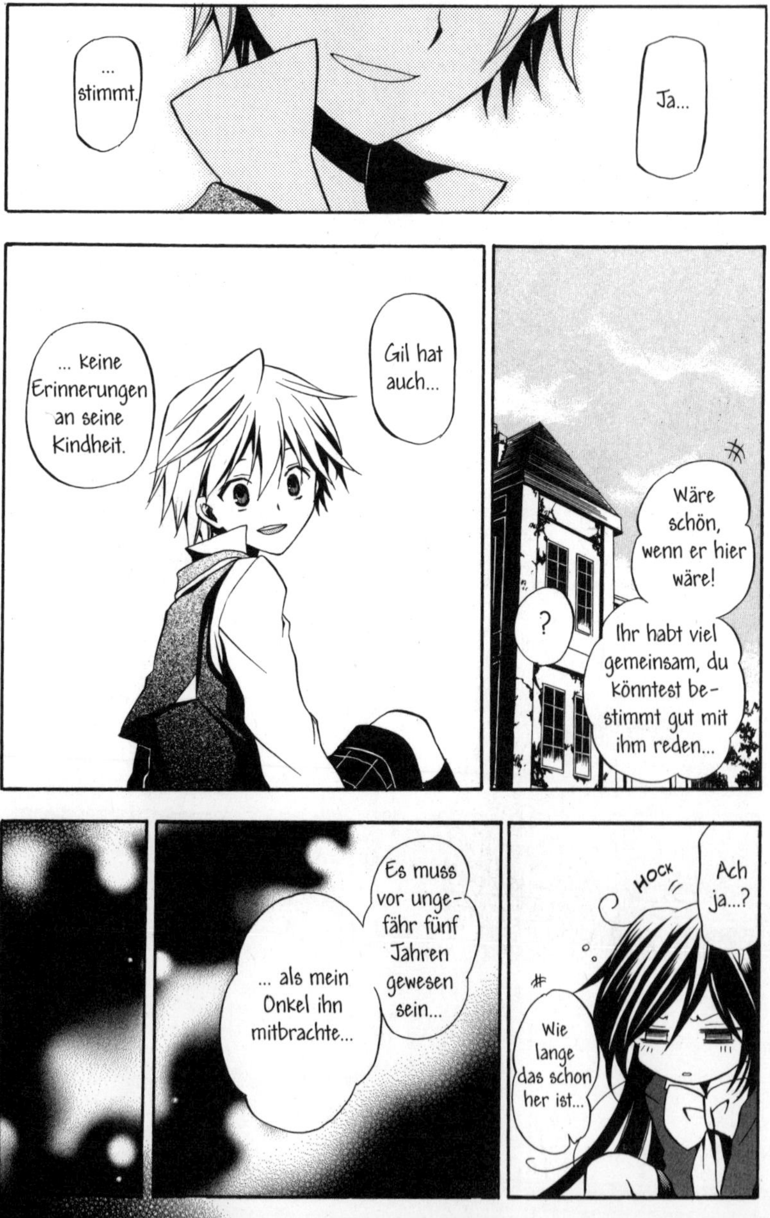
Ja...
... stimmt.
Wäre schön, wenn er hier wäre!
Ihr habt viel gemeinsam, du könntest bestimmt gut mit ihm reden...
?
Gil hat auch...
... keine Erinnerungen an seine Kindheit.
Ach ja...?
HOCK
Wie lange das schon her ist...
Es muss vor ungefähr fünf Jahren gewesen sein...
... als mein Onkel ihn mitbrachte...

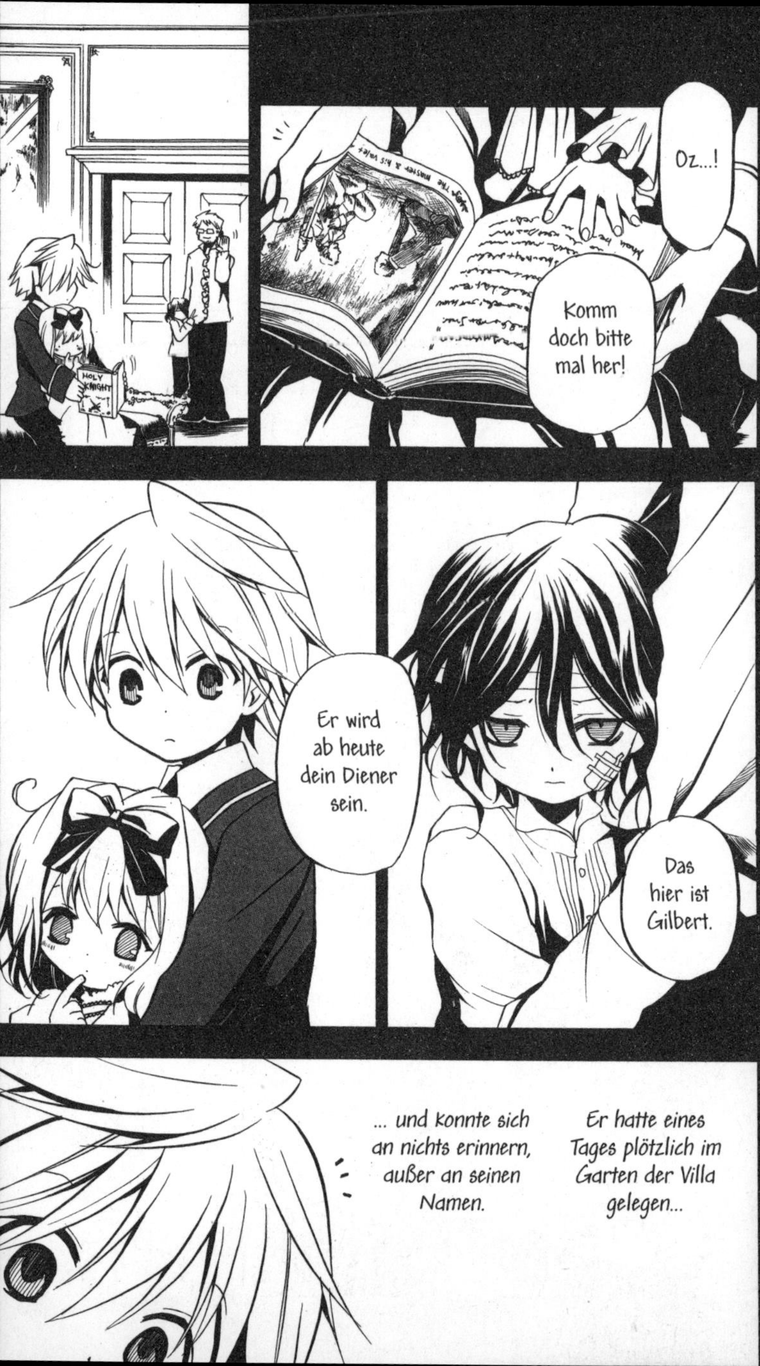
Oz...!
Komm doch bitte mal her!
HOLY KNIGHT
The master & his valet
Das hier ist Gilbert.
Er wird ab heute dein Diener sein.
Er hatte eines Tages plötzlich im Garten der Villa gelegen...
... und konnte sich an nichts erinnern, außer an seinen Namen.

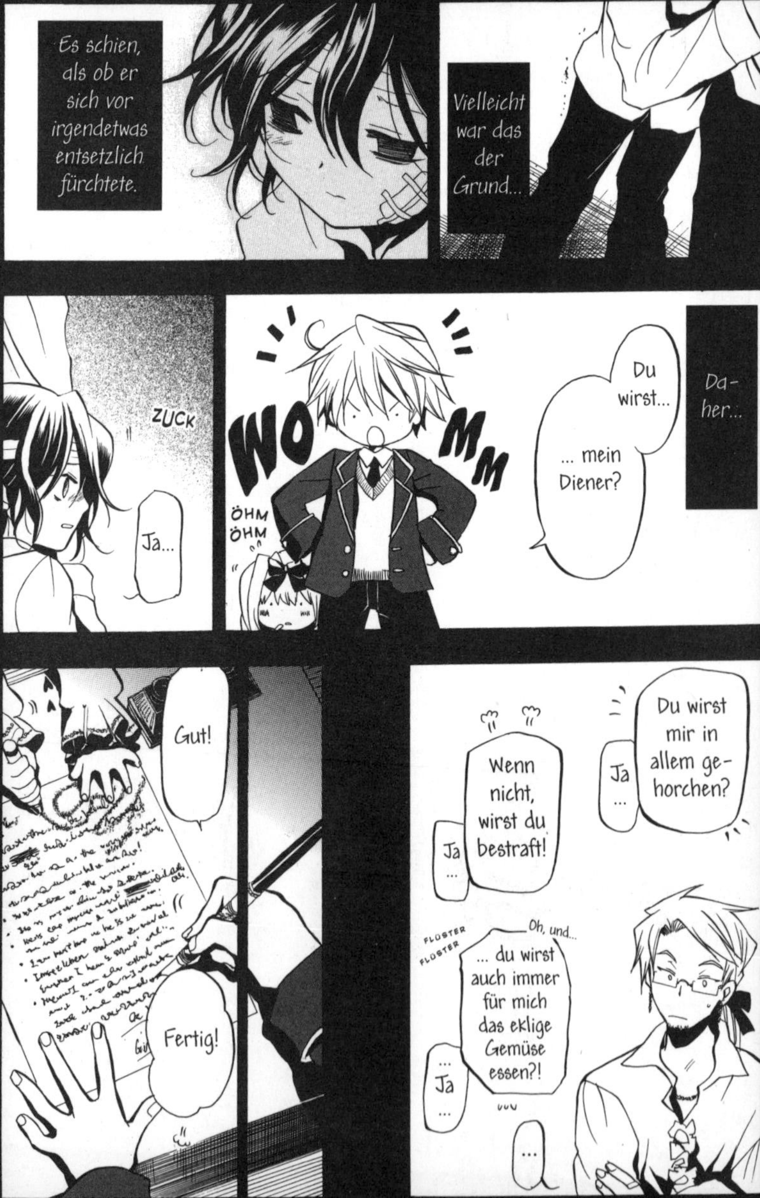
Vielleicht war das der Grund...
Es schien, als ob er sich vor irgendetwas entsetzlich fürchtete.
Da-her...
Du wirst...
... mein Diener?
WOMM
ÖHM ÖHM
ZUCK
Ja...
Du wirst mir in allem ge-horchen?
Ja ...
Wenn nicht, wirst du bestraft!
Ja ...
Oh, und...
FLÜSTER FLÜSTER
... du wirst auch immer für mich das eklige Gemüse essen?!
... Ja ...
...
Gut!
Fertig!

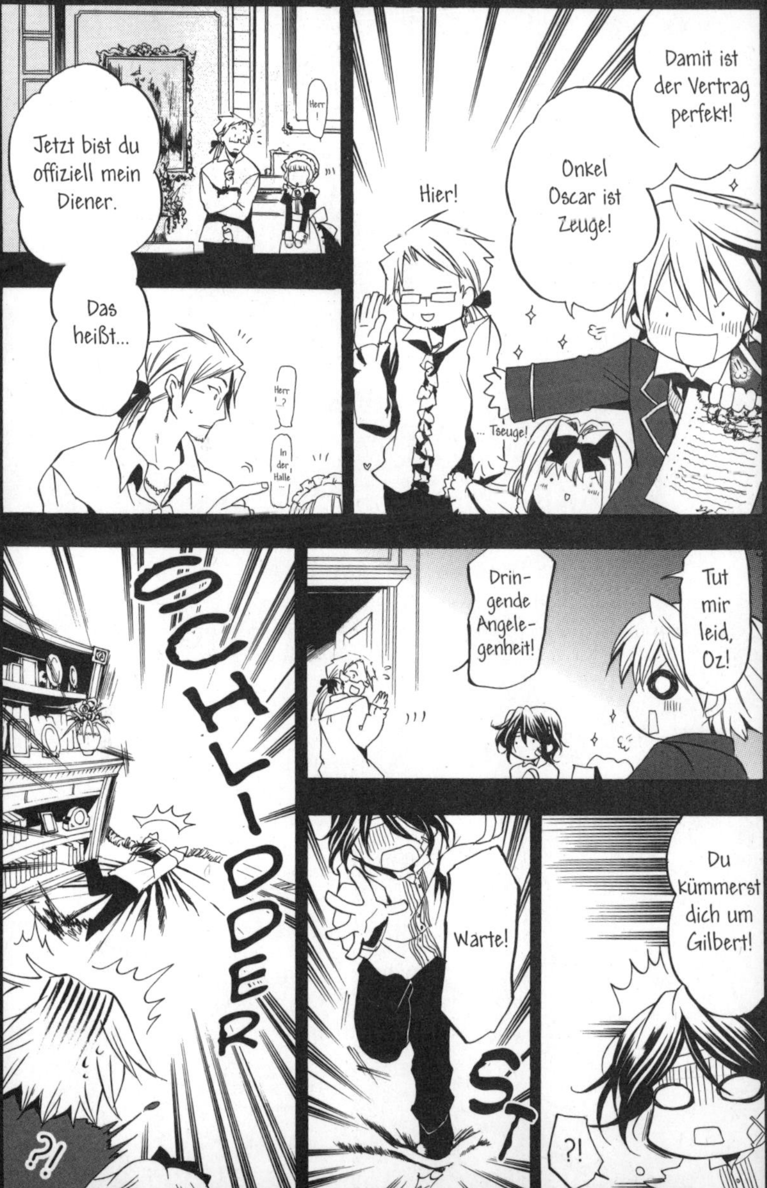
Damit ist der Vertrag perfekt!
Onkel Oscar ist Zeuge!
Hier!
... Tseuge!
Jetzt bist du offiziell mein Diener.
Herr!
Das heißt...
Herr ...?
In der Halle ...
Tut mir leid, Oz!
Dringende Angelegenheit!
Du kümmerst dich um Gilbert!
?!
Warte!
ST
SCHLIDDER
?!

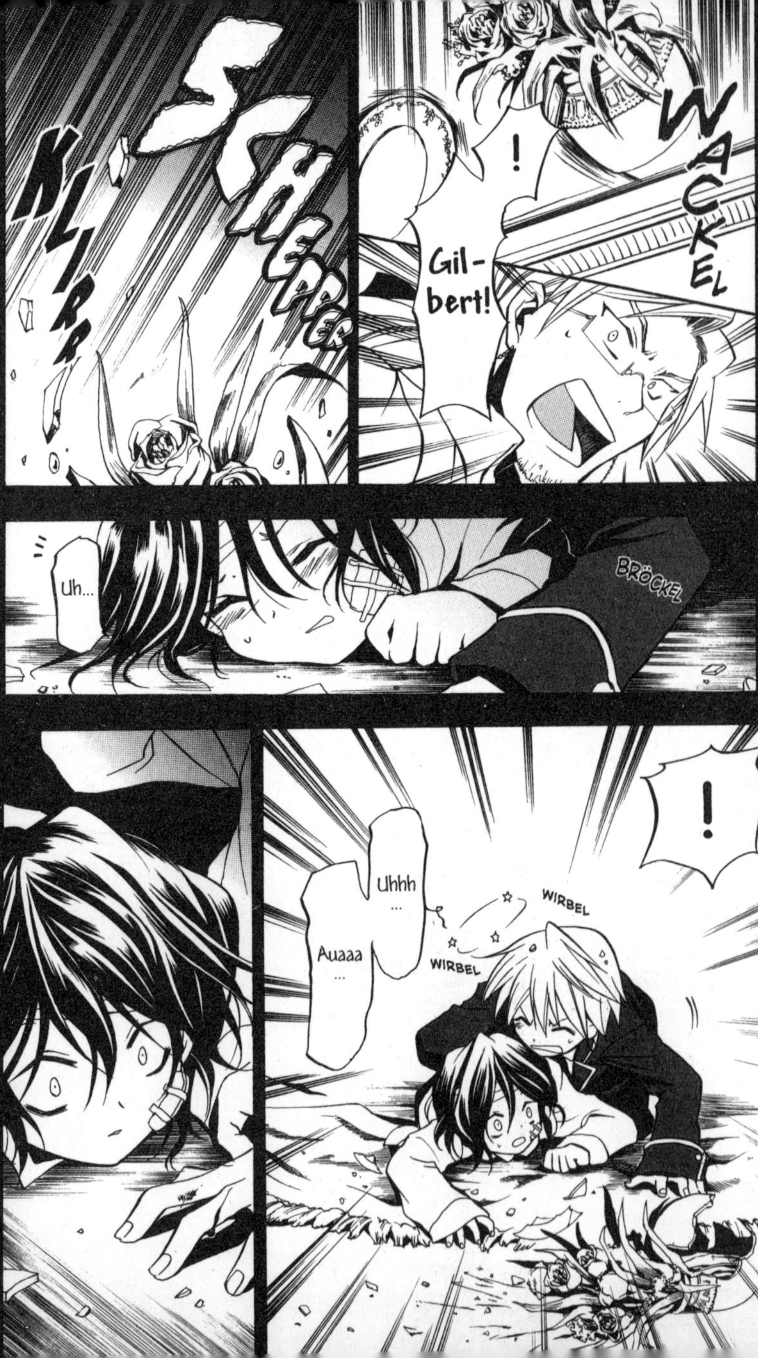
WACKEL
!
Gilbert!
SCHEPPER
KLIRR
Uh...
BRÖCKEL
!
Uhhh ...
Auaaa ...
WIRBEL
WIRBEL

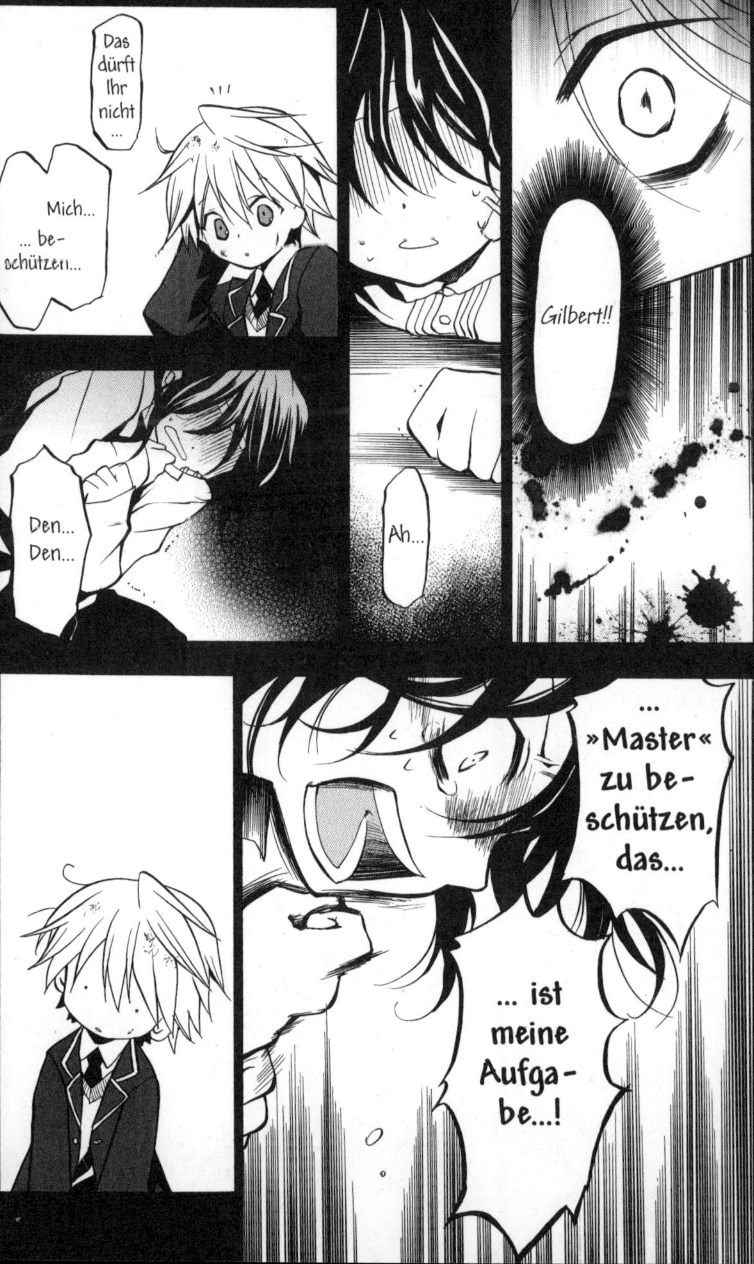
Gilbert!!
Ah...
Das dürft Ihr nicht ...
Mich... ... be-schützen...
Den... Den...
... »Master« zu be-schützen, das...
... ist meine Aufga-be...!

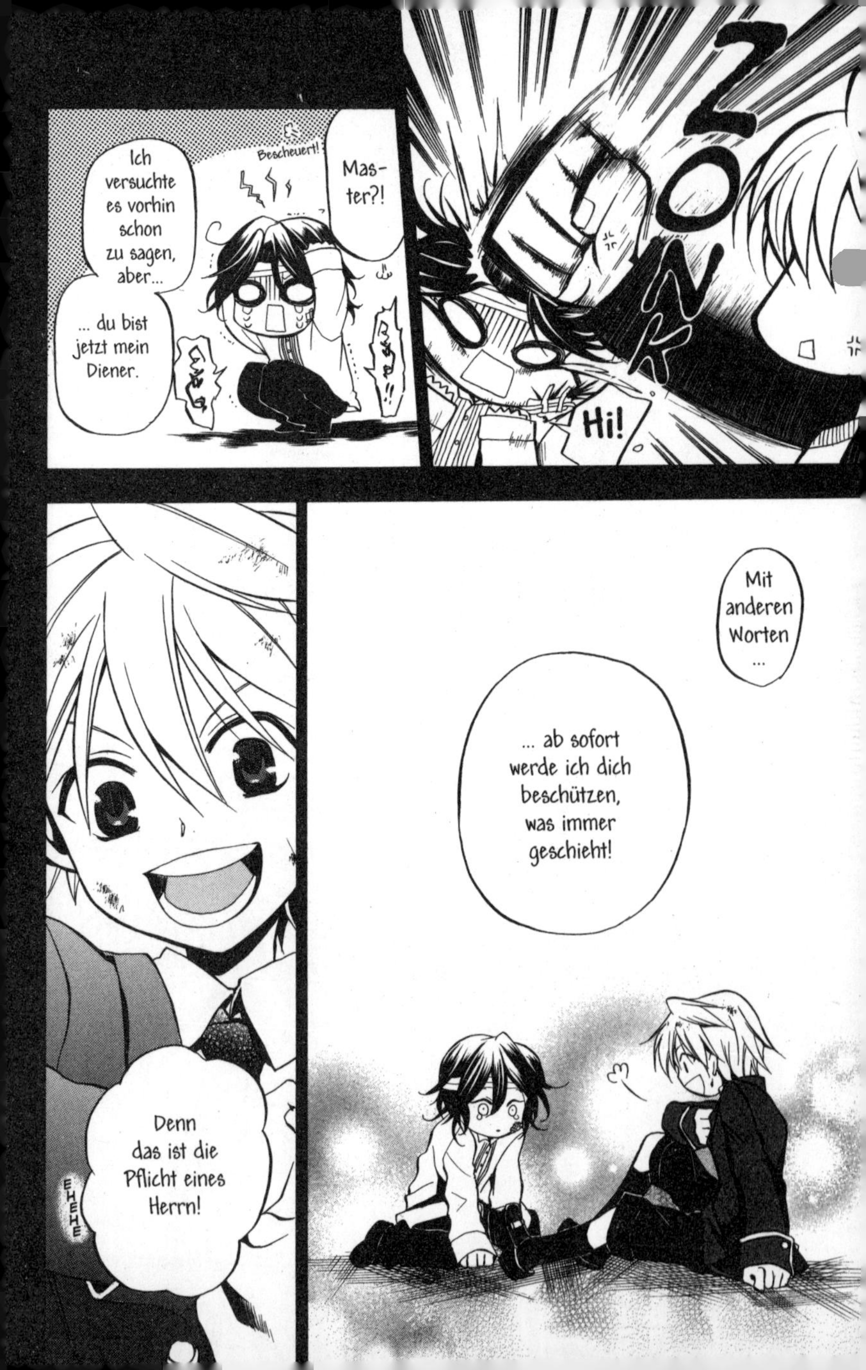
ZONK
Hi!
Mas-ter?!
Bescheuert!
Ich versuchte es vorhin schon zu sagen, aber...
... du bist jetzt mein Diener.
Mit anderen Worten ...
... ab sofort werde ich dich beschützen, was immer geschieht!
Denn das ist die Pflicht eines Herrn!
EHEHE

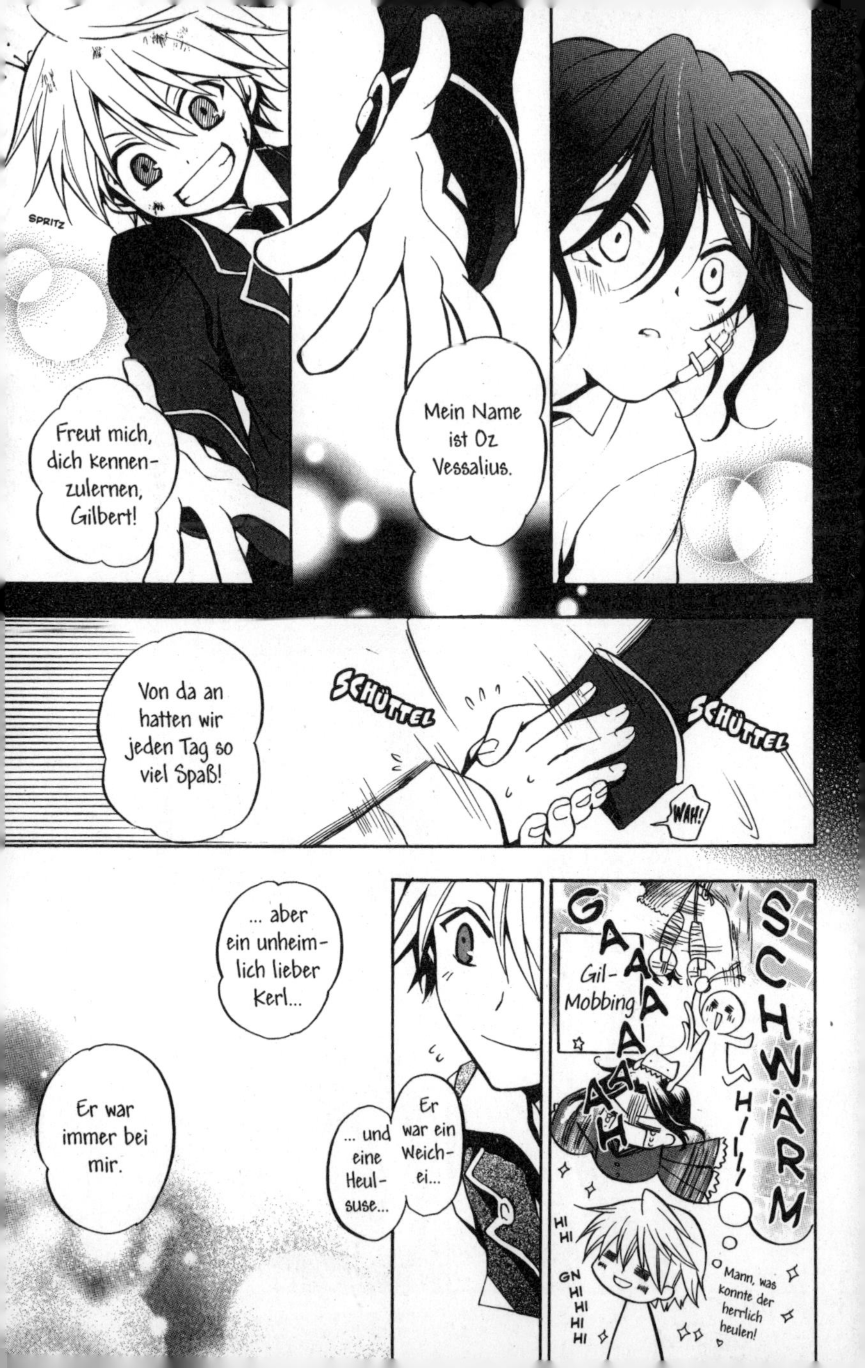

Mein Name ist Oz Vessalius.
SPRITZ
Freut mich, dich kennenzulernen, Gilbert!
SCHÜTTEL
SCHÜTTEL
WAH!
Von da an hatten wir jeden Tag so viel Spaß!
SCHWÄRM
GAAAAAAH
HI-I-I-I
Gil-Mobbing
HI HI
GN HI HI HI HI
Mann, was konnte der herrlich heulen!
Er war ein Weichei...
... und eine Heulsuse...
... aber ein unheimlich lieber Kerl...
Er war immer bei mir.

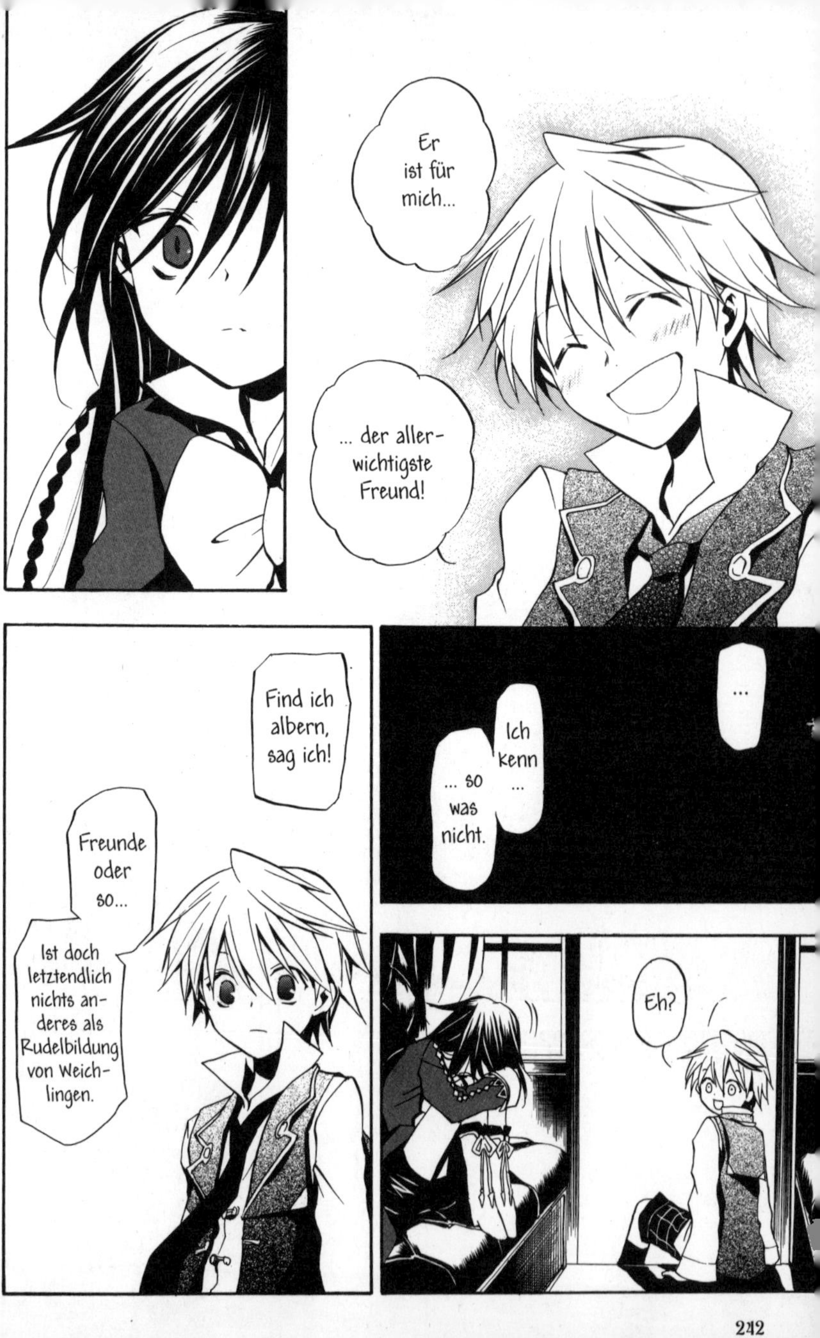
Er ist für mich...
... der aller-wichtigste Freund!
...
Ich kenn ...
... so was nicht.
Find ich albern, sag ich!
Freunde oder so...
Ist doch letztendlich nichts anderes als Rudelbildung von Weichlingen.
Eh?

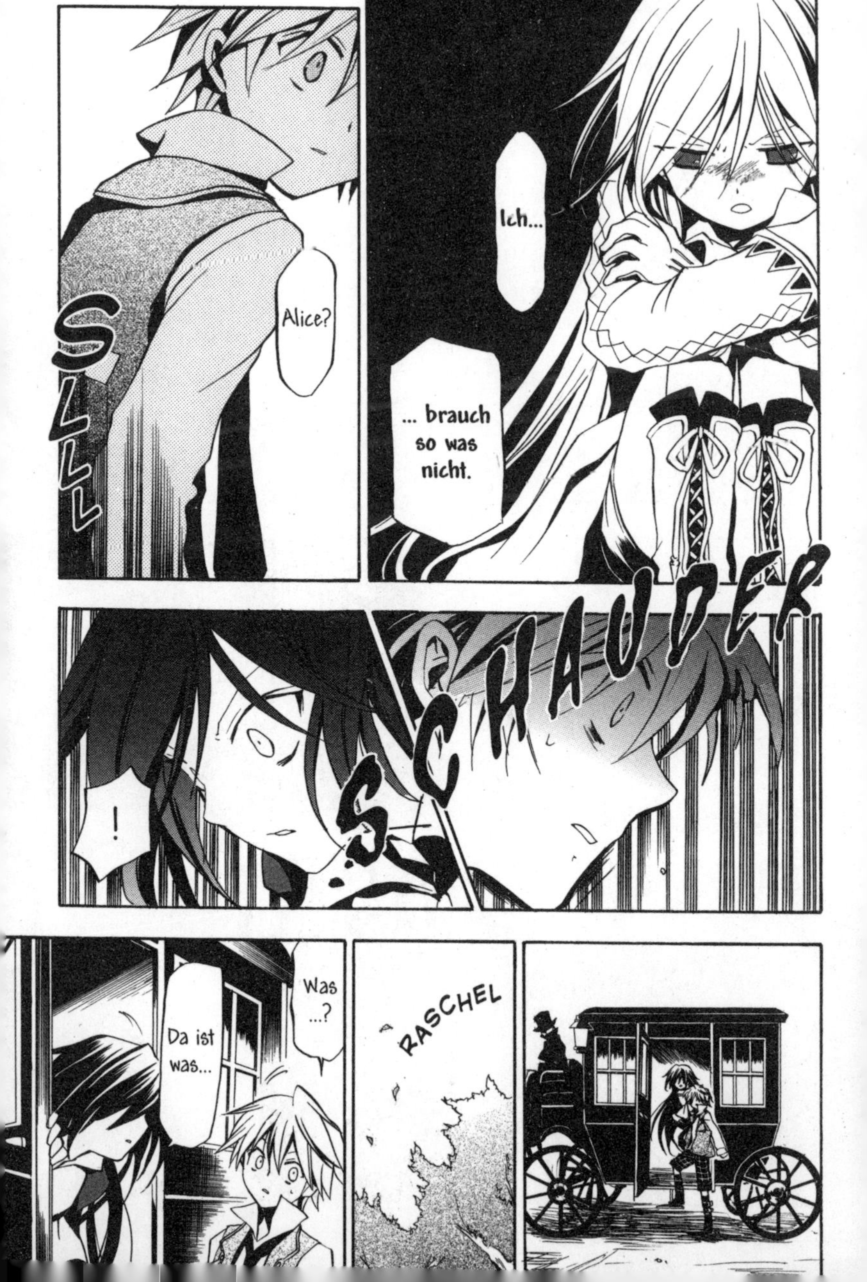
Ich...
... brauch so was nicht.
Alice?
SLLL
SCHAUDER
!
RASCHEL
Was ...?
Da ist was...

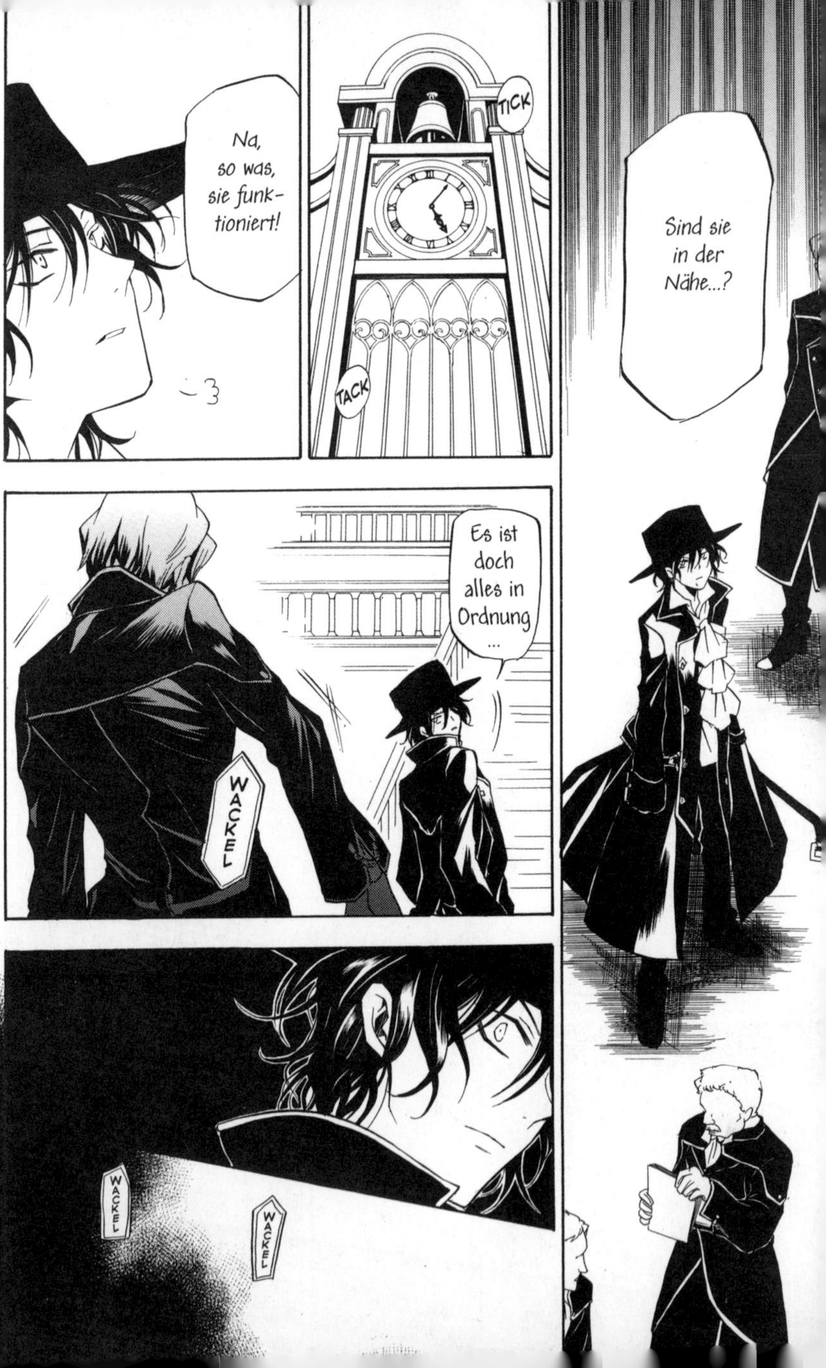
Sind sie in der Nähe...?
TICK
TACK
Na, so was, sie funk-tioniert!
Es ist doch alles in Ordnung ...
WACKEL
WACKEL
WACKEL

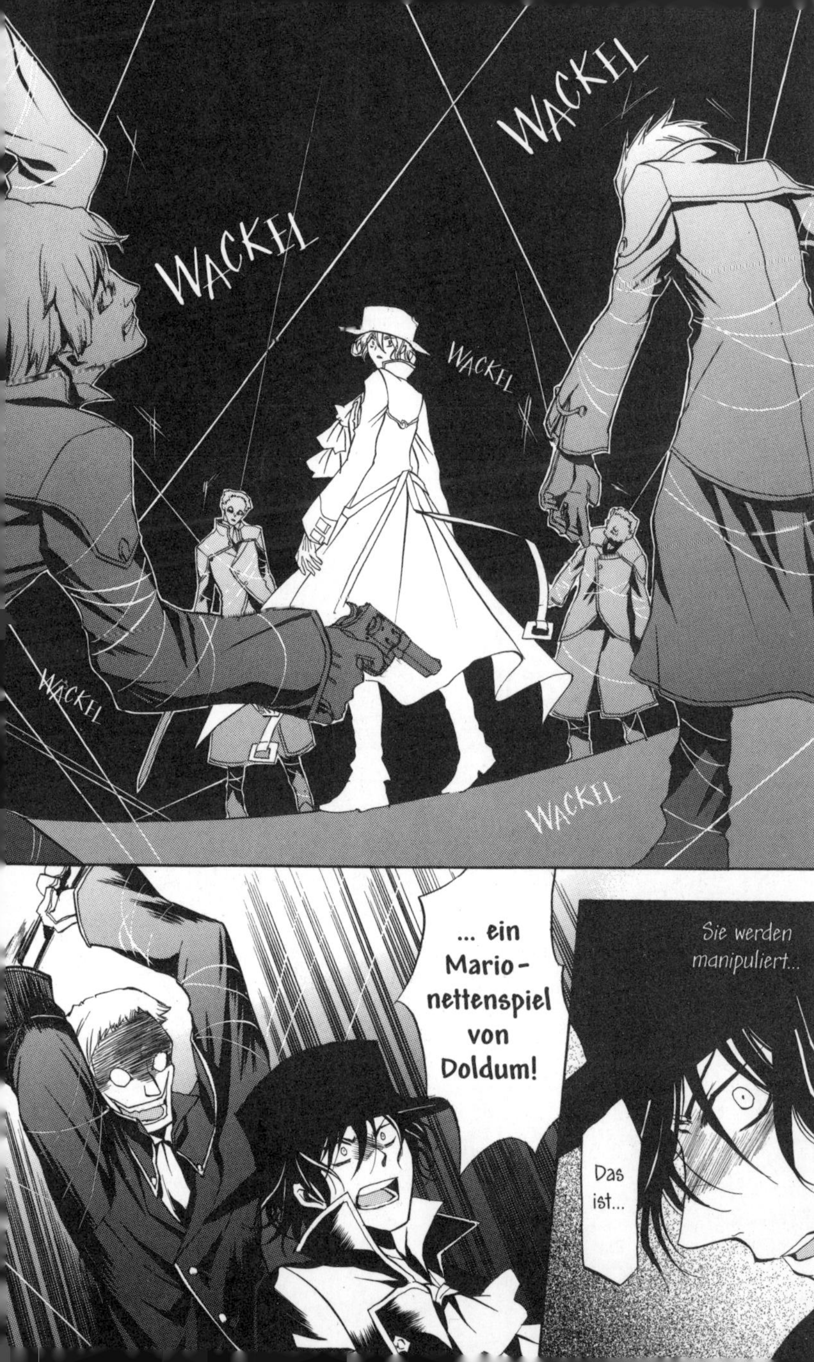
WACKEL
WACKEL
WACKEL
WACKEL
WACKEL
Sie werden manipuliert...
Das ist...
... ein Mario-nettenspiel von Doldum!

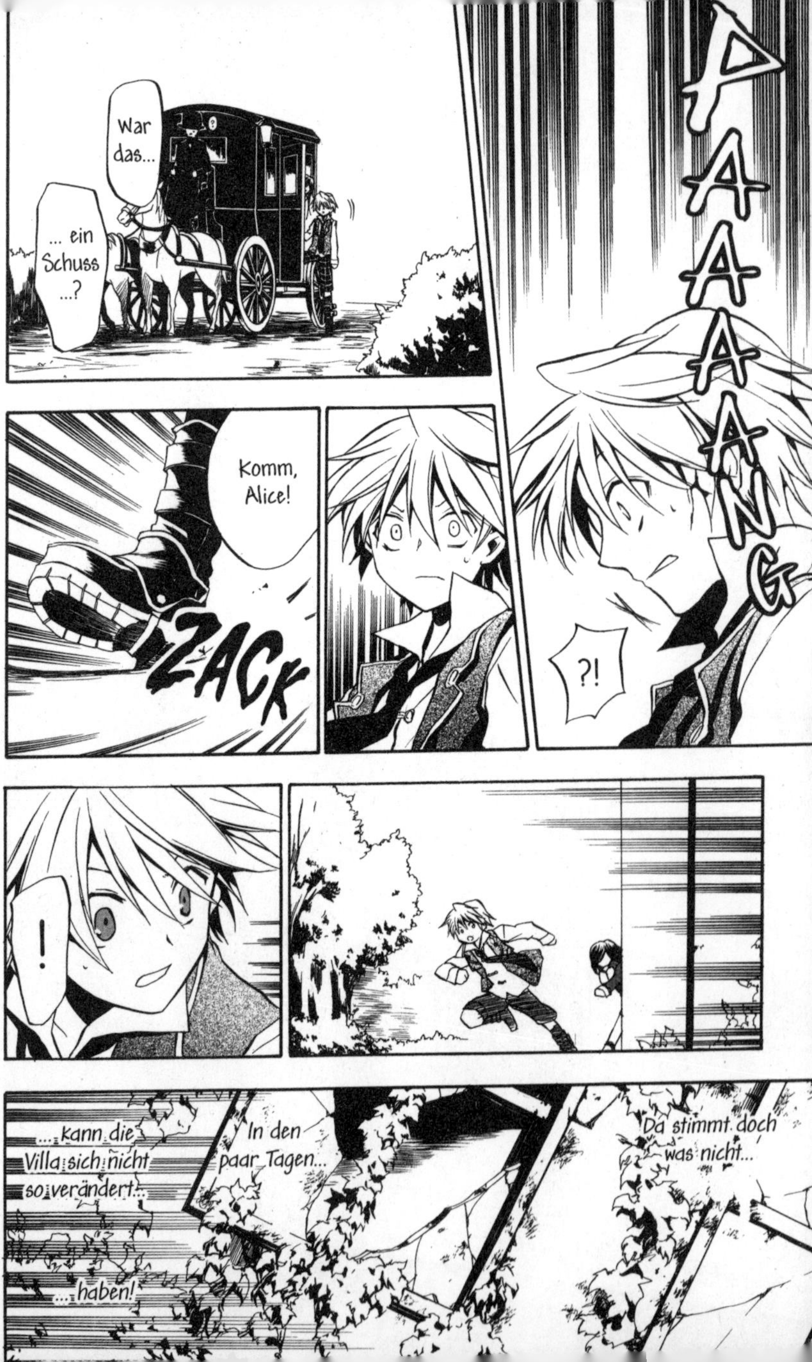
PAAAANG
War das...
... ein Schuss ...?
?!
Komm, Alice!
ZACK
!
Da stimmt doch was nicht...
In den paar Tagen...
... kann die Villa sich nicht so verändert...
... haben!

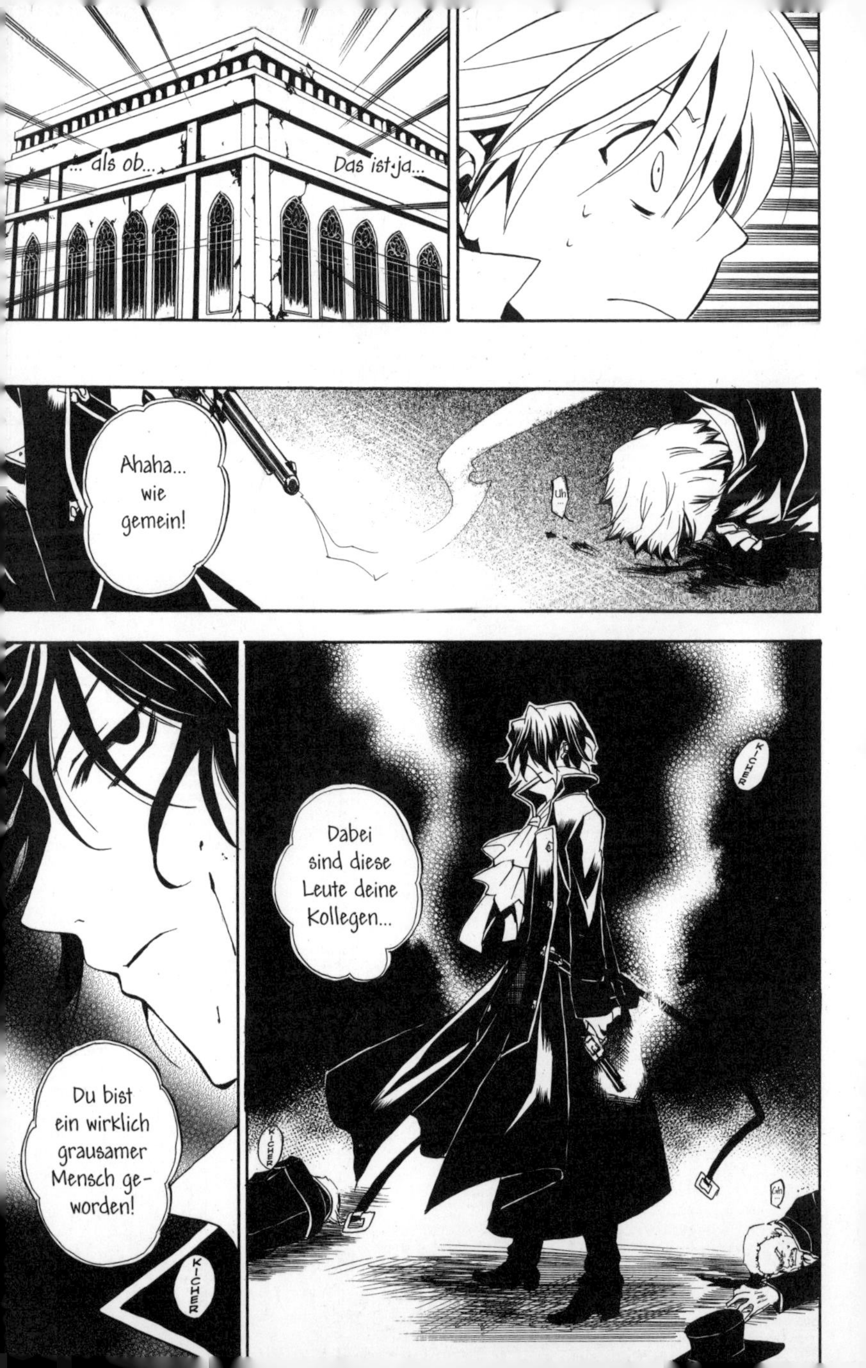
Das ist ja...
... als ob...
Ahaha... wie gemein!
Uh ...
KICHER
Dabei sind diese Leute deine Kollegen...
Gh ...
KICHER
Du bist ein wirklich grausamer Mensch geworden!
KICHER

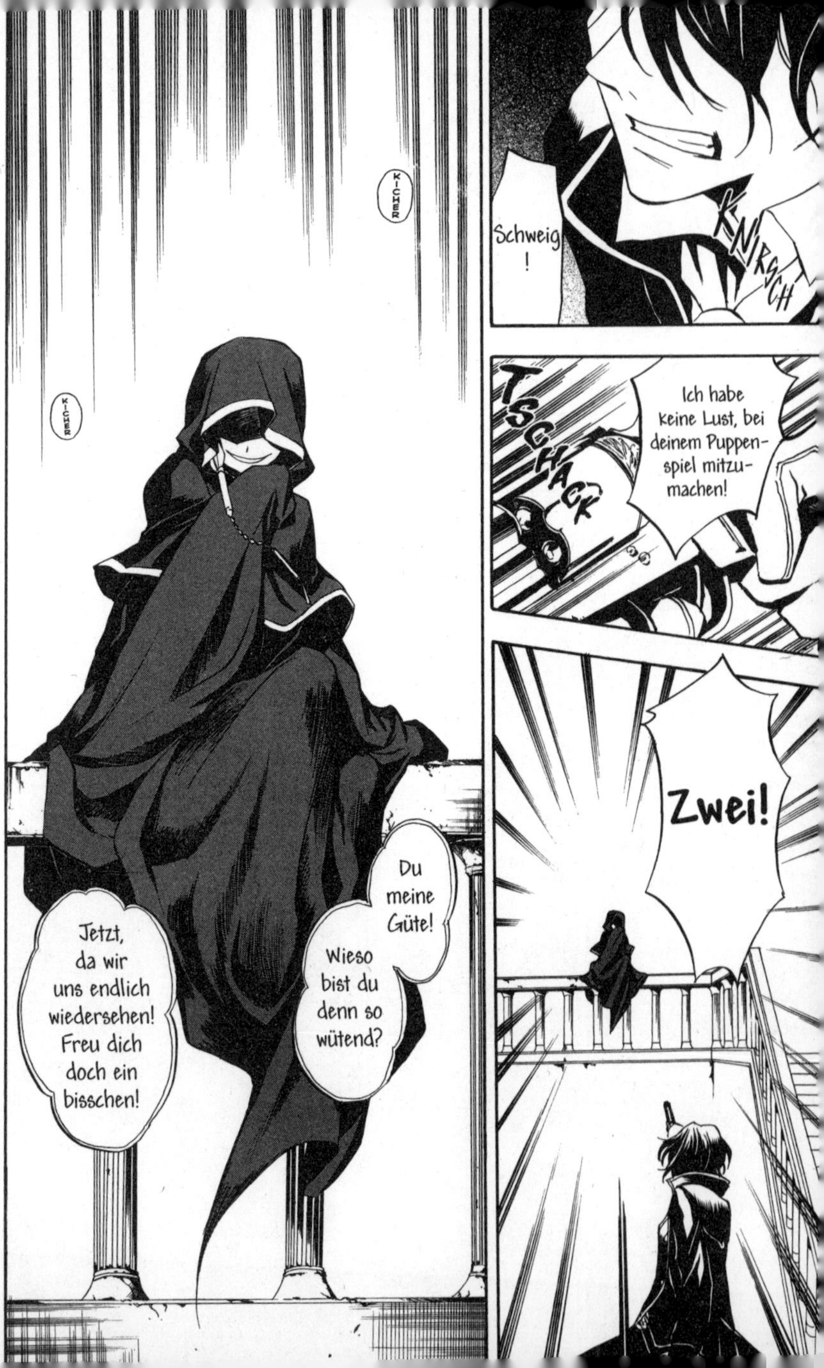
KNIRSCH
Schweig!
TSCHACK
Ich habe keine Lust, bei deinem Puppenspiel mitzumachen!
Zwei!
KICHER
KICHER
Du meine Güte!
Wieso bist du denn so wütend?
Jetzt, da wir uns endlich wiedersehen! Freu dich doch ein bisschen!

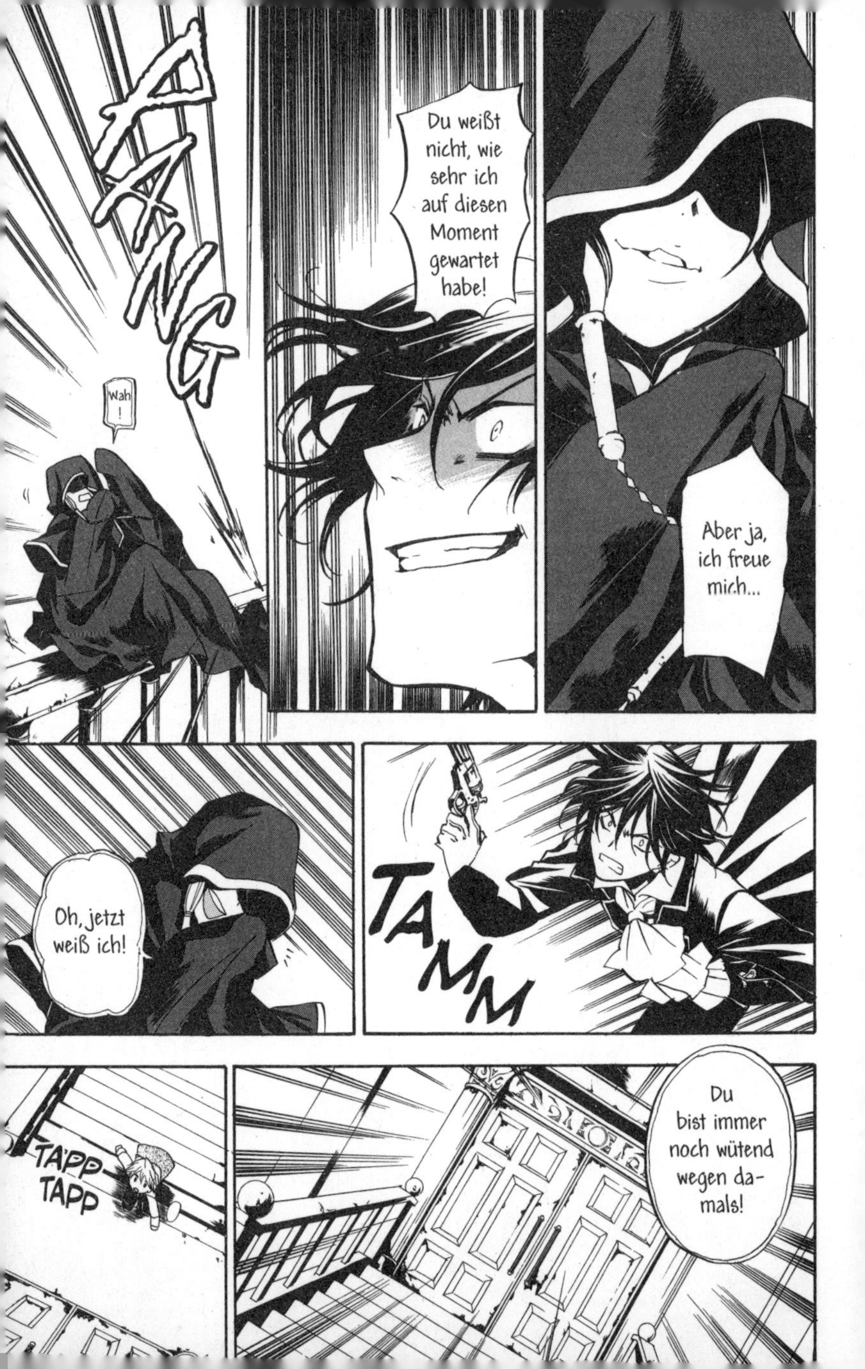
Aber ja, ich freue mich...
Du weißt nicht, wie sehr ich auf diesen Moment gewartet habe!
PANG
Wah!
TAMM
Oh, jetzt weiß ich!
Du bist immer noch wütend wegen damals!
TAPP-TAPP

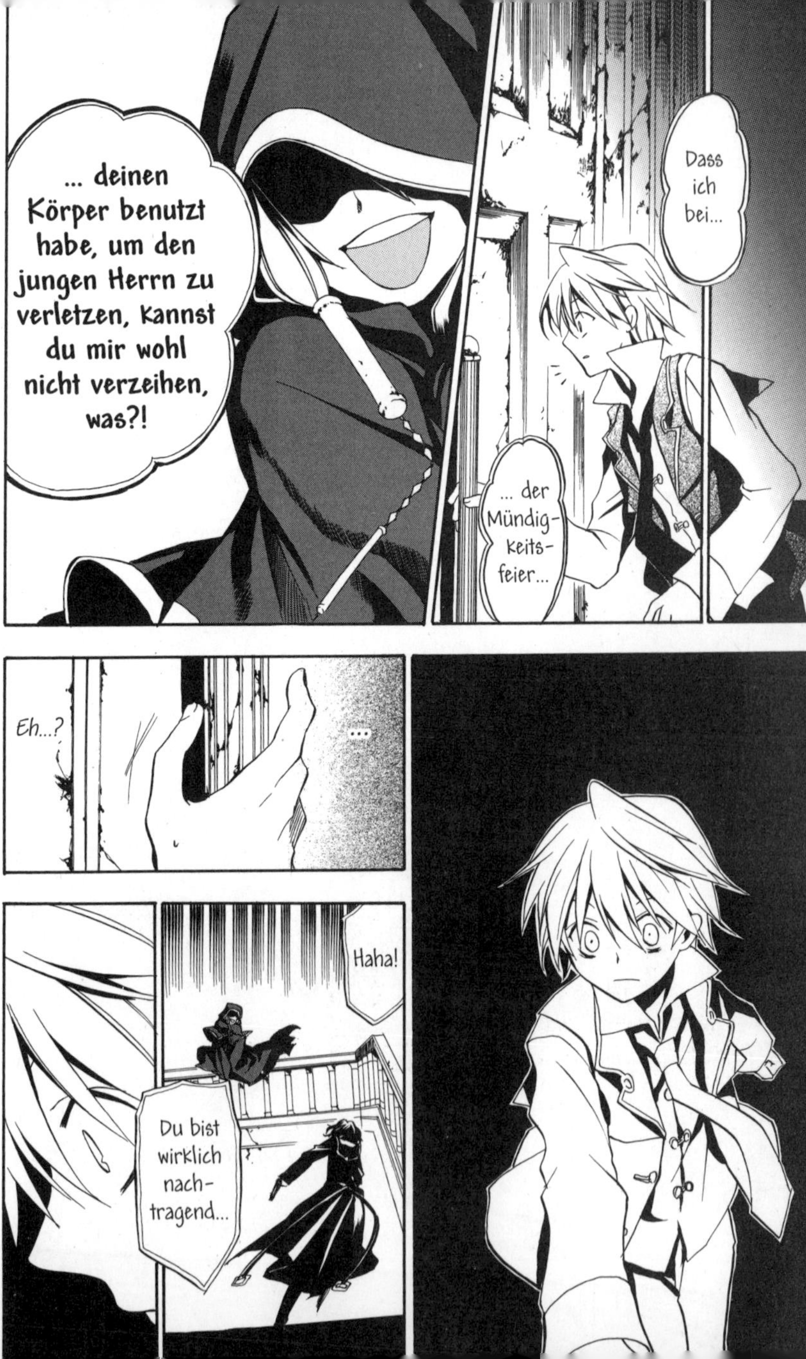
Dass ich bei...
... der Mündigkeitsfeier...
... deinen Körper benutzt habe, um den jungen Herrn zu verletzen, kannst du mir wohl nicht verzeihen, was?!
...
Eh...?
Haha!
Du bist wirklich nachtragend...

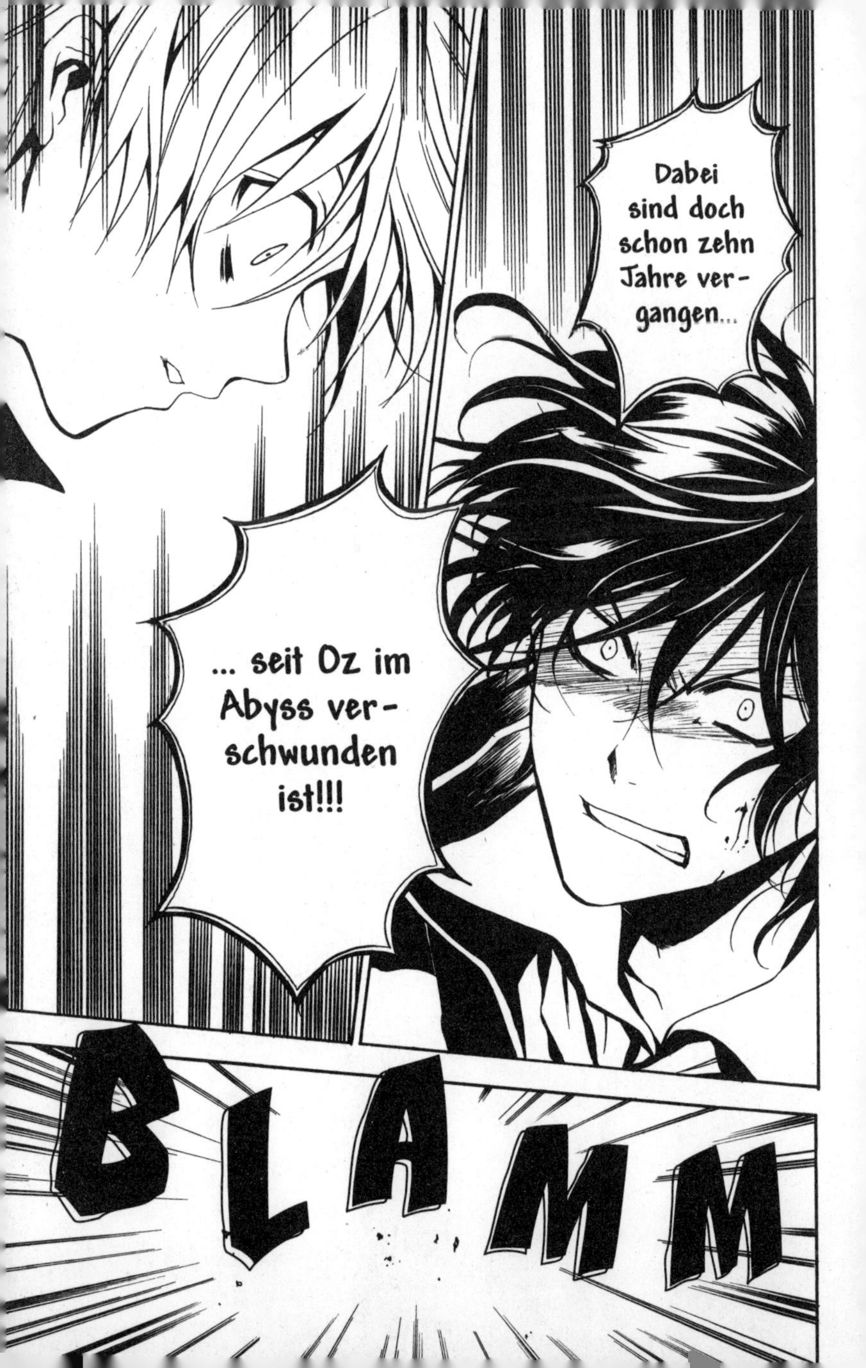
Dabei sind doch schon zehn Jahre vergangen...
... seit Oz im Abyss verschwunden ist!!!
BLAMM

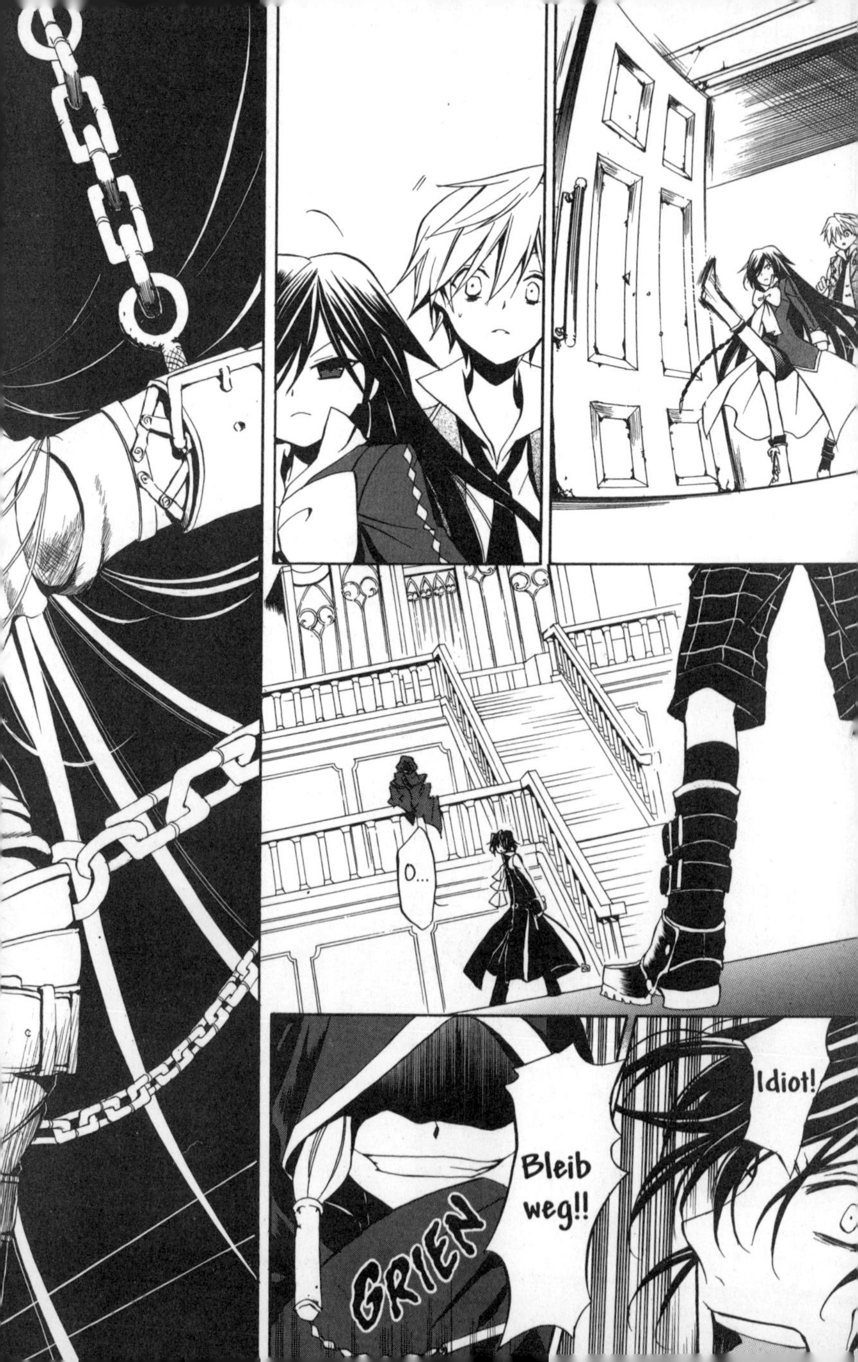
O...
Idiot!
Bleib weg!!
GRIEN

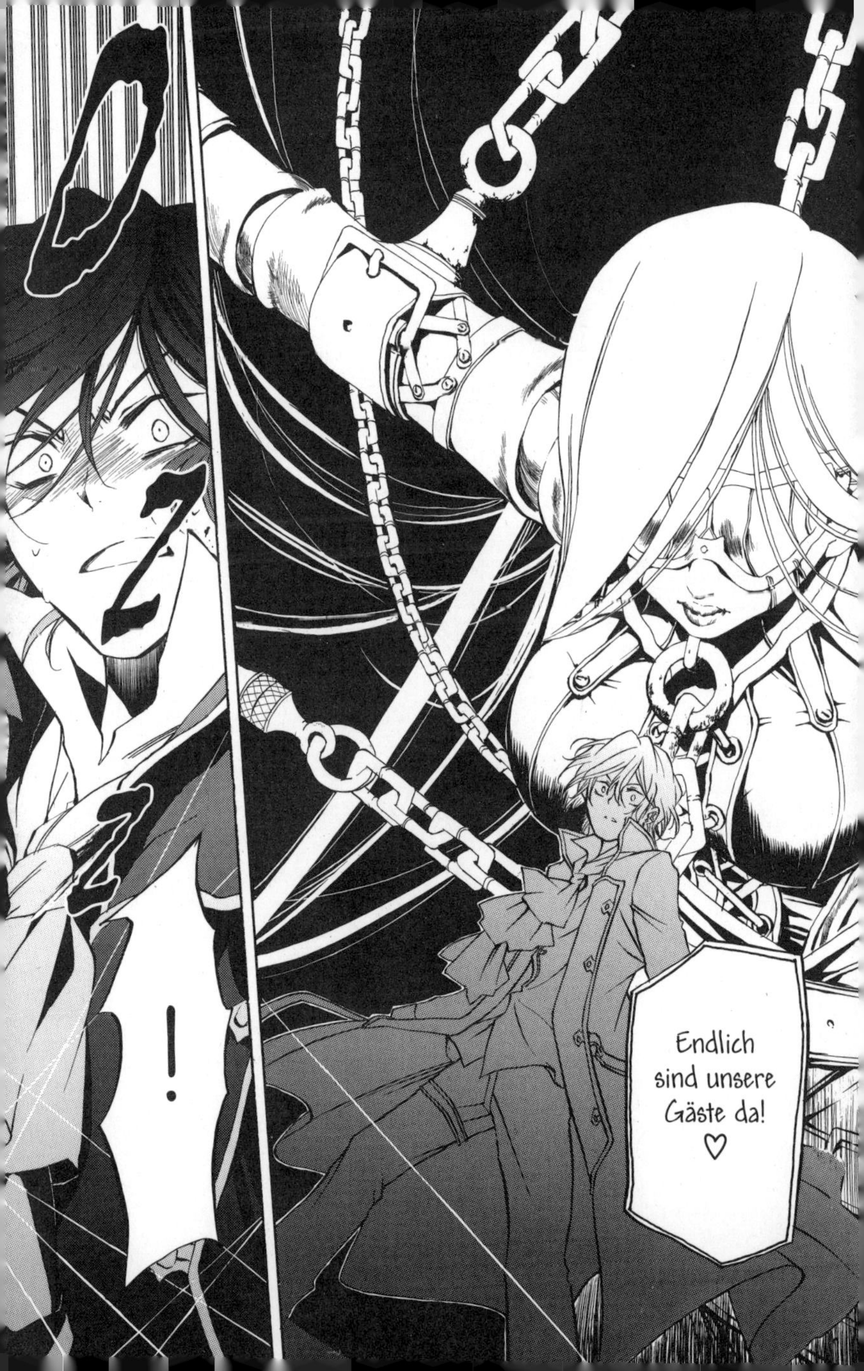
Endlich sind unsere Gäste da! ♡
!

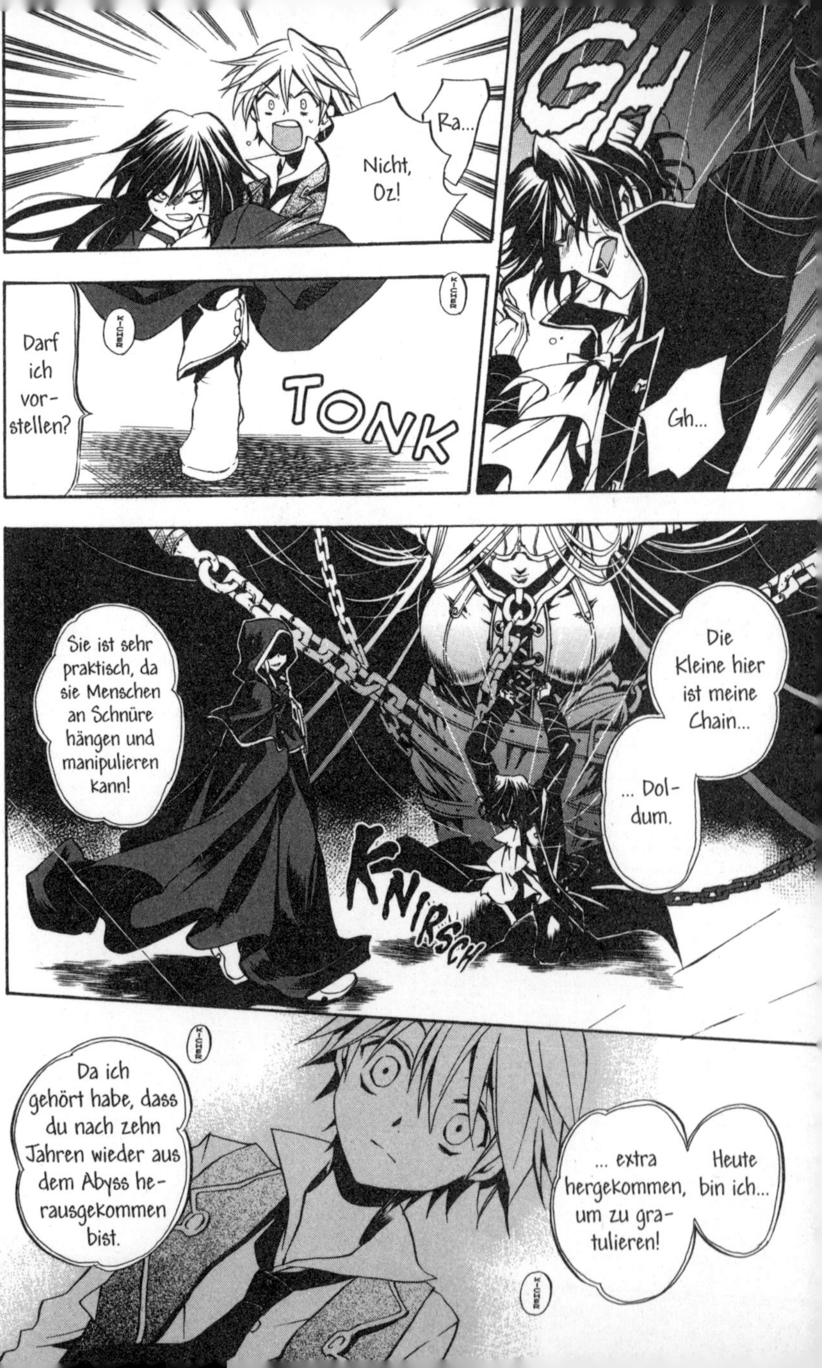
GH
Gh...
Ra...
Nicht, Oz!
KICHER
KICHER
TONK
Darf ich vor-stellen?
Die Kleine hier ist meine Chain...
... Dol-dum.
Sie ist sehr praktisch, da sie Menschen an Schnüre hängen und manipulieren kann!
KNIRSCH
KICHER
Heute bin ich...
... extra hergekommen, um zu gra-tulieren!
Da ich gehört habe, dass du nach zehn Jahren wieder aus dem Abyss he-rausgekommen bist.
KICHER

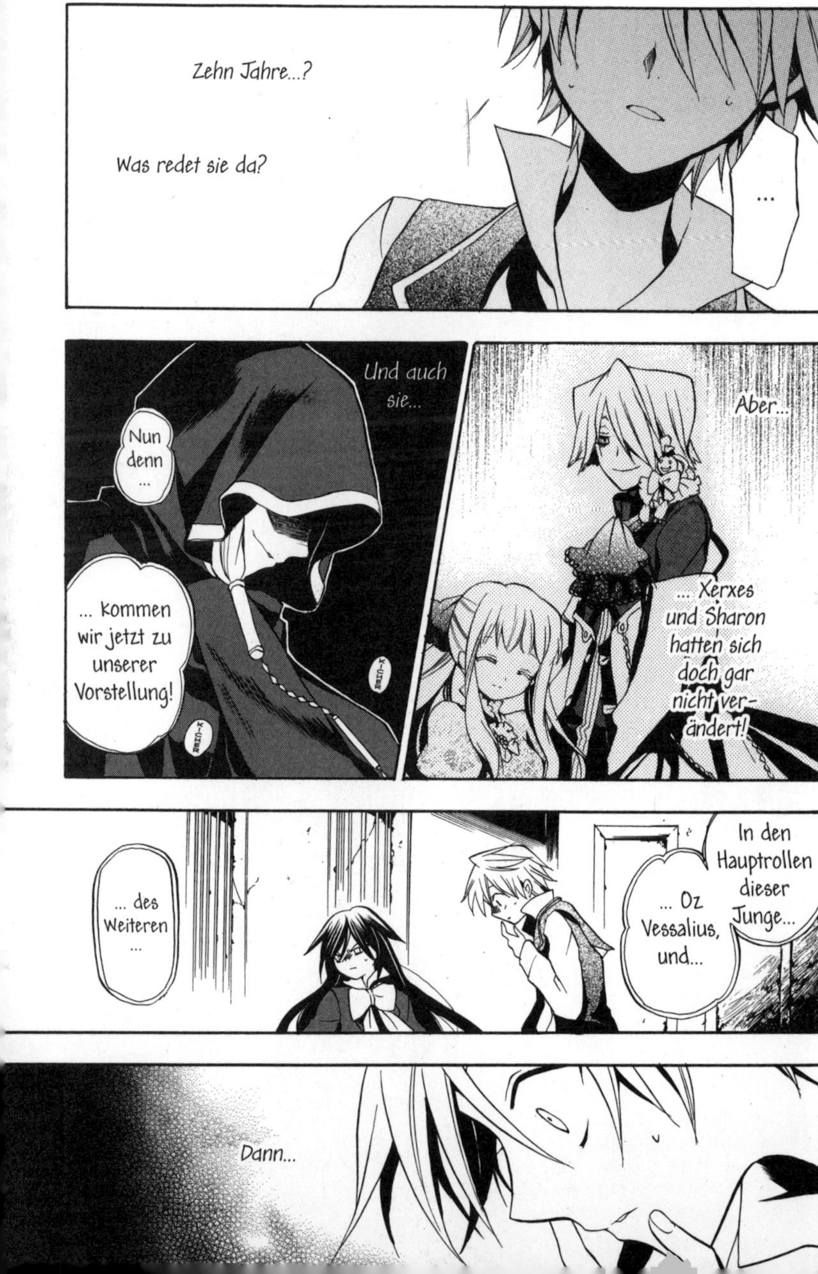
...
Zehn Jahre...?
Was redet sie da?
Aber...
... Xerxes und Sharon hatten sich doch gar nicht verändert!
Und auch sie...
Nun denn ...
... kommen wir jetzt zu unserer Vorstellung!
KICHER
KICHER
In den Hauptrollen dieser Junge...
... Oz Vessalius, und...
... des Weiteren ...
Dann...

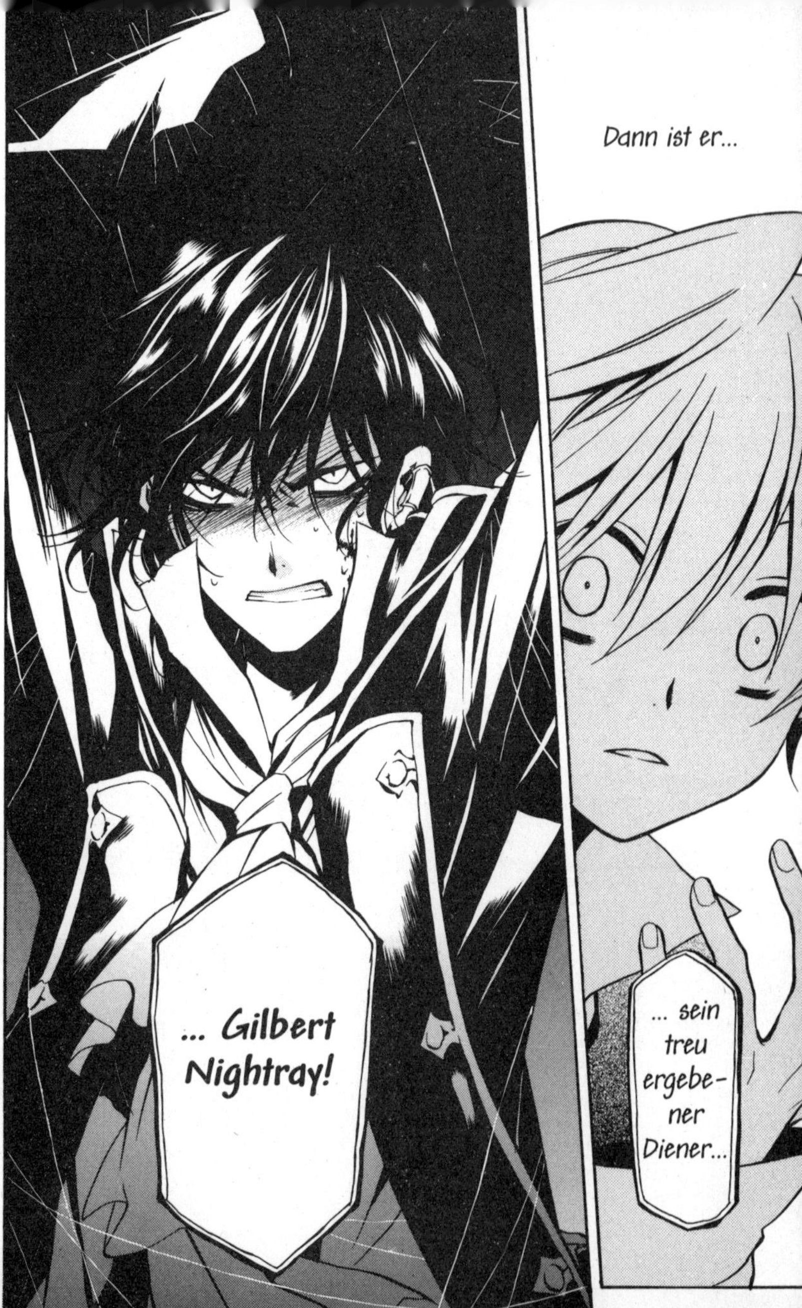
Dann ist er...
... sein treu ergebe-ner Diener...
... Gilbert Nightray!

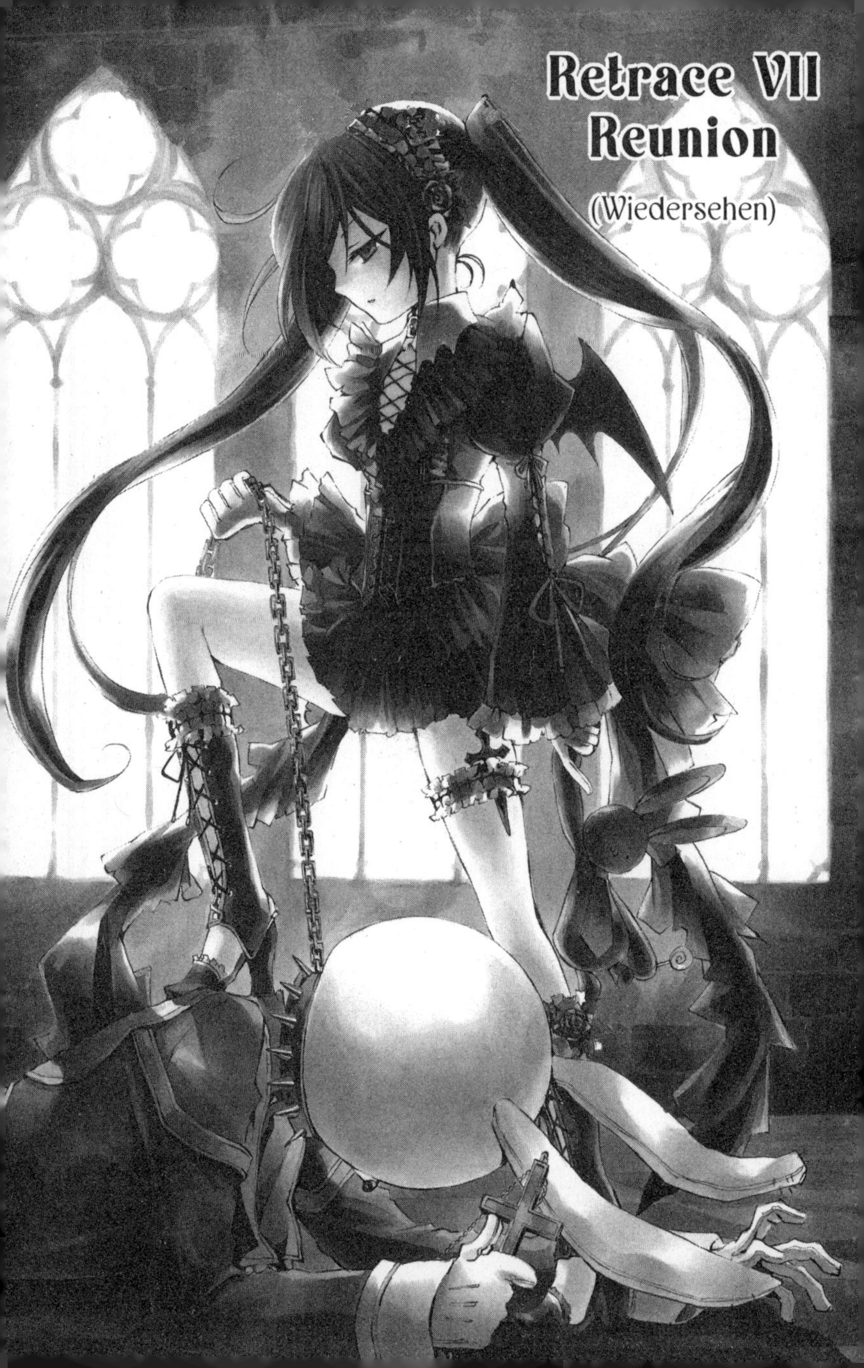
Retrace VII
Reunion
(Wiedersehen)

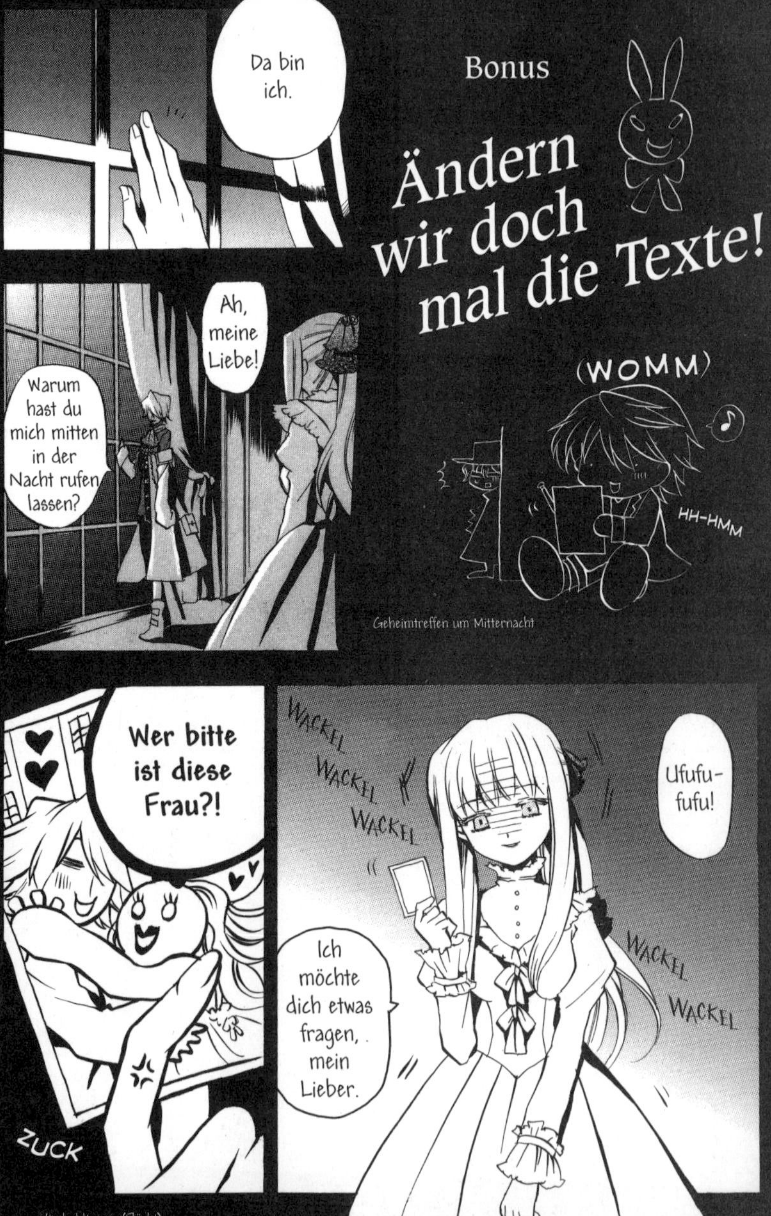
Bonus
Ändern wir doch mal die Texte!
(WOMM)
HH-HMM
Geheimtreffen um Mitternacht
Da bin ich.
Ah, meine Liebe!
Warum hast du mich mitten in der Nacht rufen lassen?
Ufufu-fufu!
WACKEL WACKEL WACKEL
WACKEL WACKEL
Ich möchte dich etwas fragen, mein Lieber.
Wer bitte ist diese Frau?!
ZUCK
'tschuldigung. (Flücht)

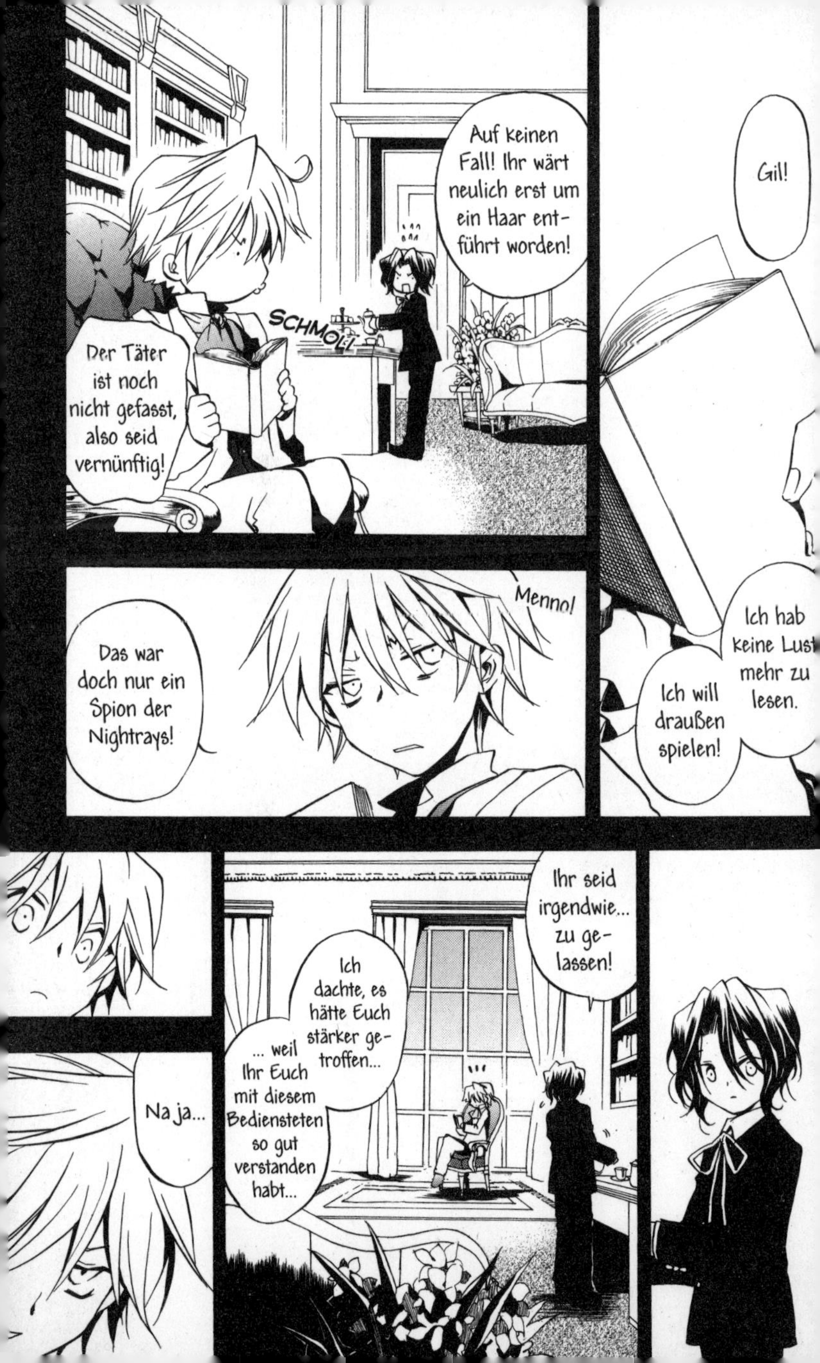
Gil!
Ich hab keine Lust mehr zu lesen.
Ich will draußen spielen!
Auf keinen Fall! Ihr wärt neulich erst um ein Haar entführt worden!
SCHMOLL
Der Täter ist noch nicht gefasst, also seid vernünftig!
Menno!
Das war doch nur ein Spion der Nightrays!
Ihr seid irgendwie... zu gelassen!
Ich dachte, es hätte Euch stärker getroffen...
... weil Ihr Euch mit diesem Bediensteten so gut verstanden habt...
Na ja...

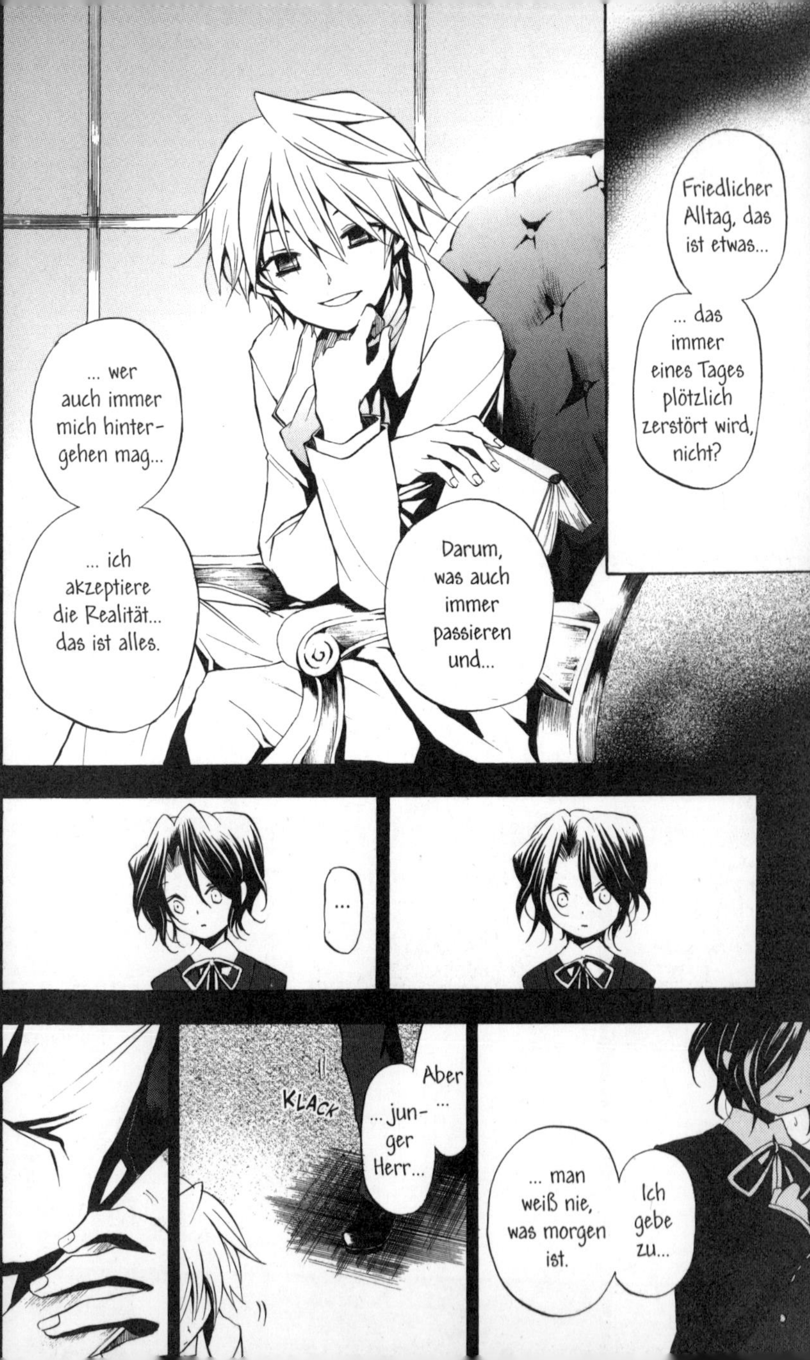
Friedlicher Alltag, das ist etwas...
... das immer eines Tages plötzlich zerstört wird, nicht?
Darum, was auch immer passieren und...
... wer auch immer mich hinter-gehen mag...
... ich akzeptiere die Realität... das ist alles.
...
Ich gebe zu...
... man weiß nie, was morgen ist.
Aber ...
... jun-ger Herr...
KLACK

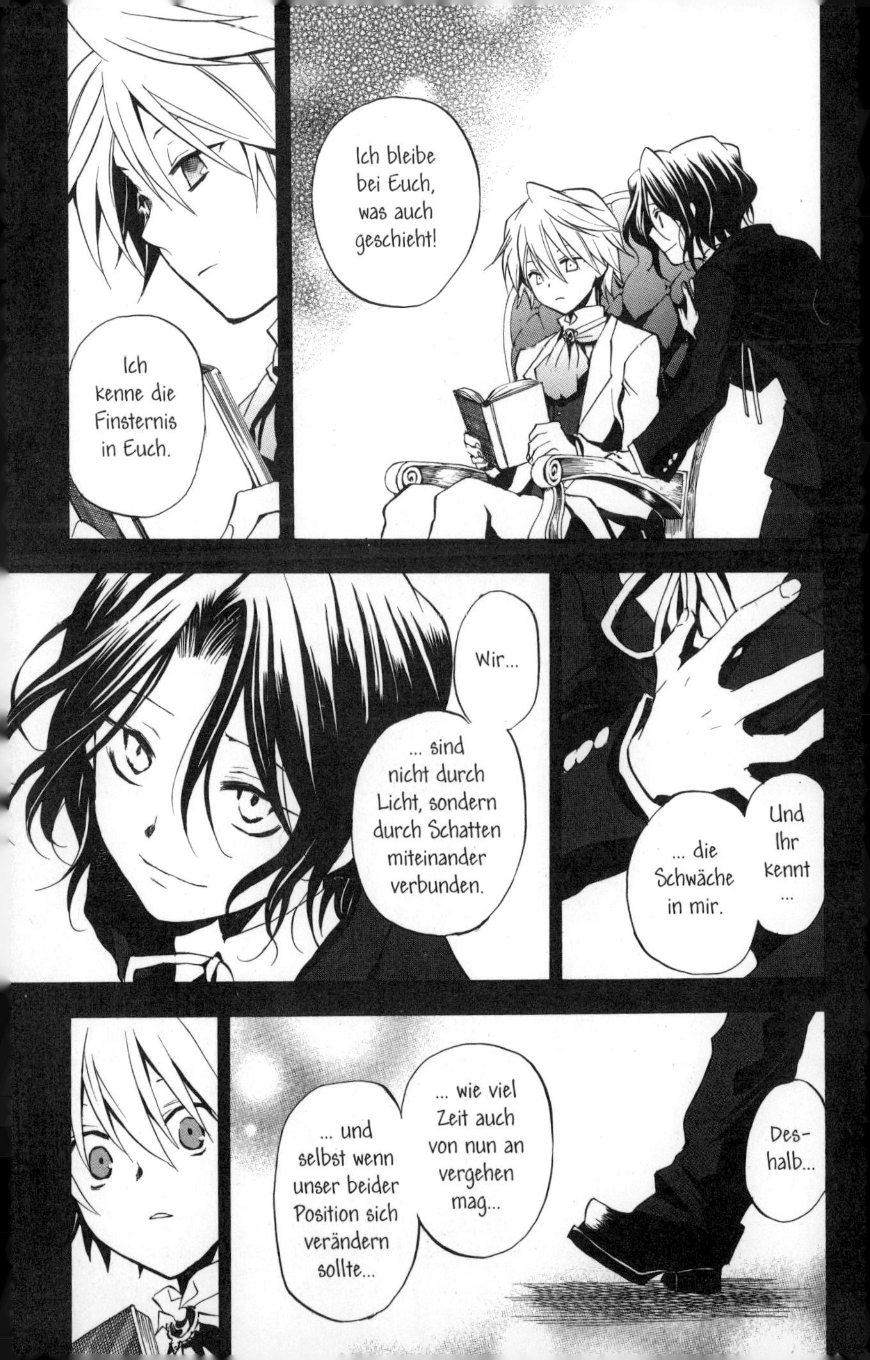
Ich bleibe bei Euch, was auch geschieht!
Ich kenne die Finsternis in Euch.
Und Ihr kennt ...
... die Schwäche in mir.
Wir...
... sind nicht durch Licht, sondern durch Schatten miteinander verbunden.
Des-halb...
... wie viel Zeit auch von nun an vergehen mag...
... und selbst wenn unser beider Position sich verändern sollte...

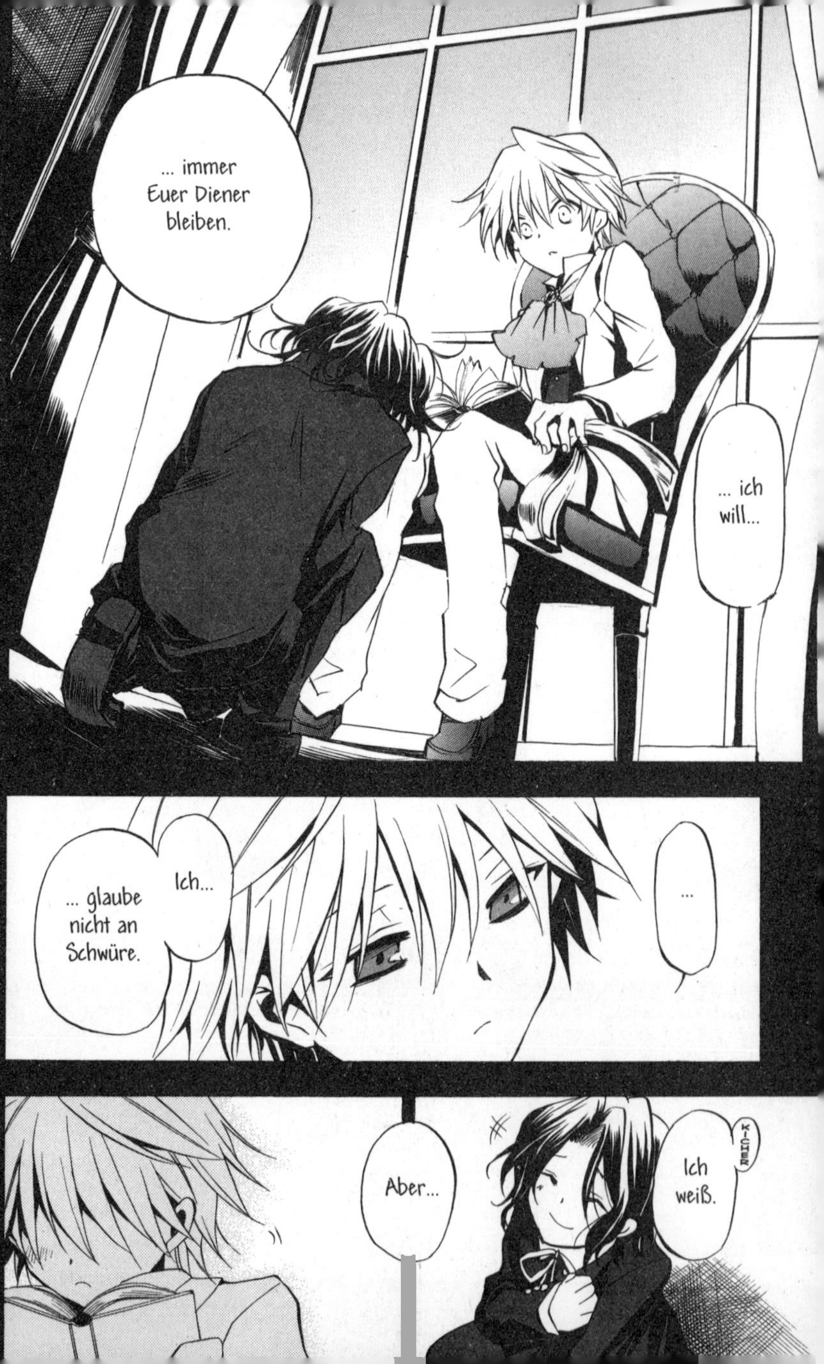
... ich will...
... immer Euer Diener bleiben.
...
Ich...
... glaube nicht an Schwüre.
Ich weiß.
KICHER
Aber...

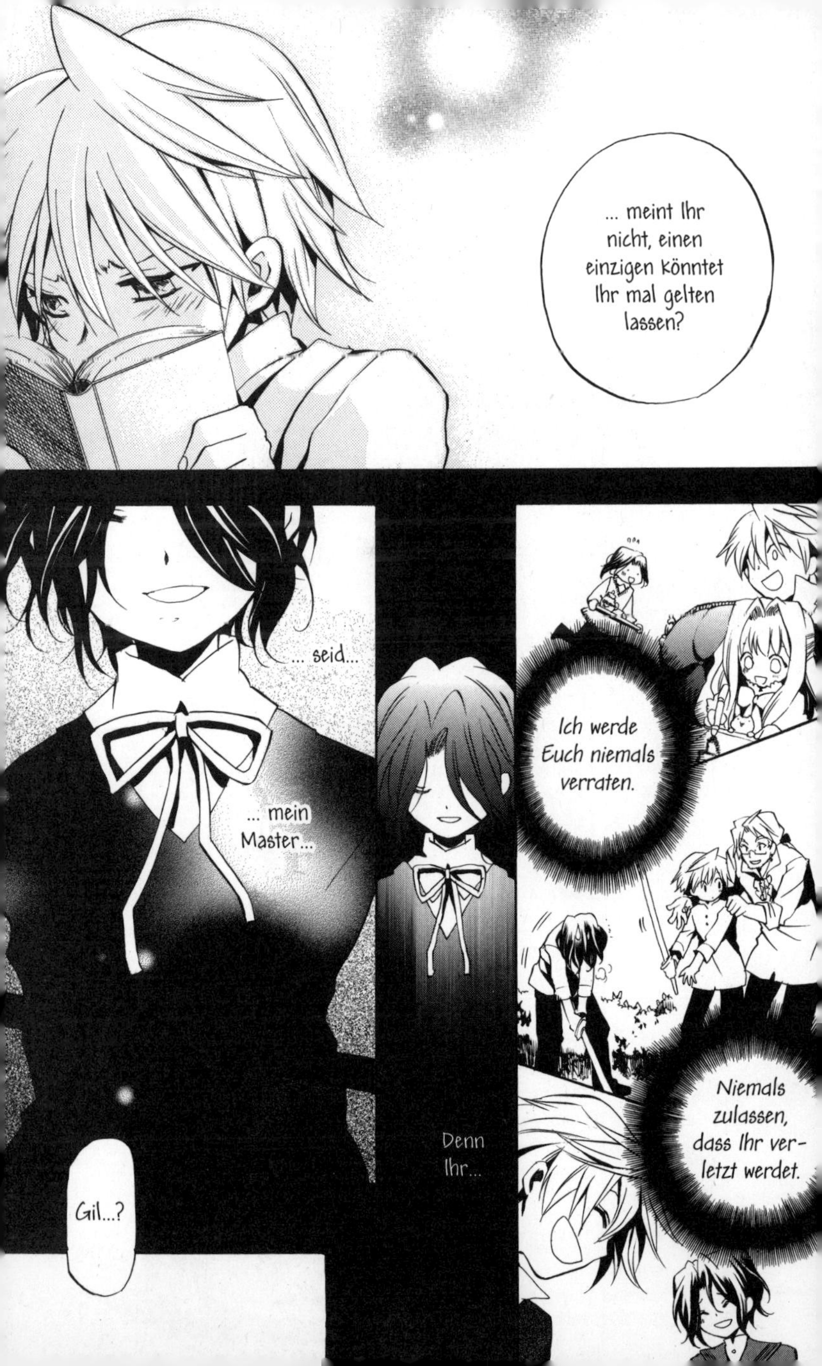
... meint Ihr nicht, einen einzigen könntet Ihr mal gelten lassen?
Ich werde Euch niemals verraten.
Niemals zulassen, dass Ihr verletzt werdet.
Denn Ihr...
... seid...
... mein Master...
Gil...?

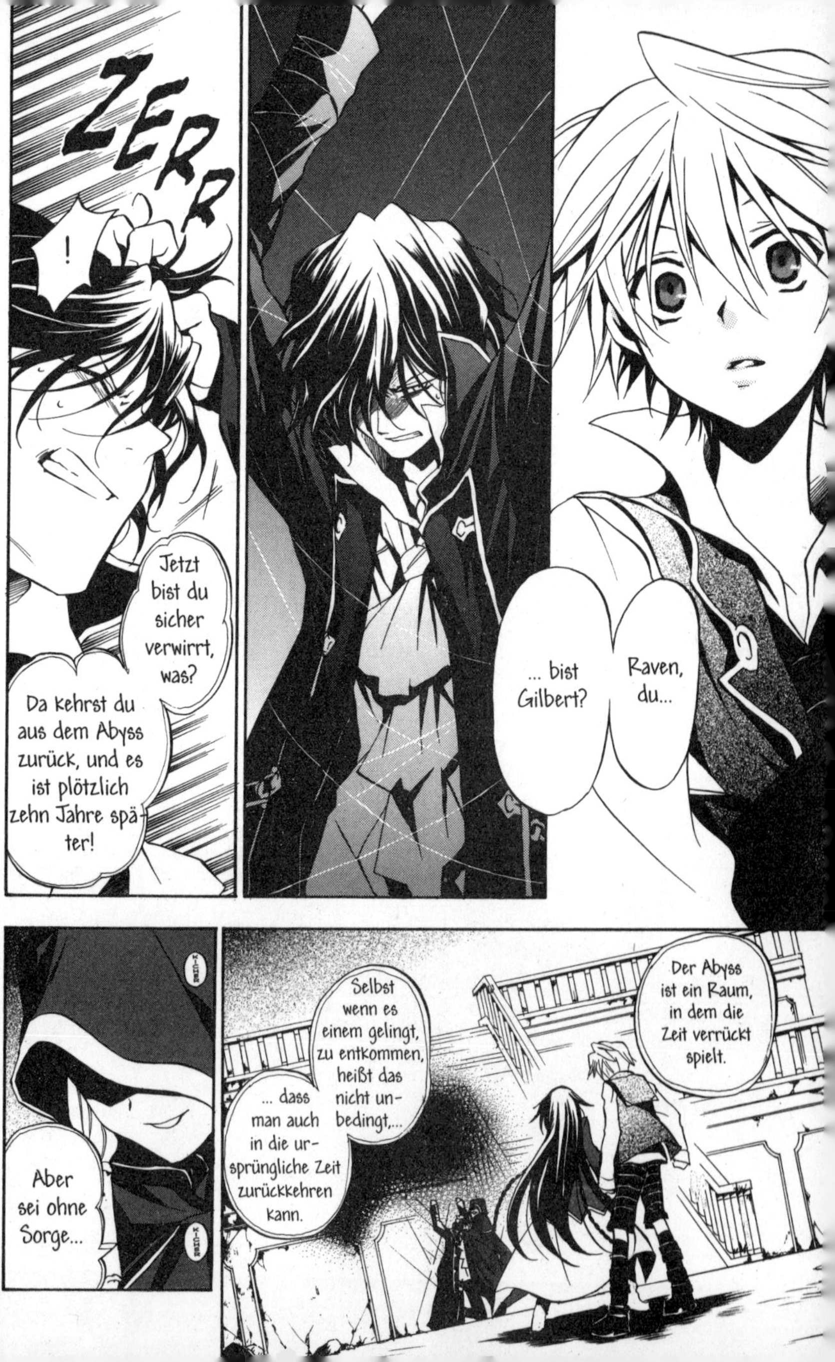
Raven, du...
... bist Gilbert?
ZERR
!
Jetzt bist du sicher verwirrt, was?
Da kehrst du aus dem Abyss zurück, und es ist plötzlich zehn Jahre später!
Der Abyss ist ein Raum, in dem die Zeit verrückt spielt.
Selbst wenn es einem gelingt, zu entkommen, heißt das nicht unbedingt,...
... dass man auch in die ursprüngliche Zeit zurückkehren kann.
KICHER
Aber sei ohne Sorge...
KICHER

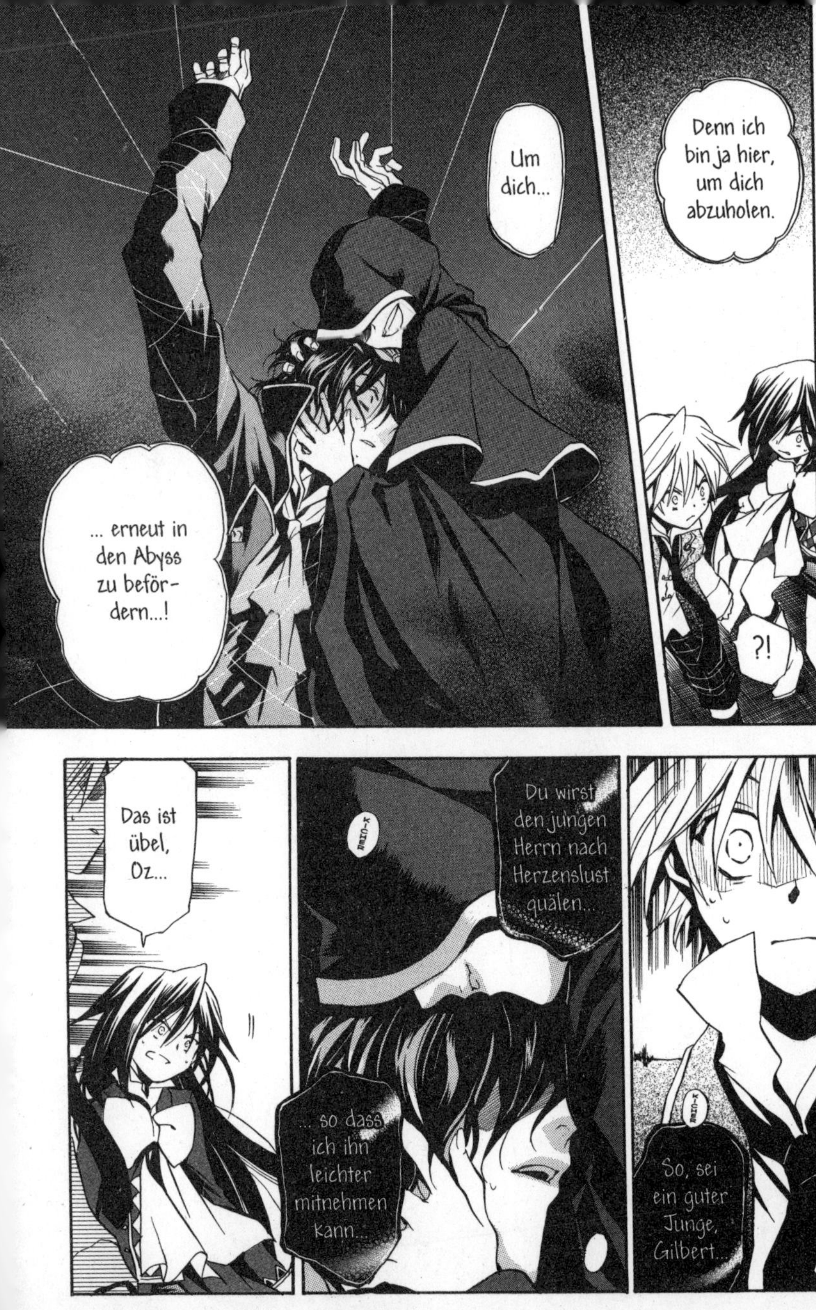
Denn ich bin ja hier, um dich abzuholen.
?!
Um dich...
... erneut in den Abyss zu befördern...!
So, sei ein guter Junge, Gilbert...
KICHER
Du wirst den jungen Herrn nach Herzenslust quälen...
KICHER
... so dass ich ihn leichter mitnehmen kann...
Das ist übel, Oz...

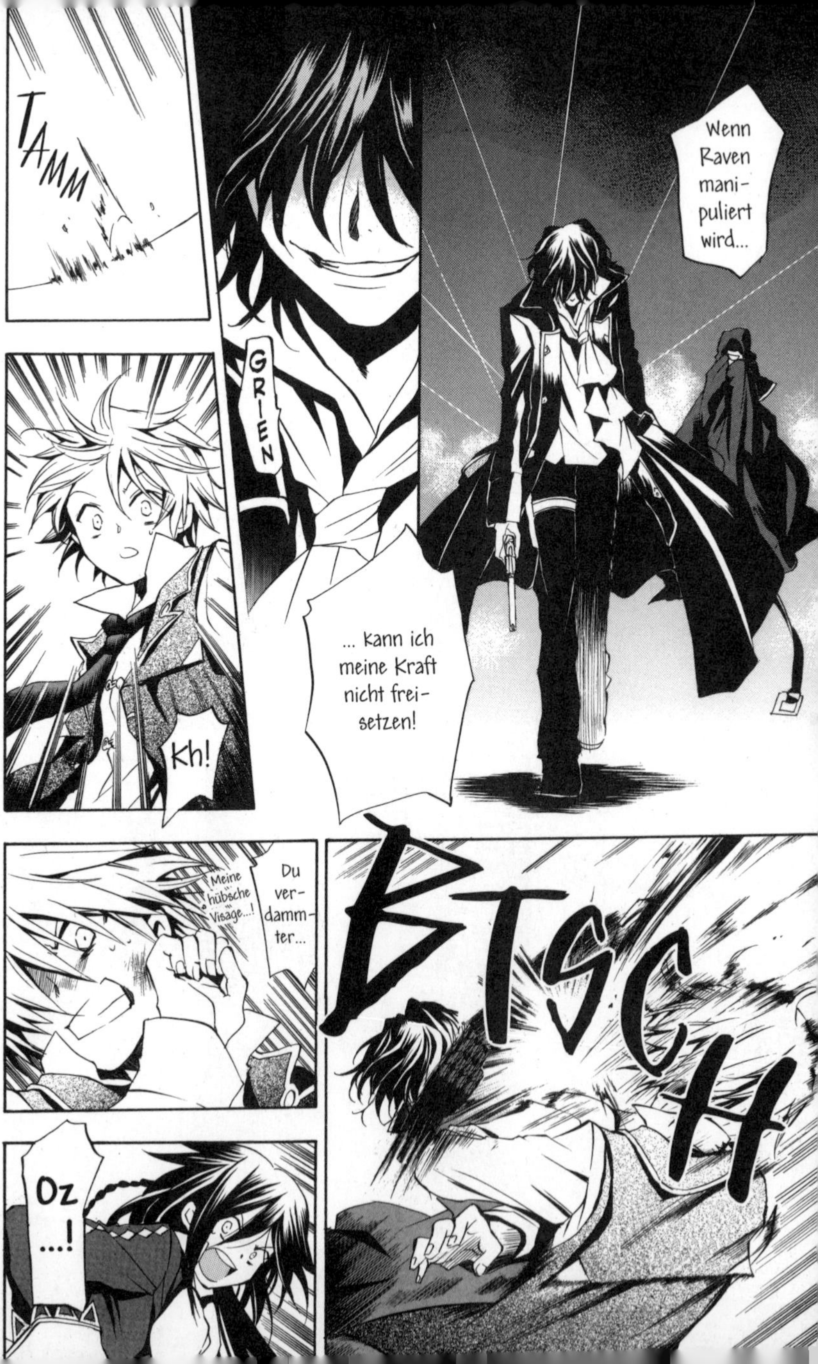
Wenn Raven mani-puliert wird...
GRIEN
TAMM
... kann ich meine Kraft nicht frei-setzen!
Kh!
BTSCH
Du ver-damm-ter...
Meine hübsche Visage...!
Oz ...!

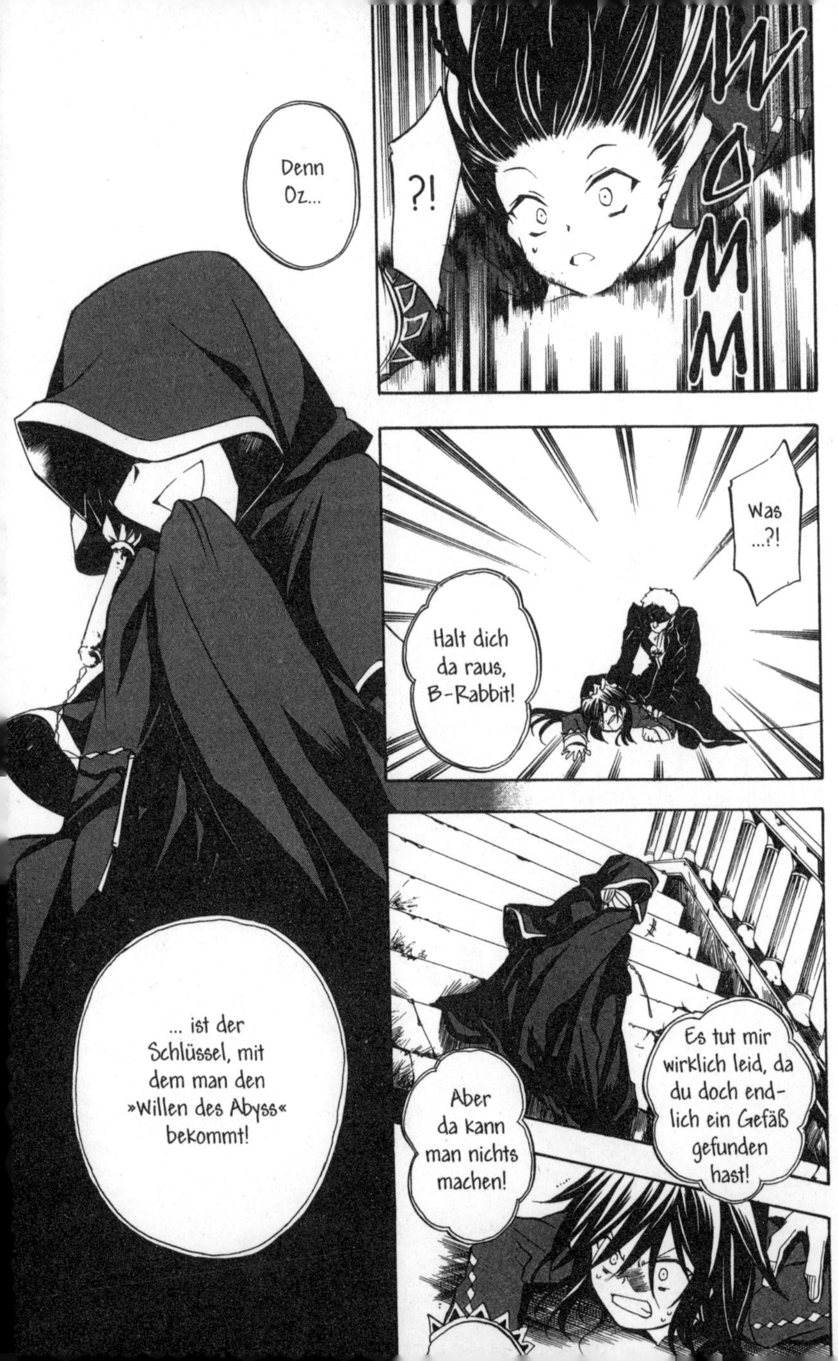
WOMM
?!
Denn Oz...
Was ...?!
Halt dich da raus, B-Rabbit!
Es tut mir wirklich leid, da du doch endlich ein Gefäß gefunden hast!
Aber da kann man nichts machen!
... ist der Schlüssel, mit dem man den »Willen des Abyss« bekommt!

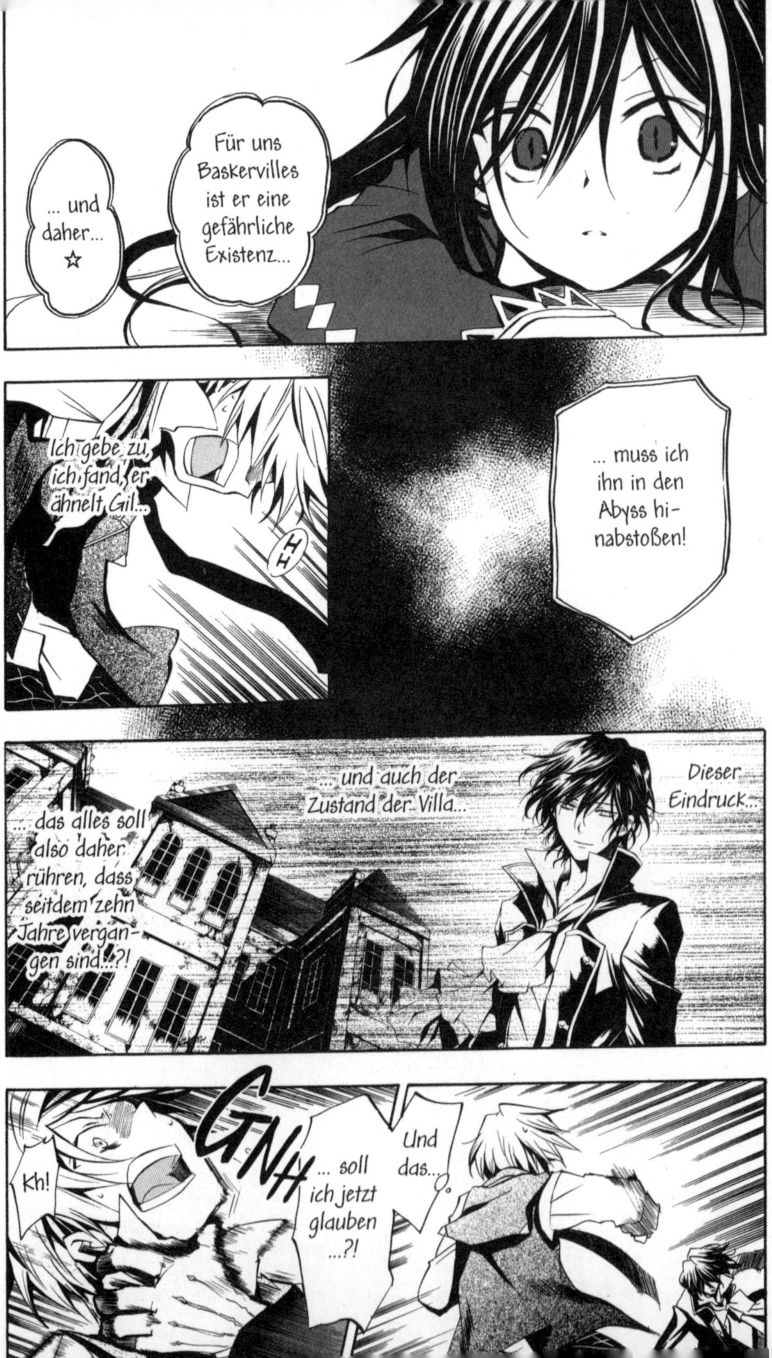
Für uns Baskervilles ist er eine gefährliche Existenz...
... und daher... ☆
... muss ich ihn in den Abyss hinabstoßen!
Ich gebe zu, ich fand, er ähnelt Gil...
H H
Dieser Eindruck...
... und auch der Zustand der Villa...
... das alles soll also daher rühren, dass seitdem zehn Jahre vergangen sind...?!
Und das...
... soll ich jetzt glauben ...?!
GNH
Kh!

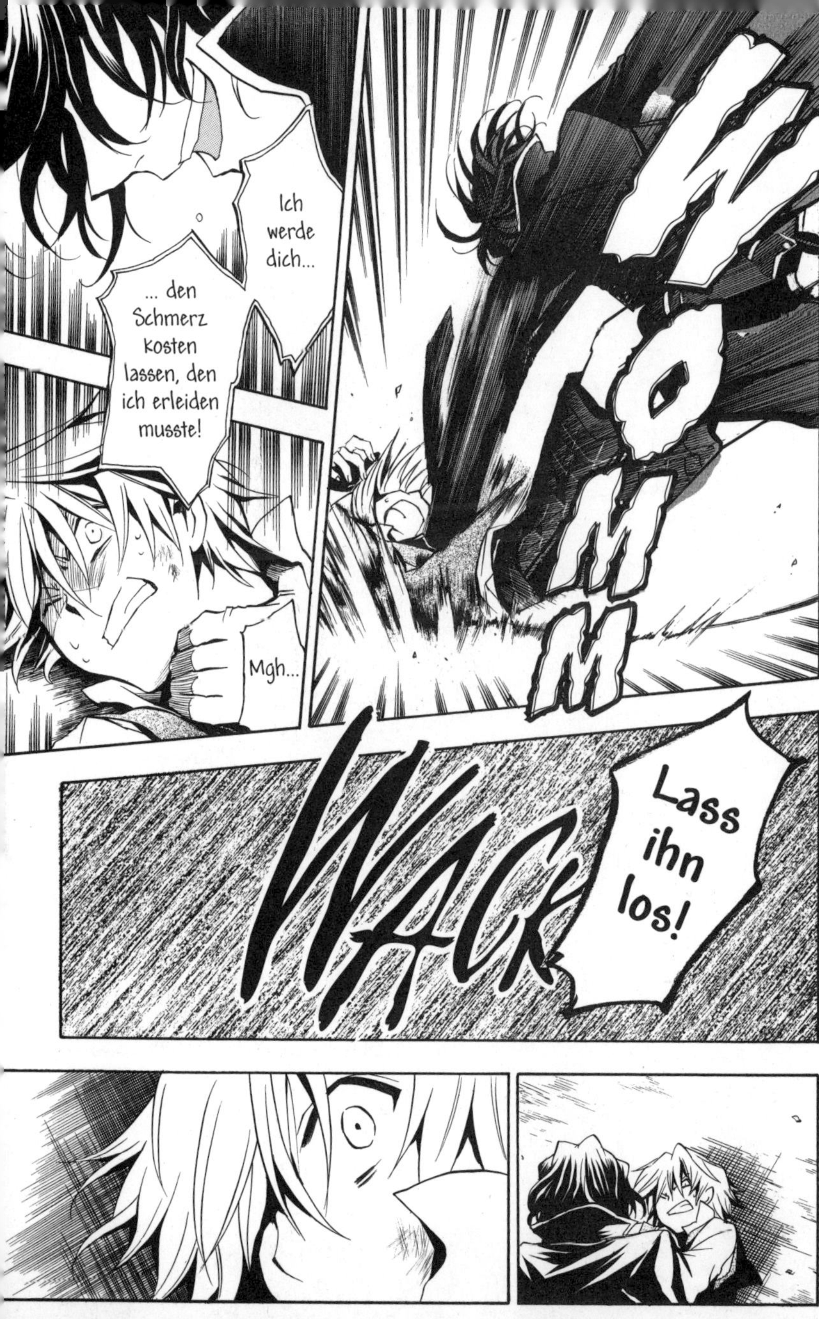
WOMM
Ich werde dich...
... den Schmerz kosten lassen, den ich erleiden musste!
Mgh...
WACK
Lass ihn los!

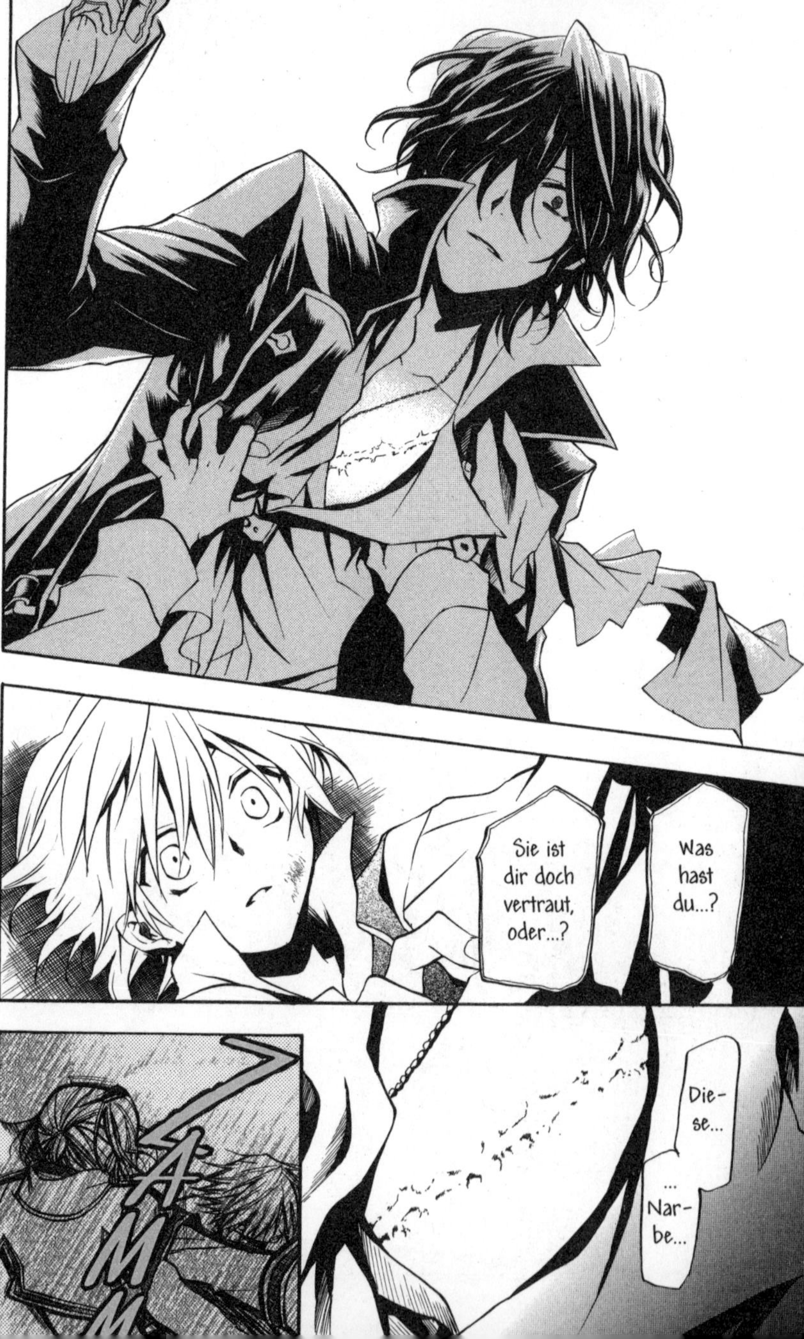
Was hast du...?
Sie ist dir doch vertraut, oder...?
Die-se...
... Nar-be...
ZAMM

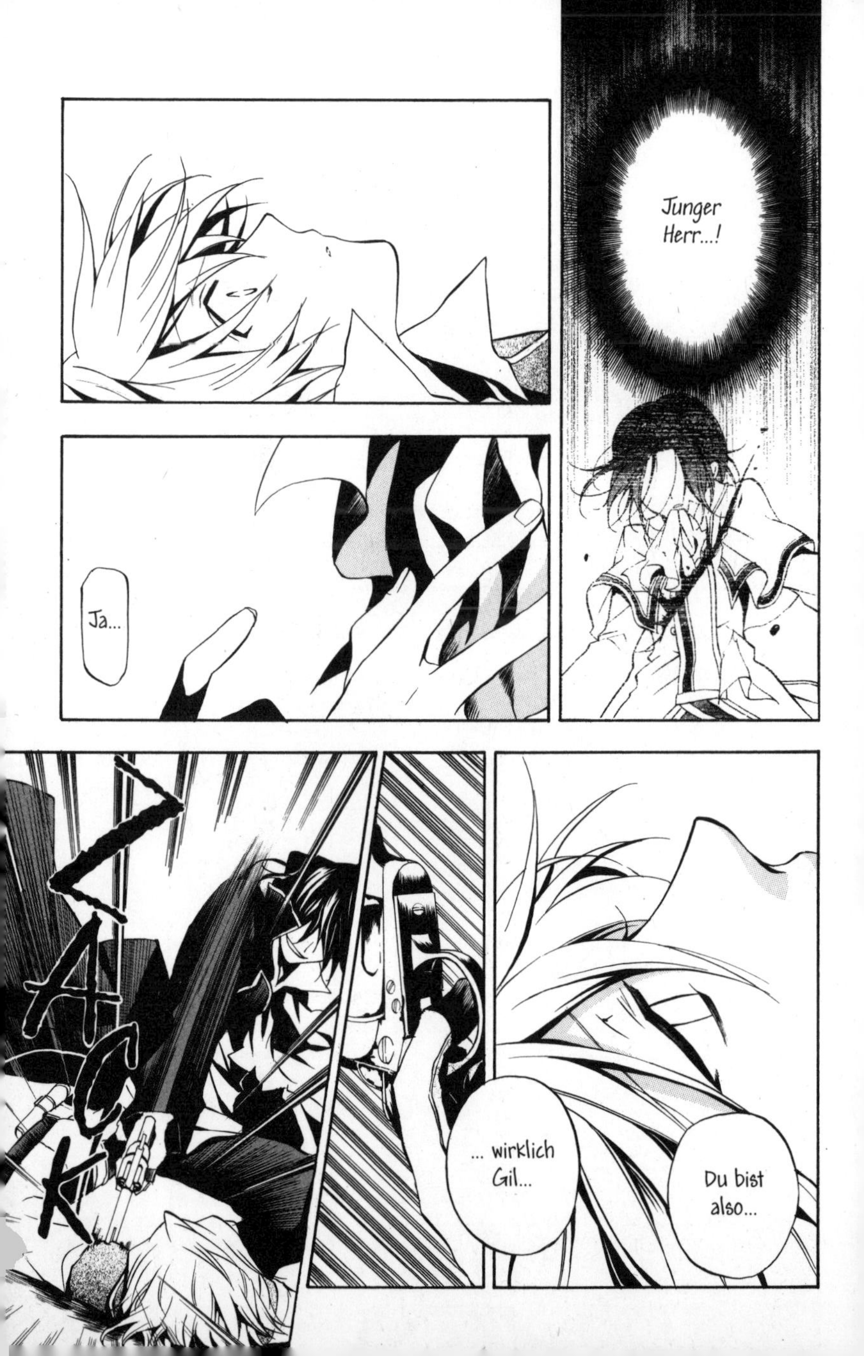
Junger Herr...!
Ja...
Du bist also...
... wirklich Gil...
KNACK

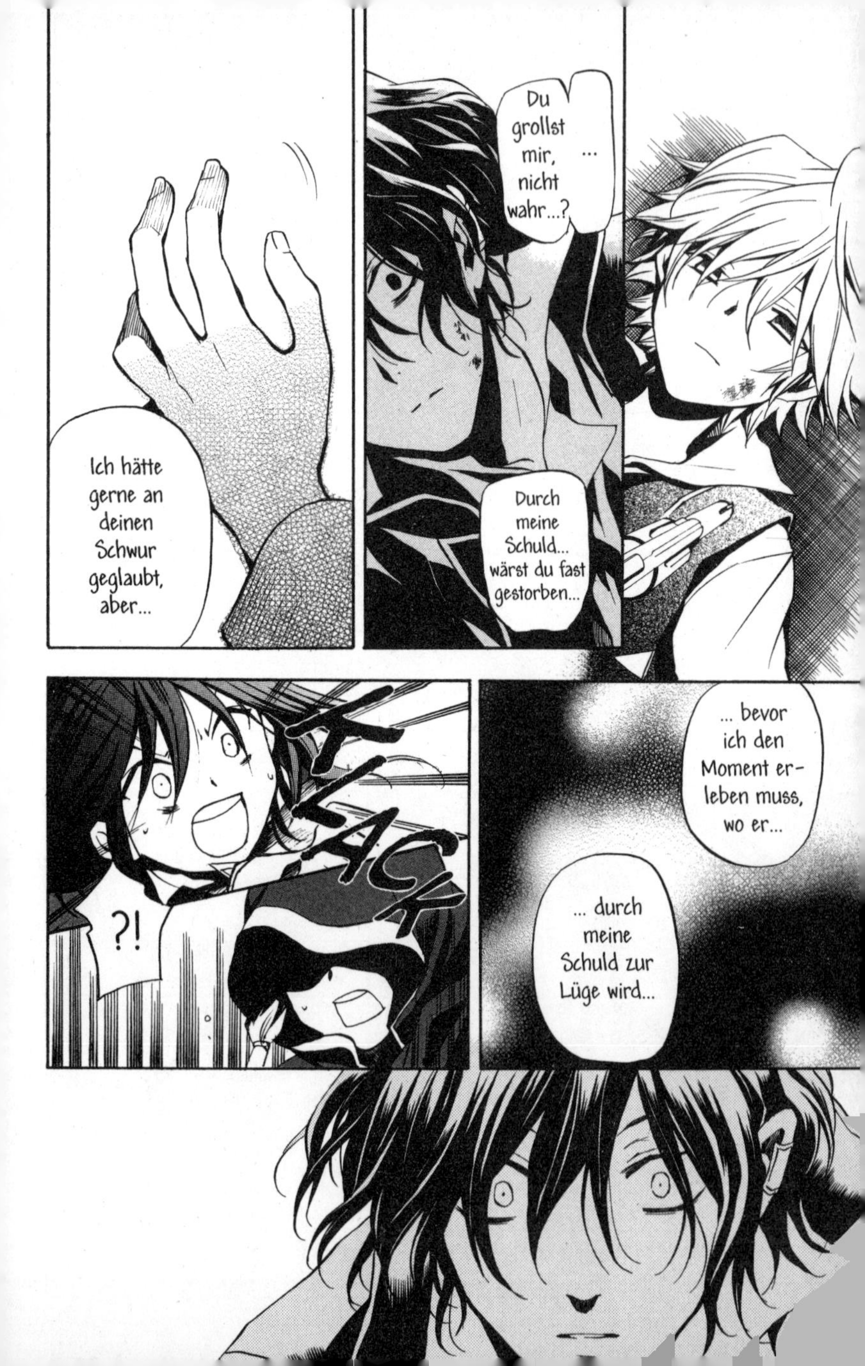
Du grollst mir, nicht wahr...?
...
Durch meine Schuld... wärst du fast gestorben...
Ich hätte gerne an deinen Schwur geglaubt, aber...
... bevor ich den Moment er- leben muss, wo er...
... durch meine Schuld zur Lüge wird...
?!

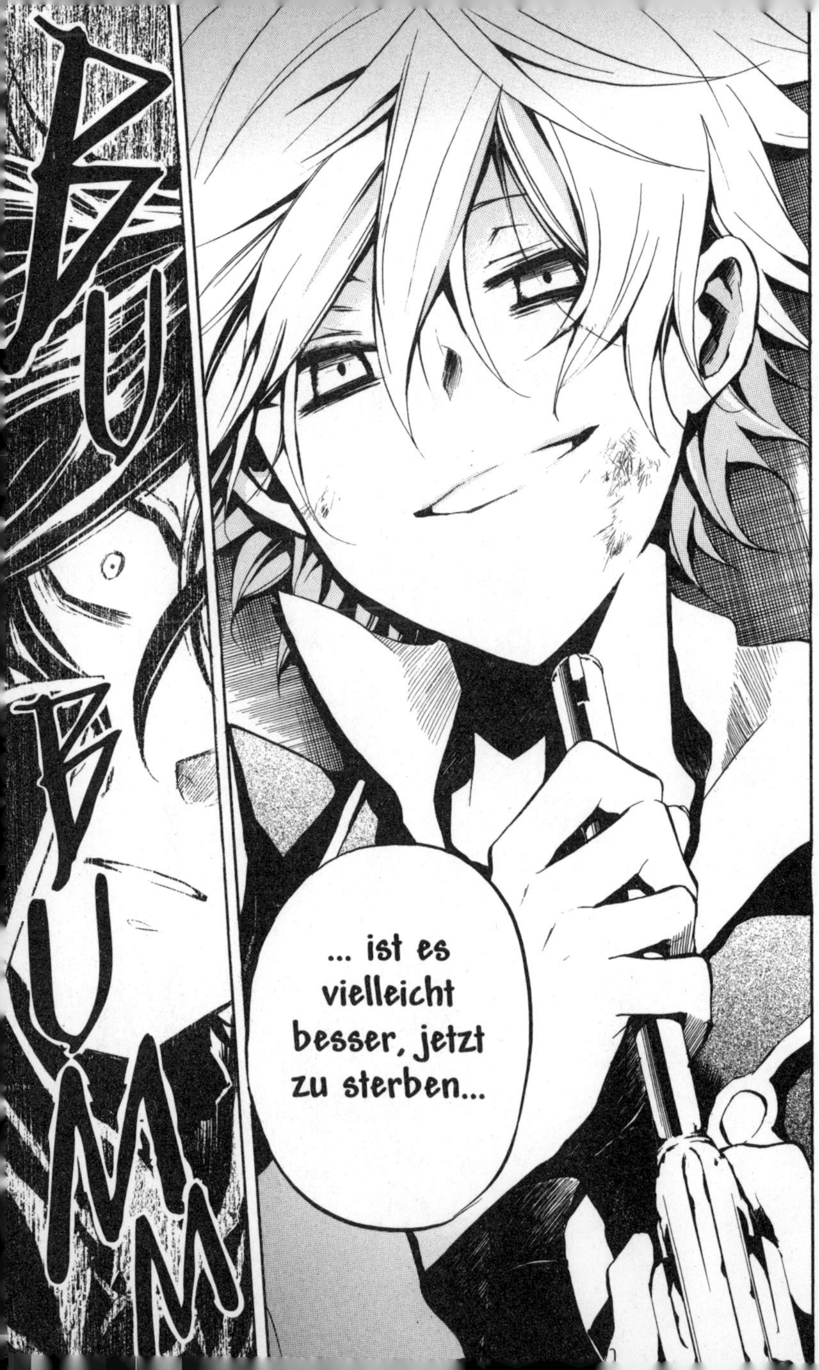
... ist es vielleicht besser, jetzt zu sterben...
BUBUMM

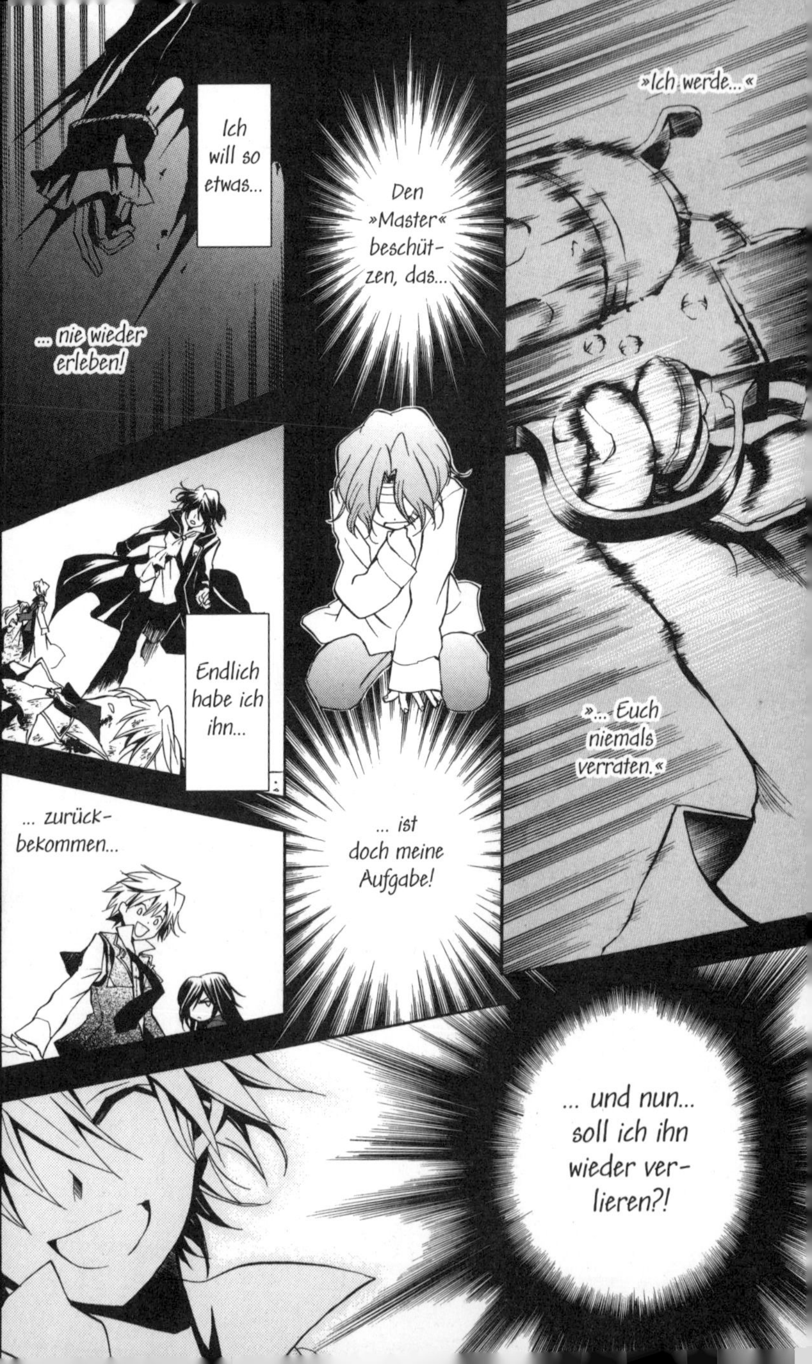
»Ich werde...«
»... Euch niemals verraten.«
Den »Master« beschützen, das...
... ist doch meine Aufgabe!
Ich will so etwas...
... nie wieder erleben!
Endlich habe ich ihn...
... zurückbekommen...
... und nun... soll ich ihn wieder verlieren?!

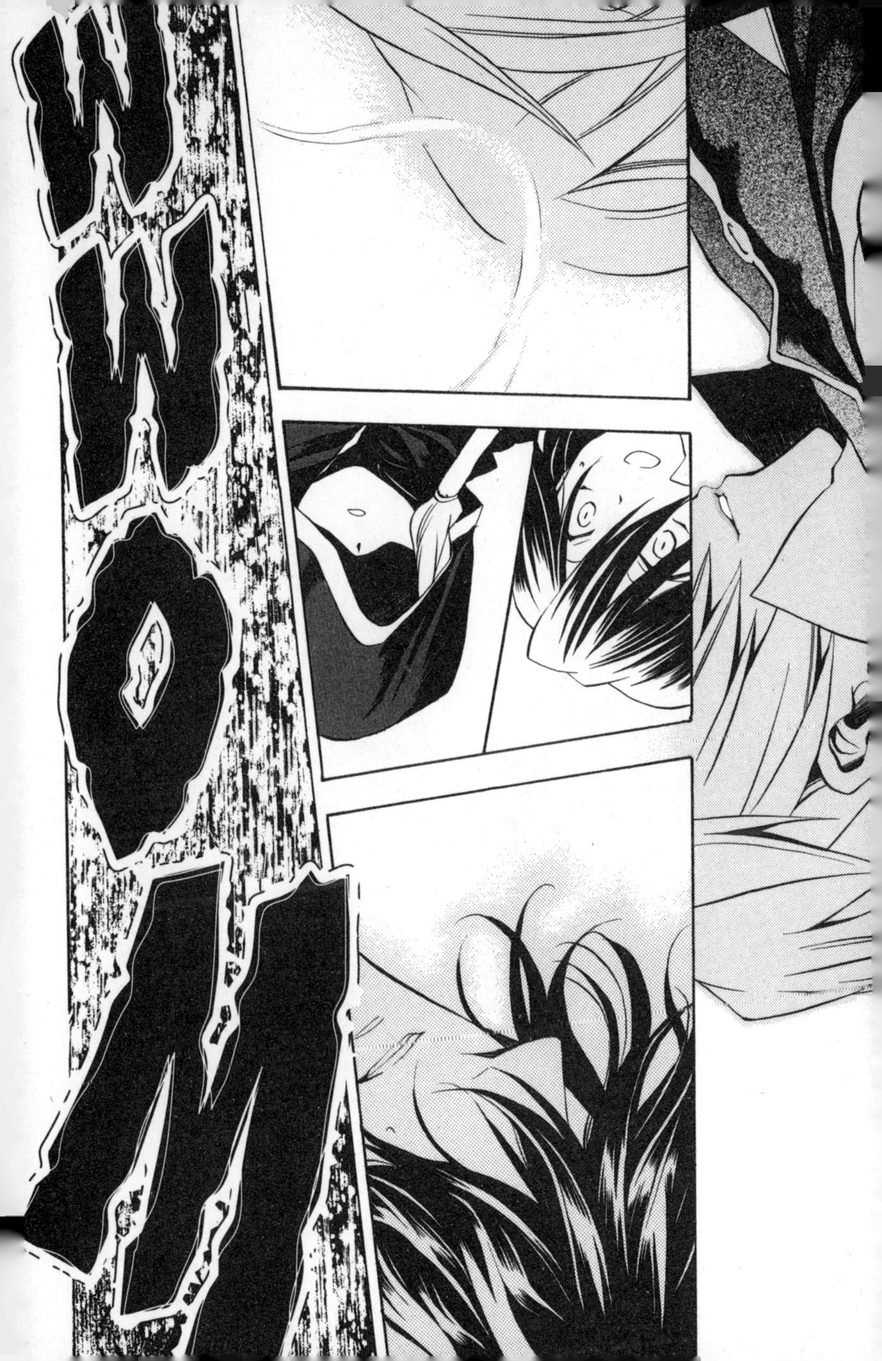
WWOM

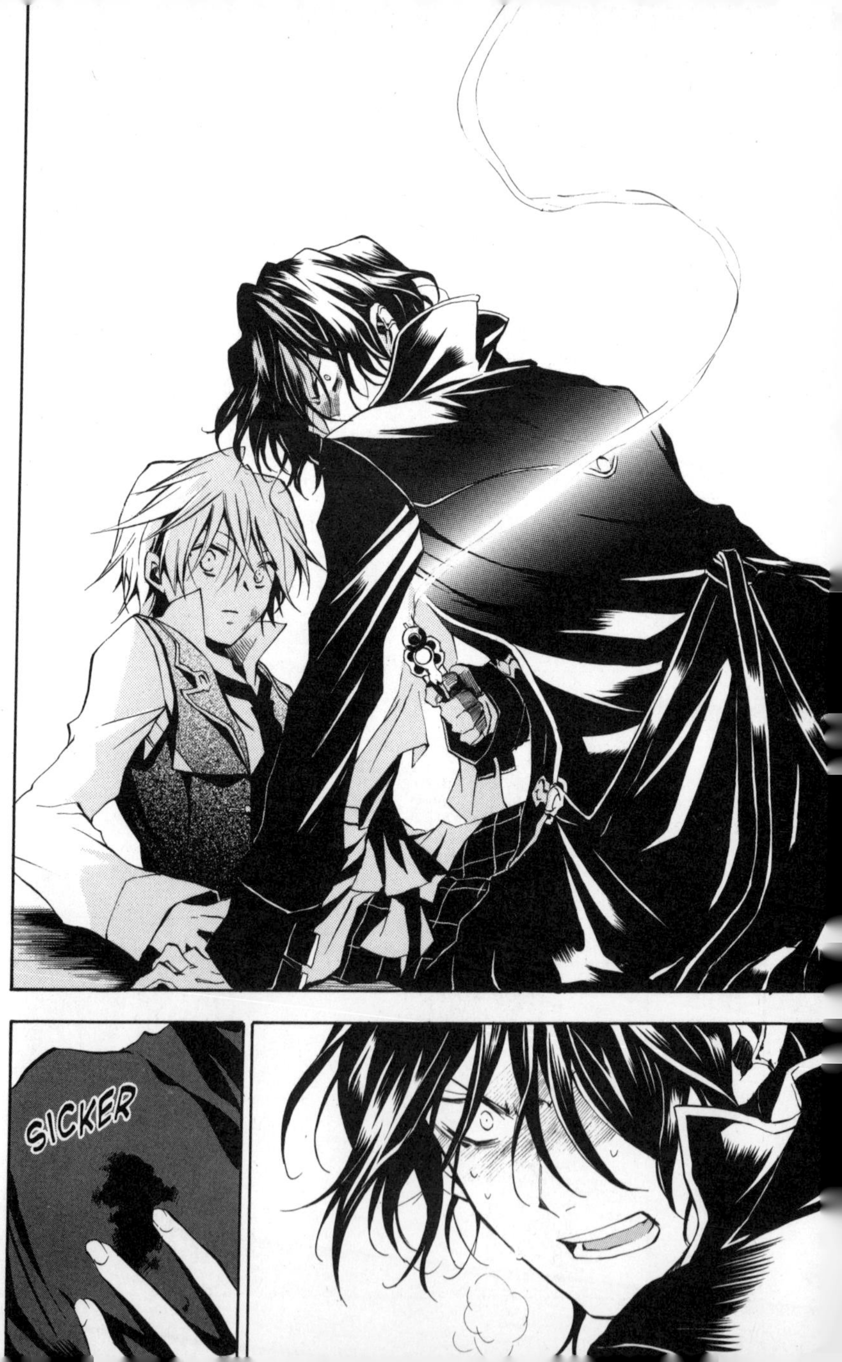
SICKER

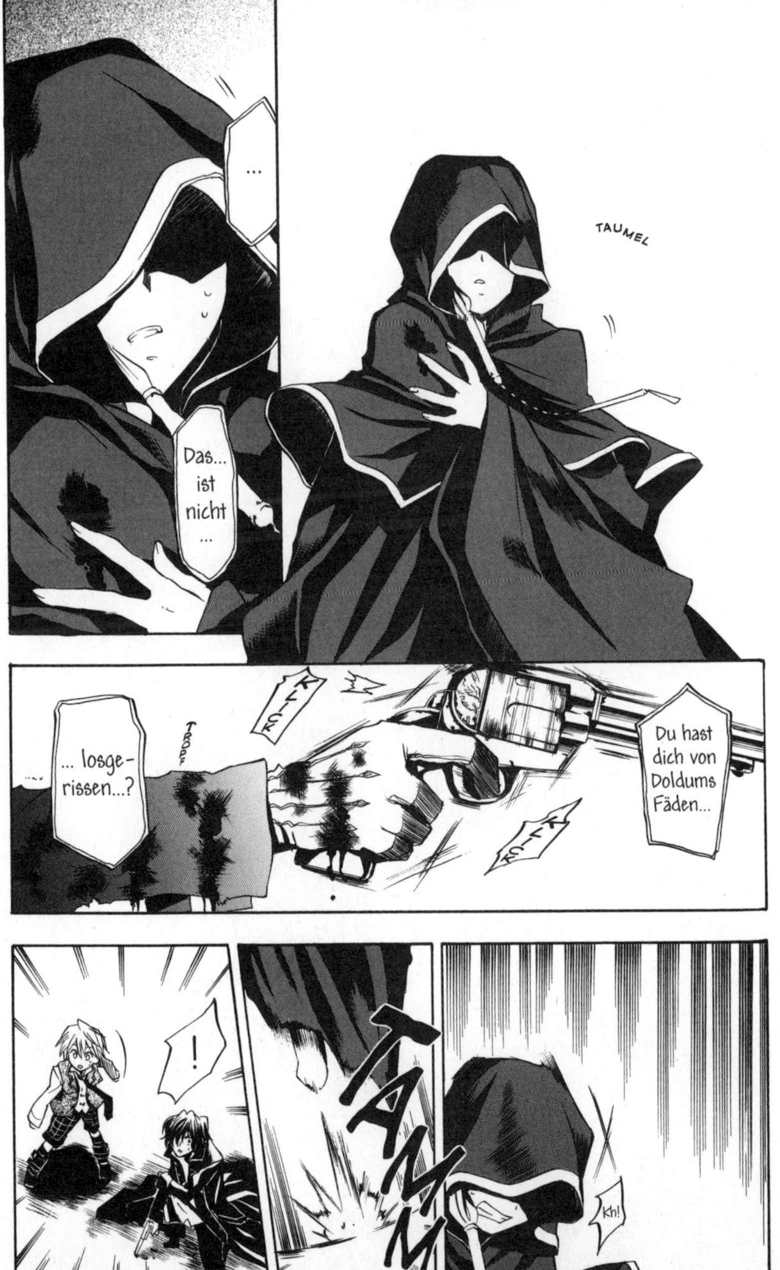
TAUMEL
...
Das... ist nicht ...
Du hast dich von Doldums Fäden...
KLICK
KLICK
TROPF
... losgerissen...?
!
TAM
Kh!

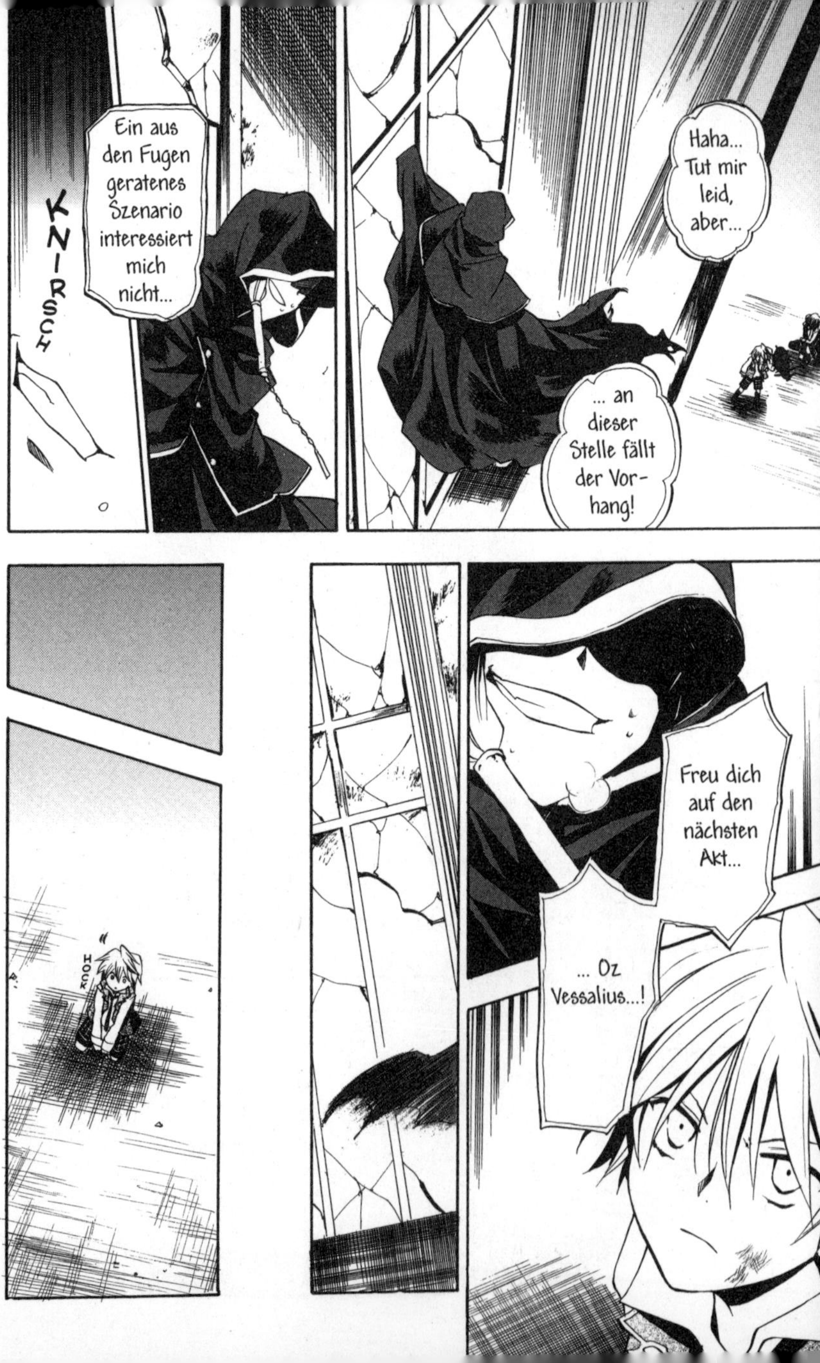
Haha... Tut mir leid, aber...
... an dieser Stelle fällt der Vor-hang!
Ein aus den Fugen geratenes Szenario interessiert mich nicht...
KNIRSCH
Freu dich auf den nächsten Akt...
... Oz Vessalius...!
HOCK

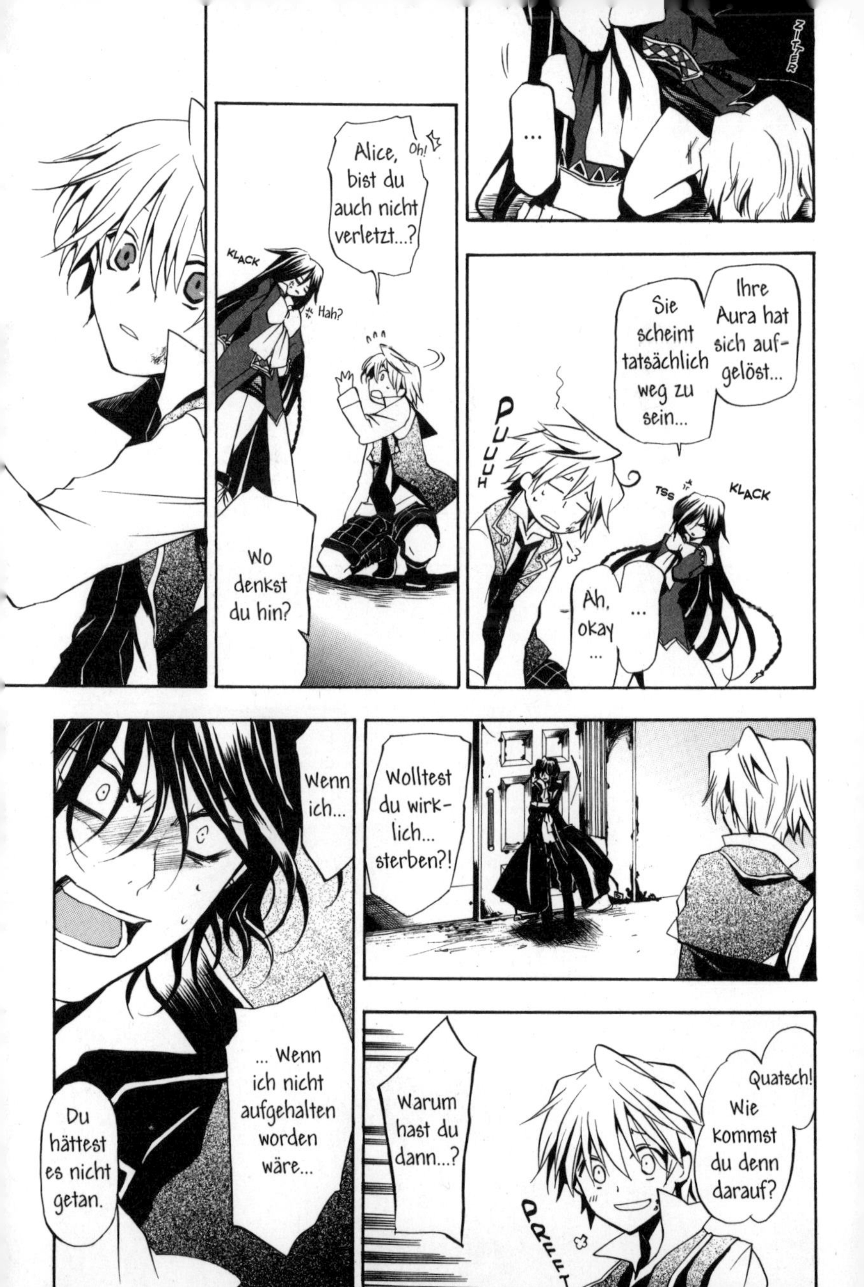
ZITTER
...
Ihre Aura hat sich aufgelöst...
Sie scheint tatsächlich weg zu sein...
PUUUH
TSS
KLACK
Ah, okay ...
...
Alice, bist du auch nicht verletzt...?
Oh!
KLACK
Hah?
Wo denkst du hin?
Wolltest du wirklich... sterben?!
Wenn ich...
Quatsch! Wie kommst du denn darauf?
Warum hast du dann...?
... Wenn ich nicht aufgehalten worden wäre...
Du hättest es nicht getan.

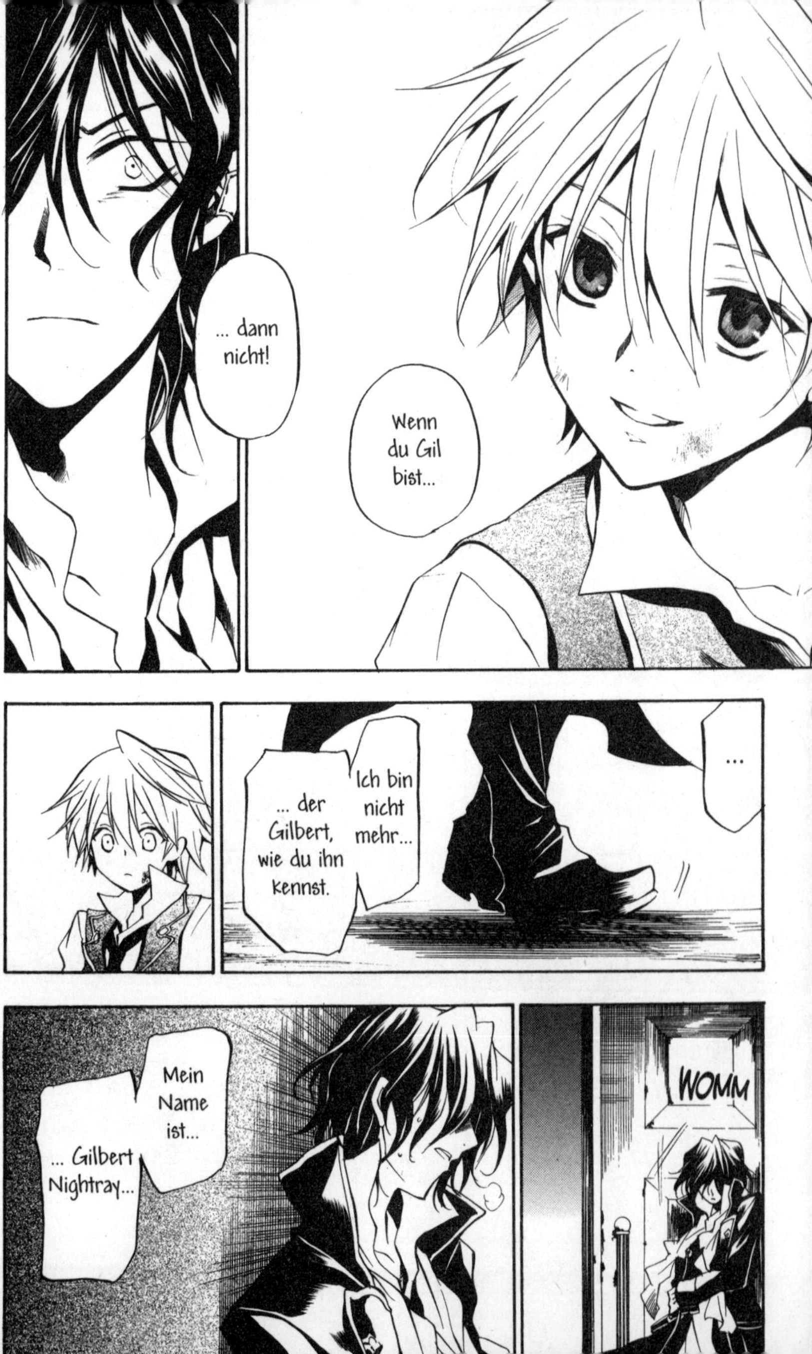
Wenn du Gil bist...
... dann nicht!
...
Ich bin nicht mehr...
... der Gilbert, wie du ihn kennst.
WOMM
Mein Name ist...
... Gilbert Nightray...

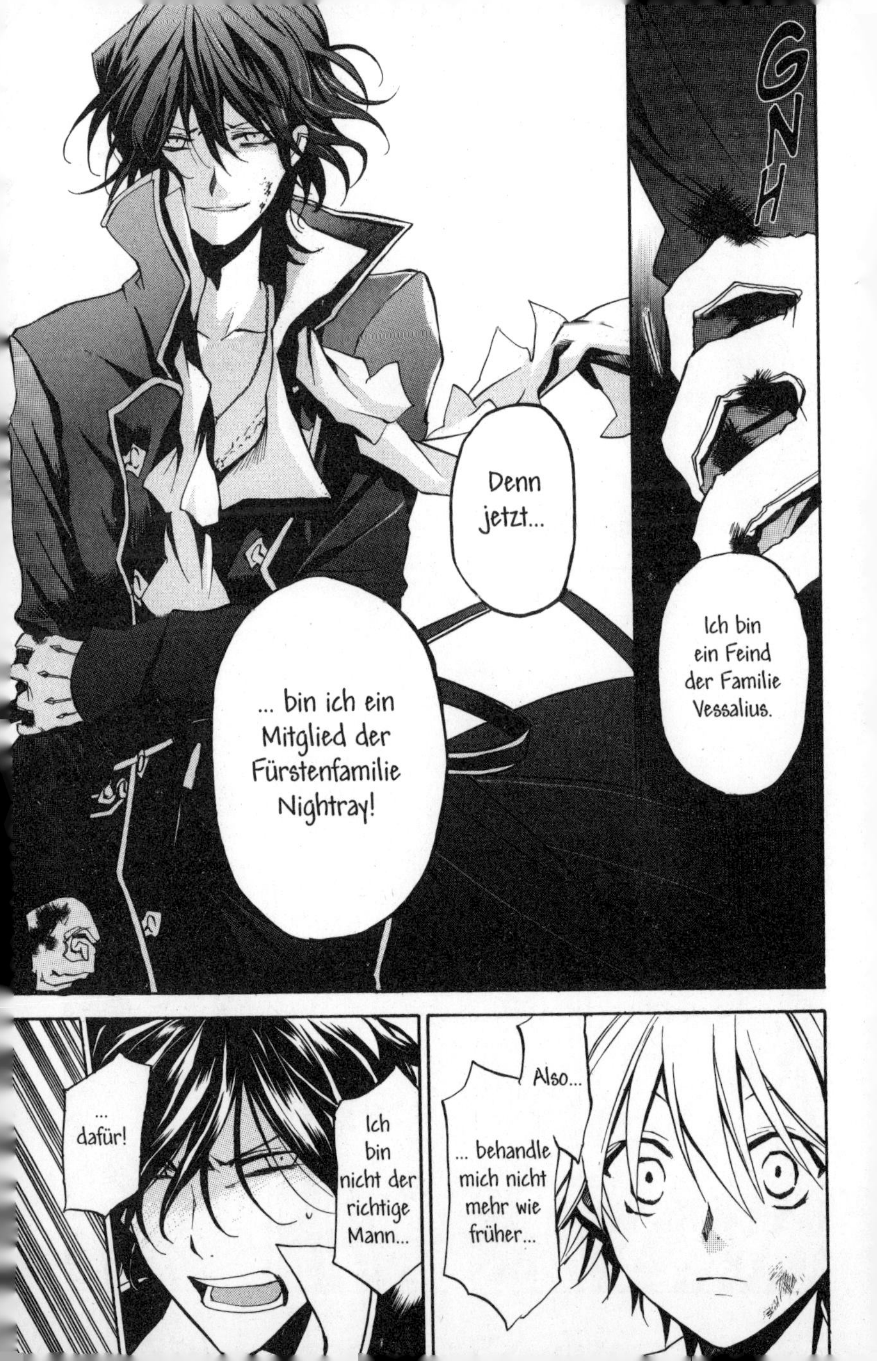
GNH
Ich bin ein Feind der Familie Vessalius.
Denn jetzt...
... bin ich ein Mitglied der Fürstenfamilie Nightray!
Also...
... behandle mich nicht mehr wie früher...
Ich bin nicht der richtige Mann...
... dafür!

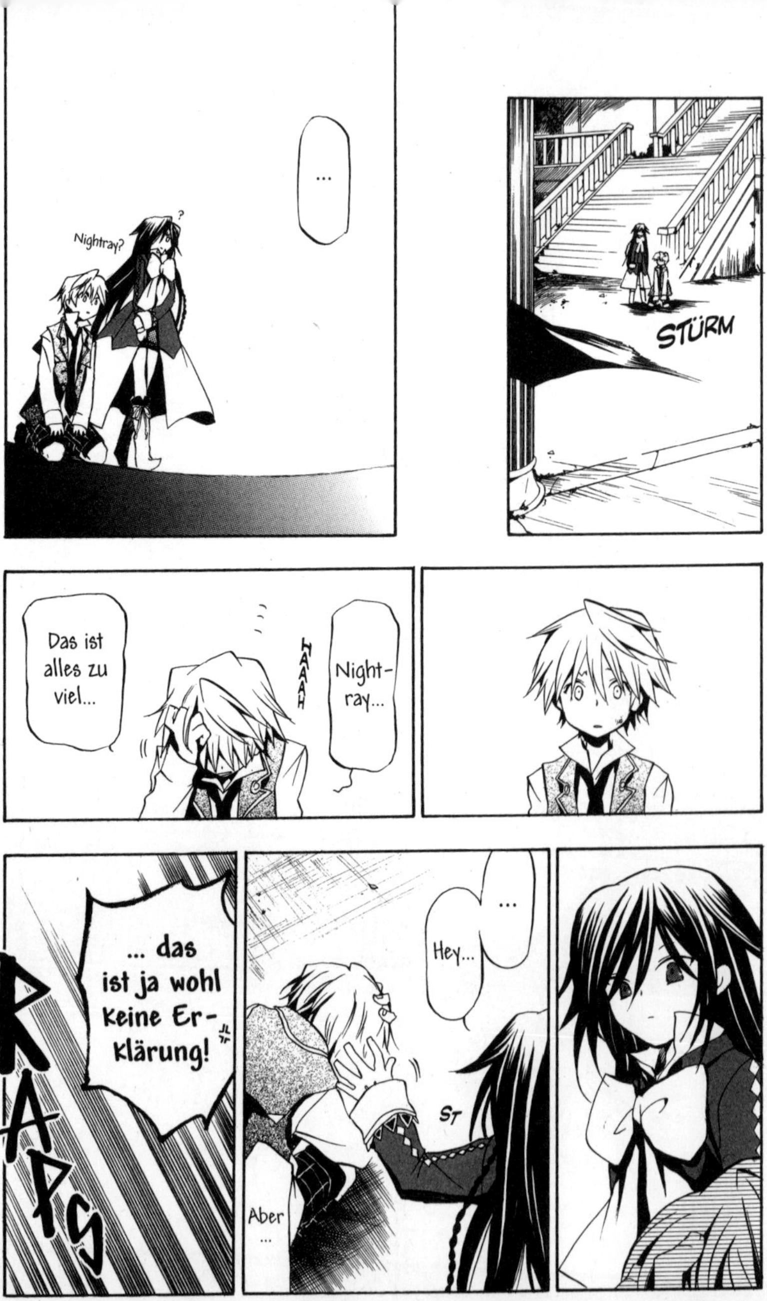
STÜRM
...
Nightray?
?
Night-
ray...
HAAAH
Das ist
alles zu
viel...
...
Hey...
ST
Aber
...
... das
ist ja wohl
keine Er-
klärung!
RAPS

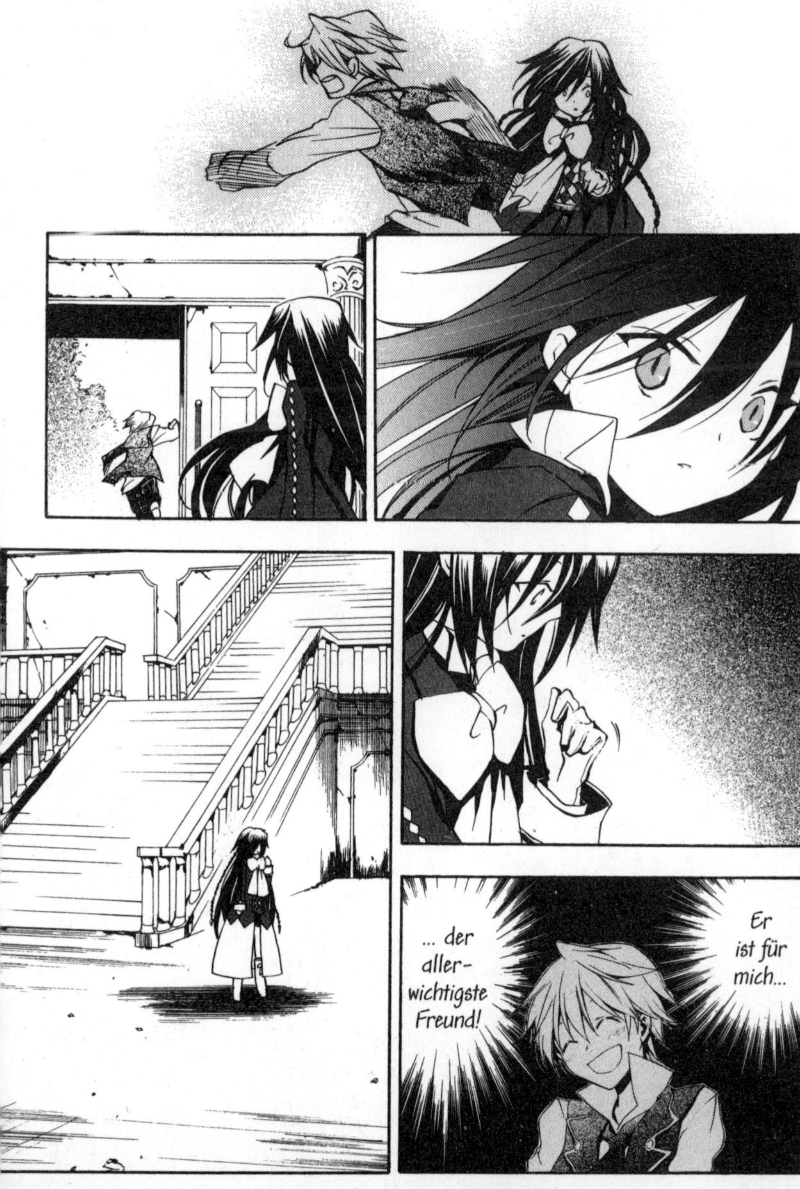
Er ist für mich...
... der aller-wichtigste Freund!

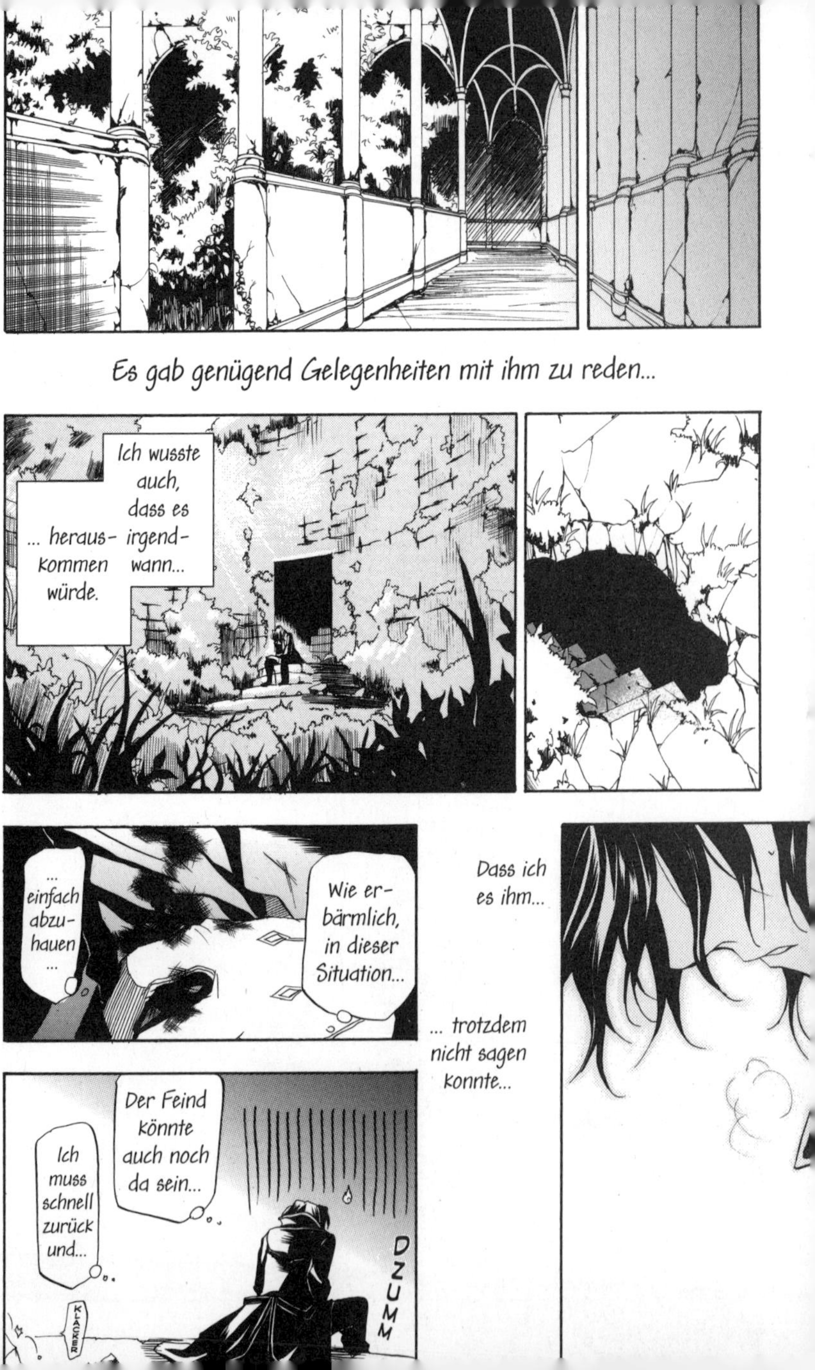
Es gab genügend Gelegenheiten mit ihm zu reden...
Ich wusste auch, dass es irgendwann...
... heraus-kommen würde.
Wie er-bärmlich, in dieser Situation...
... einfach abzu-hauen ...
Dass ich es ihm...
... trotzdem nicht sagen konnte...
Der Feind könnte auch noch da sein...
Ich muss schnell zurück und...
DZUMM
KLACKER

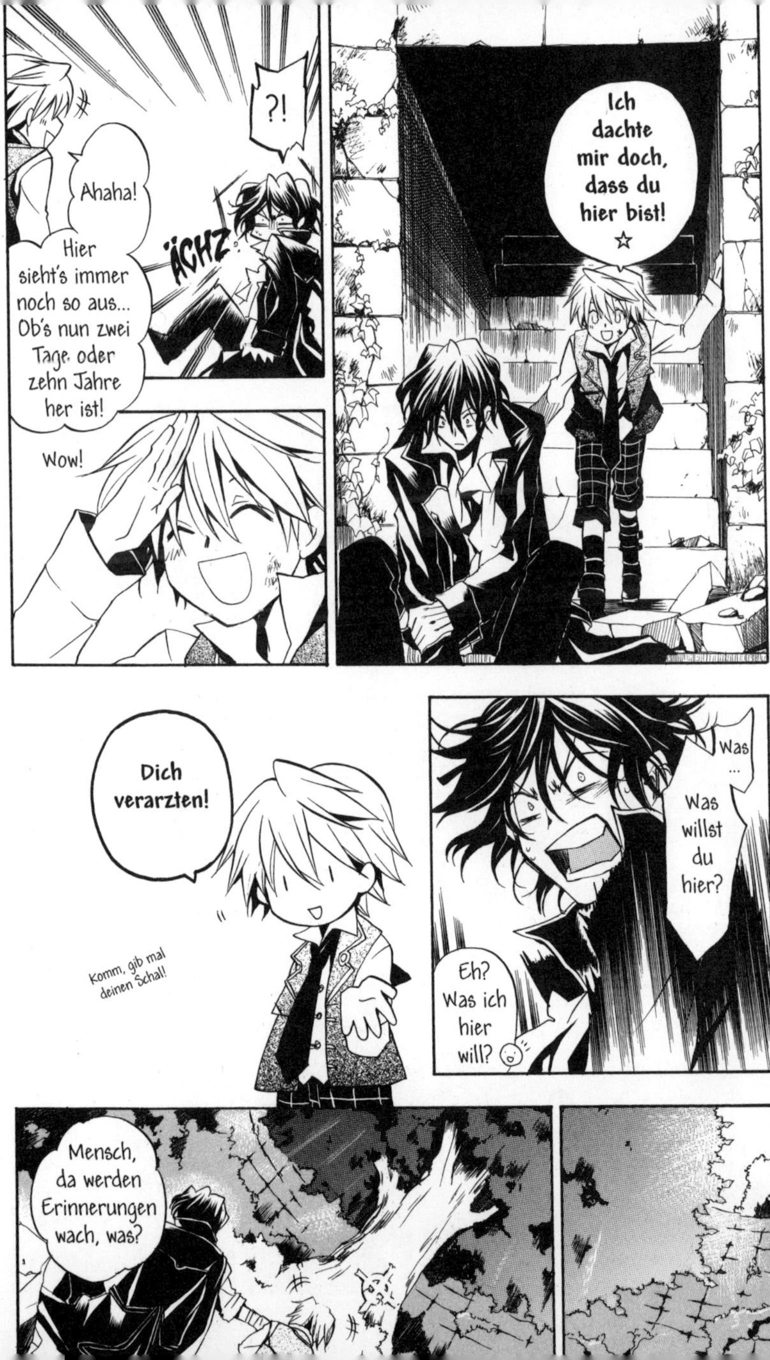

Ich dachte mir doch, dass du hier bist! ☆
?!
Ahaha!
ÄCHZ
Hier sieht's immer noch so aus... Ob's nun zwei Tage oder zehn Jahre her ist!
Wow!
Was ...
Was willst du hier?
Eh? Was ich hier will?
Dich verarzten!
Komm, gib mal deinen Schal!
Mensch, da werden Erinnerungen wach, was?

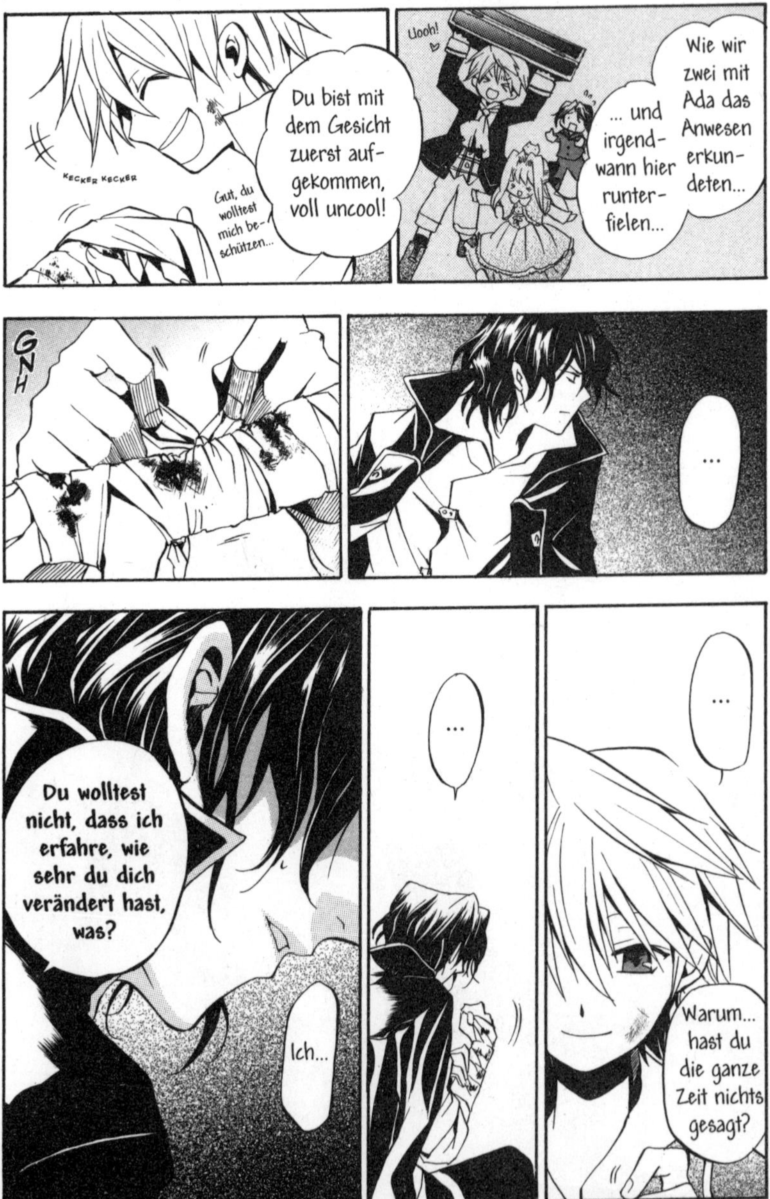
Wie wir zwei mit Ada das Anwesen erkundeten...
... und irgendwann hier runterfielen...
Uooh!
Du bist mit dem Gesicht zuerst aufgekommen, voll uncool!
Gut, du wolltest mich beschützen...
KECKER KECKER
...
GNH
...
Warum... hast du die ganze Zeit nichts gesagt?
...
Du wolltest nicht, dass ich erfahre, wie sehr du dich verändert hast, was?
Ich...

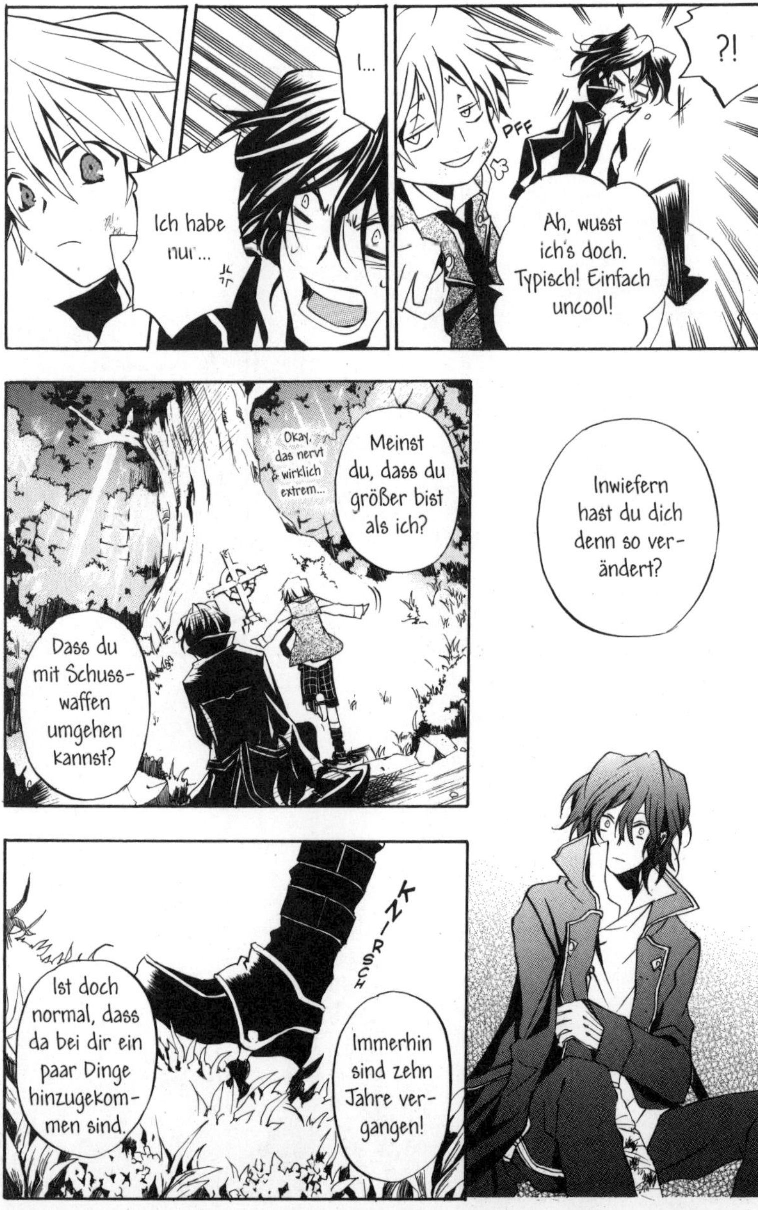
?!
Ah, wusst ich's doch. Typisch! Einfach uncool!
PFF
I...
Ich habe nur...
Inwiefern hast du dich denn so verändert?
Meinst du, dass du größer bist als ich?
Okay, das nervt wirklich extrem...
Dass du mit Schusswaffen umgehen kannst?
Immerhin sind zehn Jahre vergangen!
KNIRSCH
Ist doch normal, dass da bei dir ein paar Dinge hinzugekommen sind.

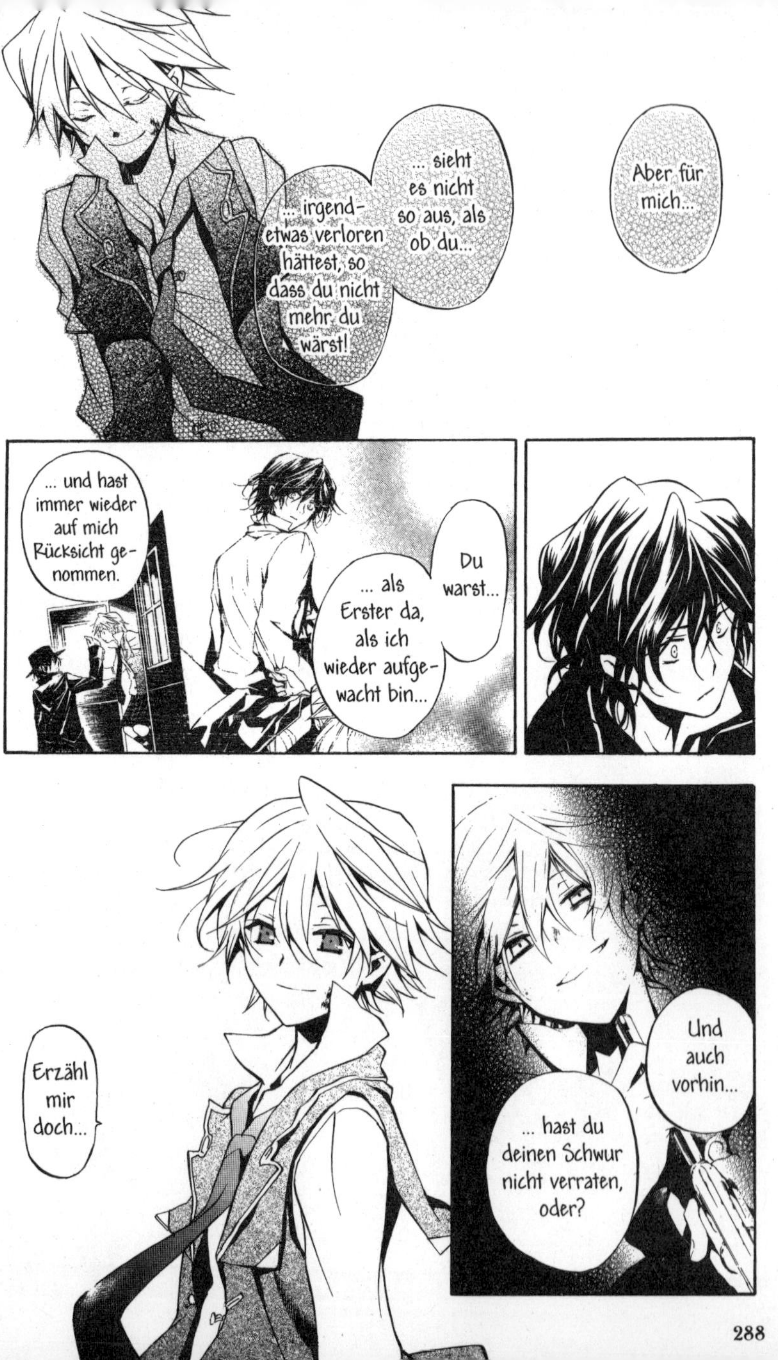
Aber für mich...
... sieht es nicht so aus, als ob du...
... irgendetwas verloren hättest, so dass du nicht mehr du wärst!
Du warst...
... als Erster da, als ich wieder aufgewacht bin...
... und hast immer wieder auf mich Rücksicht genommen.
Und auch vorhin...
... hast du deinen Schwur nicht verraten, oder?
Erzähl mir doch...

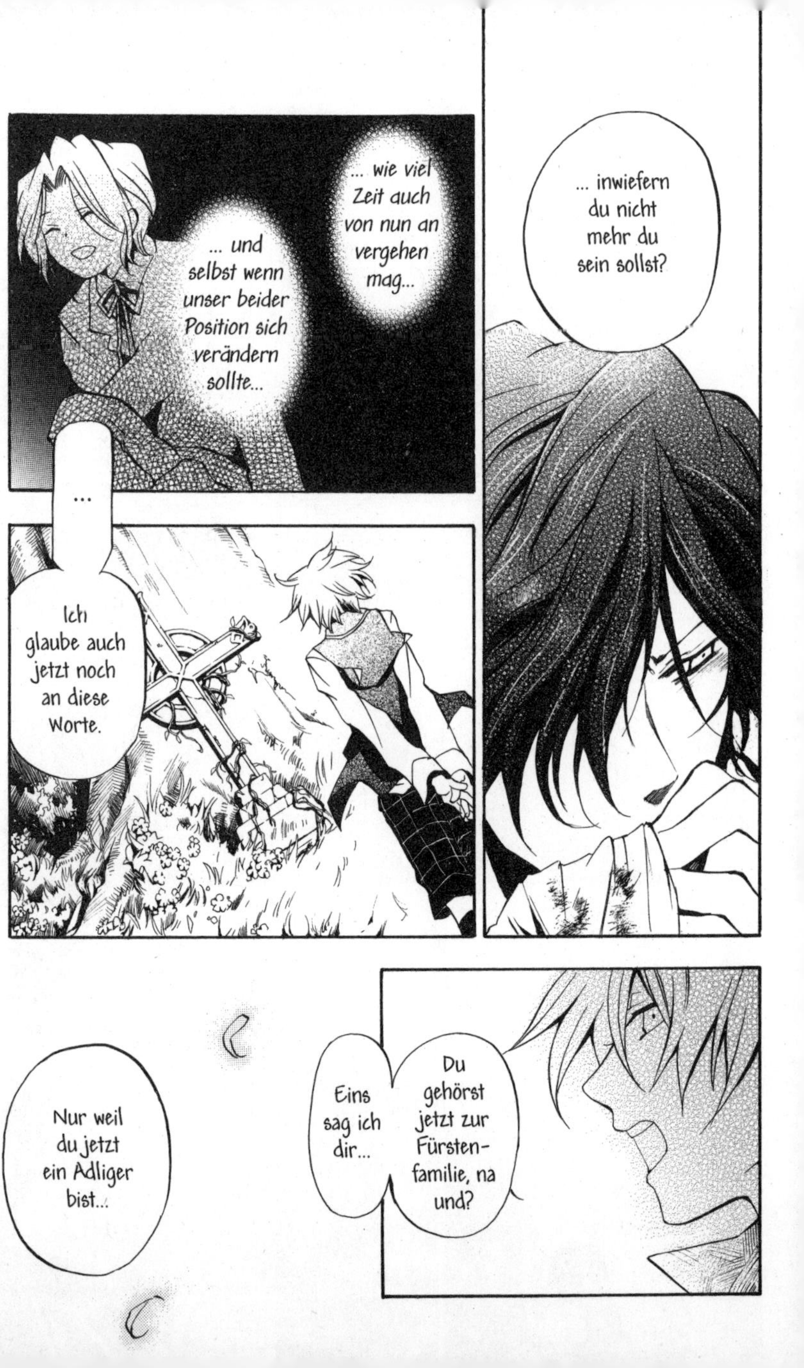
... inwiefern du nicht mehr du sein sollst?
... wie viel Zeit auch von nun an vergehen mag...
... und selbst wenn unser beider Position sich verändern sollte...
...
Ich glaube auch jetzt noch an diese Worte.
Du gehörst jetzt zur Fürsten-familie, na und?
Eins sag ich dir...
Nur weil du jetzt ein Adliger bist...

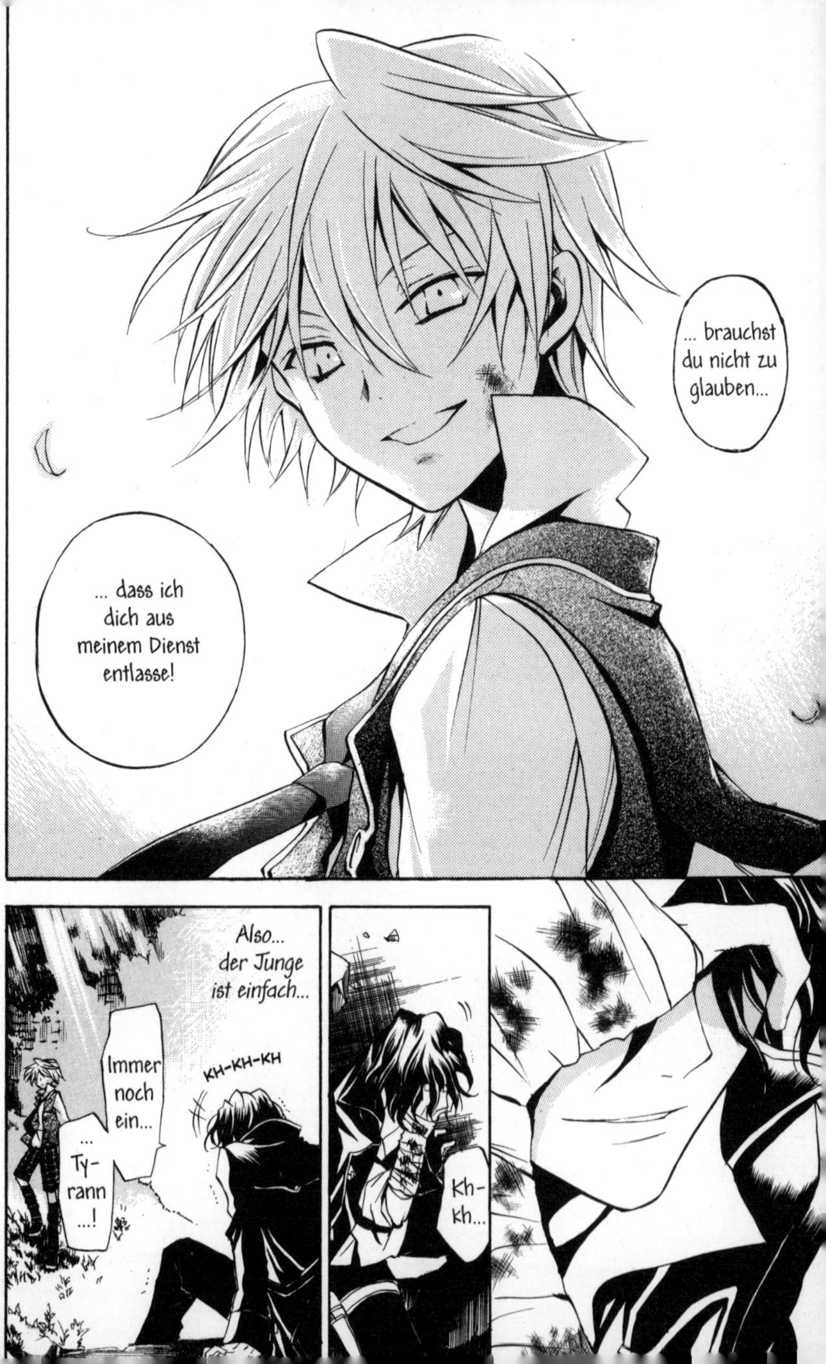
... brauchst du nicht zu glauben...
... dass ich dich aus meinem Dienst entlasse!
Kh-kh...
Also... der Junge ist einfach...
KH-KH-KH
Immer noch ein...
... Ty-rann ...!

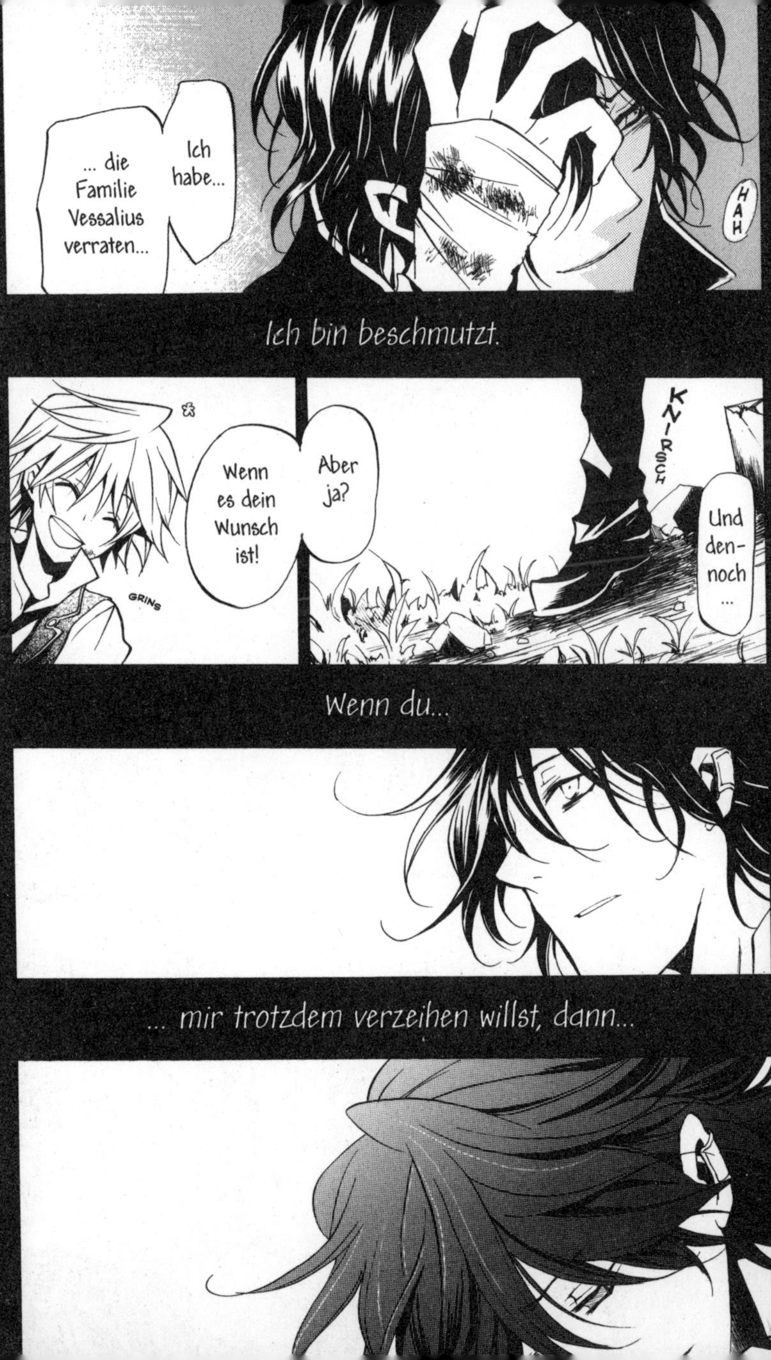
HAH
Ich habe...
... die Familie Vessalius verraten...
Ich bin beschmutzt.
KNIRSCH
Und dennoch ...
Aber ja?
Wenn es dein Wunsch ist!
GRINS
Wenn du...
... mir trotzdem verzeihen willst, dann...

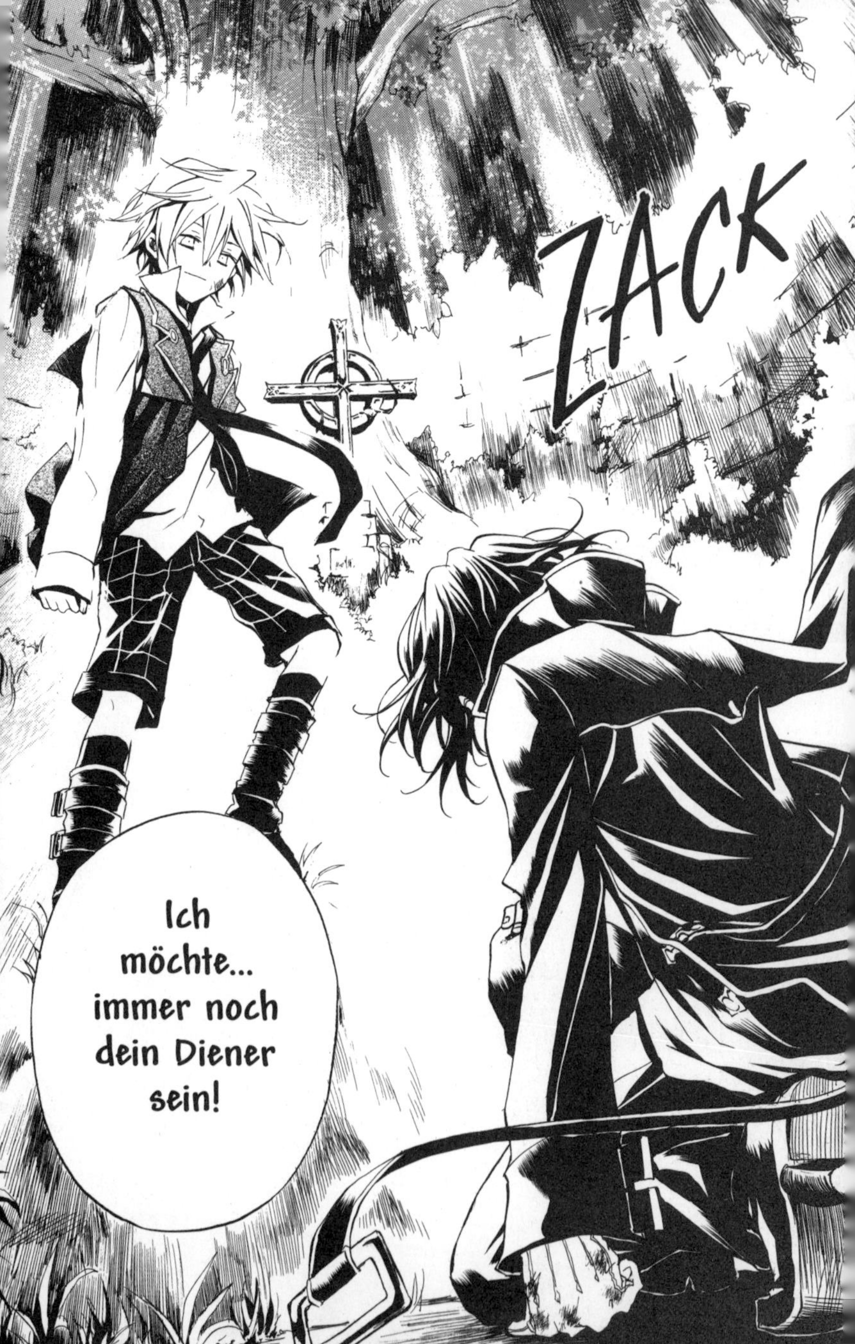
ZACK
Ich möchte... immer noch dein Diener sein!

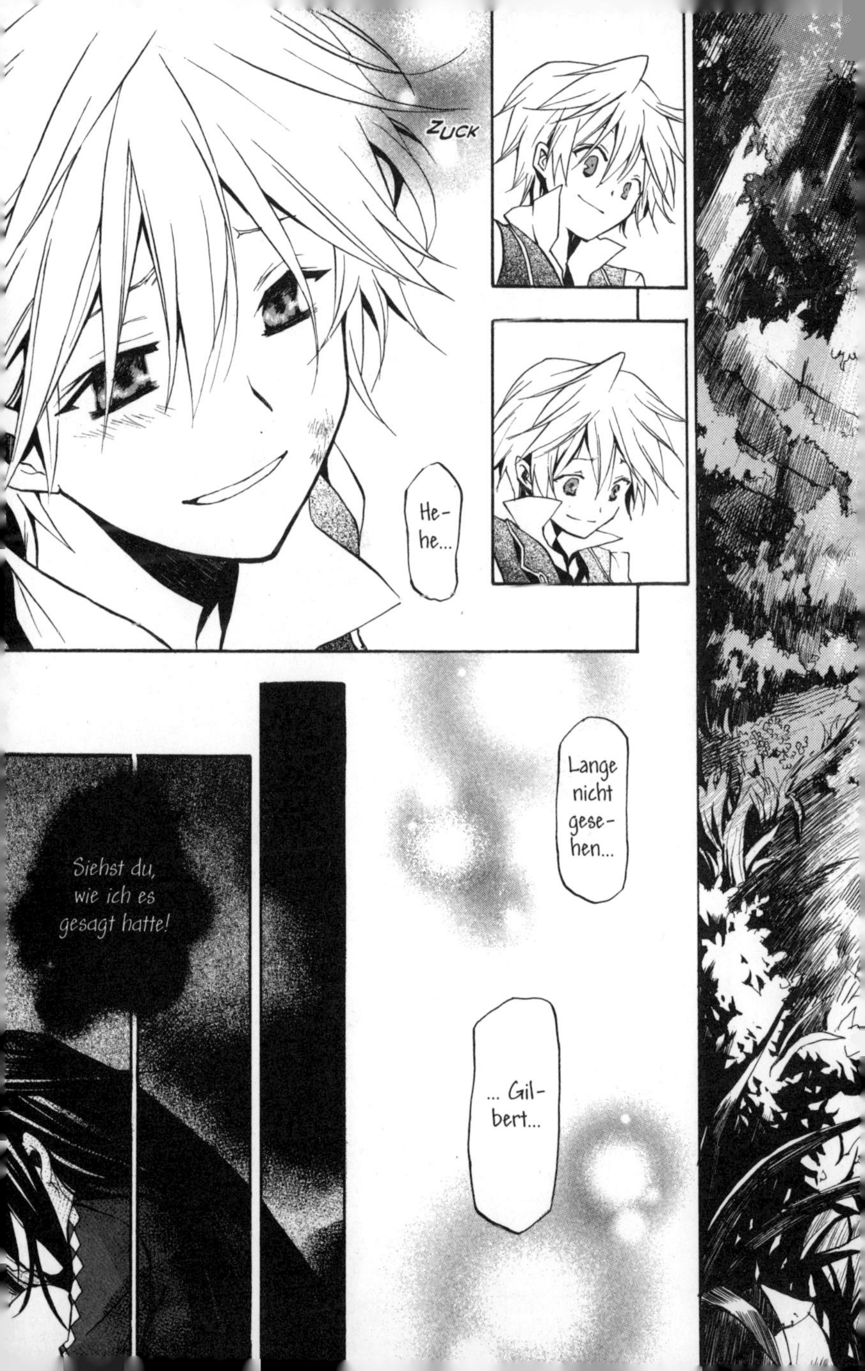
ZUCK
He-
he...
Lange
nicht
gese-
hen...
... Gil-
bert...
Siehst du,
wie ich es
gesagt hatte!

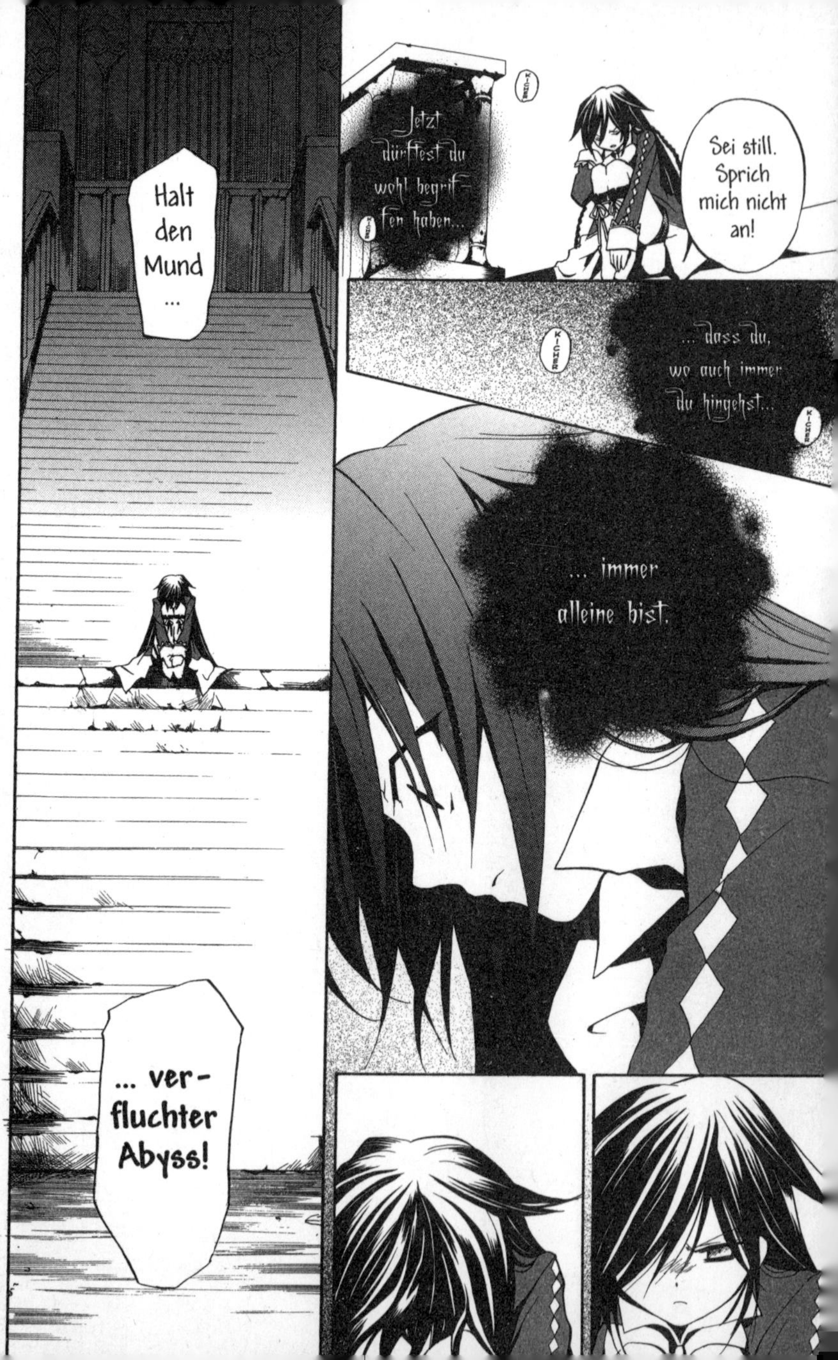
Sei still. Sprich mich nicht an!
KICHER
Jetzt dürftest du wohl begriffen haben...
KICHER
... dass du, wo auch immer du hingehst...
KICHER
KICHER
... immer alleine bist.
Halt den Mund ...
... verfluchter Abyss!

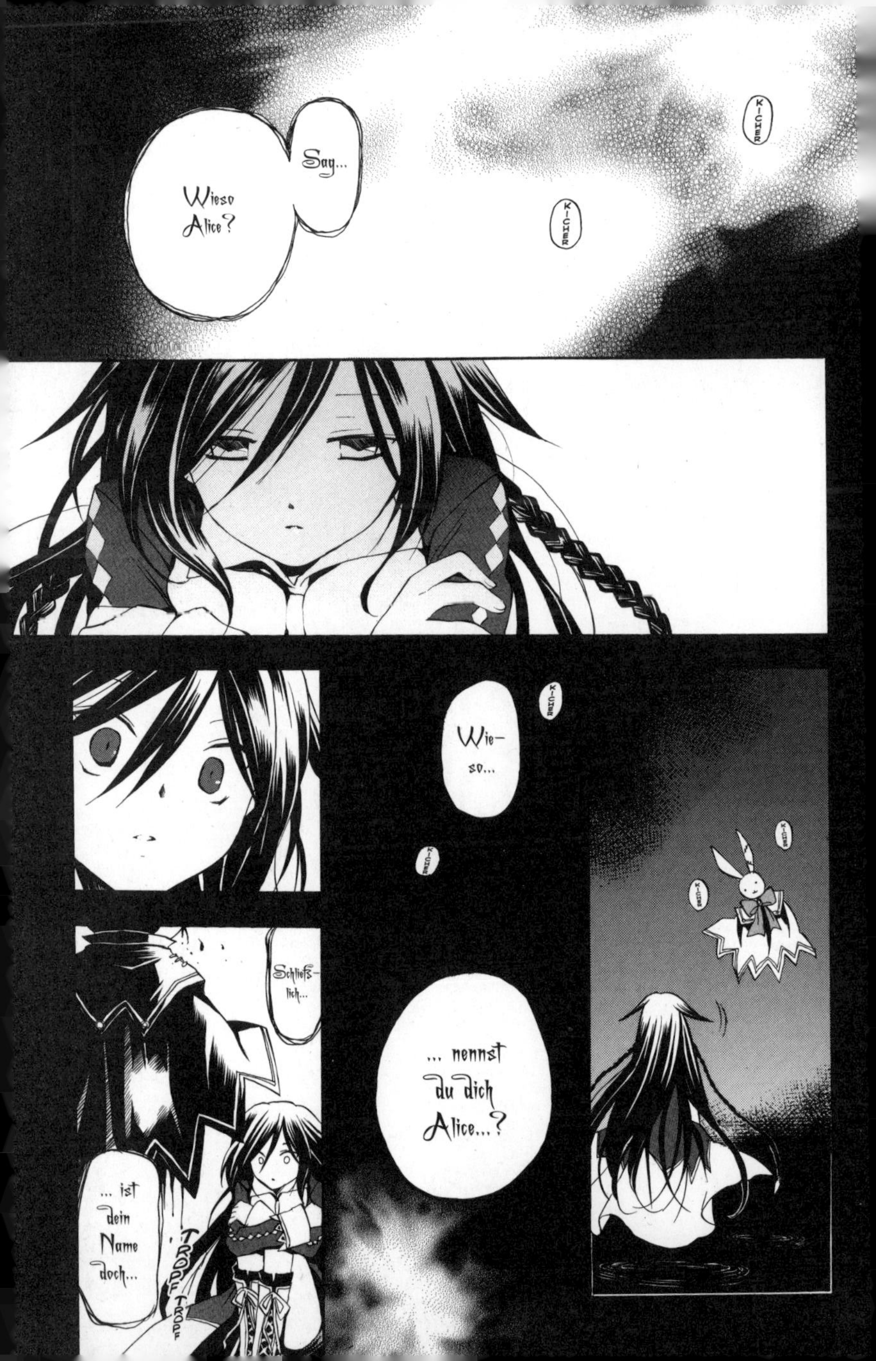
KICHER
KICHER
Say...
Wieso Alice?
KICHER
Wie-so...
KICHER
KICHER
KICHER
... nennst du dich Alice...?
Schließ-lich...
... ist dein Name doch...
TROPF TROPF

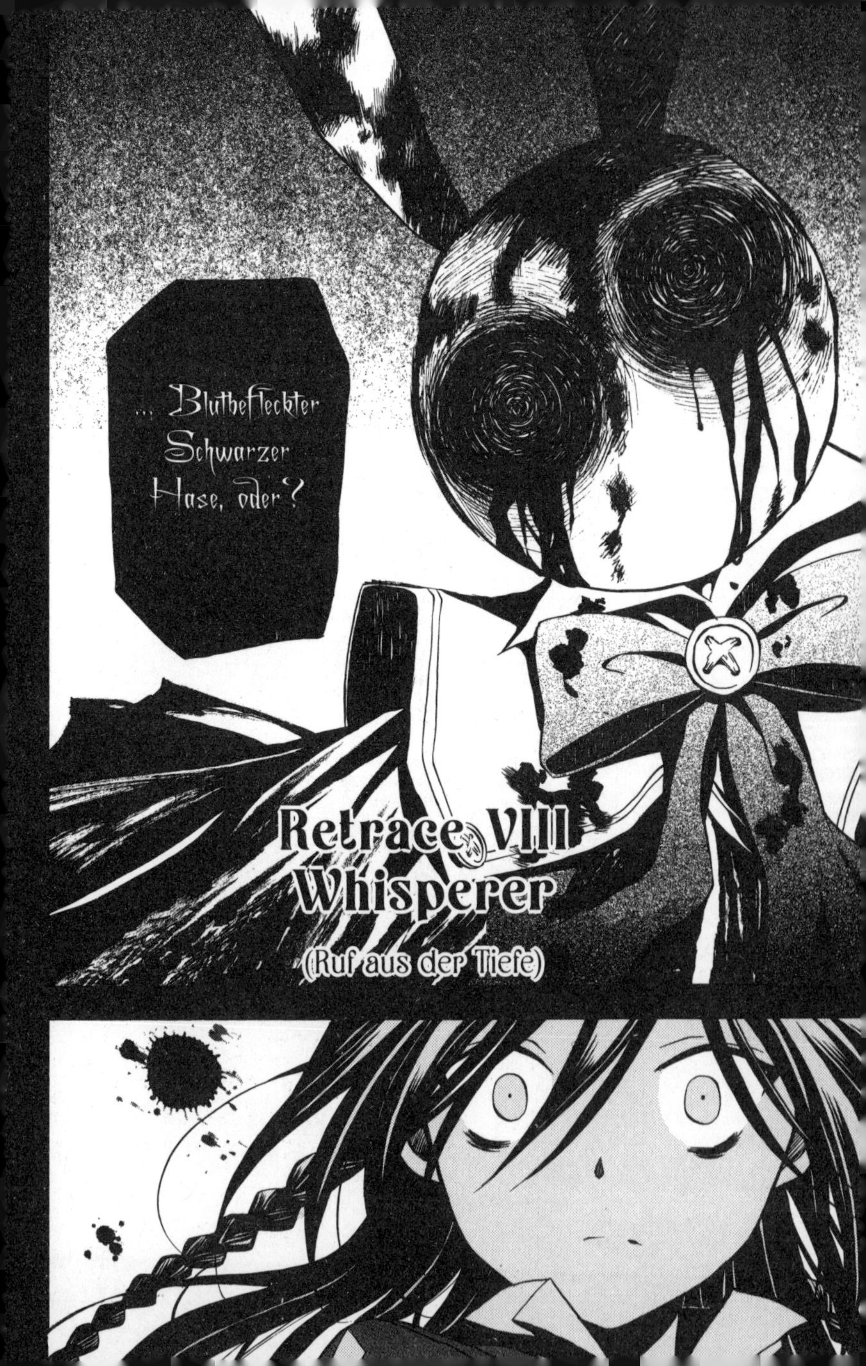
… Blutbefleckter Schwarzer Hase, oder?
Retrace VIII
Whisperer
(Ruf aus der Tiefe)

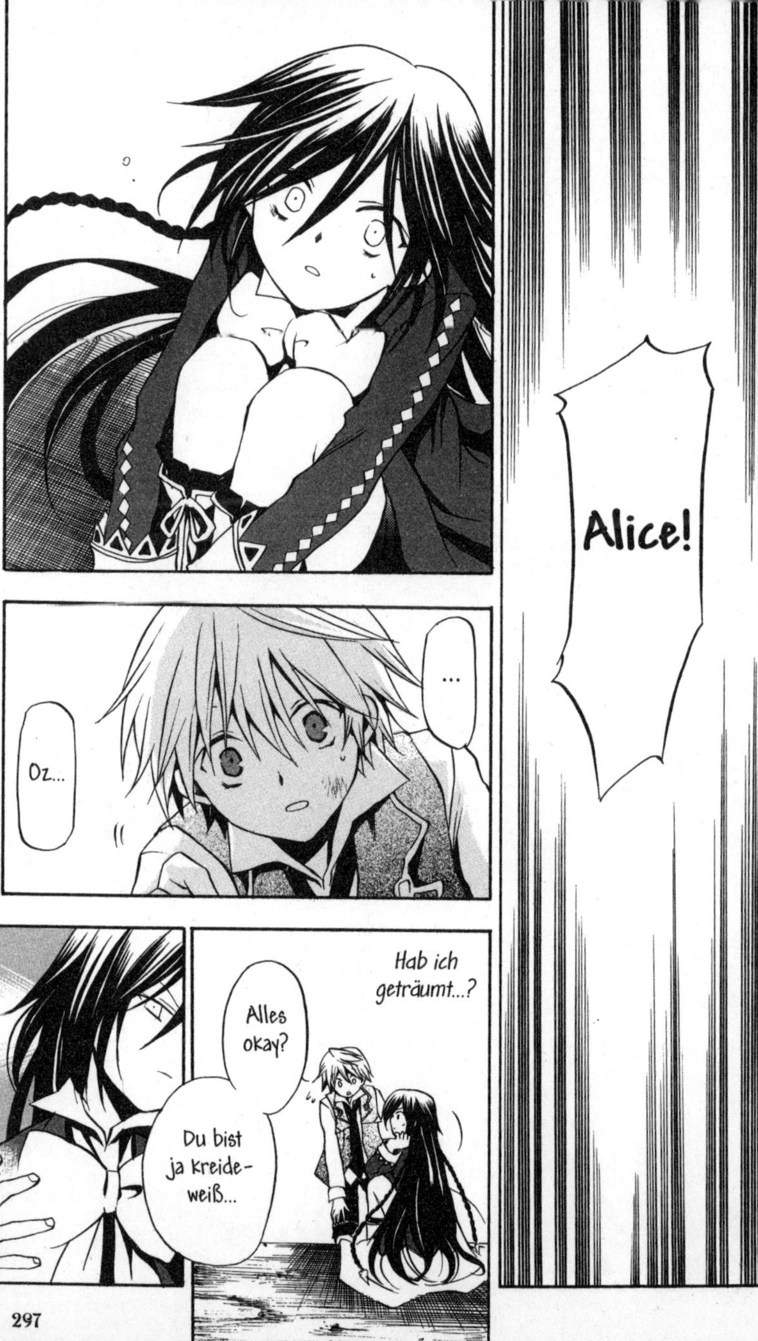
Alice!
...
Oz...
Hab ich geträumt...?
Alles okay?
Du bist ja kreide-weiß...

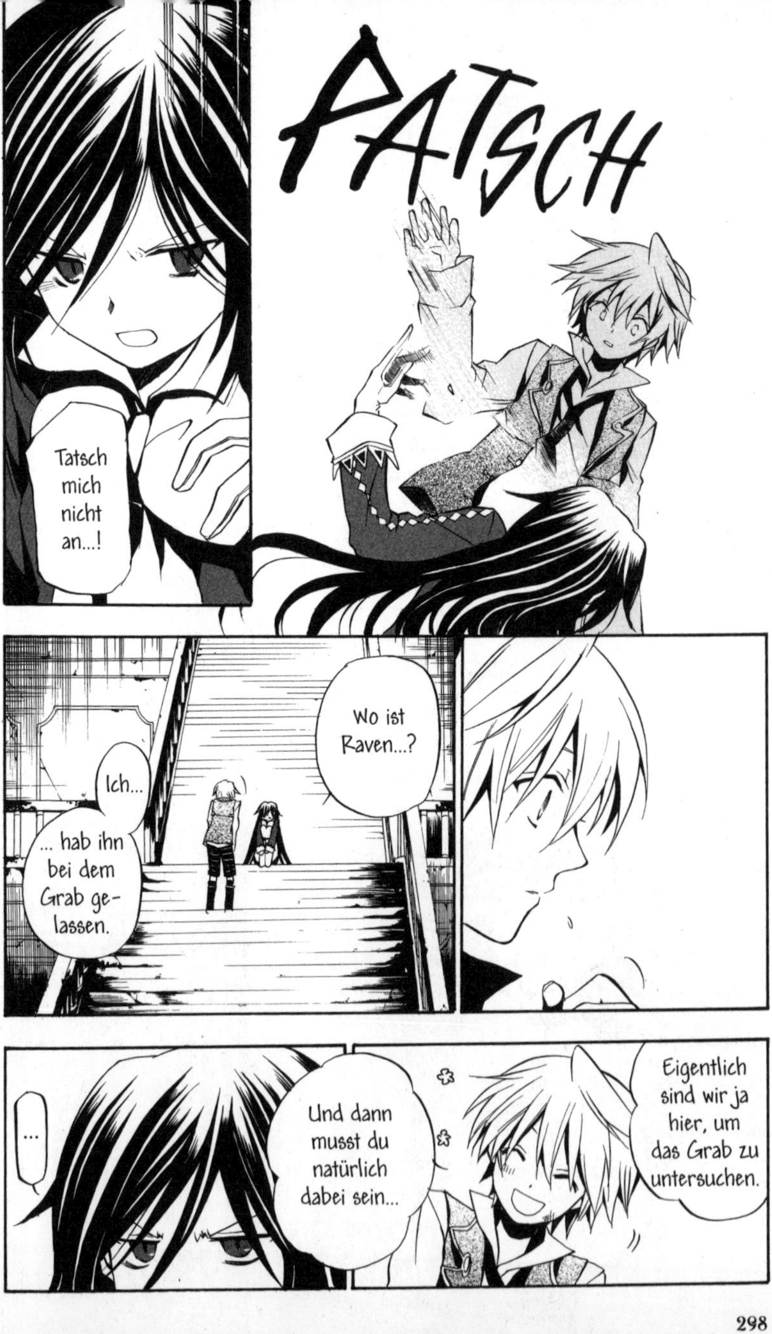
PATSCH
Tatsch mich nicht an...!
Wo ist Raven...?
Ich...
... hab ihn bei dem Grab gelassen.
Eigentlich sind wir ja hier, um das Grab zu untersuchen.
Und dann musst du natürlich dabei sein...
...

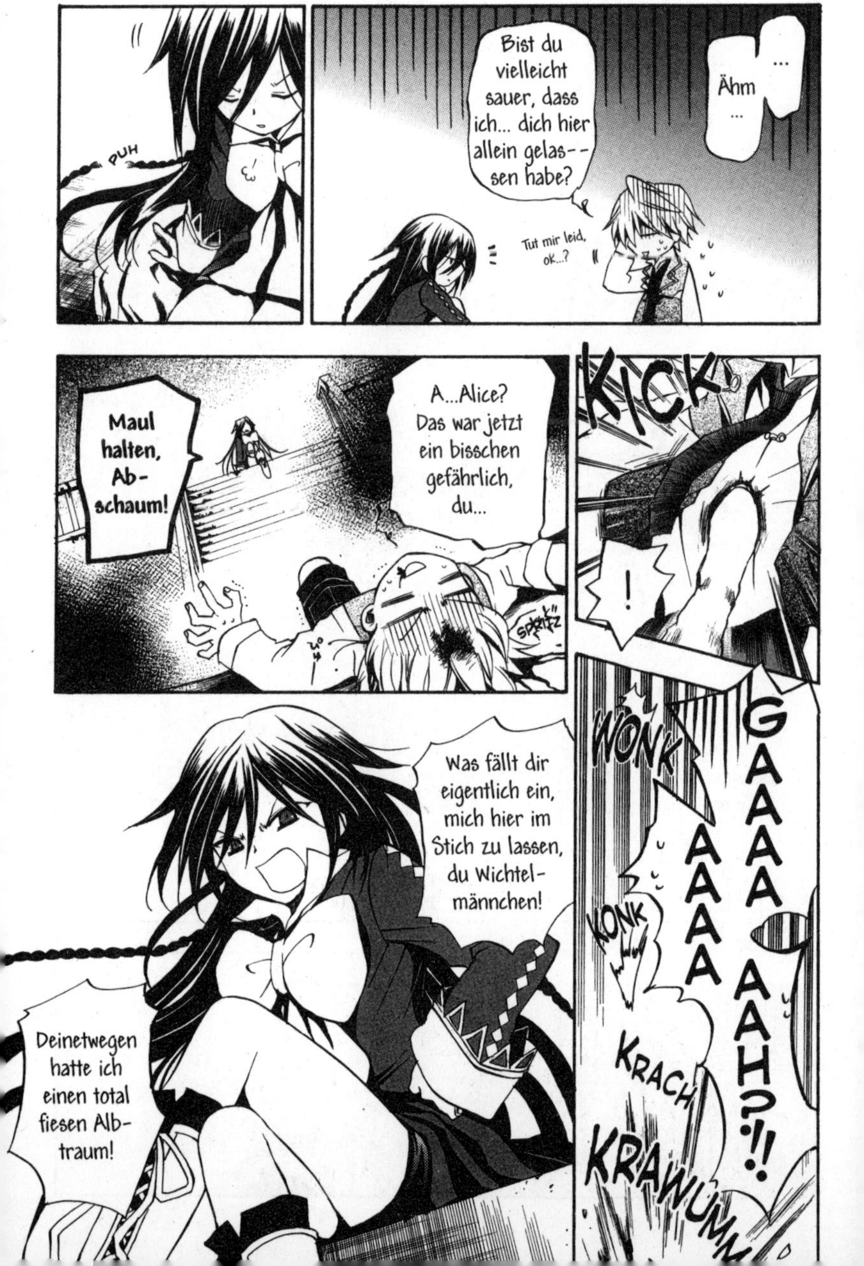
…
Ähm
…
Bist du vielleicht sauer, dass ich… dich hier allein gelas--sen habe?
Tut mir leid, ok…?
PUH
KICK
!
A…Alice? Das war jetzt ein bisschen gefährlich, du…
Maul halten, Ab-schaum!
GAAAAAAAH?!!
WONK
AAAAA
KONK
KRACH
KRAWUMM
Was fällt dir eigentlich ein, mich hier im Stich zu lassen, du Wichtel-männchen!
Deinetwegen hatte ich einen total fiesen Alb-traum!

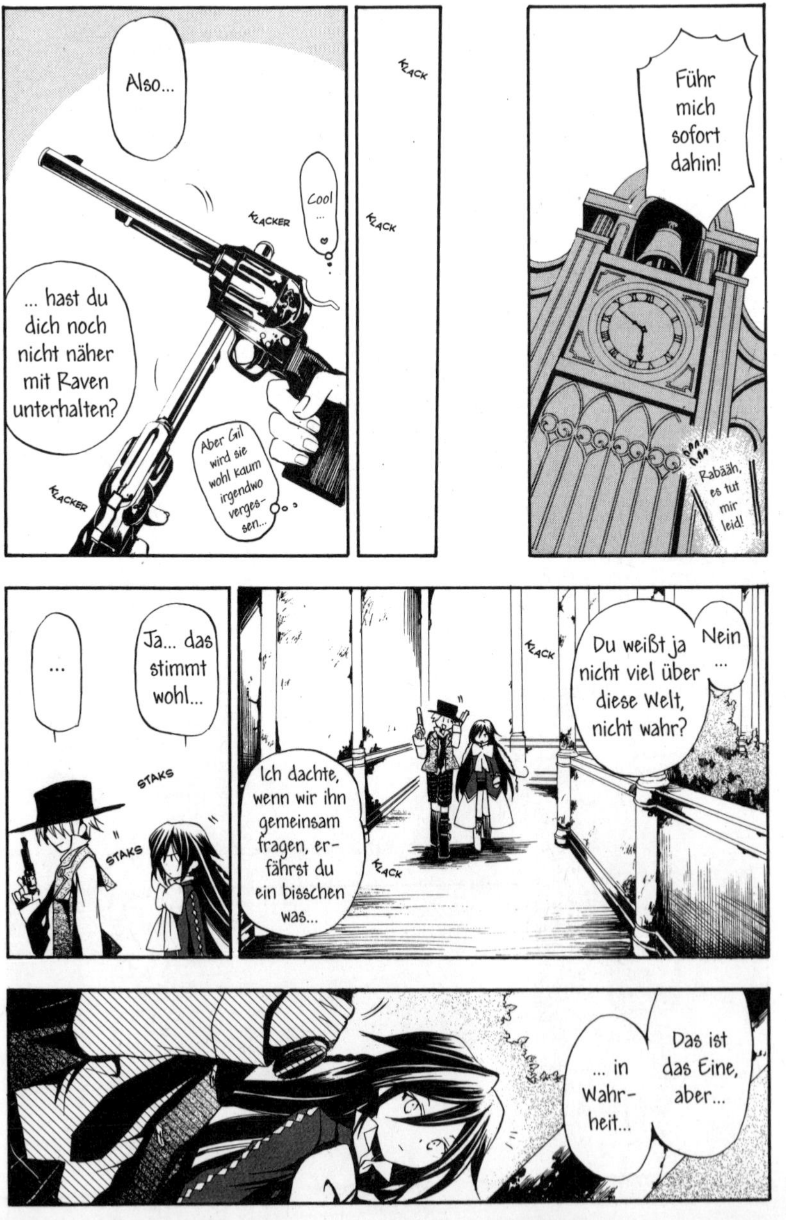
Führ mich sofort dahin!
Rabääh, es tut mir leid!
KLACK
KLACK
Also...
... hast du dich noch nicht näher mit Raven unterhalten?
KLACKER
Cool ...
Aber Gil wird sie wohl kaum irgendwo vergessen...
KLACKER
Nein ...
Du weißt ja nicht viel über diese Welt, nicht wahr?
KLACK
Ich dachte, wenn wir ihn gemeinsam fragen, erfährst du ein bisschen was...
KLACK
Ja... das stimmt wohl...
...
STAKS
STAKS
Das ist das Eine, aber...
... in Wahrheit...

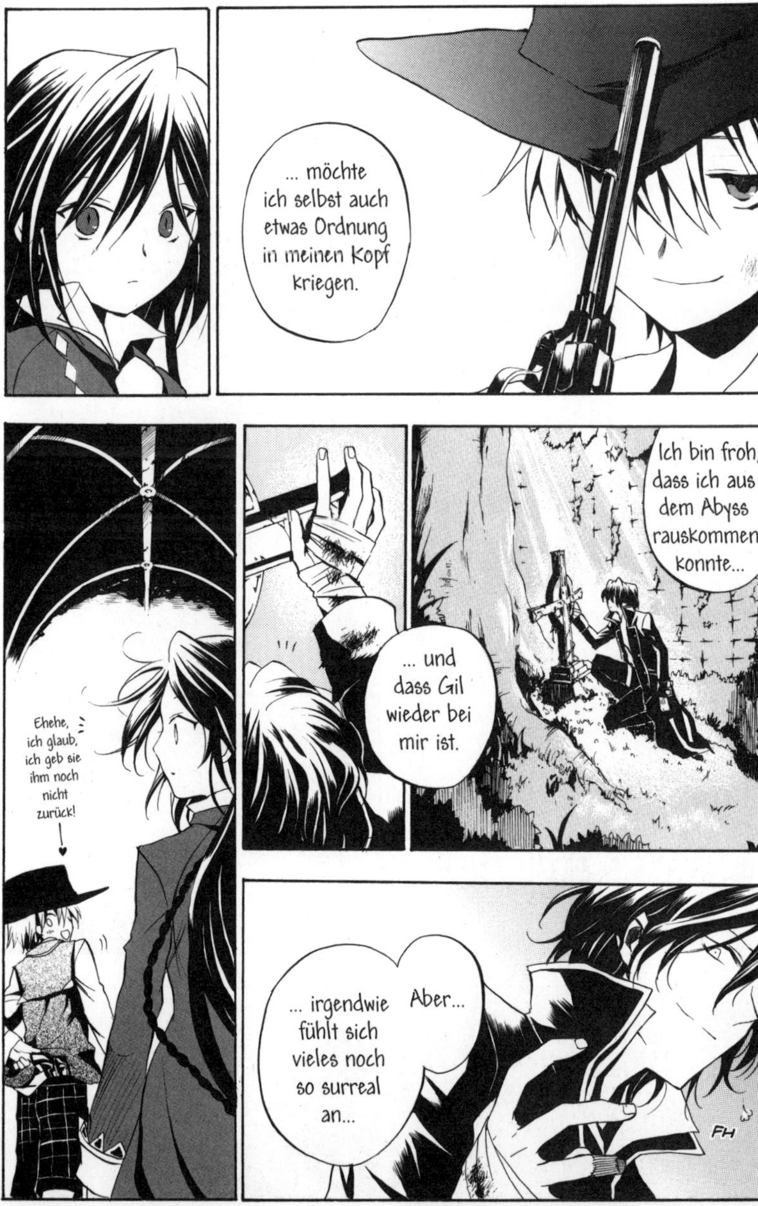
... möchte ich selbst auch etwas Ordnung in meinen Kopf kriegen.
Ich bin froh, dass ich aus dem Abyss rauskommen konnte...
... und dass Gil wieder bei mir ist.
Ehehe, ich glaub, ich geb sie ihm noch nicht zurück!
Aber...
... irgendwie fühlt sich vieles noch so surreal an...
FH

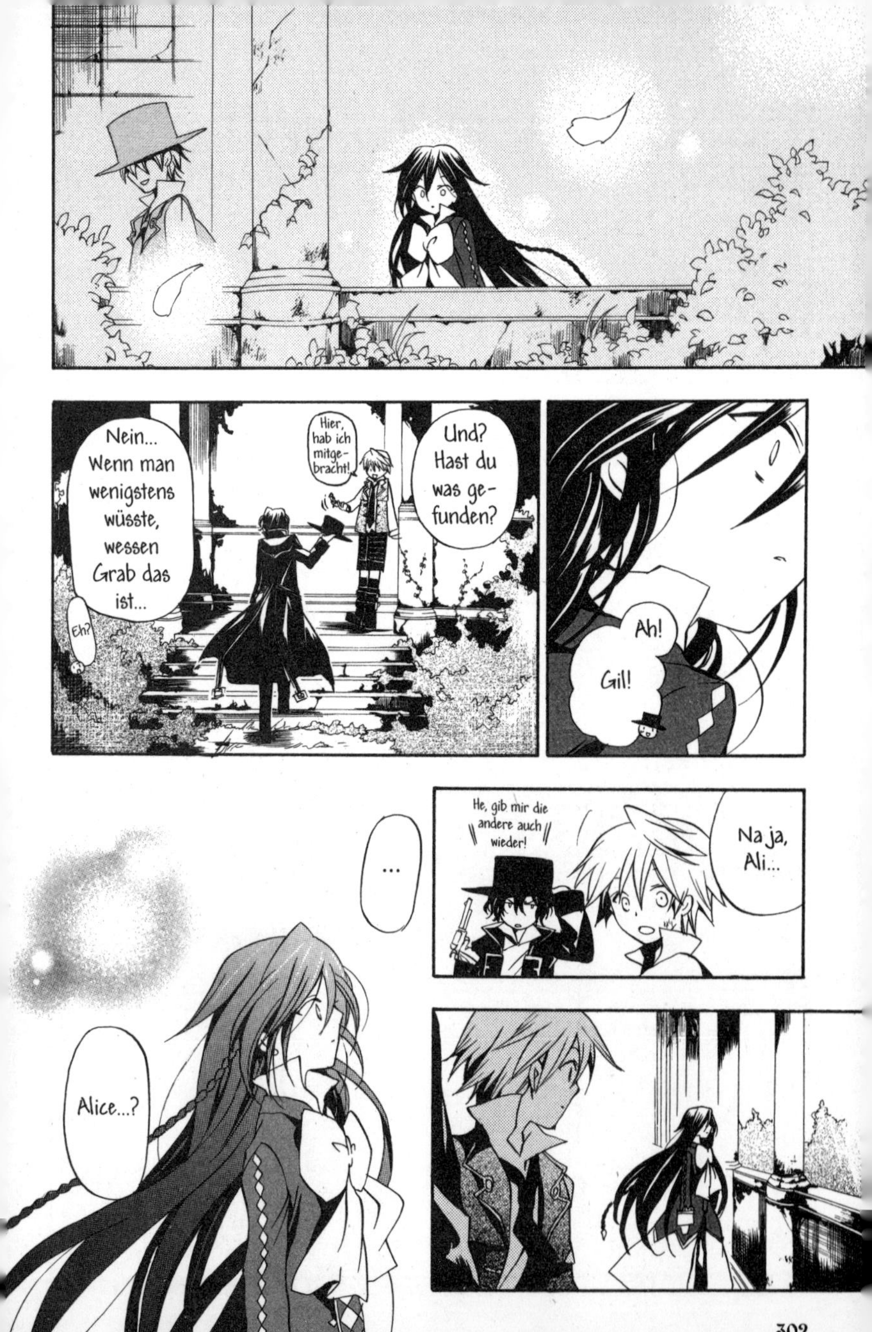
Und? Hast du was gefunden?
Hier, hab ich mitgebracht!
Nein... Wenn man wenigstens wüsste, wessen Grab das ist...
Eh?
Ah!
Gil!
Na ja, Ali...
He, gib mir die andere auch wieder!
...
Alice...?

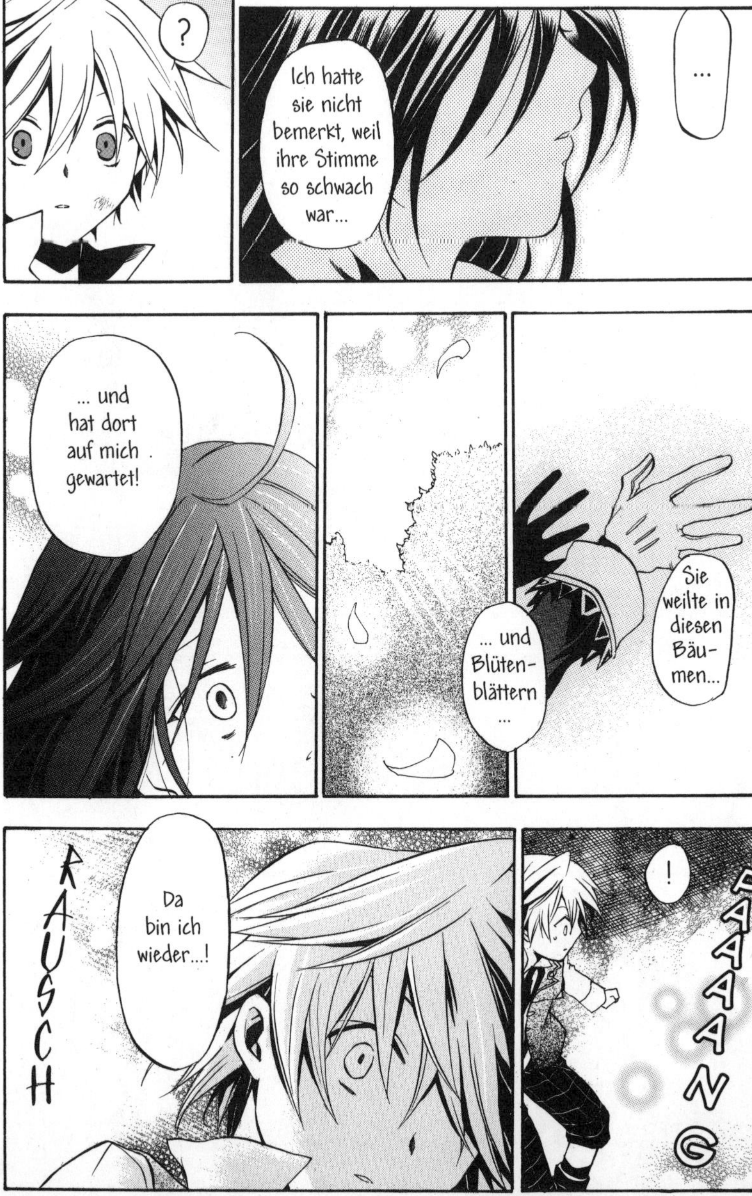
...
Ich hatte sie nicht bemerkt, weil ihre Stimme so schwach war...
?
Sie weilte in diesen Bäu-men...
... und Blüten-blättern ...
... und hat dort auf mich gewartet!
!
PAAAAANG
Da bin ich wieder...!
RAUSCH

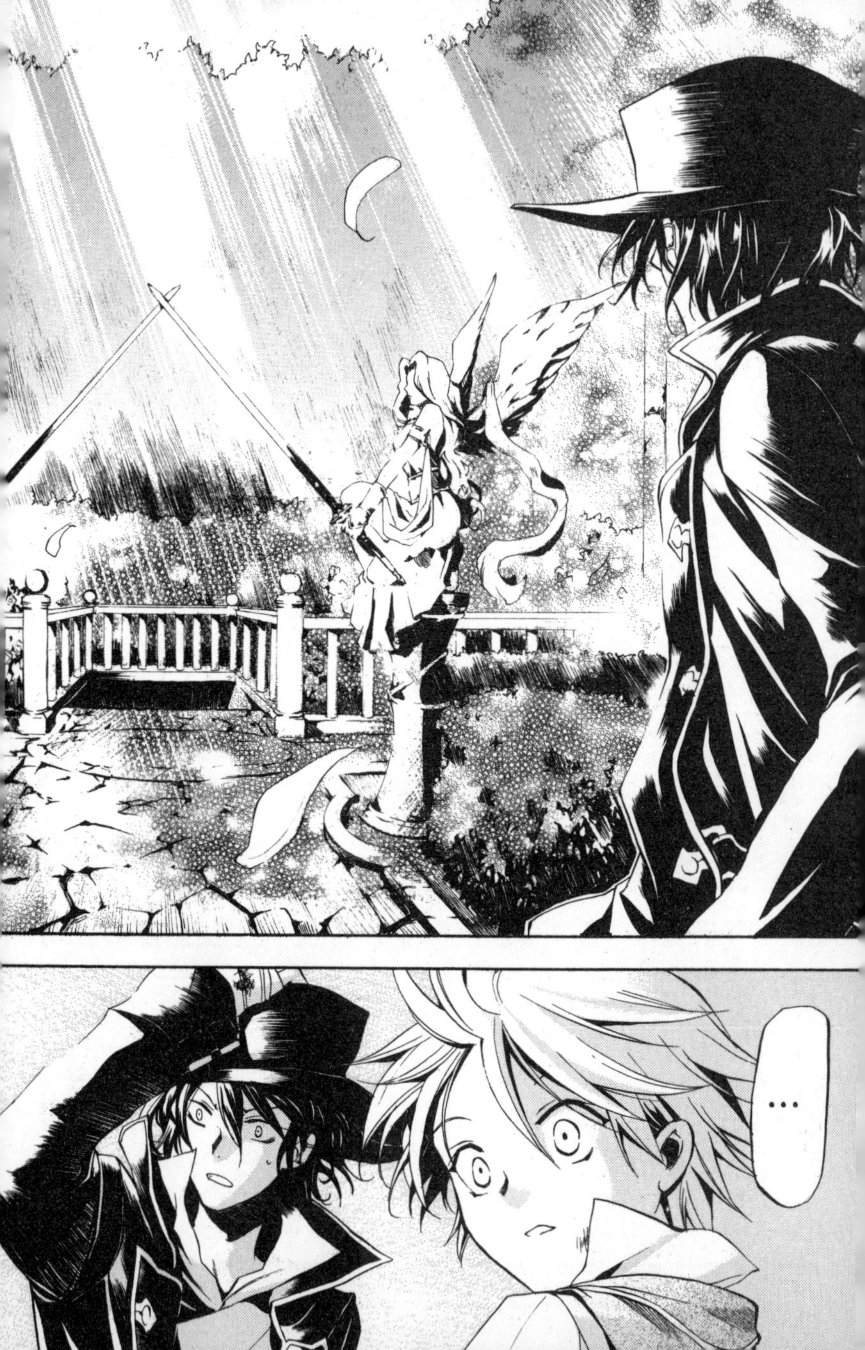

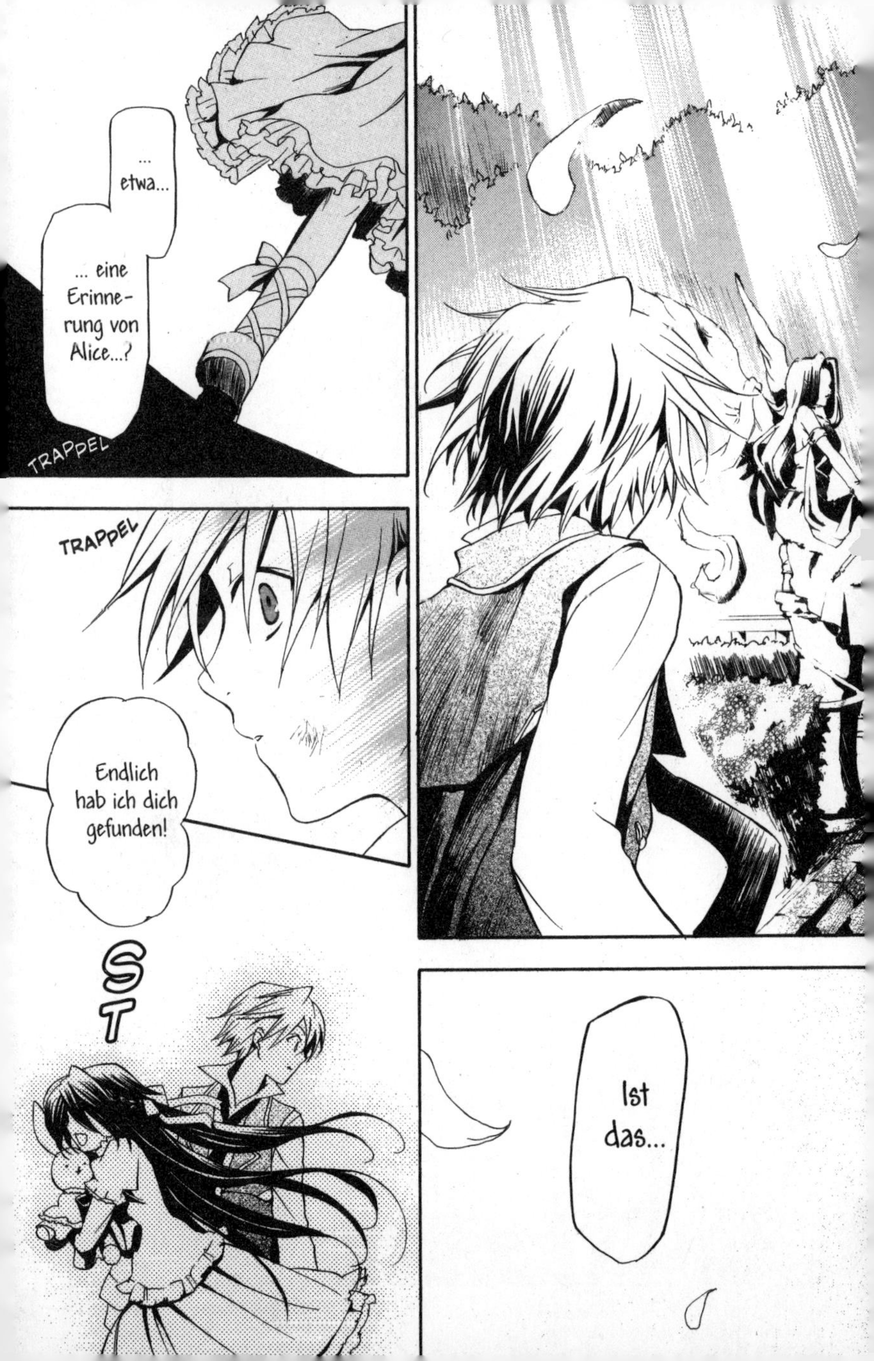
... etwa...
... eine Erinne-rung von Alice...?
TRAPPEL
TRAPPEL
Endlich hab ich dich gefunden!
ST
Ist das...

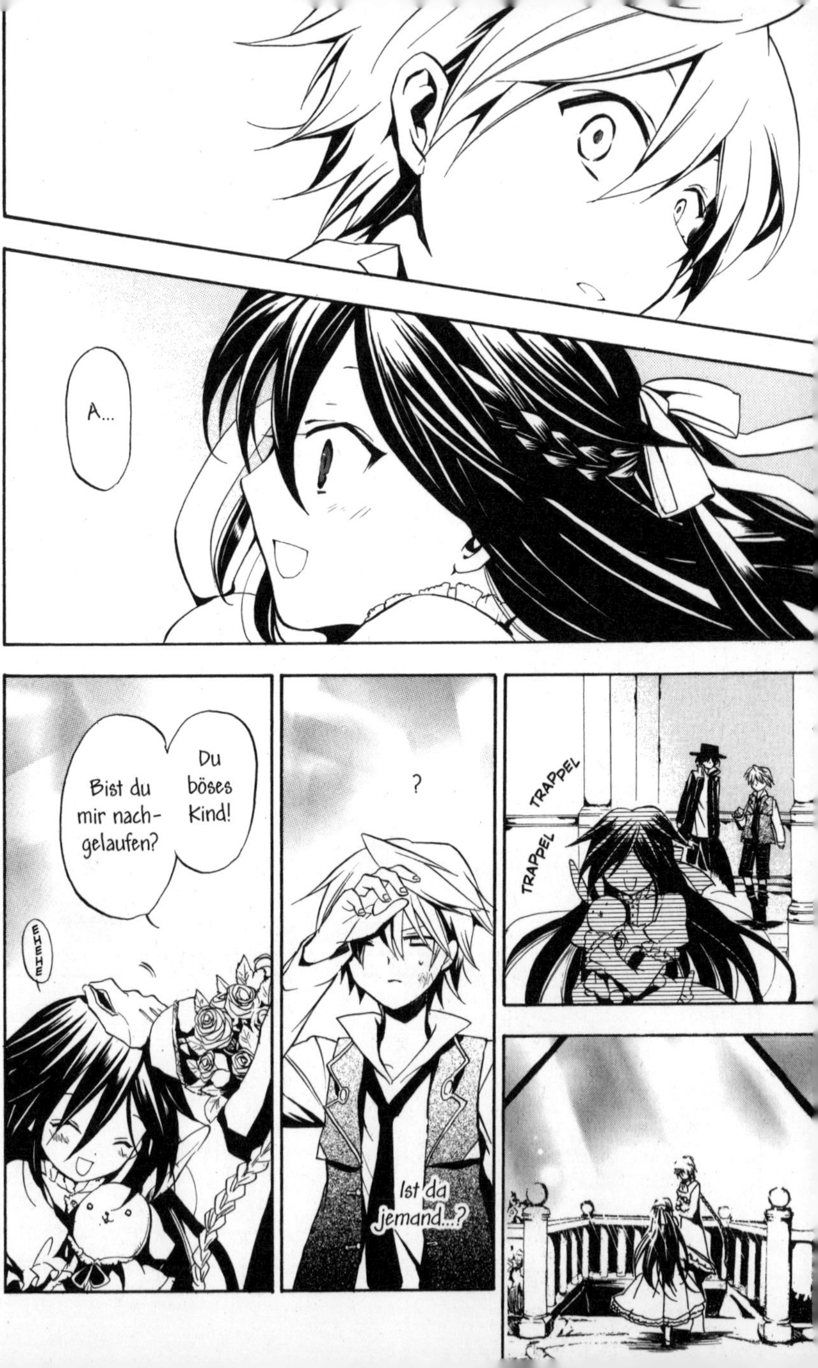
A...
TRAPPEL TRAPPEL
?
Ist da jemand...?
Du böses Kind!
Bist du mir nach-gelaufen?
EHEHE

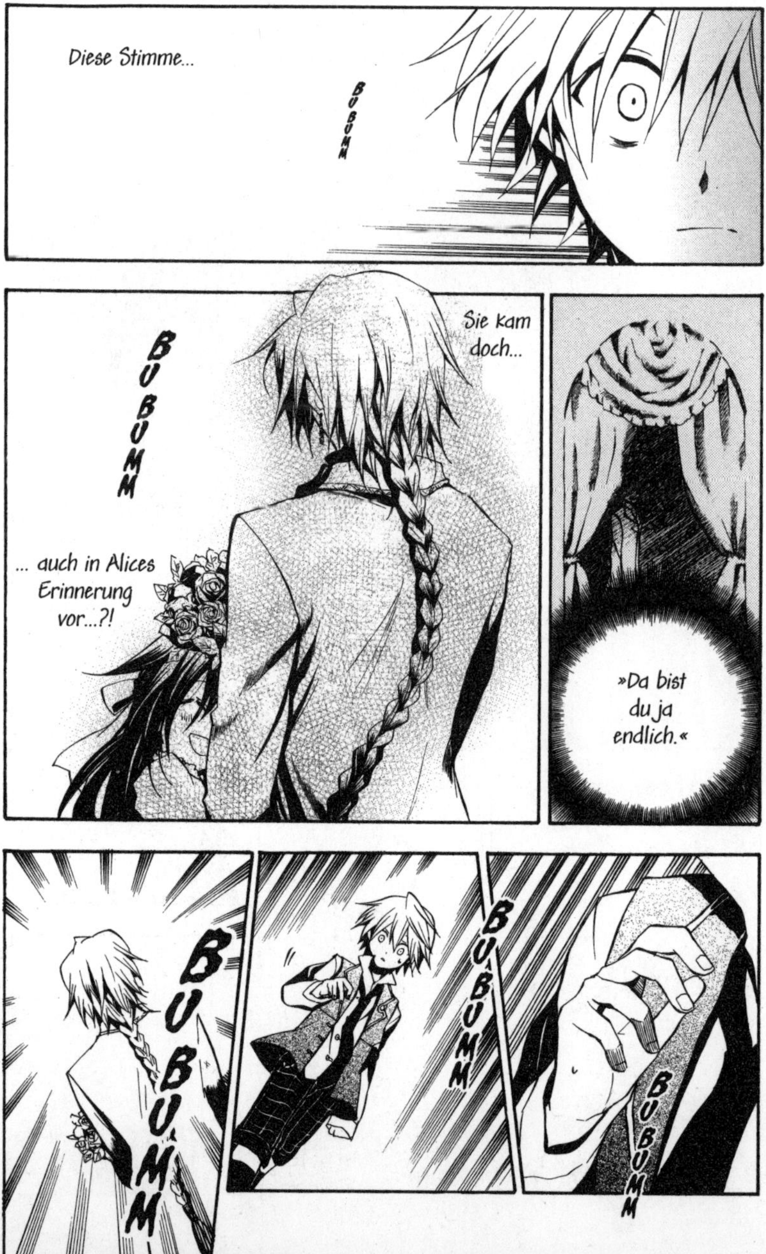
Diese Stimme...
BUBUMM
Sie kam doch...
BUBUMM
... auch in Alices Erinnerung vor...?!
»Da bist du ja endlich.«
BUBUMM
BUBUMM
BUBUMM
BUBUMM

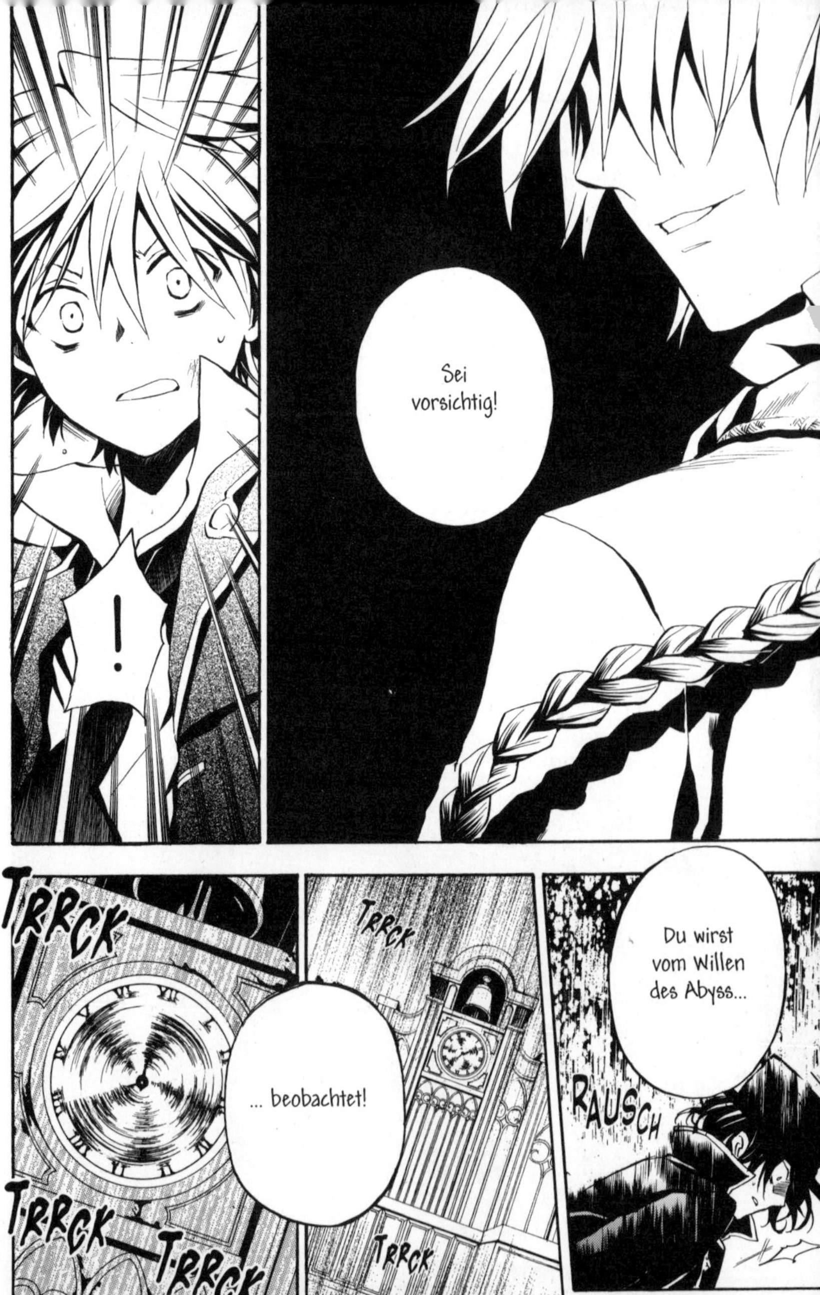
Sei vorsichtig!
!
Du wirst vom Willen des Abyss...
RAUSCH
TRRCK
... beobachtet!
TRRCK
TRRCK
T-R-RCK—T-R-RCK

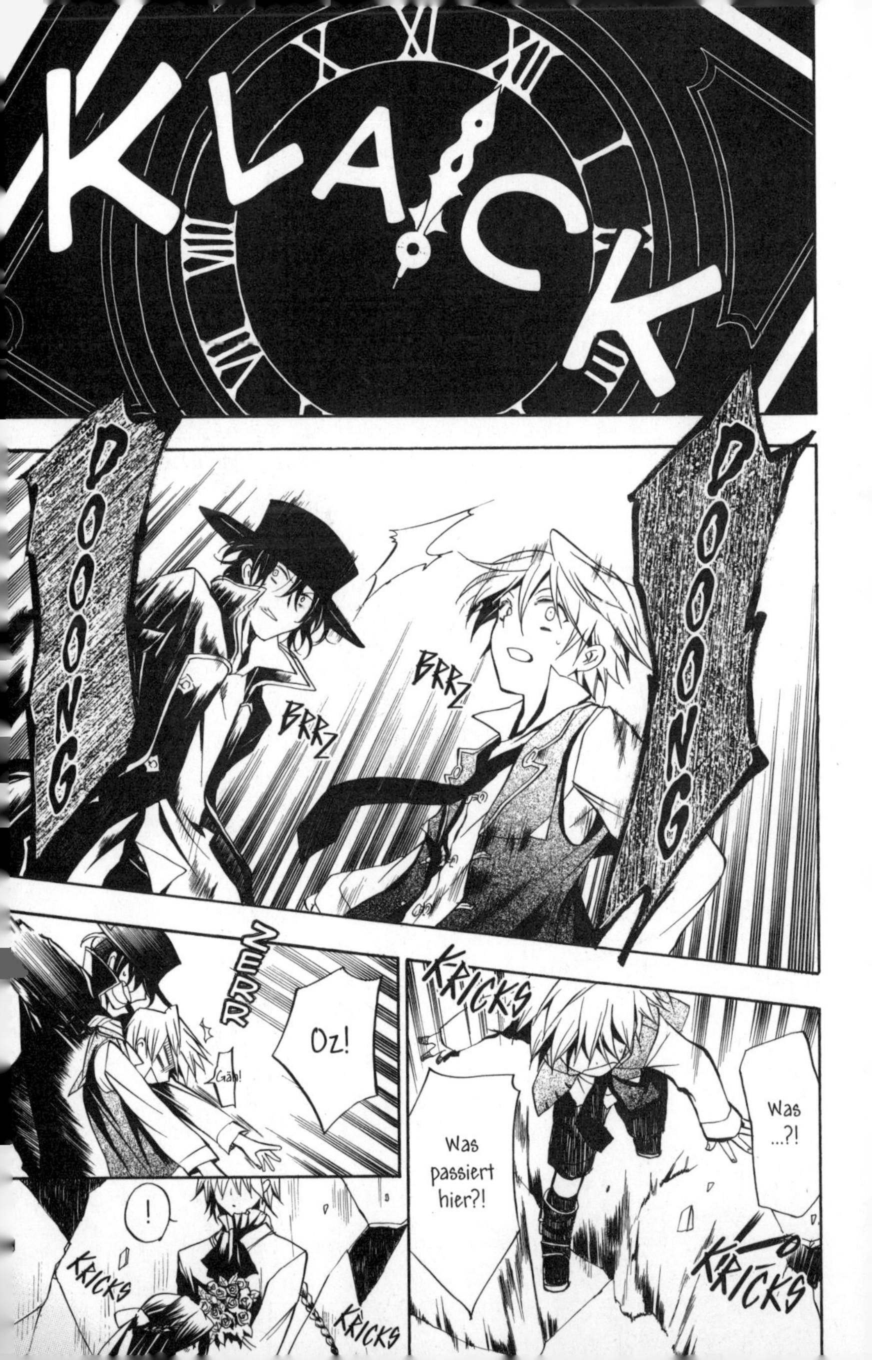
KLACK
DOOOONG
DOOOONG
BRRZ
BRRZ
KRICKS
Was ...?!
Was passiert hier?!
KRICKS
Oz!
ZERRR
Gäh!
!
KRICKS
KRICKS

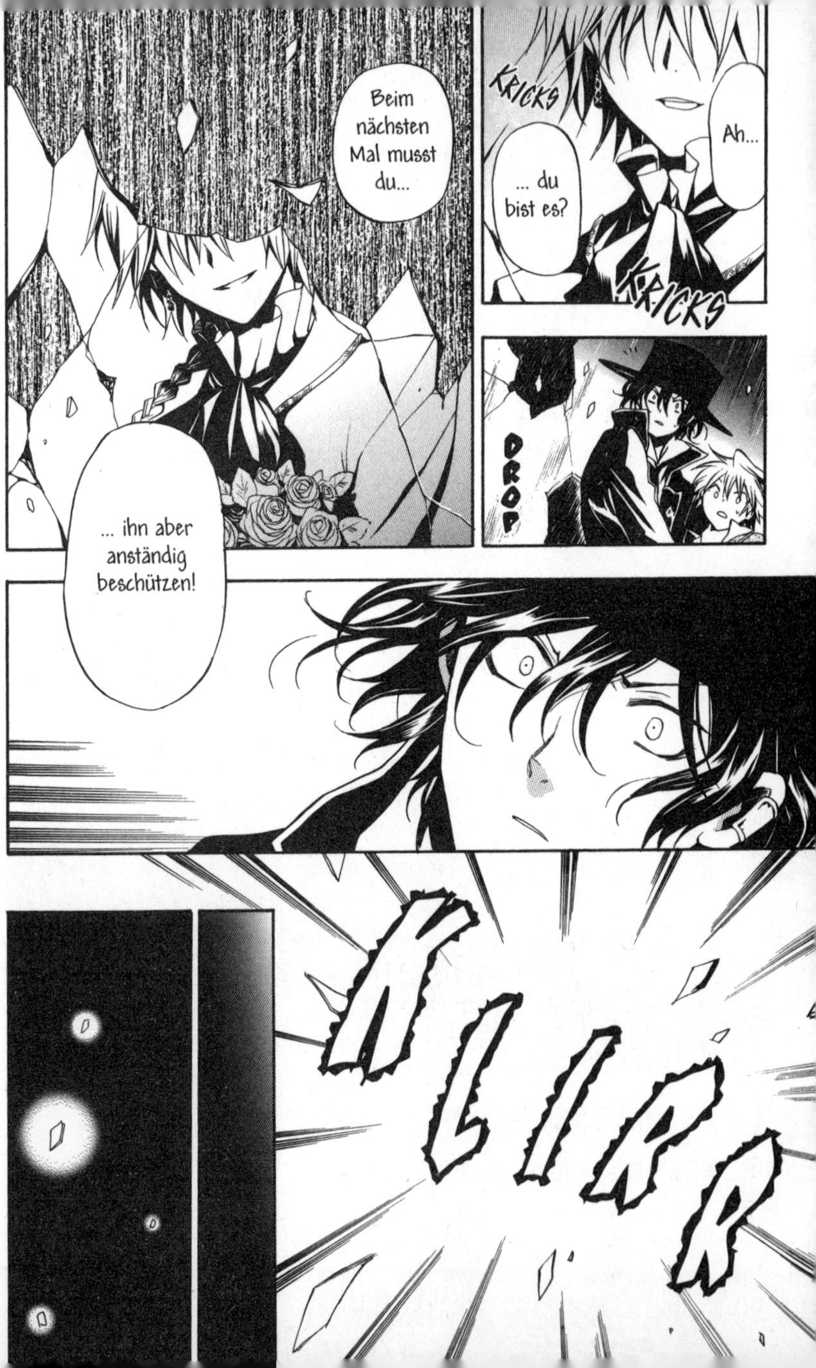
Ah...
KRICKS
... du bist es?
KRICKS
Beim nächsten Mal musst du...
... ihn aber anständig beschützen!
DROP
KLIRR

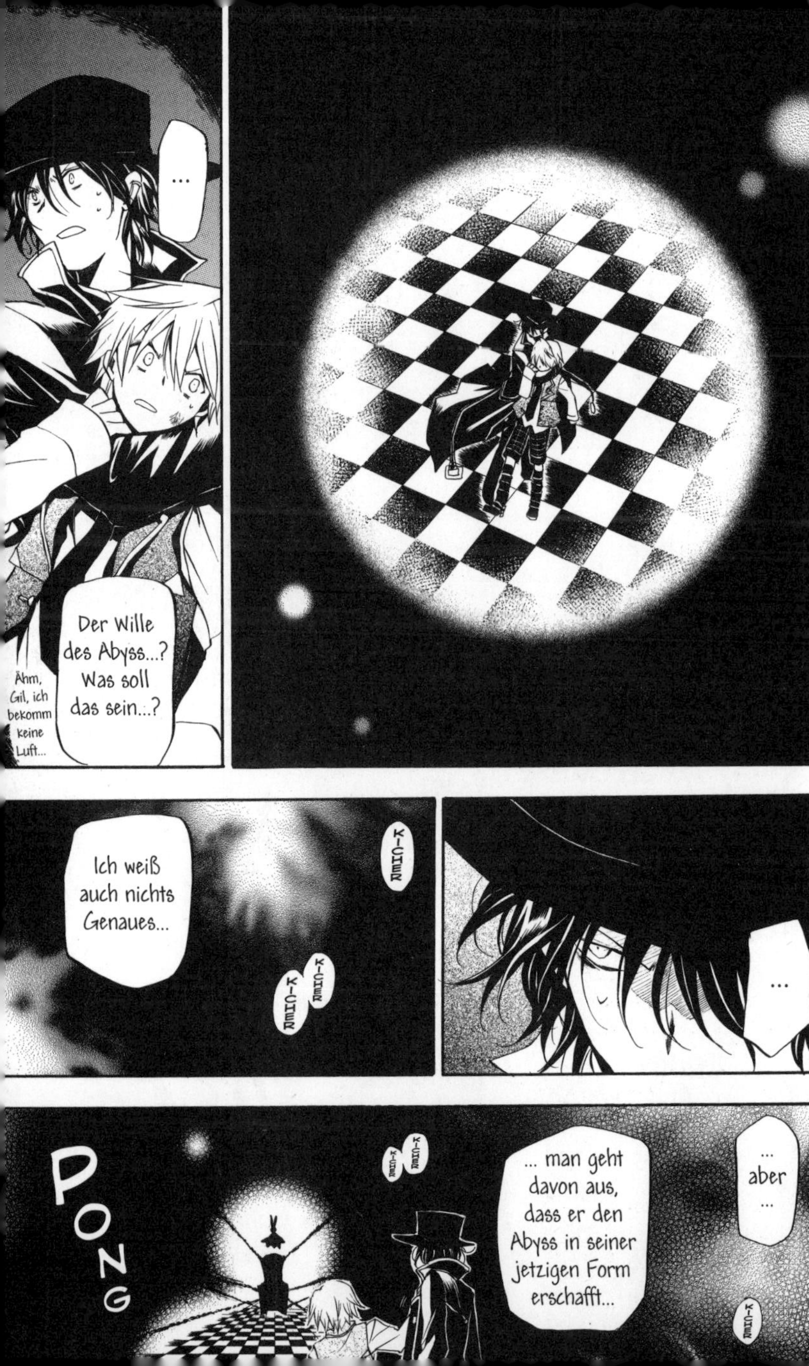

...
Der Wille des Abyss...? Was soll das sein...?
Ähm, Gil, ich bekomm keine Luft...
...
KICHER
Ich weiß auch nichts Genaues...
KICHER
KICHER
... aber ...
... man geht davon aus, dass er den Abyss in seiner jetzigen Form erschafft...
KICHER
KICHER
KICHER
PONG

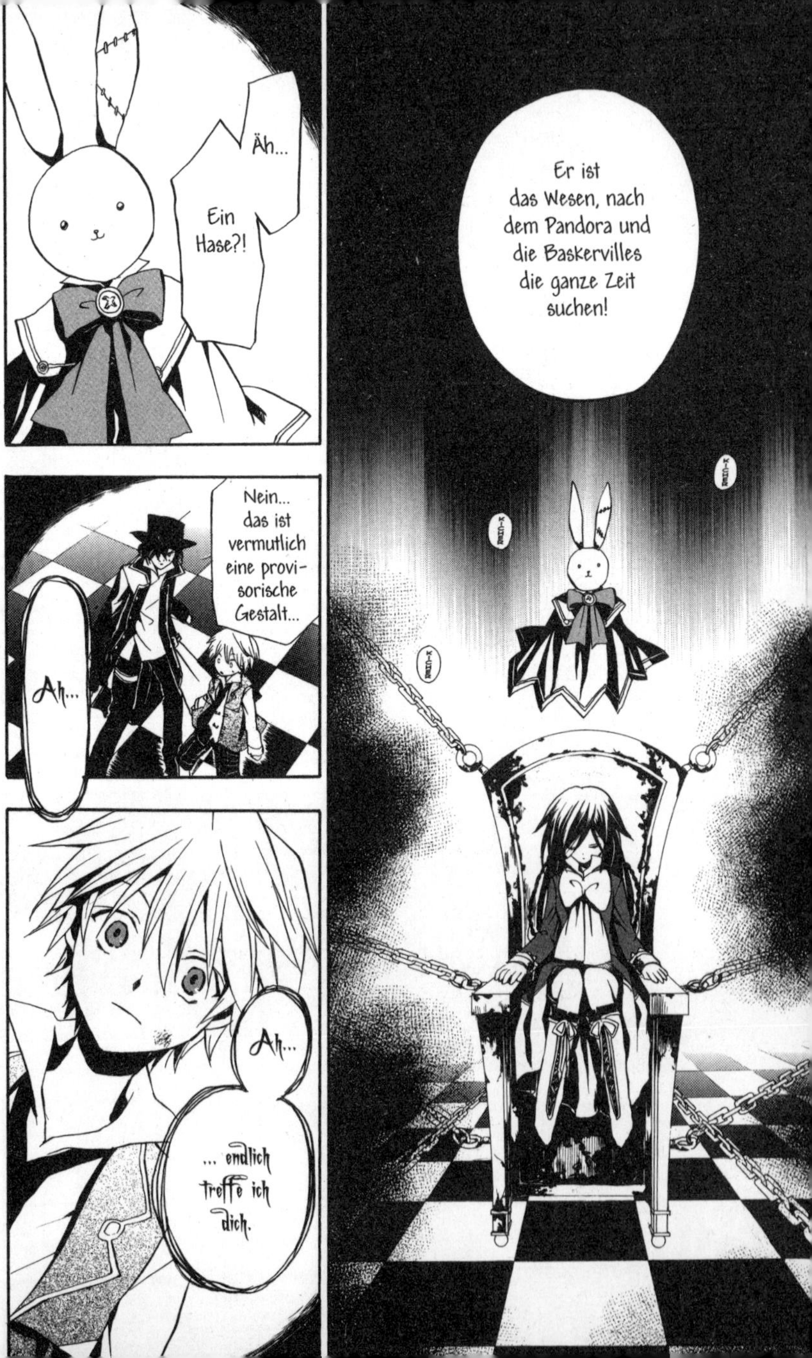
Er ist das Wesen, nach dem Pandora und die Baskervilles die ganze Zeit suchen!
KICHER
KICHER
KICHER
Äh...
Ein Hase?!
Nein... das ist vermutlich eine provisorische Gestalt...
Ah...
Ah...
... endlich treffe ich dich.

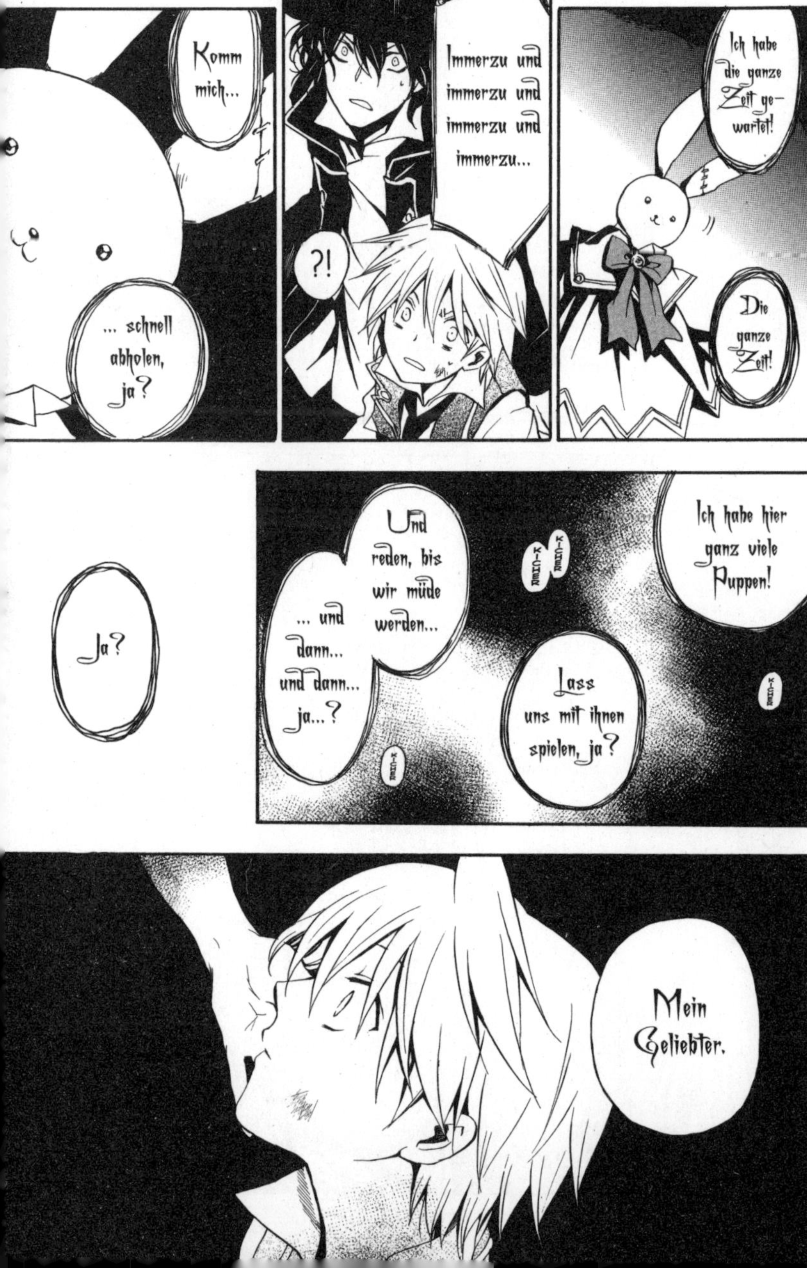
Ich habe die ganze Zeit gewartet!
Die ganze Zeit!
Immerzu und immerzu und immerzu und immerzu...
?!
Komm mich...
... schnell abholen, ja?
Ich habe hier ganz viele Puppen!
KICHER
Lass uns mit ihnen spielen, ja?
KICHER KICHER
Und reden, bis wir müde werden...
... und dann... und dann... ja...?
KICHER
Ja?
Mein Geliebter.

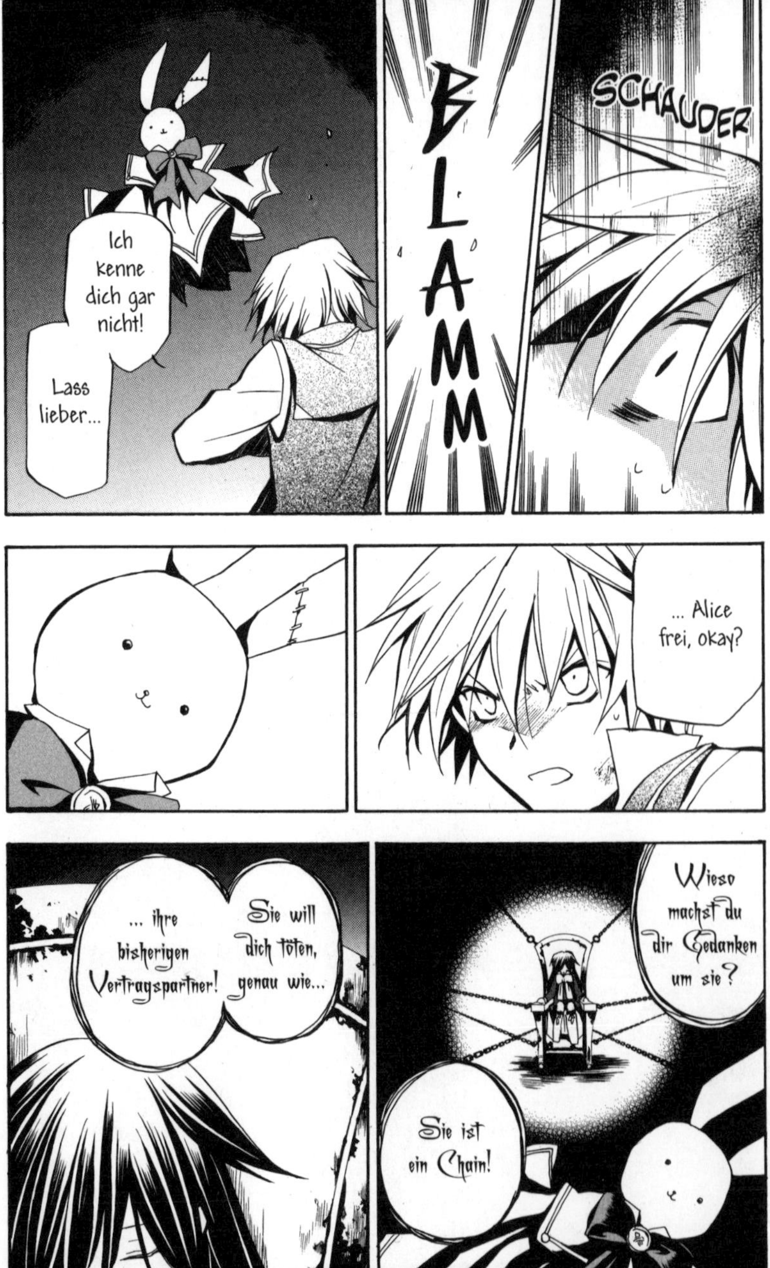
SCHAUDER
BLAMM
Ich kenne dich gar nicht!
Lass lieber...
... Alice frei, okay?
Wieso machst du dir Gedanken um sie?
Sie ist ein Chain!
Sie will dich töten, genau wie...
... ihre bisherigen Vertragspartner!

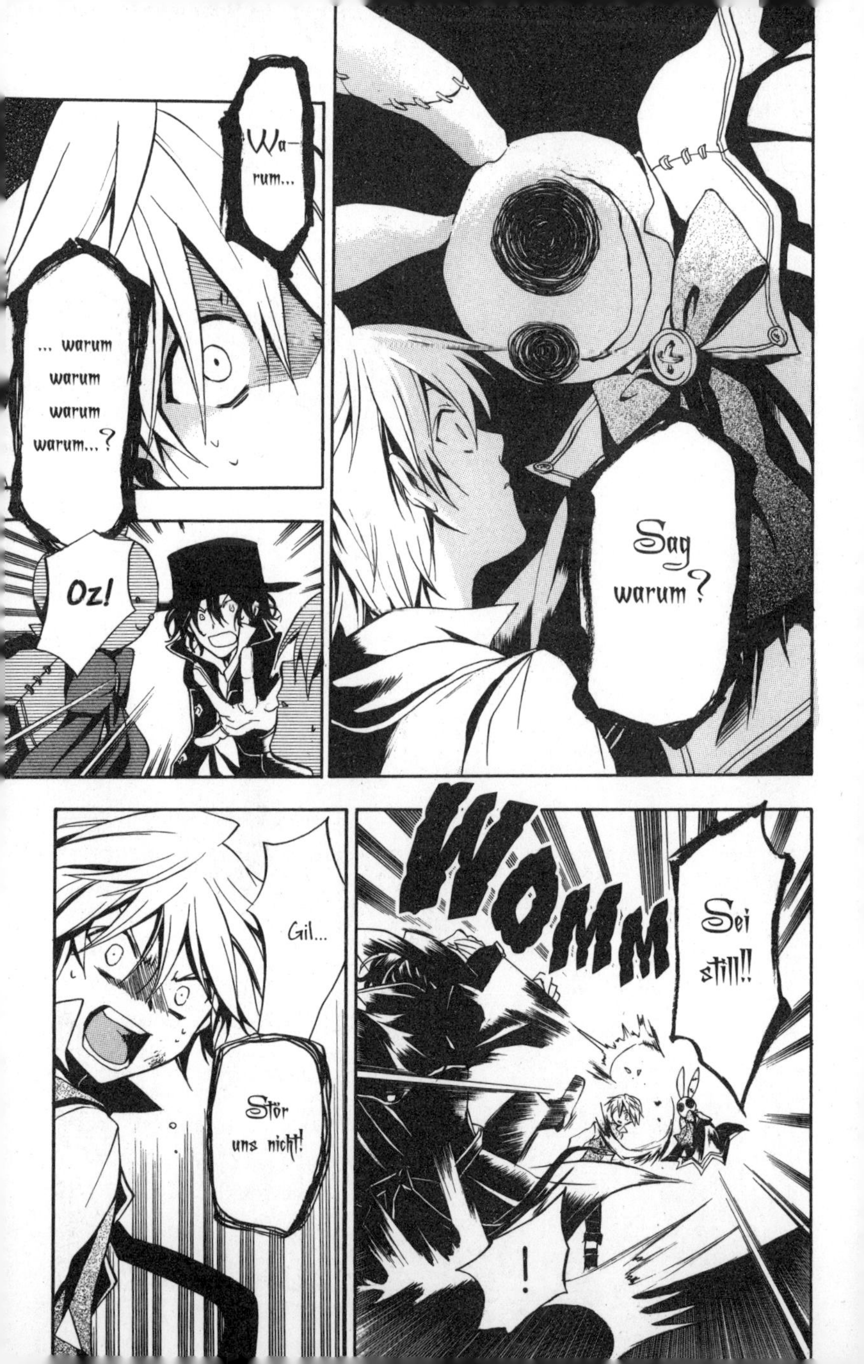
Sag warum?
Wa- rum...
... warum warum warum warum...?
Oz!
WOMM
Sei still!!
!
Gil...
Stör uns nicht!

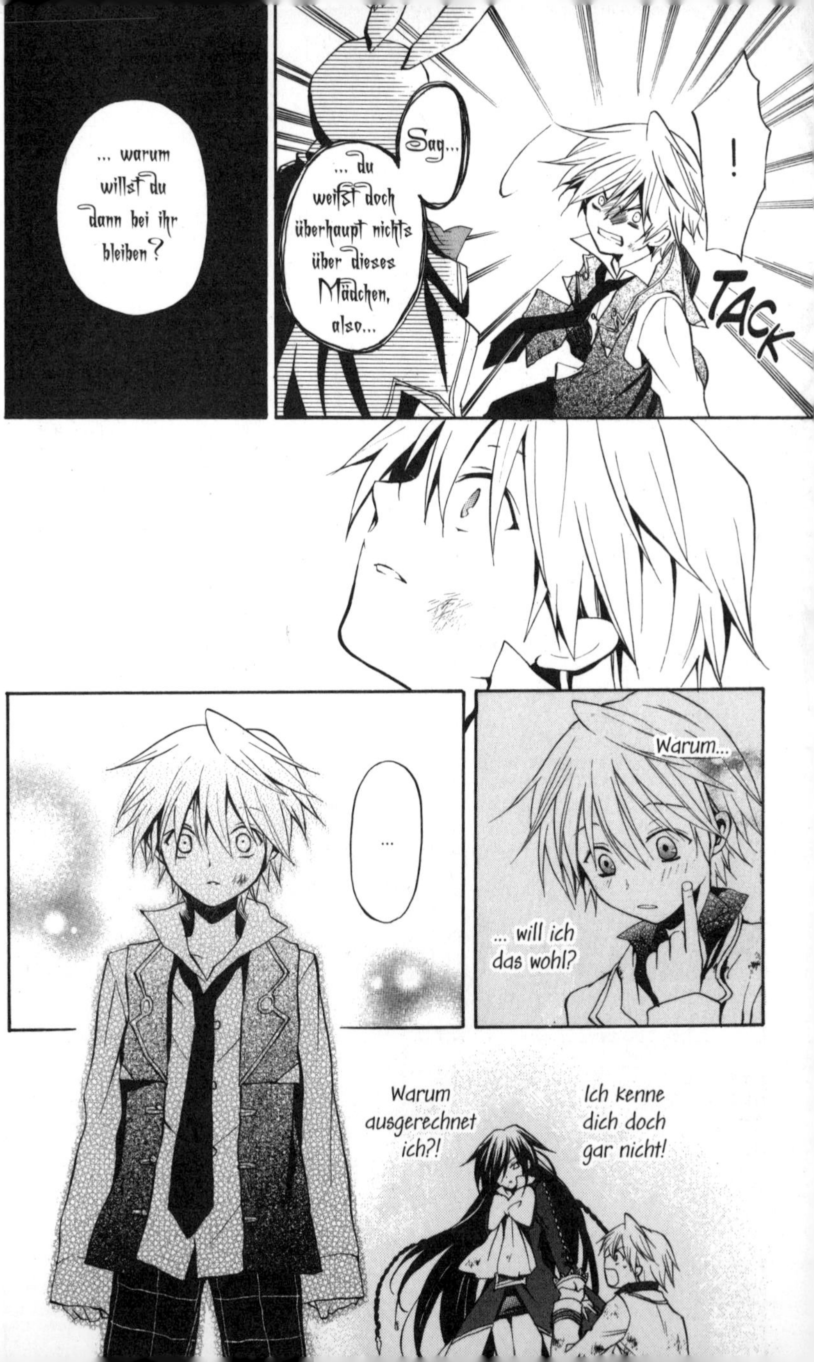
!
TACK
Sag...
... du weißt doch überhaupt nichts über dieses Mädchen, also...
... warum willst du dann bei ihr bleiben?
Warum...
... will ich das wohl?
...
Ich kenne dich doch gar nicht!
Warum ausgerechnet ich?!

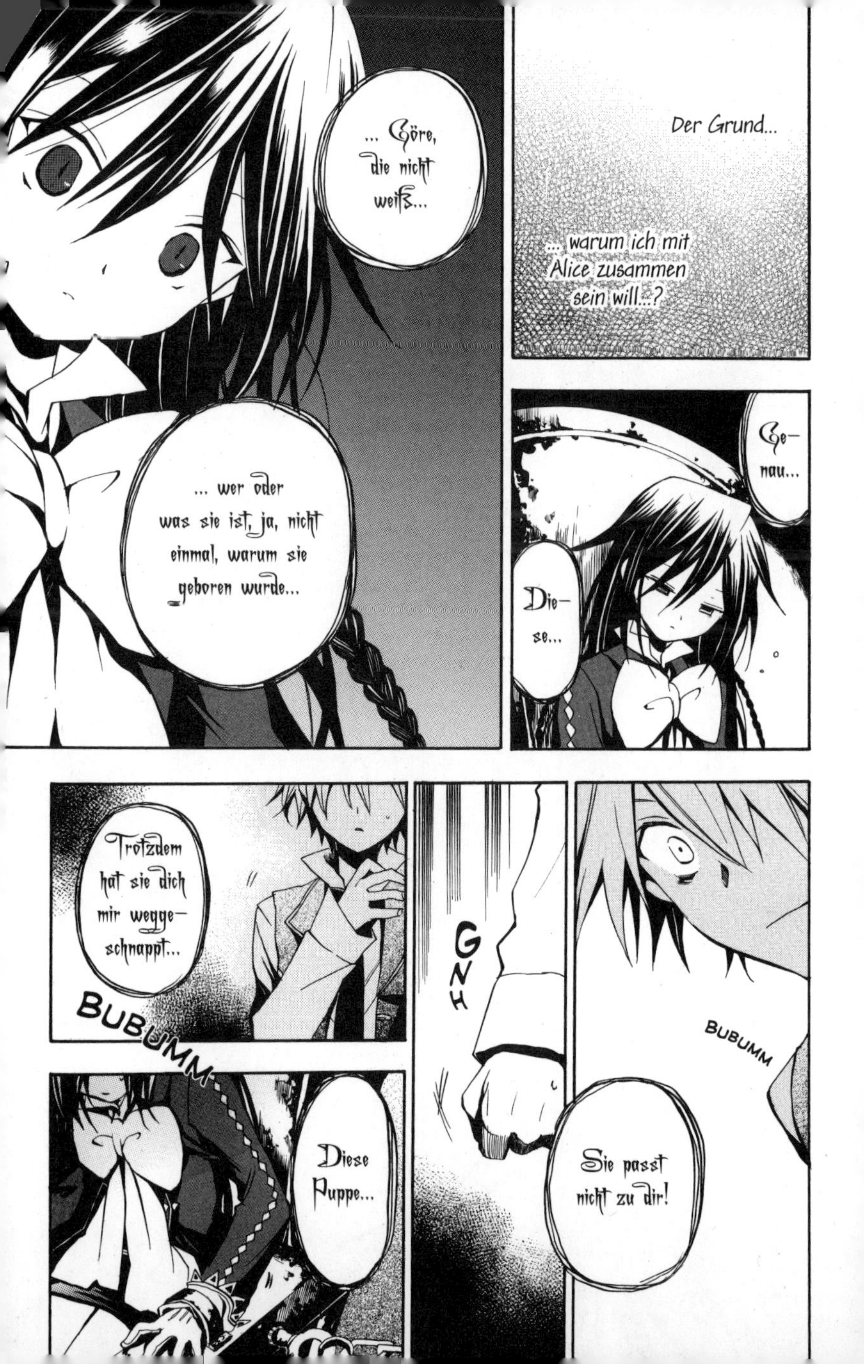
Der Grund...
... warum ich mit Alice zusammen sein will...?
... Göre, die nicht weiß...
... wer oder was sie ist, ja, nicht einmal, warum sie geboren wurde...
Ge-nau...
Die-se...
Sie passt nicht zu dir!
GNH
BUBUMM
Trotzdem hat sie dich mir wegge-schnappt...
BUBUMM
Diese Puppe...

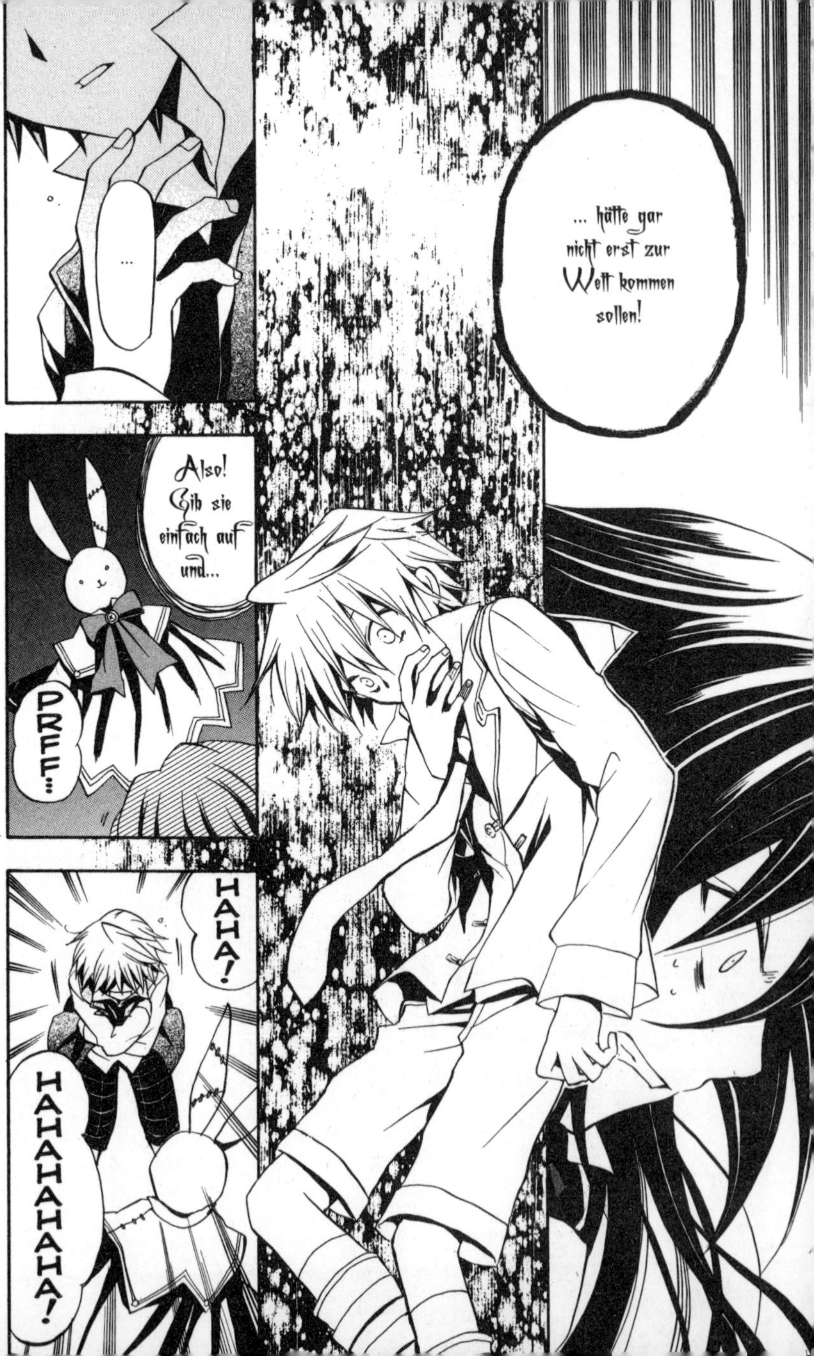
... hätte gar nicht erst zur Welt kommen sollen!
...
Also! Gib sie einfach auf und...
PRFF...
HAHA!
HAHAHAHAHA!

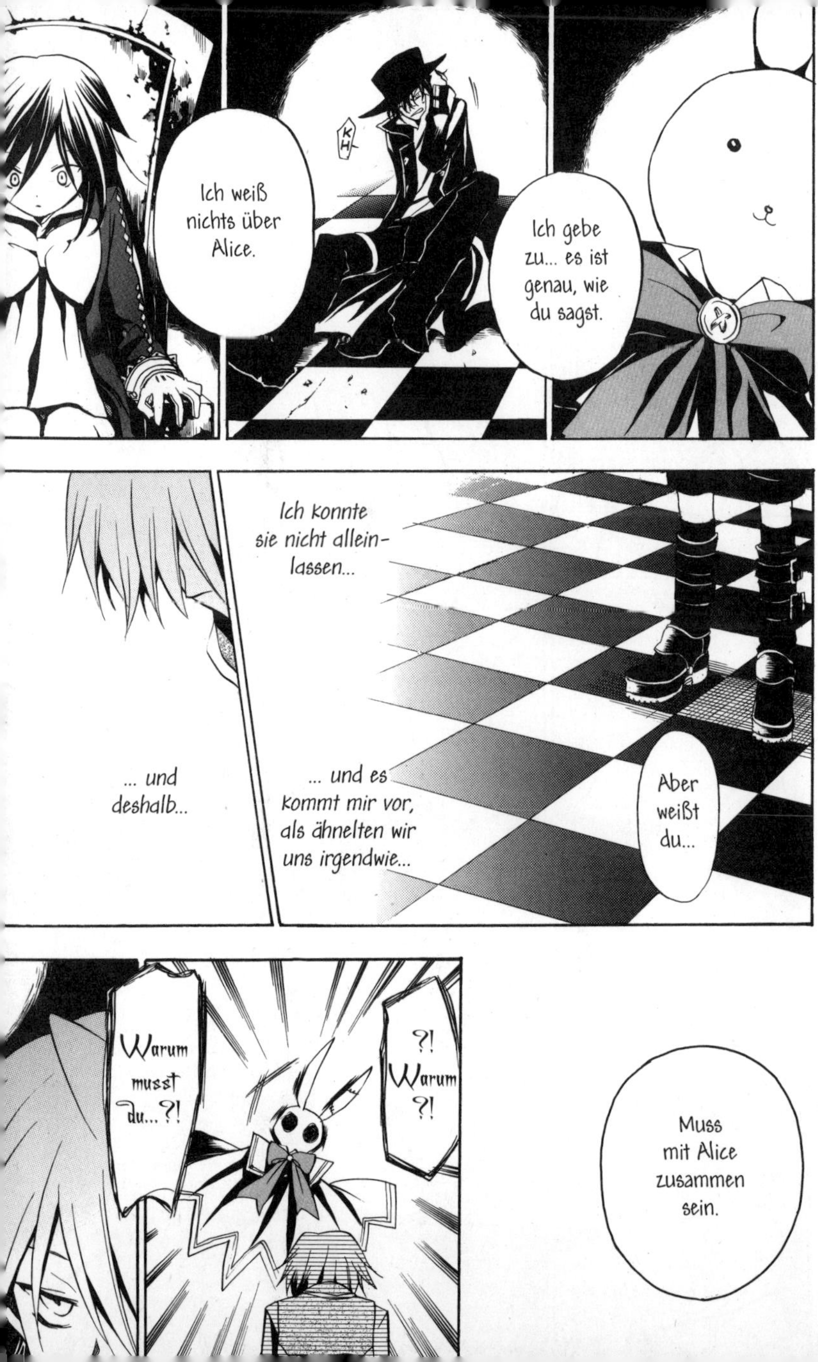
Ich gebe zu... es ist genau, wie du sagst.
KH
Ich weiß nichts über Alice.
Aber weißt du...
Ich konnte sie nicht allein-lassen...
... und es kommt mir vor, als ähnelten wir uns irgendwie...
... und deshalb...
Muss mit Alice zusammen sein.
?! Warum ?!
Warum musst du...?!

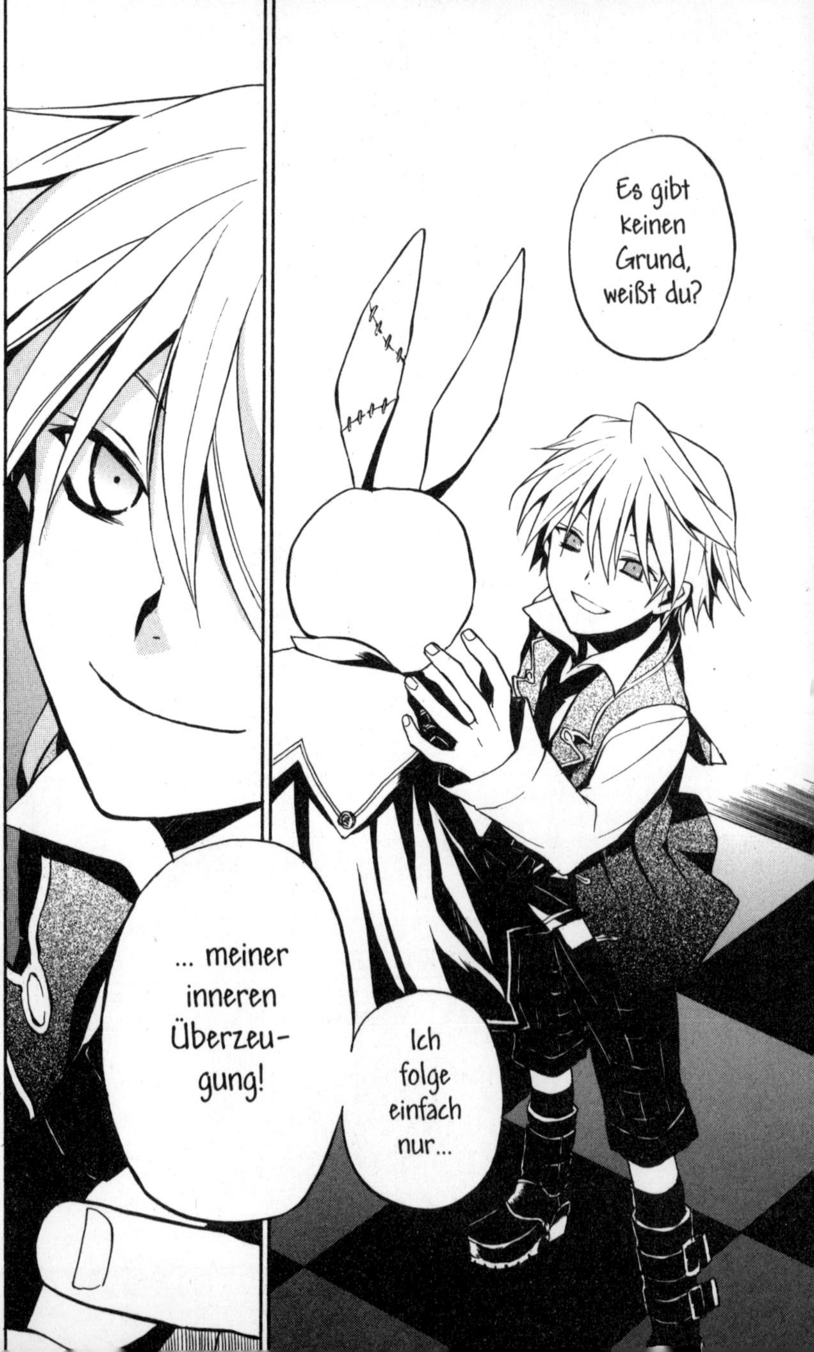
Es gibt keinen Grund, weißt du?
Ich folge einfach nur...
... meiner inneren Überzeu-gung!

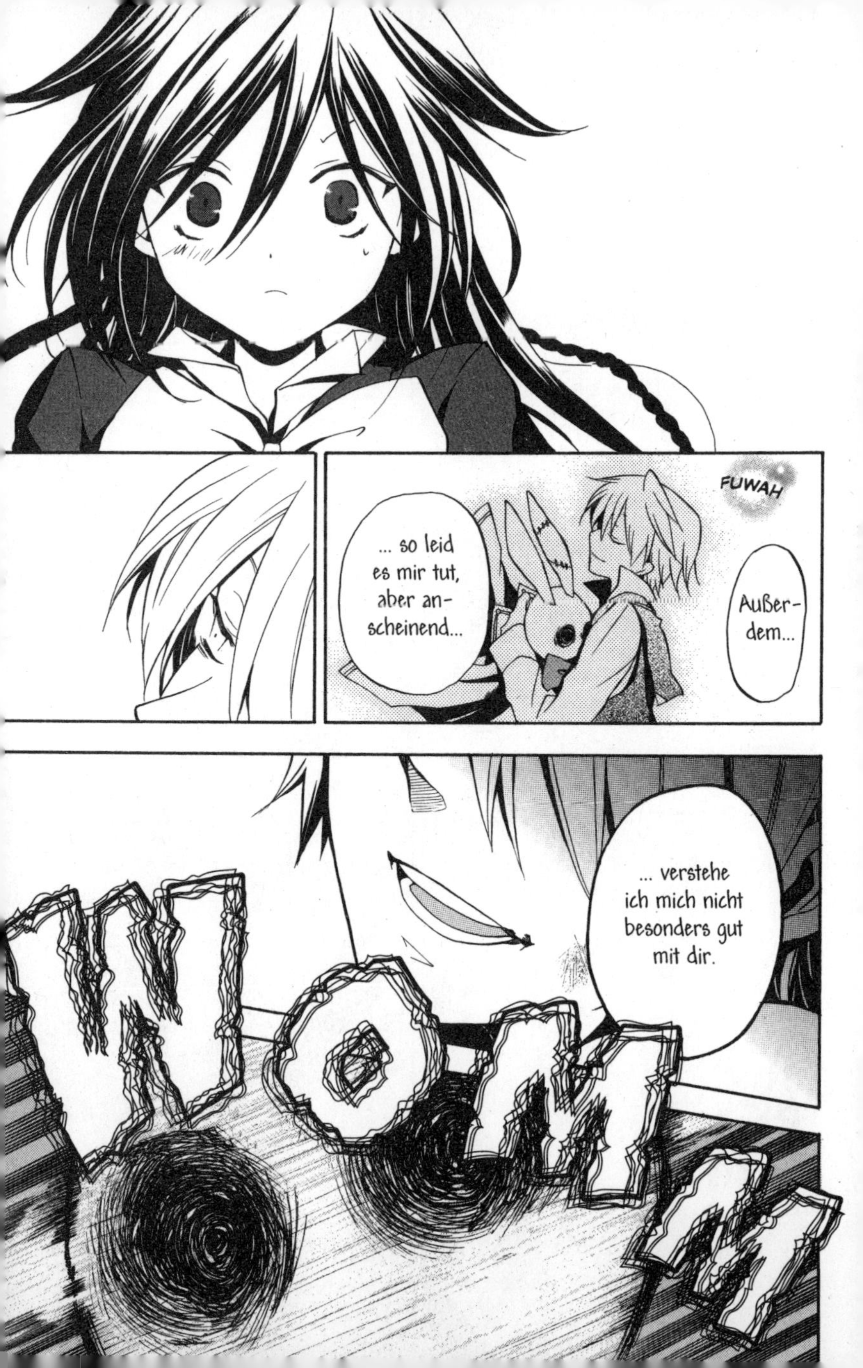
FUWAH
Außer-dem...
... so leid es mir tut, aber an-scheinend...
... verstehe ich mich nicht besonders gut mit dir.

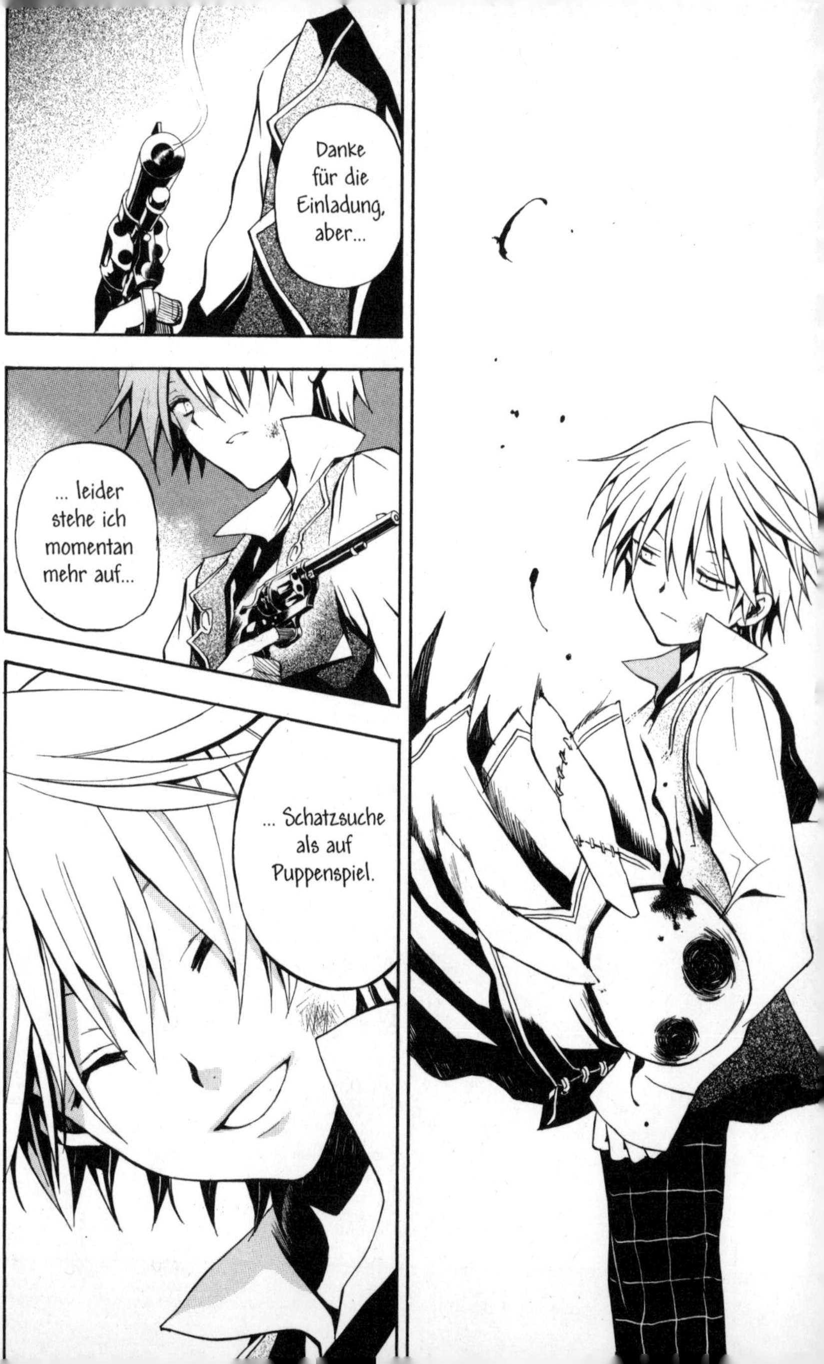
Danke für die Einladung, aber...
... leider stehe ich momentan mehr auf...
... Schatzsuche als auf Puppenspiel.

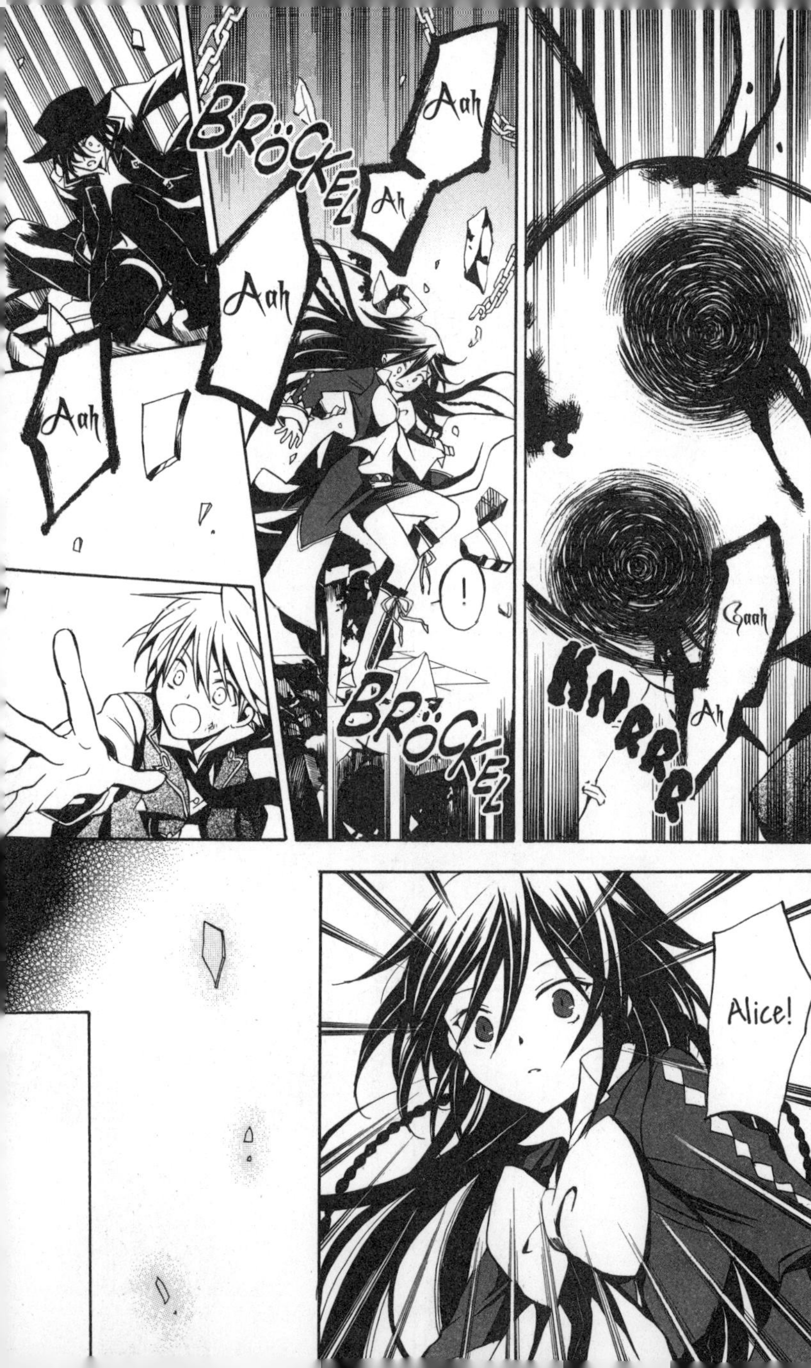
Gaah
Ah
KNRRR
BRÖCKEL
!
Aah
Ah
BRÖCKEL
Aah
Aah
Alice!

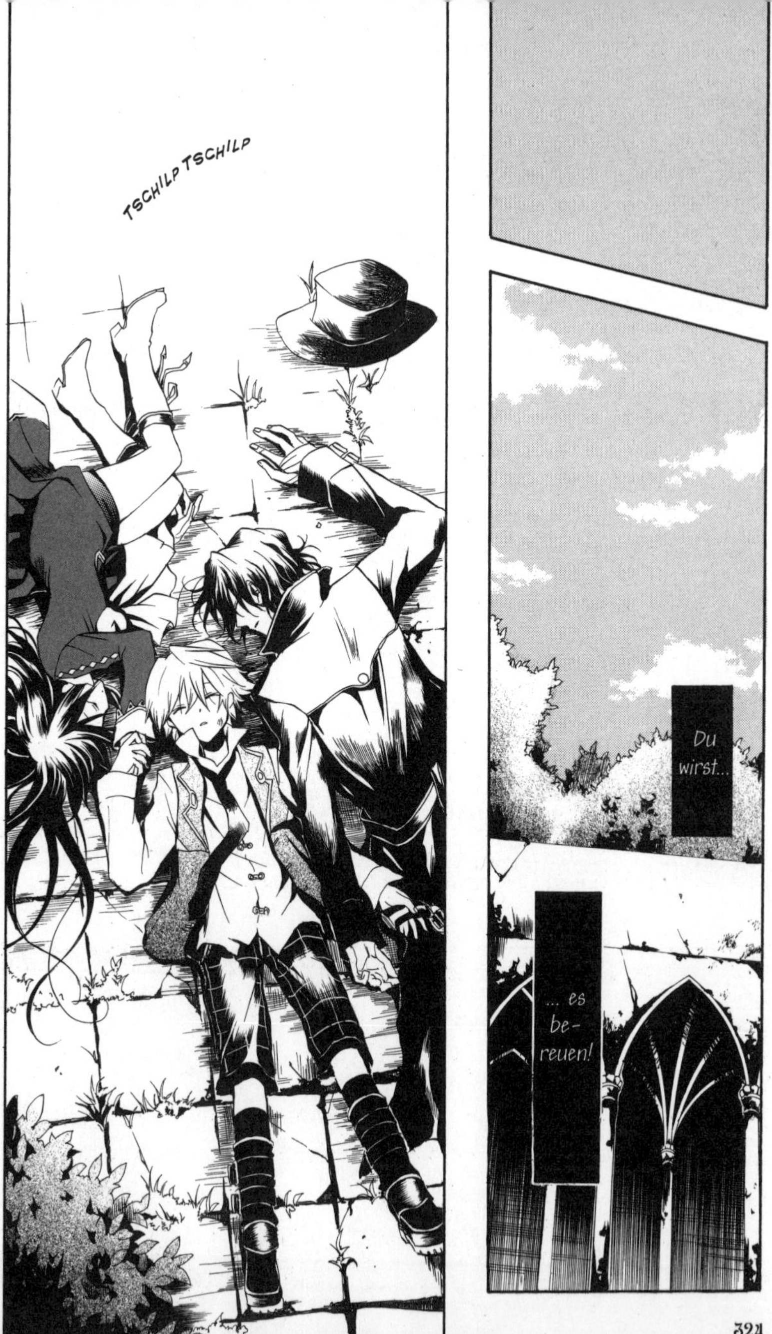
Du wirst…
… es be-reuen!
TSCHILP TSCHILP

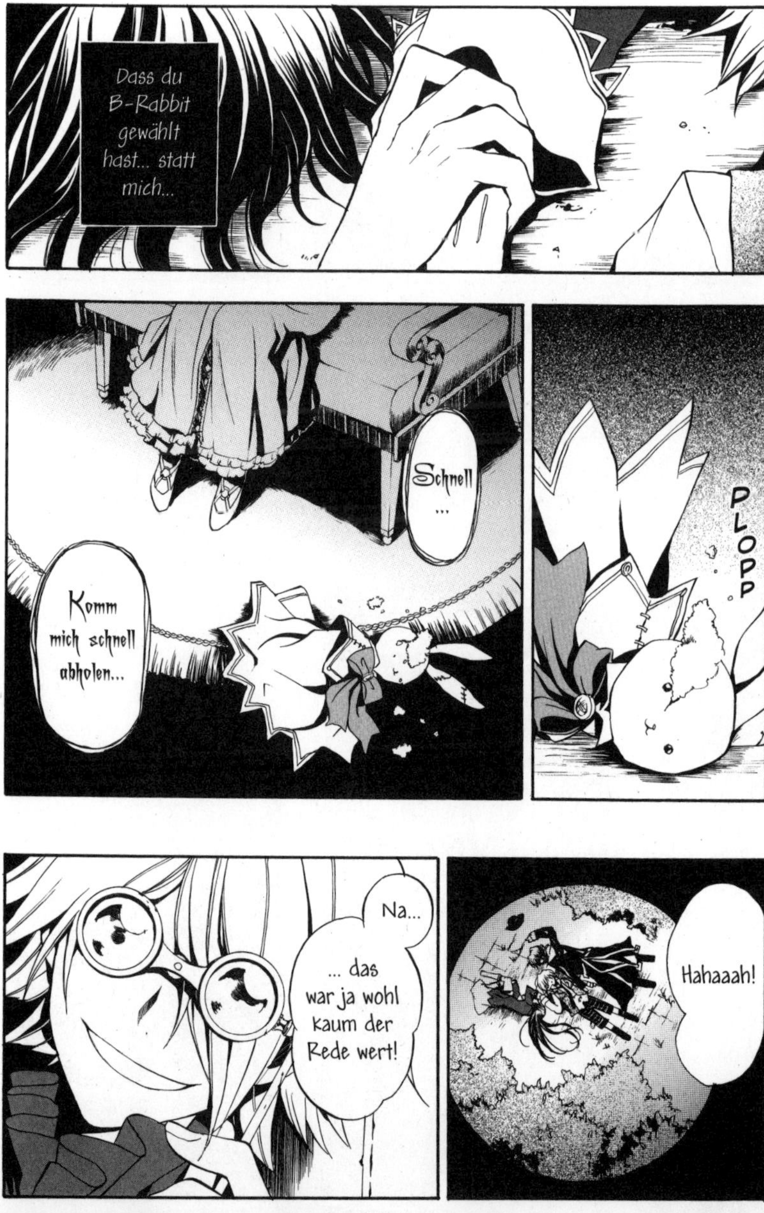
Dass du B-Rabbit gewählt hast... statt mich...
PLOPP
Schnell ...
Komm mich schnell abholen...
Hahaaah!
Na...
... das war ja wohl kaum der Rede wert!

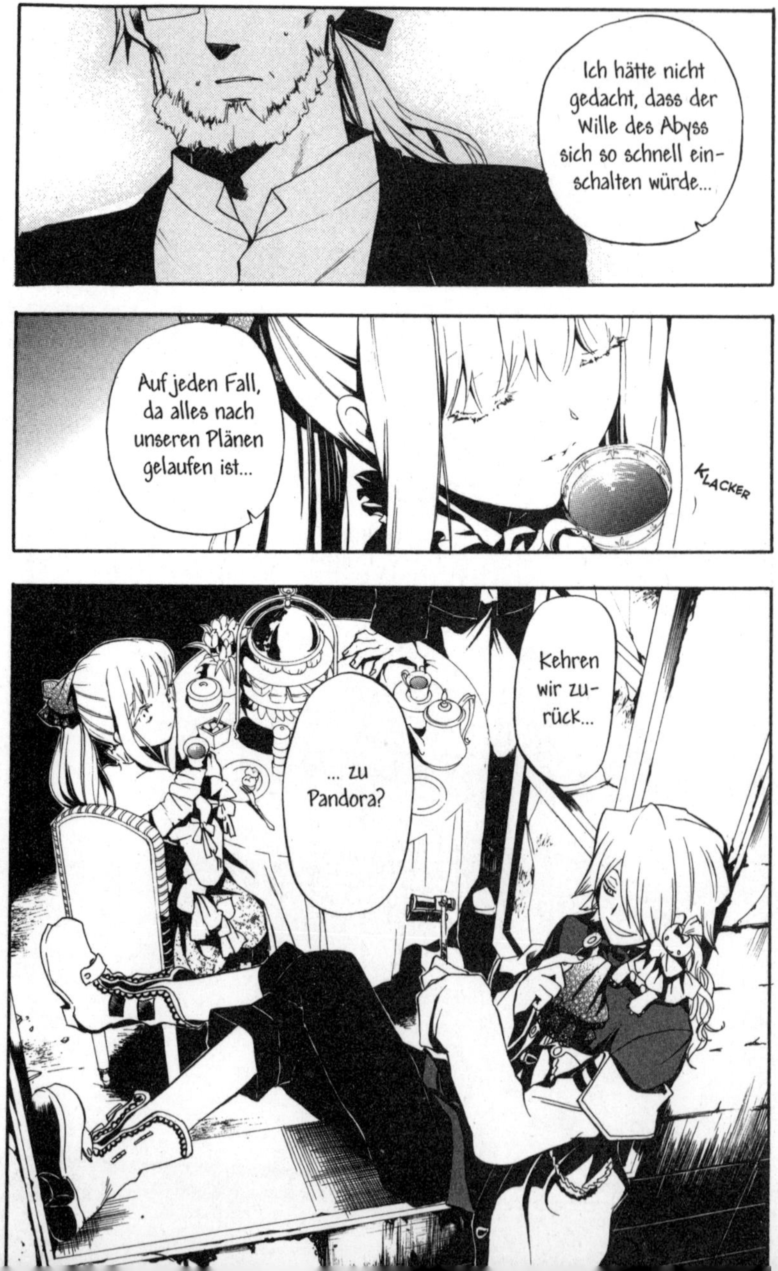
Ich hätte nicht gedacht, dass der Wille des Abyss sich so schnell einschalten würde...
Auf jeden Fall, da alles nach unseren Plänen gelaufen ist...
KLACKER
Kehren wir zurück...
... zu Pandora?

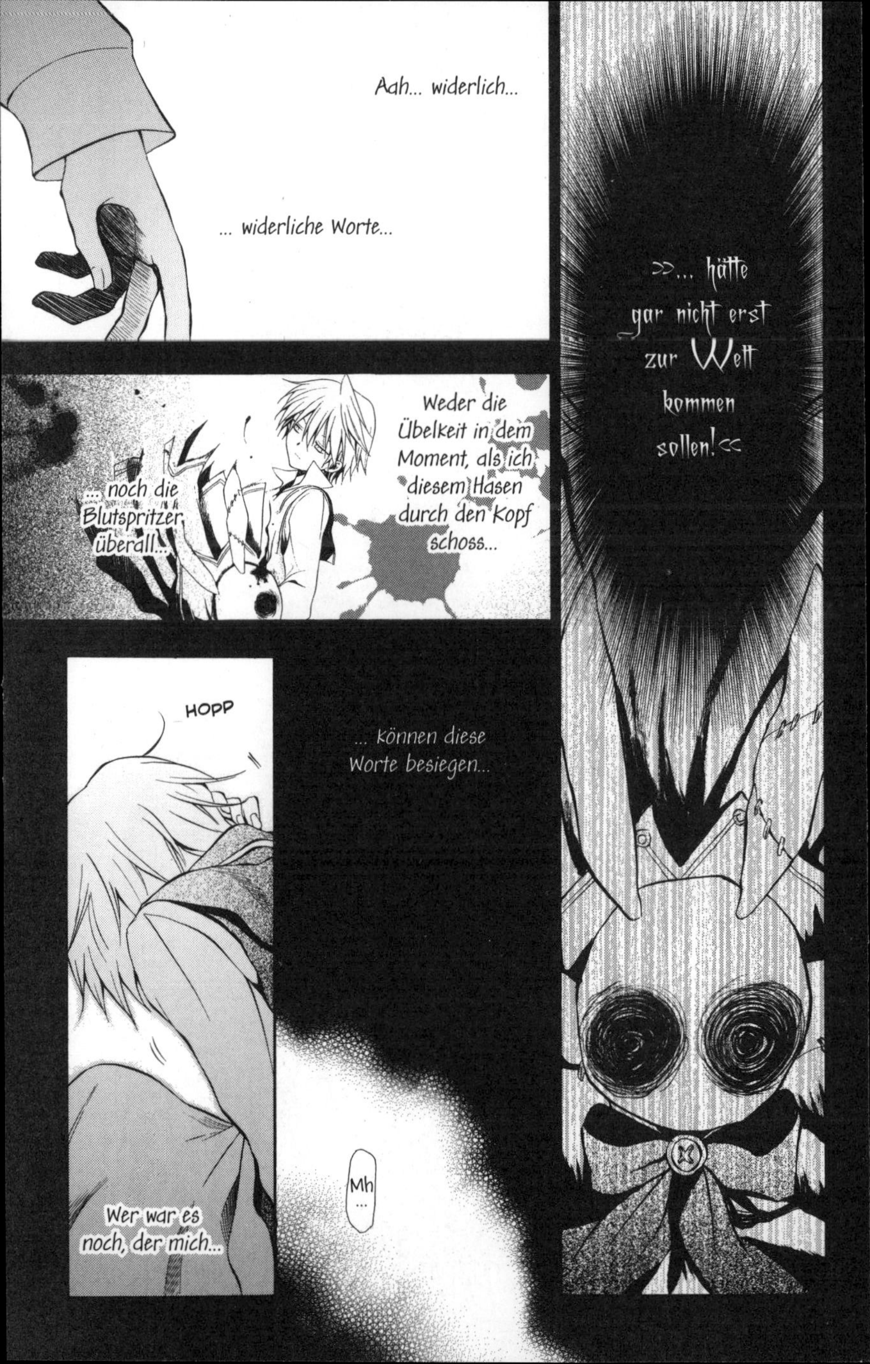
»... hätte gar nicht erst zur Welt kommen sollen!«
Aah... widerlich...
... widerliche Worte...
Weder die Übelkeit in dem Moment, als ich diesem Hasen durch den Kopf schoss...
... noch die Blutspritzer überall...
... können diese Worte besiegen...
HOPP
Mh ...
Wer war es noch, der mich...

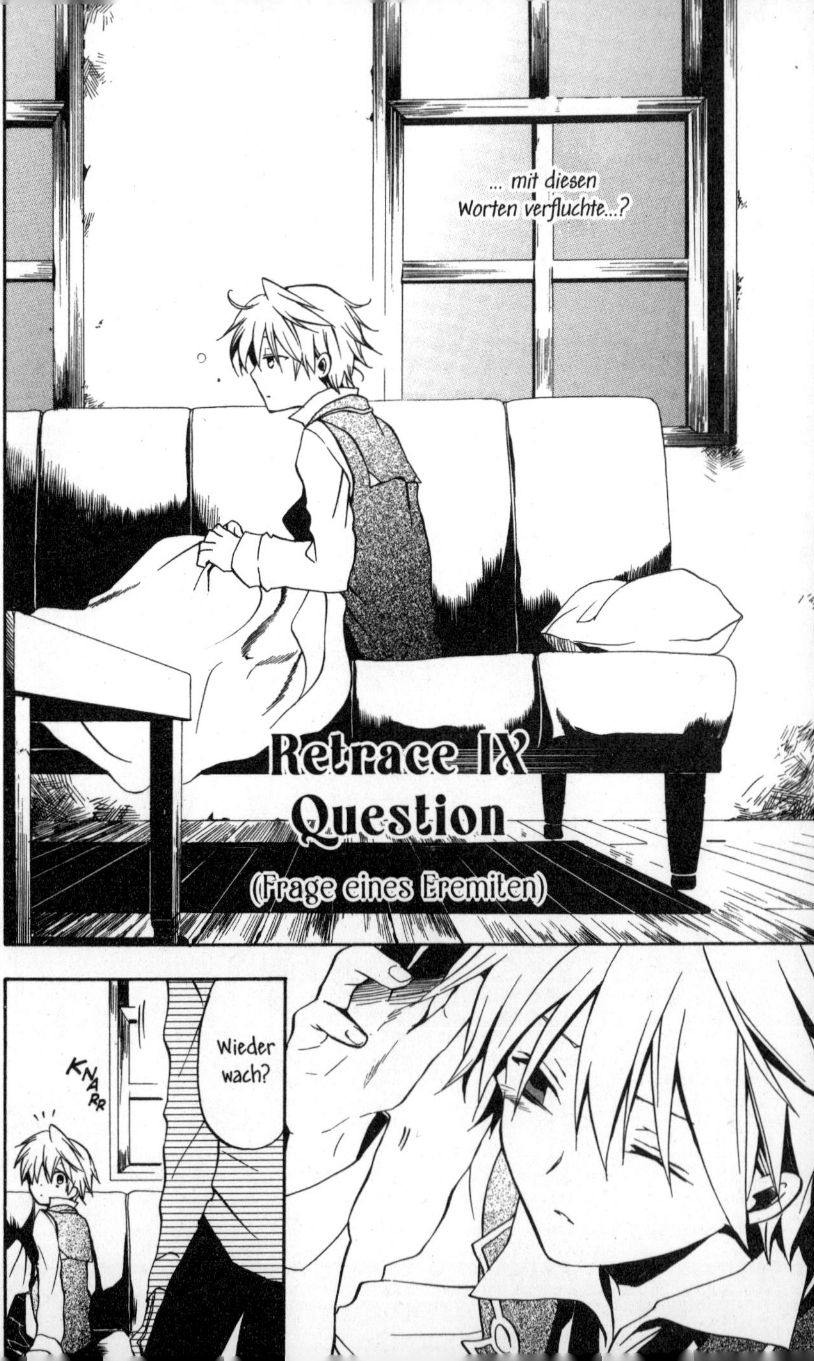
... mit diesen
Worten verfluchte...?
Retrace IX
Question
(Frage eines Eremiten)
Wieder
wach?
KNARR

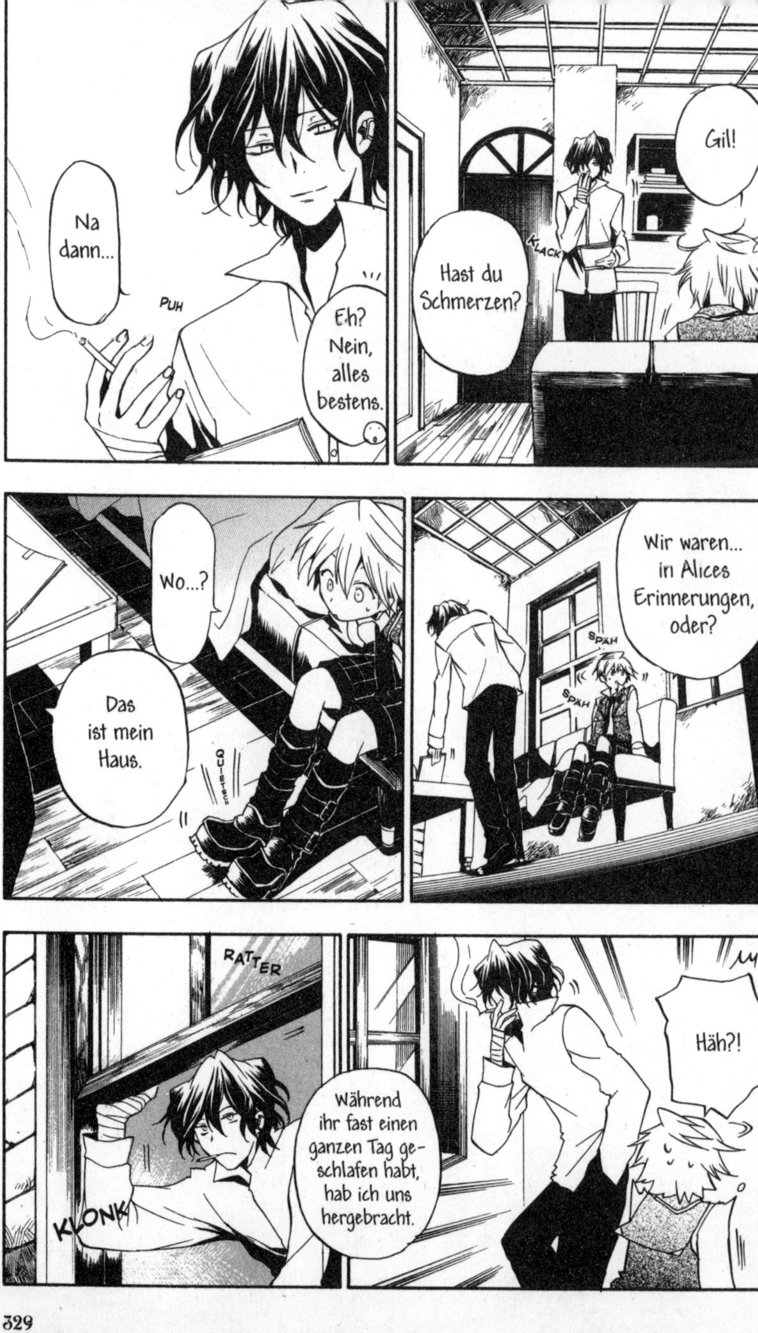
Gil!
Klack
Hast du Schmerzen?
Eh? Nein, alles bestens.
Puh
Na dann...
Wir waren... in Alices Erinnerungen, oder?
Späh
Späh
Wo...?
Das ist mein Haus.
Quietsch
Häh?!
Während ihr fast einen ganzen Tag geschlafen habt, hab ich uns hergebracht.
Ratter
Klonk

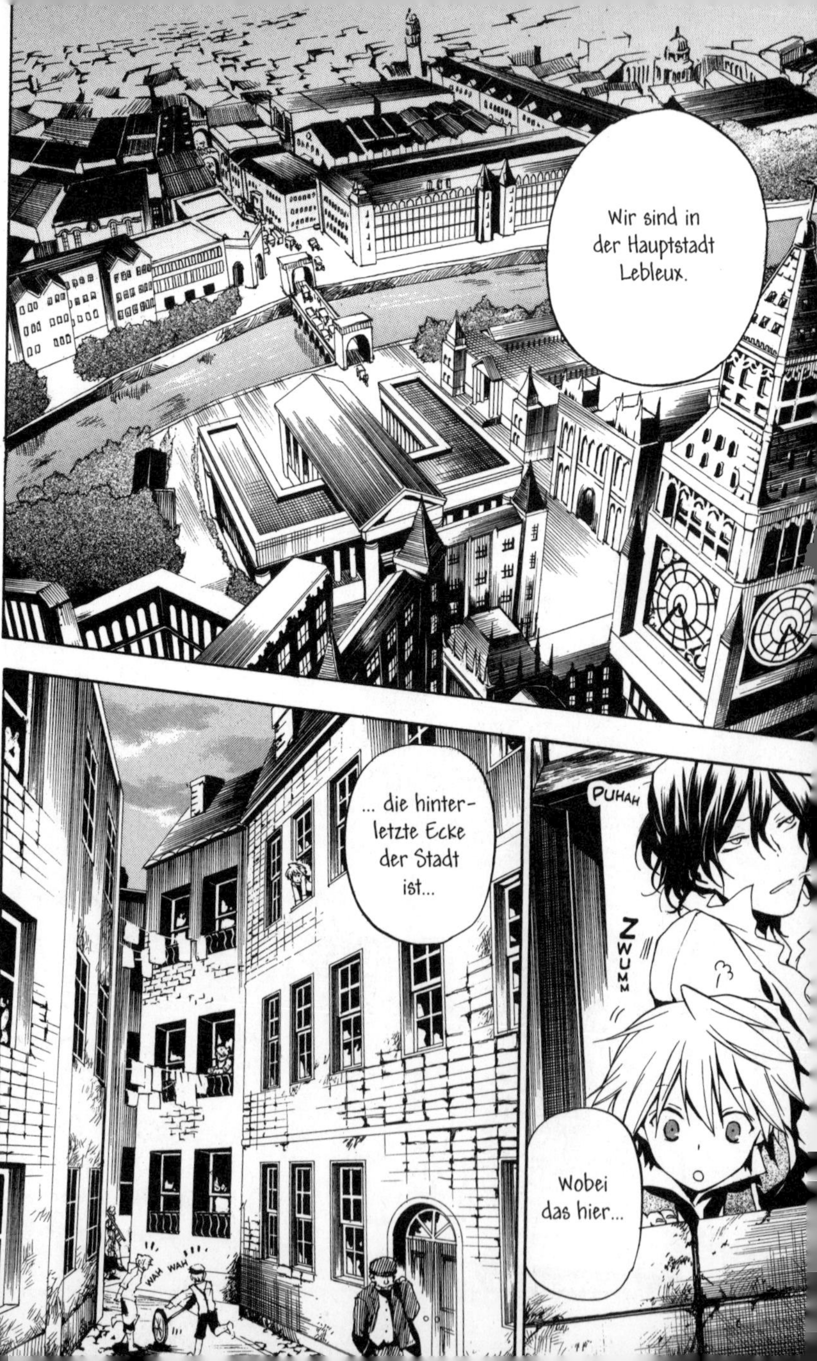
Wir sind in der Hauptstadt Lebleux.
Wobei das hier...
PUHAH
ZWUMM
... die hinter-letzte Ecke der Stadt ist...
WAH WAH

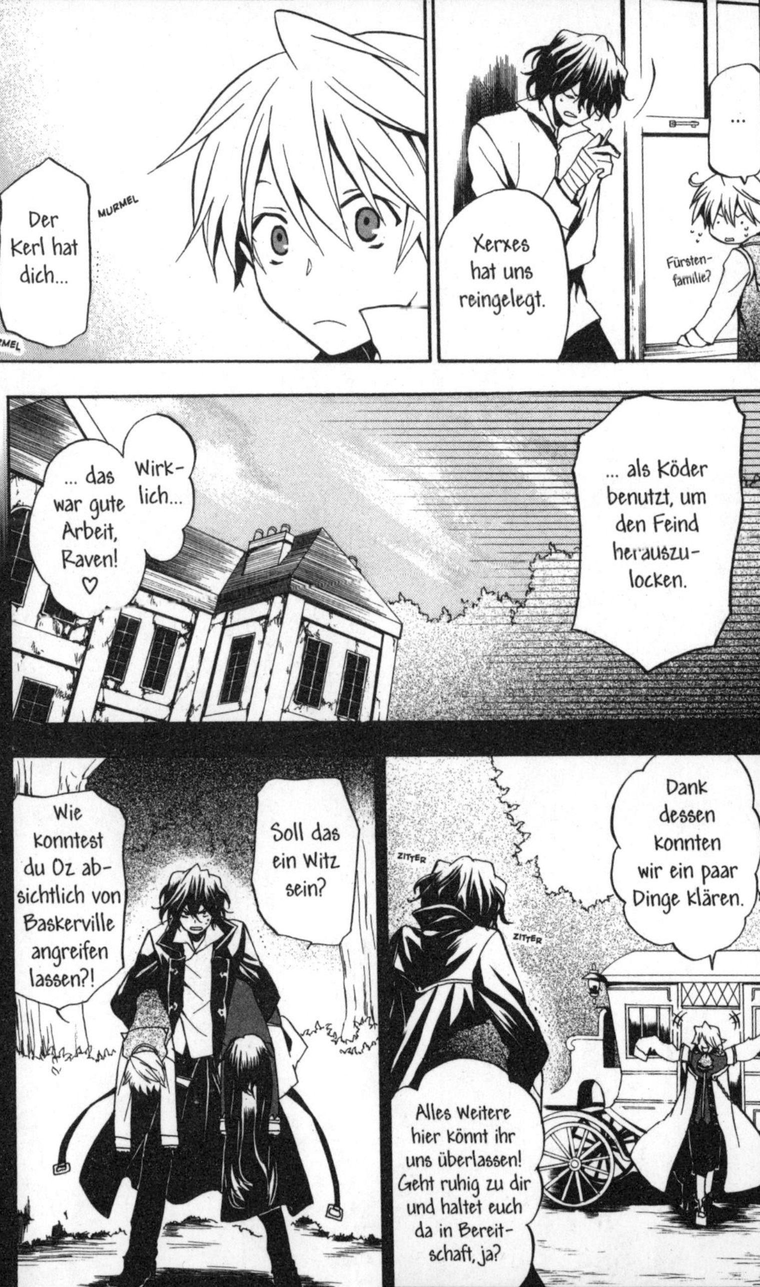
...
Fürsten-familie?
Xerxes hat uns reingelegt.
Der Kerl hat dich...
MURMEL
MURMEL
... als Köder benutzt, um den Feind herauszulocken.
Wirklich...
... das war gute Arbeit, Raven! ♡
Dank dessen konnten wir ein paar Dinge klären.
ZITTER
ZITTER
Alles Weitere hier könnt ihr uns überlassen! Geht ruhig zu dir und haltet euch da in Bereitschaft, ja?
Soll das ein Witz sein?
Wie konntest du Oz absichtlich von Baskerville angreifen lassen?!

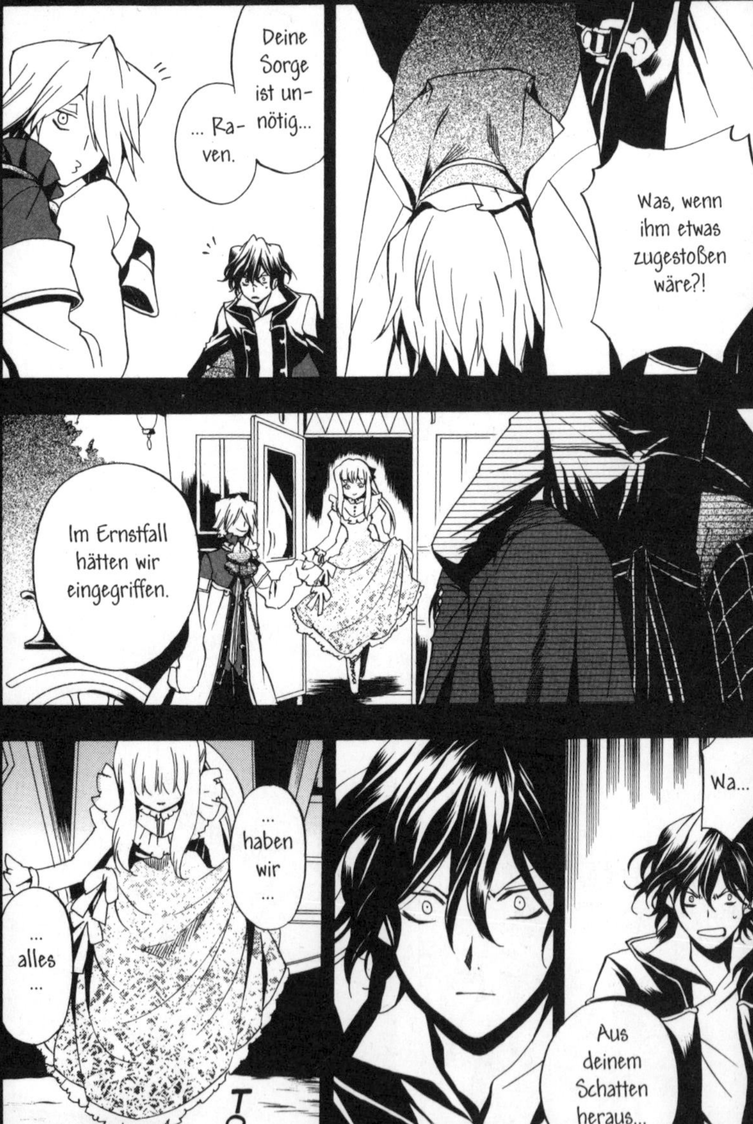
Was, wenn ihm etwas zugestoßen wäre?!
Deine Sorge ist unnötig...
... Raven.
Im Ernstfall hätten wir eingegriffen.
Wa...
Aus deinem Schatten heraus...
... haben wir ...
... alles ...
TONK

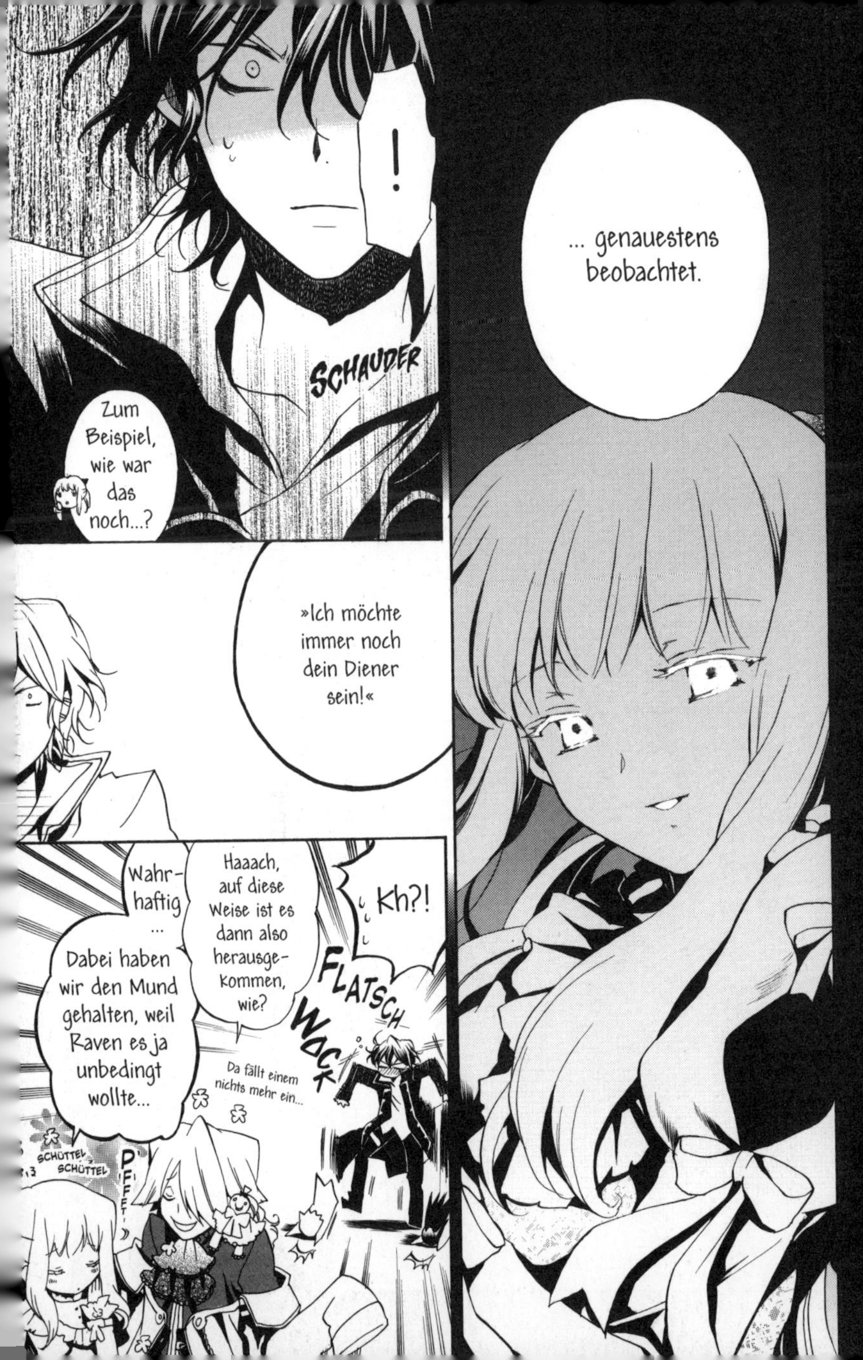
... genauestens beobachtet.
!
SCHAUDER
Zum Beispiel, wie war das noch...?
»Ich möchte immer noch dein Diener sein!«
Kh?!
FLATSCH
WOCK
Haaach, auf diese Weise ist es dann also herausgekommen, wie?
Wahrhaftig ...
Dabei haben wir den Mund gehalten, weil Raven es ja unbedingt wollte...
Da fällt einem nichts mehr ein...
PFFFT
SCHÜTTEL SCHÜTTEL

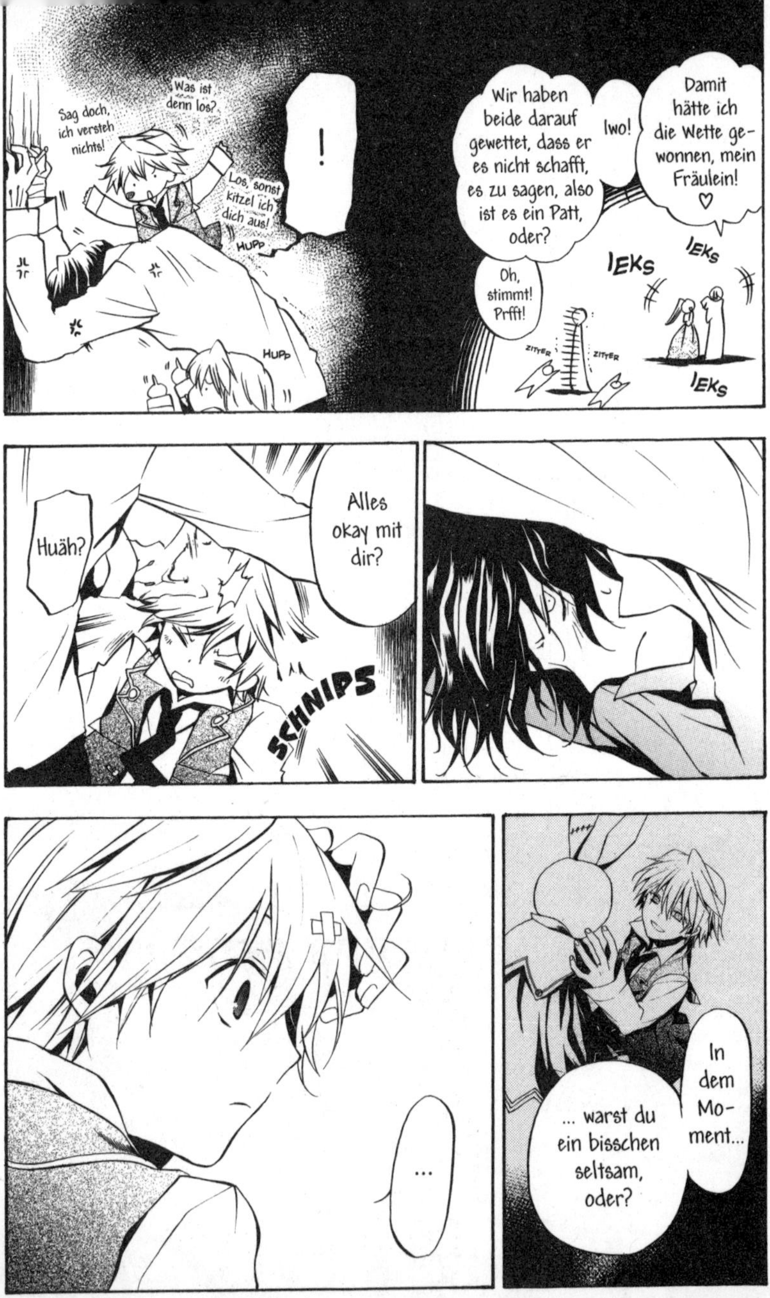
Damit hätte ich die Wette gewonnen, mein Fräulein! ♡
Iwo!
Wir haben beide darauf gewettet, dass er es nicht schafft, es zu sagen, also ist es ein Patt, oder?
IEKS
IEKS
IEKS
Oh, stimmt! Prfft!
ZITTER
ZITTER
!
Was ist denn los?
Sag doch, ich versteh nichts!
Los, sonst kitzel ich dich aus!
HUPP
HUPP
Alles okay mit dir?
Huäh?
SCHNIPS
In dem Mo- ment...
... warst du ein bisschen seltsam, oder?
...

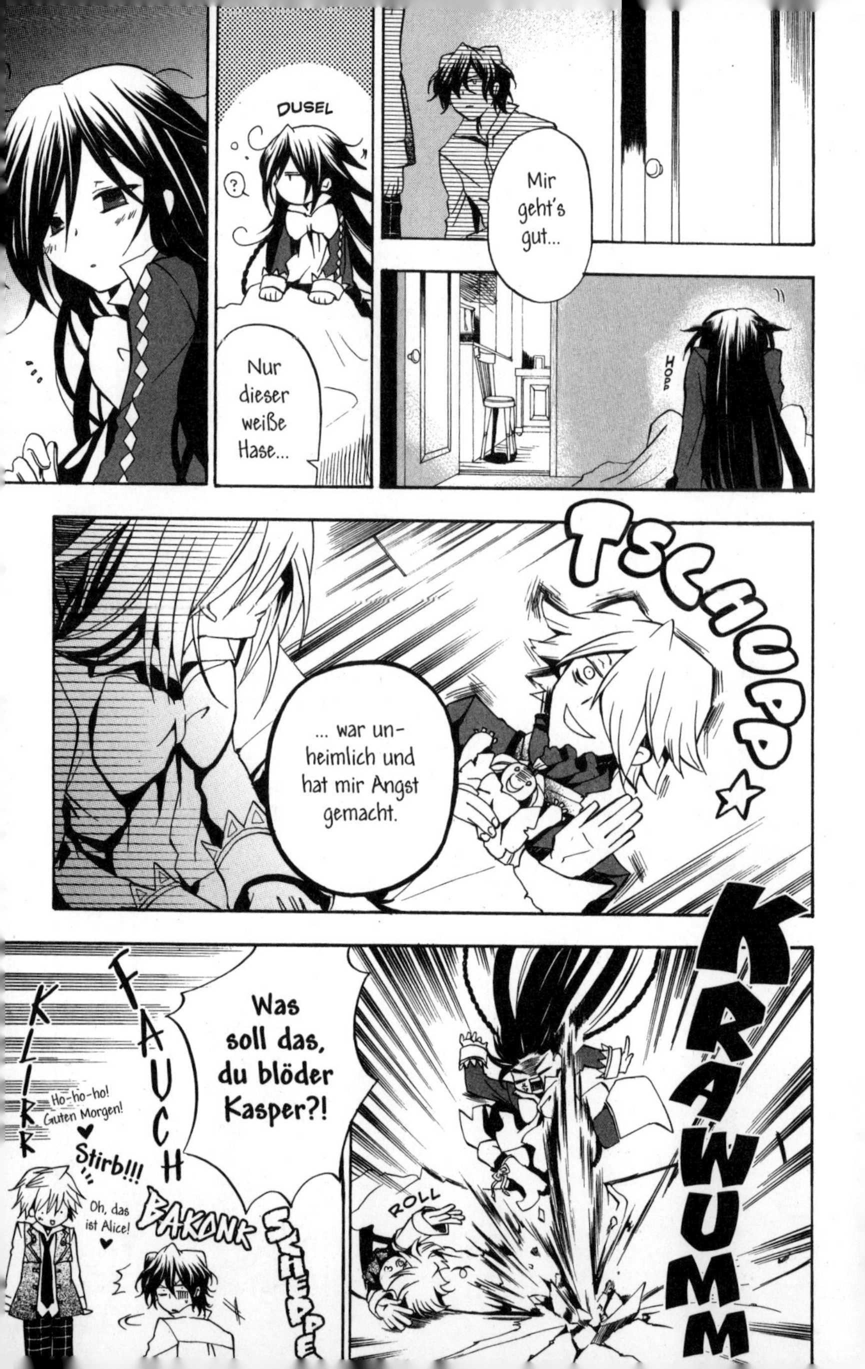

Mir geht's gut...
HOPP
DUSEL
Nur dieser weiße Hase...
...
TSCHOPP
... war un-heimlich und hat mir Angst gemacht.
KRAWUMM
ROLL
Was soll das, du blöder Kasper?!
FAUCH
KLIRR
Ho-ho-ho! Guten Morgen!
Stirb!!!
BAKONK
Oh, das ist Alice!

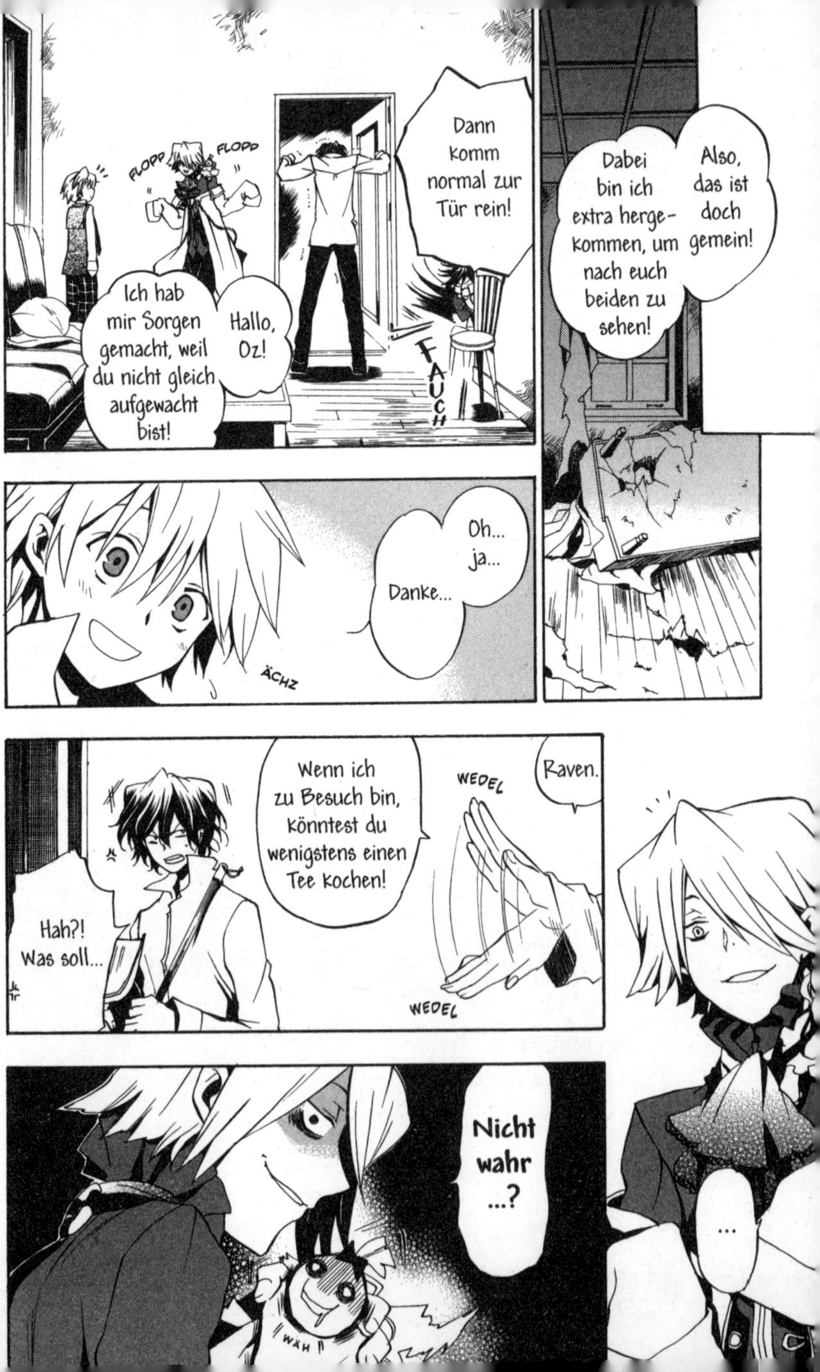
Also, das ist doch gemein!
Dabei bin ich extra hergekommen, um nach euch beiden zu sehen!
FLOPP
FLOPP
Dann komm normal zur Tür rein!
FAUCH
Hallo, Oz!
Ich hab mir Sorgen gemacht, weil du nicht gleich aufgewacht bist!
Oh... ja...
Danke...
ÄCHZ
Raven.
WEDEL
Wenn ich zu Besuch bin, könntest du wenigstens einen Tee kochen!
WEDEL
Hah?! Was soll...
...
Nicht wahr ...?
WÄH

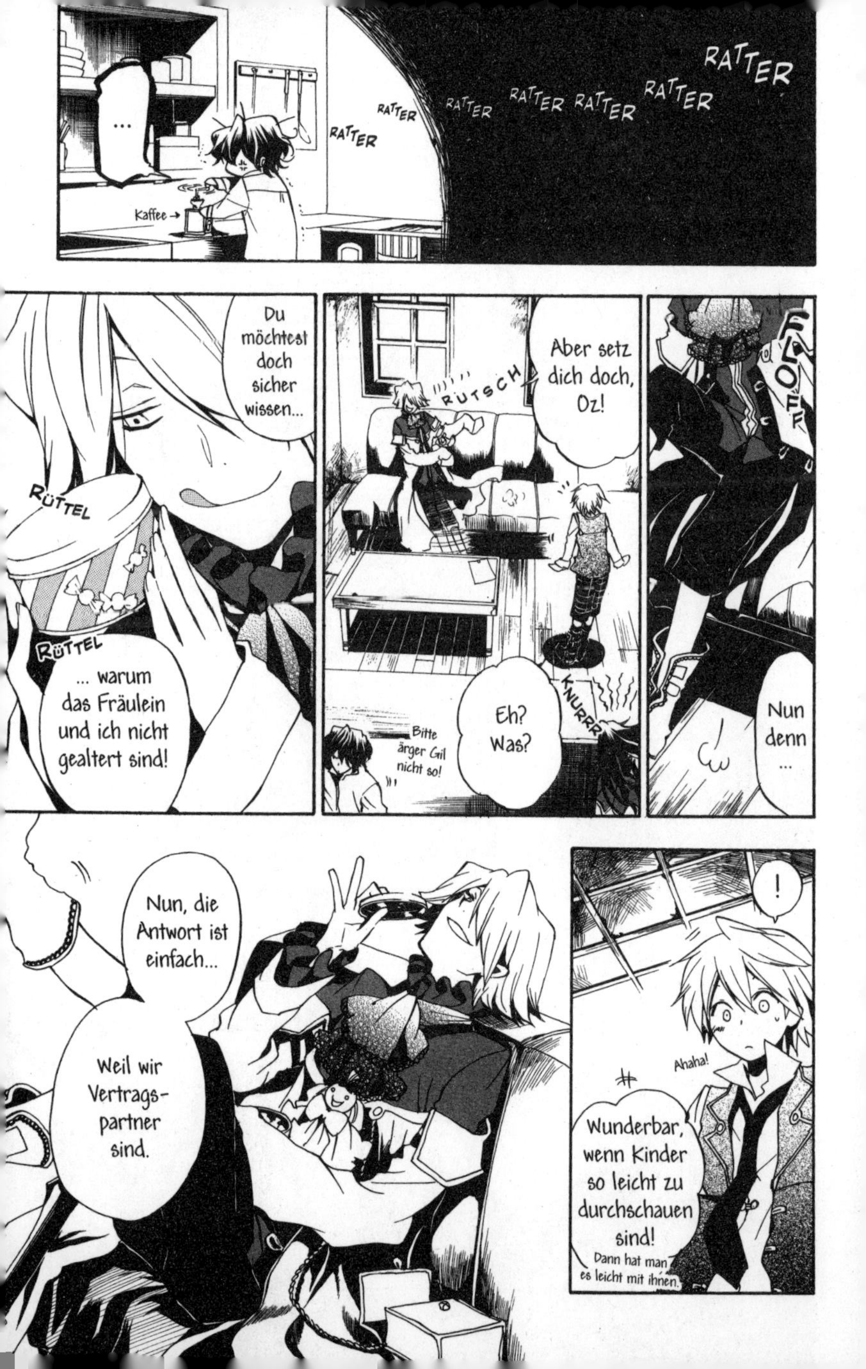
RATTER
RATTER
RATTER
RATTER
RATTER
RATTER
...
Kaffee →
FLOFF
Nun denn ...
Aber setz dich doch, Oz!
RÜTSCH
Eh? Was?
KNURRR
Bitte ärger Gil nicht so!
Du möchtest doch sicher wissen...
RÜTTEL
RÜTTEL
... warum das Fräulein und ich nicht gealtert sind!
!
Ahaha!
Wunderbar, wenn Kinder so leicht zu durchschauen sind!
Dann hat man es leicht mit ihnen.
Nun, die Antwort ist einfach...
Weil wir Vertragspartner sind.

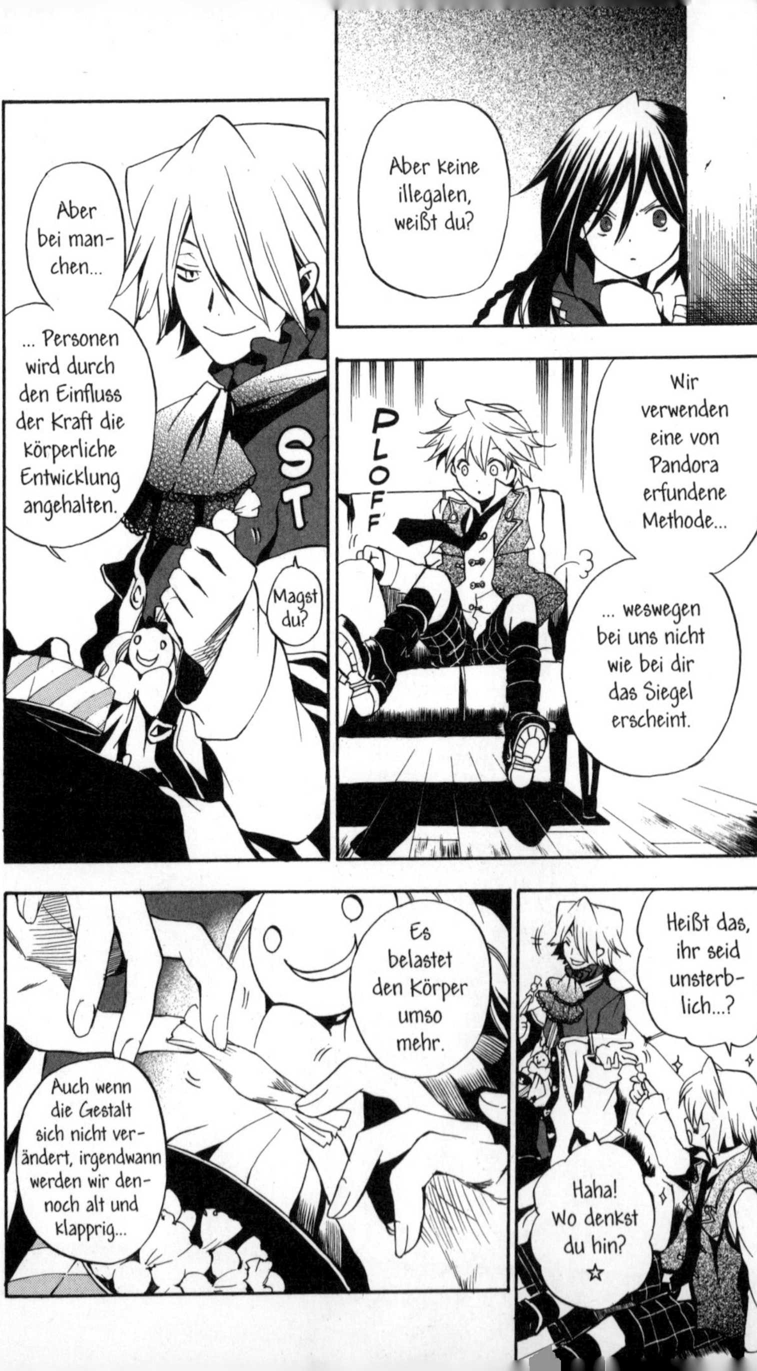
Aber keine illegalen, weißt du?
Aber bei manchen...
... Personen wird durch den Einfluss der Kraft die körperliche Entwicklung angehalten.
Magst du?
Wir verwenden eine von Pandora erfundene Methode...
... weswegen bei uns nicht wie bei dir das Siegel erscheint.
PLOFF
Heißt das, ihr seid unsterblich...?
Haha! Wo denkst du hin? ☆
Es belastet den Körper umso mehr.
Auch wenn die Gestalt sich nicht verändert, irgendwann werden wir dennoch alt und klapprig...

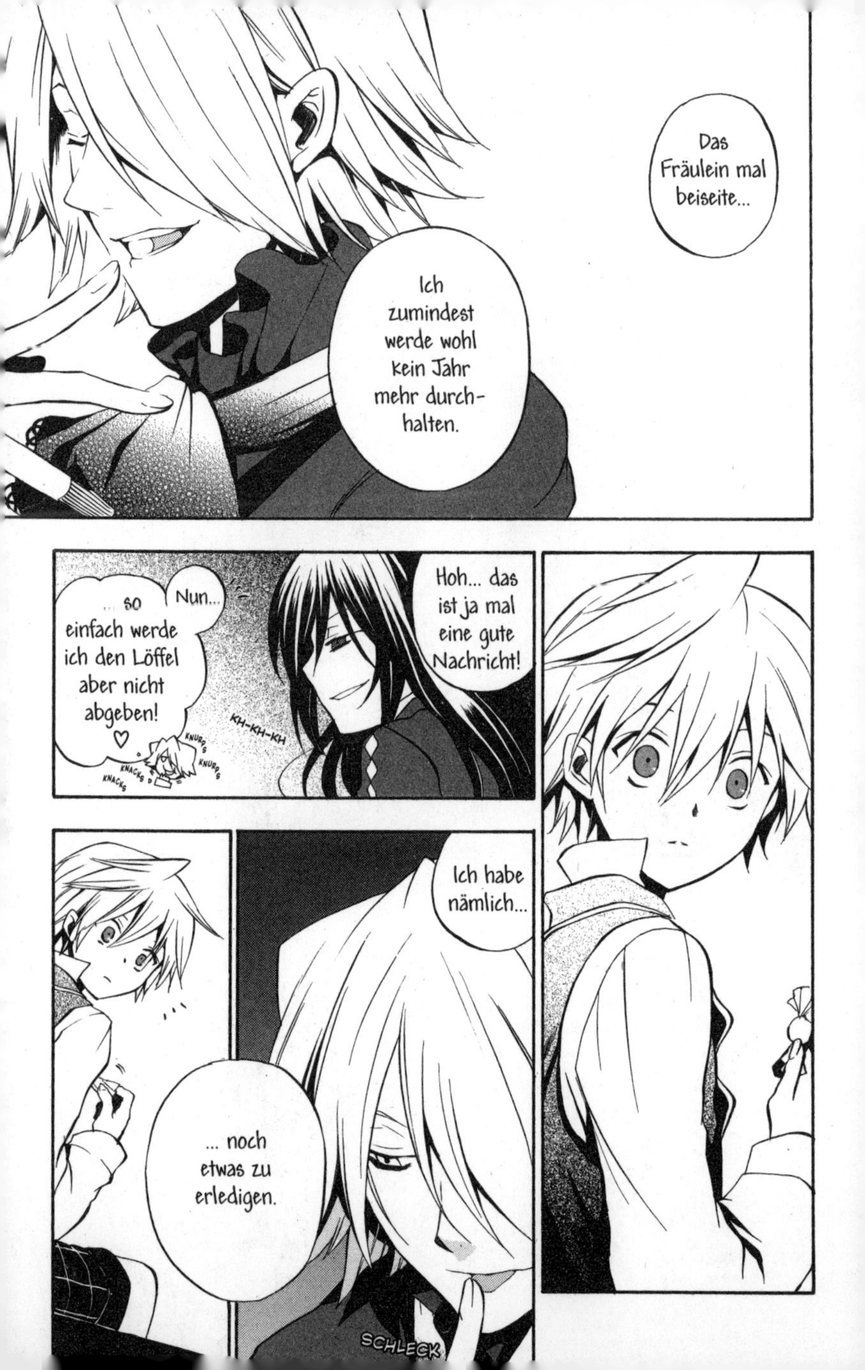
Das Fräulein mal beiseite...
Ich zumindest werde wohl kein Jahr mehr durchhalten.
Hoh... das ist ja mal eine gute Nachricht!
Nun...
... so einfach werde ich den Löffel aber nicht abgeben! ♡
KH-KH-KH
KNURPS KNURPS
KNACKS KNACKS
Ich habe nämlich...
... noch etwas zu erledigen.
SCHLECK

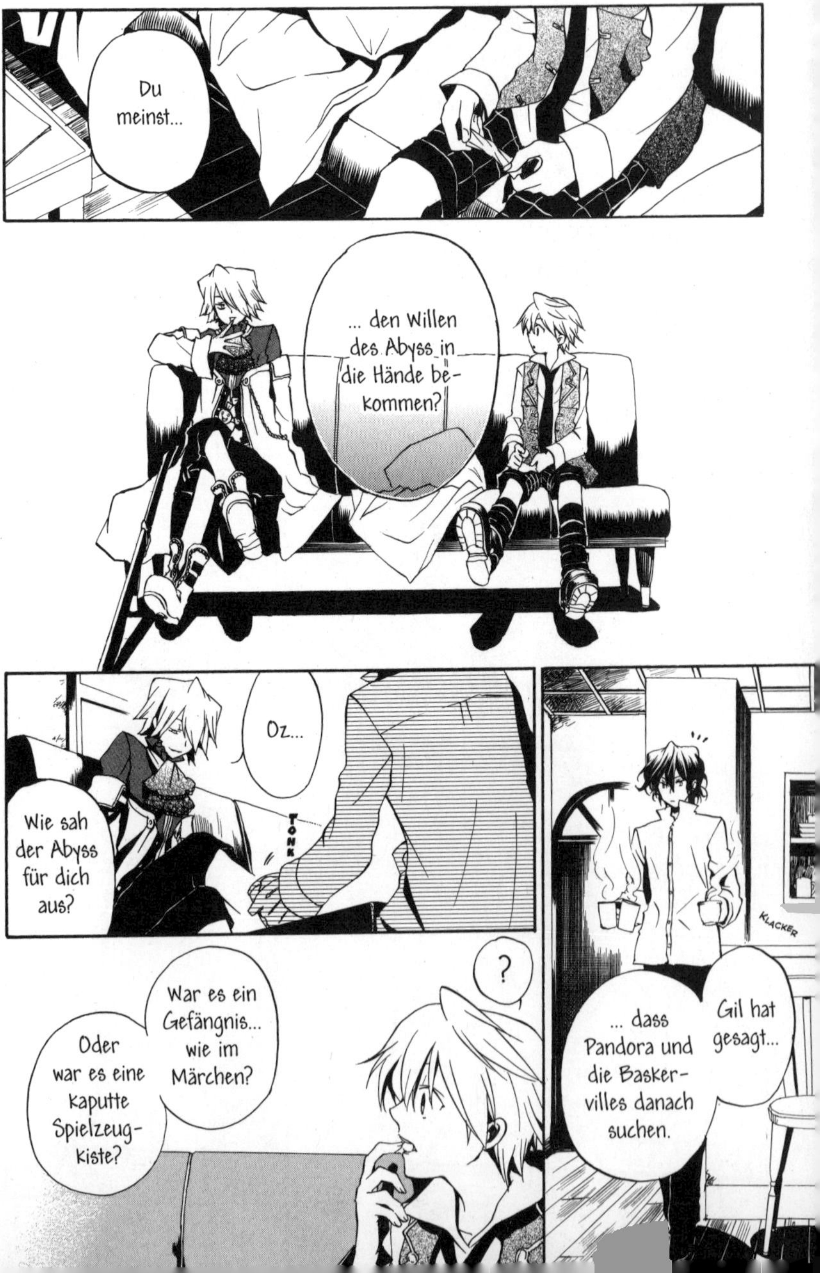
Du meinst...
... den Willen des Abyss in die Hände be-kommen?
Oz...
TONK
Wie sah der Abyss für dich aus?
KLACKER
Gil hat gesagt...
... dass Pandora und die Basker-villes danach suchen.
?
War es ein Gefängnis... wie im Märchen?
Oder war es eine kaputte Spielzeug-kiste?

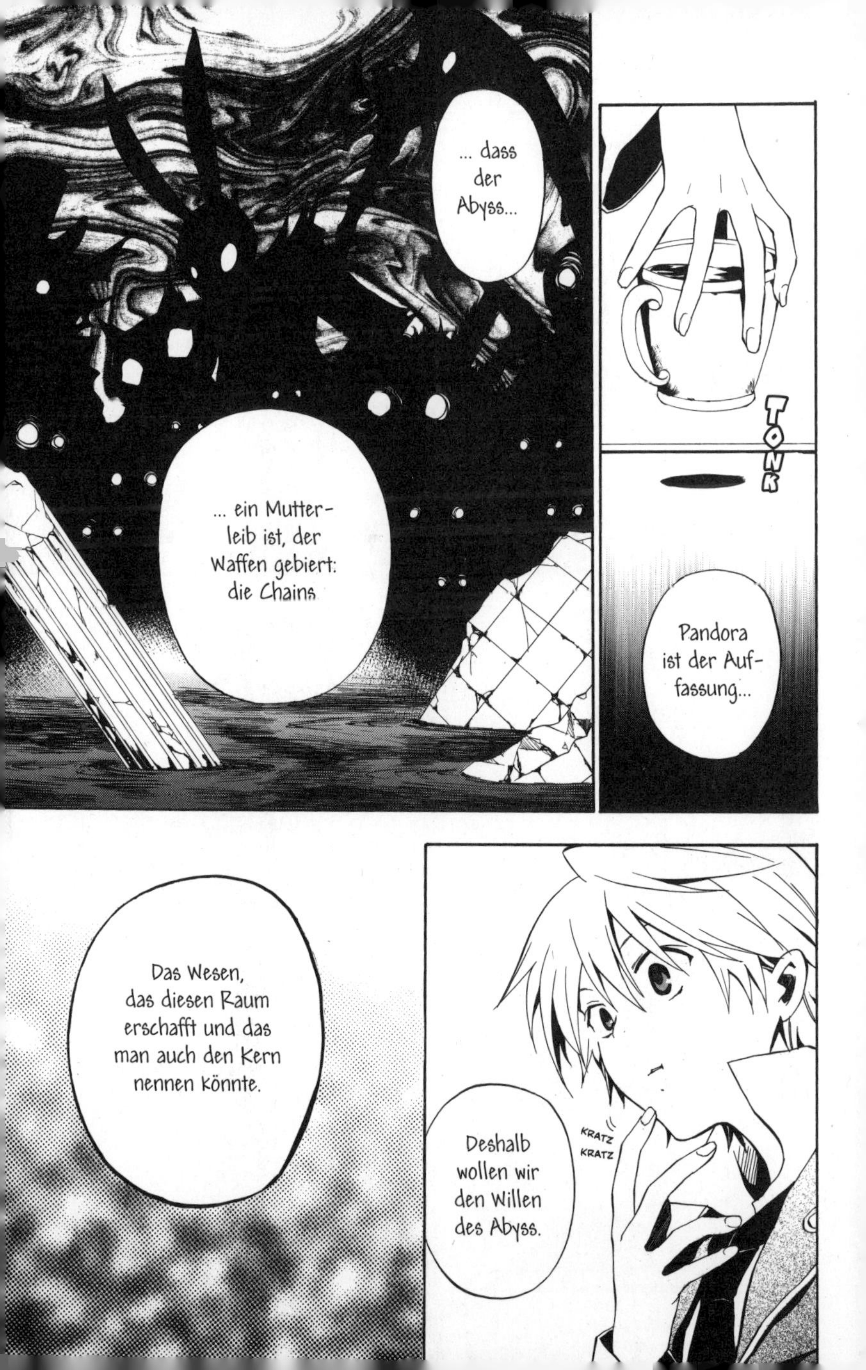
TONK
Pandora ist der Auffassung...
... dass der Abyss...
... ein Mutterleib ist, der Waffen gebiert: die Chains
Deshalb wollen wir den Willen des Abyss.
KRATZ KRATZ
Das Wesen, das diesen Raum erschafft und das man auch den Kern nennen könnte.

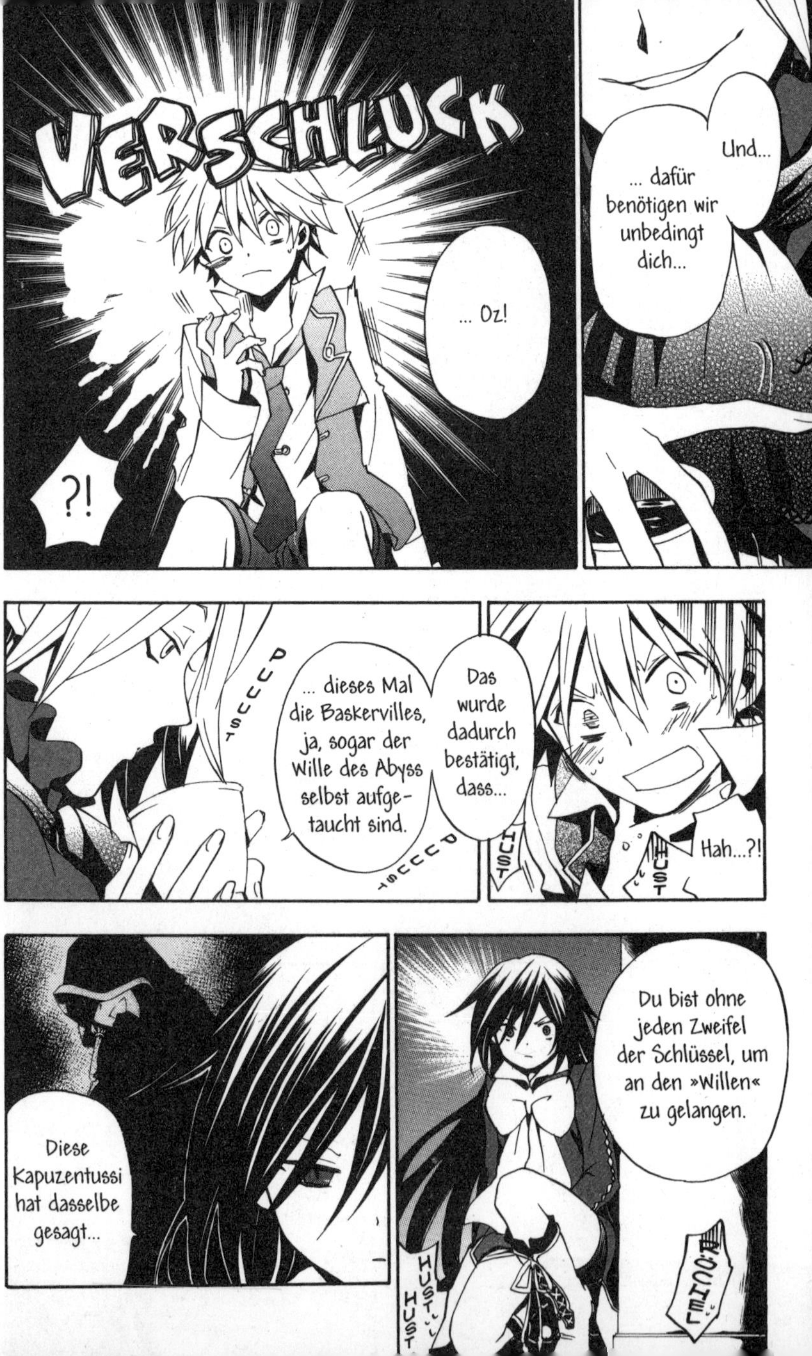
Und...
... dafür benötigen wir unbedingt dich...
... Oz!
VERSCHLUCK
?!
Das wurde dadurch bestätigt, dass...
... dieses Mal die Baskervilles, ja, sogar der Wille des Abyss selbst aufgetaucht sind.
PUUUST
PUUUST
Hah...?!
HUST
HUST
Du bist ohne jeden Zweifel der Schlüssel, um an den »Willen« zu gelangen.
RÖCHEL
HUST
HUST
Diese Kapuzentussi hat dasselbe gesagt...

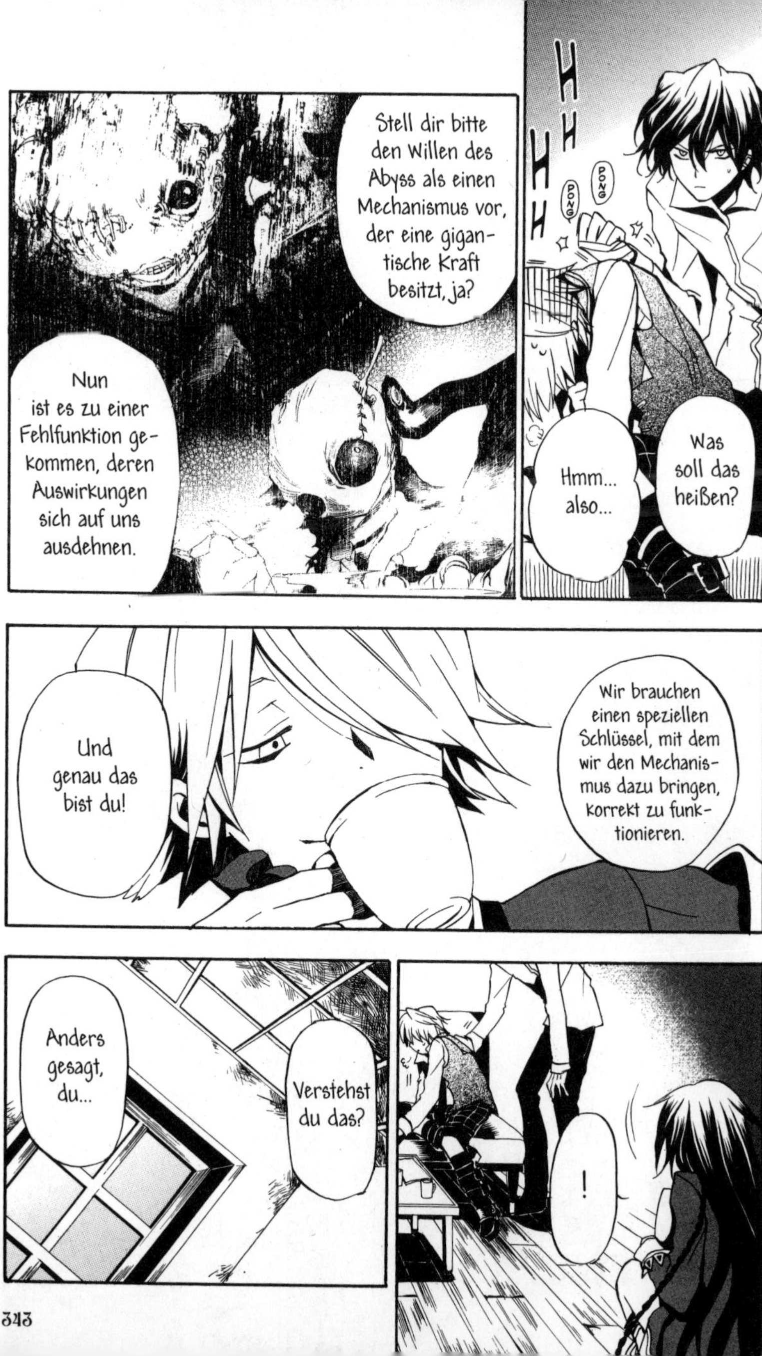
HHHH
PONG
PONG
Was soll das heißen?
Hmm... also...
Stell dir bitte den Willen des Abyss als einen Mechanismus vor, der eine gigantische Kraft besitzt, ja?
Nun ist es zu einer Fehlfunktion gekommen, deren Auswirkungen sich auf uns ausdehnen.
Wir brauchen einen speziellen Schlüssel, mit dem wir den Mechanismus dazu bringen, korrekt zu funktionieren.
Und genau das bist du!
!
Verstehst du das?
Anders gesagt, du...

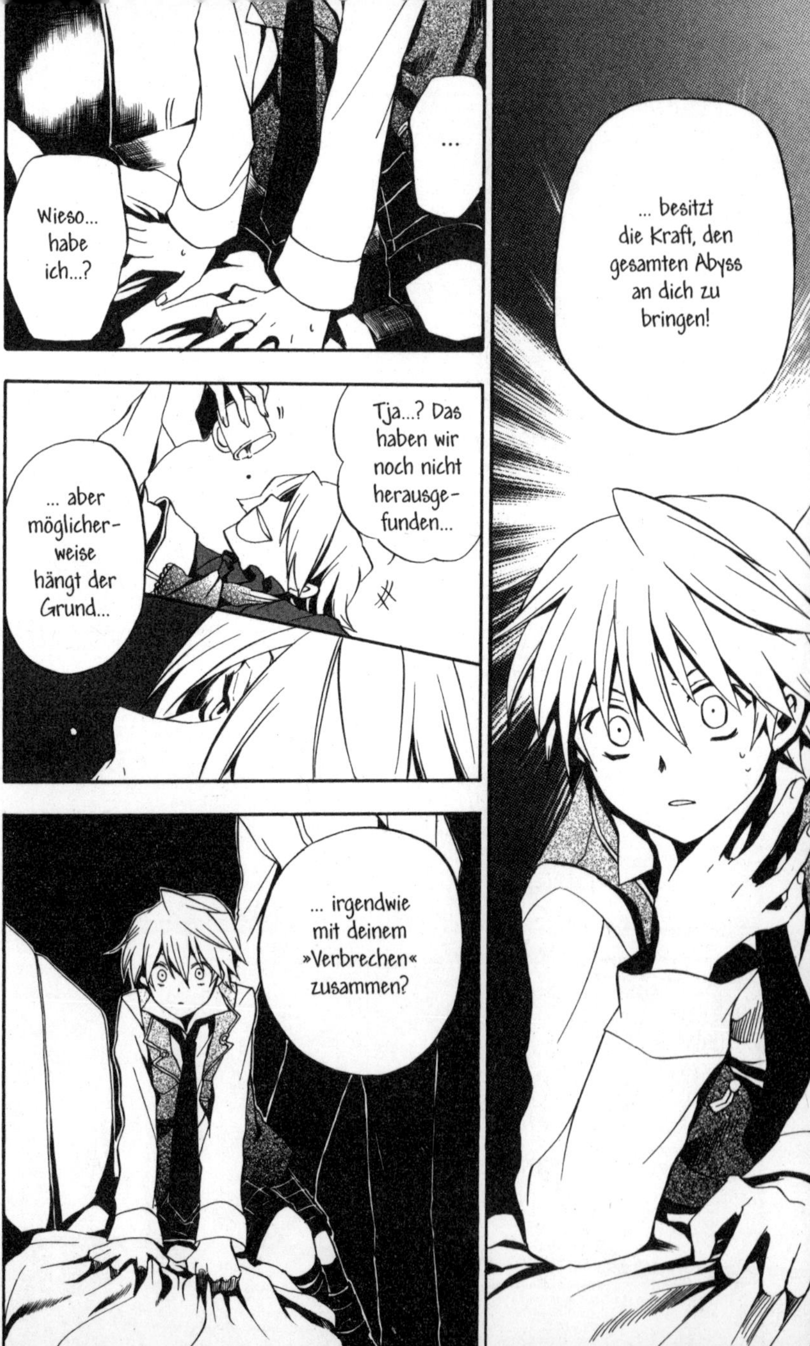
... besitzt die Kraft, den gesamten Abyss an dich zu bringen!
Wieso... habe ich...?
...
Tja...? Das haben wir noch nicht herausgefunden...
... aber möglicherweise hängt der Grund...
... irgendwie mit deinem »Verbrechen« zusammen?

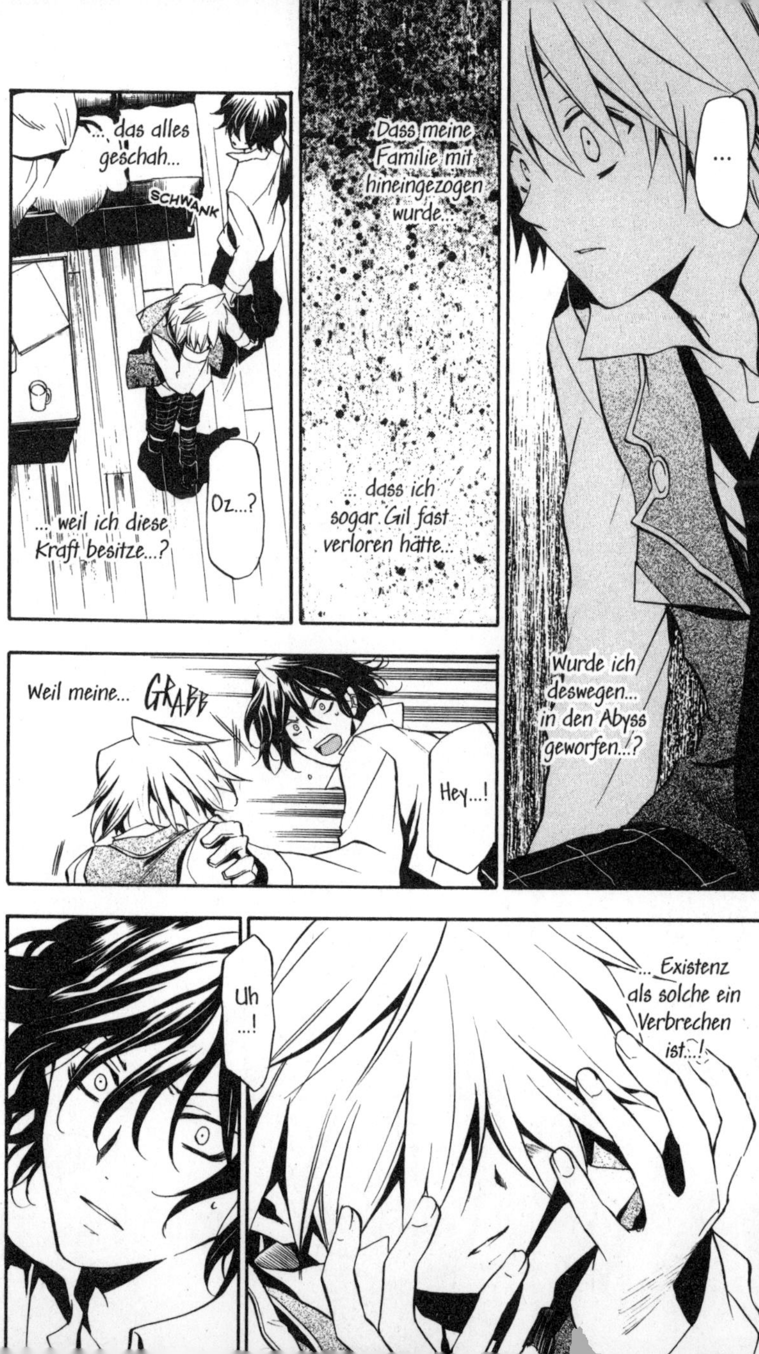
...
Dass meine Familie mit hineingezogen wurde...
... dass ich sogar Gil fast verloren hätte...
... das alles geschah...
SCHWANK
Oz...?
... weil ich diese Kraft besitze...?
Wurde ich deswegen... in den Abyss geworfen...?
Hey...!
Weil meine...
GRABB
... Existenz als solche ein Verbrechen ist...!
Uh ...!

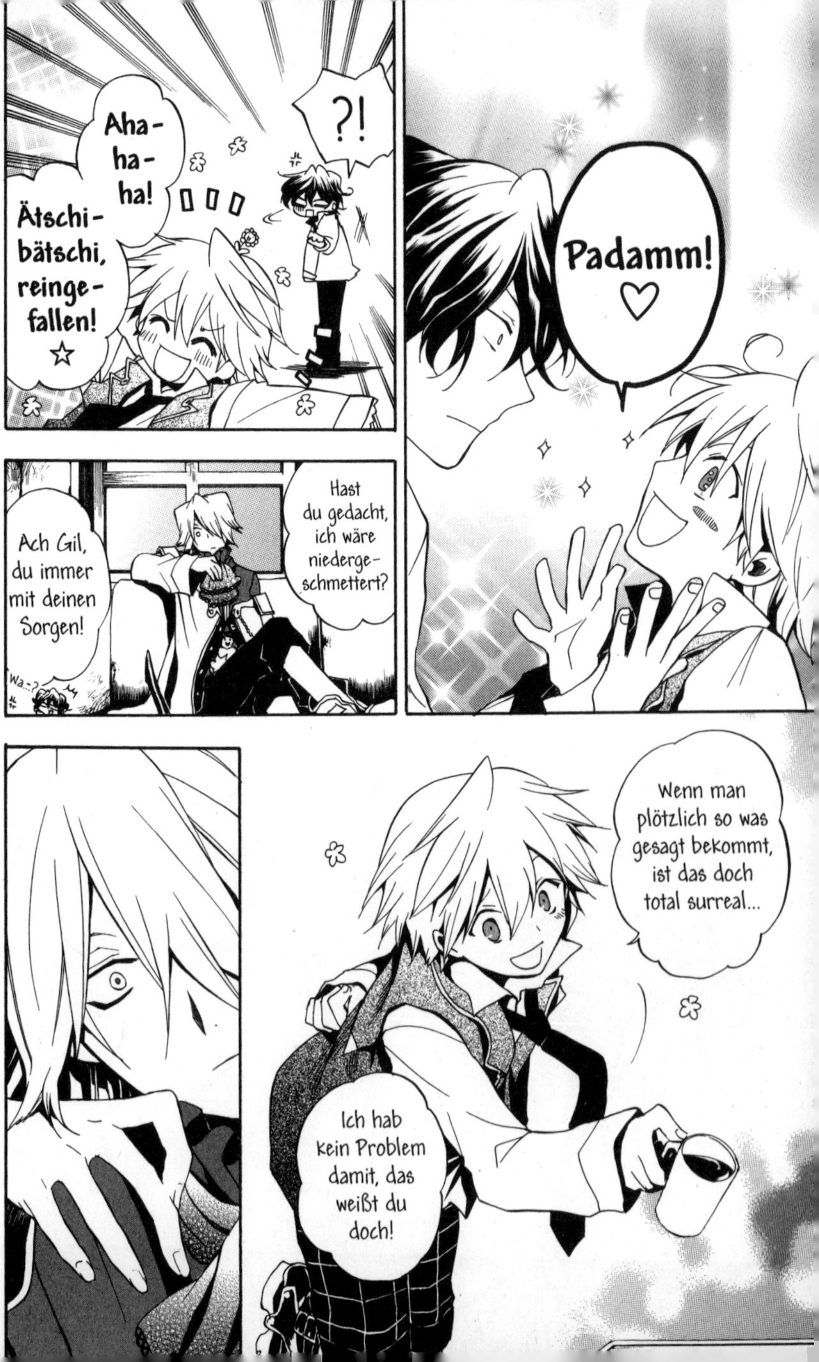
Padamm! ♡
Aha-ha-ha!
Ätschi-bätschi, reinge-fallen! ☆
?!
Hast du gedacht, ich wäre niederge-schmettert?
Ach Gil, du immer mit deinen Sorgen!
Wa...?
Wenn man plötzlich so was gesagt bekommt, ist das doch total surreal...
Ich hab kein Problem damit, das weißt du doch!

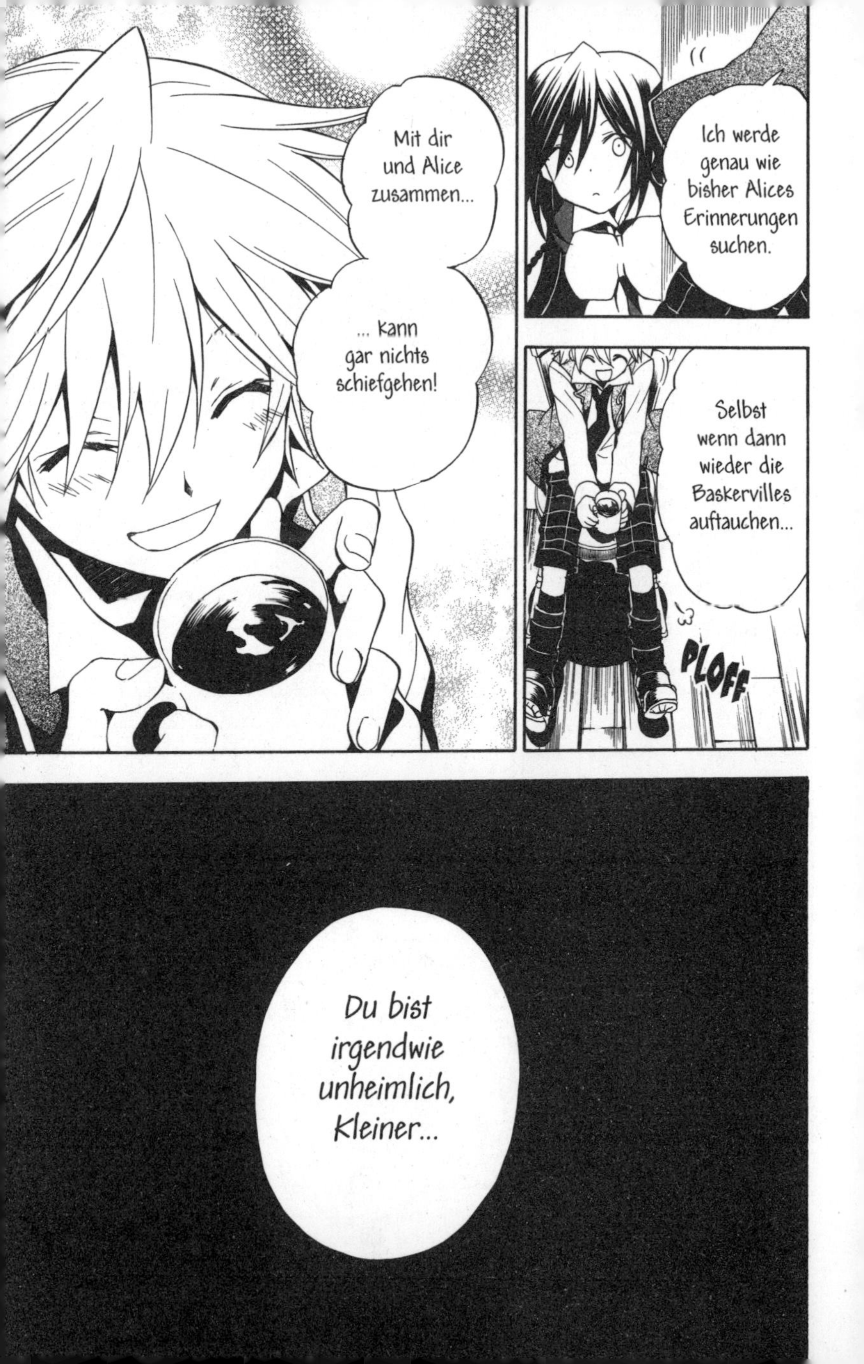
Ich werde genau wie bisher Alices Erinnerungen suchen.
Selbst wenn dann wieder die Baskervilles auftauchen...
PLOFF
Mit dir und Alice zusammen...
... kann gar nichts schiefgehen!
Du bist irgendwie unheimlich, Kleiner...

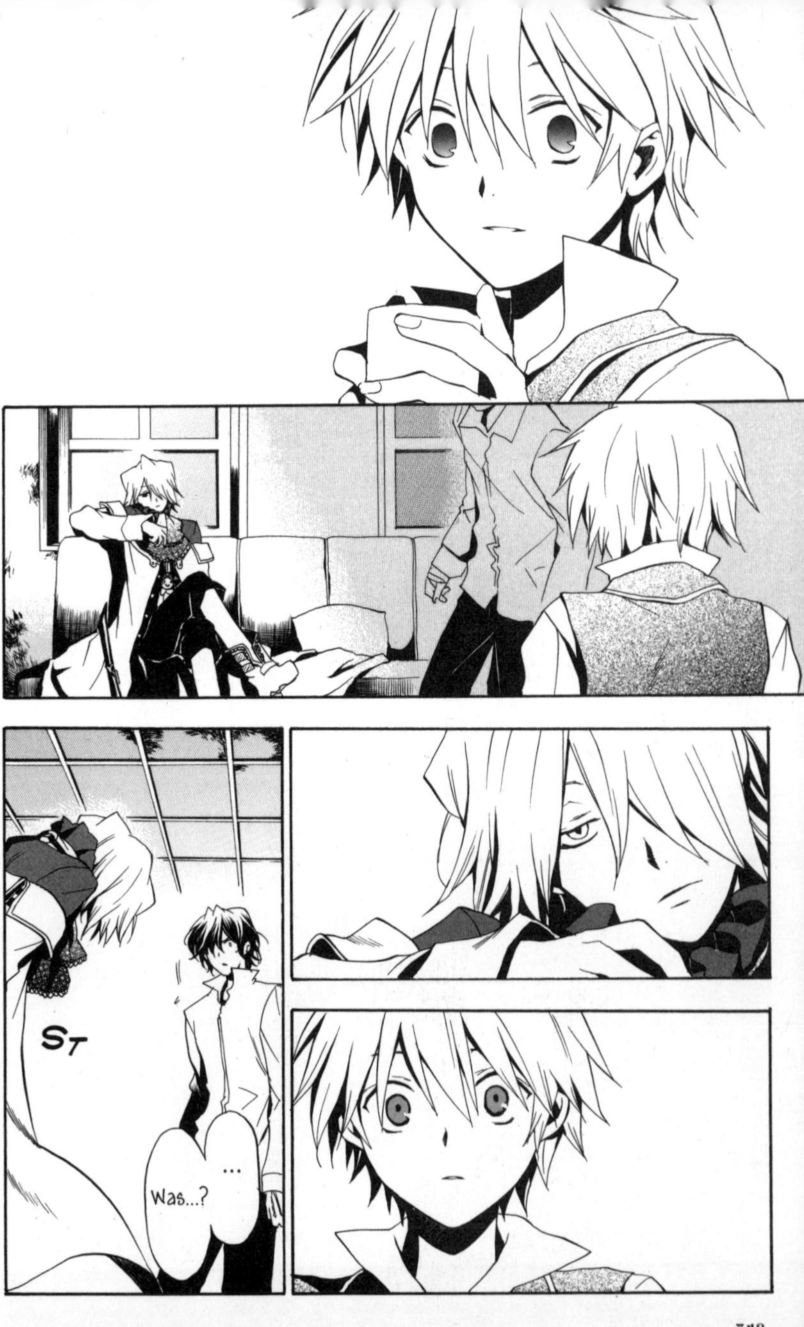
...
Was...?
ST

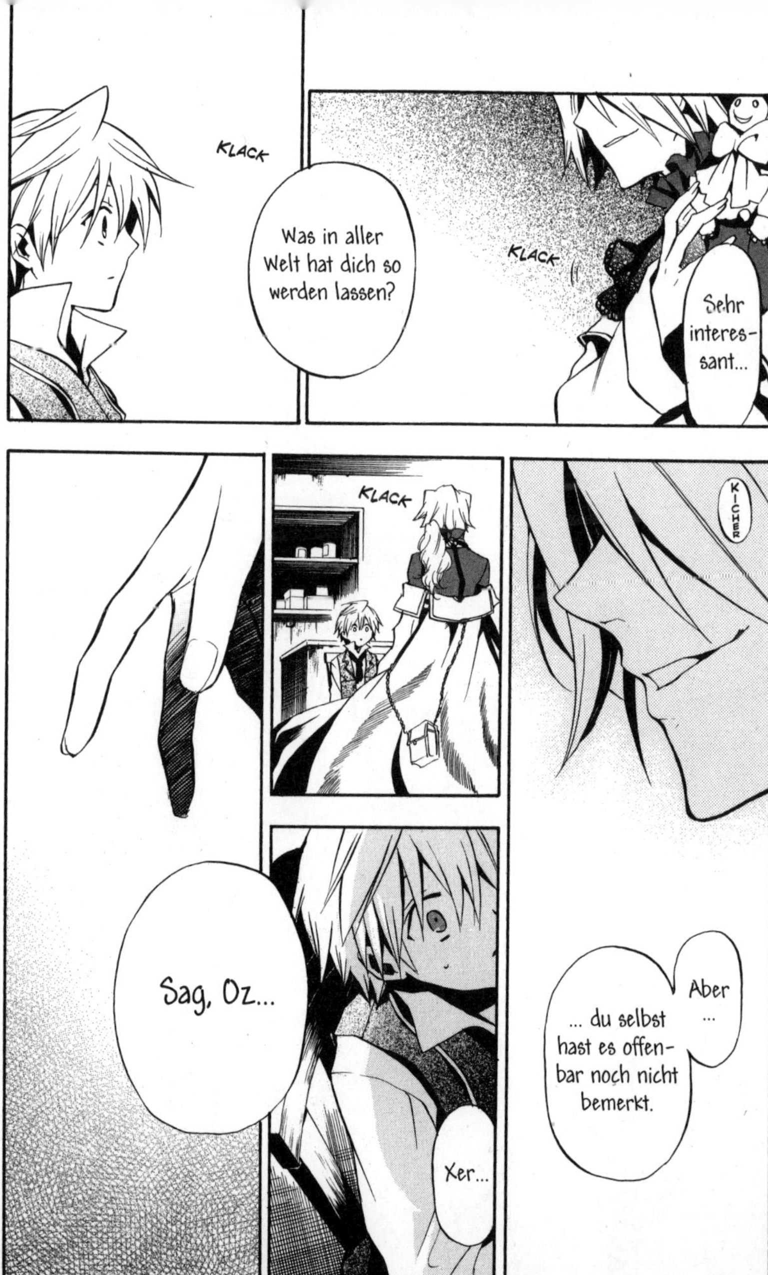
Sehr interes-sant...
KLACK
Was in aller Welt hat dich so werden lassen?
KLACK
KICHER
Aber ...
... du selbst hast es offen-bar noch nicht bemerkt.
KLACK
Xer...
Sag, Oz...

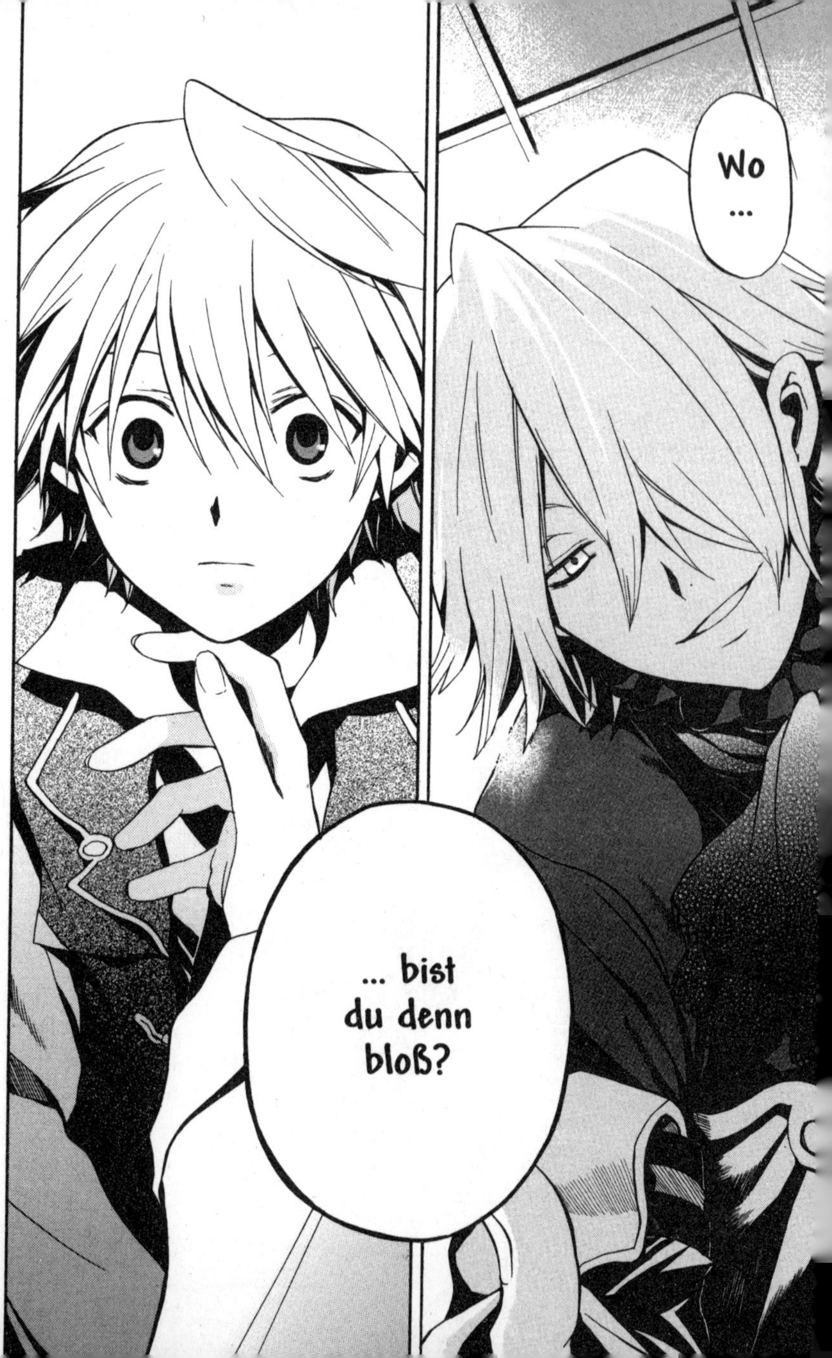
Wo …
… bist du denn bloß?

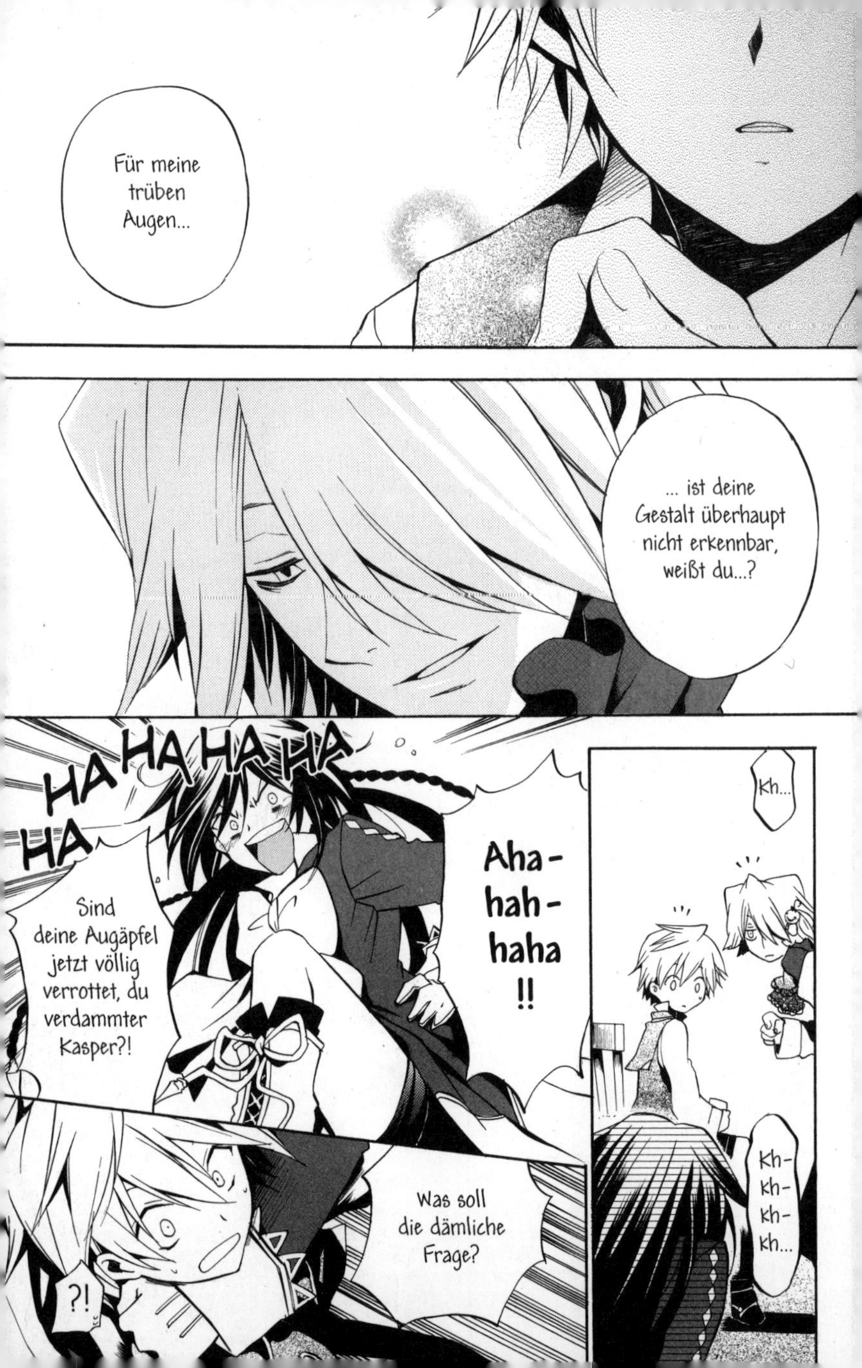
Für meine trüben Augen...
... ist deine Gestalt überhaupt nicht erkennbar, weißt du...?
Kh...
Aha-hah-haha!!
HA HA HA HA HA
Sind deine Augäpfel jetzt völlig verrottet, du verdammter Kasper?!
Kh-kh-kh-kh...
Was soll die dämliche Frage?
?!

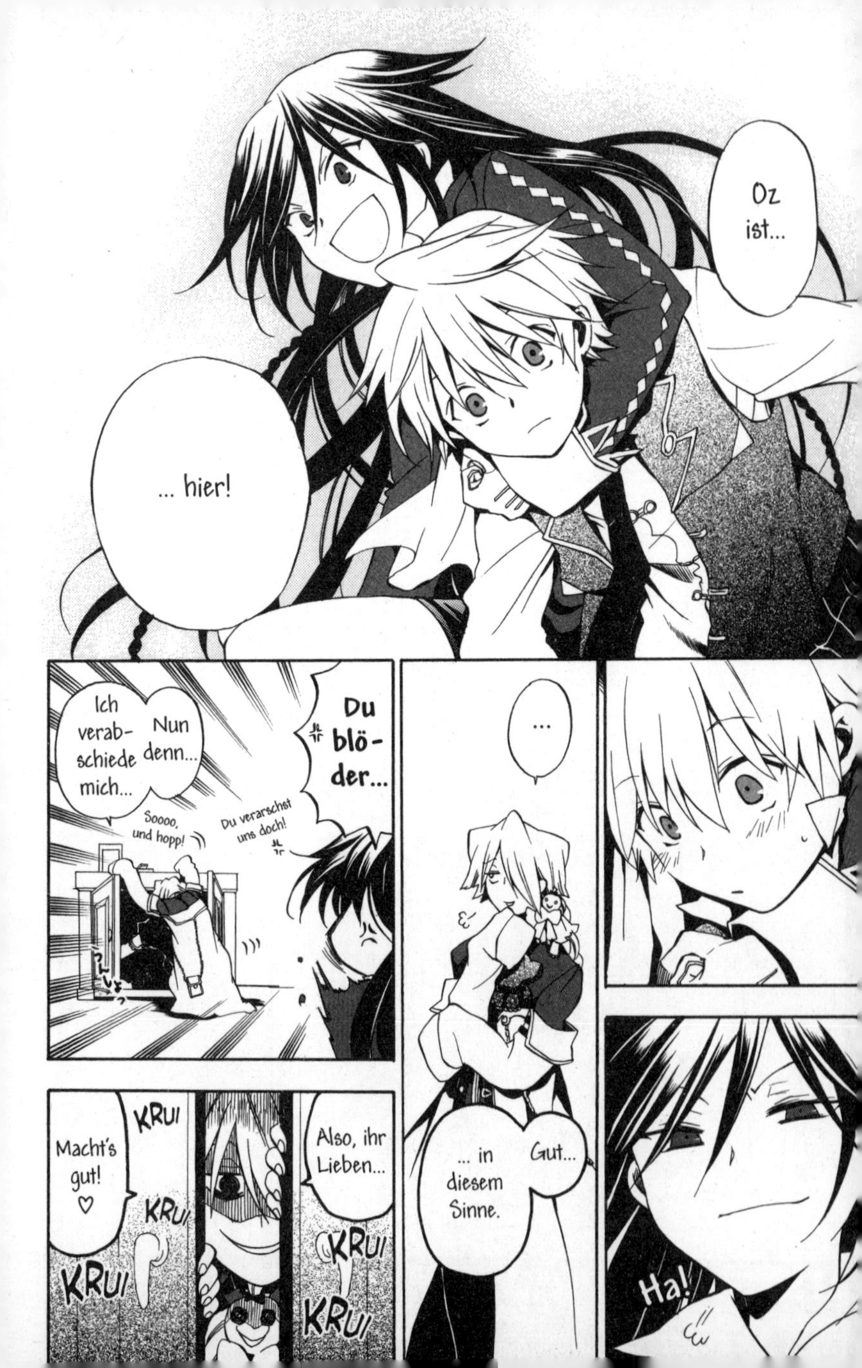
Oz ist...
... hier!
...
Du blö-der...
Nun denn...
Ich verab-schiede mich...
Du verarschst uns doch!
Soooo, und hopp!
Ha!
Gut...
... in diesem Sinne.
Also, ihr Lieben...
KRUI
KRUI
Macht's gut! ♡
KRUI
KRUI
KRUI

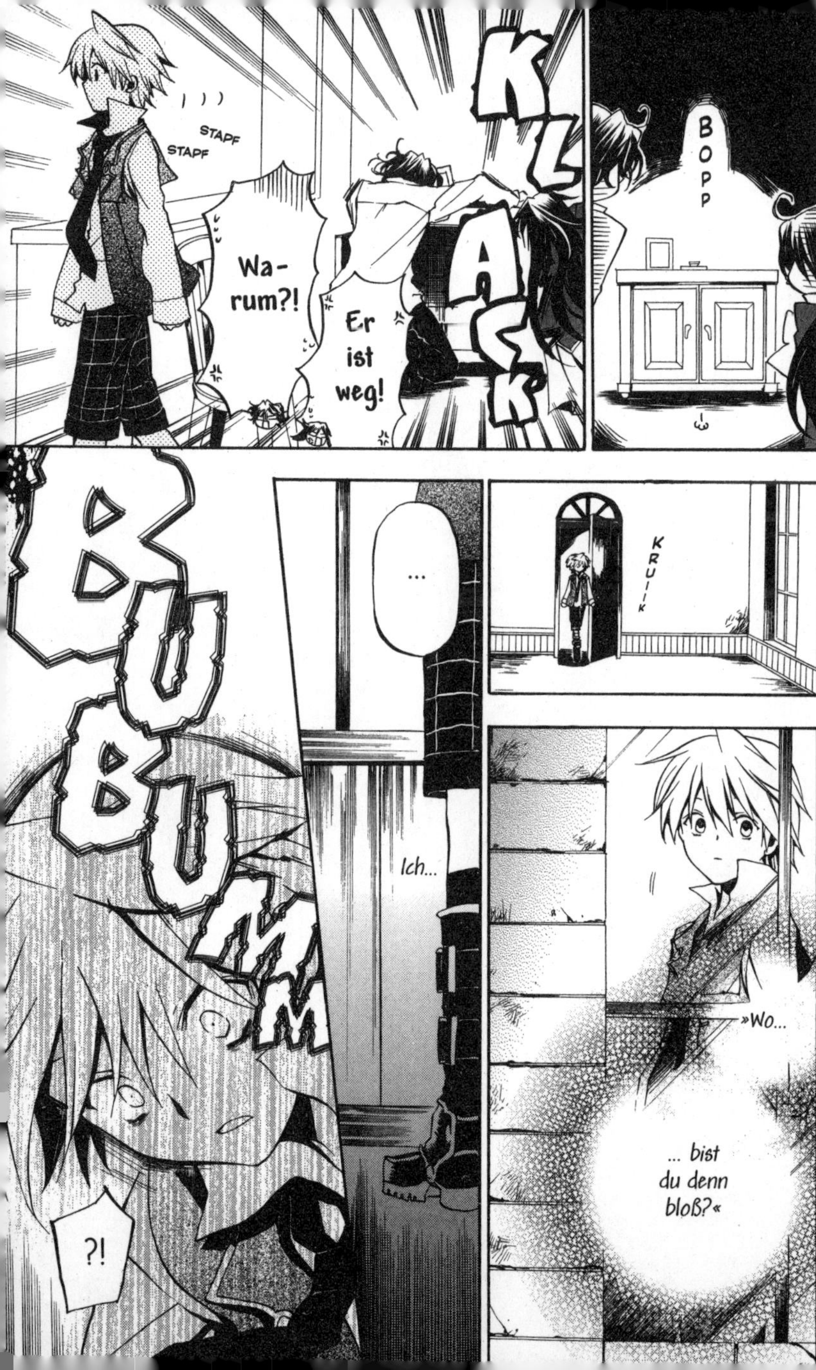
BOPP
KLACK
Er ist weg!
Wa-rum?!
STAPF
STAPF
KRUIIK
»Wo...
... bist du denn bloß?«
...
Ich...
BUBUMM
?!

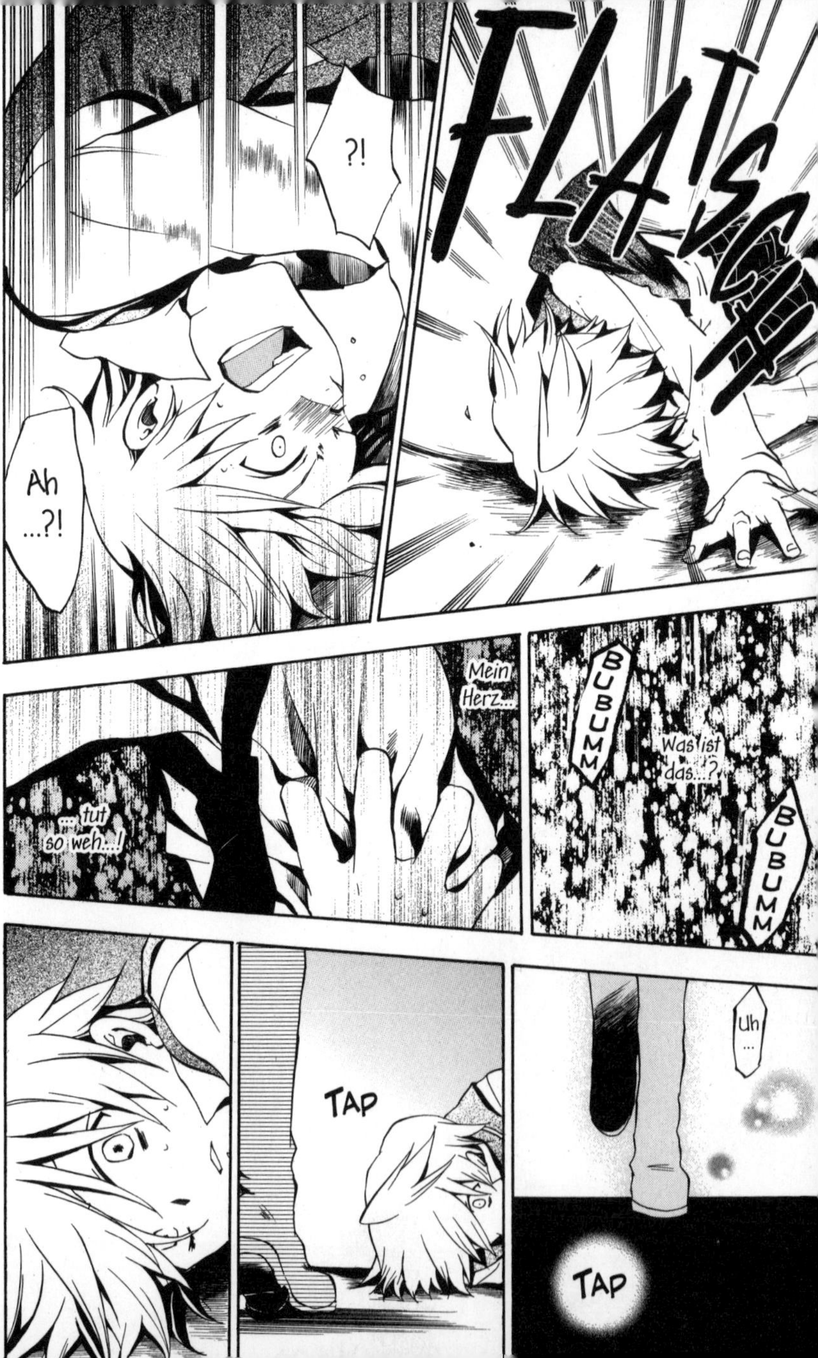
FLATSCH
?!
Ah ...?!
Bubumm
Was ist das...?
Bubumm
Mein Herz...
... tut so weh...!
Uh ...
Tap
Tap

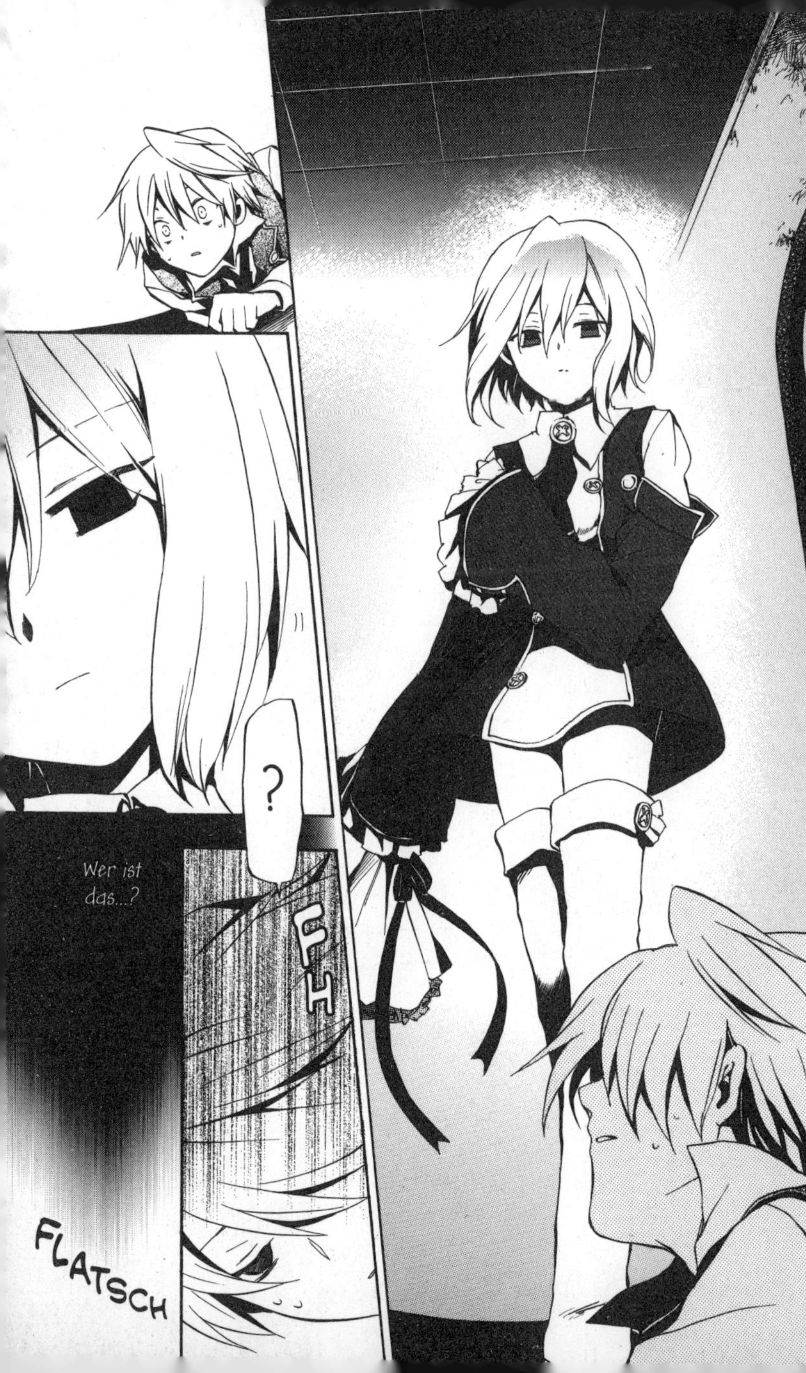
?
Wer ist das...?
FH
FLATSCH

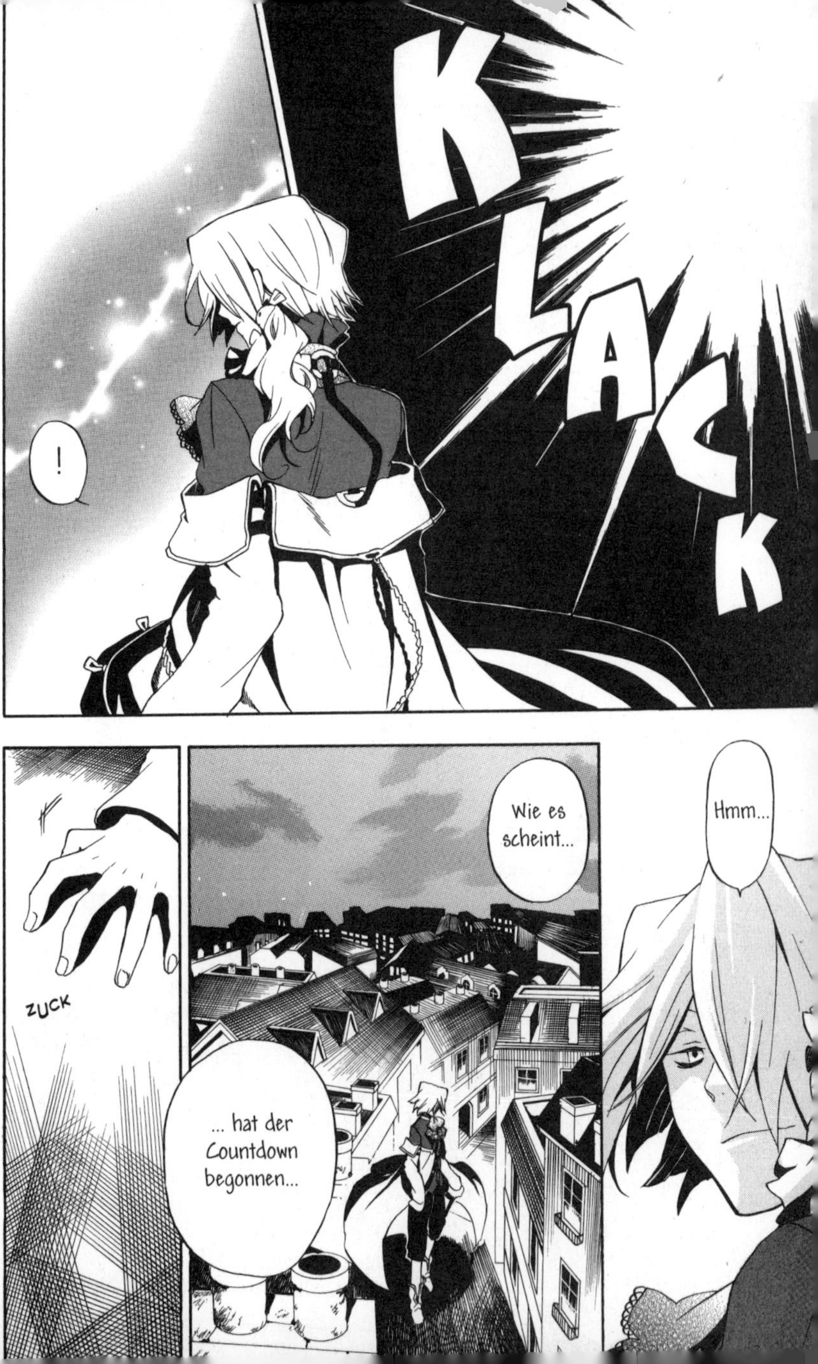
KLACK
!
Hmm...
Wie es scheint...
ZUCK
... hat der Countdown begonnen...

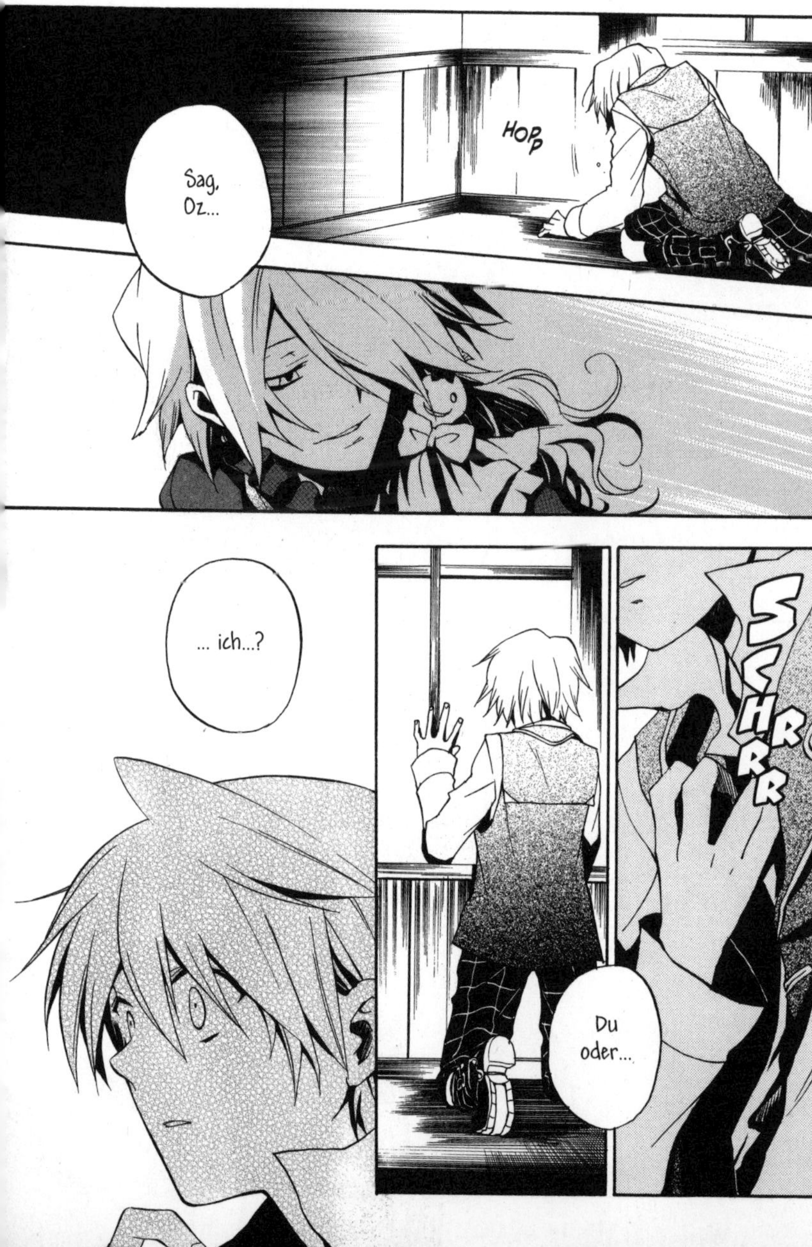
HOPP
Sag, Oz...
SCHRRR
Du oder...
... ich...?

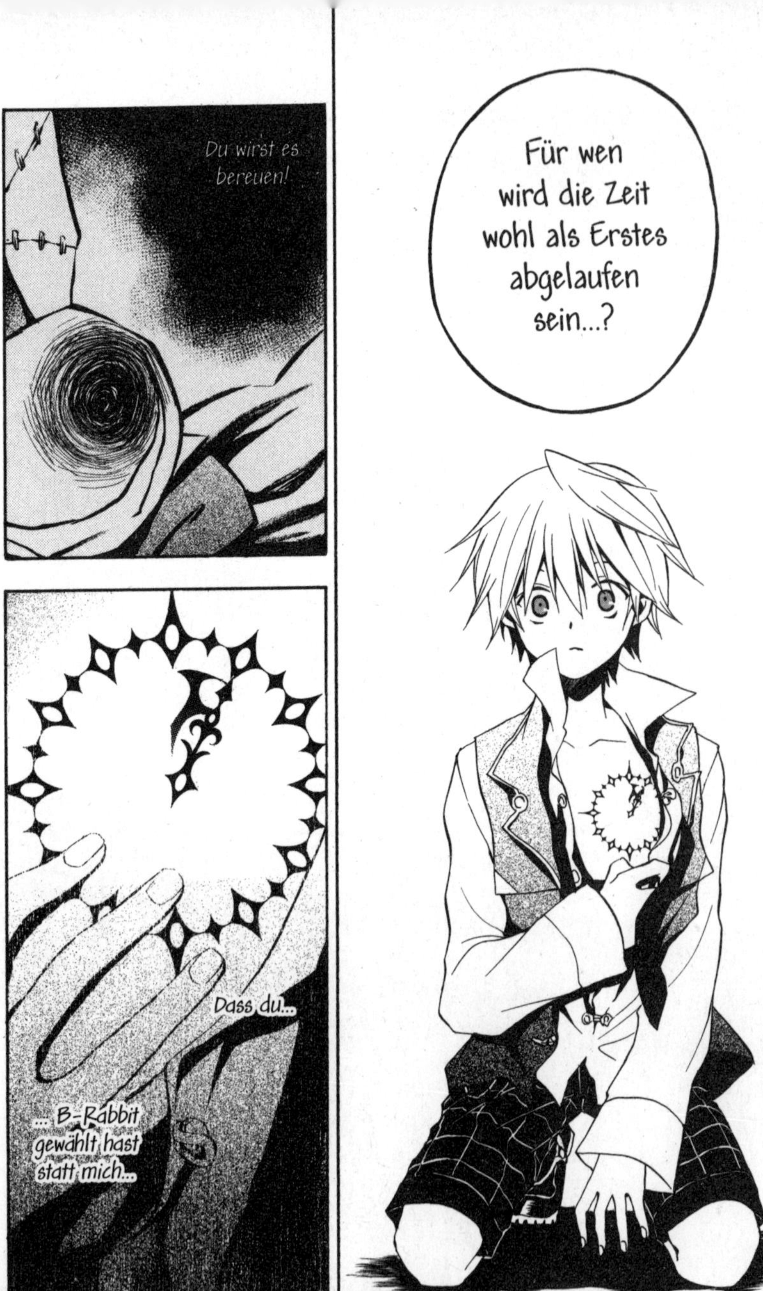

Weiter geht's in »PANDORAHEARTS«-Pearls Band 2!

HALT!

»PANDORAHEARTS« ist eine japanische Serie, und in Japan wird von »hinten« nach »vorn« und von rechts nach links gelesen.

Weil wir bei Carlsen Manga so originalgetreu wie möglich übernehmen, erscheint auch **»PANDORAHEARTS«** auf Deutsch in der ursprünglichen Leserichtung.

Man muss diesen Manga also »hinten« aufschlagen und Seite für Seite nach »vorn« weiterblättern. Auch die Bilder auf jeder Seite und die Sprechblasen innerhalb der Bilder werden von rechts oben nach links unten gelesen, so wie in der Grafik gezeigt. Das ist gar nicht so schwer.

Viel Spaß mit **»PANDORAHEARTS«**!

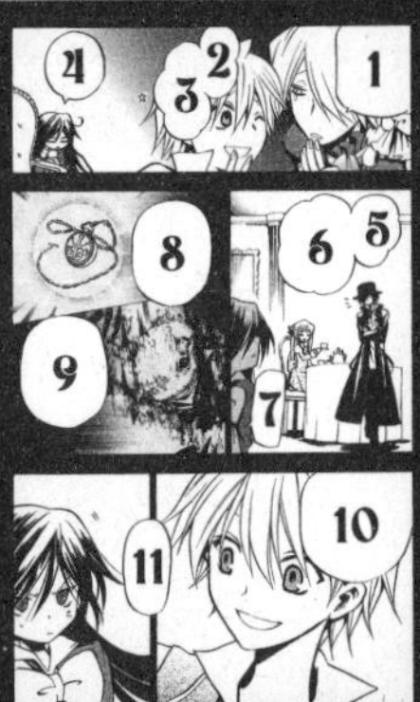

Weitere Werke von Jun Mochizuki:

Crimson Shell
The Case Study of Vanitas

CARLSEN MANGA
Deutsche Ausgabe / German Edition

Aus dem Japanischen von Antje Bockel

First published in Japan in 2006 by SQUARE ENIX CO., LTD.
German translation rights arranged with SQUARE ENIX CO., LTD.
and CARLSEN VERLAG GmbH through Tuttle-Mori Agency, Inc.
Redaktion: Britta Hellwig, Jonas Blaumann
Textbearbeitung: Germann Bergmann
Grafik und Produktionsmanagement: Gunta Lauck

ISBN 978-3-551-02806-8

Bei Fragen zum Produkt: carlsen.de/kontakt